식민권력과 근대지식: 경성제국대학 연구

서울대학교 규장각한국학연구원 한국학자료총서 15
식민권력과 근대지식: 경성제국대학 연구

초판 1쇄 발행 2011년 10월 31일
초판 2쇄 발행 2017년 12월 30일

지은이 정근식 정진성 박명규 정준영 조정우 김미정
펴낸이 성낙인
펴낸곳 서울대학교출판문화원

출판등록 제15-3호

주소 08826 서울 관악구 관악로 1
대표전화 02-880-5252 | **팩스** 02-888-4148
홍보마케팅팀(주문 상담) 02-889-4424, 02-880-7995
이메일 snubook@snu.ac.kr
홈페이지 www.snupress.com

ISBN 978-89-521-1042-8 94320
978-89-521-1026-8(세트)

서울대학교 규장각한국학연구원 한국학자료총서 15

식민권력과 근대지식: 경성제국대학 연구

정근식
정진성
박명규
정준영
조정우
김미정

서울대학교출판문화원

Colonial Power and Modern Knowledge:
A Study on the Keijo Imperial University

Jung Keun-Sik

Chung Chin-sung

Park Myoung-Kyu

Jung Joon-Young

Cho Jung-Woo

Kim Mi-Jeong

Seoul National University Press

책머리에

이 연구는 서울대학교 사회학과의 역사사회학 전공자들이 모여 공동으로 수행한 작업의 산물이다. 2004년 후반기부터 2007년까지 약 3년 동안 진행된 이 공동연구는 교수와 대학원생들이 경성제국대학(이하, 경성제대)에 관한 기존 연구들을 검토한 후, 서울대학교 도서관의 고문헌자료실에 소장되어 있는 관련 자료들을 모두 정리하여 보다 체계적인 후속연구를 위한 기초를 만들어 보자는 의도에서 시작되었다. 이 과정에서 경성제대를 주로 고등교육기관으로 보았던 기존 연구의 경향을 넘어서서 경성제대의 또 다른 측면들, 즉 식민지국가의 지배기구 및 연구기관으로서의 측면을 복합적으로 검토할 필요가 있다는 공감대를 형성할 수 있었다.

경성제대 관련 자료는 주로 서울대학교 중앙도서관에 남아 있다. 특히 고문헌 자료실은 경성제대 도서관의 장서를 그대로 소장하고 있기 때문에, 경성제대 연구뿐만 아니라 일제 시기의 사상과 학문체계를 이해하는 데 있어서도 더할 나위 없는 보고(寶庫)라고 할 수 있다. 우리는 기존 연구에서는 활용할 수 없었던 방대한 자료들을 바탕으로 교직원과 학생들에 대한 체계적인 데이터베이스를 구축하고 이를 바탕으로, 경성제대가 근대지식의 생산과 분배를 독점한 식민지 '지식권력'으로서 어떻게 군림했으며, 또 이것이 일본제국주의의 일상적 지배와 그 균열과정에서 어떤 사회적 의미를 가지는지에 대해 활발한 토론을 진행하였다.

이 공동연구는 필자의 책임 하에 매월 두 차례씩의 세미나를 통해 수행하였다. 연구의 초기단계의 기본방향을 잡는 과정에서는 기존에 훌륭한 연구를 해온 서울여자간호대학의 정선이 교수, 동국대학교의 박광현 교수, 청주교육대학교의 정규영 교수,

일본 히토츠바시대학 야스다(安田敏朗) 교수의 발표와 토론에 크게 힘입었다. 또한 본 연구진은 일본 및 타이완 연구자들과의 학술교류를 통해 한층 더 심화된 문제의식을 설정하고 공유할 수 있는 기회도 가졌다. 2005년 5월 타이완을 방문하여 타이완연구자들과 두 차례에 걸쳐 워크숍을 가졌는데, 국립타이완대학 동아문명연구센터에서는 정지슝(鄭吉雄) 교수와 쩡지엔민(曾健民) 선생, 중앙연구원 타이완사연구소에서는 저우완야오(周婉窈) 교수, 정리링(鄭麗玲) 박사 등이 참여하여 타이완의 연구현황을 소개하고 식민지제국대학의 위상과 역할, 전후의 전환 등에 관해서 토론을 하였다.

이를 통해 연구의 방향을 대학체제, 교수, 그리고 학생집단을 해명하는 세 부분으로 정하고, 그에 필요한 자료를 정리하기로 하였다. 기초자료의 수집과 데이터베이스화는 본 연구진 외에도 서울대 사회학과 대학원의 많은 학생들이 참여하였다. 자료의 입력과 엑셀작업에는 김민환, 김소라, 김인수, 김진원, 박치현, 박해남, 손기철, 윤여일, 정인선 등이 참여했고, 일본어자료의 입력과 번역에는 김무성, 김성일, 강철수, 사토 아키히토 등의 도움이 컸다.

또 2006년 12월 규장각한국학연구원에서 열렸던 워크숍에는 동아시아교육문화학회의 구로 가즈히사(黑尾和久) 선생, 도쿄이과대학의 신창건(愼蒼健) 교수, 국립타이완사범대학의 판엔츄(范燕秋) 교수 등이 참여하여 식민지의 지식과 권력 관계에 관한 연구 성과를 공유할 수 있었다. 이 워크숍은 당시까지 진행해 왔던 공동연구 상황을 공개 발표하는 자리가 되기도 했다. 많은 연구자들이 관심을 보여 주었으며, 이 자리에서 토의된 내용은 이후 연구결과를 수정하는 데 크게 도움이 되었다. 필자는 2007년에 이 기초연구의 후속작업으로 경성제국대학 교수들에 관한 한일 심포지엄을 개최하여 교수 및 연구 분야에서 부족했던 점을 보완할 수 있었다.

그러나 공동연구가 일단락된 후 마지막 원고정리 단계에서 소소한 오류들이 많이 발견되어 이를 수정하는 데 의외로 많은 시간이 걸렸고 또 이 기간에 새로운 연구들이 많이 이루어져서 이를 반영하지 않을 수 없었다. 공동연구자로 참여하였던 정일균 교수는 전통적 지식이 경성제대라는 근대적 대학제도에서 배제되는 과정을 경학원 연구를 통해 추적했는데, 이 훌륭한 연구결과는 최종 편집과정에서 책의 일관성을 유지하기 위해 제외하였다. 이 연구과정에서 같이 참여하였던 정준영은 경성제대에 관한 본격적인 연구로 박사학위를 받았는데, 이 공동연구를 최종적으로 마무리하는 데에는 그의 힘이 절대적이었다. 그의 헌신적인 노력이 없었더라면 이 책은 빛을 보지 못했을 것이다. 또한 자료의 오류를 바로잡는 최종 마무리에서는 대학원 석사과정을 졸업한 채승희가 많은 도움을 주었다. 연구보조원으로 참여했던 김미정도 이제는 박사학위를 받아 독립적인 연구자의 길로 들어섰다. 3년에 걸친 공동연구와 또 지루한 3년 이상의 수정보완기간을 지탱하고 참아준 동료교수와 대학원생들의 수고를 오랫동안 기억할 것이며, 고맙다는 말을 하지 않을 수 없다.

이 연구는 서울대학교 한국학 장기기초사업의 일환으로 이루어진 것으로, 우리의 연구를 지원해 준 서울대학교 규장각한국학연구원과 공동연구를 수행하는 데 있어서 각종 편의를 제공해 준 사회발전연구소에 감사한다. 최근에 필자는 서울대학교의 여러 연구자들과 함께 경성제국대학 도서관에 관한 공동연구를 규장각한국학연구원의 지원을 받아 진행하고 있다. 이 책과 함께 현재 진행하고 있는 작업들이 완료되면 그동안 이런 저런 사정으로 지연되었던 경성제국대학에 관한 본격적인 연구가 좀 더 활성화되지 않을까 기대해 본다.

그동안 소중한 자료들을 직접 열람할 수 있도록 배려해 주고, 복사 등 각종 편의를 제공해 준 서울대학교 중앙도서관 고문헌자료실의 사서들께도 감사의 마음을 전한다. 끝으로 예정보다 훨씬 늦어진 작업과정과 계속적인 수정작업으로 인한 불편을 감내해 준 서울대학교출판문화원 편집팀의 노고를 잊지 않을 것이다.

2011년 7월, 연구진을 대표하여 정근식 씀

차례

제 2 부 교수와 강좌제

제 3 부 학생들의 입학과 졸업

표와 그림 차례

Ⅰ. 서장: 잊힌 대학의 문서고를 찾아서

1. 연구의 시각

경성제국대학 출신이었던 모리타 요시오(森田芳夫)는 모교 최후의 나날들을 다음과 같이 묘사했다.

> 경성제대에서는 終戰의 날, 교수 직원 학생 약 200명이 모여 라디오 방송을 들었다. (……) 그 다음날에 대학 내의 조선인 직원들에 의해 「경성대학자치회」가 결성되었는데 여기에 조선인 학생들도 참가했다. 그리고 야마가(山家信次) 총장에게 학내 경비, 문화재 관리책임의 이관을 요구했고, 학내 교실의 열쇠도 넘기라고 했다. 17일에는 대학정문에 태극기가 게양되었고, 본부의 현판에는 '경성대학'이라고 쓴 종이가 붙여졌다. 그리고 의학부의 현판은 '京城帝國大學'의 '帝國' 두 글자에 흰 종이를 붙여 '경성대학'이라고 읽도록 만들었다(森田芳夫, 1964: 402).

1924년 제국대학의 관제가 공포된 이래, 식민통치와 영욕을 같이했던 경성제국대학은 조선인 직원과 학생들이 덧댄 흰 종이와 더불어 역사 속으로 사라졌다. 이후 경성대학과 그 후신인 국립서울대학교는 경성제국대학으로부터의 단절과 청산의 길을 걸어갔다. 경성제국대학은 일제 강점 이전부터 자생적으로 성장해 왔던 근대교육의 도도한 흐름을 가로막았던 식민지배의 장벽을 상징해 왔고, 따라서 청산의 대상으로 치부되었다. 일본인 교수와 학생, 소수의 조선인 학생을 위한 학교였던 경성제국대학이 민족교육사의 서술에서 제외되는 것은 오랫동안 당연시되었다. 경성제국대학은 '우리의' 학교가 아니라, '그들의' 학교로 간주되었다.[1] 1946년 미군정에 의해

1. 대표적인 견해로는 오천석(1964)이 있다. 민족주의적 경향이 강했던 기존의 한국학계가 경성제대에 관

탄생하게 된 국립서울대학교가 경성제국대학을 '전사(前史)'로 인정하지 않는 것은 이러한 청산의식을 반영하는 단적인 사례다.[2] 우리 사회에서 경성제국대학은 오랫동안 그 계보가 끊어진 채 철저하게 망각된 존재로 남아 있었던 것이다.

이러한 사정은 현해탄의 맞은편 일본에서도 크게 다르지 않았다. 과잉된 팽창의식에 대한 반작용으로, 패전 후의 일본은 과잉된 축소의식에 사로잡혀 있는 경향이 강했다.[3] 식민지에 대해 '식민지'라는 표현도 쓰지 못하게 하고 '외지(外地)'라고 강변했던 제국 일본이, 패전 후에는 거꾸로 일본의 영토로 규정된 열도(列島) 이외에는 그 어떤 것도 "일본적인 것"에서 배제하고 책임을 회피하려고 하였다.[4] 그 때문에 일본의 주류 학계에서는 과거에 대한 반성을 구실로 식민지의 역사를 일본사의 흐름에서 밀어내는 것을 당연한 것으로 간주했고, 적어도 공식적으로는 경성제국대학을 더 이상 '우리의' 대학이 아닌 것으로 취급하여 적극적으로 연구하지 않았다.

경성제국대학의 존재를 증명하는 자료들의 처지도 대학이 겪었던 운명과 마찬가지였다. 식민지배의 증거를 은폐하기 위해 의도적으로 소각되기도 했고, 없어져 버린 대학에 대한 무관심 때문에 방치되기도 했다. 서울대학교는 경성제국대학과의 단절을 표방해 왔기 때문에, 대학 문서고의 구축을 위한 체계적인 지원도 기대하기 어려웠다. 근래에 이르러 식민지적 근대에 대한 새로운 성찰이 이루어지면서 한국과 일본 사이의 '모호한 경계'에 남아 있었던 경성제국대학이 학문적 관심의 대상으로 부각되었지만, 여전히 사료적인 측면에서는 많은 제약과 한계를 안고 있다.

이 공동 연구는 이처럼 여기저기 흩어져 있는 문서들을 수합하여 경성제국대학이라는 존재를 지금까지의 망각 상태에서 끄집어내어 그것의 사회적 존재방식을 재구성하고, 아울러 역사적 함의와 현재적 유산을 모색하려는 시도다. 물론 이러한 시도가 많은 한계를 안고 있는 것은 분명하다. 경성제국대학의 대학사(大學史)를 엄밀하

해서 가졌던 입장에 대해서는 馬越徹(2000)이 참고가 된다.

2. 흥미로운 것은 서울대학교가 경성제대를 철저하게 부인하고 있는 반면, 서울대학교의 각 단과대학은 경성제대는 물론, 그 前身이 되는 학교에까지 그 역사적 연원을 끌어들이려 애쓴다는 점이다. 서울대학교가 60년의 역사를 기념하는 동안, 거기에 부속된 법과대학, 의과대학, 농과대학, 공과대학 등 하위 기관들은 100년 이상의 역사를 자랑하는 아이러니는 국립서울대학교가 이질적인 성격의 고등교육기관을 통폐합하여 만들었다는 역사적 사실에서 기인하는 것이기도 하다.
3. 이러한 전전의 과잉된 확대의식에 대한 전후의 반작용이 단적으로 드러나는 연구주제 중 하나가 일본에서 단일민족의식의 출현이다. 小熊英二(1995)를 참조.
4. 더욱이 이 문제는 단순히 식민지문제를 주변화하는 것을 넘어서 일본 근대사에 대한 체계적 왜곡을 낳을 수도 있다. 왜냐하면 식민지였던 지역의 데이터를 의도적으로 배제하고 현재의 일본영토의 데이터만 가지고 분석을 하는 것은 '식민지제국'의 특징을 감안했을 때 필연적으로 잘못된 결론을 낳을 수밖에 없기 때문이다. 이 문제에 대해서는 정준영(2009)을 참조.

게 구축하기 위해서는 대학 내부사정을 알 수 있는 자료들을 지금보다는 더 충실하게 활용할 필요가 있겠지만, 현재의 상황에서 그럴 가능성은 유감스럽게도 무척 희박하기 때문이다. 대학의 중요 문서 중 상당수는 해방 직후 일본인 직원들에 의해 소각되었다. '지배'의 증거를 남기지 않기 위해서였을 것이다. 학적부 일부를 비롯하여 몇몇 자료가 서울대학교에 남아 있지만, 자유롭게 열람하기가 쉽지 않다.[5] 경성제국대학의 기록은 개인정보 보호의 대상이거나, 또는 '정치적으로' 민감한 자료로 간주되고 있다. 하지만 현재 공개되고 있는 자료도 적지 않으며, 경성제국대학의 역사적 흔적을 추적하고, 식민지배 및 제국통치에서의 기능과 역할을 가늠하는 것이 가능하다. 경성제국대학에 관한 연구들은 이를 교육기관으로서, 연구기관으로서, 이데올로기적 국가기관으로서 어떤 역할을 했었는지를 추적하고 있는데, 연구들이 현존하는 자료들을 체계적으로 정리할 필요가 있다는 점에 합의하고 있다.

서울대학교 중앙도서관에는 경성제국대학 부속도서관의 소장 도서가 상당 부분 남겨져 있고, 고문헌자료실에 보관되어 있다. 이곳이 국내외를 막론하고 경성제국대학에 관한 자료가 가장 많이 남아 있는 문서고(文書庫)라 할 수 있겠다. 기존의 연구들도 이 고문헌자료실의 자료를 주로 사용했다. 하지만, 「경성제국대학학보」 등 일부 연속물 자료들을 체계적으로 활용하는 경우는 많지 않았다. 사료의 상황이 제대로 파악되지 못한 상황에서 개별적인 과제로 연구가 진행되었던 경우도 없지 않았다. 보다 체계적인 관점과 방법을 동원해서 흩어진 자료들을 한데 모아 정리해서 우리가 경성제국대학에 대해서 어디까지 말할 수 있으며 무엇을 말할 수 있는지를 분명히 밝히는 작업은 여전히 유효한 과제로 남아 있다. 이 공동연구가 서울대학교 중앙도서관의 고문헌자료실을 주목하여 현재 활용 가능한 관련 자료들을 체계적으로 수집하고, 정리했던 이유도 여기에 있다. 특히 이 연구는 공동연구가 가질 수 있는 장점을 충분히 활용하여 개별 연구자 수준에서는 정리가 어려운 자료들을 계속 수집, 정리하여 체계적인 데이터베이스를 구축하는 데 초점을 맞추었다. 아울러 이 데이터베이스를 바탕으로 경성제국대학의 존재방식을 세 가지 측면, 즉 총장과 대학조직, 교수와 연구체제, 학생과 고등교육으로 구분하여, 이에 대한 기초적인 해석을 모색했다. 이런 공동연구의 결과를 정리한 것이 이 책이다.

---

5. 경성제대 학적부자료는 1990년대 중반까지 일부 연구자들에게 사용되었다. 가령 김윤식(1984)의 12-13쪽과 216쪽에는 조윤제와 최재서의 학적부가 게재되어 있고, 류준필(1998)에는 김태준과 김재철, 이재욱의 학적부가 게재되어 있다.

2. 잊힌 대학, 망각의 계보들

최근 경성제국대학이라는 주제가 우리 학계에서 새삼 주목받고 있지만, 이를 학술적인 차원에서 본격적인 연구대상으로 다룬 성과가 출현한 것은 비교적 최근의 일이다. 1990년대 중반 일본의 비교교육학자 우마코시 도루(馬越徹)는 아시아의 고등교육 비교라는 관점에서 한국의 근대대학 형성과정을 추적했는데, 이 과정에서 경성제국대학의 존재를 주목했다(馬越徹, 1997). 우마코시의 작업은 한국과 일본 학계에 적지 않은 반향을 일으켰는데, 이를 계기로 경성제국대학의 성립경위와 특징을 본격적으로 고찰한 연구들이 발표되기 시작했다.

정규영은 "일본 국가를 '후견인'으로 해서 성립된 '지(知)'가 자신의 후견인에게 충성을 다하는 이야기"라는 관점에서 제국일본의 식민지에 소재한 경성제국대학의 존재방식을 규명했으며(鄭圭永, 1995), 정선이는 "조선인들이 가졌던 대학인식과 대응전략"에 주목하여 고등교육의 내용과 효과를 분석했다(丁仙伊, 1998). 박광현은 "조선학과 관련된 학과의 성립과정"을 중심으로 한국의 근대학문의 형성과정을 경성제국대학을 통해 고찰했고(朴光賢, 2003), 정준영은 식민지헤게모니의 확립과정에 초점을 맞추어 경성제국대학의 이중적 성격, 즉 식민지대학으로서의 측면과 제국대학으로서의 측면을 설명했다(정준영, 2009a). 이 네 연구들은 모두 박사학위논문으로 제출된 것들이다.

더불어 경성제국대학 교수들 및 출신자들의 활동과 위상을 규명한 연구도 발표되기 시작했다. 경성제국대학 졸업자들의 사회진출 현황, 그중에서도 식민지 관료충원 방식을 추적하려는 시도가 있었고(金龍德, 2004; 2006; 通堂あゆみ, 2008 참조), 법학, 의학, 인문학, 공학 등 각 분야에서 근대적 학문이 어떻게 정착했는지 그 역사를 경성제국대학을 중심으로 복원하려는 시도도 있었다.[6]

특히 경성제국대학을 중심으로 이루어진 연구 활동은 한국과 일본 양 학계에서 중요한 관심사로 부각되기도 했다. 한국의 학계에서는 일본인들이 주도했던 경성제대의 학술활동이 일제 식민통치에 어떻게 동원되었으며 근대학문의 도입과정에 어떠한 흔적을 남기고 있는지에 초점을 맞추었다면, 일본의 학계에서는 전후 평화헌법체

6. 법학교육에 대해서는 한상범(1991), 박병호(1995), 철학교육에 대해서는 김재현(2007), 한국어학, 한국문학교육에 대해서는 이준식(2002), 박광현(2007), 의학교육에 대해서는 이충호(1995), 정준영(2010), 자연과학 및 공학교육에 대해서는 김근배(1996), 문만용 · 김영식(2004), 인류학에 대해서는 전경수(1999) 등을 참조.

계 하에서 의도적으로 배제되어 왔던 제국일본의 학문적 전통에 대해서 그 현재적 의의를 복원한다는 의미가 강했다.[7]

이처럼 경성제국대학이 지난 10여 년 사이에 급속하게 주목을 받게 된 것은 '식민적인 것'이 종전까지 생각해 왔던 것처럼 그렇게 분명하게 '근대적인 것'에서 분리되어 청산될 수 있는 것이 아니며 '근대적인 것'도 마냥 긍정적인 것으로만 생각할 수 없다는 인식을 바탕에 두고 있다. '식민적인 것'과 '근대적인 것'의 상호교착에 주목하게 되면서, 식민과 근대, 한국과 일본 사이의 '모호한 경계'에 남아 있었던 식민지의 제국대학도 학문적 분석의 대상으로 '소환'되었던 것이다.

하지만 경성제국대학은 앞서 언급했지만 1990년대 이전까지만 해도 한국과 일본 양 학계에서 철저하게 외면받는 존재에 불과했다. 더욱이 자료의 측면에서 보았을 때 경성제국대학은 연구의 한계가 처음부터 분명했다. 대학의 운영상황을 구체적으로 확인할 수 있는 내부문서는 이미 대부분 유실된 상황이기 때문이다. 폐교 이후 경성제국대학의 유산들은 해방초기의 격동에 휩쓸렸으며, 전쟁의 와중에 흩어졌다. 패전 이후에도 일부 일본인 교직원들이 남아 상당 기간 대학업무와 자료를 인수인계했던 타이완의 타이베이제국대학(台北帝國大學)과는 달리, 경성제국대학의 일본인 교직원들은 패전 직후 대학인계 작업은커녕 일본으로 달아나기 급급했다. 신구제도와 좌우이념이 격렬하게 충돌하는 와중에 생겨난 국립서울대학교는 설립 이후에도 한국전쟁으로 부산에 '피난'하는 등 고난이 계속되었다.[8] 이와 같은 상황에서 당시의 대학인들은 이런 자료들을 체계적으로 정리할 여유가 없었다. 이런 점에서 연구는 처음부터 이미 흩어져 버린 대학 자료들을 다시 긁어모으고, 흔적을 추적하여 '기억을 복원'하는 작업에 다름없었다.

먼저 경성제국대학을 망각 속에서 끄집어내어 기억하고 회상했던 것은 그곳에서 연구와 교육에 열정을 바쳤던 교직원들과 모교를 잃은 일본인 졸업생들이었다. 그들로서는 경성제국대학이 어떤 곳이었는가 하는 질문은 자신들의 존재증명과도 직결되었다. '경성제국대학'이란 단어를 꺼내기도 조심스러웠던 한국사회에서는 유진오 등의 '거물급' 졸업자들이 단편적인 수필의 형태로 "젊은 날의 자화상"을 그려내거나,[9]

7. 이런 경향의 특징과 문제점에 대해서는 정준영(2009a: 13-14)을 참조할 것.

8. 미군정기의 고등교육 상황과 '국대안'을 위시한 국립서울대학교의 성립과정에 대해서는 강명숙(2002), 김기석(2008)을 참조할 것.

9. 가장 '저명했던' 경성제대 졸업생 중 하나였던 법학자 유진오는 1945년 이래 다양한 형태의 글에서 경성제대 시절의 추억을 회상했으며 1960년대 후반 이후 이것을 책으로 묶어 냈다. 유진오(1966, 1976,

신문기자의 손을 빌려 기억의 단편들이 추려졌다. 한국일보 기자 이충우가 경성제국대학 출신자들을 취재하여 출간한 『경성제국대학(京城帝國大學)』은 졸업생들의 증언을 바탕으로 대학사를 더듬어 간, 당시로선 거의 유일한 단행본이었다.[10] 한국보다 사정이 다소 나았던 일본에서는 옛 교직원들과 졸업생들이 1954년 동창회를 결성하고, 뉴스레터인 『감벽(紺碧)』을 통해 지속적으로 교류했다. 이들 중에서 경성제국대학 법문학부를 졸업했고, 대륙문화연구소 등에서도 핵심적인 역할을 했던 인류학자 이즈미 세이이치(泉晴一)는 경성제국대학에 대한 최초의 학술적 고찰이라고 할 수 있는 「구식민지대학고(旧植民地大學考)」를 발표하기도 했다(泉晴一, 1970). 경성제국대학의 교직원 및 졸업생들은 좌담회, 기고문 등을 통해 경성제국대학을 중심으로 이루어진 교육 및 연구 활동에 대해서 활발한 증언과 토의를 계속했으며,[11] 이후 그 성과를 묶어 1974년 742쪽에 이르는 방대한 분량의 대학기념지 『紺碧遙かに』를 발간했다.[12] 대학에 관한 대부분의 자료들이 소실되거나, 한국으로 일본으로 흩어진 상황에서, 기억을 더듬고 남은 자료를 추슬러 만들어 낸 이 기념지는 지금까지도 경성제국대학에 관한 유일한 '대학통사'로 남아 있다. 이 기념지는 엄격한 학문적 방법론과 대상에 대한 객관적 거리 두기에 입각해 있지는 않지만, 대학과 관련한 주요 증언 자료들을 수집, 정리하여 향후 본격적인 연구를 위한 토대를 만들었으며, 사료적 가치도 높이 평가될 수 있다.

이후에도 경성제국대학 연구는 남아 있는 공식적 간행물들과 교수, 동문들의 증언 자료들을 바탕으로 사라진 대학의 정치적, 사회적, 문화적 측면들을 규명하는 작업들 이었다. 이들 연구는 사료의 치명적인 공백을 메우지는 못했지만, 대학의 설립과정과 대학이념의 특징, 구체적인 대학운영 방식과 제도적 특징, 교수·학생 등 대학구성원들의 특성 등을 직간접적으로 확인할 수 있는 자료들을 다수 발굴하는 성과를 거두기도 했다. 가령 우마코시 도루(馬越徹)와 정규영 등은 경성제대의 공식 간행물과 자료들 이외에도 다양한 자료를 교차 검토하여, 경성제대의 설립을 '1923년 이후 조선인 유지들을 중심으로 본격적으로 전개된 민립대학설립운동에 대한 총독부의 대응과

1978) 등을 참조.

10. 이 책은 1979년 『주간한국』에 특집 연재물을 묶은 것이었다. 李忠雨(1980) 참조.

11. 경성제대의 연구활동과 관련해서는 대표적인 조선사학자인 旗田魏가 편집한 『シンポジウム日本と朝鮮』(勁草書房, 1969)이 있다. 여기에는 경성제대 교수 및 조교수를 역임했던 四方博, 河野六郎, 森谷克己, 渡部學 등이 참여하여 경성제대 시절에 대해서 증언하고 있다.

12. 京城帝國大學同窓會(1974). 이들 동창 중 이공학부 출신들은 이 기념지와 별도로 『遙かに佛岩山』(慶昌堂, 1988)을 발간하기도 했다.

정'으로 설명해 왔던 기존 통념13이 오류였다는 것을 입증했다. 정선이, 김용덕(金龍德), 츠도(通堂あゆみ) 등의 연구를 통해, 경성제대 졸업생들의 취업상황, 특히 고등문관시험의 합격현황과 관료경력이 추적되었고, 정준영의 연구는 자서전 등의 자료를 활용하여 경성제대 교수들의 이전 경력, 교수임면사항, 연구활동 등에 대한 세부적인 정보를 제시하기도 했다.

이처럼 1990년대 중반 이후의 경성제대연구는 사료적 공백지대로 남아 있는 경성제대를 당시의 각종 사료들과의 비교와 대조를 통해 다시 복원해 내는 작업이었다고 할 수 있다. 물론 대학 내부문서가 발굴되지 않는 한, 이 공백을 완전히 메우는 것은 여전히 어렵다. 또 공식적인 대학통사가 불가능한 상황에서 자료의 수집과 정리는 여전히 개별 연구자의 수준에 머물고 만다. 남아 있는 자료와 기존의 연구 성과를 통해 발굴된 자료를 통합적으로 분류, 정리하고, 이를 바탕으로 고등교육의 학교로서, 지식생산의 연구기관으로서, 총독부의 통치기구로서 경성제국대학이 가지고 있는 다면적인 측면에 체계적인 설명을 부여하는 것은 여전히 과제로 남겨져 있었다.

3. 경성제국대학을 연구한다는 것

경성제국대학이 오랜 기간 망각되어 왔다는 사실은 이미 설명한 바대로다. 그렇다면 이 잊힌 대학이 최근 새삼스럽게 주목을 받고 있는 이유는 무엇일까? 경성제국대학을 망각에서 끄집어 올려 복원할 수 있게 된 것은 일차적으로는 대학의 존재를 인정받으려는 동문들의 노력에 기인한 것이라고 하겠지만, 단순한 기념과 복원을 넘어 사회적 관심의 대상에까지 확산된 것은 이들 동문의 노력을 넘어선 변화, 특히 일제 시기에 대한 전반적인 인식의 변화가 결정적인 계기가 되었다.

지금까지의 식민지 연구는 대체로 '지배와 저항', '한국과 일본'이라는 이항대립적인 구도를 바탕으로 해 왔다. 이러한 이항대립적인 구도는 밀접한 상호관련을 가지고 있는 것이기도 했다. 일제의 '지배'와 조선인들의 '저항'을 해명하는 것이 당면한 과제였고, 따라서 '가해자' 일본과 '피해자' 조선 사이의 관계가 중심적인 연구대상이 되었다. 그런데 최근 들어 이러한 이항대립적인 구도가 가진 한계를 지적하는 목소리가 커져 가고 있다. 이분법적 도식만으로는 일본 제국주의가 식민지의 일상에

13. 이 통념은 경성제국대학의 한국인 졸업생들이 가지고 있는 공동된 인식이기도 했다. 그리고 阿部洋(1971)의 논의에 이르러 이것은 학술적 논의로서 공식화되었다.

미쳤던 다면적인 '지배의 효과'를 제대로 포착할 수 없으며, 일제의 조선통치를 제대로 이해하기 위해서는 한국 혹은 일본이라는 국가적, 지방적 수준을 넘어서서 식민통치 문제를 당시 일제와 직 · 간접적으로 관련 맺고 있었던 '동아시아 지역체제'의 수준의 문제로 상정할 필요가 있다는 문제 제기가 그것이었다. 또한 식민지배의 목작이나 의도가 언제나 기대했던 결과나 효과를 가져오는 것도 아니다. 이러한 인식의 결과, 경성제국대학은 조선에 건너온 일본인들과 일부 친일파의 자제들을 양성하는 식민교육기관에 불과한 것으로 간주되었던 기존의 인식 틀에서 벗어나 새로운 문제발견의 지점으로 거듭날 수 있었다.

먼저, 경성제국대학 연구는 일제의 식민권력과 근대지식이 어떻게 상호결합하고 있었는지를 해명하는 과제와 밀접한 관련을 맺는다. 경성제국대학은 조선총독부에 의해 설립된 식민통치 기구였지만, 동시에 우리사회가 최초로 경험한 근대대학이기도 했다는 사실은 중요한 시사점이 된다. 왜냐하면 경성제국대학의 탄생이라는 사건은 근대지식의 생산과 배분을 둘러싼 경합에서 식민권력이 근대지식의 생산과 배분을 제도적으로 장악함으로써 '근대지식'을 식민지배의 중요한 지적(知的)인 자원으로 활용하게 되었다는 것을 의미하기 때문이다.

실제로 경성제국대학은 "국가에 수요(須要)한 학술의 이론 및 응용을 교수하고 아울러 그 온오(蘊奧)를 공구(攻究)함을 목적"으로 하는 일본의 제국대학(帝國大學)을 모델로 설립되었다. 따라서 식민통치기간 동안 경성제국대학은 한편으로는 일본제국 전체 판도를 아우르는 식민지 고등교육체계의 정점(頂點)으로서 식민통치에 순응적인 기능적 지식인을 배출하는 식민지교육기관이었고, 다른 한편으로는 근대학문(지식)의 권위를 바탕으로 식민통치의 대상으로서 조선을 위시한 '동양(東洋)'에 관한 담론을 생산하고, 이를 통해 식민권력의 문화적 헤게모니 형성에 기여하는 '학술권력'이었다. 경성제국대학을 연구한다는 것은 결국 식민권력이 지식과 권력의 결합을 통해 어떻게 식민지에 문화적 헤게모니를 확보하려 했던 것인지를 밝혀내는 것이 된다.

둘째, 경성제국대학 연구는 식민권력의 문화적 헤게모니 기획에 대한 식민지 사회의 지적 대응을 이해하는 데 있어서도 중요한 함의를 가진다. 경성제국대학이 식민권력에 의한, 식민권력을 위한, 식민권력의 장치였음은 분명하다. 하지만, 그렇다고 이 대학의 존재가 식민지 사회의 한국인들과 전혀 무관한, 일방적인 '이데올로기 장치'로 규정하는 것에는 주의를 요한다. 경성제국대학이 가치중립적이고 실증주의적인 과학을 표방하며 당시 식민지 사회에서 '학술권력'으로 군림했던 만큼, 당시 식민지의 지식인들에게 미친 영향은 적지 않았다. 그들은 한편으로는 경성제국대학의 '학술권력'을 의식하면서도, 다른 한편으로는 이러한 식민권력의 문화적 헤게모니에 대항하는 여러 가지 활동을 전개했던 것이다. 경성제국대학 외부에서는 1920~30년대의 '조선학(朝鮮學) 운동', 민립대학 설립운동 등 근대지식의 생산 및 분배체계를 독자적으로 확보하려는 노력이 전개되었다. 경성제국대학 내부에서는 조선인 학생들, 졸업생들을 중심으로 근대지식의 비판적 수용을 통한 반(反)제국주의, 반(反)식민주의 실천이 모색되기도 했다. 따라서 경성제국대학을 연구한다는 것은 근대지식의 생산과 분배를 둘러싸고 전개되는 식민지배와 저항의 역동적 관계를 규명하는 작업이기도 하다.

셋째, 경성제국대학 연구는 한국대학의 탄생과정을 추적하는 작업이며, 또 이러한 과정 속에 숨겨져 있는 식민지배의 유산을 조명하려는 시도이기도 하다. 국립서울대학교는 경성제국대학에 대한 부정을 통해 출발했다. 해방 직후 우리 사회가 직면했던 절대 절명의 과제가 '식민잔재의 청산'이었던 만큼, 서울대학교가 1946년 완전히 새로운 출발을 선언했던 것은 지극히 타당하다고 할 수 있다. 하지만 그렇다고 해서 경성제국대학이 한국의 대학사(大學史), 학술 발달사, 지성사에 미친 영향력 자체를 부정하기는 어려울 것 같다. 경성제국대학은 한국인들의 대학상(大學像)을 형성하는 데 결정적인 역할을 했으며, 근대적 학문체계가 한국사회에 수용, 형성, 정착하는 데 중요한 통로가 되었기 때문이다. 더욱이 경성제국대학 출신자들은 해방 이후 분단체제를 거치면서도 남한과 북한 사회 모두에서 사회적 '엘리트'로서 활동해 왔다. 결국 경성제국대학을 연구한다는 것은 우리 사회에서 대학을 어떤 것으로 생각해 왔으며, 실제로 어떤 역할을 담당해 왔는가를 탐색하는 것이며, 더 나아가 한국의 대학교육과 학술연구의 배후에 놓인 식민유산이 무엇이며 어떻게 지속되어 왔는지를 추적하는 것이라고 할 수 있다.

물론 이와 같은 연구가 본격적으로 진행되기 위해서는 경성제국대학이란 어떤 곳인가, 여기서 누가 무엇을 가르치고 연구했으며, 어떤 이들이 학생으로 들어와 무엇을 배웠는가를 보다 엄밀히 분석해야 한다. 더 체계적인 관점과 방법을 동원해서 흩어진 문서들을 한데 모아 정리하는 작업이 가지는 의의는 여기에 있지 않을까 한다.

4. 이 책의 구성

이 책은 크게 3부로 구성되어 있다.

제1부에서는 경성제국대학이 식민지 사회에서 어떤 위상을 가지고 있는지를 총괄적으로 검토한다. 특히 대학총장의 역할과 기능에 주목했는데, 대학총장은 식민지 제국대학의 제도와 조직에서 정점에 위치하고 있을 뿐만 아니라, 대학의 정치적, 사회적, 문화적 위상을 상징하는 존재였기 때문이다. 대학총장들의 이력과 활동, 그리고 대학총장들이 학교의례에서 했던 발언들도 정리, 번역, 수록했는데, 그중에서 『경성제국대학학보』에 실린 의례사(儀禮辭)들은 경성제국대학이 공식적으로 표방했던 대학이념과 정책방향을 이해하는 중요한 자료들이다. 경성제국대학 관련 자료들의 현황, 관련 신문 및 잡지 기사 목록, 『조선급만주(朝鮮及滿洲)』에 수록된 「성대교수이야기[城大教授物語り]」, 「경성대학론(京城大學論)」의 번역 등은 당시 대학의 사회적 위상과 제도적 특징을 이해하는 참고자료로도 유용하다.

제2부에서는 지식생산과 관련된 경성제국대학의 조직과 활동을 검토한다. 대학교수와 특유의 강좌제도가 중심이 된다. 경성제국대학은 일본의 제국대학과 마찬가지로 유럽대학의 강좌제도(chair system)를 채택하였는데, 이것은 대학교육뿐만 아니라 연구 활동의 기본적인 단위가 되었다. 이런 제국대학의 연구체제는 식민지라는 상황에서 작동되면서 특유의 '통치효과'를 창출하게 된다. 여기에서는 경성제국대학 교수들의 집단적 성격, 학문적 경력과 연구지향, 강좌 개설의 특징 등이 주로 논의된다. 말미에는 기존의 자료들을 재구성하며 법문학부, 의학부, 이공학부의 강좌내역과 교수진을 표로 작성했고, 교수들의 연구물 및 잡지 기고물의 목록을 참고 자료로 수록했다.

제3부에서는 경성제국대학의 학생들을 중심으로 학생집단의 특징과 교육과정을 검토한다. 학생집단의 특징과 관련해서는 조선인 학생들에 대한 교육기회의 차별적 성격을 특히 주목했다. 경성제국대학 관련자들 다수가 증언하고 있는 이른바 '민족별 할당제'의 실제 양상을 확인하기 위해, 기존의 자료를 바탕으로 학생명부 데이터베이스를 구축했고, 이를 통해 실증적 분석을 시도한다. 교육과정과 관련해서는 3년(의학부의 경우는 4년)의 경성제국대학 본과과정과 2년(1936년 이후에는 3년)의 예과과정을 재구성하여 학생들이 예과 입학부터 학부 졸업까지 어떠한 교육을 거치게 되었는지를 살펴본다.

제1부 식민권력 속의 경성제대

II. 식민지 제국대학과 대학총장

III. 경성제대 관련 자료의 현황과 특징

IV. 경성제대의 사명과 위상에 관한 자료

Ⅱ. 식민지 제국대학과 대학총장

1. 경성제대의 총장

경성제대는 1926년 학부를 개설한 이래 1945년 일제의 패망까지 20년간 조선에 존속했던 일본 제국대학의 하나였다. 이 시기 경성제대는 일본관학의 최고학부(最高學府)의 하나로서 제국 일본의 학문적·교육적 가치를 구현하고 있었으며, 동시에 조선 유일의 대학으로서 식민지통치에 긴요한 문화적 역할을 담당하고 있었다. 이 대학 조직을 관할하고 책임진 최고 감독자로서 식민지교육·학술체제의 정점에 있었던 존재가 경성제대의 총장이었다. 그는 대학 내부에서 지식의 생산 및 학술활동에 매우 큰 상징적 권력을 가졌으며 그 자신의 높은 권위와 인적 네트워크를 통해 식민통치에 적지 않은 영향력을 행사할 수 있었다.

1926년 중국연구자였던 핫토리 우노키치(服部宇之吉)가 초대총장으로 부임한 이래 1945년 일제패망에 이르기까지 약 20년간 경성제대에는 모두 7명의 일본인 총장이 차례로 부임했다. 물론 1924년 예과가 설치된 직후부터 학부가 개설된 1926년까지 2년간 정무총감이 총장사무를 맡은 사례가 3건 있으므로 이것을 포함하면 총 10명이 대학총장 역할을 수행하였다고 할 수 있다.

여기에서는 경성제대에서 대학총장이란 어떤 이들이었으며 어떤 역할과 기능을 담당했는지에 대해서 초점을 맞추고자 한다. 좀 더 구체적으로는 다음의 세 가지 측면을 주목할 것이다.

첫째, 식민지사회 내에서 경성제대 총장이 점하는 위상과 역할에 대한 검토다. 조선총독부는 적어도 형식적으로는 동화주의를 식민지의 통치방침으로 표방하였고, 이를 구체적으로 실행시키는 국가장치로서 통치초기부터 교육제도에 주목했다. 조선을 대상으로 한 지식생산은 일차적으로는 조선총독부의 식민지통치에, 보다 장기적으로는 식민지제국 일본의 제국통치와 직결되는 중요한 과제였다. 경성제대의 총장은 식민지교육과 지식생산을 대표하는 상징적 존재로서, 식민지배의 지적 헤게모니를 구성하고, 대학정책의 방향을 제시하는 역할을 수행하였다. 그 역할의 구체적인 양상을 밝히는 것이 첫 번째 관심이다.

둘째, 경성제대라는 학술조직 내에서 대학총장이 점하는 위상과 역할이 어떠했을까를 검토하는 것이다. 경성제대는 "학문의 온오(蘊奧)를 공구(攻究)"하는 제국대학으로서 식민지사회 특유의 지식을 생산하는 것을 사명으로 설정하고 있었다(『文教の朝鮮』 1926年 6月號, 2-4쪽). 식민지에 설치되었지만, 대학인 이상 학술연구조직으로서의 고유한 속성이 강조될 수밖에 없는 상황에서 대학총장의 대학행정방침은 그의 사회적 기능과는 별도로 대학의 운영에 커다란 영향을 미치게 마련이다. 특히 일본의 제국대학이 누렸다고 일컬어지는 지식생산과 고등교육에서의 '대학자치' 원칙이 식민지 대학의 틀 속에서는 어떻게 드러나는지를 총장의 대내적 역할을 통해 검토해 볼 필요가 있다.

셋째, 경성제대라는 대학기구를 둘러싸고 이루어진 여러 세력 간의 각축 및 긴장의 구조를 밝혀 볼 것이다. 식민지 하의 대학은 정상적인 국민국가의 대학제도와 달라서 여러 가지 모순에 봉착할 수밖에 없다. 총장은 그러한 긴장의 핵심에 위치하게 마련이다. 식민통치에 복무하는 다양한 제도들 간의 분화된 역할 및 내부 긴장의 구조를 밝힌다는 의미에서 여기서는 조선총독부와 대학권력, 그리고 식민모국에 기초를 둔 대학교수집단 및 조선인사회 간에 어떤 상호작용과 기대치가 총장을 중심으로 맞닥뜨리고 있었는지를 확인해 보고자 한다.

2. 제국대학체제와 총장직제

메이지 정부 초기 제국대학은 국가운영에 필요한 관료와 학자 등 지식엘리트 양성교육기관으로서 설치되었다. 일본에서 대학에 관한 법령인 「대학령」보다 제국대학에 관한 법령인 「제국대학령」이 먼저 공포된 데서도 알 수 있듯이, 제국대학은 일본 최고의 고등교육기관이자 연구기관이었으며 「대학령」 이전까지는 대학 그 자체이기도

했다. 그런데 이 제국대학의 역사는 실은 상당 부분 최초의 도쿄제대의 역사이기도 했다. 1877년 설립된 도쿄대학은 1886년 제국대학으로 개편된 이래 1897년 교토제대가 설립되기까지 일본 내의 유일한 대학으로 기본 모델을 구성하였기 때문이다. 이후 제국대학은 계속 증설되어 1945년 일제가 패망할 당시 모두 9곳에 이르렀지만, 도쿄제대는 여전히 제국대학 중에서 부동의 위치를 차지하고 있었다. 제국대학과 관련된 여러 가지 권위와 전통은 사실상 도쿄제대의 역사 속에서 형성된 것이라고 해도 과언이 아니다.

'총장'이라는 제도도 도쿄제국대학의 발족과 더불어 출발했다.[1] 1877년 이 대학이 처음 발족할 당시, 즉 아직 제국대학으로 규정되기 이전에 학교를 관할하는 수장은 종리(綜理)라고 불렸는데, 처음에는 2명의 종리가 있었다. 법학, 이학, 문학 3학부의 종리와 의학부의 종리가 그것이다. 이것은 도쿄대학이 도쿄개성학교(東京開成學校)와 도쿄의학교를 합병하여 만들었다는 사정에서 기인한 것으로, 도쿄대학이 출범한 이후에도 상당기간 학교 전체를 관할하는 중앙조직이 없이 각 학부가 독자적인 운영을 하였다. 당시 도쿄대학에 부임해 있던 한 외국인교원의 증언에서 나타나듯이, 초창기의 도쿄대학은 각 칼리지가 자율적 운영권을 가진 영국식 대학에 가까운 것이었다.[2]

그런데 일본정부가 당시 자유민권운동의 영향 하에 급속히 성장하고 있던 사립고등교육을 억제하기 위해 국가가 주도하여 관학을 집중적으로 육성하기로 방침을 정함에 따라, 도쿄대학은 국가의 통제가 용이한 중앙 집중적인 조직으로 개편되었다. 1881년 문부성은 도쿄대학의 관리 방식을 개편하여 2명의 종리를 통합하여 학교 전체를 관할하는 1명의 총리(總理)를 두고 각 학부를 통제, 감독하도록 하였다. 이후 1886년 일본정부는 「제국대학령」을 공포하여, 기존의 도쿄대학을 제국대학으로 개편하였는데, 이때 총리제도도 총장제도로 개편하여 강력한 권위를 부여하였다. 이처럼 대학의 핵심 수장으로서 총장이라는 직제는 제국대학의 출범과 함께 제도화된 것이었다.

제국대학 출범 당시 총장의 위상과 권한이 어떠했는가는 총장에 대해 규정하고 있는 「제국대학령」 6조에서 확인할 수 있다.

---

1. 도쿄제대의 역사와 총장제도에 대해서는 寺崎昌男(1992: 68-77)을 참조했다.
2. 世界教育史研究會(1974)를 참조.

6조 제국대학총장(帝國大學總長)은 문부대신(文部大臣)의 명(命)을 받들어 제국대학을 총할(總轄) 한다. 그 직무의 요령을 정한 바는 다음과 같다.

제1 제국대학의 질서를 유지하는 일.

제2 제국대학의 상황을 감시하고 개량을 더할 필요가 있다고 인정되는 사항은 안(案)을 내어 문부대신에게 제출하는 일.

제3 평의회의 의장이 되어 그 의사를 정리하고 또 의사의 전말을 문부대신에게 보고하는 일.

제4 법과대학장의 직무에 해당하는 일.[3]

제국대학 총장은 '총할(總轄)'이라는 문구에서도 확인할 수 있듯이 대학 학내사안에 관해서는 강력한 권력을 행사할 수 있었다. 특히 총장은 "제국대학의 질서를 유지"하는 데 필요한 조치를 취할 수 있을 뿐만 아니라 "상황을 감시"하여 개량이 필요한 사항에 대해서는 구체적인 개혁안을 마련할 수도 있었다. 종전까지 각 학부의 독자성을 기반으로 종리(綜理)로 불렸던 '분과대학(학부는 1886년 「제국대학령」에 의해 분과대학으로 명칭이 바뀌었다) 학장은 「제국대학령」에서는 "제대 총장의 명령의 범위 내에서 주관대학의 사무를 관리"(12조2항)하는 것으로 권한이 대폭 축소되었다.

더욱이 제국대학 총장은 법과대학 학장을 겸임하면서 법률전문교육에 대한 감독권을 문부성으로부터 위임받았다. 문부성은 「제국대학령」에 뒤이은 조치로서 1886년 6월 「사립법률학교감독규칙」을 공포했는데, 이 규칙에 의해 제국대학 총장은 전수학교(뒷날 센슈專修대학), 메이지법률학교(뒷날 메이지明治대학), 도쿄전문학교(뒷날 와세다早稲田대학), 도쿄법학교(뒷날 호세이法政대학), 영국(英吉利)법률학교(뒷날 쥬오中央대학) 등 도쿄 내의 5개 사립 법률학교에 대한 감독권을 확보하였다.[4] 법률교육이라는 것이 당시 일본의 시급한 당면과제 중 하나였던 관료와 법률가 양성과 직접 연관된다는 점을 감안한다면, 제대총장의 권한은 일본의 관료지배층 육성과 고등교육정책 전반에 강력한 영향력을 미쳤다고 볼 수 있다. 당시 제대총장을 문부대신 예정자로 받아들이는 풍조가 생겼던 것도 이러한 학교 내외적 영향력을 방증한다. 실제로 1890년대 제국대학 총장 중에서 도야마 마사카즈(外山正一), 하마오 아라타(浜尾新), 기쿠치 다이로(菊池大麓) 등은 총장임기를 마치거나 임기 중에 문부대신으로 취임하였다.[5]

---

3. 「帝國大學令」, 明治19年, 勅令4號.
4. 이 조례는 1888년 곧 폐지된다. 하지만 이후에도 제국대학 총장이 이들 학교를 수시로 조사, 감독하는 관행은 상당동안 지속되었다(寺崎昌男, 1992: 108).

「제국대학령」은 대학총장에게 대학업무에 대한 강력한 권한을 부여하는 것과 동시에 "문부대신의 명(命)"을 받들어야 함을 분명히 하고 있었다. 즉 국가권력은 대학조직을 중앙집권화하고 총장에게 상당한 권한을 부여하는 대신, 이 총장을 문부대신의 명령에 종속시킴으로써 제국대학 전체를 통제하려 했던 것이다. 실제로 1915년 이전까지 임명제였던 제대총장의 인선은 교육계 혹은 학술계의 업적보다는 정치권력과의 관계 혹은 국가이데올로기와의 연관성이 우선적으로 고려되었다. 때문에 총장은 교수들 사이에서는 종종 "문부대신의 대행자"로 받아들여졌고, 제국대학 내의 사안에 대한 총장의 처리방식을 '국가권력의 개입'이라는 측면에서 집단적으로 저항하는 움직임도 생겨났을 정도였다.[6] 일본의 제국대학체제와 총장의 위상은 경성제대의 설립과정에서도 기본적인 법적, 제도적 준거가 되었다.

1924년 조선에 세워질 대학을 「제국대학령」에 의거한다는 방침이 칙령으로 공포되었다.[7] 일본에서 1918년 제국대학 이외의 고등교육기관에도 대학승격의 길을 열어준 「대학령(大學令)」이 공포된 이후였기 때문에 굳이 「제국대학령」에 의거해야만 대학이 설립될 수 있었던 것은 아니었다. 하지만 일제는 경성에 세울 대학을 「제국대학령」에 기초하기로 결정하였다. 그 이유는 여러 가지가 있겠으나 다른 대학들의 출현을 통제하려는 의도가 그 하나였을 것이다. 조선총독부는 1920년대 초반 조선인 지식인들 사이에서 활발히 전개되었던 '민립대학설립운동'에 대처하면서 일부 전문학교들의 대학승격노력도 철저하게 통제하는 가운데 경성제대 설립을 추진하였다.

1924년 경성제대 예과가 설치되었고, 총독부의 관리인 정무총감이 '총장취체역'으로 대학총장역을 대행하였다. 총장은 학부 개설과 함께 임명되어, 표 Ⅱ-1에서 보듯이 1926년 초대총장 핫토리 우토키치가 부임하였고, 이후 7명의 총장이 임명되었다.

---

5. 浜尾新은 1897년, 外山正一은 1898년, 菊池大麓은 1901년 각각 제국대학 총장 재직 중에 문부대신으로 입각하였다. 역대 문부대신 및 도쿄제대 총장에 대해서는 戰前期官僚制研究會 編(1991)을 참조.
6. 대표적인 사건이 1913년 京都제대에서 일어난 야나기사와(柳澤)사건이다. 이 사건은 문부대신이 임명하여 교토제대 총장이 된 柳澤政太郎이 총장의 직권으로 교수 7인의 사표를 받으려 하면서 일어났다. 이런 총장의 직권에 대해 당시 교수들은 교수들의 의향을 묻지도 않고 총장이 직권을 행사하는 것은 '대학자치' 즉 대학의 자율권을 침해하는 것이라고 반발하였고, 법과대학 교수 및 조교수 전원이 사표를 제출하였다. 이 사건은 결국 중재역할로 나섰던 도쿄제대 교수 穗積陳重, 富井政章 등이 당시 문부대신과 담판하여 "교관의 임면에 대해 총장이 그 직권을 운용하는 데 교수회와 협의하는 것은 지장없으며 또 타당하다."라는 각서를 받아내고 柳澤 총장을 물러나게 하는 것으로 일단락되었다. 이 사건은 제국대학의 자치전통을 국가권력으로부터 보장받음과 동시에 그동안 국가권력 개입의 상징이었던 제대총장을 교수들의 선거를 통해 선출할 수 있는 근거를 마련했다는 점에서 중요한 의미를 지닌다.
7. 「京城帝國大學ハ帝國大學令ニ依ルノ件」(1924년 칙령105호).

표 Ⅱ-1. 경성제국대학 역대 총장 명단, 재임기간 및 제반활동

총장	재임기간	주요이력
1대 服部宇之吉	1926.4.1.～1927.7.19.(1년 3개월)	도쿄제대 졸업(철학), 도쿄제대 교수, 문학부장, 중국 및 독일 유학, 베이징대학당 주임교수, 제국학사원 회원, 황족강화회 강사, 동방문화학원 이사장 및 도쿄연구소 소장
2대 松浦鎭次郎	1927.7.19.～1929.10.9.(2년 3개월)	도쿄제대 졸업(정치), 문부성 참사관, 전문학무국장, 구미유학, 문부성차관, 규슈대 총장, 귀족원 위원, 추밀원 고문관, 문부대신
3대 志賀潔	1929.10.9.～1931.7.1.(1년 9개월)	도쿄제대 졸업(의학), 전염병연구소 부장, 독일유학, 게이오의학부 교수, 경성의전 교장, 기타사토연구소 고문, 일본학사원 회원
4대 山田三良	1931.10.31～1936.1.16.(4년 1개월)	와세다 전문학교 및 도쿄제대 졸업(국제법), 구미유학, 도쿄제대 법학부장, 중재재판소 재판관, 학사회 이사장, 귀족원 의원
5대 速水滉	1936.1.16.～1940.7.6.(4년 6개월)	도쿄제대 졸업(철학), 도쿄제대 교수, 제1고등학교 교수, 경성법학전문학교 교수
6대 篠田治策	1940.7.6.～1944.3.20.(3년 8개월)	도쿄제대 졸업(법학), 변호사, 통감부 촉탁, 간도파출소 총무과장, 평남 내무부장, 평남도지사, 이왕직 장관
7대 山家信次	1944.3.20.～1945.8.15.(1년 5개월)	도쿄제대 졸업(공대 화약과), 도쿄제대 교수, 해군 장교 복무 후 장성, 경성제대 이공학부장, 조선총독부 기사

총장은 학자나 연구자 또는 관료 출신으로부터 충원되었다. 이들은 예외 없이 도쿄제국대학 출신이었다. 다수가 구미유학 경험이 있고 제국대학 교수 경력을 갖고 있다. 적어도 개개인의 학력과 경력의 측면에서 본다면 당대 일본에서 최고 엘리트 집단에 속하는 사람들이라 할 만하다.

3. 경성제대 총장과 사회적 영향력

경성제대 총장이라는 직위는 어느 정도의 지위였을까. 앞서 언급했듯이 경성제대 총장의 임면권자는 일본의 제국대학과는 달리 조선총독이었고 직제 상 경성제대 총장은 일본 문부성이 아니라 조선총독부에 속했다. 당시 제국대학 교수는 국가권력의 우대 정책의 결과, 교수의 경우 고등문관에 준하는 관등과 봉급을 보장받았다(寺崎昌男,

1992: 68-77). 교수의 지위는 최소 관등6등의 주임관에서 최대 관등1등의 칙임관에 이르렀는데, 여기서 관등6등은 고등문관시험 합격자에 부여하는 직위에 해당하며, 관등1등은 조선총독부로 보면 중앙부서 국장 및 도지사에 해당하는 높은 직위였다.[8] 경성제대도 다른 제대와 마찬가지로 교수들에게 고등관의 지위를 보장해 주었기 때문에 경성제대는 조선총독부 내에서도 수십 명의 고등관이 소속된 이례적인 조직이었다. 가령 1938년의 경우 경성제대 교수는 법문학부 60명, 의학부 47명, 총 107명으로 그 중에서 관등1・2등에 해당하는 칙임관은 법문학부 22명, 의학부 19명, 합계 40명에 이른다. 1938년 직원록을 보면 당시 학무국장인 시오와라 도키사부로(鹽原時三郎)의 관등이 2등3급 칙임관이었는데, 그렇다면 경성제대 교수들 중에서 당시 학무국장보다 관등이 높았던 이가 최소 17명(1등)이나 있었던 셈이다. 이런 조직을 관할하는 총장의 지위는 특별히 높았을 수밖에 없다. 직원록의 「관등봉급규정」에 따르면 총장의 관등은 2등 이상 1등 이하의 칙임관으로 정해져 있으며, 특히 4대 총장 야마다 사부로(山田三良)와 6대 총장 시노다 지사쿠(篠田治策)는 천황이 직접 임명하는 친임관 대우를 받았는데,[9] 조선총독부에서 친임관은 조선총독과 정무총감밖에 없었다.

경성제대 총장의 상대적 지위는 봉급을 살펴보면 더 분명하게 드러난다. 경성제대 설립 당시 총장의 봉급은 1급이 7,000원, 2급이 6,500원으로 같은 관등의 국장(1급: 6,500원, 2급: 5,700원, 3급: 5,200원) 및 도지사(1급: 6,000원, 2급: 5,500원, 3급: 5,200원)보다 높았다. 정무총감 또한 7,000원으로 경성제대 1급 총장과 동등한 수준이었다. 그보다 월급이 높았던 것은 조선총독(8,000원)뿐이었다. 관등 및 봉급에서 확실히 알 수 있듯이, 경성제대 총장은 총독과 정무총감을 제외하고는 가장 높은 지위를 가지고 있었던 것이다.

이런 높은 지위에도 불구하고 경성제대 총장은 대학에 관련된 사무 이외에 식민지사회 전반에 대한 실질적 영향력은 크지 않았던 것으로 보인다. 경성제대 총장이 대학업무 이외에 조선총독부의 식민통치에 얼마나 관여하고 있었는지는 역대 총장들의 겸직 사항을 보면 보다 분명해진다. 표 II-2는 『조선총독부관보』를 통해 역대총장의 겸직사항을 정리한 표다.

---

8. 『朝鮮總督府及所屬官署職員錄』(昭和2年), 「文官高等官等表』를 참조.

9. ACAR(アジア歷史資料センター) Ref. A03023479500, "特ニ親任官ノ待遇ヲ賜フ 京城帝國大學總長 山田三良"/『公文別錄』, 親任官任免, 明治二十二年~昭和二十二年, 第七卷, 昭和九年~昭和十二年, 1936년 1월 14일 및 JACAR(アジア歷史資料センター) Ref. A0302351 3400, "特ニ親任官ノ待遇ヲ賜フ 京城帝國大學總長 篠田治策"/『公文別錄』, 親任官任免, 明治二十二年~昭和二十二年, 第八卷, 昭和十三年~昭和十五年, 1936년 1월 14일을 참조.

표 Ⅱ-2. 경성제국대학 역대총장의 겸직사항

총장	재임기간	조선총독부 관련 활동
1대 服部宇之吉	1926.4.1.~1927.7.19.(1년 3개월)	조선사편수회 고문
2대 松浦鎭次郎	1927.7.19.~1929.10.9.(2년 3개월)	총독부 학무국장 사무취체
3대 志賀潔	1929.10.9.~1931.7.1.(1년 9개월)	토목회의 위원 중앙위생회 위원
4대 山田三良	1931.10.31.~1936.1.16.(4년 1개월)	고등시험임시위원회 위원 조선사편수회 고문 임시역사교과용도서조사위원회 위원 총독부시정25주년기념 박물관건축설계도안 심사위원회 위원
5대 速水滉	1936.1.16.~1940.7.6.(4년 6개월)	조선사편수회 고문 임시역사교과용도서조사위원회 위원 박물관건설사무 고문 임시교육심의위원회 위원 시국대책조사회 위원 중앙방공위원회 위원
6대 篠田治策	1940.7.6.~1944. 3.20.(3년 8개월)	조선사편수회 고문 임시역사교과용도서조사위원회 위원 박물관건설사무 고문 임시교육심의위원회 위원 시국대책조사회 위원 중앙방공위원회 위원
7대 山家信次	1944.3.20.~1945.8.15.(1년 5개월)	과학기술심의회 위원 임사역사교과용도서조사위원회 위원 문화공로자전형위원회 위원

이 표를 보면 경성제대 총장은 조선총독부와 관련한 여러 가지 다른 직책을 겸하는 경우가 있었다. 우선 경성제대 총장이 되면 당연직으로 겸하게 되는 직위가 있었던 것 같다. 조선사편수회 고문은 경성제대 총장이 법문학계열의 인사일 경우 겸직하게 되는 것이 관행이 되었던 직위였고, 임시 역사교과용 도서조사위원회(1935년 설치) 위원 또한 4대 야마다 총장 이래 겸직이 당연시되었던 것 같다. 또한 총독부시정 25주년을 기념해서 구성한 '박물관 설립을 위한 건설위원회'에 경성제대 총장이 고문으로 위촉되었던 사례에서 보듯이 총독부의 한시적인 문화사업과 관련된 겸직도 있었다. 이런 겸직은 경성제국대학이 조선문화 연구를 주도해야 하며 또 식민지교육

의 완성에 기여해야 한다는 식민지대학으로서의 사명과 깊이 관련된 것으로 보인다.

한편 중일전쟁 이후 시국이 점차 경직되어 가는 상황에서 '시국문제'를 논의하고, 방공(防空)대책을 수립해야 할 필요성이 통치당국에서 제기되었는데 이런 맥락에서 설립된 시국대책조사회(1938~41년)와 조선중앙방공위원회(1937년 설치)에서도 경성제대 총장을 당연직 위원으로 위촉했던 것으로 보인다. 대륙침략이 본격화되고 정국 또한 경색되어 감에 따라 식민당국 내에서도 사상통제를 강화해야 할 필요성이 높아져 갔는데, 특히 각종 '사상'의 온상이던 경성제대는 특별한 주목의 대상이었다. 그런데 경성제대의 교수와 학생들이 일본제국 내에서도 높은 지위와 특권을 보장받고 있기 때문에 이들을 통제하고 관리하는 데 특별한 주의가 필요했다. 경성제대 총장은 학문적 권위와 정・관・학계에 걸친 사제관계의 학력 연줄망을 바탕으로 이들을 통제해 줄 것을 기대했던 것이다.

하지만 모든 겸직활동이 경성제대 총장이라는 자리에 고정적으로 부여된 권한이나 임무는 아니었다. 총장들의 활동상황이 개인별로 다르고 또 시기별로도 큰 차이를 보이기 때문이다. 이들 겸직내용 가운데는 총장의 개별적인 업적이나 경력에서 기인한 것이 적지 않다. 2대 총장 마쓰우라의 경우, 총장부임 중 조선총독부 학무국장 사무취체를 겸직하였는데, 그가 15년여에 걸쳐 문부성 전문학무국장 및 차관을 역임하면서 타이쇼(大正)연간의 일본고등교육정책을 실질적으로 주도했던 경력을 높이 산 조선총독부의 요청으로 이루어진 것으로 보인다. 또 3대 총장 시가나 7대 총장 야마가의 경우 각각 중앙위생회 위원, 과학기술심의회 위원을 겸직했는데, 이는 이들이 일본 의학계 및 공학계에서 쌓은 학술적 업적을 고려했기 때문이다. 4대 야마다 총장이 겸직했던 고등시험임시위원회 위원직은 그가 경성제대 총장 이전에 도쿄제대 법학부 교수로서 관여해 왔던 직위였는데, 대학총장이 되면서 일시 사임했다가 다시 요청을 받은 것이다. 이런 겸직들은 대체로 총장 개인의 경력과 관련된 것이었다고 볼 수 있다.

이와 같은 경성제대 총장의 겸직, 혹은 총독부 내의 활동과 영향력은 총장의 관등 및 봉급에 비하면 매우 불충분한 것이었다. 학벌이나 지위의 측면에서 식민지 사회에서 가장 강력한 문화적 영향력을 지닐 수 있었음에도 불구하고 그러한 모습이 별로 보이지 않는 이유는 무엇이었을까? 1920년대 이후 활발하였던 조선 사회 내의 언론, 잡지 등에 경성제대 총장의 이름으로 발표된 글도 별로 없다.

경성제대 총장의 활동이 세간에 드러나지 않았던 이유는 첫째, 경성제대 총장이라는 직위에 대한 조선인 사회의 반응이 그다지 호의적이지 않았거나 비판적이었을 가능성이 있다. 조선인 언론은 경성제대 총장에 관해 별로 다루지 않았다. 둘째, 총장의 입장에서도 조선사회에 대한 무관심 내지 소극적 반응의 이유를 찾지 않으면 안 된다. 식민지의 제국대학이 일종의 '비지(飛地, enclave)형 기관'이었다는 사실, 다시 말해 물리적으로는 조선에 있지만 모든 문화적 준거나 인적 네트워크, 이념과 관심은 전부 일본을 향해 있는 고립된 조직이었다는 사실을 중요한 요인으로 꼽을 수 있을 것으로 생각한다. 정상적인 사회와는 달리 식민지 대학의 존립기반이나 영향력의 주요대상이 식민지가 아니라 식민모국이었다는 것이고 그런 만큼 대학총장 개인의 입장에서 식민지 사회 내부에서 특별한 위상을 드러내는 데 큰 동기가 작동하지 않았을 수 있다는 것이다. 다른 말로 하면 대학총장이나 대학교수나 그들에겐 모든 평가의 준거가 도쿄였고 돌아가고 싶어 하는 곳도 식민모국이었다는 것인데 다음 몇 사례는 이러한 점을 잘 보여 준다.

먼저 초대총장인 핫토리 우노키치는 1926년 4월 초대총장에 취임하였지만 이듬해 7월 총장직을 사임하였다. 1년 3개월의 임기라고 하지만, 핫토리는 도쿄에 머물면서 학교행사가 있을 때만 경성에 건너왔기 때문에 실제로 경성에 체류하고 집무한 기간은 2-3달도 안 됐던 것이다. 대학 간 겸직이 제도적으로 허용되고 있었다는 점을 고려하더라도 신설된 제국대학의 초대총장으로서 현지에 부임하지도 않은 채 그 직무를 행사하겠다고 생각한 그 바탕에는 기본적으로 경성제대가 조선사회 내의 학술기관으로서가 아닌, 일본제국이 먼 식민지에 만들어 놓은 '일본의 기관'이라는 인식이 자리 잡고 있었다고 볼 수 있다. 실제로 핫토리 자신이 경성제대 총장시절을 자신의 인생에서 크게 생각하고 있지 않았다. 「핫토리선생자서(服部先生自敍)」에는 경성제대의 창립과 총장시절이 언급되어 있는데, 경성제대의 실질적인 창설자라고 할 수 있는 핫토리가 32쪽에 이르는 「자서(自敍)」에서 고작 1쪽도 되지 않는 분량을 경성제대 창설과 총장직무에 할양하고 있다는 점은 자신의 인생에서 '경성'은 독자적인 의미를 갖지 않았음을 보여 준다.

이후에도 이와 유사한 경우를 계속하여 보게 된다. 3대 총장인 시가 기요시는 교수사회 내부의 갈등 속에서 자신의 스승 기타사토 시바사부로(北里柴三郎)의 죽음을 이유로 도쿄로 돌아가 사표를 내고 아예 경성으로 돌아오지 않았다. 4대 총장의 경우 1순위 후보였던 오다 요르즈(織田萬) 교수뿐만 아니라 2순위 후보로 거론되었던 인물도 모두 경성제대 총장직을 고사했다. 이들이 경성제대 총장직을 고사한 이유는 무엇보다도 경성제대가 외지(外地)에 있었기 때문이었다. 즉 이들 후보자들의 입장에서 경성제대 총장직은 한갓 변방의 관직에 불과했으며 자신의 명예와 경력에 크게 도움이 되지 않는다고 판단했던 것이다. 결국 3순위였던 도쿄제대 명예교수 야마다 사부로(山田三良)가 총장직을 수락함으로써 문제는 일단락되었지만, 이를 계기로 "역시 외지의 대학은 어쩔 수 없다"는 자괴론이 교수들 사이에서도 팽배했다고 한다. 처음으로 선거를 통해 총장후보자를 선정했고, 후보자 추대 과정을 공개적으로 진행했던 경성제대는 대내외적으로 위신이 크게 추락하였다. '식민지의 제국대학'은 일본 본토의 관점에서는 격이 낮은 식민지대학에 불과하다는 점을 드러냈기 때문이다.

제도적으로 주어진 매우 높은 지위에도 불구하고 경성제대 총장이 식민지 사회에 큰 문화적 영향력과 지적 헤게모니를 행사하지 못한 이유는 대학총장이 일본에서 활동하는 일본인이었으며, 경성제대가 조선사회와 근본적으로 유리되어 있었다는 사실, 즉 식민지대학으로서의 성격에서 찾을 수 있을 것이다.

4. 경성제대 총장과 대학행정: 식민지형 '대학자치'

경성제대의 총장은 교수들의 자율적 권위를 대변하는 위치에 섰는가 아니면 정치권력의 대행자 역할을 자임했는가, 그렇지 않으면 스스로 독자적인 권위를 행사하는 존재였는가? 제국대학의 총장은 대학 및 고등교육정책에 대해서 강력한 영향력을 가지는 반면, 임명권을 가진 국가권력에 종속되어 국가권력의 대학 개입을 대행하는 역할을 하기도 하지만 동시에 선거의 관행화를 계기로 총장이 선출의 권한을 가진 교수회 및 "대학자치"의 상징으로 부각될 수 있는 가능성도 생겨난다.

경성제대 총장은 조선총독이 문부대신을 대신하는 것을 제외하고는 일본 내지의 총장규정에 의거한 것과 동일한 직무권한을 부여받았다. 법령과 규정의 측면에서 보았을 때, 경성제대가 일본 내지의 제국대학과 다른 점은 「제국대학령」에 규정된 문부대신의 직무를 조선총독이 행한다는 것뿐이라고도 할 수 있다. 하지만 이 규정은 식민권력이 식민지상황의 특수성을 명목으로 대학의 운영 및 학사에 개입할 여지를 주었고, 실제로 개입했었다는 점에서 주목할 필요가 있다. 이런 개입이 가장 첨예화된 부분은 역시 대학의 사무를 관할하는 총장의 임명과정이었다.

대학총장의 직무를 규정하고 있는 근거로는 「개정제국대학령」(1919년 칙령 12호)

표 II-3. 경성제대 총장의 업무상 권한

專行업무[1조]	총독의 인가를 받아 처리할 업무[3조]
1. 부하직원의 사망 賜金, 수당 및 각종 급여 2. 부하직원 사무분과의 지정 3. 부하직원의 휴가신청의 허용 여부 4. 부하직원의 관리복무규율에 의한 願出의 허용 여부 5. 부하직원의 除服出任命令 6. 부하직원의 출장명령 단, 支那 이외의 외국출장은 제외함	1. 각종 규칙의 제정 및 개폐 단, 세칙 및 내부의 각종 규정은 제외함 2. 8일 이상의 임시휴업 3. 예과생도의 휴가여행일정, 6일 이상의 수학여행 4. 예과생도의 모집 5. 외국인교사의 雇入 및 계약기간 내의 解雇 6. 기타 중요한 사항

과 「경성제대관제」(1924년 칙령 103호), 그리고 「경성제대총장직무규정」(1926년 총독부내훈 4호)이 있다. 「제국대학령」에서 제국대학은 "총장, 학부장, 교수, 조교수 및 기타 직원을 둘 수" 있도록 규정하고 있는데(4조1항), 여기서 총장은 강사를 촉탁할 수 있으며(4조2항), 평의회를 소집하고 그 의장을 맡을 수 있도록 정하고 있다(5조). 「경성제대관제」에서 총장은 "조선총독의 감독을 받아 경성제국대학 일반의 사무를 관장하고 소속 직원을 통독(統督)한다"고 되어 있으며, 특히 "고등관의 진퇴에 관해서는 조선총독에게 구상(具狀: 구체적인 상황을 문서로 제출)하고, 판임관에 관해서는 이를 전행(專行)한다"는 권한을 부여하고 있다. 보다 구체적으로 대학총장의 직무를 명문화한 「경성제대총장직무규정」에서는 총장의 업무를 조선총독의 인가 없이 전행할 수 있는 사항과 반드시 조선총독의 인가를 받아야 하는 사항으로 나누어 표 II-3과 같이 규정하고 있다.

이상 법령에 의해 규정된 총장의 권한과 직무는 여전히 광범위하고 포괄적이었다. 1919년 「대학령」 공포 이전에 비해 제국대학 총장의 권한이 축소되었다고는 하나, 여전히 소속 직원을 "통독(統督)"한다고 규정되어 있고, 경성제대 총장은 조선총독에게 구상(具狀)하는 방식으로 제대교수를 비롯한 고등관의 진퇴에 영향을 미칠 수 있는 등 제국대학 내의 사안에 대해 강력한 권한을 행사할 수 있었다. 한편, 경성제대 총장은 대학관련 업무를 관할하는 사무기구로서 서무과, 회계과, 학생과를 두었고, 서무·회계과에는 사무관급 과장 및 서기가, 학생과에는 교수·조교수가 겸직하는 학생감 및 서기가 배치되어 대학사무를 담당하였다.[10] 각 학부에는 별도의 행정조직이 없이 서기만 2인 있었기 때문에 이 중앙행정조직을 통해 총장은 세부적인 대학행

10. 『京城帝國大學例規』(昭和12年 6月), 櫻井文庫(日本經濟大學)소장본을 참조.

정을 감독하고 있었다고 할 수 있다.

총독부가 경성제대 총장임명을 포함하여 대학행정에 깊이 관여하고자 했음은 앞서 언급하였다. 하지만 총장임명에 깊은 이해관계를 가진 것은 총독부만은 아니었다. 경성제대의 총장선임은 일본 문부성의 입장에서도 일본제국 전체의 고등교육정책과 관련하여 중요한 사안이었다. 경성제대는 조선총독부 소속기관이라는 점에서 문부성의 소관이 아니었지만, 제국대학으로서의 자격을 보증하는 중요한 장치 중 하나인 학위(學位)는 문부성이 부여했기 때문에, 문부성은 가급적 제국 전체의 문교정책에 적합한 인물이 경성제대 총장이 되는 것을 선호했다. 또한 경성제대 내부의 학부와 교수들에게 경성제대 총장이라는 자리는 자신들의 이해관계가 걸린 학교정치의 핵심 사안이었다. 제국대학 교수의 지위는 매우 높은 것으로 보장되어 있었기 때문에 교수들은 외부정치권력에 대한 입장에 따라, 소속 학부 및 학계의 이해관계에 따라, 사제관계로 뒤얽힌 학맥 연줄망에 따라 대립하면서 총장임명에 관여하고 있었다.

경성제대 총장의 임명과 경질을 둘러싸고 조선총독부와 경성제대 교수, 그리고 일본 문부성의 입장이 다를 수 있었다는 점은 "식민지의 제국대학"으로서의 경성제대의 존재방식과 관련해서 시사하는 바가 적지 않다. 더욱이 1930년대 이후 경성제대에서도 총장선거가 관행으로 정착되어 가자 이러한 입장의 불일치가 종종 표면에 부상하곤 했다. 이러한 불일치의 양상은 경성제대가 처한 상황적 조건에서 각 이해당사자가 어떤 대학상을 지향했는지를 잘 보여 준다.

전반적으로 경성제대의 경우 초기에는 총장의 권한이 강했고 점차 후기로 가면서 교수들의 자치권을 앞세운 관행의 힘이 커져 갔던 것이 아닌가 싶다. 이는 후반부로 갈수록 총장의 개인적 위상이 상대적으로 낮아지고 있었던 것과도 무관치 않을 것이다. 초기의 총장들은 실제로 강력한 권한들을 행사했는데 그 힘은 제도형성기에 총장이 행사할 수 있는 교수임용권 및 총장 자신이 식민모국에서 획득하고 형성한 사회적 자본에 근거한다. 구체적으로 말하면 도쿄제대를 중심으로 일본의 고등교육행정체계 내에서 총장이 차지하고 있던 다양한 인적 네트워크가 그들의 핵심자산이었다. 이를 초기의 세 총장 사례를 통해 살펴보기로 하자.

경성제대의 창설과정에서 핵심적 역할을 하였고 초대총장을 역임했던 핫토리 우노키치가 행사한 힘의 근거는 그가 도쿄제대 문학부장으로서 자신의 학맥 연줄망을 활용하여 법문학부의 교원충원을 주도할 수 있었던 것에서 찾아진다. 핫토리는 당시 일본의 정·관·학계에 걸쳐서 넓은 영향력을 가지고 있었고 초기 일본의 고등교육 체계를 상징적으로 보여 주는 인물이었다. 2대 총장이었던 마쓰우라 시게지로는 본격적인 교육관료 출신이었다. 그도 도쿄제대를 졸업한 후 문부성 관료로서 경성제대가 설립되던 시기에 문부성 전문학무국장을 거쳐 문부성차관을 지내고 있던 고급관료였다. 그를 2대 경성제대 총장으로 부르려 했던 이유도 바로 이 점 때문이었다. 조선총독부는 물론이고 경성제대 역시 식민지 모국에 강력한 행정적 힘을 지니고 있던 현직 차관이 줄 수 있는 영향력을 기대했던 것이다. 그는 당시 탁월한 행정력으로 평판이 높았고 실제 초창기 경성제대 행정체계를 수립하는 데 중요한 역할을 했다고 알려져 있다. 그를 경성제대 총장으로 불렀던 것은 바로 그 자질 때문이었다. 그는 총장재임 중에 규슈제대로부터 총장 제의를 받았고 1929년 그곳으로 옮겨 갔다.

3대 총장이었던 시가 기요시도 1920년 조선총독부의원 의원장이 되어 조선으로 건너온 이래 경성의학전문학교장으로서 경성제대 창립과정에 관여하였는데, 특히 의학부의 구성에 관해서는 자신이 책임을 지고 교수요원을 확보했고, 1926년 학부 설립과 더불어 경성제대 의학부장으로 취임했다. 그는 도쿄제대 연줄망에만 의존하지 않고 다양한 학맥을 동원하여 교수진을 채웠고 그 결과 핫토리가 주도했던 법문학부 교수가 대부분 도쿄제대 출신이었던 데 반해, 의학부는 도쿄제대뿐만 교토제대, 규슈제대, 게이오의숙(慶應義塾) 의학부 등 다양한 출신의 연구자로 구성되었다는 특징을 가지게 되었다(高橋功, 1957: 76). 하지만 이러한 그의 권한과 힘 역시 개인적으로 일본에서 획득한 지적 네트워크에 기초한 것임을 부인할 수는 없다.

초기 단계를 거친 이후에는 총장의 권한에 대한 교수진의 저항 내지 반발이 적지 않았다. 이 반발에는 교수진 내부의 학벌 및 파벌의식이 작용하였다. 예컨대 파벌을 무시하겠다던 시가 기요시의 구상은 처음부터 도쿄제대 출신을 비롯한 관학 출신의 강력한 반발에 부딪쳤다. 특히 교수충원 문제를 둘러싼 시가와 다른 의학부교수들의 갈등은 시간이 갈수록 증폭되어 시가 기요시가 경성제대 총장으로 부임했던 시기에 이르면 "안티시가(志賀)열풍"(春秋子, 1931: 83-84)이라고 불릴 정도로, 의학부 내부에서 확산되었는데 이런 움직임은 특권의식에 바탕을 둔 제국대학 특유의 파벌싸움에 가까웠다고 보는 편이 옳을 것이다. 이런 연줄망에 기반한 학벌, 파벌 다툼은 비단 의학부에 한정되는 것은 아니었다. 법문학부 내부에서도 법문학부를 만든 취지가 무색하게, 문학계열의 교수들과 법학계열의 교수들 사이에, 혹은 조선총독부에 연고를 가진 노장교수들과 중앙학계로의 진출을 노리는 소장교수들 사이에 학벌, 파벌싸움이 끊임없이 벌어졌다.

일반적으로 일컬어지는 '대학자치'의 핵심은 주요한 대학행정의 결정권을 교수회가 갖는 것과 함께 대학총장을 선출하는 권한에 있었다. 경성제대의 경우 4대 총장부터 선출에 의한 추천이 이루어졌는데, 이 과정은 교수들의 힘을 드러내는 것임과 동시에 학벌 및 파벌의 힘을 보여 주는 것이기도 했다. 총장선거라 해도 법적으로는 '천거'의 형식이었고 엄밀한 의미에서 민주적인 선거과정이었다기보다 교수집단 내부의 독특한 위계와 파벌, 이해관계가 결합되어 이루어지는 계산된 초빙이기도 했다. 채운학인(彩雲學人)에 따르면, "경성제대에 대해 말하자면, 성대(城大)에는 평의원회가 있는데 이 평의원회가 전 교수회의 대의기관이 되며 이를 통해 총장투표가 행해지는 것이다(彩雲學人, 1935: 45). 그런데 평의원회는 물론 학내교수들 중에서 임명되는 것으로 정원은 11명, 그 구성은 의학부에서 6명, 법문학부에서 5명의 비율로 할당된다." 즉, 개별교수의 의견은 각 학부에서 투표 등을 비롯한 여타 방법으로 수렴되어 각 학부의 입장이 확정되면 평의원회에서 투표의 절차를 밟게 되는데 평의원회의 투표결과는 대체로 1순위 후보자에 대한 만장일치의 결과로 나타난다. 총장을 초빙하는 데 있어서 반대가 있을 경우 모양새가 좋지 않다고 해서 미리 각 학부 사이의 의견조율을 마치기 때문이다.[11]

4대 총장의 선출 당시 언론은 경성제대 교수들의 여론을 "최근 법문학부장을 법학과에서 배출했고 1대 총장이 철학 계통의 학자, 3대 총장이 의학 계통의 학자인 이상, 4대 총장은 법학 계통의 학자가 좋다"(春秋子, 1931: 84)는 분위기가 조성되어 있었다고 전하고 있는데, 이것은 각 학벌, 파벌 간의 비공식적 교섭을 거쳐 3명의 추천후보가 결정되는 배경의 일부를 보여 준다. 3명 모두 도쿄제대나 교토제대 교수 출신으로 일본 내지의 정관계에 영향력이 있는 법학계통의 인사들이었다. 총장후보가 자기 대학 출신이 아니어도 상관없었기 때문에, 경성제대 교수들은 자신들의 학맥, 파벌과 관계가 있는 영향력 있는 "전국적"인 인물을 총장으로 초빙함으로써 자신의 학내 영향력을 높임과 동시에 경성제대의 위상을 일본제국 전체에 과시하려 했던 것이다. 따라서 총장선출이라는 형식에도 불구하고 구체적인 인선의 과정에는 '대

11. "당시 대학총장의 자리는 상당히 명예로운 직책으로 인식되고 있었다. 따라서 교수들 사이에 아무리 의견이 대립이 심하더라도, 일단 비공식적으로 의견조율이 끝나면, 공식적인 선출절차에서는 만장일치로 추대하는 형식을 취하는 것이 일반적이었다. 외부의 인사를 추대하는 경우에는 더욱 그러했는데, 외부 인사를 총장으로 추대하면서 만약 내부의 반대가 알려지게 되면 모양새가 좋지 않고 총장의 위신과 명예를 손상시킬 수도 있다고 생각했기 때문이다."(彩雲山人, 1935: 45)

학자치'라고 부르기 어려운 독특한 권력적 담합구조가 자리 잡고 있었던 것이다.

일제의 대륙침략이 노골화되면서 '대학자치' 문제가 본격적인 논란거리가 되었다. 5대 총장으로 임명된 하야미 히로시(速水滉)는 1926년 학부개설 당시부터 경성제대 교수(심리학1강좌)로 활동했던 학내 인사로, 아베 요시시게(安倍能成, 철학·철학사1강좌), 미야모토 와키치(宮本和吉, 철학·철학사2강좌), 우에노 나오테루(上野直昭, 미학·미술사1강좌)와 더불어 대학자치를 강조하는 이와나미(岩波)그룹 철학자로 알려져 있었다(李忠雨, 1980: 108). 이들의 입장은 경성제대에서는 소수파였지만, 그가 총장에 선출된 것은 파벌적 대립의 결과였다. 하지만 일제의 대륙침략이 심화되고 황민화정책이 강조되면서 총독부의 간섭은 심화되었고 하야미는 자의반 타의반으로 총장직을 물러났다. 1940년 「퇴관(退官)인사」에서 하야미 총장이 한 다음과 같은 말은 식민지 대학이 강조하는 대학자치가 얼마나 허구적일 수 있는지를 잘 보여 준다.

> 대학이 한편으로는 교육기관임과 동시에 다른 한편으로는 학술연구기관이라는 것은 우리로서는 명백합니다만, 세간에는 최근까지 다른 학교와 마찬가지로 교육기관만 보고 학술연구기관의 사명은 인정하지 않는 것이 일반적이었다고 생각합니다. 저는 대학의 사명은 학문연구가 첫째라고 확신하는 사람이며 이런 점에서 다른 학교와는 분위기를 달리하는 것입니다. 오늘날의 시국에서 대학도 국책방향에 따라 노력 분투해야 함은 말할 것도 없고 상아탑에 틀어박혀 시세에 초연한 것은 허용되지 않습니다. 하지만 그 본령은 어디까지나 학문연구를 통해 국가적으로 봉공한다, 즉 학문봉공에 있다고 확신하는 바입니다(速水滉, 1940: 578-579).

하야미의 이 발언은 경성제대가 직면하고 있던 당시의 상황을 잘 묘사하고 있다. 대학의 본위는 교육보다 연구에 있으며, 따라서 엘리트 양성이라는 명목으로 가해지는 국가권력의 개입을 최소화하고 오히려 학문으로 공헌할 수 있는 길을 모색해야 한다는 그의 발언은 문맥상으로만 보면 대학의 자율성을 강조하는 발언이라고 할 수 있다. 하지만 "학문봉공(學問奉公)"이라는 표현에서도 잘 드러나지만, 이들의 '대학자치'의 추구는 기본적으로 일본제국의 총체적 전략구상 속에 위치하는 것이었고 국가와 학문추구 사이의 관계에 대해 근본적인 성찰에 이를 정도의 '자치론'과는 거리가 먼 것이었다. 대학의 자치라고 했을 때 그 자치를 바탕으로 무엇을 연구하고 어떤 현실과 맞부딪칠 것인가에 대하여 그들은 잘해야 추상적이었고, 부정적으로 본다면 모두가 제국적 지배논리의 옹호자들이었다. 그들은 학문적 보편성과 자율성을 추구한다는 명목으로 식민지문제에 대해 철저하게 침묵으로 일관했던 것이다(정준영, 2009: 202-223).

결국 경성제대에서 '대학자치' 또는 학문적 자율성 주장은 자신들이 발 딛고 있는 사회적 조건, 다시 말해 대학이라는 제도가 어떤 사회적 조건 속에 자리 잡고 있는가라는 '제도적 배태성(institutional embeddedness)'에 대한 인식을 결여하고 있는 것이었고, 그런 의미에서 이 논리는 허구적인 것이 될 가능성이 높았다. 적어도 경성제대가 의미 있는 '대학자치' 기관이 되기 위해서는 교수들 자신이 일본제국이 부여한 제국대학이라는 특권적 기반 위에 뿌리박고 있다는 것, 그리고 자신들의 연구기관인 경성제대가 제국권력에 의한 폭력적 지배 아래에 있는 식민지사회 위에 뿌리박고 있다는 것을 자각하는 것이 필요했다. 하지만 단 한 명의 조선인 교수도 허용되지 않고, 모든 제도와 인력이 일본인 중심으로 구성된 경성제대에서 이러한 자각이 형성되기를 기대하기는 불가능한 일이었다. 실제로 하야미 총장의 사임 이후 경성제대 총장으로 부임한 사람은, 통감부 시절부터 식민지 관료로 활동하다가 이왕직 장관을 역임했을 뿐, 학계에서의 활동이 없었던 시노다 지사쿠와 일제의 "후방병참기지화" 정책의 여파 속에 이공학부장으로서 총장에 취임했던 야마가 신지였다. 이런 조건 하에서 학문적 자율성이란 실질적 의미를 갖기 어려웠음은 두말할 필요가 없다.

5. 경성제대 총장과 권력적 상호작용

경성제대 총장의 행적과 임명과정을 통해 보면 식민지에서 고등교육과 지식산출의 과정을 둘러싸고 진행되는 독특한 권력적 상호작용을 볼 수 있다. 정규영(1995)은 경성제대 설립을 주도했던 총독부 학무국장 나가노(長野幹)와 초대총장 핫토리의 발언에 기초하여 '동양문화연구'와 '국가를 위한 학문'이라는 공식적인 대학이념이 1926년 학부개설의 단계에서 정착했음을 밝힌 후, 이런 공식적인 대학이념은 일부 교수들이 지향했던 대학상과 지속적으로 갈등관계에 놓이게 되었다고 주장하였다. 즉 학문적 보편성에 초점을 맞추어 대학 본연의 임무를 강조하는 공식적 입장과 경성제대가 식민통치의 수단에 불과하다고 보는 조선인적 시각과는 대립적일 수밖에 없었다는 것이다. 그의 지적은 중요하지만 이러한 갈등이 반드시 대학을 바라보는 관점의 차이에서만 비롯되는 것이 아니라 실질적 이해관계에 입각한 다양한 권력적 상호작용을 동반한다는 사실을 좀 더 강조할 필요가 있다.

앞서 말한 대로 경성제대 총장의 위상과 권한은 한편으로는 제국대학의 전통에 의해, 다른 한편으로는 식민지의 상황적 특성에 의해 규정되었다. 이러한 복합적인 성격 위에 조선총독부, 제대교수, 제국정부 및 조선인 사회의 요구가 경성제대의 존재방식에 개입함으로써 모순적 양상을 더욱 첨예하게 드러낸다. 조선총독부의 권력, 식민모국의 교육권력 또는 지식권력, 교수집단의 힘, 대학이 존립하고 있는 조선사회 일반의 반응 등 4가지 힘 중에서 가장 뚜렷하게 확인할 수 있는 것은 첫 번째와 두 번째 힘의 상호협조다. 이것은 경성제대 총장의 선임과정에서 매우 분명하게 나타난다. 초대총장 핫토리가 대학설립의 사무를 맡게 된 것은 1923년 10월 말경이었다. 핫토리 총장의 아들의 증언에 따르면, 당시 조선총독 사이토 마코토(齋藤實)가 자택을 방문하여 경성에 설립될 예정인 대학에 관한 일을 맡아달라고 부탁했기 때문에 핫토리는 그 자리에서 수락했다고 한다(服部武, 1974: 116). 이처럼 조선총독이 핫토리의 자택을 직접 방문하였다는 것은 최고권력자의 일방적인 결정과 정책에 의존할 수밖에 없는 식민지적 상황을 반영한다.

핫토리를 초대총장으로 위촉하려는 구상은 당시 총독부 시학관으로 있던 다카하시 도루(高橋亨)의 추천에 의해 이루어진 것이다.[12] 다카하시는 조선총독에게 두 가지 이유를 들어, 핫토리를 대학창설의 적임자로 추천했다(服部武, 1974: 116). 첫째, 조선은 여전히 유교의 세력이 뿌리 깊기 때문에 이에 대응하기 위해서는 핫토리와 같은 현대유학의 대가가 총장을 맡을 필요가 있다는 것이다. 당시 조선 사회에서는 조선인들의 대학설립운동이 활발하게 전개되고 있었고, 기독도계의 학교들도 "전문학교"에 만족하지 않고 대학으로 인가받으려는 시도를 하고 있었다. 이런 도전에 대해 식민통치당국은 민족분할정책을 바탕으로 유교세력을 포섭할 필요성이 있었다. 유교의 '충(忠)' 개념을 천황에 대한 충성으로 해석하여 새로 세워질 식민지대학의 이념으로 삼으려면 핫토리 우노키치가 적격이라는 이유였다.

둘째로 그가 이미 중국에서 일본식 대학 모델의 적용실무를 담당한 적이 있다는 사실이었다. 그는 일본정부의 중국정책에 발맞추어 청국의 베이징대학당(北京大學堂)을 개혁하여 근대대학으로 만드는 데 관여했다. 핫토리는 1902년 문부성의 요청을 받고 베이징대학당 사범관의 총교습(總敎習)의 자격으로 중국에 건너갔다. 당시 베이징정부는 서구식 교육의 필요성을 절감하여 베이징대학당을 설립하려고 외국인 교수를 초빙하였는데, 일본정부가 이를 핫토리에게 위촉했던 것이다. 베이징대학당

12. 高橋亨와 그의 조선연구에 대해서는 정규영(1995) 및 박광현(2002)의 논문을 참조.

은 우선 속성과정으로 교원을 양성하는 사범관(師範館)과 관료를 양성하는 사학관(仕學館)을 설치하였는데, 핫토리가 맡게 된 총교습은 사범관 관장이었다. 그는 학당의 학과, 과정, 규칙 등을 제정하고 실험실, 기숙사, 기계표본을 갖추는 등 사실상 창설 작업을 수행하였던 것이다.

3대 총장이자 유명한 세균학자였던 시가가 경성제대와 인연을 맺은 데도 조선총독부의 이해관계가 작용하였다.[13] 1920년 조선총독부의원 의원장이 되어 조선으로 건너온 이래 시가는 경성의학전문학교장, 경성제대교수, 경성제대 의학부장을 거쳐 1929년 10월 3대 총장으로 임명되었다. 이질균의 발견으로 국제적인 명성을 얻었던 시가는 페스트균의 발견자였던 스승 기타사토와 더불어 제국일본의 위생정책에 큰 영향을 미쳤다. 그가 1920년 조선총독부의원장으로 부임하게 된 것 역시 조선총독 사이토의 요청에 의한 것이었다. 사이토 총독은 무단통치기 군의들이 독점해 온 조선총독부의원을 군 출신이 아닌 인사로 교체하려 했는데, 그가 시가였다. 총독부는 그를 통하여 조선총독부의 권위를 높이고 군의부를 압도하고자 했던 것이다. 당시 기타사토는 후쿠자와 유키치(福澤諭吉)와의 인연으로 게이오의숙대학(慶應義塾大學)에 의학부를 창설한 상태였다. 제국의 외곽이라고 할 수 있는 식민지조선에 "부임해 온 시가 박사의 인기는 마치 살아 있는 신과 같았다"고 보도할 정도였다(春秋子, 1931). 시가는 이처럼 압도적인 권위를 바탕으로 총독부의원장 겸 경성의전 교장으로서 당시 조선의 의학계와 의육(醫育)계를 주도하였고(高橋功, 1957: 63), 조선총독은 이러한 그의 상징성을 활용하고자 했다.

하지만 이 두 힘 사이에서 조화만 있었던 것은 아니었고 종종 불화와 갈등을 수반하였다. 이 긴장은 기본적으로 제국대학 총장의 위상과 조선총독의 권력 사이에 존재하던 힘의 불균형에서 유래한다. 총독부의 부탁을 받아 총장을 수락했지만, 취임 이후 줄곧 총독부와의 불화설이 나돌았고 결국 1년 3개월 만에 그는 총장직을 물러나고 말았다. 조선총독은 경성제대에 대한 총독부의 권력이 약화되지 않기를 바랐던 것이다. 당시 핫토리와 비슷한 경위로 타이완총독부에게 대학창설의 임무를 촉탁받았던 시데하라 다이라(幣原坦)는 핫토리와 마찬가지로 창설위원회를 거쳐 초대 타이베이제대 총장을 역임했는데, 그의 재임기간이 무려 9년 6개월이었던 점(馬越徹, 1998)과 대비된다.

13. 志賀潔에 대해서는 高橋功(1974)을 참조했다. 高橋功은 志賀潔에 대한 전기를 단행본으로 출간하기도 했는데, 高橋功(1974)은 이를 요약하여 경성제대10주년 기념지에 게재하였다. 高橋功(1957)을 참조.

여기에 덧붙여 교수진의 자치권과 맞물린 긴장들도 상존했다. 이러한 복합적인 갈등과 긴장은 5대 총장선거 과정을 통해 좀 더 여실하게 확인할 수 있다. 5대 총장선거는 총장후보의 추천을 둘러싸고 의학부와 법문학부가 대립했다. 의학부는 4대 야마다(山田) 총장이 국제법학자였던 만큼 이번에는 의학계 인사가 되어야 한다는 입장이었고, 법문학부는 4대 총장선거에서 외부 인사를 추대하는 과정에서 곤혹을 겪었고 현 총장이 탁월한 행정수완을 보였던 만큼 야마다 총장의 유임을 지지하는 견해가 다수였다(彩雲學人, 1935: 45). 이런 법문학부와 의학부의 힘겨루기는 의학부의 뜻대로 결정되었다. 의학부 교수들은 나가사키(長崎)의과대학장 다카야마 마사오(高山正雄)를 1순위 후보로 선정하였다. 2순위 후보는 법학계열 교수들이 지지하는 야마다 현총장, 3순위는 문학계열 교수들이 지지하는 경성제대 하야미 히로시(速水滉) 교수였다(彩雲學人, 1936). 의학부는 4대 총장선거에서 이미 곤혹을 치른 경험을 살려 이미 총장 승낙을 약속받고 있었던 만큼, 다카야마가 5대 총장이 되는 것은 확실시되었다.[14]

하지만 총독부가 다카야마의 총장취임에 제동을 걸었다. 총독부로서는 상대적으로 인지도가 낮은 다카야마는 경성제대 총장에 적합하지 않다고 보아, 총독부와의 관계가 좋고 중앙정계에서도 영향력이 있는 야마다 현 총장을 지지했던 일부 법학과 교수들의 총장유임운동을 측면에서 지원했다. 당시 이미 평의원회에 의해 다카야마의 추대가 결정되고 다카야마 또한 총장직을 승낙한 상황이었기 때문에, 총독부의 미온적 태도는 사회적 파문을 일으켰다.

더욱이 이 문제는 문부성과 총독부의 대립으로 확대되는 양상을 보였다.[15] 이 대립은 근본적으로는 대학상을 둘러싼 문부성과 총독부의 입장 차이에서 비롯된 것이었다. 총독부는 경성제대를 식민통치의 문화적 업적을 식민지 안팎에서 과시하는 상징수단으로 간주하고 있었기 때문에 가급적 경성제대가 내지(內地)의 정, 관, 학계에

14. 『동아일보』 1935년 10월 31일자 기사, "京城帝國大學 총장 山田三郎 박사는 임기가 만료되엇는데 동 박사는 교수회에 대하야 長崎醫科大學長 高山正雄 박사를 추천하엿으므로 법문학부장 上野 教授가 目下 長崎에 가서 高山 박사에게 교섭하는 중 그 실현이 가능할 것 같다 한다." 및 1935년 11월 13일자 기사, "高山長大學長은 11일 오후 3시부터의 緊急教授會議에 의해 경성대학 총장문제를 擇議하야 그 승낙을 얻어서 13일 급거 東京行하게 되엇다." 참조.

15. 『동아일보』 1935년 11월 29일자: "경성제대 山田 총장의 임기가 만기된 것을 기회로 문부성에서는 長崎의대학장 高山 박사를 적극적으로 그 후임에 추천하는 반면에 총독부에서는 法文방면의 학자를 총장으로 하겠다는 기정방침을 끝까지 주장하야 결국 山田 총장의 재임을 지지하야 갈수록 문부성과의 갈등이 격화되는 모양이라 한다."

서도 비중 있게 취급되기를 바랐다. 반면에 문부성은 경성제대를 지방교육과 학술의 육성이라는 관점에서 파악하고 있었다. 문부성은 경성제대도 다른 지방제대와 마찬가지로 법문학이 아니라 의학, 농학, 이공학 중심으로 개편되기를 기대했고, 총장 또한 정관계와 연관된 법문학계 인사가 아니라 과학기술정책을 집행하는 실무능력을 갖춘 인사로 충원되기를 기대했다. 이러한 제국정부의 관심은 1937년 '과학동원정책' 실시 이후 본격적으로 경성제대에 영향을 미치게 된다. 결국 사태는 문부성이 지지한 제1후보인 다카야마가 총장수락 의사를 번복해 스스로 사임하고, 총독부가 지지한 제2후보인 야마다 총장도 유임을 고사하는 것으로 일단락되었다. 4대 총장선거 때와 마찬가지로 제3후보인 하야미(速水)가 5대 총장에 취임하게 되었던 것이다.

이러한 긴장과 대립에도 불구하고 당시 조선사회의 요구나 관심이 개입될 가능성은 전혀 없었다. 식민지 조선의 지식인들이 경성제대에 걸었던 희망과 이상은 거의 반영되지 않았다. 경성제대의 거버넌스는 기본적으로 식민모국과 다양하게 얽혀 있을 뿐 조선사회의 현실과는 너무나 동떨어진 것이었다. 대학운영과 관련하여 조선의 입장을 반영할 수 있는 주체가 어느 곳에도 없었다. 조선인들은 이런 경성제대의 "뿌리 없음"을 비교적 냉정하게 간파하고 있다.

> 이날로 말하면 朝鮮에서 경사스러운 날이라 할 수 잇다. 서양식 교육이 수입된 지 30여 년에 아직것 최고학부를 가지지 못하야 중학이나 전문학교를 졸업한 사람이 외국에 유학을 가지 안으면 그 이상 연구를 하기 어렵던 朝鮮에서 대학을 가지게 된 것은 文化上은 물론이어니와 기타 각 방면으로 보아 대단히 반갑고 깃분 날이다. 그러나 나는 門間을 드러가면서부터 이상스러운 늣김을 가지게 되엿다. 말하면 반갑고 즐겁다는 것보다도 가이업고 애닯다는 말할 수 업는 悲哀를 가지게 되얏다. 그 이유는 一言으로 蔽之하면 「이것도 우리의 것이 아니다」하는데 지나지 아니한다. 국자의 말을 드르면 豫科와 法文部 及 醫學部만을 완성하는 데도 臨時費만이 500만원 가량 들겟고 經常費는 年年 4,50만원 가량이 되겟다고 한다. 이 만흔 경비를 우리가 짜서내는 세금 중에서 지출하는 것은 말할 것도 업는 것이다. 그런데 그 학교에서 가르키는 사람과 배우는 사람은 누구들이냐 하고 보면 敎授중에는 물론 朝鮮사람이 한 사람도 업고 학생 중에도 文科 理科를 통하야 都合 168명중에 朝鮮사람은 겨우 44명밧게 업다. 나는 이것을 드러가는 門口에서 사무원의 손으로 주는 그 학교일람 비슷한 인쇄물 가운데서 볼 때에 말할 수 업는 늣김이 電光가티 머리로 지내가는 것을 感하엿다. 그뿐만 아니라 그 곳에 초대를 바다 온 사람들도 거의 전부가 남이오, 朝鮮사람은 그것이 남아 제 정신을 가진 사람이 멧 사람이 아니 되고 그 남아는 모도다 倭將臺 압헤 가서 허리를 굽히는 者들이엇다. 그러닛가 우리는 그저 남의 세상에 돈만 내는가 하엿다(一記者, 1924: 76-77).

1924년 경성제대 예과 개학식을 방문한 『개벽(開闢)』 기자가 가졌던 "이상한 늣김"

은 물론 "이것도 우리의 것이 아니다", "우리는 그저 남의 세상에 돈만 내는가" 하는 식민지인으로서의 박탈감을 의미한다. 하지만 이러한 박탈감이 선망과 부러움이 아니라 "朝鮮에도 日本 廢物學者의 高等收容所와 朝鮮 뿔조아 遊食民의 高等養成所가 또 完全히 設立된 모양이다."(尖口生, 1926)라는 냉담한 인식과 연결된다. 식민지 조선인들은 경성제대가 '우리 돈을 내는 남의 것'이라는 본질을 간파했던 것이다.

6. 소결

이상에서 살펴보았듯이 경성제대는 이중적인 성격을 지닌다. 제국대학이면서 '식민지대학'이었고, 조선에 있었지만 일본의 영향력이 절대적이었으며, 문화학술적인 기관이면서 동시에 정치적 성격이 뚜렷한 기관이었다. 대학이라는 보편적 제도가 요구하는 요소들, 예컨대 전문연구분야의 구성, 과학적 훈련과 보편적 방법론의 강조, 연구자의 독자성과 자율성의 중시, 높은 교수의 지위 등도 발견되지만, 동시에 제국대학에 숨겨져 있는 권력적 요소들, 식민지에 대한 철저한 차별의식, 일본 특유의 파벌적 관계 등을 찾아내기도 어렵지 않다. 무엇보다도 식민지 조선에 위치한 제국대학이면서도 실제 식민지 사회와의 긴밀하고도 유기적인 관련성을 갖지 않은 채 거의 모든 준거와 법령, 권한이 식민모국인 일본에 의존하는 '비지형(飛地型)' 기관이었다는 점에서 그 이중성은 전형적으로 나타난다.

총장은 이러한 속성을 가장 전형적으로 체현하는 존재였다. 제국대학은 총장을 통해 관리되고 대변되었던 만큼 경성제대 총장은 일제관학을 대표하는 제국일본 문화계의 수장 중 한 사람이었고 실제로 일본의 핵심 엘리트층에 속하였다. 동시에 이들은 식민지 조선에서 최고위의 지위와 영향력을 행사할 수 있는 관리이기도 했다. 일본 문부성 및 식민모국의 요구와 권력을 대행하는 존재이면서 동시에 경성제대에 속한 교수들의 '자치권'을 대표하는 학계의 수장으로서 기대되기도 했다. 종종 제국권력의 대행자로 역할하는 가운데서도 조선총독과의 긴장과 갈등을 경험하기도 했다. 경성제대 총장을 매개로 다양한 세력과 힘, 사회적 지향들이 복합적으로 대립하였음을 알 수 있다.

경성제대가 존속하는 동안 부임했던 7명의 총장은 모두가 일제관학을 대변하면서 도쿄를 중심으로 하는 제국적 질서를 지식의 차원에서, 학문의 영역에서 정당화하고 강화시키는 기능을 수행하였다. 7명의 총장은 예외 없이 도쿄제국대학이라는 일본제국의 인적 네트워크로부터 그 실질적인 힘을 얻었고, 총장으로서의 직무 역시 일본을 준거로 했던 것으로 보인다. 이들은 식민지 내에서 매우 높은 지위를 보장받았지만 실제 식민지사회에 대하여 적극적인 역할이나 활동을 수행하려 하지 않았다. 비록 제국대학이라는 위상, 교육기관이라는 역할과 학문연구기관이라는 역할 사이에서 교수들의 '대학자치'와 '학문적 순수성'을 옹호하는 경우도 없지 않았으나 가장 진보적이었던 하야미 총장조차 '학문봉공'이라는 표현에서 잘 드러나듯이 일본제국이 요구하는 질서와 정책들을 학문적으로 뒷받침하려는 태도에 철저하였다.

연구조직으로서의 대학은 기본적으로 인적 요소가 가장 중요한 곳이다. 일제는 고등교육에 있어서 연구자와 교수 개개인이 갖는 인적 인프라로서의 중요성을 잘 알고 있었기 때문에 제국대학 내 교수들에게는 상당한 자치권이 부여되었다. 이러한 자치권은 어디까지나 일본제국의 질서를 바탕으로 한 것이었고 그것을 전제로 한 특권이 제국대학 구성원들에게 부여된 것이기 때문에 근대적 의미에서의 지식인의 자율적 공간으로서는 한계가 명확했다. 문제는 경성제대의 핵심적 인프라라 할 수 있는 대학총장과 교수집단, 연구자들이 총체적으로 식민모국 일본의 제도적, 인적 네트워크에 결합되어 있었고 그들의 자치요구조차 일본적 특권의식, 차별적 논리와 밀접하게 연결되어 있었다는 사실이다. 총장은 물론이고 교수집단에도 20년간 조선인이 거의 채용되지 않았다는 것, 대학운영과 연구과제의 선정이 철저하게 제국적 질서유지요구에 부응하는 방식으로 이루어질 수밖에 없었던 것도 이러한 인적 인프라에서 자연스럽게 결과된 것이라 할 수 있다.

이런 점에서 본다면 경성에 있지만 도쿄를 정신적 원리로 하고 있던 식민지 제국대학이 제국의 해체와 함께 완벽하게 무너질 수밖에 없었던 것은 당연하다. 따라서 경성제대와 해방 이후 재구성된 경성대학 간에는 매우 중요한 질적 단절이 존재한다. 조선사회에 아무런 뿌리를 내리지 못한 가운데 전원 일본인 교수와 총장으로 구성되었던 '비지형 식민지대학' 경성제대와 학술적 기틀을 채 갖추지는 못했으나 대부분 한국인 지식인으로 충원되고 자기 사회의 문제를 탐구하려는 의지로 재구성된 경성대학 간에는 넘을 수 없는 차이, 질적인 전환이 있었다.16

16. 일제 패망 이후 건물을 비롯한 물질적 인프라는 경성대학으로 연계되었으나 제도적 인프라의 핵심이었던 인적 요소들이 완벽하게 사라진 상황에서 경성제대에 실질적으로 남아 있는 유산이란 특별한 것이 없었다. 다만 20세기 전반 '제국대학'이라는 모형을 통해 근대적 대학상을 경험하였던 한국의 지식인들에게 내면화되었던 요소들, 이들이 참여하여 새롭게 대학과 연구, 교수와 총장, 학생과 사회의 틀을 만들어 가는 가운데 알게 모르게 수용하고 활용한 일본제국의 유산들은 적지 않았을 것이다.

Ⅲ. 경성제대 관련 자료의 현황과 특징

1. 흩어진 문서들의 분류와 복원

서장에서 이미 언급되었지만, 경성제대는 오랫동안 한국과 일본 모두의 학계에서 별로 다루지 않은 '잊힌' 존재였다. 자료와 관련된 상황도 마찬가지였다. 실제로 대학이 구체적으로 어떻게 운영되었으며, 대학의 운영방침과 관련해서 어떤 논의가 있었는지를 알려 주는 일차자료들은 별로 남아 있지 않다. 이 때문에 많은 연구들이 교수와 학생들의 회고와 증언, 당시 언론매체의 보도, 총독부의 교육정책 자료 등에 의존해 왔다. 이것은 대학운영의 핵심이 되는 내부문서가 해방직후 일본인들에 의해 소각되거나 폐기되어 현재 많이 남아 있지 않은 탓도 있지만, 남아 있는 자료 또한 접근하기 어려운 상황에 있기 때문이다.

해방직후 식민잔재를 청산해야 한다는 사회적 강박도 이에 기여하였다. 또한 한국전쟁의 혼란한 상황에서 남은 자료들도 상당수 흩어져 버린 듯하다. 이 때문에 경성제대 연구는 흩어진 사료들을 모아 조각 맞추기를 하는 양상으로 진행되는 경향이 없지 않았다. 여기에서는 흩어져 있는 경성제대 사료들을 중에서 현재 활용 가능한 자료로는 어떤 것이 있으며 이를 통해 우리가 무엇을 알 수 있는지를 개괄적으로 검토하려고 한다. 자료는 주제에 따라 ① 대학설립에 관한 것, ② 대학이념에 관한 것, ③ 대학운영에 관한 것, ④ 대학구성원(총장, 교수, 학생)에 관한 것 등 크게 4가지로 나누어 개관할 수 있다. 이 글에서는 이 책에 수록된 자료들을 포함하여 주요 경성제대 자료들을 열거하고, 기존 연구의 성과를 바탕으로 이들 자료를 통해 우리가 무엇을 알 수 있는지에 대해서 해제를 시도하겠다. 그리고 결론에서는 이러한 '자료의 복원'이 경성제대 연구, 더 나아가 한국의 대학사(大學史) 편찬에 가지는 함의에 대해서도 간략하게 검토하겠다.

2. 경성제대 설립에 관한 자료들

대체로 대학사 자료들 중에서 가장 큰 비중을 차지하는 것은 대학설립 관련 자료들이다. 대학의 설립과정에 나타나는 이러저러한 특징은 많은 경우 대학의 성격, 위상, 이념을 결정하며 이후 대학의 변천과정에도 영향을 미치기 때문이다. 경성제대의 경우도 마찬가지였다. 대학의 설립주체는 조선총독부였고, 따라서 경성제대의 설립은 식민권력의 이해관계가 반영된 결과였다. 조선총독부는 해외 및 일본 유학을 통하여 조선인 학생들의 성향이 급진화되는 것을 저지해야 했고, 또 식민통치에 필요한 기능적 전문인도 양성해야 했다. 더욱이 조선총독부는 자신들의 통치가 얼마나 문명적인 것이며 시혜적인 것인가 하는 것을 조선사회 안팎에 과시할 필요도 있었다.

총독부가 대학설립의 모델로 삼았던 것은 일본 본토의 제국대학이었다. 물론 이것은 당시 식민당국이 강력한 '내지준거주의(內地準據主義)'를 표방하고 있었고, 대학설립을 통해 이것을 과시하려는 의도에서 비롯된 것이었다. 하지만 결과적으로 제국대학이었기 때문에 경성제대는 총독부의 식민지대학 이상의 의미를 가지게 되었다.

경성제대는 식민지에 있었지만 본토의 제국대학과 동일한 위상을 부여받았다. 또한 관립종합대학으로서, 본토의 제국대학과 마찬가지로 연구중심성과 자치성도 강조되었다. 설립절차도 다른 형태의 대학에 비해 훨씬 복잡했고 비용도 많이 들었다. 제국대학 설립은 제국정부의 내각회의 결정 이외에도 천황의 자문기관이었던 추밀원의 심의를 거쳐야 했다. 추밀원은 국가의 중요하고 긴급한 사안을 천황대권의 이름으로 사실상 심의할 권한을 가지고 있었는데, 제국의회의 견제를 받지 않으며 내각회의의 결정을 뒤집을 수 있다는 점에서 내각과 제국의회 위에 군림하는 옥상옥(屋上屋)이었다.[1] 실제로 다이쇼(大正)기 추밀원 고문관은 야마가타 아리토모(山縣有朋)로 대표되는 번벌(蕃閥)세력에 의해 장악되어 있었다. 경성제대가 제국대학이 된다는 것은 추밀원의 심의를 통해 이런 국가원훈들의 정치적 고려와 제국적 이해도 반영해야 함

1. 추밀원의 기능과 권한에 대해서는 久保義三(1979), 由井正臣 編(2003)을 참조할 것.

을 의미한다. 식민지대학이면서 동시에 제국대학이라는 경성제대의 이중성은 이처럼 대학의 설립과정 속에 명확하게 드러난다.

1) 학무국 관료출신들의 저서

먼저, 조선총독부가 어떤 경위에서 경성제대의 설립을 추진했는지를 파악하는 데 유용한 자료로는 대학정책의 입안에 핵심적인 역할을 했던 관료들의 저서들이 있다.

1919년 정무총감으로 부임한 미즈노 렌타로(水野錬太郎)는 내무차관과 내무대신을 역임했던 정우회(政友會)의 핵심인물로 당시 일본총리 하라 다카시(原敬)의 '내지연장주의' 방침을 식민지 조선에 적용하는 데 사실상 주도적인 역할을 했던 사람이다. 당시 학무국 학무과장으로 있었던 와타나베에 따르면, 이 미즈노가 관립대학 설립에 있어서 실질적인 산파였으며, 그의 도쿄제대 스승이었던 호즈미 노부시게(穗積陣中)가 이 계획을 자문하고 측면에서 지원하는 역할을 했다(渡邊豊日子, 1934). 이것을 여실히 보여 주는 것이 미즈노 정무총감이 1921년 작성한 「조선통치사견(朝鮮統治私見)」이라는 자료다. 이것은 하라 수상이 미즈노 정무총감과 사이토 마코토(齋藤實) 조선총독에게 건네 준 「조선통치사견(朝鮮統治私見)」이라는 글과 정확히 대응하는 것으로서, 1919년 부임 이래 2년간 하라의 지침이 얼마나 실현되었는지를 정리한 보고서다. 여기에서 미즈노는 조선인들의 향학열이 '유학(遊學)'으로 발전하여 급진사상에 물드는 것을 저지하고, 외국인선교사들이 총독부보다 먼저 대학을 설립하는 일을 막기 위해 대학설립을 추진하고 있음을 밝히고 있다.[2] 이 자료는 사이토 문고에 소장되어 있는 하라 다카시의 「조선통치사견(朝鮮統治私見)」, 하세가와 요시미치(長谷川好道)의 「소요선후책사견(騷擾先後策私見)」(1919)과 더불어, 식민통치자들 사이에 관립대학의 설립이 이미 3·1운동을 수습하는 방안 중 하나로 간주되고 있었고, 1919년 신(新) 총독의 부임과 더불어 곧바로 추진되었다는 사실을 입증하고 있다.

한편, 유게 고타로(弓削幸太郎)의 『조선의 교육[朝鮮の教育]』(自由討究社, 1923), 와타나베 도요히코(渡邊豊日子)의 『조선교육의 측면관[朝鮮教育の側面觀]』(1934), 오노 겐이치(大野謙一)의 『조선교육문제관견(朝鮮教育問題管見)』(朝鮮教育會, 1936)

2. 이 글은 松波仁一郎 編(1937)에 수록되어 있다.

등도 경성제대의 성립경위를 파악하는 데 필수적인 자료들이다.

이들 자료는 두 가지 점에 주목할 필요가 있는데, 이들은 당시 식민지교육정책을 담당했던 총독부 학무국의 실무관료들에 의해 작성되었다는 점이다. 유게는 한일합방 직후인 1911년부터 1921년까지 학무국 학무과장으로 있으면서 총독부의 학무정책을 실질적으로 집행했던 핵심인물이었다. 내무관료 출신인 와타나베는 1919년 미즈노 정무총감의 추천으로 조선에 건너온 인물이었는데, 1933~36년에는 학무국장을 역임하기도 했다. 오노는 와타나베가 학무국장으로 재직할 당시 학무과장을 역임한 인물로, 1942~44년에는 학무국장으로 취임했다. 이들은 학무국장 및 과장으로 경성제대를 포함한 총독부의 학무정책을 통괄했던 인물들로, 대학설립 과정에 대해서도 누구보다도 상세하게 정보를 파악할 수 있는 위치에 있었다.

둘째, 이들의 저서들은 학무국 관료로서 이들의 정책적 식견을 잘 드러내고 있을 뿐만 아니라, 일반인들로서는 접근이 어려운 총독부 내부문서를 다수 포함하고 있다. 유게의 『조선의 교육』은 서문에서 "자신은 조선병합 후 최초의 10년간 조선총독부에 재직했고 주로 조선의 교육행정에 종사했다. 이 기간은 우리 대일본제국으로서도 교육사에 있어서 중요한 하나의 시기다. 나는 그간의 경험을 기록해 두는 것이 내가 가진 하나의 의무라고 믿는다. 이것이 이 작은 책을 썼던 이유"라고 밝히고 있듯이, 1920년대 초반까지의 식민정책의 전개과정을 총독부의 정책 자료와 더불어 정리하고 있다. 경성제대와 관련해서 이 책은 1919~20년대 초반의 교육정책 변화의 과정 및 배경을 알 수 있는 자료다.

와타나베의 글은 학무국장으로 있을 당시인 1934년 경성제대에서 개최된 전국 중등학교장 협의대회에서 강연한 내용을 기록한 것으로, 특히 경성제대의 설립배경과 관련된 배후 정황 등이 기술되어 있다. 오노의 『조선교육문제관견』은 당시 총독부의 '조선시정 25주년'을 기념해서 병합 이후 교육정책의 전개과정 및 그 특징을 상세하게 고찰한 것으로, 1934년까지의 각종 통계, 정책 자료들이 풍부하게 수록되어 있다. 경성제대의 내부문서가 거의 남아 있지 않은 현재의 상황을 감안했을 때, 식민교육의 정책담당자들이 학무국 내부 자료를 인용, 설명하고 있는 이들 저서는 총독부가 어떤 경위로 경성제대를 설립했는지를 확인할 수 있는 핵심적인 자료라고 할 수 있다. 이들 자료 대부분은 국립중앙도서관이나 서울대 도서관 등 국내 도서관에 소장되어 있는데, 특히 학무국 실무관료들의 저서들은 와타나베 마나부(渡部學)와 아베 히로시(阿部洋)가 편집한 『日本植民地教育政策史集成(朝鮮編)』(총 69권, 龍溪書院)

에 영인, 수록되어 있어 활용이 가능하다.

2) 추밀원의 심의자료

다음으로 경성제대의 설립과 관련된 법령이 칙령으로 확정, 공포되기까지의 경위를 확인할 수 있는 중요한 자료로서 『추밀원회의문서』가 있다. 일본국립고문서관에 소장된 『추밀원회의문서』에는 경성제대의 설립과 관련하여 다음과 같은 문서들이 포함되어 있다.

① 京城帝國大學ニ關スル件(樞密院御下附案・大正十三年・卷乾)
② 京城帝國大學ニ關スル件(四月十九日(一回)~四月二十五日(二回)樞密院委員會錄・大正十三 年)
③ 京城帝國大學ニ關スル件(樞密院審査報告・大正十三年)
④ 京城帝國大學ニ關スル件(樞密院會議筆記・京城帝國大學ニ關スル件・大正十三年四月三十日)
⑤ 京城帝國大學ニ關スル件(大正十三年・配付案)
⑥ 京城帝國大學ニ關スル件(樞密院決議・京城帝國大學ニ關スル件・大正十三年四月三十日決議)
⑦ 一七三 京城帝國大學ニ關スル件(樞密院・上奏并內閣通報四・大正十一年~大正十五年)
⑧ 御署名原本・大正十三年・勅令第百五号・京城帝國大學ニ關スル件(御署名原本・大正十三年・勅令)

경성제대의 설립법령은 칙령으로 확정되기까지 여러 단계의 복잡한 절차를 거쳤다. 창설준비위원회가 중심이 되어 마련한 설립법령안은 조선총독부의 조율을 거쳐 총독부의 칙령안(案)으로 확정되었다. 이 총독부 칙령안은 1924년 3월 제국정부로 넘어가 내각법제국의 심의를 거쳐 내각회의에 상정되었다.[3] 그리고 내각회의를 통과한 법안은 천황의 자문기관인 추밀원의 심의를 받아 1924년 5월 칙령 제105호 「경성제국대학에 관한 건」으로 공포되었다. 이와 같은 대학설립법령의 확정과정은 경성제대 내부문서뿐만 아니라, 대부분의 총독부문서도 현재 남아 있지 않기 때문에, 앞서 언급한 관료들의 저서에 수록된 학무국 정책자료나 『동아일보』, 『경성일보』 등

3. 내각 법제국은 상정되는 안건에 대해서 현행 법체계에 관점에서 법적 근거와 형평성을 집중적으로 심의했던 기관이었다. 경성제대 법안상정에서 논란이 되었던 것은 대학의 명칭과 형식이었다. 원래 총독부 법안은 신설될 관립대학의 명칭은 "조선제국대학"이며 제국대학령에 의거해서 설치한다는 것을 골자로 했는데, 이에 대해 법제국은 명칭은 "조선제국의 대학"이라는 뉘앙스가 내포되어 정치적으로 바람직하지 않으며, 제국대학이란 형식은 전례가 없기 때문에 차라리 조선교육령에 근거해서 대학을 설치하는 편이 옳다는 견해를 제시했다. 결과적으로 명칭은 수정하되 형식은 원안대로 통과하는 방향으로 법제국심의가 완료되어 내각회의에 상정되었다.

당시 식민지에서 간행되었던 신문들의 기사를 통해서 확인할 수밖에 없다.

하지만 『추밀원회의문서』가 있기 때문에, 우리는 최소한 내각의회 통과 이후부터 칙령으로 확립되기까지의 구체적인 과정은 정밀한 추적이 가능하다. ①번은 내각회의를 통과한 경성제대 설립 건이 추밀원의 심의를 받게 되었음을 고시하고 있는 자료이며, ②~③번은 본회의에 앞서 대학정책을 전문으로 하는 추밀원 고문관들로 구성된 위원회의 두 차례에 걸친 회의 및 그 최종결과를 알 수 있는 자료다. ④번은 위원회를 통과한 안건이 본회의에서 심의된 내용을 수록한 회의록이며, ⑤~⑧번은 추밀원에서 확정된 칙령안이 천황의 재가를 얻어 공포되기까지의 경위를 알 수 있는 자료다. 이들 자료들 중 위원회의 심사결과를 정리한 ③번과 본회의에서 논의된 내용을 속기한 ④번의 자료는 경성제대의 설립과 관련하여 제국일본의 국가원로들이 어떤 입장을 가지고 있었는지를 확인할 수 있는 중요한 자료이기도 하다. 일본공문서관에 소장되어 있는 이 자료들 중 본회의 의사록은 『추밀원회의의사록(樞密院會議議事錄)』(전 42권, 東京大學出版會, 1984~88)으로 영인, 출간되어 있으며, 의사록을 포함한 나머지 사료들은 아시아역사자료센터(アジア歷史資料センター, www.jacar.go.jp)을 통해 볼 수 있다.

3. 대학이념과 관련된 자료들

경성제대는 조선총독부가 주도해서 설립된 대학이지만, 설립되는 과정에서는 이해관계가 대립하는 다양한 수준의 식민지 행위주체(colonial agency)들이 직간접적으로 개입하고 있었다. 보다 장기적인 관점에서 보면 경성제대의 설립 자체가 1910년대 이래 식민사회 내부에서 치열하게 전개되고 있었던 대학설립을 둘러싼 식민당국과 서양인 선교사들, 식민지 민중들 사이의 치열한 경합의 산물이었다(정준영, 2009).

이미 1910년대부터 미국인 선교사들은 조선총독부가 조선인들의 교육요구를 외면하고 고등교육을 탄압하고 있는 상황을 틈타, 기독교 칼리지의 설립을 모색하고 있었다. 식민당국과의 타협은 있었지만, 그 결과가 기독교계 사립전문학교였는데, 1920년대가 되면 애비슨 등 선교사들은 이들 기독교 칼리지를 확대 개편하여 기독교종합대학(Christian University)의 설립을 추구하기에 이르렀다(정준영, 2007). 총독부가 관립대학 설립을 본격적으로 추진하는 상황 속에서는 조선인 '유지(有志)'들이 전국적 규모의 기성운동을 통해 관립대학에 대항하는 '민립대학'의 설립을 시도하기도 했다.

당시 일본인 지배집단들이 총독부의 대학설립에 적극적으로 동조했던 것은 아니었다. 재조일본인들은 총독부의 대학설립을 냉담하게 바라보았고, 일본의 핵심엘리트들 사이에도 식민지에 대학을 설립하는 것은 시기상조라는 견해가 팽배했다. 조선총독부가 대학을 제국의 '최고학부'인 제국대학으로 설립하려 했던 것도 이러한 경쟁상황에서 주도권을 장악하기 위한 것이었다. 대학설립을 둘러싼 상호경쟁과 갈등, 공모와 대립을 응축하고 있는 것이 경성제대의 사명 또는 대학이념의 문제였다.

경성제대의 대학이념과 관련해서는 대학설립에 직간접적으로 관여했던 인물들의 저서, 기고문, 당시의 신문과 잡지의 논조 등을 통해서도 부분적으로 도출해 낼 수 있겠지만, 대학이념 내부의 갈등양상과 대학이념의 변화양상을 체계적으로 드러내고 있는 자료는 1926년 경성제대 학부 창설을 기념해 발행된 『문교의 조선[文教の朝鮮]』 제10호와 경성제대 총장들이 각종 학교행사에서 연설한 훈시와 식사가 그것이다.

1) 『문교의 조선』 제10호

『문교의 조선』은 총독부의 관변단체인 조선교육회의 기관지다. 1920년 설치된 조선교육회의 회장은 정무총감, 부회장은 학무국장, 간사는 학무과장이 맡았는데, 학교장 및 교원의 연수, 학무정책 간담회 등의 활동을 통해 식민교육 정책을 일선 학교에 파급시키는 창구 역할을 했다. 총독부 학무국의 핵심관료들 및 전문학교와 대학교수들 다수가 필진으로 참여하고 있던 『문교의 조선』은 이러한 조선교육회의 핵심적인 정책홍보 수단 중 하나였다.

이 『문교의 조선』은 1926년 6월 경성제대 학부개설 직후 이를 기념하는 특집호를 간행했다. 그 구체적인 목차는 다음과 같다.

① 齋藤總督(子爵)	京城帝國大學始業式に於ける告辭
② 服部宇之助(京城帝大總長)	京城帝國大學始業式に於ける訓辭
③ 李軫鎬(總督府 學務局長)	京城帝國大學の開學を祝す
④ 志賀潔(京城帝大醫學部長)	京城帝國大學醫學部開講式訓辭
⑤ 安倍能成(京城帝大法文學部長)	京城帝國大學に寄する希望
⑥ 小田省吾(京城帝大豫科部長)	本大學の豫科に就いて
⑦ 高橋亨(京城帝大學生監)	吾人は學生に斯く希望す
⑧ 兒島獻吉郎(京城帝大教授)	何のため朝鮮に
⑨ 藤塚隣(京城帝大法文學部教授)	四庫全書編纂とその環境

⑩ 佐藤剛藏(京城帝大醫學部教授) 榮養測定の新法
⑪ 大谷勝眞(京城帝大法文學部教授) 東洋史の大勢
⑫ 松岡修太郎(京城帝大助教授) 新領土と憲法の效力に就いて
⑬ 西澤新藏(京城帝大 事務官) 京城帝國大學の沿革及現況
⑭ 記者 學苑を飾る人々
⑮ 渡邊定一郎(京城商業會議所 會長) 人物の輩出を期待す
⑯ 有賀光豊(朝鮮殖產銀行 頭取) 教育系統の目標にやつと到達した
⑰ 藤井寬太郎(不二興業 柱式會社長) 實際に役立つ人物をつくれ
⑱ 河內山樂(朝鮮火災海上保險 社長) 祝福と希望
⑲ 韓相龍(漢城銀行 頭取) 京城帝國大學に望む
⑳ 丈村百藏(中央物產 株式會社長) 亞細亞文化の研究に特色を發揮せよ
㉑ 和田一郎(朝鮮商業銀行 頭取) 京城帝國大學に就いて
㉒ [彙報] 京城帝國大學選科及聽講生入學試驗問題
㉓ [彙報] 京城帝國大學豫科第一回修了式

이 목차에서 확인되듯이, 특집호는 크게 네 부분으로 나누어진다. 우선, 총독부 핵심관료 및 대학당국자들의 축사가 수록되어 있는 부분이다. 조선총독부 측에서는 조선총독의 고사(①)와 학무국장의 축사(③)가 수록되었다. 대학설립자였던 조선총독부가 경성제대에 어떤 역할을 기대했는지를 알 수 있는 자료다. 대학당국자 측에서는 대학총장을 비롯하여, 학부장, 예과부장, 학생감 등 핵심 보직교수들이 경성제대 설립의 의의와 대학의 사명, 바라는 바에 대해 글을 남기고 있다(②, ④~⑦). 이들은 조선총독부의 대학설립 취지에 동의하면서도, 대학의 운영을 담당하는 입장에서 경성제대의 대학이념을 논하고 있다.

다음으로 경성제대에 교수로 부임했던 인물들이 조선에 건너온 배경과 연구관심을 수록한 글들이다(⑧~⑫, ⑭). 「學苑を飾る人々」은 초대 교수진의 면면을 간략하게 소개하고 있다. 필진으로는 법문학부에서 고지마(兒島獻吉郎: 지나어지나문학강좌), 후지츠카(藤塚隣: 지나철학강좌), 오오다니(大谷勝眞: 동양사학강좌), 마쓰오카(松岡修太郎: 헌법행정법강좌), 의학부에서 사토(佐藤剛藏: 의화학강좌)가 참여했다. 이들 필진 중 3명이 중국 및 동양연구 관련 교수였다는 점은 설립 초기 경성제대가 중국과 일본을 잇는 조선의 지정학적 입지를 감안하여 동양연구의 중심이 될 것을 표방하고 있었다는 사실과 깊은 관련이 있는 것으로 보인다.

셋째로 조선의 유력인사들도 경성제대에 기대하는 바에 대해 짤막한 소견을 담기고 있는 부분이 있다. 경성상업회의소 회장, 식산은행 취두 등 재조일본인 사회를 대표하는 유력 인사들과 한성은행 취두였던 한상용 등의 일부 조선인 유력자의 의견이 여기에 수록되었다.

마지막으로 경성제대의 연혁과 현황, 기타 정보를 수록한 부분이다. 경성제대의 서기관으로 대학행정 실무를 맡았던 니시자와(西澤新藏)의 글과 「휘보」에 실린 정보가 여기에 속한다.

이 자료는 신설된 경성제대를 총독부, 대학당국, 대학교수들, 그리고 식민사회의 유력인사들이 어떻게 바라봤고, 또 어떤 기대를 걸고 있었는지를 확인할 수 있다는 점에서 단연 흥미롭다. 더욱 주목할 만한 것은 이들의 시각이 자신들의 사회적 위치와 입장에 따라 미묘하게 엇갈린다는 점이다. 가령 식민당국은 철저하게 '식민교육의 완성'이라는 점에서만 대학설립의 의의를 두었고, 따라서 동화이념의 이데올로기적 구현 및 체제 순응적 친일엘리트의 양성에 초점을 맞추고 있었던 반면, 대학당국자들은 이런 식민당국의 의도에 동의하면서도 경성제대가 '동양연구의 메카'로 성장하여 제국대학이라는 위상에 부합될 수 있기를 기대했다. 일본의 제국대학과 마찬가지로 경성제대가 '국가를 위한 학문'이 추구되는 곳이 되어야 한다는 것을 전제했던 것이다.

게다가 일부 대학인들은 경성제대가 '학문적 자율성'과 '연구중심'이라는 근대대학의 이상에 부합되는 대학이 될 것을 요구하기도 했다. 특히 당시 법문학부장을 맡고 있었던 아베(安部能成)의 글(⑤)은 학문적 보편성과 자율성, '연구본위'의 시각에서 식민당국과 대학당국의 대학이념을 공개적으로 비판하고 있다. 그는 경성제대가 근대대학의 보편적 이념을 외면하게 되면 결국에는 "반도(半島)의 자제를 기쁘게 하는 데 대학이라는 헛된 이름을 사용하는 곳"이 되고 말거나, "내지(內地) 대학의 출장소(出張所)"로 전락하고 말 것이라고 경고했던 것이다. 이런 부정적 시각은 식민사회 각계 인사들의 견해에서도 확인된다. 이들 중 상당수는 경성제대 설립의 필연성에 대해서 의문을 던지면서, 대학보다 교육시설의 확충이 절실하겠지만, 이미 설립된 이상 사회적으로 유용한 인재를 창출할 수 있기를 기대했던 것이다.

이처럼 설립과정 자체도 그랬지만, 경성제대의 사명과 존재의의 또한 설립 당시부터 논란의 대상이었으며, 식민당국과 대학당국, 대학교수, 외부 사회의 대학관이 미묘하게 엇갈려 상호 대립과 갈등, 때로는 상호공모를 거듭했음을 이 자료는 잘 보여주고 있다. 이 자료는 서울대 도서관을 비롯한 국내 다수 도서관에 소장되어 있다.

2) 대학총장의 개학식, 졸업식 식사(式辭)

경성제대 학부 설립 이후 경성제대의 공식적인 자기규정이 어떻게 변천해 갔는가를 알 수 있는 자료로 유용한 것이 대학총장의 식사(式辭)들이라고 할 수 있다. 개학식, 졸업식 등 각종 행사에서 대학총장이 연설한 훈시(訓示)와 식사는 경성제대의 공식 소식지인 『경성제국대학학보』에 게재되어 있는데, 이것을 일람하면 다음과 같다.

1927.6.3.	服部宇之吉 총장	선서식 훈사	학보4호(1927.7.5.)
1929.3.25.	松浦鎭次郎 총장	1회 졸업식 식사	학보25호(1929.4.5.)
1929.3.25.	山利半造 총독	1회 졸업식 고사	학보25호(1929.4.5.)
1930.3.25.	志賀潔 총장	2회 졸업식 식사	학보37호(1930.4.5.)
1930.3.25.	齋藤實 총독	2회 졸업식 고사	학보37호(1930.4.5.)
1930.4.26.	志賀潔 총장	선서식 훈사	학보38호(1930.5.5.)
1931.3.25.	志賀潔 총장	3회 졸업식 식사	학보49호(1931.4.6.)
1931.3.25.	齋藤實 총독	3회 졸업식 고사	학보49호(1931.4.6.)
1931.4.25.	志賀潔 총장	선서식 훈사	학보50호(1931.5.6.)
1932.10.15.	宇垣一成 총독	개학식 고사	학보68호(1932.11.5.)
1932.10.15.	齋藤實 총리대신	개학식 축사	학보68호(1932.11.5.)
1932.10.15.	鳩山一郎 문부대신	개학식 축사	학보68호(1932.11.5.)
1932.10.15.	永井柳太郎 척무대신	개학식 축사	학보68호(1932.11.5.)
1932.10.15.	服部宇之吉 전총장	개학식 축사	학보68호(1932.11.5.)
1932.10.15.	山田三良 총장	개학식 식사	학보69호(1932.12.5.)
1933.3.25.	山田三良 총장	5회 졸업식 식사	학보73호(1933.4.6.)
1933.3.25.	宇垣一成 총독	5회 졸업식 고사	학보73호(1933.4.6.)
1933.5.2.	山田三良 총장	창립기념식 식사	학보75호(1933.6.5.)
1933.12.23.	山田三良 총장	황태자전하탄생봉축식식사	학보82호(1934.1.6.)
1934.3.25.	山田三良 총장	6회 졸업식 식사	학보85호(1934.4.5.)
1934.3.25.	宇垣一成 총독	6회 졸업식 고사	학보85호(1934.4.5.)
1934.5.2.	山田三良 총장	창립기념식 식사	학보87호(1934.6.5.)
1935.3.25.	山田三良 총장	7회 졸업식 식사	학보97호(1935.4.5.)
1935.3.25.	宇垣一成 총독	7회 졸업식 고사	학보97호(1935.4.5.)
1935.5.2.	山田三良 총장	창립기념식 식사	학보99호(1935.6.5.)
1935.10.1.	山田三良 총장	시정25주년기념식 훈화	학보104호(1935.11.5.)
1936.2.4.	速水滉 총장	취임인사	학보108호(1936.3.5.)
1936.3.25.	速水滉 총장	8회 졸업식 훈시	학보109호(1936.4.6.)
1936.3.25.	宇垣一成 총독	8회 졸업식 고사	학보109호(1936.4.6.)
1936.5.2.	速水滉 총장	개학10주년기념식 식사	학보111호(1936.6.5.)
1936.10.24.	速水滉 총장	「교육칙어와 메이지대제」[4]	학보116호(1936.11.5.)

1937.3.25.	速水滉 총장	9회 졸업식 훈사	학보121호(1937.4.5.)
1937.3.25.	南次郎 총독	9회 졸업식 고사	학보121호(1937.4.5.)
1937.5.2.	速水滉 총장	창립기념식 식사	학보123호(1937.6.5.)
1937.10.6.	速水滉 총장	애국일 훈사	학보127호(1937.11.5.)
1938.2.11.	速水滉 총장	기원절 훈시	학보132호(1938.3.5.)
1938.3.25.	速水滉 총장	10회 졸업식 훈사	학보133호(1938.4.5.)
1938.3.25.	南次郎 총독	10회 졸업식 고사	학보133호(1938.4.5.)
1938.5.2.	速水滉 총장	창립기념식 식사	학보135호(1938.6.6.)
1939.3.25.	速水滉 총장	11회 졸업식 훈사	학보145호(1939.4.5.)
1939.3.25.	南次郎 총독	11회 졸업식 고사	학보145호(1939.4.5.)
1939.5.2.	速水滉 총장	창립기념식 식사	학보147호(1939.6.5.)
1940.3.25.	速水滉 총장	12회 졸업식 훈사	학보157호(1940.4.5.)
1940.3.25.	南次郎 총독	12회 졸업식 고사	학보157호(1940.4.5.)
1940.5.2.	速水滉 총장	창립기념식 식사	학보159호(1940.6.5.)
1940.7.9.	速水滉 전총장	퇴관인사	학보161호(1940.8.5.)
1940.7.13.	速水滉 전총장	별도로 학생여러분께 고함	학보161호(1940.8.5.)
1940.7.14.	篠田治策 총장	신임인사	학보161호(1940.8.5.)
1940.9.1.	篠田治策 총장	학생들에 대한 고사	학보163호(1940.10.5.)
1940.9.1.	篠田治策 총장	예과학생들에 대한 고사	학보163호(1940.10.5.)
1941.1.1.	篠田治策 총장	신년하례식에서의 훈시	학보167호(1941.2.5.)
1941.3.25.	篠田治策 총장	13회 졸업식 훈사	학보169호(1941.4.5.)
1941.3.25.	南次郎 총독	13회 졸업식 고사	학보169호(1941.4.5.)
1941.4.23.	篠田治策 총장	선서식에서의 훈사	학보170호(1940.5.5.)
1941.5.2.	篠田治策 총장	창립기념식 식사	학보171호(1940.6.5.)
1941.7.7.	篠田治策 총장	일지사변4주년기념식 식사	학보173호(1940.8.5.)
1941.12.26.	篠田治策 총장	14회 졸업식 훈사	학보178호(1942.1.5.)
1941.12.26.	南次郎 총독	14회 졸업식 고사	학보178호(1942.1.5.)
1941.12.26.	板垣征四郎(조선군사령관)	14회 졸업식 축사	학보178호(1942.1.5.)
1942.2.18.	篠田治策 총장[5]	제1차전첩 축하식 식사	학보180호(1942.3.5.)
1942.5.2.	篠田治策 총장	창립기념식 식사	학보183호(1942.6.5.)
1942.9.30.	篠田治策 총장	15회 졸업식 훈사	학보187호(1942.10.5.)
1942.9.30.	小磯國昭 총독	15회 졸업식 고사	학보187호(1942.10.5.)
1942.10.25.	篠田治策 총장	선서식에서의 훈시	학보188호(1942.11.5.)
1943.5.2.	篠田治策 총장	창립기념식 식사	학보195호(1943.6.5.)
1943.9.18.	篠田治策 총장	이공학부개학식 식사	학보199호(1943.10.5.)
1943.9.18.	山家信次 이공학부장	이공학부창립경과과정보고	학보199호(1943.10.5.)
1943.9.18.	小磯國昭 총독	이공학부개학식 고사	학보199호(1943.10.5.)
1943.9.18.	板垣征四郎(조선군사령관)	이공학부개학식 축사	학보199호(1943.10.5.)

4. 교육칙어봉독식의 훈화.
5. 당시 篠田治策 대학총장이 와병 중이었기 때문에 山家信次 이공학부장이 원고를 대독했다.

1942.9.20.	篠田治策 총장	16회 졸업식 훈사	학보199호(1943.10.5.)
1942.9.20.	小磯國昭 총독	16회 졸업식 고사	학보199호(1943.10.5.)
1943.11.5.	山家信次 총장대리	출진학도 장행회 훈사	학보201호(1943.12.5.)

총장은 주요 학교행사를 주재하면서 식사(式辭)를 행했는데, 그중에서도 졸업식(대체로 3월 마지막 주 거행)6과 선서식(4월 초에 거행),7 창립기념식(5월 2일)은 가장 중요한 학교행사였다. 대학총장의 식사는 이와 같은 행사의 성격에 따라 정형화된 내용을 담고 있었다.

선서식은 예과 수료생들이 학부입학을 '선서'하는 일종의 입학식이었는데, 총장의 발언 또한 관례적으로 「대학령」 1조의 내용을 통해 경성제국대학의 사명 및 목적을 규정하고, 학생들이 따라야 할 바를 제시하는 형식으로 식사가 구성되었다. 5월 2일에 개최된 창립기념식에서 총장의 발언은 주로 교원 및 학생들을 대상으로 1926년 학부출범 이래 매년 대학이 얼마나 발전하고 있는지, 즉 시설의 확충, 강좌의 확대와 변동사상, 교수들의 인사변동, 외부 연구비의 수혜사항을 통해 학교의 발전상을 보고하고, 발전방향으로 제시하는 형식으로 구성되어 있었다. 매년 3월 말에 거행되었던 졸업식은 학교행사 중 가장 규모가 큰 행사였다. 학교의 구성원들만 참여하는 다른 학교행사와 달리 조선총독을 비롯한 정관계 핵심인사들이 참여했고, 사회의 각계각층이 주목했다. 총장의 발언은 주로 졸업생의 현황과 진로를 소개하고, 현재 변화해 가는 상황에서 졸업생의 자제를 당부함과 아울러, 각계 인사들에게 경성제대의 대학으로서의 사명, 지향할 바를 제시하기도 했다.

총장의 행사발언은 고도로 형식화되어 있었기 때문에 매년의 식사(式辭)내용이 중복되는 경우도 적지 않았다. 하지만 총장은 이런 정형화된 틀 속에서도 식민통치기조의 변화, 식민지제국 일본의 정세적 변화, 학교의 발전상에 따라 경성제대가 추구해야 할 대학상(大學像) 및 발전방향에 대해 고유한 관점을 담아내고 있다.

이것은 훈시, 식사의 내용을 시대별로 추적해 봄으로써 보다 뚜렷이 드러난다. 즉, 경성제대가 일본의 대륙침략과 전쟁 국면 속에서 어떻게 제국대학으로서, 식민지대학으로서 자기규정을 하고 있으며, 이것이 시시각각 어떻게 변해 왔는가를 구체적으로 확인할 수 있다. 이런 대학의 자기규정은 이 자료만큼 공식적이고, 계속적으로 밝

6. 1941년 이후에는 총동원체제 하에서 학부수업연한이 단축되었기 때문에 대략 12월과 9월에 2번 졸업식이 거행되었다.

7. 1941년 수업단축의 여파로 선서식 또한 1년에 2번 개최된 것으로 보인다.

히고 있는 경우가 없다는 점에서도 이것의 사료적 가치는 매우 크다고 할 수 있다. 총장 및 총독부 고관들의 식사(式辭)는 서울대학교가 소장하고 있는 『경성제국대학학보』에 실려 있는데, 이 책의 1부에 이를 번역하여 수록했다.

4. 대학운영에 관련된 자료들

그렇다면 경성제대는 구체적으로 어떻게 운영되었을까? 연구기관으로서, 교육기관으로서, 그리고 총독부기관으로서 경성제대의 구체적인 운영 상태를 확인할 수 있는 가장 기본적이고 유용한 자료는 역시 경성제대 서무과가 발행한 『경성제국대학일람(京城帝國大學一覽)』(이하 『일람』)과 『경성제국대학학보(京城帝國大學學)』(이하 『학보』)를 들 수 있다.[8] 이들 연속 자료들은 한국과 일본의 도서관에 다수 소장되어 있는데, 가장 많이 남아 있는 곳은 서울대 도서관이다.

『일람』은 경성제대 서무과가 1년 단위로 펴낸 간행물이었는데, 경성제대의 운영에 관한 전반적인 사항을 수록한 공식 출판물이었다. 여기에 수록된 정보로는 학사일정[學年曆], 대학연혁, 근거 법령 및 규정, 대학출판물 및 학위수여상황, 연구비수혜상황, 교직원 명부, 학생 및 졸업생 명단, 각종 학교통계 등이 수록되어 있다. 『일람』은 학부설립 당시인 1926년부터 발행되기 시작하여, 1942년도 것까지 활용 가능하다. 이 기간 동안의 학교운영의 변화과정도 이 『일람』 자료들을 통해 추적할 수 있다. 다만 『일람』은 1년 중 특정 시점의 상황을 정리한 것이기 때문에 일부 자료의 누락이 일어날 수 있다. 가령 1년 미만의 단기간 동안 재직한 교원의 경우 임면시점에 따라 『일람』에서 누락될 수 있는 것이다.

이런 점에서 『일람』을 보완할 수 있는 것이 『학보』다. 『학보』는 경성제대 서무과가 매월 발행한 일종의 '관보'인데, 칙령이나 규칙 등의 게재한 「공문」, 교직원의 임명과 해임, 서훈 등의 정보를 수록한 「서임과 사령[敍任及辭令]」, 주요 학교행사 및 사건, 예산의 내역, 기념식사 및 훈시 등을 담은 「휘보(彙報)」 등으로 구성되어 있다. 『학보』는 법령 및 규정의 변화과정 및 교직원의 임면과 변동을 정밀하게 추적할 수 있다는 점에서 장점을 가진다. 1년 단위로 변화를 반영한 『일람』보다 발간주기가 짧

8. 여기에 경성제국대학 부속예과의 『京城帝國大學豫科一覽』을 추가할 수 있겠다. 하지만 예과는 엄밀히 말하면 대학이 아니라 대학예비교육기관인 '高等學校'와 같은 성격의 교육기관이었다. 이 논문에서는 일차적으로 학부수준의 경성제국대학을 대상으로 하기 때문에 대학예과에 관한 자료는 제외한다.

고, 주로 주임관 이상의 인사변동을 다룬 『조선총독부관보』와는 달리 경성제대와 관련된 판임관과 고원의 인사변동도 다루고 있기 때문이다.

이처럼 『일람』과 『학보』는 경성제대의 운영 상태를 파악하는 가장 일차적인 자료이다. 하지만 대학의 실제 운영을 보다 정밀하게 재구성하려고 할 경우, 이 두 자료만으로는 부족함을 느낄 수 있다. 왜냐하면 경성제대의 학사운영은 『일람』과 『학보』에 수록된 공식적 법령과 규정 이외에도 대학이 자체 제정한 '내규(內規)' 또는 제국대학 특유의 관행에 의거했던 바가 컸기 때문이다.

또한 『일람』과 『학보』는 대학재정의 문제와 관련한 정보를 매우 간략하게 싣고 있는데, 대학의 예산편성과 집행내역은 대학운영의 실태를 파악하는 척도가 된다는 점에서 아쉬운 점이라고 하겠다. 이런 점에서 경성제대 또는 각 학부가 발행한 규정집, 예규(例規)집 자료와 대학예산 관련 자료를 주목할 수 있다.

1) 『교무예규집』 자료

어떤 학교기관도 학사운영에 대한 공식적인 규정과 실질적인 운영방식 사이에는 차이가 있었겠지만, 특히 경성제대와 같은 제국대학에서 그 차이는 두드러졌다. 제국대학은 제국일본의 다른 고등교육기관과는 비교할 수 없을 정도로 교수들에게 상당한 특권과 자율성을 보장했다. 강좌제를 통해 신분을 보장받은 교수들은 교수회를 구성하여 학사(學事)에 관련된 사항을 '자치적'으로 운영했다. 그런데 흥미로운 것은 교수들의 특권적 위상의 바탕이 되는 '연구실(또는 교실)'의 단위와 교수회의 조직은 대학행정의 공식적인 법령과 규정에는 없다는 점이다. 제국대학 학사운영의 실권을 쥐고 있었던 학부의 교수회는 공식적인 법령에서는 총장 직속의 '평의회(評議會)'[9]보다 격이 낮게 위치지어져 있었고,[10] '연구실(또는 교실)'의 경우는 아예 공식적인 규

9. 1919년 개정된 「제국대학령」에서 評議會는 다음과 같이 규정되어 있다. "5조 제국대학에 평의회를 두고 각 학부장 및 각 학부의 교수 2인 이내로 조직한다. 6조 교수로서 평의원은 각 학부마다 호선하여 문부대신이 이를 임명한다. 평의원의 임기는 3년으로 한다. 7조 평의회는 다음의 사항을 심의한다. 一. 학부의 학과 설치 및 폐지, 二. 강좌의 설치 및 폐지에 대한 자문, 三. 대학내부의 규제. 四. 기타 문부대신 또는 총장이 자문을 구하는 사안. 평의회는 고등교육에 관한 사항에 대해 의견을 문부대신에게 건의할 수 있음."

10. 1919년 「제국대학령」에서 볼 수 있는 평의회와 교수회의 위상은 일본의 학무당국과 제대교수들 간의 힘겨루기의 산물로 볼 수 있다. 1919년 제국대학의 개편과정에서 일본정부가 의도했던 것은 무엇보다도 강한 '자치성'과 '독자성'을 지녔던 단과대학의 교수회의 세력약화였다. 1910년대까지 일본의 제국대학은 각 분과대학이 상당한 독립성을 가지고 있었고, 이들 분과대학의 학사운영을 장악했던 것이 교수회였다. 일본의 학무당국이 제국대학을 분과대학체계에서 보다 중앙 집중적인 학부체계로 개편하고

정조차 존재하고 있지 않았다. 경성제대의 경우 '연구실(또는 교실)'에 관련된 것은 도서비치에 관련된 사항뿐이었다.[11]

학무당국이 교수회의 제도적 권한을 축소하고, 연구실(또는 교실) 조직을 '주변화' 시킨 것은 일차적으로는 제국대학에 대한 통제를 강화하기 위해서였다. 하지만 제국대학의 자치 전통이 이미 사회적으로 확고했던 '학벌(學閥)'구조에 바탕을 두고 있었던 만큼, 학무당국의 의도와는 달리 '자치적' 학사운영의 관행은 계속되었다. 공식적인 학교운영기구와 별도로, 관행과 내규를 통한 '대학자치'의 풍토가 병존하는 것이 제국대학 특유의 전통으로 자리 잡았던 것이다.

경성제대의 경우도 이런 대학자치의 운영관행은 기본적으로 다른 제국대학과 동일했다. 물론 식민지에 설립된 경성제대는 본토의 제국대학에 비해 학무당국의 통제가 훨씬 더 강했다.[12] 하지만 학부 교수회의 자치전통이 완전히 무시된 것은 아니었다. 경성제대 교수들은 강좌제를 통해 부여받은 제도적 특권과 '연구실(교실)'이라는 실질적 기반을 바탕으로 교수임용, 총장선출, 학사운영 등에서 상당한 영향력을 행사했던 것이다.[13]

이러한 이유 때문에 경성제대의 법문학부에 어떤 연구실이 언제 개설되었는지,[14] 교수회와 평의회의 심의사항이 어떤 것이 있었는지, 학사운영 과정에서 구체적으로 제기되는 여러 가지 문제들에 대해서 어떤 방침을 취했는지 등의 질문은 제국대학 특유의 이중적 학사행정 속에서 『일람』에 실린 '공식적' 규정만으로는 도저히 알 수가 없는 것이다. 관련된 대학내부 문서가 발견되지 않는 한, 이것은 당시 인사들의 증언, 회고나 당시 내부사정에 정통했던 기자들의 평판기에 의존할 수밖에 없으며, 파편적인 상(像)을 넘어서기 힘들다.

총장 직속의 평의회를 교수회의 위에 두려고 했던 것은 이 때문이다. 하지만 대다수 제국대학들은 그 이후에도 여전히 '평의회'보다는 '教授會'를 중심으로 학사운영이 이루어졌다. 제대교수 영향력의 원천이 기본적으로는 일선 '연구실(교실)'에 있었기 때문이었던 것으로 보인다.

11. 「京城帝國大學附屬圖書館規程」의 제4장을 참조.

12. 이는 경성제대의 설립 단계에서 정무총감이 총장사무취체를 겸임했던 것에서도 단적으로 드러난다.

13. 경성제대의 교수회의가 가지는 위상에 대해서는 당시 잡지에 게재된 글을 통해서도 일부 확인할 수 있다. 江間俊太郎(1932) 참조.

14. 사실 일람류의 기존 자료와 경성제대에 관한 선행연구만으로는 경성제대 법문학부에 어떤 연구실이 있었는지 그 실태를 파악하는 것도 쉽지 않다. 의학부의 경우 강좌 및 교수명단만 가지고도 醫局에 따라 교수(講座)-조교수-조수-부수로 묶인 '교실'을 명확하게 확인할 수 있지만, 법문학부의 경우 학제간의 경계선이 불분명했기 때문에, 회고나 증언을 통해 개별 연구실을 확인하는 것 외에 전체적인 연구실 현황을 파악할 수 없었다. 여기서 소개할 『교무예규집』은 법문학부의 연구실 및 그 연혁을 일별하고 있다는 점에서 일차적인 사료적 가치가 있을 것이다.

이러한 상황에서 경성제대의 학사운영과 관련해 주목할 필요가 있는 것이 각 학부의 내규다. 이 내규는 교육당국의 재가(裁可)를 받을 필요가 없다는 점에서 학무당국의 공식적 시선에서 벗어나 있다. 내규는 경성제대의 학사운영의 실제과정을 파악하는 데 있어서 요긴한 자료가 된다. 1936년 경성제대 법문학부가 편찬한 『교무예규집(教務例規集)』이란 자료에 각별한 시선을 둘 필요가 있는 것은 이 때문이다.

『교무예규집』(이하 『예규집』)은 1936년 당시 법문학부가 학생들에게 배포한 것으로, 법문학부 학생들이 학교생활을 위해 알아 둘 필요가 있는 학사관련 내규를 묶은 것이다. 이 자료는 와타베 마나부(渡部學)와 아베 히로시(阿部洋)가 편저한 『일본식민지교육정책사료집성(조선편)』 46권(龍溪書舍, 1991)에 수록된 것이다. 이 『집성』은 1944~45년 경성제대 부속 이과교육양성소 교수 및 학생주사를 역임했던 와타베가 소장하고 있던 사료를 기반으로, 일본 및 한국의 도서관에 소장된 식민지기 조선의 교육관련 자료, 총 300점을 69권에 결쳐서 수록하고 있어서, 식민지기 조선의 교육을 이해하는 데 필수적인 자료집이다. 예규집의 구체적인 내용은 표 Ⅲ-1과 같다.

표 Ⅲ-1. 예규집의 구체적 내용

목차(분류)	수록내규
1장 학생	1절 입학 · 졸업 · 고등학교 및 학습원고등과 문과졸업자의 본 학부 입학에 관한 건 · 고등학교, 대학예과 이과졸업자의 본 학부 입학에 관한 건 · 선과수료자(본 학부)의 재입학의 경우, 취급방법의 건 · 학생재입학에 관한 건 · 학생정원 및 정원초과의 경우, 취급방법의 건 · 본과 입학학력검정시험 수험자격을 인정받은 학교 · 졸업시기에 관한 건 · 선과수료자로써 예과수료학력검정시험에 합격한 사람에 대한 취급방법의 건
	2절 휴학 · 3개월 미만의 휴학자에 대한 취급방법의 건 · 휴학기간의 보충에 관한 건
	3절 수업 · 과목의 명칭에 관한 건 · 철학과, 사학과, 문학과에 있어서 전공자 학수과목 내규 · 본 학부규정 제6조 중 해석에 관한 건 · 시간표가 충돌하는 과목의 학수에 관한 건 · 본 학부 졸업자가 재입학하는 경우 학수과목에 관한 건 · 금융론의 단위에 관한 건

	・희랍어, 라틴어, 러시아어, 조선어의 소속에 관한 건 ・법학과에 있어서 「연습 또는 특수강의」의 취급방법의 건
	4절 과목대용 ・과목대용 ・신구규정 과목대조
	5절 외국어 학수과정 ・외국어 학수에 관한 건 ・법학과에 있어서 외국어강독연습의 건 ・외국어 학수 특별 취급방법의 건
	6절 시험・졸업논문 ・한번 수료한 학과목의 재수험에 관한 건 ・강의에 출석하지 않은 학생의 수허에 관한 건 ・시험감독에 관한 건 ・과목청강자의 수험자격에 관한 건 ・졸업논문에 관한 내규 ・졸업논문의 성적에 관한 건 ・졸업논문의 우송 제출에 관한 건 ・제출기한을 넘긴 졸업논문의 취급에 관한 건
	7절 선과생 ・선과생의 입학허가에 관한 건 ・선과생의 전과에 관한 건 ・선과생 또는 선과수료자로써 학사칭호를 얻으려는 사람에 대한 취급내규
	8절 청강생 ・청강생의 청강과목수의 수세는 방법에 관한 건 ・청강생지원자의 취급에 관한 건 ・청강생의 연습출석 방법에 관한 건
	9절 전공생 ・전공생에 관한 건
2장 대학원	1절 대학원학생 ・대학원 입학출원자 취급방법에 관한 건 ・대학원 입학지원자에 관한 건 ・본 학부졸업자의 대학원 입학에 관한 건 ・기타 제국대학졸업자의 대학원 입학에 관한 건 ・대학원 학생의 재학기간, 기타 취급방법에 관한 건 ・선과수료자의 대학원 입학 건
3장 교원 면허장	1절 교원무시험검정 ・고등학교 고등과, 교원무시험검정에 관한 지정의 건 ・사범학교, 중학교, 고등여학교, 교원무시험검정에 관한 지정의 건

	· 사립학교 교원의 자격 및 교원 수에 관한 규정에 의거해 사립학교교원자격을 가지는 자 지정 건 · 중등학교 역사과 무시험검정 중 조선사학에 관한 건 · 선과생 중 중등교원 무시험검정에 관한 건 · 교원면허장을 얻기 위한 본 학부 재입학의 건
4장 연구실	· 연구실 명칭 · 연구실의 구비도서에 관한 규정

간행목적에서도 확인할 수 있듯이, 『예규집』은 입학에서 졸업에 이르기까지 학교생활에 필요한 각종 규정 및 내규를 담고 있다. 교수들의 학사운영과 관련된 내규가 포함되어 있지 않다는 점에서 아쉽지만 이 자료를 통해 경성제대의 학교생활을 개략적으로 재구성해 볼 수 있다는 점에서 단연 흥미로운 자료다.

이 자료에는 다른 자료에서는 확인되지 않는 법문학부 연구실의 상황도 수록되어 있기 때문에 사료적 가치도 높다. 이 자료에 수록된 1934년 당시 법문학부 연구실 현황은 표 Ⅲ-2와 같다.

표 Ⅲ-2. 경성제대 법문학부 연구실 현황(1932년 현재)

명칭	주임	설립연월일
政治公法 연구실	鵜飼信成(조교수, 행정법)	1929년 2월 20일
심리학 연구실	黑田亮(교수, 심리학2강좌)	상동
영문학 연구실	中島文雄(조교수, 영문학)	상동
동양사학 연구실	玉井是博(조교수, 동양사학)	상동
조선사학 · 조선어학 · 조선문학 연구실	高橋亨(교수, 조선어학1강좌)	상동
미학 · 고고학 연구실	田中豊藏(교수, 미학미술사2강좌)	상동
경제 연구실	鈴木武雄(교수, 경제학2강좌)	상동
사법 연구실	西原寬一(교수, 상법2강좌)	상동
국제법 연구실	長谷川理衛(교수, 국제사법강좌)	상동
국사 · 국문 연구실	時枝誠記(교수, 국어국문2강좌)	1930년 9월 17일
형법 연구실	不破武夫(교수, 형법형사소송2강좌)	1930년 10월 8일
철학 연구실	田邊重三(조교수, 철학 · 철학사)	상동
支那哲文學 연구실	辛島驍(조교수, 지나어학 · 철학)	1931년 5월 13일
윤리 · 교육 연구실	田花爲雄(교수, 교육학2강좌)	1932년 3월 10일
사회학 · 종교학 연구실	秋葉隆(교수, 사회학강좌)	상동
고대법 연구실	內藤吉之助(교수, 법제사강좌)	1932년 5월 25일

경성제대 법문학부는 1932년 당시 16개의 연구실을 두고 있었다. 의학부의 교실이 대체로 하나의 강좌가 하나의 교실을 구성하고 있었던 데 반해, 법문학부의 연구실은 학문적 연관성이 있는 몇 개의 강좌가 공동으로 하나의 연구실을 설립하고 있었음을 이 표를 통해 확인할 수 있다. 이 연구실은 교수와 조교수, 조수와 학생들이 모이는 단위였고, 관련 도서와 자료를 소장하고 있는 공간이기도 했으며, 공부모임을 운영하고 각자의 연구결과를 발표하는 장소이기도 했다. 즉 연구실은 경성제대의 실질적인 연구단위임과 동시에 운영단위이기도 했던 것이다.

이 자료는 학사운영에 관한 내규를 다수 포함하고 있어서 『일람』, 『학보』에 수록된 공식적인 법령, 규칙을 보완하는 한편, 연구실을 비롯한 경성제대 운영관행의 일부도 수록하고 있어서, 경성제대의 실제 운영방식을 가늠하는 데 있어서도 중요하다.

2) 대학예산 관련자료

경성제대의 학사운영의 규모와 위상을 확인할 수 있는 또 다른 척도는 대학재정이다. 경성제대의 예산이 구체적으로 어떤 항목에 얼마나 책정되어 집행되었고, 또 그 전체적인 규모가 얼마나 되는가 하는 문제는 경성제대가 실제로 어떤 성격과 위상을 가졌으며 실제로 어떻게 운영되었는가를 이해하는 데 핵심적이기 때문이다.

경성제대의 예산 규모와 추세변화를 추적하는 것은 쉬운 일이 아니다. 경성제대가 기본적으로 총독부의 소속기관이며, 매년 지출되는 예산경비가 조선총독부의 세출항목에 포함되어 별도예산으로서 제국의회의 심의를 받기 때문에, 총독부의 예산사정 자료를 통해서 경성제대의 대학재정에 대한 윤곽을 확인할 수 있다.

경성제대의 매년 예산은 다른 총독부의 예산과 마찬가지로 직전 연도 말부터 해당 연도의 초 사이에 개원하는 제국의회 예산심의를 통해 그 규모가 확정된다. 확정된 예산은 회계연도가 시작되는 4월부터 본격적으로 집행된다. 이 예산의 대략적인 항목과 규모를 확인할 수 있는 자료 중 하나가 『조선총독부관보』(이하 『관보』)다.

조선총독부는 매년 확정된 예산의 항목과 규모를 회계연도가 시작되는 매년 4월 전후에 『관보』를 통해 공포했다. 경성제대의 경상경비, 즉 학교운영예산은 학무국 예산에 포함되어 있었는데, 『관보』의 예산공고는 그 총액수의 규모와 변화의 추이를 확인할 수 있는 기본 자료가 된다. 다만, 총독부의 예산공고는 경우에 따라서는 『관보』에서 누락되는 경우도 있었고 또 추가 편성되는 경우도 없지 않았기 때문에 일부

시기의 예산규모를 파악하기 불충분한 경우도 있다. 이것을 보완할 수 있는 자료가 본국 대장성이 발행한 『대장성연보(大藏省年報)』와 총독부학무국이 발행한 『조선제학교일람(朝鮮諸學校一覽)』이다.

제국일본의 전체 재정을 관할하고 있는 대장성이 발행했던 『대장성연보』는 특별회계로 집행되었던 조선총독부의 예산 및 결산 내역을 수록하고 있는데, 연도별로 일목요연하게 정리하고 있어 전체적인 추세를 쉽게 확인할 수 있을 뿐만 아니라, 문부성 관할의 본토 제국대학, 타이완총독부 관할의 타이베이제대의 예산 및 결산 내역도 수록하고 있어서 경성제대 예산의 규모 및 추세가 가지는 특징을 파악하는 데도 매우 유용하다.

조선총독부 학무국이 매년 3월에 발간하는 『조선제학교일람』에도 경성제대의 매년 경비규모의 변동내역이 일목요연하게 정리되어 있다. 특히 이 자료는 경성제대의 강좌당 경상경비가 얼마나 되며, 학생당 경상경비가 얼마나 되는지도 표시하고 있는데, 조선 내 각급 학교와의 차이를 가늠할 수 있어 편리하다.

가령 1929년도 『조선제학교일람』에 따르면, 경성제대의 경상비는 학무국 관립학교 예산의 62.6%에 이르는 225만 6,384엔이었고, 학생 1인당 경상비는 3,770엔이었다. 같은 해 공립보통학교의 학생 1인당 경상비가 24엔, 관립전문학교의 학생 1인당 경상비가 676엔이었다는 것을 감안하면, 경성제대의 비중과 위상이 어떠했는지를 짐작할 수 있다.

특정 시기에 국한되지만, 경성제대 대학예산의 수립 과정을 확인할 수 있는 자료도 일부 남아 있다. 정부기록원에 남아 있는 학무국의 서류철 중에는 『쇼와2년도예산사정서(昭和二年度豫算査定書)』, 예산사정관계철28(문서번호 88-30) 및 『쇼와3년도예산사정서(昭和三年度豫算査定書)』, 예산사정관계철38(문서번호 88-38)이 있다.

이 서류철은 예산산정 과정에서 학무국과 재무국, 관할 기관 사이에 오갔던 문서들을 묶어 놓은 것인데, 경성제대가 작성한 예산계획안과 이에 대한 학무국의 반응, 그리고 재무국의 사정결과를 확인할 수 있어서 무척 흥미롭다. 다만 이 자료는 경성제대가 설립된 직후인 1926년, 1927년도에 국한되는 것이기 때문에, 경성제대 예산 수립 과정에서 나타나는 추세의 변화를 확인하는 데에는 무리가 있다.

조선총독부가 작성한 『조선총독부특별회계 세입세출예정계산서 각목명세서(朝鮮總督府特別會計歲入歲出豫定計算書各目明細書)』는 대학재정의 규모뿐 아니라, 구체적인 예산항목과 실제 내역을 확인할 수 있는 자료다. 현재 1938년, 1941년, 1943년

표 III-3. 학교운영비의 추세

항목	1937년 예산	1938년 예산	1941년 예산	1942년 예산	1943년 예산	내역 및 비고
1. 廳費	256,766	258,608	384,497	444,144	686,051	시설사용에 관한 경비
2. 수선비	13,576	13,576	16,763	31,763	36,763	시설의 수리, 보수에 관련된 경비
3. 국내여행	46,395	48,032	134,656	153,485	133,686	교직원의 소환, 국내출장에 관한 경비
4. 국외여행	1,275	1,275	13,348	16,848	18,348	교직원의 해외출장에 관한 경비
5. 접대비	1,700	1,700	2,330	2,097	2,097	
6. 잡급 및 잡비	303,446	197,945	394,760	475,299	479,551	
7. 도서구입비	0	0	265,912	261,527	0	43년 예산부터는 청비에 포함
8. 연구원비	0	0	26,000	13,000	0	43년 예산부터는 청비에 포함
9. 실험・실습비	0	108,416	236,606	348,223	375,155	38년까지 실험・실습비는 잡급 및 잡비에 포함
10. 병원비	433,177	606,862	882,767	1,198,245	1,341,285	
11. 생약연구비	38,278	12,278	40,365	72,618	69,417	
12. 연구용 환자비	47,458	47,458	47,458	47,458	47,892	
13. 정신병자 구료비	7,500	7,500	7,500	7,500	7,570	
14. 장학금	0	0	0	645,300	45,000	이공학부 연구비(42) 고원요양소(42~43)
교비(교비)합계	1,149,571	1,303,650	2,452,962	3,717,507	3,242,815	

도 명세서가 남아 있는데, 각 연도 명세서는 전년도의 정보를 포함하고 있기 때문에 이 자료를 통해 우리는 1937년부터 1943년 사이의 대학재정의 구체적인 예산내역과 추세변화를 알 수 있다.

대학예산의 항목은 크게 '교직원 인건비'와 '학교 운영비[校費]'로 구별할 수 있는데, 『관보』, 『문부성연보』, 『조선제학교일람』 등의 자료가 이들 항목의 예산액 규모만을 제시하고 있다면 이 자료는 인건비와 운영비의 구체적인 항목과 내역을 제시하고 있어서 당시 경성제대의 운영상황을 확인하기에 편리하다. 이 자료에서 제시되는 학교운영비의 추세를 정리해 보면 위의 표 III-3과 같다.[15]

5. 경성제대 구성원에 관한 자료들

마지막으로 경성제대를 구성하는 주요 구성원들 즉 총장, 교수, 학생과 관련된 자료들을 검토해 보자. 경성제대의 구성원에 대한 분석도 내부문서 자료가 남아 있지 않는 현 상황에서 체계적인 파악이 쉽지 않다. 이들이 누구였으며, 식민지에서 어떤 활동을 전개했는가 하는 문제는 대체로 개인에 대한 개별적 추적을 통해 확인할 수밖에 없는데, 총장과 교수의 경우에는 개인적 이력과 저서, 논문, 각 언론매체에 남긴 기고문 등에, 학생들의 경우에는 출신자들이 남긴 대학시절에 관한 회고 등에 바탕을 두고 연구를 추진하는 경우가 대부분이다. 하지만 이것만으로는 경성제대의 구성원으로서 이들의 성격을 드러내는 데에는 무리가 있는데 여기서는 경성제대의 구성원으로 총장, 교수, 학생이 어떤 사회적 활동을 전개했으며, 어떤 집단적 성격을 지니고 있는지를 알 수 있는 자료 몇 가지를 검토하고자 한다.

1) 대학총장의 권한과 사회적 활동

경성제대 총장이 누구였으며, 어떠한 활동을 전개했는지에 대해서는 아직 체계적인 연구가 수행된 바가 없다. 하지만 현재 남아 있는 몇 가지 자료를 통해, 단편적이기는 하지만 총장의 권한과 사회적 활동의 윤곽을 그릴 수 있다.

우선, 총장의 권한 및 의미에 관련된 법률 및 규정이 있다. 총장에 대한 규정은 「제국대학령」 및 「경성제국대학관제」에 포함되어 있으며, 좀 더 구체적인 직무의 규정으로는 「경성제대 총장 직무규정」(1926년, 조선총독부 내훈 4호)이 있다. 특히 이 「직무규정」에는 경성제대 총장이 문부대신을 대행하는 조선총독에게 인가를 받아야 할 사항과 인가를 받을 필요가 없는 사항을 규정하고 있다. 당시 제대총장의 권한에 관한 것은 국가의 관여를 막기 위해 대체로 불문율로 규정하는 관행이 있었는데, 이것은 경성제대의 경우에도 마찬가지여서 총장의 직무는 이 「직무규정」에 포함되지 않는 것도 있을 것으로 추정된다.

한편 총장들이 재직 당시 어떤 활동을 했는가와 관련된 자료가 있을 것이다. 이들 자료는 생각보다 남아 있는 것이 적은데, 정무총감에 필적하는 대학총장의 법적 지위를 감안하면 다소 의아한 대목이다. 이 문제에 대해서는 보다 정밀한 고찰이

15. 경성제대의 대학재정에 대한 자세한 설명은 정준영(2009: 132-141)을 참조할 것.

필요할 것이다. 대학총장의 이력에 대해서는 당시 간행되었던 각종 인물지(人物誌)와 흥신록(興信錄), 회갑 및 퇴임 기념논총, 자서전 등을 통해 확인할 수 있다. 이들의 연구저서의 목록은 일본국회도서관 및 구(舊)총독부 도서관(국립중앙도서관 소장), 구(舊)경성제대 도서관(서울대학교 도서관 소장)을 통해 비교적 쉽게 검색 가능하다.

총장들의 재직 당시의 사회적 활동은 조선어 민간신문의 경우 거의 주목하지 않았다. 대학 내 자료인 『학보』에 개제된 총장동정, 『관보』에 공포된 총장의 겸직발령 등을 통해 대체적인 윤곽을 그릴 수 있는 정도다. 특히 『관보』에 공포된 경성제대 총장의 겸직발령은 경성제대 총장이 총독부의 고위관료로서 어떤 역할을 하고 있었는지를 알 수 있는 지표가 된다.

2) 제대교수들에 대한 사회적 인식

경성제대 교수들의 활동에 대해서는 최근 교수 개인의 개별 연구활동과 사회활동을 추적한 연구가 발표되고 있다. 하지만 하나의 사회집단으로서 경성제대 교수란 어떤 특징을 가지고 있었는지, 다른 집단과의 사회적 관계 속에서 어떻게 이들이 비치었는지에 대해서는 여전히 연구대상으로 남아 있다. 이런 문제의식과 관련하여 흥미로운 자료가 당시 언론매체에 소개된 경성제대 교수들의 평판, 동정(動靜) 기사다.

『조선급만주(朝鮮及滿洲)』, 『조선행정』과 같은 일본어 잡지는 경성제대 교수들의 사회적 평판과 내부 사정을 소개하는 기획물을 종종 게재했는데, 특히 『조선급만주』에 수록된 「성대교수이야기[城大教授物語り]」, 「경성대학론(京城大學論)」 등의 기획기사는 1930년대 당시 경성제대 및 교수들이 식민지사회, 특히 재조일본인들의 시선 속에서 어떻게 비쳤는지를 드러내고 있다.

기획기사가 실린 『조선급만주』는 당시 식민지에서 간행된 잡지 중 가장 오랫동안 간행된 잡지였고, 『조선공론(朝鮮公論)』과 함께 재조(在朝)일본인의 입장과 이해관계를 가장 충실하게 반영한 잡지였다. 『조선급만주』는 1898년 『조선(朝鮮)』이라는 제호로 간행을 시작한 이래 1912년 제호를 『조선급만주』로 바꾸고, 1941년 종간하기까지 43년간 총 414호(『朝鮮』 46호, 『朝鮮及滿洲』 398호)가 간행되었다. 더욱이 잡지를 발행했던 조선급만주사(朝鮮及滿洲社)는 잡지 이외에도 총서를 발행하여 조선 및 만주에 대한 독자적인 조사 및 연구를 수행하는 한편 일본의 대륙진출에도 기여했다. 그렇다고 이 잡지가 조선총독부의 입장 및 시각을 일방적으로 반영했던 것은 아니었다. 오히려 재조일본인의 관점에 입각해서 때로는 조선총독부의 통치정책에 대해서 이견을 제시하기도 했다. 1931년에서 1937년 사이에 『조선급만주』에 발표된 경성제대 관련 기획기사의 서지사항은 다음과 같다.

① 춘추자(春秋子)의 「성대교수이야기[城大教授物語り]」(총 8회)

연호	제목
1931년 1월호	城大教授物語り(其一): 志賀總長・德光博士・ハウアース教授
1931년 2월호	城大教授物語り(其二): 杉原博士・森谷助教授・手島助教授
1931년 3월호	城大教授物語り(其三): 泉教授・般田教授
1931년 4월호	城大教授物語り(其四): 今西教授・黑田教授・四方教授
1931년 5월호	城大教授物語り(其五): 藤塚・速水・安倍・多田教授
1931년 6월호	城大教授物語り(其六): 高木・左藤・上野教授, 金重世講士
1931년 7월호	城大教授物語り(其七): 戸澤・松月教授
1931년 8월호	城大教授物語り(八): 志賀總長の辭任と後任問題

② 에마 슌타로(江間俊太郎)의 「경성대학론(京城大學論)」(총 5회)

연호	제목
1932년 11월호	京城大學論(その一): 序論・職員編(總論)
1932년 12월호	京城大學論(その二): 職員編(總論)の続き
1931년 1월호	京城大學論(その三): 職員編(總論)の続き・医学部を中心として
1931년 2월호	京城大學論(その四): 医学部を中心として(續)
1931년 3월호	京城大學論(その五): 医学部を中心として(續)・職員編(總論)の結語

③ 낙타산인(駱駝山人)의 「성대법문학부의 전망[城大法文學部の展望]」(총 6회)

연호	제목
1935년 2월호	城大法文學部の展望(一)
1935년 6월호	城大法文學部の展望(二)
1935년 7월호	城大法文學部の展望(三)
1935년 8월호	城大法文學部の展望(四)
1935년 9월호	城大法文學部の展望(五)
1935년 10월호	城大法文學部の展望(六)

④ 채운학인(彩雲學人)의 「성대의학부의 옆모습[城大醫學部の横顔]」(총 6회)

연호	제목
1935년 11월호	城大醫學部の横顔(一)
1935년 12월호	城大醫學部の横顔(二)
1936년 1월호	城大總長更迭の經緯: 去った山田總長と後任の速水總長
1936년 2월호	城大醫學部の横顔(三)
1936년 3월호	城大醫學部の横顔(四)
1936년 4월호	城大醫學部の横顔(五)

⑤ 오카모토(岡本濱吉)의 「성대교수평판기(城大教授評判記)」(총 7회)

연호	제목
1937년 2월호	城大教授評判記(一): 序論・安倍教授
1937년 3월호	城大教授評判記(二): 宮本・田邊・佐藤・尾高教授
1937년 4월호	城大教授評判記(三): 戸澤・長谷川・森谷・辛島・松月・鈴木教授
1937년 5월호	城大教授評判記(四): 松本・高橋・藤塚・般田教授
1937년 6월호	城大教授評判記(五)
1937년 7월호	城大教授評判記(六)
1937년 8월호	城大教授評判記(七)

⑥ 고바야카와(小早川敬)의 「성대의학부교수평판기(城大醫學部教授評判記)」(총 2회)

연호	제목
1937년 10월호	城大醫學部教授評判記(一)
1937년 12월호	城大醫學部教授評判記(二)

이것은 경성제대 특집기사에도 확연히 드러난다. 필자들은 개별적인 차이는 있지만, 모두 경성제대의 설립 및 운용, 필요성에 대해서 조선총독부의 공식적인 입장과 견해를 달리하고 있을 뿐만 아니라, 필자에 따라서는 경성제대의 설립 자체를 강력하게 비판하는 관점을 취하기도 했다. 더욱이 이들 기사는 재조일본인의 특성상 조선총독부와 경성제대의 주변정황에 상대적으로 정통하다는 점에서, 기존의 공식적인 행정문서나 신문기사, 심지어 경성제대 출신자들의 회고에서도 찾아보기 힘든 경성제대 설립과 관련된 조선총독부 안팎의 상황, 경성제대 내부의 갈등양상 등을 상세하게 전달해 주고 있다.

이 자료는 조선총독부의 입장과 반드시 일치하지 않았던 당시 재조일본인의 입장과 관점을 반영하고 있기 때문에, 경성제대의 설립과 운영을 둘러싼 식민당국, 대학인, 재조일본인, 조선인 사이의 복잡한 상호관계를 이해하는 데도 도움이 된다.

이 자료는 기본적으로는 경성제대 교수의 인물평을 중심으로, 저간의 학내사정과 소문, 경성제대를 둘러싼 총독부 안팎의 움직임, 학교 밖의 재조일본인들의 동향을 소개하고 있는 형식을 띤다. 춘추자(春秋子)의 「성대교수이야기[城大教授物語り]」는 법문학부와 의학부의 교수 및 조교수의 인물기 형식이며, 오카모토(岡本濱吉)의 「성대 교수평판기(城大教授評判記)」와 고바야카와(小早川敬)의 「성대의학부 교수평판기(城大醫學部教授評判記)」도 각각 법문학부와 의학부 교수의 인물평을 개인별로 개제하고 있다. 낙타산인(駱駝山人)의 「성대법문학부의 전망[城大法文學部の展望]」 및 채운학인(彩雲學人)의 「성대의학부의 옆모습[城大醫學部の横顔]」도 기본적으로는 학부장(學部長)을 역임했던 인물들의 인물평과 더불어 학부(學部) 내부의 교수들의 분파 및 갈등의 양상을 소개하고 있다. 한편 에마 슌타로(江間俊太郎)의 「경성대학론(京城大學論)」은 1932년에야 거행되었던 경성제대의 개학식에 즈음하여 경성제대의 설립과 존재의의를 비판적 관점에서 기술하고 있는데, 『일람』의 정보를 하나하나 검토하는 형식으로 구성되어 있다.

가령 춘추자의 「성대교수이야기」(1931년 연재)는 학부개설 후 5년, 2회의 졸업생을 배출하며 안정기에 접어든 경성제대의 상황이 어떠했는지를 보여 주는 흥미로운 자료이다. 이 글은 당시 대학 밖에서도 잘 알려진 '저명한' 교수들의 평판, 학술 업적, 강의실 분위기를 전달하는 한편, 경성제대와 관련하여 숨겨진 뒷이야기, 가려져 있었던 재조일본인 사회에서의 동향도 소개하고 있다.

이 자료에서 인물평의 형식으로 소개된 교수들은 다음과 같다. 참고로 괄호 안은 31년 당시의 직위[16] 및 전공 혹은 강좌명이다. 시가(志賀潔: 총장, 미생물학), 도쿠미츠(德光美福: 교수, 병리학), 파울라스(ハウアース: 강사, 영문학), 스기하라(杉原德行: 교수, 약리학2), 모리타니(森谷克己: 조교수, 사회정책), 데지마(手島文倉: 조교수, 인도철학), 데즈(泉哲: 교수, 국제공법), 나다(般田亨二: 조교수, 로마법), 이마니시(今西龍: 교수, 조선사학), 구로다(黒田亮: 교수, 심리학), 시가타 히로시(四方博: 조교수,

16. 다만 이 글에 나와 있는 교수의 직위는 1931년 당시 교수의 실제 직위와 차이가 있다는 점을 지적해 둘 필요가 있다. 가령 이 글에서 경제학 강좌를 담임했던 四方博은 1930년부터, 般田亨二는 1929년부터 교수가 되었지만, 이 글에서 조교수로 나와 있다. 이런 점에 관해서는 두 가지 가능성을 생각해 볼 수 있는데, 첫째는 초고의 일부가 1929년 이전에 작성되었을 가능성이 있으며, 둘째는 필자의 착오일 가능성이 있다.

경제학), 후지츠카 치카시(藤塚鄰: 교수, 동양철학) 하야미(速水滉: 교수, 심리학), 아베(安倍能成: 교수, 철학1), 다다(多田正知: 예과교수, 한문), 다카키(高木市之助: 교수, 국문학), 사토(佐藤清: 교수, 영문학), 우에노(上野直昭: 교수, 미학・미술사), 김중세(金重世: 강사, 독일어), 도자와(戶澤鐵彦: 교수, 정치학), 마쓰즈키(松月秀雄: 교수, 교육학).

평판의 대상이 된 이런 교수들 면면을 살펴보면, 몇 가지 특이한 점을 확인할 수 있다. 우선, 다카하시(高橋亨), 오다(小田省吾), 오구라(小倉進平) 등 총독부 관료출신 조선연구자들의 면면이 제외되어 있다는 점, 둘째, 이즈미(泉哲), 구로다(黑田亮), 시가타(四方博), 하야미(速水滉), 아베(安倍能成), 사토(佐藤清), 우에노(上野直昭) 등 자유주의적인 성향의 학자나 젊은 소장학자를 주목하고 있다는 점, 셋째, 시가(志賀潔), 도쿠미츠(德光美福)를 제외하고 의학부(醫學部)교수에 대한 평판이 전부 빠져 있다는 점 등이 그것이다. 이러한 '의도적 선택'에는 경성제대에 대한 글쓴이의 관점이 반영되어 있는 것으로 보인다. 이는 군데군데에서 드러난 필자의 입장과 밀접하게 연관되어 있다. 특히, 이즈미(泉哲)에 대한 항목에서 그가 조선인에게 자치를 부여해야 한다는 글을 둘러싸고 총독부 관원들이 사직을 권고했으나 마쓰우라(松浦) 총장이 이를 제지했던 사정을 소개하면서, 학자적 양심이 침해받으면 학문의 독립은 없어지며, 그렇게 되면 조선에 있어서 문화의 장래는 사라지고 만다고 주장했다. 또 필자는 경성제대가 이러한 학자적 양심의 보호자가 되어야 한다는 견해를 피력했다. 1930년대 초까지도 여전히 1920년대 다이쇼(大正)데모크라시의 입장에 기반한 자유주의적인 목소리가 적지 않았음을 암시한다. 이들 자료 중에서 『성대교수이야기[城大教授物語り]』와 『경성대학론(京城大學論)』은 이 책에 원문을 수록했다.

3) 『학생생활조사보고』

경성제대 출신자들의 회고 이외에 경성제대 학생들의 생활 전반을 파악할 수 있는 흥미로운 자료로 1938년 11월 학생과에서 경성제대 학생 전체를 대상으로 설문조사를 실시하고 이를 정리하여 출판한 『학생생활조사보고』가 있다. 경성제대 학생과는 본국의 문부성이 실시한 직할 학교의 조사항목과 제국대학의 조사항목, 경성제대 독자의 조사항목을 종합하여 조사표를 작성한 뒤 학생들에게 응답토록 했다. 총 재적수가 166명인 법문학부 학생의 89.15%가 참여하고, 총 재적수가 248명인 의학부 학생의

86.69%가 참여하여, 조사된 학생 363명은 전체 재적학생수 414명의 87.68%였다.

조사의 결과는 연령, 원적, 출신교, 배우자, 부모, 가족수, 형제자매수, 졸업 후 방침, 현재 숙소, 주식(晝食) 장소, 통학시간, 강의 외 공부시간과 수면시간, 스포츠, 건강상황과 안경사용자, 보건방법, 과거에 앓은 병, 현재 앓고 있는 병, 취미 오락, 좋아하는 영화 종류, 영화관람 횟수, 좋아하는 음악 종류, 담배와 술, 감명 깊게 읽은 서적, 애독 고전, 열독(閱讀) 잡지, 잡지의 애독 필자, 열독신문, 신문 애독란, 수양방법, 숭배인물, 종교, 여름휴가 이용상황, 자가(自家)의 주소지와 자가의 직업, 자가의 가계 정도, 학자금 출처, 학자금 수급액, 학자금 지출액 등의 항목으로 정리되어 있다.

조사의 항목에서 확인할 수 있듯이, 이 자료는 당시 경성제대 학생의 사회적, 문화적 특징을 드러내고 있다는 점에서 매우 흥미롭다. 첫째, 이 조사는 학생들의 가족상황, 부모의 직업과 소득, 학자금의 출처와 규모 등을 조사하고 있기 때문에, 경성제대 학생들의 계급적, 계층적 지위를 확인할 수 있다. 둘째, 감명 깊게 읽은 서적, 애독 고전, 애독 잡지, 애독 필자, 열독신문 등의 항목을 통해서 당시 경성제대 학생들의 교양문화, 지적 분위기도 파악할 수 있다. 셋째, 같은 시기, 동일한 항목으로 다른 제국대학 학생들도 조사하고 있기 때문에, 비교의 관점에서 경성제대 학생집단의 사회적, 문화적 특징을 관찰할 수 있다.

6. 기억의 복원과 경성제대 연구

지금까지 경성제대 연구를 위한 자료를 개관하고, 이들 자료들을 통해 알 수 있는 경성제대의 다양한 면면을 살펴보았다. 여기서 검토한 자료는 극히 일부분에 불과하지만, 경성제대의 설립과정, 운영방식 및 제도적 특징, 교수 및 학생 집단의 사회문화적 성격을 이해하는 데 매우 유용한 열쇠가 된다.

이미 살펴보았지만, 1990년대 이후 본격화된 경성제대 연구는 잃어버린 기억의 복원과정, 특히 자료의 복원과정에 다름 아니었다. 대학연구의 핵심자료라고 할 수 있는 대학내부 문서가 많이 소실되었기 때문에, 이와 같은 기억의 복원은 흩어진 자료를 모아 '문서고'를 재구성하는 작업과 직결되는 것이기도 하다. 그리고 이러한 재구성은 경성제대의 역사를 복원하는 데에 그치지 않고, 한국 대학형성의 기원과 특징을 추적하는 작업이 될 수도 있다.

물론 이러한 과제는 사료의 측면에서 보았을 때 여전히 많은 도전에 직면해 있다.

우선, 이들 자료 중에서 주로 정황, 기억, 사회적 평판에 바탕을 둔 것들은 사료적 가치를 높게 평가하기 어렵다는 문제가 있다. 물론 이것은 경성제대만의 문제가 아니라 일본의 고등교육 전반이 안고 있는 문제이기도 하다. 국가에 대해 학문적 자율성과 자치를 추구했던 제국대학은 국가개입의 빌미를 남기지 않기 위해서 핵심적인 사안에 대해서는 문서를 남기지 않는 전통을 가지고 있었다. 이 때문에 대학의 역사를 구축할 때 관련자의 증언에 의존하는 경우가 적지 않았던 것이다. 경성제대 관련 자료의 사료적 가치를 높이기 위해서는 관련자들의 기억과 증언에 대해 보다 엄격하게 실증적 기반을 확보하려는 노력이 필요하다.

둘째, 남아 있는 대학문서 자료의 활용을 극대화할 필요가 있는데, 현재 이것이 여의치 않다. 일부 대학문서 자료는 현재 서울대학교가 소장하고 있지만 개인정보의 보호를 위해 자료공개를 꺼리고 있다.

셋째, 식민지 시기 고등교육의 전체상을 알기 위해서는 경성제대뿐만 아니라 당시의 관립, 사립전문학교의 자료들에 대한 객관적 파악과 상호 연관성의 분석이 필요한데 이것도 현재 이루어지지 않고 있는 형편이다. 일제시기 주요 사립 전문학교들은 현재 한국의 명문대학으로 발전했고, 대학설립을 기념하여 각각 독자적인 대학사도 편찬해 왔다. 하지만 이들 대학사는 대체로 대학의 정체성을 강조하는 데 초점이 맞추어져 있으며, 관련 사료에 대한 엄밀한 분석이 결여되어 있는 것 또한 사실이다. 자료의 측면에서는 경성제대의 상황보다 나을지 몰라도, 엄밀한 사료비판에 기반한 분석이 결여되어 있다는 점에서는 크게 차이가 없다.

경성제대 연구가 단순히 하나의 학교에 대한 연구를 넘어서, 식민지의 지식/권력을 분석하는 중요한 사례연구가 되기 위해서는 기존의 자료들을 바탕으로 보다 적극적으로 경성제대와 관련된 자료를 재구성하는 작업이 필요하다. 현재까지 각 대학별로 수집, 정리되어 온 사료들을 서로 연결하여 종합적으로 분석하려는 시도도 필요하다.[17]

17. 이 글은 『일본학연구』 30집(동국대 일본학연구소, 2010)에 발표된 「잊혀진 대학의 흩어진 문서고: 경성제대 관련 자료의 특징과 대학사연구」를 수정, 보완한 것이다.

Ⅳ. 경성제대의 사명과 위상에 관한 자료

1. 경성제대 총장의 이력과 활동

1) 초대총장 핫토리 우노키치(服部宇之吉: 1867~1939년)[1]

① 이력

福島 출생.

1887.9.	제국대학 문과대학 입학.
1890.7.	제국대학 문과대학 철학과 졸업.
1890.8.~1891.9.	문부성에 들어가 총무국 및 전문학무국 근무.
1891.12.~1894.9.	제3고등중학교 교수. 교무주임. 제3고등중학교 해산 작업을 수행.
1894.9.~1897.11.	고등사범학교 교수. 고등사범 확장계획 입안. 교장대리.
1897.11.	문부대신 비서관.
1898.1.	문부성 시학관 겸 문부성 참사관.
1899.5.	도쿄제대 문과대학 조교수.
1899.5.	한학연구를 위해 청국 유학(4년, 그중 2년은 독일유학)을 命받고 유학길에 오름.
1900.8.	청국 베이징 5사단 일본군수비지 정리위원(촉탁).
1900.9.	문부성 훈령에 따라 일본귀환. 유학의 효력은 유지된다는 취지의 명령을 받음.
1900.11.	2년간의 독일유학을 명받고 유학길에 오름.

1. 腹部先生古稀祝賀記念論文集刊行會 編(1936: 33-49)에서 재구성.

1901.8.~1902.5.	1900년 청국사변의 전공으로 메이지정부, 프랑스, 러시아로부터 훈장을 수여받음.
1902.7.	도쿄제대 문과대학 교수로 임명. 문학박사 수여.
1902.8.	독일 주재 중 문부대신의 전보를 받고 귀국.
1902.8.	청국정부의 초빙으로 베이징대학당 사범관 주임교수로 부임이 결정.
1902.10~1909.1.	청국 베이징대학당 교수. 당시 베이징대학교의 창립과 관련하여 핵심적인 역할을 함.
1909.2.	도쿄제대 문과대학 교수. <支那哲学・支那史・支那文学제3강좌> 담임.
1909.10.	청국 학부상서에 의해 文科進士의 학위를 받음.
1911.5.~1913.4.	도쿄고등사범학교 교수를 겸직.
1915.9.~1916.6.	미국출장. 1년간 하버드대학의 교환교수로 재직.
1916.6.	<支那哲学・支那史・支那文学 제2강좌> 담임.
1916.9.	皇族講話会 강사로 추천.
1917.6.	勅旨에 의해 제국학사원 회원으로 추대.
1920.3.	<支那哲学・支那史・支那文学> 제2강좌를 면하고, 제1강좌를 맡음.
1921.4.~1921.9.	도쿄제대 문학부장 사무취체.
1923.1.	조선제국대학 창설 사무를 촉탁받음. 조선제국대학창립위원회 위원.
1923.11.	対支文化事業 조사회 위원으로 추대.
1924.9.	도쿄제대 문학부장.
1925.9.	황태자비가 임신하자, 황손의 이름 및 칭호를 정하기 위한 内命을 받음.
1925.9.	조선사편수회 고문으로 추대.
1926.4.	경성제대 총장을 겸임.
1927.7.	경성제대 총장의 겸임을 물러남.
1927.12.	対支文化事業 조사위원회 위원으로 추대.
1928.3.	<印度哲学 제3강좌> 분담.
1928.4.	도쿄제대 교수 정년퇴직.
1928.6.	도쿄제대 명예교수로 추대.
1929.2.~1933.9.	皇典講究所 이사들의 互選에 의해 国学院大学의 학장이 됨.
1929.4.	互選에 의해 동방문화학원 이사장 및 도쿄연구소 소장이 됨.

② 저서 출판사항

1891	『中等論理学』	富山房
1898	『論理学教科書』	富山房
1903	『論理学講義』	富山房
1904	『清国通考』 第1篇	三省堂

1904	『心理学講義』	東亜公司
1910~16	『漢文大系』 제1~22권	富山房(편집 작업에 관여)
1913	『漢文科講義』	大阪府教育会
1916	『東洋倫理綱要』	大日本漢文学会
1916	『支那研究』	明治出版社
1917	『孔子及孔子教』	明治出版社
1918	『支那国民性及国民思想』	海軍大学
1919	『儒教と現代思想』	大鐙閣
1921	『孔夫子伝』	斯文会
1925	『大漢和辞典』	春秋書院
1926	『北京籠城日記』	자비출판(服部繁子와 공저)
1927	『孔夫子の話』	京文社
1928	『女子新修身備考』	金港堂書籍
1930	『言志四録鈔』	富山房
1932	『徳』	日本弘道会
1933	『佚存書目』	자비출판
1936	『服部先生古稀祝賀記念論文集』	富山房
1937	『儒教要典』	博文館
1939	『孔子教大義』	富山房
1940	『中庸講義』	富山房

③ 관보에 나타난 식민지에서의 활동

1923.11.27. 도쿄제대 교수 服部宇之吉, 조선제국대학창설위원회 위원으로 촉탁.

1925.9.22. 도쿄제대 교수 服部宇之吉, 조선사편수회 고문으로 추대.

1926.4.1. 도쿄제대 교수 服部宇之吉, 경성제대 총장(고등관 1등)을 겸직.

1927.7.19. 도쿄제대 교수 겸 경성제대 총장 服部宇之吉, 경성제대 총장의 겸직을 면함.

④ 전기적 사항에 관한 참고자료

朝鮮功勞者名鑑刊行會(1935: 30), 服部武(1974: 116-117), 服部宇之吉(1936: 1-32).

2) 제2대 총장 마쓰우라 시게지로(松浦鎭次郎: 1872~1945년)

① 이력

愛媛縣 출신.	제1고등학교 졸업.
1899.4	도쿄제대 법과대학 정치과 졸업.
1899.12.	문관고등문관시험합격.
1901.4.	東京府 참사관.
1903.2.	문부성 참사관.
1904.12.	(文部省)대신관방 비서과장.
1906.12.	專任文部省 참사관.
1907.2.~1908.8.	休職. 교육행정학 연구를 위해 구미유학.
1909.5.	대신관방 회계과장.
1911.5.	문부성 서기관 겸 참사관.
1912.4.~1924.1.	문부성 전문학무국장.(11년 9개월)
1924.1.~1927.4.	문부성 차관.(3년 3개월)
1927.7.~1929.10.	경성제대 총장.(2代, 2년 3개월)
1929.2.~1929.10.	조선총독부 학무국장 事務取締.(8개월)
1929.10.~1936.7.	九州제대 총장.(6년 9개월)
1930.12.~1938.2.	귀족원 의원.
1938.2.~1940.1.	추밀원 고문관.
1940.1.~1940.7.	문부대신.(米內光政 內閣)
1940.7.~1945.9.	추밀원 고문관.

② 저서 출판사항

1900	『經済要義: 中等教育』	育成会
1902	『府県制』	法政大学(法政大学特別法講義録)
1904	『市町村制』	法政大学(法政大学特別法講義録)
1911	『教育行政法』	東京出版社
1925	『視学講習会講演集』 第37回	帝国地方行政学会(文部省普通学務局 編)
1935	『岡田良平先生小伝』	자비출판
1938~1939	『明治以降教育制度発達史』 1~12권	竜吟社(教育史編纂会 編)[2]

---

2. '教育史編纂會'라는 이름으로 출판되었지만 松浦가 자료의 수집 및 집필을 사실상 주도했기 때문에, 오늘날 일본의 교육학계에서는 이 12권의 책을 松浦의 編著로 인정하고 있다.

③ 관보에 나타난 식민지에서의 활동

1927.7.19. 松浦鎭次郞, 경성제대총장(고등관 1등)에 임명.

1928.4.1. 경성제대 총장 松浦鎭次郞, 경성제대 법문학부 강사로 촉탁.

1929.2.1. 경성제대 총장 松浦鎭次郞, 조선총독부 학무국장 사무취체를 명함.

1929.10.9. 경성제대 총장 松浦鎭次郞, 경성제대 총장을 면하고, 규슈제대 총장으로 임명됨.

④ 전기적 사항에 관한 참고자료

朝鮮功勞者名鑑刊行會(1935: 30), 九州大学創立五十周年記念会(1967: 2章・4章), 鬼頭鎮雄(1948 [2003]), 九州大学大学史料室 篇(1998), 米田俊彦(1998), 清水康幸・前日一男・水野真知子・米田俊彦(1991), 米田俊彦(2000), 折田悦郞(2000), 大屋祐雪(2001), 村岸義雄・菊池善隆・藤井為六(1987).

3) 제3대 총장 시가 기요시(志賀潔: 1870~1957년)

① 이력

仙台 출신. 제1고등학교 졸업.

1896.12. 도쿄제국대학 의과대학 졸업.

1896.12. 北里의 전염병연구소 조수로서 세균학연구를 수행.

1897.11. 적리균 발견에 관한 최초의 보고를 발표.

1898.5. 임시검역국 사무관.

1899.4. 전염병연구소 제1부장에 취임.

1900 임시검역국 기사.

1901.4. 독일유학. 9월 함부르크의 만국자연과학회 세균분과위원회에 참석하여 적리균 발견에 관한 논쟁을 제기. 결국 적리균의 명칭은 '시가-크루제'균으로 정해짐.

1901.11 프랑크푸르트 실험치료연구소의 파울 에를리히에게 師事.

1904 에를리히와 공저로 색소치료실험이라는 화학요법에 대한 최초의 보고를 발표.

1905.7. 1월 귀국 후 도쿄제국대학 의학박사 학위를 취득.

1913.5. 경무청 기사를 겸직.

1914.10. 전염병연구소가 문부성으로 이관. 이에 반대해 사임한 소장 기타 사토와 뜻을 같이해 사직.

1915.12. 기타 사토 연구소의 개소와 더불어 제4부장에 취임.

1920.9. 기타 사토가 慶應의학부 창설에 관여하여 의학부장 취임하자 교수 취임.

1920.10.	조선총독부의원 의원장.
1922.4.	경성의학전문학교 교장을 겸직.
1926.4.	경성제대 교수를 겸직. 의학부장에 임명.
1928.4.	경성의전 교장을 사임. 경성제대 교수 및 의학부장을 전임.
1929.10.	경성제대 총장을 겸임.
1931.6.	기타 사토 교수의 사망.
1931.7.	경성제대 총장 및 교수를 사임.
1931.7.	기타 사토 연구소의 고문으로 취임.
1948	일본학사원 회원으로 취임.

② 저서 출판사항

1897	『赤痢病原研究報告』 第1	伝染病研究所
1900	「赤痢病論」	佐藤嘉六(공동연구)
1905	『免疫学: 応用編』	佐藤嘉六(血清療法並予防接種法)
1906	『赤痢及チフス病論』	南山堂
1907	『伝染病論』	南山堂
1908	『臨床細菌及免疫学』	南山堂
1909	『エールリッヒ氏化学的療法』	南山堂
1913	『生理衛生教科書』	大日本図書(永井元吉와 공저)
1913	『二どめの独逸』	南山堂書店
1914	『肺と健康』	三省堂書店
1915	『北里研究所補修講演録』	日新医学社
1918	『結核の予防』	多野郡医師会
1929	『細菌及免疫学綱要』	南山堂書店
1940	『エールリッヒ伝』	富山房
1950	『私の哲学』	中央公論社
1953	『ある老科学者とせがれとの対話』	読売新聞社
1966	『或る細菌学者の回想』	雪華社

③ 관보에 나타난 식민지에서의 활동

1920.10.14.	志賀潔, 총독부의원 의원장에 임명.
1921.4.22.	총독부의원장 志賀潔, 토목회의 위원으로 임명.
1921.9.21.	총독부의원장 志賀潔, 중앙위생회 위원으로 임명.
1923.11.27.	총독부의원장 志賀潔, 조선제국대학창설위원회 위원으로 촉탁.
1926.4.1.	총독부의원장 志賀潔, 경성제대 교수(고등관 1등)로 겸임을 명함.
1926.4.1.	총독부의원장 겸 경성제대 교수 志賀潔, 경성제대 의학부 근무를 명함.

	동 의학부장 보직을 임명.
1927.6.2.	총독부의원장 겸 경성제대 교수 志賀潔, 경성제대 의학부 미생물 제1강좌 강좌담임으로 임명함.
1928.1.10.	총독부의원장 겸 경성제대 교수 志賀潔, 총독부의원장 겸직을 면하고, 경성제대 교수를 전임.
1928.1.10.	경성제대 교수 志賀潔, 총독부의원장 사무취급으로 임명.
1929.10.9.	경성제대 교수 志賀潔, 경성제국대학 총장으로 임명됨[겸직].
1929.10.20.	경성제대 총장 겸 경성제대 교수 志賀潔, 경성제대 의학부장 보직을 면함.
1930.6.11.	경성제대 총장 겸 경성제대 교수 志賀潔, 경성제대 의학부 미생물제1강좌 강좌담임을 면함.
1931.7.1.	경성제대 총장 겸 경성제대 교수 志賀潔, 경성제대 총장 및 경성제대 교수를 면함.

④ 전기적 사항에 관한 참고자료

高橋功(1974: 613-620; 1957), 朝鮮功勞者名鑑刊行會(1935: 30).

4) 제4대 총장 야마다 사부로(山田三良: 1869~1965년)

① 이력

奈良 출신.

1890.7.	早稲田전문학교 졸업.
1890.10.	제국대학 법과대학 선과입학.
1896.7.	제국대학 법과대학 법률학과(英法) 졸업. 대학원 입학.
1897.4.~1901.7.	국제사법 연구를 위해 구미유학.
1900.5.	도쿄제대 법과대학 조교수.
1901.8.	도쿄제대 법과대학 교수.(국제사법강좌 담임)
1902.7.	도쿄제대 법학박사 취득.
1919.5~1920.4.	구미각국에 출장.
1921.6.~1924.6.	도쿄제대 법학부장.
1929.2.~1929.11.	구미각국에 출장.
1930.2.	상설중재재판소 재판관.
1930.3.	정년퇴직.(의원면관)
1930.5.	도쿄제대 명예교수.
1931.10.~1936.1.	경성제대 총장.
1937.10.~1958.11.	学士会 이사장.

1943.12.~1947.5. 귀족원 의원.

1948.6.~1958.11. 일본학사원 원장.

② 저서 출판사항

1896	『民法第二条修正案反対私見』	자비출판
1911	『法学通論』	明治大学出版部(明治大学法律科講義録)
1915	『穂積先生還暦祝賀論文集』	有斐閣書房(牧野英一 編)
1924	『新国是の提唱』	希望閣(國策研究會 編)
1929	『国際私法』	国文社出版部(帝国大学講座; 第17)
1930	『山田教授還暦祝賀論文集』	有斐閣(神川彦松 編)
1942	『支那慣行調査彙報』	東亜研究所(第6調査委員会)
1948	『新六法』	弘道館(村上恭一와 共著)
1957	『回顧録』	山田三良先生米寿祝賀会

③ 관보에 나타난 식민지에서의 활동

1931.10.31. 山田三良, 경성제대 총장에 임명.

1932.5.18. 경성제대 총장 山田三良, 고등시험임시위원회 위원으로 추대.

1933.5.29. 경성제대 총장 山田三良, 고등시험임시위원회 위원으로 추대.

1933.9.8. 경성제대 총장 山田三良, 조선사편수회 고문으로 추대.

1935.2.15. 경성제대 총장 山田三良, 임시역사교과용도서조사위원회 위원으로 임명.

1935.9.3. 경성제대 총장 山田三良, 총독부시정25주년기념 박물관건축설계도안 심사위원회 위원으로 임명.

1936.1.16. 경성제대 총장 山田三良, 희망에 의해 경성제대 총장을 사직.

1937.2.19. 前경성제대 총장 山田三良, 박물관건설사무 고문으로 촉탁.

④ 전기적 사항에 관한 참고자료

朝鮮功勞者名鑑刊行會(1935: 31), 山田三良(1957).

5) 제5대 총장 하야미 히로시(速水滉: 1876~1943년)

① 이력

岡山縣 출신.

1900.7. 도쿄제대 문과대학 철학과 졸업.

1900.10. 도쿄제대 문과대학 조수.

1901.9.~1906.8. 야마구치고등학교 교수.(高等官七等)
1907.9.~1909.9. 제1고등학교 강사 촉탁.
1909.10.~1924.10.제1고등학교 교수. 제1문과 주임.
1921.10. 문학박사 학위.(도쿄제대)
1924.10.~1926.4. 경성법학전문학교 교수.
1926.4.~1936.10. 경성제대 교수.(윤리학, 심리학제1강좌)
1926.9.~1928.9. 경성제대 법문학부장.
1936.10.~1940.7. 경성제대 총장.
1940.11. 경성제대 명예교수 수여.

② 저서 출판사항

1900	『ビネー氏人格変換論』	育成会
1901	『心理学』	博文館(5년간 10版 발행)
1914	『現代の心理学』	不老閣書房
1917	『論理学』	岩波書店(10년간 7만 5,000부 판매)
1927	『哲学論文集』	岩波書店(田辺重三 編)
1934	『社会事業講習会講演録』	朝鮮社会事業協会[3]
1935	『防災科学』第6巻 岩波書店	(『災害時の心理』 수록)
1937	『速水博士還暦記念論文集』	岩波書店(黒田亮 編)

③ 관보에 나타난 식민지에서의 활동

1924.10.13.	제1고등학교 교수 速水滉, 경성법학전문학교 교수(고등관 3등)로 임명.
1926.4.1.	경성법전 교수 速水滉, 경성제국대학 교수(고등관 2등)로 임명.
1926.4.1.	경성제대 교수 速水滉, 경성제대 법문학부 근무를 명함(윤리학강좌 담임).
1926.9.11.	경성제대 교수 速水滉, 경성제대 법문학부장의 보직을 임명.
1927.6.2.	경성제대 교수 速水滉, 경성제대 윤리학강좌 담임을 면하고, 심리학제1강좌 담임 임명함.
1928.9.11.	경성제대 교수 速水滉, 희망에 의해 법문학부장의 보직을 면함.
1928.10.15.	경성제대 교수 速水滉, 경성제대 평의회 의원으로 임명.
1931.10.14.	경성제대 교수 速水滉, 경성제대 평의원 임기만료.
1936.1.16.	경성제대 교수 速水滉, 경성제대총장(고등관 1등)에 임명.
1936.3.17.	경성제대 총장 速水滉, 조선사편수회 고문에 추대.

---

3. 이 책은 조선총독부 사회과가 1933년 8월 22일부터 10일간 사회사업 관계자들을 대상으로 개최했던 강연회의 내용을 수록한 것이다. 速水는 이 강연회에서 「思想問題」를 강연했는데 그 내용이 책에 수록되어 있다.

1936.7.15. 경성제대 총장 速水滉, 임시역사교과용도서조사위원회 위원으로 임명.
1937,2.19. 경성제대 총장 速水滉, 박물관건설사무 고문을 촉탁.
1937.10.22. 경성제대 총장 速水滉, 임시교육심의위원회 위원으로 임명.
1938.8.27. 경성제대 총장 速水滉, 시국대책조사회 위원으로 추대.
1939.4.19. 경성제대 총장 速水滉, 중앙방공위원회 위원으로 추대.
1940.7.6. 경성제대 총장 速水滉, 희망에 의해 경성제대 총장을 사직.
1940.11.18. 前경성제대 총장 速水滉, 경성제대 명예교수의 칭호를 수여.

④ 전기적 사항에 관한 참고자료

春秋子(1931: 79-80), 彩雲山人(1935: 45), 岡本濱(1937: 39), 高橋三七(1939: 333), 李忠雨(1980: 108).

6) 제6대 총장 시노다 지사쿠(篠田治策: 1872~1944년)

① 이력

静岡 출신.

1896.7. 제1고등학교 졸업.
1899.7. 도쿄제국대학 법과대학 법률학과(仏法) 졸업.
1899.12. 변호사 개업.
1904.6. 제3군단 국제법 고문으로 종군.
1907.6. 통감부 촉탁. 간도파출소 총무과장.
1909.10. 통감부 비서관.
1910.9.~1919.9. 평안남도 내무부장.(→제1부장)
1919.9.~1923.2. 평안남도 지사.
1923.2.~1932.7. 이왕직 차관.
1932.7.~1940.3. 이왕직 장관.
1940.3. 이왕직 장관을 사직.
1940.7.~1944.3. 경성제대 총장.
1944.3. 경성제대 총장을 사직.

② 저서 출판사항

1899	『会社法釈義』	博文館(篠田 외 2人 共著)
1910	『日露戦役国際公法』	法政大学
1919	『文禄役と平壌』	平安南道教育会
1928	『欧洲御巡遊随行日記』	大阪屋号書店
1935	『台湾を視る』	楽浪書院

1938	『白頭山定界碑』	楽浪書院

③ 관보에 나타난 식민지에서의 활동

1910.10.1.	篠田治策, 조선총독부 道사무관(고등관 5등)에 임명.
1910.10.1.	道사무관 篠田治策, 평안남도 내무국장에 임명.
1911.6.5.	평안남도 내무국장 篠田治策, 도립 평양농학교 교장사무취급을 촉탁.
1911.7.29.	평안남도 내무국장 篠田治策, 임시문관보통시험위원으로 임명.
1911.10.5.	평안남도 내무국장 篠田治策, 임시문관보통시험위원을 면함.
1911.11.1.	평안남도 내무국장 篠田治策, 평양공립농업학교 교장사무취급으로 임명.
1912.1.27.	평안남도 내무국장 篠田治策, 평양공립농업학교 교장사무취급을 면함.
1912.8.1.	평안남도 내무국장 篠田治策, 임시문관보통시험위원으로 임명.
1912.10.31.	평안남도 내무국장 篠田治策, 임시문관보통시험위원을 면함.
1913.8.1.	평안남도 내무국장 篠田治策, 임시문관보통시험위원으로 임명.
1913.11.21.	평안남도 내무국장 篠田治策, 임시문관보통시험위원을 면함.
1915.5.1.	평안남도 내무국장 篠田治策, 평안남도제1부장으로 임명함.
1919.9.26.	평안남도 제1부장 篠田治策, 평안남도지사(고등관 2등)로 임명.
1923.6.16.	평안남도 지사 篠田治策, 이왕직 차관(고등관 1등)으로 임명.
1923.4.25.	이왕직 차관 篠田治策, 조선사편찬위원회 위원을 촉탁.
1925.7.20.	이왕직 차관 篠田治策, 조선사편수회 위원으로 추대.
1927.4.1.	이왕직 차관 篠田治策, 이왕직장관 사무취급을 면함.
1932	이왕직 차관 篠田治策, 이왕직장관으로 임명.
1940.3.9.	이왕직 장관 篠田治策, 희망에 의해 이왕직장관을 사직.
1940.7.6.	前이왕직 장관 篠田治策, 경성제대총장에 임명.
1940.8.2.	경성제대 총장 篠田治策, 조선사편수회 고문으로 추대.
1940.8.10.	경성제대 총장 篠田治策, 중앙방공위원회 위원으로 추대.
1940.9.4.	경성제대 총장 篠田治策, 교육심의위원회 위원으로 임명.
1940.9.24.	경성제대 총장 篠田治策, 박물관건설위원회 고문으로 임명.
1940.9.24.	경성제대 총장 篠田治策, 역사교과용도서조사위원회 위원으로 임명.
1940.10.30.	경성제대 총장 篠田治策, 국토계획위원회 위원으로 임명.
1944.3.20.	경성제대 총장 篠田治策, 희망에 의해 경성제대총장을 사직.

④ 전기적 사항에 관한 참고자료

篠田治策(1938[신영길 역, 2004]).

7) 제7대 총장 야마가 신지(山家信次: 1887~1954년)

① 이력

境 출신.

1908.7. 도쿄제대 공과대학 화약과 입학.
1910.3. 해군造兵 학생.
1911.7. 도쿄제대 공과대학 졸업.
1911.7.~1913.4. 해군造兵 中技士.(해군조병창 화약부 및 화약실험소)
1913.12.~1919.9. 해군造兵 大技士.(조병감독관, 독일 및 영국 주재)
1919.4.~1922.12. 도쿄제대 공학부 조교수.
1919.9.~1919.12. 해군造兵 대위.
1919.12.~1923.12. 해군造兵 소좌.
1922.12. 도쿄제대 공학부 교수.
1927.12.~1933.11. 해군造兵 대좌.
1933.11.~1937.12. 해군造兵 소장.
1937.12. 해군造兵 중장 예편.
1941.1.~1944.3. 경성제대 이공학부 교수.
1941.1.~1944.5. 경성제대 이공학부장.(44년 3월 이후에는 사무취급)
1942.4.~1944.3. 조선총독부 기사를 겸임.
1944.3.~1945.8. 경성제대 총장.

② 저서 출판사항

1955 『熱力学: 熱力学及その工業的応用』 一橋書房

③ 관보에 나타난 식민지에서의 활동

1941.1.9. 해군造兵 중장 山家信次, 경성제대교수(고등관 1등)로 임명.
1941.1.9. 경성제대 교수 山家信次, 경성제대 이공학부 근무를 명함.(열공학강좌 담임)
1941.1.9. 경성제대 교수 山家信次, 경성제대 이공학부장 보직을 임명.
1942.4.17. 경성제대 교수 山家信次, 조선총독부 기사를 겸임.
1942.8.5. 경성제대 교수 겸 총독부 기사 山家信次, 식산국 연료選鑛연구소 소장에 임명.
1942.8.5. 경성제대 교수 겸 총독부 기사 山家信次, 산금협의회 위원 및 제7, 8전문위원회 위원 임명.
1942.9.11. 경성제대 교수 겸 총독부 기사 山家信次, 광업출원처분위원회 위원으로 임명.
1942.11.27. 경성제대 교수 겸 총독부 기사 山家信次, 교육심의위원회 위원으로 임명.

1943.2.19.	경성제대 교수 겸 총독부 기사 山家信次, 무연탄이용강화위원회 위원으로 임명.
1943.12.1.	경성제대 교수 겸 총독부 기사 山家信次, 광공국 연료선광연구소 소장에 임명.
1943.12.30.	경성제대 교수 겸 총독부 기사 山家信次, 학술연구회의 회원으로 추대.
1944.3.20.	경성제대 교수 겸 총독부 기사 山家信次, 경성제국대학 총장으로 임명.
1944.3.20.	경성제대 총장 山家信次, 경성제대 이공학부장 사무취급으로 임명.
1944.4.4.	경성제대 총장 山家信次, 과학기술심의회 위원으로 임명.
1944.4.7.	경성제대 총장 山家信次, 경성제대 부속 이과교원양성소 사무취급 겸무를 임명함.
1944.5.22.	경성제대 총장 山家信次, 경성제대 부속 이과교원양성소 사무취급 겸무를 면함.
1944.5.22.	경성제대 총장 山家信次, 경성제대 이공학부장 사무취급을 면함.
1944.6.2.	경성제대 총장 山家信次, 임사역사교과용도서조사위원회 위원으로 임명.
1944.9.1.	경성제대 총장 山家信次, 문화공로자전형위원회 위원으로 임명.

④ 전기적 사항에 관한 참고자료

李忠雨(1980: 236).

2.『학보』를 통해 본 조선총독과 대학총장의 의례사

1) 조선총독들의 의례사

(1) 山利半造(총독), 제1회 졸업식 告辭(1929.3.25.),『학보』25호(1929.4.5.)

경성제국대학 법문학부 제1회 졸업증서수여식을 거행에 즈음하여 여기서 한마디 고하고자 하는 바가 있습니다.

대저 교육은 문화진전의 근저이면서 國運隆替와 연관되는 바입니다. 그리하여 近時 우리나라(일본) 문화가 열강에 비해 조금도 손색없기에 이르렀던 것은 실로 교육에서의 질서 있는 발전에 의거합니다. 조선에서도 일찍부터 교육의 진흥을 통치의 요체로 삼고 鋭意하게 이것을 보급하고, 철저히 노력해 온 까닭 또한 여기에 존재합니다. 이번 本學 법문학부 제1회 졸업생을 내보내기에 이른 것은 바로 아래로는 초등교육에서 위로는 대학교육에 이르는 교육기관이 정비되었음을 가리키는 바이며 반도의 문화 興隆상 희열하지 않을 수 없는 바입니다.

생각해 보니 本學은 "국가에 須要한 학술이론 및 응용을 교수하고 동시에 그 蘊奧를 功究하는 것"을 목적으로 삼고 있으며 인격의 도야 및 국가사상을 함양하는 府입니다.[4] 그런데 學徒 중에는 때로 대학에서의 연구 자유를 오인하는 자가 있는데, 적어도 국가의 기초를 동요시키는 것과 같은 所爲는 그 범위를 일탈하는 것이므로 결코 인용해서는 안 될 것입니다. 걸핏하면 대학을 단순히 학술연구의 府로 생각하고 인격수양의 근본의의[一義]를 망각하는 자도 있지만, 어떤 관점에서는 대학은 인격의 수양을 사명으로 하기 때문에, 배워 익힌[修得] 학술 및 기능은 충분히 인격의 힘에 의거하여 유감없이 활용되기를 꾀해야만 합니다.

諸子는 오랜 세월 本學에서 배웠고 마음을 여기에 두고 학술연구에, 또는 덕성의 함양에 종사해 온 것으로 확신합니다. 諸子는 이제야 螢雪之功을 이룩하고 나가서 각자 그 뜻을 세운 곳으로 향해 가려고 합니다. 이제부터 더욱더 學術硏鑽 및 인격의 수양에 마음을 쓰고 本學 최초의 졸업생이라는 영예를 保持함과 더불어 분발하여 奎雲(학문의 발달)에 기여할 것을 간절히 바랍니다.

(2) 齋藤實(총독), 3회 졸업식 고사(1931.3.25.), 『학보』 49호(1931.4.6.)

告辭

本學이 여기에 法文學部 제3회, 의학부 제2회의 졸업증서수여식을 거행하는 데 있어 한마디 고하고자 하는 바가 있습니다.

諸子는 일찍부터 넓은 뜻을 품고 일찍이 本學에 입학하여 다년간 硏鑽의 공이 헛되지 않아, 이제야 그 業을 끝마치고 바야흐로 나가서 각자가 향해 가는 곳으로 전진하려고 하므로 참으로 欣賀하지 않을 수 없습니다.

생각건대, 國家聖明의 治에 의해 최고의 학부를 설치하고 유능한 청년을 양성하고 그 인격을 높이고 그 學藝를 깊게 하는 것은, 즉 이것에 의해 國家有用의 인재를 배출시킴으로써 奎運進展의 敎流를 넓히고, 國家興隆의 原勢를 강하게 하려고 하는 것, 바로 그것입니다. 이것을 가지고 적어도 學을 本學에서 익힌 자는 늘 충분히 이 넓은 뜻을 명심하고 지키며 스스로를 격려하여 時勢의 先覺이 되어서, 더욱더 장래 大成을 기하고 충분히 모범을 衆庶에게 보인다는 각오가 없어서는 안 됩니다. 더군다나 최근, 人心이 움직이면 경망하게 되고[輕佻], 사상은 점점 위험해지고 있습니다. 이것의 匡正의 良圖[좋은 계략] 하나는, 諸子 가운데서 바로 識見과 毅然한 德操를 기다릴 때, 또한 諸子가 精硏한 것, 혹은 法文이든, 혹은 의학이든 어느 쪽이나 다 조선에서의 민생의 향상에 대하여 사회가 기대하는 바가 몹시 절실하다는 것을 감안한다면 諸子의 임무는 무겁고, 게다가 크다는 것은 구구하게 말할 필요도 없으며 맡은 임무가 무거운 자는 반드시 늘 갈 길이 먼 것을 압니다. 그리하여 諸子의 전도는 물론 배움의 길은 넓으며 세상살이도 반드시 순탄한 것은 아

4. 이 문구는 「대학령」 1조의 조문을 인용한 것이다.

닙니다. 諸子는 또 충분히 이것을 염두에 두고 대단히 노력하고 어려움을 견디고, 깊이 세상사의 귀추를 통찰하여 공정하게 처신하고 늘 道義를 중요시하고 名節을 중히 여기고 더욱더 정성을 다해 반도문화의 進運에 진력하여 오늘의 榮譽를 헛되지 않도록 애써야 합니다.

昭和6年 3月 25日
朝鮮總督子爵 齋藤實

(3) 宇垣一成(총독), 5회 졸업식 고사(1933.3.25.), 『학보』 73호(1933.4.6.)

告辭

여기서 京城帝國大學 卒業式을 거행하는 데 즈음하여 一言 告하는 바가 있습니다.

諸子 다년간 硏鑽의 공을 이루고 여기서 본학 졸업의 영예를 차지하는 이것 단지 제자의 欣快일 뿐만 아니라 또한 실로 국가의 경사입니다.

생각건대 학술의 진흥, 문화의 신장은 국가흥륭의 근저입니다. 국가가 본 대학을 개설해 내릴(하사할) 때는 국가에 須要한 학술의 理論과 應用을 가지고 하는 것이고, 국가에 유용한 인재를 양성하려고 하는 취지 또한 바로 이것이며, 졸업생 제자의 책임 극히 중대하다고 말할 수 있습니다. 어쩌면 현재 세계문화의 진보는 거침없이 진보하고 停止하는 바를 모릅니다. 世運의 變轉 또한 끝이 없습니다. 그리하여 內外時局의 推移는 帝國의 세계에서의 地位에 있어 바야흐로 重大하고도 多難을 겪고 있으며, 이 匡救打開의 방책은 한, 두 가지로 그치지 않는다고 하더라도 제자와 같은 新進有爲의 인재에 期待하는 바 몹시 간절합니다. 제자는 이것을 깊이 생각해서, 진학하여 학술의 蘊奧를 궁구하는 것과 나가서 實社會에서 활동하는 것을 불문하고 益國家觀念을 明澄하게 하고 國家社會의 中堅으로 자임하며 인격을 도야하고 지식을 연마하며 百折不撓의 정신으로 그 대성을 위해 노력하고 국가의 촉망으로 되돌아들지 않는 것을 기해야 합니다. 그러므로 邦家의 奎運과 國勢의 伸張에 寄與하는 것이 내가 간절히 바라는 바입니다.

(4) 宇垣一成(총독), 6회 졸업식 고사(1934.3.25.), 『학보』 85호(1934.4.5.)

희희낙락하고 瑞祥(길조)애애한 慶雲, 여기 오늘의 盛典에 임하여 제자가 다년간 淬礪의 功을 쌓고 本學 졸업의 榮譽를 향유하는 것을 축하하는 것은 내가 가장 欣快로 여기는 바입니다.

생각건대 방금 我國의 文運은 彬彬하고 일진월보하여 학술의 발전 더욱더 두드러지고, 인재의 배출 또한 점점 더 융성한 것은, 昭代(태평한 세상)의 혜택이면서도 국가의 경사이며 무슨 일이 이것보다 더 나은 일이 있겠습니까?

本學 또한 졸업생을 내보내는 것은 여기 法文學部에서 7회, 醫學部에서 6회, 제자는 有

爲의 인재로서 바야흐로 나가서 각자 실무에 취업하며, 邦家를 위해 크게 일을 행하려고 하는 그 의기야말로 장하며, 그 전도야말로 多望이라고 말할 수 있습니다.

이제야 我國의 聖威는 八紘에 빛나고 懿德은 四海에 펴졌습니다. 그러고도 內外多事하여 국가는 제자의 奮勵에 기대하는 바가 극히 큽니다. 간절히 바라건대 제자는 항상 때때로 총장의 훈계를 服膺하고 각자 그 修得한 바를 實地에서 실천하여 더욱더 精을 궁구하고, 用을 넓힘으로써 大成을 기하며, 위로는 皇上奬學의 聖意에 따르고 밑으로는 국민의 囑望에 위배하지 않는 것을 기하십시오. 이것이 本學 薰陶의 趣旨를 宣揚하고 時艱을 匡救하고 國步의 進展에 공헌하는 근거방법입니다.

昭和10年 3月 25日
朝鮮總督 宇垣一成

(5) 宇垣一成(총독), 7회 졸업식 고사(1935.3.25.), 『학보』 97호(1935.4.5.)

길일을 택하여 本學 여기에 졸업식을 거행합니다. 靉靆한 景雲 밑에 熙熙한 春光 속에서 제자의 참으로 颯爽한 壯容에 접하여 경축하지 않을 수 없습니다.

무릇 대학의 制, 이 땅에 펴져서 벌써 몇 년 지나며 학술의 硏鑽이 점차로 진척되고, 인재의 배출 또한 적잖이 이 결실의 가을에 즈음하여 제자는 先進으로부터 그 뜻을 이어, 혹은 法文學에 또한 醫學에 각각 그 蘊奧를 攻究하고, 바야흐로 나가서 문화의 진흥에 진력하려고 하는 바 있다고 봅니다. 제자의 전도는 참으로 光耀하다고 말할 수 있습니다. 이제야 말로 帝國은 內外에 禍機 가득하고, 內에서는 크게 經綸을 振起(떨치어 일으킴)하여 皇謨(천황에 의한 國家統治의 책략)의 伸暢(伸長)을 기도하고, 外에서는 國際危局에 처해 충분히 自彊하여 東亞和平의 확보를 획책해야 할 중대한 시기입니다. 이 땅(조선)의 使命 또한 더욱더 무겁고도 크며, 逸才俊英의 獻身報效가 필요하며 또 간절히 바랍니다. 황공하옵게도 明治大帝가 일찍이 대학에 우려하시는 바를 聖喩記[5]에서 삼가 짐작하오니, 참으로 대학이 皇國最高의 國士敎育道場이라는 實을 體現함으로써 皇土奬學의 聖慮에 보답해 드림과 동시에 國家至大의 要望을 어기는 일이 없도록 깊이 제자에게 기대하고 있다는 一言으로 告辭로 삼겠습니다.

昭和10年 3月 25日
朝鮮總督 宇垣一成

5. 메이지천황의 측근이 쓴 수기. 이 수기에 도쿄제국대학을 시찰한 메이지천황이 서양에서 도입된 이공계 학문이 발달되고 있으나 국가의 이바지되는 仁義道德, 정치철학에 대한 연구와 교육이 지연되고 있는 것을 우려했다는 일화가 실려 있다.

(6) 宇垣一成(총독), 8회 졸업식 고사(1936.3.25.), 『학보』 109호(1936.4.6.)

告辭

오늘 京城帝國大學 醫學部 제5회, 法文學部 제6회 졸업식을 거행하기에 이른 것은 대단히 흔쾌하게 생각하는 바입니다. 이번 졸업생 제자는 일찍부터 넓은 뜻을 품고 本學에 입학하여 다년간 螢雪의 功을 이룩하고 여기에 졸업의 영예를 차지하며 이제부터 혹은 나아가 사회의 실무에 종사하고, 혹은 나아가 학술의 硏鑽에 종사하려고 합니다. 제자의 특기를 想察해야 합니다.

생각건대 國運의 消長은 전적으로 교육의 隆替에 달려 있습니다. 우리 조선에서도 이것에 중점을 두고 있는 것이며, 일찍이 교육령을 개정하고 초등교육의 진흥보급을 기도하고 나아가 대학을 개설함으로써 교육기관의 정비를 기도해 왔다. 이후 몇 년[星霜], 聖代(천황이 다스리는 세대)의 은덕 덕분에 순조로운 道程을 걸어왔으며 오늘날의 盛運을 쟁취했습니다.

예로부터 本 大學의 사명은 "국가에 須要한 학술의 이론 및 응용을 교수하고 그 蘊奧를 攻究함과 동시에 인격의 陶冶 및 국가사상의 涵養에 노력함으로써 國家有用의 人材를 양성하는 바"에 있습니다. 생각건대 현재 국내외 문화의 진보는 거침없이 진척되어 그칠 줄 모르며, 世運의 變轉 또한 極에 이르고 있습니다. 그리하여 時局의 推移를 볼 때, 세계에서 우리 帝國의 지위는 한층 중대해지고 또한 多端해지고 있는 것이며, 그리하여 이것을 凌駕打開하는 方途는 다양하다고 하더라도 최고학부출신의 제자에 기대하는바 대단히 절실합니다.

제자는 모름지기 이 점을 염두에 두고 그 負荷가 중대하다는 것을 자각하고 평소의 蘊蓄을 기울이며 剛毅誠實을 가지며 일을 맡아 일하도록 하고, 멈출 줄 모르는 國運의 伸展에 기여하기를 기꺼이 기해야 합니다.

이것으로 告辭로 삼겠습니다.

昭和9年 3月 24日

朝鮮總督 宇垣一成

(7) 南次郎(총독), 10회 졸업식 고사(1938.3.25.), 『학보』 133호(1938.4.5.)

교육의 목적은 國體의 本義에 준하여 忠良有爲한 皇國臣民을 錬成하는 바에 있으며, 특히 대학은 최고학부이므로 졸업생들은 국가에 須要한 인재로서의 자각이 필요합니다. 학생들은 입학 이래 절차탁마하여 졸업하게 되었으며, 가는 길은 달라도 최종적으로는 國體의 本義에 귀착해야 하고 皇國을 위해서 나가야 합니다. 內外의 정세는 重大한 시기에 들어가 있으나 事變 이래 皇國은 백전백승하고 있으며 國是의 관철을 착착 진척 중입니다. 그러나 동양의 평화를 확립하고 聖業을 이룩하기 위해서는, 堅忍持久 前途 多事이며, 이러한 중대한 시국에 사회에 나가서 학창들과 같이 국가를 위해 뜻을 관철해야 합니다. 졸업생은 皇國의 사명과 一誠奉公 대의를 명심하여 학창들과 협력하여 內鮮一體의 實을 심화시키고 또한 경성대 설립의 목적에 따라서 천황폐하의 기대에 보답해야 합니다.

昭和13년 3월 25일

조선총독 南次郎

(8) 南次郎(총독), 12회 졸업식 고사(1940.3.25.), 『학보』 157호(1940.4.5.)

여기에 경성제국대학 졸업식을 맞이하여 몸소 늠름한 모습을 보게 되어 매우 기쁩니다. 지금의 시기가 확실히 영광인 皇紀 2600년을 기념하는 해이고, 게다가 支那에 新中央政府 설립을 앞두고 興亞聖業이 장차 그 실마리를 찾고 있는 이 때, 本校 졸업의 성전을 보는 것은 정말로 감격스러우며, 의의 또한 심대합니다. 諸子는 다년간 형설지공을 쌓고 이제 제국의 최고학부인 대학을 졸업하는 것은 국가의 경사이며, 제자 자신의 만족은 물론, 본교 직원 및 제자의 부모님 各位의 만족을 헤아리는 것의 뜻은 이루 다 말할 수 없으며, 또 진심으로 축의를 표합니다.

제자는 오늘 이후, 학창을 떠나 각자가 목표로 하는 곳으로 향하여 實社會로 진출하려는데, 그 전도는 희망으로 가득 차지만, 大海에는 파란이 많은 것을 각오해야 하며, 제자가 오늘까지 修得한 것은 그 파란을 헤쳐 나가는 精神과 知識을 준비한 것에 불과합니다. 따라서 앞으로 실사회로 나갈 때에는 逸才俊英이라고 해도 자만하지 않고 오히려 더욱 아무것도 모르는 社會學徒라는 결의를 가지고 자기 수양을 거듭하고 국가사회의 實情에 따라 本分의 수행에 매진하여 국운의 隆盛에 봉사하고 천황의 정사를 도와야 합니다.

이제 聖戰은 발발한 지 4년이 지났으나 천황 밑에 忠勇無比한 皇軍의 무위와 擧國一致한 후방국민의 협력에 의해 위대한 성과를 거두었으며, 親日排共을 綱領으로 하는 支那中央政府의 수립이 눈앞에 다가오고, 善隣友好, 協同防共, 經濟提携를 통해 東亞新秩序를 건설하려는 大業이 장차 실마리를 찾아가고 있는 것은 확실히 경사스러운 일이 아닐 수 없습니다. 하지만 비록 국제 정세와 시국의 추이를 관찰하면 興亞聖業 달성의 전도는 아직 요원하며, 수많은 困苦와 艱難을 극복하지 않으면 終局의 성과를 기대하는 것은 어렵다. 이것을 극복하며 이것을 성취할 길은 다름이 아니라 국민 각각의 그 본분에 있어서 그 책무를 자각하여 不撓不屈, 雄建果敢한 정신을 견지하고 정성을 다해 최선을 다함으로써 국력을 총합하여 더욱 국민정신의 고양과 日本道義의 顯揚에 매진해야 하는 것에 있습니다.

우리나라의 교육목적은 인격을 수양하고 國體觀念을 함양하고 忠良한 臣民을 錬成하고 皇國興隆을 끊임없이 배양하는 것에 있으며 특히 대학은 제국의 최고학부이므로 국가가 기대하는 바는 매우 큽니다.

천황폐하에 있어서는 昭和14년 5월 22일 宮城의 大前에서 전국의 학도를 親閱하셨으며, 또 優渥하셨습니다. 勅語를 하사하시고 靑少年學徒가 나아가야 할 길을 명시하셨는데,

그때 조선에 在學하는 學徒도 여기에 參列하는 광영을 얻었습니다. 또한 지난 2월 11일 皇紀 2600년 紀元節의 축제에서는 내외의 重大時局에 임하여 국민에게 時艱을 극복하는 마음가짐에 대해서 하사하셨는데, 송구스럽게도 감격하지 않을 수 없었으며, 우리 軍民은 국가에 봉공한다는 대의를 銘心하여 聖旨에 따라야 하는 것을 결심해야 합니다.

제자는 충분히 지금의 시국을 인식하며 聖旨를 따라 충성하여 忠良한 皇國臣民의 자각을 철저히 하고 동포들과 제휴하여 內鮮一體의 결실을 심화하는 데 노력하며 淬礪夙夜 게을리 하지 말고, 한 사람 한 사람 그 본분에 따라 興亞維新을 이룩할 선구자라는 영예를 간직하고 國運의 隆興에 공헌해야 하는 것을 결심해야 합니다.

이상과 같은 일은, 皇上奬學의 聖旨에 따르는 방법임과 동시에 이국의 悲慘한 전쟁터에서 奮戰하고 있는 皇軍將兵의 苦鬪, 護國의 英靈의 공, 師父에 은혜에 보답하는 유일한 길이라고 생각합니다.

昭和15년 3월 25일

조선총독 南次郎

(9) 南次郎(총독), 13회 졸업식 고사(1941.3.25.), 『학보』 169호(1941.4.5.)

告辭

오늘 여기에 경성대학의 졸업식 즈음하여 제자의 장한 모습을 접하며 축의를 표하며 또 생각을 말하는 것을 참으로 기뻐하지 않을 수 없습니다.

시기는 확실히 紀元 2601년, 국제정세는 너무 복잡하고 1억 國民은 더욱 각오를 새로이 하고, 어려움을 극복하려는 강한 信念을 가지며 職域奉公, 聖業貫徹에 미진해야 하는 시기에 본학 졸업식을 거행하는 그 의의는 너무 크고 참으로 감격하지 않을 수 없습니다.

제자는 다년의 螢雪之功을 쌓고 이제 학업을 마치며 제국 최고학부인 대학교를 졸업한 것은 국가의 경사이이자 제자 자신의 만족은 물론 본학 직원, 부모, 졸업생제자의 기쁨은 말할 나위도 없으며 祝意를 표하는 바입니다.

제자는 오늘로 학창을 떠나서 각자 뜻을 세운 곳을 향해 실사회에 진출하려고 합니다.

그 전도는 행복이 가득할 것이며 국가가 기대하는 바도 크기 때문에, 제자는 不退轉의 결의로 늘 자기의 수양을 쌓음과 동시에 국가사회에 實情에 맞게 본분을 수행하여 國運隆昌에 봉사하고 천황을 보조해야 합니다.

이제 聖戰이 開始된 지 5년이 지났습니다. 천황의 위광 아래서 忠勇無比한 皇軍의 武威와 擧國一致 銃後 국민의 협력에 의거하여 위대한 戰果를 올리고, 親日排共을 綱領으로 하는 支那 중앙정부의 수립을 보기에 이르렀으며 東亞新秩序의 건설에 매진하고 있습니다. 제국과 지향을 같이하는 독일, 이탈리아의 양 국가와 맹약을 맺고 世界新秩序 확립을 기하는 것은 참으로 경축하지 않을 수 없는 일입니다.

그러나 그렇다 하더라도 국제정세와 시국의 추이를 보면 제국의 소신을 관철하기 위해서는 전도가 아직 요원하며 수많은 장애를 극복하지 않으면 終局의 성과를 얻기 어려울 것입니다. 이것을 극복하고 이것을 성취할 길은 다름이 아니라 국민이 각자의 본분에 따라 그 실무에 진력하여 不撓不屈, 雄建果敢의 정신을 견지하며 高度國防國家體制를 확립하여 더욱 국민정신을 앙양하며 일본 도의의 선영에 매진하는 것에 있습니다.

천황이 紀元 2600년의 紀元節에 내외의 중대시국에 즈음하여 널리 국민에 대하여 시국 극복의 마음가짐을 타일렀으며, 9월 27일에 독일, 이탈리아와 조약을 체결했을 때에도 말씀하셨는데 제국과 국민이 나가야 할 길을 제시하셨으며, 그 聖旨는 廣遠하여 감격하지 않을 수 없었다. 국민들은 맹세하여 협심육력, 어떠한 난관이라도 돌파하여 그 聖旨에 따라야 합니다.

제자는 당연히 現下의 중대 시국을 확인하여 聖旨를 자각하여 忠良有爲한 황국신민이라는 것을 자각하여 동포와 제휴하고 內鮮一體의 실을 올리기 위해 노력해야 합니다. 또는 자기 직무에 전력하고 신질서건설의 聖業을 완수하기 위해 주석인 영예와 긍지를 가지고 皇運扶翼의 臣道實踐에 매진해야 합니다.

이와 같은 것들은 장학의 聖慮에 따라 봉공하는 것과 동시에 異國 전선에서 진충보국의 적성을 맹세하고 있는 황국장병의 노고에 보답하여 護國英靈에 대하여 그 永世의 위훈을 공허하게 만들지 않고 師父의 惠育에 보답하는 길이라는 것을 말하고 고사로 하겠습니다.

昭和16년 4월 25일

조선총독 南次郎

(10) 小磯國昭(총독), 16회 졸업식 고사(1942.9.20.), 『학보』 199호(1943.10.5.)

경성제국대학졸업생제자

제자는 어릴 적부터 본학에서 배우고 이제 그 공을 세우고 오늘로 학교 졸업의 영예를 지는 제자의 본망을 생각하며, 邦家를 위해, 또 참으로 경축하지 않을 수 없습니다.

대학은 국가에 수요한 학술의 이론 및 응용을 교수하고 蘊奧를 攻究하는 곳이며, 특히 황국의 길에 따라 국가사상을 涵養하고 인격을 도야함으로써 국가의 기둥인 忠良有爲의 황국신민을 육성하는 최고학부이자 실로 국력충실 문화진전의 淵叢임으로써 국가가 그 졸업생에게 기대하는 바 극히 큰 것은 굳이 군말을 할 것까지도 없습니다.

생각건대 現下 황국이 그 총력을 내어 일로 성전 환수에 매진하여 국민의 노력, 국가의 시책 모두를 내어 이 일점에 집결하고 있는 이유는 대동아전쟁과 그 건설이 팔광일우의 과정에서의 聖業의 한 단계이자 그 완수를 이룰 수 있을지 없을지는 곧 국운의 성쇠에 관한 심심한 것이며, 또한 천황의 위광이 빛나는 곳에 戰果가 잇달아 올리며, 이제 불패의 경지를 확보하며, 道義 공영권의 건설, 또 이것에 따라 착착 진전하고 있다고 하더라도 이제 다음의 전쟁은 그 규모의 웅대한 고금 아직 유례를 볼 수 없으므로 그 귀추를 전혀 예단을 허락할 수 없으며, 참으로 황국의 매우 분주한 이번 시국과 같은 일은 없으며, 인재를 급하게 필요로 하는 오늘날 같은 일은 없으며, 즉 특히 본학의 졸업기 단축이라는 임시조치를 단행한 것은 이 급한 요구에 응하려는 취지 바로 그것입니다.

이제 제자는 광고한 결전태세 하 국가 사회의 지대한 촉망을 지고 그 학업을 마치고 제자는 곧 부름을 받고 황군의 한 사람이 되어 총을 가지고 전선에 서야 하는, 혹은 銃後에 있어서 각각 그 목표로 하는 곳에 향한다고 하더라도 함께 본학에서 배우고 습득한 풍부한 교양과 광원한 학리를 경도하고 황국신민으로서 이 중대 시국에 참여하고 중핵적인 지도자로서 각각 그 본분에 정신하려는 결의에 도달하고서는 추호의 차이 없음을 확신하며, 大東亜戰爭 하의 조선에서 徵兵制度가 실시된 것은 朝鮮同胞가 도의를 基調로 하는 世界改造의 聖業에 직접 종사할 수 있는 기회를 얻은 것이며, 졸업생은 지도자로서의 책무에 매진하고 그 책임이 무거워졌다는 것을 자각해야 합니다. 국민의 先達로서의 긍지를 갖고 尊嚴한 國體의 本義에 透徹하고 앞서 강건한 국민정신을 일으키고 天壤無窮한 皇軍을 보조하고 국가의 興隆에 공헌하여 천황의 은혜에 보답해야 한다는 것으로 고사로 하겠습니다.

昭和17년 9월 20일
조선총독 小磯國昭

2) 대학총장들의 의례사

(1) 服部宇之吉(총장), 입학선서식 훈사(1927.6.3.), 『학보』 4호(1927.7.5.)

나는 제군들의 아버지뻘이 되는 연배입니다. 따라서 제군들보다 나이가 많기 때문에 그만큼 사고방식도 고리타분할 것입니다. 세간에는 나이가 많음에도 불구하고 새로운 주장을 하면서 득의양양한 사람도 있으나 그중에는 자신은 고리타분하지 않다는 것을 제시하려고 하는 마음에서 억지로 새로운 문물을 선호하는 것처럼 보이는 사람도 있습니다. 나는 그러한 것을 싫어하기 때문에 낡은 사고로 고리타분한 것을 거리낌 없이 말하는 것입니다. 그러나 아직 과거를 자랑할 만큼 늙지 않았을 것입니다.

젊은 사람들은 늙은 사람들의 이야기를 조용히 듣고 그것에 관해서 조용히 생각할 수 있는 도량을 가졌으면 합니다. 대체로 문명의 진보는 사람 마음을 비참하게 바쁘게 만드는 것은 새삼스럽게 말할 것도 없습니다. 시골로 가면 모든 것이 참으로 조용하고 「山靜如太古」(산은 태고처럼 고즈넉하다; 역주)라고 읊은 옛사람의 구절 그대로 즐기게 되고, 단지 자연뿐만 아니라 사회도 참으로 고즈넉합니다. 그에 비해 도시로 오면 시끄럽고 마음이 급해집니다. 도쿄에서 경성에 오면 무척 조용하다고 느끼는데 반해, 도쿄에서 紐育(뉴욕)으로 가게 되면 상당히 시끄럽고 부산하게 느껴집니다. 내 친구 중에는 미국여행 중에 자극을 받는 일이 너무나 많고 걱정을 많이 했기 때문에 귀가 멀어져 버린 사람도 있을 정도입니다. 시골에 없는 여러 가지 목소리가 많이 있는 것만이라도 도시는 시끄러운 것입니다. 서양에서는 志士, 仁人이 쓸데없는 목소리를 내는 것을 막는 운동을 위해 조직된 모임이 있을 정도로, 밤낮으로 여러 가지 잡다한 소리의 자극을 받아 많은 사람들은 신경쇠약에 빠지기 쉽습니다. 옛 사람은 글을 아는 것은 憂患의 시작이라고 했는데, 오직 글뿐만 아닙니다. 문화의 진보는 여러 방향에서 사람이 마음고생을 하고 근심하도록 만들기 때문에, 사람들은 점점 신경쇠약에 빠집니다. 그리하여 사람들은 점점 부산해지고 성급해집니다. 그래서 자기의 생각과 반대이거나 자기와 전혀 관계없어 보이는 이야기를 차분하게 듣고 음미하는 느긋한 마음가짐이 점차 사라지고, 나이 많은 사람들이 하는 이야기들은 자연스레 듣기 싫어하는 것 같습니다. 나는 사람 마음이 부산하고 성급해질수록 각자 스스로 한적한 경지를 찾는 것이 필요하다고 생각합니다. 炎熱 타는 것과 같은 삼복 기후도 어떻게 받아들이느냐에 따라 한 줄기의 청량한 기운을 즐길 수 있는 것처럼, 忙中閑을 찾는 것도 또한 자기의 마음가짐 나름입니다. 그 궁리는 여러 가지 있을 수 있으나 하루의 한번이라도 한적함을 즐기는 궁리가 필요합니다. 사람 모두가 신경쇠약에 빠지면 인류의 앞날도 위태로워지기 마련입니다.

제군이 경성 땅에서 배운다는 것에 관해서, 나는 다소나마 조용한 사회에서 차분하게 硏學할 수 있다는 것을 제군들을 위해 기뻐하는 바입니다. 경성 땅에서의 높은 學府는 本學밖에 없으며 학술상 참고할 만한 도서관은 本學 부속도서관밖에 없다고 말해도 좋을 정도입니다. 때문에 硏學하는 데에는 불편이 많을 수 있지만, 이렇게 바쁘고 성급한 세상에서 조금이나마 조용한 사회 속에서 차분하게 硏學할 수 있는 이익은 앞에서 말한 바와 같은 불편함을 보충하고도 남음이 있으며 제군의 인생에 큰 이익이 될 거라 믿습니다. 특히 조선 땅은 역사상의 遺蹟이 풍부하므로 동양에서 人文 發達의 흔적을 찾아 문화의 유래를 연구하는 데 있어서는 참으로 흥미로운 땅입니다. 아메리카 같이 새삼 역사라고 해봐야 겨우 수백 년을 거슬러 올라가는 데 불과한 곳에서는, 자연스럽게 과거를 그리워하기보다 장래에 희망을 걸고 나가는 것이 特色이었다고 생각됩니다. 그런데 그런 아메리카인들도 요사이에는 점차 인문발달의 오늘이 있는 것은 우연이 아니라고 생각하게 되었으며 역사를 뒤돌아보는 경향이 생긴 것 같습니다. 그러나 자기 나라에는 새롭고 화려한 요란한 문화는 있어도 얌전함이 있고, 품위 있고 오래된 것은 없으므로, 돈이 있는 대로 세계각처에서 인문발달의 흔적을 더듬어 갈 수 있는 물건을 매입하여 미술관이나 박물관 등을 많이 짓고 있습니다. 특별히 바쁜 생존경쟁이 심한 미국에 그러한 시설이 특별히 많은 것도 이런 이유가 있는 것이며, 바쁜 속에 한가로움을 찾는 것이고 끝없이 이어지는 생활에 다소의 여유를 부여하는 필연의 요구에 의거한 것으로 봅니다. 문화발달의 긴 역사를 가지고 있는 우리나라(일본) 속에서도, 세계를 향해 자랑하기에 충분한 역사상의 유물이 풍부한 조선 땅에서 고대문화의 幽邃玄妙한 공기에 몸 담그면서 각자가 뜻을 세운 연구에 종사할 수 있는 것은 제군을 위해 참으로 행복한 일이라고 생각합니다.

옛날 그리스의 철학자 중에 우주는 생성되고는 파괴되고, 생성되고는 파괴된다고 주장한 자가 있었고 중국[支那]에서는 邵康節(소강절)이라는 유명한 北宋의 학자가 우주의 역사를 설명했는데, 12만 9,600년을 1元으로 하는 說을 내세웠습니다. 그것은 1년은 12개월, 한 달은 30일, 하루는 24시간이라는 수에 근간하여, 1元을 12會, 1會를 30運, 1運을 12世, 1世를 30年으로 하고 1元은 12會, 360運, 4,320世, 12만 9,600年으로 계산했던 것입니다. 우주개벽 이전에는 天地萬物混沌하고 서로 판별되지 못하고 모든 것이 하나가 되어 있었습니다. 그러한 상태에서 천지개벽하고 마침내 인류가 나타났습니다. 그런 후, 12만 9,600년이 지나면 우주가 파괴되고 原의 혼돈이 일어나 우주가 새로이 개벽되며, 이런 과정이 여러 번 반복된다고 주장했습니다. 그 설에 의거해서도 인류는 상당히 오랜 역사를 가지고 있는 셈입니다. 유사 이래 4,000년 혹은 6,000년이라고들 하는데, 그것은 짧은 세월이 아닙니다. 1만 6,000년으로 우선 하늘이 개벽되고, 또 1만 8,000년으로 땅이 생성되며, 다음 1만 8,000년으로 사람이 나타난다고 邵康節은 설명했습니다. 그것은 옛 사람의 설이며 오늘날의 과학에서는 우주가 생성과 파괴를 반복한다고는 주장하지는 않습니다. 하지만 인류가 오랜 역사를 가지고 있다는 점은 옛 학자들보다 더욱 강력하게 주장된다. 역사가 시작되기까지 인류가 얼마나 오랜 세월을 거친 것인가를 말하자면, 매우 오랜 세월이었을 것입니다. 그사이에 자연도태나 유전 등으로 인류가 점차 진보하고 발전한 것입니다. 인류가 그렇게 긴 역사를 가지고 있는 것처럼 민족 또한 긴 역사를 가지고 있습니다. 또한 개인도 그 인생은 짧지만 짊어지고 있는 역사는 긴 것입니다. 그렇게 긴 역사를 가지고 있기 때문에 그것을 무시해서 人事를 논할 수 없습니다. 人事라는 것은 사회상의 것도 당연히 포함됩니다. 옛날 支那[중국]에 노자라는 사람이 있었는데, 자연의 大道를 이상으로 삼아서 자연으로 돌아가라고 주장했습니다. 즉 虛靜을 다하여 자연에 돌아가야 한다고 주장함으로써 소유慾도 활동慾도 같이 자연의 범위에서 멈추고 자연 상태에서 생활하자는 것이 된다. 따라서 지극히 簡易質素한 생활을 주장하며 문화를 부정하고 太古素朴 상태를 이상으로 삼게 됩니다. 노자의 유파를 이어받았다고 생각되는 인물 중에 宋鈃, 字를 宋榮子라고 하는 사람이 있었는데, 사람의 情, 즉 본래의 實은 慾이 적다는 說을 내세우고 절대무저항주의를 주장하며 평화주의를 강조했습니다. 그것들은 모두 소유慾도 활동慾도 절대필요라는 자연의 범위에 멈추려고 하는 說이며 어느 것이나 다 평화로 귀결됩니다. 그 說에는 그 說 나름의 약점이 있지만, 오늘날의 사회를 논하는 사람은 그것과는 정반대로 소유慾도 활동慾도 충분히 긍정하고 있으며, 때문에 투쟁으로 귀결된다는 또 다른 큰 缺點이 포함되고 있다고 볼 수 있습니다. 노자 등은 보통 문화의 발달이라는 것을 실은 大道의 기본에서 멀어져 가는 것, 즉 인류의 타락이라고 보기 때문에 소박한 자연의 생활을 이상으로 삼고 平和寂靜 속에서 자연을 따르려고 하고, 死生一如의 생활을 영위하려고 했습니다. 오늘날의 논자들은 어떤 점에서는 문화발달의 산물을 부정하면서도 다른 점에서는 문화발달의 결과를 긍정하고 문화의 이익을 享受하려고 하는 모순에 빠지고 있습니다. 때문에 함부로 투쟁의 분위기를 부채질하고 조용함과 차분함이 부족한 것입니다. 이것 또한 사물의 사고방식에 있어 천천히 한가로움이 없는 부산함, 성급함을 제시하는 것입니다.

제군의 學修에 관해서 한마디 충고해 두고 싶은 것이 있습니다. 그것은 앞으로 전문연구에 들어갈 경우에 좁은 범위에서 작은 제목에 관해서 연구하는 것도 있을 것인데, 그 경우에도 대충 세로로 즉 시간적으로, 또한 가로로 즉 공간적으로 제목과 관련 있는 사항을 통람 또한 달관해 두지 않으면 연구가 한쪽으로 기울어지게 되며, 문제의 가치를 타당하게 평가할 수 없게 될 우려가 있습니다. 연구에 종사하는 자는 대체를 달관하는 明과 아주 미세한 것까지 공을 들여서 분석하는 密을 겸비하지 않으면 안 됩니다. 그러기 위해서는 평생의 學修가 되도록 학문상의 상식을 기르기에 마음을 쓰는 것이 극히 필요합니다. 다른 말로 하면 學修시대에 있어서는 學修의 범위를 가능한 한 넓히는 것이 필요합니다. 집을 예로 들자면, 좁고 작은 토대 위에 넓고 큰 집을 지으면 안전성이 부족하고 쓰러지기 쉬운 것처럼, 학문도 좁고 작은 기초 위에 지어지는 것은 편벽되고 고루해지기 십상입니다. 학문상의 상식을 결여했을 때 일어나는 폐해는 인격상에서도 나타나 완전한 인격을 이루기 어렵습니다. 오늘날의 通弊는 學修시대부터 일찍 전문가인 체함으로써 스스로 토대를 줄이고 폭을 좁게 한 데서 비롯됩니다. 제군은 이런 폐해에 빠지지 않도록 열심히 학문상의 상식을 양성하기를 바라는 바입니다.

나는 明治35년 청나라 정부의 초빙에 응하여 北京에 새롭게 설치될 北京大學堂, 즉 지금의 베이징국립대학의 전신을 창설할 때부터 계획에 참여하여 6년 반 정도 베이징에 있었습니다. 그때의 경험과 서적에서 알 수 있는 기재 등을 아울러 생각해 보면 支那人[중국인]은 학문을 하는 데 있어 참으로 느긋하고 서두르지 않는 경향이 있습니다. 그것은 긴 역사를 가지고 있는 시험제도과 관련이 있겠지만, 여하튼 학문을 평생의 사업으로 삼는 경향에서 기인합니다. 그 점은 참으로 감탄했던 바입니다. 지금 세상에서는 과학상의 재산의 보호 또한 발견, 발명의 우선권이라는 것이 커다란 문제가 되어 있는 정도이며 학자도 마음 조용히만 지낼 수 없기 때문에 중국인처럼 할 수 없지만, 학문을 평생의 업으로 삼는 경향은 꼭 배워야 합니다. 그만큼 학문에 관심을 가지는 중국인도 오늘날의 과학연구에 관해서는 아직 전적으로 진척되지 않다고 평가됩니다. 학문연구이라는 것이 쉽지 않다는 것은 이것을 봐도 알 수 있습니다. 제군은 不屈不撓 학문을 평생의 업으로 삼는 정신과 연구의 도구를 겸비할 수 있도록 마음 쓰기를 바라는 바입니다.

마지막에 맨 처음에 낭독한 대학령 제1조의 정신을 명심하여 지키는 데 있어서 주의해야 할 점에 언급하려고 합니다. 本學은 국가가 설치 유지하는 대학이므로 특별히 국가의 隆盛, 國運의 진보에 기여해야 한다는 것을 깊이 명심해야 하는 것은 말할 나위도 없습니다. 지금 세상에서 국제협동이라는 것을 모르면 세계에서 나라로서 설 수가 없습니다. 그런데 국제협동이라는 것도 실제로는 각자 自國을 통해 세계 인류의 복지에 기여하는 것이므로 결국 국가에 귀착합니다. 그리고 비근한 장소로서 국가 안에 또한 국가 통제 아래 있는 家[집]라는 것이 있습니다. 제군은 국가를 중심으로 한 쪽에는 인류 또 한 쪽에는 부모를 항상 마음에 간직하면 學修해 나가는 데 있어서 잘못이 없다고 생각합니다.

(2) 松浦鎮次郎(총장), 제1회 졸업식 식사(1929.3.25.), 『학보』 25호(1929.4.5.)

각하 제군,

오늘 本學의 법문학부 제1회 졸업증서 수여식을 거행하는 데 있어서 총독각하를 비롯하여 다수의 朝野 귀빈이 왕림해 주시는 영광을 입은 것은 本學의 광영으로 감사하지 않을 수 없는 바입니다.

이 기회에 간단하게 本學 창립의 내력을 말씀드리겠습니다. 日韓倂合 이래, 조선의 산업, 교육, 교통, 기타 시설 모두가 舊態를 벗어나 해가 지나갈수록 一大躍進을 보기에 이르렀습니다. 그중에서도 교육에 관해서는 大正8年 가을에 齋藤實 子爵이 조선총독의 印綬를 띠고 착임하셨고, 이로서 초등교육에서 대학교육에 이르기까지 대체적으로 內地의 제도에 준하여 그 완성을 기한다는 大方針을 정해졌습니다. 즉 大正9年 총독부에 임시교육조사회를 설치하여 內鮮朝野의 대표적인 교육가 및 유식자를 다 모아서 위원으로 삼고 신중한 심의결과, 大正11年 2월 조선교육령의 개정을 보기에 이르러 대학교육 및 그 예비교육에 관한 제도가 정해지고, 뒤이어 大正12年 11月 경성제국대학창설위원회가 설치되고 창립에 관한 중요사항이 심의되었으며, 本學의 설립은 여기에 이르러 구체화되었습니다. 해를 넘겨 大正13年 5月 경성제국대학관제의 발포와 더불어 本學 예과가 개설되어 大正15年 3月 그 제1회 수료생을 내보내기에 이르렀습니다. 동년 4월 勅令제46호로 경성제국대학관제에 개정이 이루어지고, 여기에 이르러 처음으로 대학 개설을 보게 되었고 동년 5월 1일로 법문학부 및 의학부 수업을 개시하기에 이르렀습니다. 그런데 校舍 등 기타 건축공사와 같은 것은 오늘날도 여전히 실시되고 있는 도중이며 아직 완성을 알리기에 이르지 못합니다만, 강좌의 실치, 敎官의 충실 등에 관한 것은 총독부의 배려 덕분에 지장없이 척척 진행되고, 이번 법문학부에 있어서 제1회 졸업생을 내보내게 되었습니다. 또한 의학부는 修業年限의 관계상 다음해 제1회 졸업생을 내보낼 예정입니다.

현재의 학생수는 456명이며 이것을 [법문학부와 의학부] 兩학부로 나누어 보면 법문학부 246명 가운데 내지인은 160명 조선인은 86명, 의학부 210명 가운데 내지인은 54명 조선인 56명입니다. 이런 가운데 이번 법문학부를 졸업한 자는 법학과 40명 가운데 내지인 20명 조선인 10명, 철학과 7명 가운데 내지인 1명 조선인 6명, 사학과 5명 가운데 내지인 3명 조선인 2명, 문학과 16명 가운데 내지인 9명 조선인 7명, 합계 68명이며 그 이외에 選科를 수료한 사람이 철학과에 조선인 1명, 문학과에 내지인 1명입니다.

대학은 大學令이 정한 바에 따라 명백한 2개의 사명을 가지고 있습니다. 첫째는 대학 스스로 학술의 淵叢으로서 그 蘊奧를 공구하여 학술의 진보발달에 공헌한다는 것입니다. 둘째는 최고의 직업교육기관으로서 사회 각 방면에서 활동해야 할 유능한 인재를 육성한다는 것입니다. 즉 학술연구의 기관임과 동시에 최고교육의 기관이라는 것으로 대학의 본질로 하는 것입니다. 그리하여 제1의 사명에 관해서는 本學은 국가가 半島 精神界의 중추로서 특히 이 대학이 설치되던 취지를 감안한다면 제반 학술의 研究研鑽을 게을리 하지 않는 것은 물론이고 특히 동양문화의 사명, 기타 조선에 특수한 사회상, 경제상 등의 여러 문제와 관련되는 학술적 연구에는 십분 그 힘을 쏟아 朝鮮大學으로서의 특색을 발휘하는 데 노력하고자 하는 입니다. 다음으로 제2의 사명인 학생교육에 관해서는 本學은 학술의 敎授와 더불어 항상 인격의 陶冶에 유의하고 훗날 사회의 지도자의 지위에 올라서도 부끄럽지 않은 인재를 양성하려고 노력하고 있습니다. 그것에 관해서는 本學은 학생 수가 內地의 대학처럼 많지는 않으나, 오히려 그렇기 때문에 학생지도를 철저하게 하려고 하는 데 있어서는 다른 대학에 비해 다소 유리한 상태에 있다는 것은 당사자로서 가장 큰 행운이라 생각하는 바입니다.

이상 2개의 사명을 수행하는 데 있어 本學이 스스로 꾀하고자 하는 바는 앞에서 말씀드린 대로입니다. 그렇기는 하지만 오늘날 아직 창업시대를 벗어나지 못하므로, 때로는 시설 면에서 아직 충분하지 못한 점이 있기 때문에 뜻은 넘치는데도 업적은 아직 이것에 미치지 못한다는 따르지 않다는 힐난을 받을지도 모르겠습니다. 당사자는 각 방면의 비판, 충언을 삼가 듣고 고쳐야 할 것을 개선하여 本學의 진흥, 발달을 꾀하고 싶습니다. 많은 諸兄께서는 아무쪼록 십분 敎示를 아끼지 않으시기를 희망합니다.

다음으로 졸업생 제군에게 한마디 하겠습니다. 제군은 勉學의 功을 끝내고 여기에서 조선 최고학부 제1회 졸업자라는 영예를 차지하신 것입니다. 제군의 기쁨은 말할 나위도 없고, 父兄諸氏께서도 대단히 기뻐하고 계실 것으로 압니다. 참으로 경축하지 않을 수 없습니다. 제군 중에는 금후 진학해서 더욱 學術 硏鑽에 종사하려고 하는 사람도 있을 것입니다. 또한 나가서 사회의 실무에 종사하려고 하는 사람도 있을 것입니다. 어느 쪽을 불문하고 학문은 평생의 業이며, 제군이 오늘까지 修得한 바는 광대한 학술계에서 있어서는 사소한 일부에 지나지 않는다는 것을 충분히 이해하고, 겸손한 태도로 더욱더 수양을 거듭하고, 게다가 인격의 수련에 힘써 훗날의 大成을 꾀해야 합니다. 특히 실제의 업무에 종사하는 사람은 처음에는 낮은 지위에서 경험을 쌓고 점차 높은 지위에 나가는 순서를 밟아야 하기 때문에, 적어도 이것에 대해서 불평불만의 마음을 품지 않고, 현재의 지위에 임해서 현재의 직무를 하는 데 최선의 노력을 다하고, 그 책임을 다한다는 각오가 긴요한 것입니다. 훗날의 향상발전은 그 길밖에 없는 것입니다. 이 점은 깊이 제군에게 충고하고 싶은 바입니다. 또한 이번 졸업한 제군에 대해서 세상 사람들은 조선에 있어서 최고학부 최초의 졸업으로 주목하고 그 成績을 보고 있습니다. 제군이 이후 과연 훌륭하게 사회의 기대에 부응할지 어떨지는, 단지 제군 자신의 명예에 관한 일뿐만 아니라 넓게는 本學의 聲價에 관련되는 것입니다. 제군의 책임은 이러한 의미에서 극히 중대하다고 말할 수밖에 없습니다. 아무쪼록 勵精努力 良好한 成績을 올리고 제군의 명예를 완수함과 동시에 母校의 聲價를 올리시기를 切望해 마지않습니다.

이것으로 제군에 대한 송별의 辭를 대신하겠습니다. 또한 마지막에 오늘 무척 臨場해 주신 데다가 졸업식에 光彩를 곁들여 주신 귀빈에게 거듭 감사드리겠습니다.

昭和4年 3月 25日

京城帝國大學總長 松浦鎭次郎

(3) 志賀潔(총장), 제2회 졸업식 식사(1930.3.25.), 『학보』 37호(1930.4.5.)

각하 및 제군

오늘 本學 법문학부 제2회 졸업 및 의학부 제1회 졸업증서 수여식을 거행하는 데 있어 총독각하 및 정무총감각하를 비롯하여 朝野 귀빈께서 왕림해 주신 것은 本學의 영광으로 진심으로 감사하는 바입니다. 생각해 보니 경성제국대학의 설립은 조선에 신기원을 이룬 것이라고 말할 수 있을 것 같습니다. 그 정도로 日韓併合 이후, 各般의 시설 모두가 內地에 준하여 일약 문명의 수준으로 전진시켰습니다. 교육제도도 또한 大正11年 조선교육령 개정에 의해서 소학교에서 대학에 이르기까지 내지교육과 그 규칙을 같이하기에 이르렀습니다. 大正13년 5월 경성제국대학이 설립되어, 本學 豫科를 개설하고 大正15년에는 처음으로 本學 開學을 보기에 이르렀으며, 작년 昭和4년 3월에 제1회의 법문학부졸업생을 내보내게 되었습니다.

회상해 보면, 本朝 500년 동안 반도의 문물은 세계의 추세와 배치되어 모두 退嬰의 수준에 침체되어 있었습니다. 하지만 현재는 교육시설이 완성되고 文物이 동시에 진흥되어 모두 옛날의 면목을 一新하기에 이른 것은 국가를 위해, 그리고 사회일반을 위해 축복을 아끼지 않는 바입니다. 지금부터는 반도의 문물은 시운을 기다려, 다음으로 동양문화를 發揚해서 세계문명의 대열에 합류하여 사회를 위해, 인생을 위해 크게 기여할 수 있을 것으로 확신하는 바입니다.

대학의 사명은 대학령에 의해 정해진 바와 같이 昭乎하여 명백합니다. 즉 하나는 학술의 연구기관이며 하나는 최고의 교육기관입니다. 제1의 사명인 학술연구이라는 것은 전문학술의 蘊奧를 깊게 하고 학술의 진보발달에 기여하고 그것으로써 국가의 隆運을 기도하기에 다름없는 것입니다. 그렇기는 하지만 저는 그런 학술연구라는 것에는 자체로 지방적 색채를 갖추어야 한다고 확신합니다. 특히 조선처럼 아직 한 번도 학술연구기관을 찾아볼 수 없었던 곳에서는, 우선 반도에 입각한 연구를 수행하는 것이 제1의 要務라고 확신하는 바입니다. 이를 통해 本學은 조선의 사회상, 경제상 및 의학상의 여러 문제에 관한 학술적 연구를 씨줄로 하고 支那 및 일본문화가 조선에 끼친 영향을 날줄으로 하여, 소위 동양문화의 燦爛한 光輝를 빛나게 하는 것이 本學의 사명이라 확신합니다. 그렇기 때문에 본 대학의 설립은 아직 일천하지만 그런 사명을 다하기 위해서는 물론 무수한 세월이 걸리겠지만, 法文 및 醫양학부가 출판하는 大學紀要는 그런 사명의 일단을 드러내는 것으로, 本學은 금후 더욱 유익한 연구, 귀중한 업적을 발표하여 이것을 세계학계에 제공하고자 하는 바입니다.

제2의 사명은 학생교육입니다만 法이라든가 文이라든가, 또한 醫라는 것은 모두 조선반도의 문화를 진척시키고 인생의 행복을 증진하는 데 있어 최적, 절실한 것으로 확신합니다. 본 대학교육 시설은 아직 완성을 보는 데까지 미치지는 못했지만, 교수·직원이 협력일치하고 국가에 필요한 인재를 육성하는 데 전력을 기울이고 있습니다. 단, 개학한 지 아직 일천하여 그 교육방법 및 시설에 있어서 다수 유감스런 점이 있으며, 따라서 세간의 기대에 부합하지 못했던 점이 있습니다. 다만 올해처럼 本學 예과에서 우수한 졸업생을 내보냄에 따라 本學의 교육도 또한 한 단계의 進境을 보기에 이를 것으로 확신합니다. 本學의 현재 학생 수는 506명이며 내지인 345명, 鮮人 161명이므로 그 비율은 약 2대1이 됩니다. 그래서 이번 회에 졸업하는 자는 법문학부 69명 의학부 55명, 생각해 보니, 올해는 작년 제1회 법문학부 졸업생을 배출했을 때와 달리, 때마침 긴축시대를 만나 크게 취직난을 겪었습니다. 다행히 총독부를 비롯하여 각 방면의 배려와 성원에 힘입어 법문학부 졸업생 69명 중 대부분은 취직할 수 있었습니다. 앞으로도 더욱 각 방면, 各位의 원조에 힘입어 취직난을 일소하고 싶습니다. 의학부 졸업생은 이번 회가 제1회이며 그 졸업생 중 49명은 조수로 대학에 남아 임상 및 기초의학을 각기 연습한 후 나아가 전문의 業에 종사하거나 오래도록 전문학과의 연구에 종사하려고 합니다. 남은 6명은 부득이한 사정으로 바로 취업하려는 자입니다. 생각해 보니 귀중한 인명을 취급하는 의사로서 4년 동안의 정규 학과 수료만으로는 불완전하고, 더욱 한 단계 연습을 쌓고 치료의 분야에 숙달할 필요가 있습니다. 본 대학의 방침으로서는 졸업생의 이와 같은 연습을 희망하는 바이며 다행히도 이번 제1회 졸업생의 대다수가 계속 대학에 남아서 수양을 쌓으려는 것은 저에게는 크게 만족스러운 바입니다. 즉 의학부 부속의원은 학생교육과 더불어 졸업생의 實地연습의 장소이기 때문에 더욱 그 설비의 완성을 기하고 시설의 확장을 요하는 바입니다. 그 점에 관해서는 各位의 양해 있으시기를 간절히 바라는 바입니다.

다음에는 졸업생한테 한마디 하겠습니다. 제군은 3년 내지 4년 동안 각 所定의 학과를 마치고 조선에 있어서의 유일한 최고학부의 졸업생으로서 매우 큰 영예를 입고 사회에 진출하며, 이에 세상 사람들이 제군에게 기대하는 바가 큽니다. 제군의 책임은 대단히 무겁고도 크다고 말할 수 있을 것입니다. 현재 본 대학이 兩학부에서 意氣潑剌한 많은 제군을 사회에 내보내는 것은 가장 유쾌한 바이며, 우리들 교직에 있는 자들은 欣喜의 情이 충만한 바입니다. 평소 蘊蓄한 우리의 학문은 제군의 손을 통해 사회 인류에 베풀어 질 때에 비로소 과연 어떠할지 [우리는] 주시하고 있습니다. 그리고 제군의 사업이 새 풀이 햇빛을 만나 자라듯이 사회를 향해 발전하는 것을 볼 때, 우리들 온몸의 뜨거운 피는 胸中에 솟아나듯이 유쾌함과 긴장감을 느끼는 것입니다. 이에 우리 대학의 명예는 제군에 의해 더욱 발양될 것을 생각할 때 우리는 주체할 수 없는 기쁨을 느낍니다. 그렇지만 제군은 스스로를 돌이켜보아 크게 조심하지 않으면 안 됩니다. 최고학부를 나왔다고 해서 자만하고 교만하게 구는 것은 삼가야 합니다. 사회에는 다수의 선배가 있습니다. 다수의 경험과 연마를 거쳐야 비로소 제군의 진가가 빛나는 것입니다. 사회에서의 감시는 대학에서보다 훨씬 엄격하고 경쟁은 더욱 심합니다. 최근 사회의 대세는 출신학교의 여하보다도 실제의 역량을 묻고 있습니다. 이것은 오늘날의 극렬한 경쟁 사회에서는 오히려 당연한 것이라고 생각됩니다. 제군은 이런 [경쟁사회의] 틈새에서 성실을 으뜸으로 하고 항상 책임을 무겁게 여기고, 일을 맡으면 충실하게 처리하며, 열심히 하면서도 교만한 마음을 드러내지 않고 최선의 노력을 다한다는 각오가 없어서는 안 됩니다. 이와 같이 오로지 修養에 힘쓰고 奉公의 念을 내걸고 또 日進月步 학술에 留意하여 그럼으로써 세간의 모범이 될 것을 기해야 할 것입니다.

다시 크게 세계문화의 추이를 보니 서양과학은 벌써 爛熟하고 있으며 동양의 도덕적 문명은 새로운 문화를 불러일으키려고 하고 있습니다. 동양의 연구는 歐美에 있어서 수많은 방면에서 나타나 있습니다. 이미 우리 대학에서 日獨 교환교수로 上野 교수를 獨逸 학계에 내보낸 것은, 우리 대학이 현실에서 세계문화의 개조에 그 한 걸음을 내딛은 것으로 볼 수가 있습니다. 우리 대학의 進運을 기원하고 같이(동시에) 제군의 장내를 축복하면서 오늘의 졸업의 말을 마치겠습니다.

마지막으로 각하 및 각위에 대해서 거듭 두터운 사의를 표합니다.

昭和5년 3월 25일

京城帝國大學 總長 志加潔

(4) 志賀潔(총장), 선서식 훈사(1930.4.26.), 『학보』 38호(1930.5.5.)

오늘 선서식에 즈음하여 한마디 하고자 합니다.

제국대학의 선서식이라는 것은 諸子가 이 大學에 입학하여 3년 혹은 4년의 과정을 수학하는 데 임하여 本學 설립의 主旨를 명심하여 지키고 그 규정을 遵奉하여 所定의 학과를 수료한 후, 사회에 나가 국가를 위해 奉公의 성의를 다할 것을 맹세하는 것입니다.

생각건대, 대학의 사명은 「대학령」이 가리킨 바와 같이 "국가에 須要한 학술을 교수하고 그 蘊奧를 연구하는 것"을 목적으로 한다고 해서 "국가에 須要한 학술"이라는 것을 강조하고 있습니다. 이것은 국가가 거액의 재물을 투입하고 국민의 조세에 의해 설립한 대학이기 때문에 당연한 요구이며, 어느 나라에서도 같은 主旨에 의해 대학을 설립하는 것은 말할 필요도 없는 바입니다. 국가에 有要한 학술을 전수하고, '無用有害'라고 생각되는 것은 배척하는 것은 당연한 일입니다. 그리하여 大學令에는 "인격의 도야 및 국가사상의 함양에 유의해야 한다."라고 적혀 있습니다. 즉 국가에 有要한 학술을 전수하고 이것을 實地에 운용하는 데 임해서 인격을 필요로 합니다. 건전한 사상을 가진 자가 그 학술을 實地에 운용하고 나서야 비로소 국가에 有要한 학술이 됩니다. 즉 학술의 수양에 있어서 또한 그 운용에 있어서 더불어 국가를 목표로 나아가야 한다는 것이 「대학령」에 명기되어 있다는 점은, 諸子는 굳게 이것을 염원하여 一刻도 망각해서는 안 될 바입니다.

대학에서의 학술연구는 자유다, 라는 것은 또한 일반적으로 인정되는 바입니다. 그렇기는 하지만 그 자유는 前項의 「대학령」이 인정하는 범위 내에 한정되고, 「대학령」이 정하는 바와 모순해서는 안 됩니다. 예를 들어 甲說을 믿고 乙說을 반박하거나, 혹은 丙의 저서에 의거해 丁의 저서를 배척한다는 것은 물론 각자의 의지에 의한 자유입니다. 또한 실적연구에 임해서도 甲의 법을 선택하고 혹은 乙의 방법을 본뜨는 것은, 이것 또한 자유입니다. 혹은 스스로 고안한 방법을 선택해도 좋다. 그렇기는 하지만 그런 경우에 주의해야 할 것은, 학생이라는 修養시대에 있어서는 한쪽에 치우치는 것은 조심해야 한다는 것입니다. 생각건대, 甲說이라든가 乙說이라든가 하는 것은 반드시 일장일단이 있고 一利一害가 따르는 것입니다. 그러므로 한쪽에 치우치고 한쪽에 고집하여 이것을 唯一無二의 진리로 생각하고 최상의 學理, 至上의 학설이라고 생각하는 식의 편견에 빠져서는 안 됩니다. 더군다나 修養시대에 있어서는 널리 배우고 眼界를 넓혀서 그런 이후에 더불어 고찰하고 연구해야 하며, 그런 시기에 도달하지 않은 채 너무 일찍 [특정 학설에] 집착할 때는 도저히 진보발전을 기대할 수 없다는 것은 말할 필요도 없는 바입니다. 그러므로 널리 배우고 두루 涉獵함으로써 智能을 啓發하는 데 노력해야 합니다. 자유는 학생이라는 수양시대에는 크게 제한이 가해져야 한다고 생각합니다. 다시금 반복해서 말합니다. 교수님의 강의를 필기한 노트를 유일한 金科玉條로 생각하지 않고 널리 諸家의 설을 연구하는 것은 자유입니다. 이처럼 수양을 쌓고 대학 졸업 후에 이것을 實地에서 실천하는 데 있어 국가의 興隆과 社會同胞의 이익을 도모하기에는 인격을 필요로 합니다. 이것 바로 「대학령」이 가리키는 바입니다.

그렇다면 인격의 수양이라는 것은 어떠한 것일까. 수양이라는 것은 평화의 사람이 되는 것입니다. 마음에 평화가 있으면 늘 그 처지에 만족하고 학술에 힘쓸 수가 있습니다. 그렇기는 하지만 마음의 평화만을 추구한다면, 비굴해지고 虛弱에 빠지는 폐단이 따릅니다. 그러므로 正義正道에 猛進하는 용기가 없어서는 안 됩니다. 이것이 제군이 국가에 보답하고 사회를 위해서 진력하는 길입니다.

마지막에 한마디 하고 싶은 것은 本學과 豫科의 관계입니다.

본 대학 豫科는 2년 제도이며 이것을 고등학교 3년 제도에 비하면 修業年限 3분의 1이 결여되어 있습니다. 3년 가운데 1년은 결코 짧은 것은 아닙니다. 諸子는 이 짧은 時日 안에 所要 學科를 수료하기 위해 지난 노력이 많았다고 생각합니다.

그렇기는 하지만 2년의 豫科 수업은 충분하다고 말할 수가 없습니다. 그러므로 本科에 진입한 후에도 이 부족을 채우려는 마음가짐이 요구됩니다. 또한 다른 점은 내지 대학에서는 고등학교 졸업생 중에서 선발시험을 실시하는 데 반하여 본 대학은 예과 수료자를 그대로 받아들입니다. 그런 과정에서 학생 스스로 긴장의 度를 달리하는 것은 어쩔 수 없을 거라 생각합니다. 諸子는 이 긴장을 풀지 않고 惰氣에 빠지지 않고 늘 熱心奮勵로 本大學의 명성을 높이는 것에 힘쓰는 것을 바랍니다. 생각건대 오늘날의 사회는 실력경쟁의 시대이며 예컨대 學을 마치고 사회로 진출하려고 할 때에는 학교의 種類階級을 논하지 않고서 그 능력과 실력을 보는 것입니다. 그러므로 실력 없는 자는 그 진로가 막혀 있는 것으로 생각해야 합니다. 諸子에게는 성의와 熱心을 가지고 실력을 양성하기에 정진하시는 것을 바라 마지않습니다.

(5) 志賀潔(총장), 3회 졸업식 식사(1931.3.25.), 『학보』 49호(1931.4.6.)

각하 및 제군

오늘 本 大學 법문학부 제3회 및 의학부 제2회 졸업식을 거행하는 데 즈음하여 특히 총독각하의 왕림해 주시고 기타 朝野各位가 참석해 주신 것은 本 大學의 영광으로 깊이 감사드리는 바입니다.

이번 졸업생은 總計 135명입니다.

法學科 37명 內 25 鮮 12

哲學科 11명 內 2 鮮 9

史學科 7명 內 5 鮮 2

文學科 15명 內 7 鮮 8

(選科 6명 내지인)

醫學部 65명 內 51 鮮 14

計 135명

大學豫科에서의 모집인원은 文科 理科 각 80명이며, 합계 160명을 정원으로 하는 2개년의 과정을 끝내고 本科에 진출하는 것입니다. 즉 豫科 2개년의 修學에 의해 고등의 보통학과를 끝내고 그 후 대학의 전문학과에 진학하는 것이므로 대학예과의 과정은 가장 필요한 基礎根底가 되는 것입니다. 이 [예과의] 시기에 어떤 관점에서는 最高專門學科를 수학하는 데 필요한 기초학력을 양성하고, 또한 상식의 완전한 발달을 기하고 더 한층 어떤 관점에서는 인격의 수양과 사상의 견실한 단련을 시키려고 하는 것이며, 이리하여 본과에 진학하고 법문학부에서 3년, 의학부에서는 4년의 학과과정을 끝내고 이것으로 本 大學의 졸업생으로서 사회에 내보내는 것입니다.

이 졸업생을 사회에 내보내는 데 있어서, 교육에 종사하는 자는 「대학령」이 정한 바에 따라 학술의 蘊奧를 익히고 인격의 陶冶 및 국가사상의 함양에 유의하며 재능이 있어 국가에 도움이 되는 材를 배출하는 데 힘쓰고, 이것을 대학의 사명으로 삼으며 專念하여 여기에 마음 쓰고 있습니다.

우리 경성제국대학은 조선의 대학입니다. 이 점에서도 우리 대학은 특수한 사명을 띠고 있는 것이 명백합니다. 小學에서 大學에 이르는 敎育系統의 완성은 조선반도 발달의 기초가 되는 것이므로 우리 대학의 존재는 內·鮮人이 모두 같이 기뻐하는 바이며 또한 半島 在住者의 행복 이것보다 과분한 것이 없다고 확신합니다. 우리 대학 졸업자는 훗날 반도 발전의 중심이 되고 그 지도자가 되어서 활동하리라는 점을 생각해 볼 때, 本 大學 및 졸업생의 책임이 중대한 것을 느끼지 않을 수 없습니다.

그리하여 오늘의 졸업생 諸子의 책임은 대단히 중대합니다. 또한 조선에서 사람들은 官과 野를 불문하고 諸子를 환영하는 것을 믿어 의심하지 않습니다. 졸업생 제자의 前途는 洋洋하리라는 것을 생각해 볼 때, 諸子들은 더욱더 奮勵努力하고 국가의 要望에 부응하여 그 기대를 어긋나지 않도록 애써야 합니다.

졸업생 諸子

그렇기는 하지만 제자의 앞길은 마냥 탄탄하거나 양양하다는 樂觀을 허락하지 않습니다. 오늘날, 經濟不況의 시기, 事業緊縮의 시기, 실업자 증가의 시기에 있어서 가령 제자의 신진기예를 가지고도 이것을 돌파하는 것은 쉽지 않을 거라 생각합니다. 현재 사회는 경쟁시대, 실력시대입니다. 각자의 능력에 따라 향상발전을 추구할 수밖에 없습니다. 출신학교의 어떠함을 따지는 바가 아니라고 합니다. 실로 實力시대이며 사회는 有能, 有爲의 士를 기다리고 있습니다. 생각건대, 이와 같은 것은 오히려 환영해야 할 경향이라고 말해야 하고, 이에 따라 교육은 충실해지고 학생은 진지해지고 실력양성에 힘쓰기에 이르러야 한다고 생각합니다.

우리 대학 從來의 就職者는 제1회, 제2회의 법문학부 졸업한 자가 다음과 같습니다.

대학에 남는 자 18
총독부 21
道廳 및 縣廳 5
사법계 6
은행사회신문 25
학교 34
기타 2

의학부의 작년 졸업자는 3명을 제외하고 모두 대학 助手 또한 副手로 아직도 연구에 종사하고 實地연습을 하고 있습니다. 이 사람들은 머지않아 각 전문의 學을 가지고 혹은 관직에 취업하고 혹은 開業하고 혹은 연구에 종사하고 그 방침에 따라 진출할 것입니다.

졸업생 제자

제자는 大學豫科에서부터 5년 혹은 6년의 오랜 세월에 걸쳐서 修學한 것은 결코 自己一身을 위해 한 것이라고 생각해서는 안 됩니다. 단순히 自利[자기 이익]를 위해 학문하려고 하는 것은 교육의 墮落이며 국가의 퇴폐입니다. 제자는 자기 자신을 버리고 국가사회를 위해 奉公한다는 각오가 없어서는 안 되고, 참된 修養은 공공을 위해 사는 곳에 있으며, 利他의 정신으로 서로 지탱하고 서로 돕고 共榮共存의 實을 올려야 합니다.

졸업생 제자

나는 한마디 더 충고하고자 합니다. 대학에서 배운 자는 늘 학술의 蘊奧를 궁구하기에 힘써 일진월보의 정신으로 시종하지 않을 수 없습니다. 대학 졸업하는 날로써 이런 정신을 내던지고 단지 일상생활에 영위하는 데 급급하는 것을 취해서는 안 되는 바입니다. 제자는 직무에 대하여 勤勉精勵하고 의무를 중히 여기고 충실히 진력함으로써 전진의 개발에 노력해야 합니다. 그 직무에 만족하고 그 居[지위]에 만족하며 奮勵, 努力, 向上의 길을 기도해야 합니다.

이것으로 우리 대학 입학자는 당연히 그 이전부터 이런 각오가 있을 필요가 있으나, 단순히 직업을 찾기 위해서 또한 생활을 위하려고 하는 자는 당연히 다른 簡易전문학교에서 배워야 할 것입니다. 학문의 권위를 잃고 또는 세간에 아첨하고 세속에 더럽혀지는 것과 같은 것은 대학이 취할 수 없는 바이며, 크게 경계해야 할 것으로 생각하는 것입니다. 우리 대학 졸업생은 몸을 삼가하고 淸廉이면서 世俗의 流弊에 빠지는 것 없이 毅然하게 서서 학문의 독립과 진전에 진력하여 時流의 指導와 矯正을 가지고 그 任으로 하는 것을 희망하여 마지않습니다.

(6) 志賀潔(총장), 선서식 훈사(1931.4.25.), 『학보』 50호(1931.5.6.)

「大學令」 第1條를 朗讀하겠습니다.

"第1條, 大學은 國家의 須要한 학술의 이론 및 응용을 교수하여 또 그 蘊奧를 攻究하는 것을 목적으로 하고 진작부터 인격의 陶冶 및 국가사상의 涵養에 집중해야 하는 것으로 한다."

이것이 대학의 사명으로 혹은 목적으로 제정된 것이며, 적어도 대학에서 배우는 자가 항상 돌아보며 마음속에 간직해야 할 중요한 사항인 것입니다. 이 「대학령」이 가리키는 바는 학문과 사상, 2段으로 나눌 수가 있습니다. 또한 학생의 교육과 학술의 연구와 인격 양성으로 3段으로도 나누어 생각할 수 있습니다.

첫 번째에서 학생의 교육에 대해 말하자면, 대학은 우리나라 최고의 교육을 시행하는 곳이며 즉 國家有用의 인재를 양성하고 뒷날 국가의 中樞가 되어 지도적 지위에서 일해야 할 인물을 요구하는 것입니다. 생각건대, 諸子는 벌써 대학예과에서 고등교육을 받고 전문・과학연구에 반드시 필요한 예비적인 학과를 수료하였고 本科로 진입했습니다. 그런데 본 대학의 제도는 內地의 帝大와 달리 예과에서 고등학교의 과정을 專修하고 있습니다. 고등학교는 원래 반드시 대학의 예과이어야 할 목적은 없다고 생각하지만, 요사이 현상은 주로 대학 진입의 門戶이며 실제상 우리 대학 예과와 동일한 목적으로 존재하고 있습니다. 그리하여 고등학교가 中橋 文相시대에 多數 增設된 결과, 그 졸업생 전부를 대학에 수용할 수 없게 되고 필연적으로 대학입학자를 위해 선발시험을 실시하게 된 것입니다. 그런 상태에 이른 교육제도의 可否를 지금 여기서 논하지 않겠지만, 오로지 그 결과로 판단하건대 확실히 학생을 하여금 學科에 대하여 진지하게 만든 것은 논의할 필요 없는 사실입니다.

대체로 학교에서 과정과 시험이 동일한 교수에 의해 실시되었을 때에는 단순히 강의의 暗誦에 의해 우수한 성적을 획득할 수 있으나, 타인으로부터 시험을 받을 때에는 크게 그 취지를 달리하게 됩니다. 즉 학생이 학과에 대하는 생각이 진지해지고, 학과의 요점을 파악하고 충분히 음미하여, 진정한 이해를 얻으려고 애쓰는 바로 그때 진지함을 띠게 되는 것은 자연스런 대세인 것입니다. 대학입학 선발시험이 필요 없는 諸子에게는 알게 모르게 이런 진지함을 잃고, 비교적 安樂하게 本科에 進入할 수 있는 것은, 빠지기 쉬운 하나의 缺點이라고 말해야 하고, 따라서 우리 경성제국대학의 聲價를 올려야 할 책임 있는 諸子는 이 점에 조심하고 더 한층 긴장을 바라는 바입니다. 과학연구에서 파리[巴里]대학의 H'auley L'chatelie는 다음 세 가지 점을 들고 있습니다. 말해 보자면

1. 觀察力
2. 思想의 綜合
3. 常識

입니다.

관찰력은 정확함과 銳敏함을 요구하며, 이런 관찰력에 의해서 얻은 智識과 경험, 이 둘을 합쳐서 사상의 종합이 됩니다. 그는 知得한 것과 경험을 상기하고 충분히 고찰하지 않으면 틀린 결론에 도달한다고 경고하고 있습니다. 이 사상의 종합은 堅實한 상식을 기르는 까닭입니다. 단지 과학연구에서뿐만 아니라 모든 학문의 연구는 이 원칙에 의거해야 할 것으로 확신합니다. 세상사람 중에는 걸핏하면 우리 대학 졸업생의 상식을 云云하는 자가 있습니다만, 그것을 받아들이고 他山之石으로 삼아야 한다고 생각합니다.

예전에는 대학졸업생이라고 하면 최고학부를 나온 가장 우수한 인물로서 世間[세상]이 대우하고 學力, 手腕 모두 다른 사람보다 탁월한 것으로 세상 사람들이 환영했었습니다. 하지만, 오늘날은 그것과는 크게 달라졌으며 학교의 여하에 상관없이 실력을 요구하는, 소위 學閥打破의 시대가 되어 실력시대라는 것은 현대의 趨勢로서 간과할 수 없는 현상입니다.

오늘날의 학생을 관찰해 보니 오직 안이함을 원하고 어려움을 피하려고 하는 惡弊가 있습니다. 옛날의 소위 '堅忍不拔의 氣風'도 이제 없어지고 있는 것은 실로 한탄해야 할 현상이라고 말해야 합니다. 헛되이 일시적인 편안함을 구하고 因循姑息으로 흘러가서, 옛 사람들의 이른바 "浩然之氣, 豁達의 精神"을 잃고 鍛鍊과 修養을 결여하여, 한번 困難에 遭遇하면 금세 굴복하고 결국 薄志弱行의 徒로 타락하려고 합니다. 또 學堂에서의 성적은 단지 합격으로 충분하다고 생각하여 徹底한 연구의 정신이 모자란 것도 크게 훈계해야 할 바입니다. 本學에서의 3년 내지 4년간의 과업에서 專心勤學의 노력을 할 때, 세상의 風潮와 더불어 安逸로 흘러가고 快樂에 탐닉하여 滔滔한 세상의 淫風에 잠기는 여유는 어느 곳도 존재할 수 없겠지요. 諸子는 크게 이 점을 삼가야 합니다.

제2단의 '학술의 蘊奧를 攻究한다'는 것은 아마도 교수에게 부과되는 것이며, 이 점에 대해 언급하는 것을 생략하고 싶습니다. 생각건대 교수의 임무는 한편으로 학술의 연구에 있으며 그 蘊奧를 攻究하는 것을 필요로 하고, 다른 한편으로 "국가의 須要한 학술의 이론 및 응용을 교수"하는 것으로 교수 스스로 국가에 須要한 학술연구를 달성함으로써 그

모범을 보여야 하는 것입니다. 新進氣銳한 諸子를 인도하는 데 있어, 마음이 쏠리는 대로 행동할 때에는 결국 그 [학생들의] 前途를 그르칠 수 있다고 봅니다. 오늘날 청년이 가장 경계해야 할 것은 그 學이 아직 이루어지지 않고 사상도 아직 堅固하지 않은데, 헛되이 사방의 誘惑에 빠져 결국 신세를 망치기에 이르는 것입니다. 새로움을 따르고 진기함을 자랑함으로써 先覺者로 착각하고, 先端을 달리는 것을 진보라고 생각하고 그 앞에 함정이 있는 것을 모르는 것은 실로 한심한 일입니다.

이러한 '輕佻浮華'의 기풍이 滔滔하게 일어나는 오늘날에 있어, 교육을 담당하는 자는 愼重深慮, 학생을 하여금 그 방침을 그르치지 않도록 지도하는 데 힘을 써야 합니다. 여기에서 "人格陶冶와 국가사상의 涵養"이 대학교육의 第3의 사명으로 거론되고 있는 까닭입니다. 제3단은 즉 人格의 陶冶와 국사사상의 涵養입니다. "아이는 손이 닿는 곳에 있는 것은 불도 붙잡는다. 결과에 개의치 않고 착상을 그대로 실행한다." 이것이 부모가 아이에게서 눈을 뗄 수 없는 까닭입니다. 대체로 역사는 국가의 기초를 만들고 국민의 성격을 만드는 것입니다. 국가 제반의 시설은 이것에 의거하여 일어나고 堅固한 사회조직이 여기에 성립되는 것입니다. 그러므로 이것을 파괴하고 개혁하려고 하는 것은 바로 국가를 멸망시키고 자기 스스로를 망하게 하는 것입니다. 소위 奇矯過激한 新來사상에 대한 우리의 태도는 단순히 이것에 耽溺하지 않는 바에 있습니다. 學이 아직 이루어지지 않는 자, 修養이 아직 무르익지 않는 자는 순식간에 이런 신사상에 빠져버리고 마는 것은 참으로 경계해야 할 바입니다. 예부터 우리 국민이 자랑으로 생각하고 있었던 것은, 新來의 학문사상을 접할 때 그것을 음미하여 同化시키고 我邦문명의 진보에 이바지한 것입니다. 새로운 문명은 이것에 의거하여 일어나고 새로운 진보도 이것에 의거하여 촉진된 것입니다. 關東의 大地震은 대도시건설에 완전한 조화가 없었기 때문에 저런 慘害를 입었던 것입니다. 電氣, 瓦斯(가스), 石油와 같은 것은 전부 木造家屋에 어울리지 않는 폭발물입니다. 이것을 아무 생각도 없이 받아들인 결과, 東京 全都를 몽땅 태워 버리고 10만여 명의 生靈을 희생시켰던 것입니다. 결국 新來의 사물이 우리나라의 風俗習慣 및 발달과 조화를 이루지 못했던 것에 기인하는 것입니다. 思想界의 일은 이것보다 무시무시할 수 있다고 생각합니다. 충분히 이것을 음미하여 소화하고 協調同化하는 것이 아니라면, 국가를 잘못 이끄는 것이 됩니다. 나는 우리 국민성이 꼭 이 문제를 유익하게 해결하는 날이 올 것을 믿어 의심하지 않습니다. 우리 국가는 특수한 역사가 있으며 특수한 발달이 있고, 문명이 있고 단단한 기초 밑에 조직되어 있으며, 우리 皇室을 중심으로 元首로 삼고, 국민은 一大家族과 같이 여기에 集團하고 있습니다. 이 역사, 이 組織은 바로 우리 일본이 영구히 嚴存하는 근거이며 이 大情神이 우리 국민 가운데 千古一貫 흘러왔던 것은 바로 우리 국가를 수호하는 근본이 되고 있는 것입니다. 이 정신을 尊奉하는 것은 소위 「대학령」에서 "국가에 須要한 학술의 이론 및 응용을 교수하고 인격의 陶冶와 국가사상의 함양에 유의해야 한다"고 시사된 바입니다.

印度의 聖者 타고르는 몇 년 전에 일본에 와서 有閑哲學을 설명하고 우리나라 현대 학생에 대하여 경고한 것은 크게 의의가 있는 것이었습니다. 오늘날 도도한 물질문명만을 추구할 때, 사상의 鍛鍊과 心神의 修養을 설명한 것이며 과학연구의 사이에서도 忙中閑을 찾고 心靈의 境地에서 노닐도록 하려는 것이 소위 有閑哲學입니다. 타고르 翁이 말하기를,

"물질계의 자유라고 하는 것은 새장 속에서 구속되고 제한된 자유다."

라고. 이 구속과 羈絆(굴레)에서 탈출하여 자유의 심경을 즐기는 것을 권유했습니다. 이것이 有閑哲學이 存하는 까닭입니다.

"진정한 자유는 心靈의 자유이다. 자유는 절대로 외부에서 다가오는 것은 아니다."
"자유는 外觀을 가지고 있으나 진정한 자유가 없는 문명은 자유 안에 혹은 자기 바깥에 노예를 낳는다."

그는 心靈의 자유를 진정한 자유라고 高唱하고, 이 자유는 단순히 인류 특유의 것이라고 喝破하고 거듭 巧妙한 比喩를 들어 말합니다.

"아무리 신체의 힘과 그 巧妙함이 발달, 진보해도 생명은 습관이라는 흔들 수 없는 힘에 의해 좌우되고 있다. 습관은 바로 닫힌 環과 같은 것이며 얼마나 시간이 지나도 진보되지 않는다. 벌은 수만 년이나 같은 모양의 벌집을 만들고 機織鳥도 역시 같은 방법으로 그 새 둥지를 거듭 짓고 있으며 거미는 같은 모양의 그물을 수 세기나 만들고 있다."

이것이 동물계의 상태입니다. 그리하여 또한

"수중의 물고기는 침묵을 지키며 지상의 동물은 시끄럽고 공중의 새는 노래하고 있다. 사람은 자기 안에 바다의 침묵도, 땅의 喧噪(떠들썩함)도, 또 하늘의 음악도 가지고 있다."

그리하여 사람은 天地 사이에서 자유의 境地로 살고 있습니다.

"동물의 시간은 전부 肉身的 생활을 위해 사용되고 있으며 그 밖에는 조금도 남은 것이 없다. 그 남은 것이 나타나는 곳에 閑散의 요구, 즉 有閑이라는 요구가 일어나는 것이다."

이 有閑을 찾아서 자유의 心境을 즐긴다, 이것이 인류만이 가진 특권입니다. 心靈의 涵養은 人格陶冶의 근본이며 인격은 수양에 의거하여 높아지고, 그리하여 인격이 없는 자의 사업은 사회국가를 이롭게 하지 않고, 도리어 害毒을 흘리는 자가 적지 않은 것입니다.
泰西의 문화는 "시간은 금이다."라고 외치고 격심한 물질적 愛着을 드러내고 있습니다. 타고르는 "有閑은 賓이다."라고 말합니다. 동양사상의 상징이라고 말해야 할 것입니다.
최근 전해들은 바에 따르면, 慶大의 後藤 교수는 "유교가 프랑스에 끼친 영향", 早大의

五來 교수는 "유교가 獨逸정치사상에 끼친 영향"에 관하여 歐洲의 학계에서 獅子吼하려고 준비하고 있다고 합니다. 나는 조용히 자기가 가진 實을 찾아 이것을 玩味하고 동양문명의 樹立에 기여하고 싶은 것입니다.

諸子의 입학에 즈음하여 「대학령」에서 정해진 바를 말하고 나의 사명을 깊이 마음에 새김으로써 諸子의 재학 중의 훈계가 될 것을 희망할 따름입니다.

(7) 山田三良(총장), 개학식 식사(1932.10.15.), 『학보』 69호(1932.12.5.)

閣下, 諸君

오늘 여기에 개학식을 거행하는 데 있어서 총독각하 왕림의 영광을 입고, 또한 내외 朝野 諸賢이 왕림해 주신 것은 본 대학의 光榮으로서 깊이 감사하는 바입니다. 특히 服部, 松浦 두 분 전임총장께서 먼 길을 오래 걸려서 參列해 주신 것은 본 대학으로서 한층 기쁘기 짝이 없는 바입니다.

회고하면, 大正9년 9월 齋藤子爵 閣下가 조선총독에 취임하시자마자 銳意 교육의 진흥을 기도하며 총독부에 임시교육조사위원회를 설치하시고, 水野政務總督을 위원장으로 삼아 內鮮의 敎育家 및 有識者를 내세워 조사위원으로 삼고 신중히 심의하신 결과, 大正11년 2월 조선교육령을 근본적으로 개정하고 초등교육에서 대학교육에 이르기까지 모두 內地의 제도에 준하는 것이 되어서 여기에 처음으로 조선에서의 대학교육 및 그 예비교육은 內地의 「대학령」에 의해 이것이 완성을 기하게 된 것입니다.

그런 까닭으로 총독부에서는 大正11년 7월 이래 豫科의 敷地를 청량리에 선정하고 校舍建築을 착수함과 동시에 大正12년 11월 경성제국대학 창설위원회를 설치하며 有吉政務總監을 위원장으로 삼아, 東京帝國大學 교수 服部宇之吉 씨 외 本府의 局長, 部長, 參事官 등 수십 명을 위원으로 대학창립에 관한 중요사항을 심의한 결과, 京城에 綜合制 官立大學을 창설하고 우선 법문학부 및 의학부를 두고 大正15년도부터 이것을 개시하기로 하여, 예비교육으로 修業年度 2년의 대학예과를 大正13년도부터 개설하는 것이 되었습니다. 이리하여 本 大學의 설립은 구체화되어 大正13년 5월 2일, 勅令 第103號로 京城帝國大學官制는 公布되고 여기에 처음으로 本 大學의 창설을 보기에 이르렀던 것입니다. 이 기간 有吉政務總監, 下岡政務總監, 湯淺政務總監 등 잇달아 總長事務 취급을 명령되었습니다만, 실제로는 服部博士가 창립사무를 전적으로 담당하시고 계셨기 때문에 박사야말로 실로 本 大學의 아버지이며 産婆役이었던 것입니다. 그래서 大正15년 4월 1일 本 大學 官制의 實施와 더불어 박사는 東京帝國大學 교수를 하면서도 本 大學 총장으로 兼任되기에 이르렀던 것입니다. 本 大學은 당초 매우 소규모 대학이었으며 겨우 법문학부 23강좌, 의학부 12강좌에 불과했으나, 昭和2년 6월에 官制가 개정되어서 법문학부에 15강좌, 의학부에 3강좌가 증가되었습니다. 그리하여 박사가 제1기 계획으로 얻으신 新營工事費는 164만 엔이며, 大正14년 8월 本 大學 建設地鎮祭(건축 등 토목 공사를 할 때, 그 공사의 안전을 비는 뜻으로 地神에게 지내는 제사)를 거행하고 법문학부 임시교실, 의학부 醫化學敎室, 病理解剖學敎室, 법문학부 心理學敎室, 의학부 본관의 일부, 附屬圖書館의 일부 등 잇달아 竣工되고, 內容外觀 공히 착착 진척되고 있었던 것입니다. 그런데 박사는 昭和2년 7월 건강상의 이유로 총장직을 사임하시기에 이르렀으므로 文部省에서 局長 혹은 次官으로 多年 교육행정을 鞅掌(쉴 사이 없이 바삐 일함)해 오신 松浦鎭次朗 씨가 2대째 총장으로 임명되고 제2기 新營工事費 146만 엔으로 더욱 本大學의 건축을 완성하시기에 이르렀던 것입니다. 현재 건축물의 대다수는 同 총장의 재직 중에 竣工 또한 계획되었던 것입니다. 게다가 同 총장 아래에서 昭和3년 4월에 법문학부에 11강좌, 의학부에 10강좌가 증가했고 昭和4년 4월 새로이 의학부에 1강좌를 더했으므로 현재와 같이 법문학부 49강좌, 의학부 26강좌, 합계 75강좌가 된 것입니다. 松浦總長은 여차하여 本 大學 발전을 위해 대단히 노력하시고 있었습니다만, 昭和4년 九州帝國大學 총장취임이라는 부득이한 사태에 이르렀으므로 醫學部長 志賀博士가 3대째 총장으로 임명되었으나 작년 10월로 辭職하셨기에 不肖 제가 뜻밖에도 이 榮職을 汚損시키기에 이르렀던 것입니다.

本 大學은 以上과 같은 경과로 오늘날에 이르렀습니다만, 本 大學은 조선에서 유일한 최고학부이며 단지 半島의 문화개발을 위해 노력할 뿐만 아니라 한층 나아가서 滿蒙을 비롯하여 亞細亞大陸의 문화개발에도 공헌해야 할 중대한 사명을 지니고 있는 帝國大學이므로 大正15년 5월 2일 本 大學의 수업을 개시하는 데 있어 성대한 開學式을 거행해야 할 예정이었으나, 당시 마침 李大王이 重患에 걸리셨을 때였으므로 이것이 연기되고 차라리 新營工事의 落成을 기다리고 준공식을 거행할 계획이었다고 합니다. 그런데 제2기 新營工事費는 전년도 말로 종료되었습니다만 의학부 본관 및 도서관 등은 아직도 보시는 바와 같이 미완성 상태이며 유감이나마 落成式 또한 竣工式杯라고 할 수가 없는 것입니다. 그렇기는 하지만 大正12년 以來 역대 총독부 당국자의 熱誠한 盡力에 의해 첨차로(간신히) 성립된 新營工事費 약 300만 엔의 예산으로 여하한 건축물이 완성되었는지를 보고해 드리고, 또 一覽을 삼가 바라는 것은 本 大學의 당연한 의무이므로 때가 때인 만큼 몹시 죄송합니다만, 여기에 극히 質素한 형식으로 몇 해 전 계획 중에 중지되었던 개학식을 거행한 바입니다.

본 대학의 現狀은 바로 드린 大學一覽에 열거된 대로이며 敎官定員 총수는 교수 70명, 助敎授 43명, 豫科敎授 18명, 예과 助敎授 1명이며 학생총수 500여 명, 豫科生徒 300여 명, 졸업생을 배출하기는 법문학부에서는 벌써 4번 272명, 의학부에서는 3번 190명에 달하고 있습니다. 그렇기는 하지만 本 大學은 아직도 創業時代를 벗어나지 못했으며, 旣定의 강좌에서도 적당한 교직원을 보충해야 할 필요가 있는 것이 적지 않을뿐더러 設備의 점에서도 도서관의 增築, 의학부본관의 완성, 附屬醫院의 改築 등 多額의 경비를 필요로 하는 신영공사가 남아 있습니다. 또한 예비교육에서도 현재 2년 제도의 예과를 3년 제도로 개선하는 것은 焦眉의 急務입니다. 특히 朝鮮半島의 문화를 啓發할뿐더러 日東(해가 뜨는 동쪽 나라라는 뜻에서 일본의 미칭)의 문화를 亞細亞大陸에 보급해야 할 중대사명을 지니는 本 大學에 있어서 儒敎 및 佛敎에 관한 강좌, 支那語 및 문학에 관한 강좌 등의

增設도 반드시 필요하며 農林科, 理工科 등의 학부를 증설하는 필요도 단순히 綜合制 帝國大學의 설비를 완비시키기 위해서만이 아니라고 생각하는 바입니다. 그렇기는 하지만 여사히 財政難이 심한 오늘날, 旣定設備마저 整理에 의해 多大한 삭감이라는 부득이한 사태에 이른 시대이므로 이러한 새로운 사업은 현재로서는 예상할 수가 없는 것은 本 大學을 위해서는 참으로 유감스럽기 짝이 없는 바입니다. 그러나 일찍부터 本 大學의 발달에 유의해 오신 宇垣總督 閣下이기 때문에 사정이 허락하는 한 懇切하게 考慮하시는 것을 기대하는 바입니다.

원래 대학의 眞價는 有形의 설비 여하보다 그 내용이 實質한 교수와 학생의 우수한 점에 존재하는 것은 말할 나위도 없는 것입니다. 저는 지금 한층 이 점에 유의하여 본 대학의 眞價를 높이기에 노력하는 것을 기하는 바입니다. 다행히도 학계에 중요한 위치를 차지하고 있는 다수의 교수도 이 안에 계시는 것이며, 宇垣總督 閣下를 비롯하여 本府當局 여러분도 항상 길러 준 어버이로서 多大한 동정을 本 大學에게 기울이고 있기 때문에 저는 항상 아무쪼록 本 大學이 健全한 발달을 달성하고 하루 빨리 학계에 위대한 공헌을 성취하며 國家有能의 材를 輩出하기에 이르는 것을 日夜로 희망하여 마지않는 바입니다.

또한 대학은 학계에 직접 위대한 공헌을 할뿐더러 그 존재를 통해 주위의 공기에 淸凉劑를 주고 學的 상식을 높여야 할 성질의 것이라고 확신합니다. 이와 같은 목적을 달성하기 위해서는 물론 교수 各自의 深遠한 학식과 崇高한 인격에 기대해야 합니다. 또한 학생 제자의 眞理에 대한, 善에 대한 熾熱한 欣求願望의 정신에 기대해야 합니다. 저는 淺學菲才이며 늘 적임이 아니라는 것을 두려워합니다만, 이 기념해야 할 기회에 있어서 교수, 학생과 더불어 이 점을 반성하고 오늘의 개학식이 의의가 있기를 바랍니다. 來賓各位에 있어서도 또한 이것을 이해하셔서 本 大學을 하여금 그 사명을 완수하기 위해 이후로 한층 우리를 지도하고 鞭撻해 주시는 것을 懇望합니다. 一言 所懷를 말하고 式辭로 하겠습니다.

(8) 山田三良(총장), 5회 졸업식 식사(1933.3.25.), 『학보』 73호(1933.4.6.)

閣下, 諸君

오늘 여기서 本學 제5회 졸업식을 거행하는 데 있어 특히 총독각하 왕림의 영광을 입고 또한 內外朝野 諸賢이 光臨해 주신 것은 본 대학의 光榮으로 깊이 감사하는 바입니다.

本學 학생의 在學年限은 법문학부에서는 3년, 의학부에서는 4년이며 오늘의 졸업식은, 자세히 말씀드리자면 법문학부에 있어서는 제5회째이며 의학부에 있어서는 제4회째입니다. 그리고 오늘 졸업증서를 수여된 졸업생 총수는 122명이며 그 가운데 법문학부 졸업생은 65명, 의학부 졸업생은 57명입니다. 또한 그 밖에도 法文學部 選科를 수료한 자가 3명 있습니다.

국가의 비상시에 즈음하여 인재를 要하는 것이 더욱더 절실해지는 오늘날, 여기에 이렇게 다수의 졸업생을 세상에 내보낼 수 있었던 것은 本學이 진심으로 欣幸이라고 하는 바입니다. 특히 졸업생 제자는 多年 螢雪의 辛苦를 거듭하고 이 榮譽를 쟁취한 것이므로 스스로 희열하지 않을 수 없는 것은 물론, 제자의 父兄도 또한 더더욱 환희하지 않을 수 없을 것으로 생각합니다.

졸업생 제자는 오늘로 학생생활을 끝내는 것이지만 제자의 학업은 오늘로 끝난 것이 아니라 대학에서의 3, 4년의 교육은 단지 제자에게 더 한층 나아가 학술의 蘊奧를 攻究하고 또한 이것을 實世間에 응용해야 할 근본의 힘을 부여함에 불과하므로 제자의 진짜 힘은 이것으로부터 발전해 나가는 것이며, 오늘의 졸업식은 한편으론 제자가 사회로 진출하는 始業式이기도 합니다. 저는 이 축하하고 기념해야 할 제자의 출발에 즈음하여 一言 所懷를 말하고 제자의 考慮에 이바지하고 싶다고 생각합니다.

첫째로 말씀드리고 싶은 것은 작년의 졸업식에도 말씀드렸지만, 제자에게 이 기회에 '感恩報謝'라는 것을 생각해 주시기를 바란다는 것입니다. '恩'이라고 하는 것을 말하면 개중에는 비굴하다고 생각하는 사람도 있습니다만, 결코 비굴한 것은 아닙니다. 獨立獨步의 입장이라는 것을 생각하지 않으면 정말로 恩이라는 것을 생각할 수 없는 것이라고 저는 생각합니다. 즉 사람은 각각 一個 獨立의 인간으로서 이 세상에 살고 있다는 것을 전제로 하고, 처음으로 자기에게 나누어지는 사람의 情이 容易하지 않은 것을 알고 나서 감사하게 되고 또한 자기 책무를 다하기 어려운 良心의 고통을 겪고 나서야 비로소 사람의 직업적 양심의 기특함도 알게 되는 것입니다. 또한 자기 및 인생에 대하여 이상을 가지고 있는 인간이라면 感恩의 마음은 기회 있을 때마다 일에 임하여 자연스럽게 發露해 나와야 한다고 생각합니다. 즉 자기가 가치 있는 자가 될 수 있다는 신념이 있다면 자기에게 힌트를 준 타인의 무의식적인 한마디에 대해서도 이것을 '恩'으로 느끼고 그 '德'에 사의를 표해야 할 것입니다. 저는 '感恩'의 마음이 없는 자는 도덕적으로 경멸해야 할 뿐만 아니라 아직 독립된 一個의 인간으로조차 되지 않는 자라고 말해야 하지 않을까 생각합니다. 父母의 恩, 친구, 선배의 恩 등은 말할 나위도 없이, 특히 제자는 官立大學 출신자로서 이와 같은 大設備 밑에 제자를 교육시킨 국가에 대하여 실로 甚大한 恩을 받고 중대한 책임을 지는 몸이라는 것에 튼튼한 자각을 가지시기를 바랍니다.

우리들은 긴 외줄기 길을 걷고 갈림길에서 돌 때 一寸(아주 짧은 시간) 뒤돌아보고 지금까지 걷고 온 긴 길을 회상합니다. 졸업이라고 하는 것은 하나의 큰 갈림길입니다. 지금까지 제자가 걷고 온 15, 6년의 학교생활 외줄기 길에서 지금 제복을 벗을 때에 즈음하여 과거를 뒤돌아보면 숱하게 '恩'을 받은 사람이 있을 것입니다. 제자는 최고학부를 졸업하신 선택된 청년들입니다. 이 인생의 갈림길에 서서 感恩謝德의 마음가짐이 없다면 말도 안 됩니다. 이 점은 충분히 思를 깊게 하고 생각해 주시기를 바랍니다.

둘째로는 이것도 작년에 말씀드린 것이지만, 졸업생 제자는 각자 스스로 개척자라는 悲壯한 榮光을 지고 있는 몸이라는 것을 뚜렷이 자각하여 학교를 떠나기를 바란다는 것입니다. 本學은 창립 아직 오래되지 않았으므로 졸업생의 眞價는 유감스럽지만 아직 세상에서 충분히 인정되지 않고 있습니다. 인정되지 않을뿐더러 일반적으로 보잘것없을 것이라고 제멋대로 우습게보고 있는 것입니다. 그 가운데 제자는 선배도 없이, 후원자도 없이,

완전히 몸뚱이 하나를 자본으로 나아가야 하는 것입니다. 그것은 정말로 조상 傳來의 美田을 경작하는 것과 달리 새로 荒野를 開墾하는 것과 같은 困難이 있으리라 생각합니다. 荊棘을 개척하여 石塊를 치우고 타인이 따뜻한 방에서 談笑하며 담배를 피우는 사이에도 제자는 차가운 바람이 휘몰아치는 가운데 이마에 땀을 흘리며 일해야 할 때도 있을 겁니다. 그렇기는 하지만 하늘은 결코 이렇게 노력하는 사람에게 무관심하지 않습니다. 艱難이 그대를 玉으로 만든다는 것은 오래된 말이지만 새로운 眞理입니다.

걸핏하면 사람은 환경이 좋다거나 나쁘다고 이야기합니다만, 어린이라든가 노인과 같은 무력한 자를 제외하고 특히 젊은 사람에게 환경은 반드시 많은 사람들이 생각하는 것처럼 필연적이고 고정적인 영향을 자기에게 주는 것은 아니며, 본인이 받아들이는 여하에 의해 나쁘다고 생각한 환경도 좋은 결과를 낳을 수 있고, 좋다고 생각한 환경도 나쁜 결과를 낳을 때가 있습니다. 예컨대 무엇 하나 부족함이 없는 富裕한 집에 태어난 子弟는 걸핏하면 신세를 망치고 재산을 기울게 합니다만 빈곤한 집에 태어난 청년은 도리어 立身出世하여 집안을 일으키는 것이 많은 것과 같은 것입니다. 여하튼 환경은 주어진 것이므로 제자의 힘으로 어쩔 수 없는 것으로 받아들이고, 요는 단지 이것에 대하는 제자의 태도의 어떠함이 문제가 되는 것입니다. 제자는 이 세상의 황량에 대하여 어떠한 태도로 임해야 하는 것일까. 제자는 물론 스스로의 힘만을 너무 믿어서는 안 됩니다. 그렇기는 하지만 주눅이 들어서도 더더욱 안 되는 것입니다. 더군다나 스스로를 경멸해서는 안 됩니다. 먼저 스스로 경멸함으로써 남이 이것을 경멸한다는 것이 있습니다. 하여간 제자는 벌써 남보다 뛰어난 敎養이 주어졌기 때문에 젊디젊고, 자유로우며, 힘찬 마음가짐으로 충분한 각오와 준비로 적극적 태도로 나가서 어떠한 困難에도 부닥치는 용기가 없어서는 안 됩니다. 그리하여 또한 착수한 업무에 대해서 어떠한 장애에 부딪쳐도 꺾이지 않고 굽히지 않고 勇往邁進해야 합니다. 젊었을 때 이와 같은 환경에 서는 것은 힘겨운 일이기는 하지만, 실은 제자의 장래에 대해서 대단히 기뻐해야 할 결과를 가져올 것이며, 이렇게 함으로써 비로소 百鍊의 鐵과 같은 完成이 될 수 있는 것입니다. 제자는 이 곤란하면서도 영광스러운 파이어니어가 되고자 하는 覺悟와 忍耐로 不撓不屈의 노력을 계속해야 합니다.

셋째는 비상시의 각오입니다. 제자도 아시다시피 우리나라 目下의 정세는 內에는 經濟難, 思想難이 있고, 外에는 外交難이 있으며, 內憂外患이 엇갈리는 참으로 쉽지 않은 상태입니다. 그러나 國難이 다가올 때마다 勇氣倍加하는 것이 우리 국민성의 特質이며, 明治 28년의 三國干涉에 대해서는 그 후 10년간의 臥薪嘗膽에 의해 크게 보답되는 바가 있었습니다. 이번의 國際聯盟總會에서의 不當한 勸告도 또한 일종의 간섭이었고 이른바 衆口鑠金 우리 正義의 주장은 도리어 억압되고 있는 것입니다. 이제 우리 국민은 실로 一大決心으로 隣邦 만주국의 건전한 발달을 옹호하고 동양의 항구적인 평화를 확립해야 할 비상시에 직면하고 있는 것입니다. 항상 우리는 열심히 노력해야 하는 것은 말할 나위도 없습니다만, 이번의 비상시야말로 실로 國家興亡이 갈라지는 때로 인식하고 모두들 자기 혼자 국가를 지고 있다는 마음가짐으로 참으로 열심히 해야 할 때입니다. 특히 조선은 古來 滿蒙과 가장 밀접한 관계를 가지 있었으며 往時 文明東漸의 무렵에도 교량이 되었던 것처럼 지금도 또다시 文明東漸의 교량이 되어야 할 사명을 가지 있으며 氣候風土, 生活狀態 등 滿蒙開發者로 가장 適任이기 때문에 現時에도 벌써 滿洲에 거주하는 자 약 100만 명이라는 많은 숫자에 이르렀던 것입니다. 따라서 本學에서는 단순히 조선반도의 문화개발에 노력할 뿐만 아니라 더 나아가서 滿蒙의 문화도 개발해야 할 특별한 사명을 가지고 있으므로 이 시기에 本學을 졸업하시는 제자는 내지의 대학졸업생보다도 한층 절실하게 이 점에 有意하고 취직하는 방면의 여하에 관계없이 항상 스스로 나아가서 반도문화를 개발하고 隣邦의 발달을 원조하여 그러므로 우리 國運의 발전에 공헌하는 것을 기해야 합니다. 帝國最高의 학부를 졸업하신 제자는 정말 平和의 戰爭에서의 將校입니다. 특히 제자는 특별한 사명을 가지는 선택된 將校입니다. 저는 제자가 국가의 비상시에 즈음하여 요구되는 二重, 三重의 특별한 사명을 용감하게 그 쌍견에 짊어지고 실로 열심히 努力奮鬪하시는 것을 囑望하여 마지않습니다. 제자의 경사스러운 출발에 즈음하여 一言 所懷를 말하고 餞(餞別)으로 하겠습니다.

(9) 山田三良(총장), 창립기념식 식사(1933.5.2.), 『학보』 75호(1933.6.5.)

天地에 淸新의 氣가 가득 차고 나무들의 우듬지에 半歲(반년)의 蘊蓄(쌓아 올려 모은 것)이 아름다운 새잎이 되어서 퍼져 나가는, 정말로 싱싱한 이 5월 초에 즈음하여 제군과 더불어 여기서 본학 창립 제8회 기념일을 맞이하는 것은 참으로 상쾌하고 믿음직한 느낌이 듭니다.

우리 京城帝國大學도 벌써 만 7세가 되었습니다. 과거 1년 사이에는 또한 교수 선생님들의 精勵의 결과로서 각 방면에 각각 연구 성과를 貢獻하고, 게다가 학생제군의 勉學 상태를 비롯하여 기타각종의 방면에 걸쳐서 대학으로서 우선 좋은 발달을 이룩해 왔으며 세상에서도—조선에서도 내지에서도—차츰 그 존재가 인정되기에 이른 것으로 생각되는 것은 참으로 기쁜 바입니다.

무엇보다도 생일에 의사님이 진찰해 주셔도 확실하게 건강하고 發育이 좋은 아이라고 칭찬해 주시는 말을 들을 수 있을 거라 생각합니다. 그렇기는 하지만 생일에 赤飯(경사스러운 날에 밭을 두고 지어 먹는 밥)을 짓고 축하하는 것은 좋지만, 다만 그것만으로는 아무 것도 아니라는 것입니다.

기념일은 이정표 같은 것이고 그곳까지 왔으면 잠시 머물고 과거를 되돌아보는 편이 좋습니다. 아직 어린아이라서 긴 과거를 갖지 못하나 그런데도 되돌아보면 갖가지 일이 있었으며 여러모로 발달의 흔적이 있습니다. 과연 가장 좋은 길을 지나 왔는지 아닌지를 생각해 봅니다. 그리하여 현재 서 있는 것이 어느 곳이며, 장래에는 어떠한 길을 택해야 하는지를 沈思熟考하고 그 방향을 바로잡아 가야 합니다.

오늘날의 시대는 비상시라고 하는 것은 각 방면에서 자세히 말해지고 있는 바입니다만, 실로 국가로서도 모든 방면에서 困難한 사정이 첩첩 겹쳐 있는 시대이며, 世道人心은 頹

廢하고 사람들 돌아가는 자리를 모르는 시대입니다. 이 시대에 있어서 늘 이야기하는 것입니다만, 특히 그 학문에 있어서도, 見識에 있어서도, 才能에 있어서도, 또 인격에 있어서도 一世(세상)를 지도해야 하는 자는 최고학부인 대학에서 나와야 하는 것입니다. 따라서 학생제군은 실로 이러한 重任을 짊어진 자로서 확고한 자각을 각자 한 사람, 한 사람이 가져야 합니다.

學生諸君이라고 하면 전체를 가리키는 말이라서 한 사람, 한 사람으로서는 어쩐지 자기만의 일이 아닌 것 같아서 책임의 分擔이라고 하는 멍청한 마음가짐으로 뚜렷한 기분이 될 수 없을지도 모르겠습니다만, 제군은 세상에 대해서는 한 사람, 한 사람 대학을 짊어지고 서 계시는 셈이고, 전체의 책임은 모두 한 사람, 한 사람이 지고 계시는 것을 생각하셔야 합니다. 만약 한 학급 100명이면 100명으로서, 그 클래스 전체가 一團이 되어서 하나의 文學士라든가 法學士라든가 醫學士라고 하는 것이며, 한 사람, 한 사람이 떡의 한 조각처럼 學士의 조각이라고 하는 말을 듣게 되면, 제군은, 아니다 내가 하나의 학사인 것입니다, 라고 화를 내실 겁니다만, 만약 그 주장이 옳다면 한 사람, 한 사람 대학에서 태어난 훌륭한 學士로서 모두의 몫을 등에 져야 합니다. 제군은 실로 장래 한 사람, 한 사람 세상의 지도자로서 重任을 짊어지고 계시는 것입니다. 이와 같은 자각으로 서실 때 제군은 실로 猛然한 반성의 마음이 솟아 올려야 합니다. 학문이 모자라다, 修養이 필요하다, 修錬을 갖고 싶다, 제군은 여기서 실로 자기의 無力을 알게 되고 두려워하며 목마른 자가 샘물을 찾듯이 열심히 智識을 구하고 실력을 배양하며 修錬을 원하기에 이를 것입니다. 대체로 옛날의 偉人의 事蹟을 찾다보면 꼭 자각과 반성은 새끼 꼬는 것처럼 牽連되고 있는 것처럼 생각되지만, 제군은 적어도 자기가 지도자의 책임을 가지고 있는 자라는 것을 자각한다면 꼭 대단히 반성할 수밖에 없을 것이며, 또한 그 반성이 정말로 철저히 이루어진다면 자기 자신을 소유하는 國家社會에 대해서 결코 盲目으로는 있을 수가 없을 것입니다. 즉 아무리 자기 힘의 微力하다고 하더라도 자기도 國家社會의 一員인 이상, 이대로 이 나라의 위기를 내보려 둘 수 없다는 마음가짐을 갖게 되고, 자기의 微力을 반성할 겨를도 없을 것이며 일어서서 온 힘을 다하여 이것을 도와야 한다는 자각에 이르지 않을 수 없을 것입니다. 그리하여 그 자각에서 또 無力한 자기에 대해서 반성하지 않을 수 없게 될 것입니다. 자각과 반성이 往往 따로따로 떨어져 있는 것은 한탄스러운 일이지만, 여사히 자각도 반성도 그것이 진정한 한 자각과 반성 이 둘은 畢竟 하나라고 말해야 할 것이고, 자각 뒤에는 반드시 반성이 있으며 반성 뒤에는 반드시 자각이 없어서는 안 되는 것입니다.

聖子라고 하는 사람들은 늘 懺悔하고 반성하며 자각하고 그 聖스러운 생활을 계속해 나갔을 것입니다만, 저희들은 그 숭고한 생활에 못 미치더라도 하다못해 이 학교의 생일인 창립기념일만큼은 이와 같은 반성과 자각의 날로서 嚴肅하게 받아들이고 싶다고 생각해야 합니다.

이것은 학생제군뿐만 아니라 교수님들도 또한 사무 방면을 담당하시는 제군에게도 다 같이 부탁하고 싶습니다만, 아무쪼록 이 과거를 추억하고 장래를 축복하는 기념일의 하루를 조용히 반성하고, 신성한 대학에 적을 두는 자로서의 자각을 깊게 하고 더욱 이 대학의 堅實하고 고귀한 발달을 실로 마음 속으로, 즉 天地神明에도 통할 수 있는 정도로 마음 속으로 기원해 주기를 바랍니다.

一言 所懷를 말하고 창립기념일의 式辭로 삼겠습니다.

(10) 山田三良(총장), 창립기념식 식사(1934.5.2.), 『학보』 87호(1934.6.5.)

新綠 제법 싱싱하게 여름을 맞이하려고 하는 이 5월 초순에 즈음하여 제군과 같이 여기서 本學 창립 제9회 기념일을 맞이하여 과거 1년 本學의 업적을 회고함으로써 앞으로 한층 더 발전을 축복할 수 있는 것은 제가 제일 欣幸하게 여기는 바입니다.

우리 경성제국대학도 이럭저럭 만 8세가 되었습니다만, 아직도 인생의 봄이 되기에는 먼 아이입니다. 그렇기는 하지만 이 대학도 요즘은 빛깔이 띠기 시작하여 어쩐지 봄이 다가오는 것과 같은 느낌이 듭니다. 이번 4월 10일에 저는 아직 꽃이 안 피는 吉野山[일본 나라현 소재]에 올랐습니다만, 아무것도 없고 꽃이 피기에는 1주일 정도 걸릴 것 같았으나, 우듬지가 어쩐지 움틀 것과 같이 보였습니다. 피려고 하는 기세가 찼다고나 할까, 우듬지에서 아지랑이가 아른거리는 것 같이 보였던 것입니다. 경성제국대학은 아직까지 그 정도가 아닙니다만, 어쩐지 요즘은 全體에 힘이 충만해진 것 같다고 저는 느낍니다.

교수님들께서 연구에, 수업에 열심히 노력하고 계시는 모습은 참으로 경사스러운 일입니다. 잇달아 학문의 성과가 열매를 맺어 학계에 공헌하고 세상을 裨益[이바지함]하는 것으로 깊이 囑望하는 바입니다. 특히 本學 官制도 작년 5월 31일과 올해 3월 31일에 2번씩이나 개정되었으며, 전임교수의 定員도 2명이 증가되고 게다가 새로이 임명되거나, 해외연구에서 귀국하신 교수도 몇 명 있고 그 숫자 점차로 70명이라는 많은 수에 달했으며, 조교수도 23명 새롭게 임명되었기 때문에 이 學年度의 수업에 많은 新鮮味를 더한 것은 참으로 慶賀하지 않을 수 없는 바입니다. 학생제군도 요즘은 몹시 긴장하고 계신 것 같고 매우 진지하게 공부하는 분도 있으며, 그만큼 세상도 인정해 주고 있는 것 같습니다. 그렇다고는 하지만 일반적으로는 아직도 前途 여전히 遼遠이며 昨日의 宣誓式에서 신입생제군한테도 말씀드렸습니다만, 취직문제로 本府 當局者들에게 좀 더 많이 채용하시기를 당부했는데, "조금만 성적이 좋았다면 채용할 수도 있는데"라고 하시는 것을 들으니 참으로 유감하지 않을 수 없는 바입니다. 이 점은 학생제군의 猛省을 촉구해야 합니다.

또한 本學 제도 위에 올해 4월 1일부터 참으로 중대한 개정이 행해졌습니다. 豫科修了年限이 3년으로 연장된 것이 그것입니다. 우리 대학은 창립부터 일찍이 豫科 3년 제도를 희망하여 마지않았으나 혹은 재정상, 혹은 제도상 용이하게 승인되기에 이르지 못했던 것입니다. 그런데도 다행히 本年度의 豫算編制에 즈음하여 총독부에서도, 大藏省에서도 차츰 그 필요성을 인정하셔서, 여기서 처음으로 다년의 宿望을 貫徹할 수 있었던 바입니다.

이 개정에 의해 비로소 本學은 내지의 고등학교 졸업생과 동등한 예비교육을 받은 학생을 입학시키게 된 것입니다.

덧붙여 多年의 懸案이었던 醫學部 本館 增築 豫算도 차츰 성립되었으며, 금년도부터 공사에 착수할 수 있게 되었습니다. 이것은 美觀上에서도 연구의 便宜上에서도 本學에 多大한 光彩를 곁들이는 것을 믿어 의심하지 않습니다.

어떻든 간에 이와 같이 점차로 봄다워지는 學園 속에 몸을 두고, 花信[꽃소식]을 기다리는 마음으로 제군과 같이 이 기념일을 맞이하는 것은 참으로 欣懷하기 그지없는 일이라고 말하고 싶습니다. 몇 번이나 말씀드린 것이지만, 최고학부인 대학은 眞理探究의 殿堂, 一國文化의 源泉입니다. 틀림없이 實際上 사회를 움직이는 것은 直接間接으로 대학에서 흘러나오는 힘이라고 말할 수 있다고 저는 평소 생각하고 있는 것입니다. 따라서 여러 가지 의미에서 대학의 수준이 낮은지, 높은지는 단순히 대학 그 자체만의 문제가 아닌 것입니다. 이 점 교수님들께서는 일찍부터 아시는 일이지만, 학생제군 및 사무원 분께서도 이 점을 특히 확실히 明瞭하게 자각하시기를 바랍니다.

특히 일반적으로 一切의 敎라고 하는 것이 힘을 상실하고 있는 것 같이 보이는 현대에 있어서는 大學的 정신은 사회를 높인다는 의미에서 특히 중대한 사명을 가지고 있다고 말해야 할 것입니다.

제군이 세상을 높이지 않고서는 어떤 사람이 세상을 높일 수 있는 겁니까. 저는 작년의 기념일에도 말씀드린 것과 같이 제군이 그와 같은 重大한 사명을 자각하고 이 기념할 만한 축일에서 더욱 그 반성을 새롭게 하시는 것을 切望하여 마지않는 바입니다.

(11) 山田三良(총장), 7회 졸업식 식사(1935.3.25.), 『학보』 97호(1935.4.5.)

각하, 제군

오늘 여기에 本學 제7회 졸업식을 거행하는 데 있어 특히 총독각하 왕림의 영광을 입고, 또한 軍司令官閣下를 비롯하여 朝野諸賢이 광림해 주신 것은 본 대학의 光榮으로서 깊이 감사하는 바입니다.

本學 학생의 修業年限은 法文學部에서는 3년, 醫學部에서는 4년이므로 오늘의 졸업식은 자세히 말씀드리자면 法文學部에서는 제7회째이며, 醫學部에서는 제6회째입니다. 그리하여 오늘 졸업증서를 수여받은 졸업생 總數는 121명이고, 그중 法文學部 졸업생은 57명, 醫學部 졸업생은 64명입니다. 또한 그 이외에 選科를 수료한 자가 2명 있습니다.

國運이 더욱더 振張하고 人材를 요하는 것이 점점 절실해진 오늘날, 여기에 이처럼 다수의 졸업생을 세상에 내보낼 수 있었던 것은 本學에서는 참으로 欣幸으로 생각하는 바입니다. 특히 졸업생 제자는 多年 螢雪의 苦를 쌓고 간신히 이 榮譽를 쟁취한 것이므로 스스로 歡喜하지 않을 수 없는 것은 물론이고, 제자의 父兄께서도 실로 만족하시는 것으로 衷心으로 축하의 말씀을 올리는 바입니다.

제자는 소학교나 보통학교에 입학하신 지 적어도 15, 16년 이상 오로지 學窓에 들어박히고 자신을 성장시키는 일에 노력해 오셨는데, 오늘로 일단 대강 학생생활을 종료하고 학교문에서 사회로 나가시는 것입니다. 확실히 제자 마음속에는 오죽이나 感慨無量하는 것이 있을 것이라고 생각합니다. 인간은 많은 경우 단지 눈앞의 일에 얽매여 天地 사이에 介在하는 자기의 모습을 한 발 물러서서 뚜렷이 재인식하는 기회도 적습니다만, 이와 같이 인생에서 하나의 轉機에 즈음하여 제자는 이 기회를 놓치지 않고 충분히 반성해야 할 것을 반성하고, 맹세해야 할 것을 맹세하며 新生活에 들어갔으면 하는 생각이므로, 저는 이 기념해야 할 제자의 출발에 즈음하여 一言 所懷를 말하고 제자의 반성을 재촉하고 싶습니다.

우선 첫째로 말씀드리고 싶은 것은 매년 똑같은 말을 하는 것이지만, 제자한테 이 기회에 특히 '感恩謝德'이라는 것을 깊이 생각해 주시기를 바라는 바입니다. 제자가 오늘 이 영예를 얻은 것은 물론 제자의 노력이 보답된 것에 틀림없습니다. 그렇기는 하지만 갓 태어난 아이가 오늘날에 이르는 것은 뭐니 뭐니 해도 제자 혼자만의 힘이 아니라는 것은 명백합니다. 天地가 묵묵히 '捨身의 供養'을 행하고 제자를 길러 주었기 때문에 제자들이 오늘날 존재하게 된 것입니다. 제자는 평생 얼굴을 대하는 일도 없는 古今의 學者, 哲人으로부터도 무한한 은혜를 받았습니다. 그리하여 직접의 부모님, 여러 선생님들, 선배친구들의 恩은 말할 것도 없습니다. 특히 제자는 本學의 출신자로서 이와 같은 큰 設備 밑에 최고교육을 베풀어 준 국가에 대하여 실로 甚大한 恩을 받고 중대한 책임을 떠맡는 學士인 것을 깊이 銘記하여 잊어서는 안 됩니다.

恩을 느껴야 한다고 해도, 恩같은 것을 느낄 수가 없다고 말하면 그만이지만, 그래서는 참으로 경멸받을 만한 인간입니다. 원래 인간 마음의 기능으로 중요한 것은 갖가지 理智라든가, 판단력이라든가, 어느 것이나 모두 중요하지만, 그중 가장 중요한 것은 이 "恩을 느끼다"라는 마음의 기능이 아닐까 생각합니다. 이것은 종교심으로 설명한다면 慈悲라든가, 사랑이라든가, 信仰과 같은 마음의 기능과 똑같은 것이며, 타인의 眞心과 통할뿐더러 한정된 자기 지식을 아득히 뛰어넘어 天地神明과도 통하는 것이라고 생각합니다. 따라서 사람의 영혼이 어느 정도 건전한 것인지, 또한 昏睡狀態에 빠져 있는지는 恩을 느끼는 방법의 여하로 알 수 있다고 해도 과언이 아닙니다. 사람은 感恩의 마음만이라도 속에 생생하게 존대한다면 어떠한 환경에 서도 不平不滿을 호소하는 일이 없을 뿐만 아니라, 자신을 위해서 국가를 위해서 열심히 노력하고 그 환경을 개선해야 한다는 一大勇猛心도 스스로 솟아나오는 것입니다.

현대의 젊은 사람들은 감각이 둔한 것을 부끄러움으로 여기는 것 같은데, 감각의 末梢까지도 여전히 둔한 것으로 부끄럽다고 여긴다면, '恩'을 느끼는 감각이 둔하다는 것이 얼마나 부끄러워야 할 일인지 모르겠습니다. 적어도 영혼을 사랑하는 자로서 '恩'을 느낀다는 것으로 남에게 뒤지는 일이 있다면 사고 못하는 자의 극치라고 할 수밖에 없습니다.

다음에 제자에게 희망하고 싶은 것은 小成에 만족하면 안 된다는 것입니다. 제자의 연구와 수양은 오늘로 끝난 것이 아니라는 것은 말할 나위도 없이 제자의 진정한 힘은 이제부터 사회에 서서 試鍊을 당하면서 발전해 나가는 것이므로, 현재 가령 힘이 부족하다고 하더라도 굳이 한탄할 필요는 없지만, 학교를 졸업했을 때가 가장 훌륭했다는 모양으로는 참으로 한심할 따름입니다. 그렇기는 하지만 어떤 사람도 스스로 좋아서 小成에 만족하는 자는 없는 것이지만, 세상에 나가서 일하고 있는 사이에 어느덧 세상에 져버리는 자가 많습니다. 세상일은 제자가 學窓 속에서 생각하고 있었던 것과 같이 이상 그대로 진척되지 않는 것이 예사이며, 또한 세상은 盲者千人이라는 것도 있기 때문에 자신이 얼마나 성실하게 일하고 있더라도 제대로 평가해 주지 않는 것도 있을 것입니다. 그리하여 누구나 다 權門에 阿附하고 立身하는 것처럼 보일지도 모릅니다. 그러나 제자는 앞으로 이와 같은 경우에 遭遇하는 것이 있어도 자신은 최고학부를 나온 學士이므로, 이러한 일로 세상에 지면 안 되며, 자기들이 세상의 腐敗를 막는 귀감이 되지 않으면 어떤 사람이 세상을 맑게 할 수가 있겠느냐고, 선택받은 자의 책임을 똑똑히 자각하고 세상을 이겨내고 자기를 이겨내는 勇者가 되어야 합니다.

요즘 종종 지방에 赴任한 자는 걸핏하면 都會로 轉任을 기도하거나, 혹은 昇進의 遲速을 운운하는 자마저 있다는 것을 들을 때도 있습니다만, 이것은 畢竟 자기의 직업을 蔑視하는 것이며 생각하지 못하는 자의 극치입니다. 이와 관련되어 생각나는 것은 저에게는 거의 동시대의 선배였던 故 濱口雄幸(하마구치 오사치) 씨입니다만, 그분은 拔群의 성적으로 東大法科를 졸업하시자마자 바로 大藏省에 奉職하셨는데, 剛毅, 木訥, 겉치렛말 따위는 말한 적이 없으며, 게다가 '라이온(사자)'이라는 별명이 붙을 정도의 容貌였기 때문인지, 同窓친구는 모두 局長이나 知事로 승진함에도 불구하고 熊本의 稅務監督局長으로 눌러앉아 수년간 잊혀져 버렸습니다. 보통사람이면 불만에 견딜 수 없었을지도 모르지만, 늘 무엇인가를 가지고 國恩에 보답하겠다고 생각하고 있었던 이분은 하등의 불평을 품는 것도 없이 職務의 餘暇에는 부지런히 財政學의 著書를 愛讀하여 將來 我國의 財政을 어떻게 개선해야 하는지를 열심히 연구하고 있었던 것입니다. 그런데 그 후 大藏省에서 稅務監督局長會議를 열고 稅制의 改正을 심의했을 때, 하마구치 씨의 당당한 의견은 제법 卓說이었으므로 바로 專賣局長官에 拔擢되어서 一躍 위대한 財政家로 칭찬받게 되고 마침내 大藏大臣이 되어서 總理大臣이 되기까지 이르렀던 것입니다.

제자는 이제부터 사회의 각 방면에 진출하여 각자 주어진 다양한 일에 관여하시는 것인데, 그 일은 가령 아무리 작고 아무리 낮은 것일지라도 이것에 대하는 태도를 어디까지나 忠實하고 高尙하게 계속 가지고 자기 전력을 傾注하는 것을 기해야 합니다. 예컨대 철도국에 채용되었으면 停車場에서 차표에 구멍을 뚫고 있을 때도 철도일반의 운용에 관한 일도 연구하고, 또한 만약 은행이나 회사에 채용된 자라면 돈의 계산이나 簿記의 기입 방법을 보고 배우고 있을 때에도 그 은행이나 회사의 기능을 연구하고 다소나마 그 발전에 공헌하도록 노력해야 합니다. 나의 일로 여기고 깊이 연구한다면 재미없는 일은 없습니다. 스스로 초라하게 만들고 타인으로부터 使役당하고 있으면 모든 것이 재미없게 될 수밖에 없는 것입니다. 우리 力量이 인정되지 않는 것은 결국 우리 力量이 아직 모자라기 때문입니다. 극단적인 표현이지만 모든 일에 있어서, 제일 잘하거나, 제일 잘 아는 사람이 된다면 인정되지 않을 리가 없습니다. 제자는 今後 어떠한 방면으로 나간다고 해도 일단 착수한 업무에 관해서는 어디까지나 충실히 不撓不屈의 노력을 傾注하고, 그 第一人者가 되겠다는 목표를 가지고 勇往邁進하시는 것을 切望하여 마지않습니다. 세상은 믿을 수 없어 보이지만, 긴 안목으로 본다면 세상의 비판은 그렇게 엉터리가 아니라는 것을 알 수가 있습니다. 결국 남는 것은 진정한 것뿐입니다. 제자는 흘러가는 물에 글을 쓰는 것과 같은 果敢하지도 않은 일만 하면서 인생을 허무하게 지내면 안 됩니다.

제군도 아시다시피 국가의 비상시라는 것도 너무 오래전부터 주장되고 있지만, 요즘은 다행히도 滿洲事變 이래 我國固有의 정신적 문화의 자각이 擡頭되고, 思想國難도 차차 감퇴하고 있는 것처럼 보이며, 滿洲國의 건전한 발전과 더불어 구미諸國의 인식도 차차 是正되어 外交國難도 또한 이럭저럭 해소되고 있으며, 또한 隣邦과의 親善關係도 점차 회복을 향하여 經濟國難도 또한 이제 막 打開되고 있으며, 비상시는 벌써 지나가 버렸다고 생각하고 있는 자도 있습니다. 그렇기는 하지만 실은 구미諸國이 我國의 正當한 지위를 인식하는지, 안 하는지는, 我國이 여기서 한 걸음 밀어붙일 수 있는지 아닌지에 따라 바야흐로 해결되는 것이며, 이것 실로 我國의 盛衰에 관한 큰 문제임과 동시에 또한 실로 東亞 전체의 死活에 관한 큰 문제입니다. 앞으로 수년간이 말하자면 막판의 한 번 더 노력해서 이기느냐 지느냐의 고비입니다. 따라서 우리 국민은 이제야 누구나 자기 스스로 국가를 등에 지고 서 있다는 마음가짐으로, 있는 힘을 다해야 할 때입니다. 우리 同胞도 상당히 자각하고 있는 것 같지만, 어느 시대에도 정말로 똑똑한 사람은 적습니다. 이와 같은 경우, 정말로 힘이 될 수 있는 자는 前述과 같은 마음가짐으로 실로 국가를 생각하여 묵묵히 자기의 本務에 全力을 다하는 사람밖에 없는 것입니다. 이와 같은 사람은 두드러지지 않지만 참으로 귀한 사람이며, 한 사람 한 사람 國家興隆의 기둥이라고 해도 과언이 아니라고 생각합니다. 才學이 뛰어난 사람, 力量이 뛰어난 사람, 그것을 저는 물론 제자 가운데 待望합니다. 그렇기는 하지만 저는 그것보다 더욱 이와 같은 平凡하고도 非凡한(평범 속에서 본무에 충실하려고 하는) 사람이 한 사람이라도 많이 제군 가운데서 나오는 것을 切望하여 마지않습니다.

마지막에 직업의 선택에 관해서 一言하겠습니다. 졸업생의 大多數는 변함없이 官吏 志望者입니다. 갖가지 사회적 사정에서 이것도 어쩔 수 없지만, 이러면 다수의 사람들이 실망으로 끝날 수밖에 없으므로 제자는 이 점을 고려하여 時勢의 推移를 아는 것과 더불어 새로이 태어난 여러 가지 직업도 깊이 관심을 가지고 용감하게 그 방면을 척척 개척해야 합니다. 종종 세상에서 낮다고 간주되고 있는 직업에 취업하는 것을 거리끼는 자도 있습니다만, 이것은 큰 誤이며 특수한 2, 3의 예외를 제외하면 세상에 천한 직업은 없으며, 어떠한 직업도 이것에 종사하는 사람들의 마음가짐에 따라 얼마든지 귀한 것이 됩니다. 직업에 의해 高下가 정해지는 것 같이 생각되는 것은 畢竟 자기의 尊嚴을 믿지 않는 곳에서 생기는 迷妄입니다. 제자는 그러한 비굴한 생각을 가져서는 안 됩니다. 더더욱 몸뚱이 하나의 자기에 千金의 가치를 발견할 수 있는 자신이 되어야 합니다. 그리하여 그 가치 있는 자기를 들고 허락받는 장소가 어느 곳에 있다면 이것에 기댐으로써 感恩謝德의 생활에 매진해야 합니다. 특히 古來 조선과 가장 밀접한 관계를 가지는 滿蒙에서, 我國이 옹호하는 滿洲帝國이 새로이 勃興하기에 이르렀을 뿐만 아니라, 벌써 彼地에 거주하는 鮮人同胞도 100만 명 이상에 달했으므로 滿蒙의 문화개발에 공헌하기 위해서도 또한 滿蒙에서 거주하는 동포의 복지를 증진시키기 위해서도 제자의 奮鬪를 요하는 新天地가 無限하게 開展되고 있는 것을 생각해야 합니다. 실제로 이 式에 列席한 졸업생 중에서도 滿洲國官吏로 채용되고 大同學院에 입학하는 자도 3명이 있는 것은 제가 가장 欣幸으로 여기는 바입니다. 저는 앞으로 이 방면으로 진출하는 本學 졸업생이 더욱더 많아지는 것을 희망함과 더불어 이 3명의 졸업생이 後進을 위해 실로 光榮 있는 開拓者가 되기를 절망할 수밖에 없는 것입니다.

요컨대 최고학부를 졸업하신 제자의 책임과 사명은 참으로 중대합니다. 그렇기는 하지만 제자 만약 以上의 여러 가지 점을 깊이 銘記하고 열심히 勇往邁進하신다면 저는 제자가 충분히 그 사명을 완수하고 참된 성공을 거두기에 이르는 것을 믿어 의심하지 않습니다.

한마디 所懷를 말하고, 餞別하겠습니다.

(12) 速水滉(총장), 취임인사(1936.2.4.), 『학보』 108호(1936.3.5.)

山田前總長은 4년 동안 열심히 경성대학을 위해 盡力하시고 다수의 현저한 功績을 올리셨습니다. 이번 회에 퇴직하시게 되는 것을 저희들이 매우 유감스럽게 여기는 바이며, 잠시만이라도 더 머무르시기를 원했으나 一身上의 형편으로 어쩔 수 없는 일이라고 생각되는 바입니다. 저희들은 여기서 前 總長에 대하여 衷心으로 진심된 감사의 뜻을 표명하고 싶습니다.

저와 같은 극히 不適任한 자가 공교롭게도 총장의 重任을 떠맡게 되었으며, 微力短才가 도저히 그 任을 감당할 수 없다고 생각합니다만, 이렇게 된 이상 할 수 있는 한 최선을 다하고 싶다고 생각하고 있습니다. 원래 저는 學究的 생활만 해 온 자이며, 學究的이라고 해도 몹시 빈약한 것이며, 이렇다 할 學問的 業績도 남기지 못하고 있는 자입니다. 世間에 대한 交際는 서투르며, 행정적 手腕도 없고, 무엇 하나 아무 쓸모없는 자입니다. 따라서 교수님들, 사무직원제군의 동정 있는 後援에 의지하지 않으면 도저히 그 任을 다할 수가 없다고 생각하고, 종래 교수로서 在職中의 厚誼보다 倍加되는 助力을 바라마지 않습니다.

다행히 역대 총장은 服部博士를 비롯하여 어느 분이나 훌륭한 분들이었으며 京城大學의 오늘날 발전은 이분들 역대총장이 세우신 방침, 계획에 힘입은 바가 많습니다. 그래서 현재로서는 大體의 방침, 계획이라는 것이 대략 정해져 있기 때문에 작은 점은 잠시 보류하고 大體에 관해서는 그것을 따르려고 합니다.

경성제국대학은 創立 이래 벌써 만 10년이 경과되었습니다. 그 건축, 설비 등에 관해서 아직 남아 있는 것도 있습니다만, 대체적으로 그 형식적 방면은 대략 완성, 적어도 완성에 가까이 갔다고 해도 좋을 듯합니다. 이후에는 오히려 내용, 實質을 충실하게 하도록 나가야 한다, 그 내용적, 실질적 방면에서 제군과 같이 노력해야 할 시기가 되지 않았나 생각합니다.

세상의 비평 중에는 京城大學을 평가하여, 內地 대학보다도 훨씬 뒤떨어진다고 말하는 자가 종종 있음을 듣게 됩니다. 우리는 이러한 비평에 관해서는 충분히 반성할 필요가 있다고 생각합니다만, 그러나 그런 비평은 타당하다고 생각하지 않습니다. 왜냐하면 우리 대학의 교수님들은 어느 분도 어디로 내보내도 부끄럽지 않은 훌륭한 학자이며, 열심히 그 전문학과에 관해서 연구하고 계시며 그 연구업적은 다양한 형태로 발표되고 있는 것은 제군도 아시는 바입니다. 硏究設備 등에 관해서는 훨씬 內地의 대학을 凌駕하는 것이 적지 않습니다. 豫科의 修業年限도 지금까지 2개년이었던 것이 3개년이 되어서 어떤 점에서 보아도 內地의 대학에 비해 나으면 낫지 못하지는 않은 성적을 들 수 있을 것입니다. 創立 후, 얼마 안 되는 무렵은 萬事가 整頓되지 못했기 때문에 오래전에 創設된 대학에 비해 어쩌면 손색이 있었을지도 모르지만, 10년이면 강산도 변한다는 오늘날에는 그러한 일은 없다고 생각합니다. 또한 그러한 일이 없도록 우리는 노력해야 한다고 생각합니다. 그러기 위해서는 교직원 제군, 특히 교수님들의 協同一致의 노력을 청원하고자 합니다.

조선은 일본국가의 발전 위에 特異한 지위를 차지함과 동시에 이 조선에 있는 京城帝國大學 또한 內地대학과는 다른, 一種 특수한 사명을 지니고 있다고 생각합니다. 요사이 반도의 산업 및 문화의 발전은 실로 놀랄 만큼 훌륭하다는 것은 제군도 잘 아시는 바와 같습니다. 따라서 이 진보발전에 수반하여 우리 경성제국대학도 다양한 방면에서 이것에 應할 만한 준비를 소홀히 해서는 안 된다고 생각합니다. 그러기 위해서는 學內의 자가 一致協力함으로써 이 경성대학의 實質을 높이는 것에 종래 이상의 盡力을 요청하고 싶은 것입니다. 저와 같은 자가 그러한 일에 다소나마 쓸모가 있다면, 저는 제군의 駿馬 꼬리에 매달려 힘이 미치는 한 노력하고 싶다고 생각합니다. 덧붙여서 특히 학생제군에 대해서 한마디 희망의 말씀을 드리고 싶습니다. 제군이 대학에서 배우시는 목적은 말할 것도 없이 학문과 인격의 수양에 있습니다. 제군은 이 학교를 졸업하신 후에는 조선의 實社會에서 적어도 中流 이상의 지위에 서는 사람들이며, 그러한 사람들에 대해서 오늘날의 時勢가 기대하고 요구하는 바는 틀림없이 매우 큰 것이 있는 것입니다. 제군들은 졸업 후 다양한 방면에서 크게 활동해 주셔야 합니다. 그러기 위해서는 제군이 학창에 있는 동안 한눈도 팔지 않고 한마음으로 학과를 공부하시고 그 실력을 배양하는 것을 유의해 주었으면 합니다. 졸업 후 취직문제도 제군에게는 걱정거리일 거라는 것은 틀림없습니다. 저는 오늘날의 時勢에서 이러한 것을 조금이라도 생각하지 말라고 결코 말씀드리지는 않으나, 그러한 것에 마음을 홀려서 현재 학생으로서 힘써야 할 것을 잊어서는 안 됩니다. 修學 중은 오히려 一心不亂하게 학문적 지식을 축적해 놓아야 한다고 생각합니다. 제군이 졸업하신 후에는, 어지간히 특수한 사람이 아닌 한 학생시대와 같은 자유로운 시간을 가질 수가 없습니다. 학생시대만큼 풍족한 境涯에 있는 자는 없는 것이며, 이 시대를 멍청히 지낸다는 것은 실로 아까운 일입니다. 제군이 만약 열심히, 진지하게 한눈도 팔지 않고 공부하며 충분히 학문적 지식을 흡수하고 소화하여 자기 것으로 만드는 경우에는 인격의 수양은 스스로 그 안에 있다고 생각합니다.6 학문의 수양과 인격의 수양은 무관하다고 생각하는 논자도 많습니다만, 저는 그것은 俗見이라고 생각합니다. 2개의 것은 相互 관련되고 있으며 또한 관련되어 있어야 한다고 생각합니다. 실로 학문에 대해서, 진리에 대해서 思慕와 愛着의 念을 가지는 사람이면, 그 사람의 인격은 스스로 高潔한 것이 되어야 한다고 생각합니다. 저는 그 의미에서 제군이 학창에 있는 동안 지나치게 졸업 후를 걱정하거나 꿈꾸지 않고 專心 공부하시는 것을 희망하는 것입니다. 물론 그 정도를 넘어서 신체가 상하는 일이 있어서는 안 됩니다. 건강에 유의해야 한다는 것은 말할 것도 없습니다만, 만약 제군이 훌륭한 건강을 가지고 학문과 인격에 있어서 나무랄 데가 없는 사람이라면 취직문제는 그다지 곤란한 문제가 되지 않습니다. 世間은 불공평하게 보여도 실로 玉의 光을 지니고 있는 자라면 그 光은 반드시 인정되는 시기가 오는 것이며, 그것이 언제까지나 인정되지 않는 정도로 세간은 불공평하지 않다고 생각합니다. 요는 제군의 수양과 노력에 있다고 생각합니다.

저는 미력하지만 제군보다 조금 먼저 태어난 사람입니다. 만약 상담하고 싶은 일, 희망하고 싶은 일이 있다면 거리낌 없이 이야기하러 오기를 바랍니다. 취임한 지 얼마 안 되어서 당분간은 못하겠지만, 조금이라도 가라앉으면 제군을 위해 面會日을 마련하려고 생각 중입니다. 물론 사항에 따라서 학생과장 혹은 교수님들에게 요청해야 하는 것도 있을 거라고 생각하는데, 직접 저한테 말씀하셔도 되는 사항이라면 거리낌 없이 자청해서 말하기를 바랍니다.

마지막에 한마디 해 두고 싶은 것은, 저는 총장문제가 일어난 중간쯤 되는 때부터 병에 걸렸기 때문에 작년 봄부터 療養을 위해 말미를 얻었으며, 그래서 歸任도 늦어지고 여러분께 폐를 끼치며 걱정을 끼쳤습니다. 다행히 현재로서는 全快하고 건강도 회복되었기 때문에 안심해 주셨으면 하는 바람입니다. 조만간 일일이 인사말을 드리고 싶습니다만, 문병해 주신 분들께 이 자리에서 진심으로 감사드리겠습니다.

더 말씀드리고 싶은 것, 말해야 할 것도 있다고 생각합니다만, 워낙 歸任된 지 얼마 안 되어서 가만히 생각을 정리할 시간이 없습니다. 이것으로 취임의 인사말을 대신하겠습니다.

(昭和11年 2月 4日, 오후 1시 강당에서)

(13) 速水滉(총장), 8회 졸업식 훈시(1936.3.25.), 『학보』 109호(1936.4.6.)

오늘 여기에 本學 제8회 졸업식을 거행하는 데 있어, 특히 총독각하 왕림의 영광을 입고, 또한 朝野諸賢이 광림해 주신 것은 本學의 光榮으로서 깊이 감사하지 않을 수 없는 바입니다. 제8회라고 하는 것은 修業年限 3개년의 法文學部에서이며 修業年限이 4년의 의학부에서는 제7회가 되는 것입니다.

---

6. 인격수양과 학문의 습득, 종전까지의 총장들과 총독들이 대체로 인격수양을 학문의 습득에 비해서 우위에 두었던 데 반해, 速水滉의 경우에는 오히려 인격수양은 학문습득의 자연스런 결과로 해석하고 있다.

오늘 졸업증서를 수여받은 졸업생총수는 143명입니다. 그 가운데 法文學部졸업생은 79명이며, 그중 법학과 졸업생 38명, 철학과 졸업생 9명, 史學科 졸업생 7명, 文學科 졸업생 25명이 포함되어 있습니다. 醫學部 졸업생은 64명, 또한 그 이외도 法文學部 選科를 수료한 자가 6명 있습니다.

제1회 이래의 졸업생을 通計한다면, 法學科 졸업자 299명, 철학과・사학과・문학과 졸업자 240명, 의학부졸업자 451명, 합계 990명이 됩니다. 본 대학이 개학 이래 이제 10년, 이렇게 相當히 多數의 대학 졸업생이 朝鮮社會에서 활동할 수 있게 된 것은 역대 總督 閣下, 總監 閣下를 비롯하여 직접, 간접으로 대학에 관련되는 朝野 諸賢의 盡力 덕분으로 깊이 감사하지 않을 수 없는 것이며, 우리 당사자로서는 더욱 奮勵하는 한편 本 大學의 사명을 위해 노력하고자 합니다.

졸업생제군은 多年 螢雪의 勞苦가 보답되어서 오늘의 榮譽을 얻으신 것입니다. 참으로 경사스러운 일입니다. 제군의 기쁨은 말할 것도 없겠지만, 동시에 저는 제군의 부모님의 기쁨이 얼마나 큰 것인지 상상하고도 남음이 있다고 생각합니다. 저는 고등학교 재학 중에 아버지를 여의었는데, 제가 歸省할 때마다 아버지는 대학졸업의 해를 손꼽아 헤아리고 기다리고 있었습니다. 때문에 저는 학교 졸업식에 임할 때마다 당시 아버지의 말을 상기하며 '風樹之嘆'을 새삼 떠올립니다. 그 당시와 지금은 상당히 時勢가 다르지만, 자식의 졸업을 기뻐하는 부모의 마음은 여전히 변하지 않는 것이라고 생각합니다. 제군은 오늘의 기념할 만한 시기에 즈음하여 감사해야 할 사람, 감사해야 할 일이 많이 있을 거라 생각합니다. 제군이 오늘 존재하는 것은 자기 자신의 힘에 의한 것만이 아니라는 것을 깊이 생각해야 하는 것인데, 그중에서도 부모의 '恩'에 대해서는 깊은 감사의 마음을 잊지 않는 것과 동시에 장래 이것에 보답하기 위해 굳은 결심을 하셔야 한다고 생각합니다.

졸업생제군에 대해서 제군의 考慮에 도움이 되기를 원하는 바가 적지는 않은데, 저는 당장 다음 3가지를 말씀해 두고 싶습니다.

첫 번째, 제군이 늘 謙虛한 마음을 잃지 않도록 하셨으면 하는 것입니다. 제군은 이번 회 學窓을 나가서, 多數는 實際 社會에 진출하시게 됩니다. 그것에 관해서는 수많은 世路의 險難을 만나게 되는 현실생활은 실로 容易하지 않은 일이 있습니다. 이런 困難을 극복해 나가기 위해서는, 최고학부를 졸업한 자라고 해서 우쭐거리는 것과 같이 잘못을 저질러서는 안 됩니다. 제군의 학문적 수양은 실제적 경험과 어우러져서, 오히려 오늘 이후에 시작된다는 각오가 필요하다고 생각합니다. 제군이 사회에 나가서 각각의 직업에 취업하는 데 즈음해서는 모름지기 자기는 아무것도 모른다, 이제부터 先輩諸氏에 따라 새롭게 학습하기 시작한다는 극히 謙遜한 각오로 직무에 종사하셨으면 합니다. 인간은 謙虛한 마음을 늘 잃지 않는다면, 끊임없이 노력하고 끊임없이 修養하려고 해서 怠慢의 마음이 생기지 않습니다. 또한 자신의 환경에 대해서도 불평불만의 마음이 생기지 않습니다. 만약 다소나마 慢心이 생기면 자연스럽게 修養을 소홀이 하게 됩니다. 자기의 지위에 대해서 불평하는 마음이 생기고 자기 職責을 잊게 되기도 합니다. 그럼으로써 인간은 自慢의 마음이 생겼을 때에는 벌써 그 사람의 向上進步는 멈추고 오히려 退步하게 됩니다. 이것은 개인의 경우만 아니라 국가 또한 민족에 관해서도 마찬가지라고 생각합니다. 예부터 위인이라 불리고 傑士라고 일컬어지는 사람들은 그 일생을 통해서 어딘가에 謙虛한 마음이 기초가 되어서 큰 일도 할 수 있고, 또한 넓은 의미로의 종교적 信念도 배양되어 왔다고 생각합니다.

두 번째로 제가 제군에게 바라는 것은, 제군이 이제부터 사회에 나가서 내딛는 한 걸음, 한 걸음을 단단하게 땅에 닿도록 하여 충실히 자기의 직책을 다하고, 그리하여 머리만 날카로워서 담력이 없는 사람이 되지 않도록 노력하셨으면 합니다. 그러한 인간은 현재와 같은 時勢에서 특히 갈망되고 있다고 생각하는 것입니다. 무엇을 시켜도 쓸모가 있다, 앞을 잘 내다볼 수 있는 사람, 이러한 사람도 물론 필요한 사람임에 틀림없지만, 모든 사람이 이러한 사람을 목표로 한다면 소위 輕薄하고 요령만 좋게 세상을 살아가는 인간만이 늘어날 우려가 있습니다. 그렇다면 오늘날과 같은 중대한 위기에서 곤란한 일이라고 생각합니다. 예를 들자면 金錢의 계산에 능란한 사람은 많으나 金庫의 열쇠를 맡겨도 안심하고 지낼 수 있는 사람이 없는 것이 현 시류의 폐단 중 하나가 아닐까, 더 크게 말하자면, "可以託六尺之孤, 可以寄百里之命"라고 할 만한 사람이 있기를 바랍니다.

최근의 소위 2.26사건과 같은 것은 극히 유감스럽다고 생각하지만, 그러나 그 후 당시의 殉職警官에게 세상 사람들의 감사와 동정이 翕然(많은 것이 한 군데로 모이는 모양) 모이는 것을 보니, 무척이나 마음 든든함을 느낍니다. 이것은 자기의 직책을 충실히 다한다는 것이 쉽지 않을뿐더러 그러한 사람이 있기 때문에 비로소 國運의 隆昌도 전망할 수 있습니다. 그러한 사람이야말로 실로 존경할 만한 사람이라는 것이 세간 사람들에게 인정되었기 때문이라고 생각합니다. 당시 警視廳 내에서의 女子交換手, 電信技手 등 이와 같은 사람들은 낮은 지위의 사람들이지만, 執務하는 그 태도는 沈着을 잃지 않았다고 합니다. 우리는 이러한 사람들에 대해 마음속에서 존경을 표해야 한다고 생각하는 것입니다. 저는 졸업생제군이 금후, 어떠한 직업에 종사하시는지 간에 공연히 눈앞의 利害를 打算하여 불평불만의 마음이 생기지 않도록 자기의 職責을 충실히 다해 나가기를 바랍니다.

이러한 사람은 얼핏 무능한 사람처럼 생각되는 경향이 있으나, 만약 그 사람이 小成에 만족하지 않고 堅實히 한걸음 한걸음을 힘껏 밟고 끊임없이 向上의 一路를 따르는 사람이라면, 세상이 그 사람을 반드시 인정하는 날이 오게 됩니다. 香川景樹(가가와 가게키)의 단가(短歌, 시가)에 "玉을 품고서 石이라고 한탄하랴, 玉은 玉으로서 세상으로 나타난다."라고 하는 것이 있습니다만, 제군이 품고 있는 것이 진정한 玉이었다면 그 빛을 사람들은 꼭 인정하는 것은 틀림없으므로 요는 제군이 가지고 있는 것이 玉인지 石인지 간에 달려 있다고 생각합니다.

세 번째로는 제군 가운데에는 직업선택상, 多少는 많은 졸업생이 가는 곳과 달리하는 사람도 있었으면 합니다. 그 의미는 졸업생이 희망하시는 직업은 졸업학과에 따라 다르기는 하지만 대체적으로 공통점이 있으며 대강 일정합니다. 이것은 누구든지 가급적 困難이 적은 安易한 行路를 선택한다는 것은 人之常情이므로 지당한 일이기는 합니다. 그러나 多數의 사람들이 똑같은 길을 가게 되면 자연스럽게 취직은 困難하게 됩니다. 또한 가령 취직할지라도 타인에 의지해야 하는 것이 많습니다. 저는 제군의 다수에 이것을 권하는 생각은 없지만, 多數 가운데 보통의 길과는 다른, 말하자면 자기의 운명을 자기 자신의 힘으로 開拓하겠다는 사람도 있기를 바랍니다. 이러한 길은 물론 가시로 가득한 곤란한 길이지만, 이것을 스스로 개척해 나가는 곳에, 다른 경우에는 발견할 수 없는 즐거움도 있다고 생각합니다. 朝鮮 및 滿洲國은 최근에 들어 각 방면에서 飛躍的인 발전을 이룩하고 있다는 것은 제군도 잘 아는 바입니다. 이러한 시기에 强健한 身體와 確固한 意志를 가지고 있는 사람으로 하여금 愼重히 考察하신다면 제군의 선배가 아직 개척하지 못하는 직업적 領域이 존재한다는 것을 발견할 것을 확신합니다.

現時의 일본은 비상시라고 이야기되고 있습니다. 비상시는 단지 일본만이 아니라, 세계를 통해서 비상시입니다. 이러한 시대에 태어나게 된 제군이 한편으로 중대한 책임을 지고 있는 어려운 시대이기는 하지만, 다른 한편서 말한다면 기운이 넘치는 제군이 해야 할 일이 많은, 행복한 시대라고도 할 수 있는 것입니다.

국가가 제군에게 기대하는 바는 크고, 제군이 짊어져야 할 책임은 심히 무거운 것입니다. 제군은 아무쪼록 건강에 유의하고 애써 奮勵하시는 것을 희망합니다. 저는 제군에게 기념할 만한 이 날에 즈음하여 이상의 所懷를 말하고 光榮 있는 제군의 前途를 축복하고 싶다고 생각합니다.

(14) 速水滉(총장), 개학10주년기념식 식사(1936.5.2.), 『학보』 111호(1936.6.5.)

本年은 氣候가 不順하므로 꽃 소식도 늦어졌으나, 이제 차차 百花가 繚乱하게 어우러져 만발하여 싱싱한 氣가 天地에 가득 차고 있는 때에 즈음하여 제군과 같이 개학 후 만 10주년의 기념일을 맞이하게 된 것은 참으로 경사스러운 일입니다.

10년의 세월은 대학 역사로서는 결코 긴 것은 아닙니다. 특별히 이것을 경축하는 정도의 일은 아니라고 생각되지만, 10년이면 강산도 변한다는 말도 있으며 우리와 같은 대학 창립 때부터 奉職하고 있는 자에게는 저절로 창립당시의 일이 回想되고, 多少의 感慨는 없을 수 없는 것입니다.

무릇 무슨 일이든지 10년이라는 시일이 경과되면 적어도 그 기초는 대강 완성되는 것입니다. 경성대학의 경우에도 대체적으로 이것이 들어맞습니다. 이것은 역대 총장을 비롯하여 교직원 제군의 진력 덕분이라 감사하지 않을 수 없는 것입니다만, 우리는 이 기초 위에 서서 마음을 굳게 다지며 분발하여 한층 향상발전의 길을 걸어가야 한다고 생각합니다.

대학은 一國文化의 殿堂임과 동시에 정신적 修養의 도장이 되어야 하는 것이기도 합니다. 외국에는 대학을 중심으로 발전된 도시가 꽤 많이 있으며, 대학이 자아내는 공기가 도시의 淨化劑가 되고 도시의 품위를 높이는 것이 적지 않습니다. 조선에서는 세상 사람들이 대학에 대해서 주의를 기울이는 일이 드물다는 것을 저는 유감스럽게 여기지만, 그것은 대학 자체에도 다소의 책임이 있다고 생각합니다. 우리는 공연히 세상의 風潮에 아첨할 필요는 없는 것이지만, 또 상아탑에 들어박혀 있는 것이 아니라 적극적으로 세상에 손을 내밀어 사상의 淨化劑가 되어 지도자가 되고, 또 啓蒙的 운동에도 참여하는 것은 대학에 있어서 學徒의 책임이라고 생각합니다. 오늘 이 기회를 활용해서 대학연구실의 일부를 개방하여 전람회를 열고 또 학교 밖에서 公開講演會를 개최하기로 한 취지도 여기에 있는 것입니다.

경성대학은 綜合大学이기는 합니다만, 현재로서는 간신히 法文學部 및 醫學部의 2학부를 가지고 있음에 불과합니다. 조선은 최근 갖가지 방면에서 飛躍的 발전을 달성하고 있습니다만, 이 사회의 현상에 適應하기 위해서는 더욱 새 學部의 증설을 필요로 하는 시기에 도달했다고 생각하는 바입니다. 나아가서 이것을 대학 내부에서 보았을 때, 교수 및 학생이 넓게 학문적 연구를 영위하기 위해서, 또는 학생이 다른 학부학생과의 접촉교섭에 의해 인간적 수양을 영위하기 위해서도, 유감스러운 점이 적지 않은 것이며, 저는 당국에 대해서 머지않은 장래에 조선의 현상에 따른 적당한 학부의 신설을 계획・실행하는 것을 희망합니다.

이러한 희망에 관해서는 잠시 보류하고, 대학으로서 하나 경사스러운 일은 개학 이래 多年의 懸案이었던 修業年限이 3년으로 연장되었다는 것입니다. 이 연한연장은 우리의 奉職 당시로부터 희망되어 온 것입니다만, 차차 시기가 무르익었던 것과 총독부 당국자 및 山田 前 總長 등의 盡力 덕분에 작년 4월 이래 제도가 개정되어 본 학년에 들어서 처음으로 3년생이 생긴 것입니다. 이것으로 경성대학이 처음으로 內地 대학과 동일한 출발점에 서게 된 것입니다. 경성대학의 외부 시설에는 아직까지 부족한 바가 적지 않습니다. 도서관 書庫의 增築, 醫學部本館의 증축, 病室의 개축 등이 있습니다만, 우리는 금후 이 豫科의 修業年 限延長을 기회로 한층 더 내용의 충실에 주력해야 할 시기가 되었다고 생각합니다. 내용의 충실에 관해서 중요한 것은 두 가지입니다. 그 하나는 한층 더 학술적 연구의 업적을 올린다는 것, 다른 하나는 優良한 졸업학생을 내보낸다는 것입니다. 前者에 관해서는 벌써 교수선생님들의 연구결과가 각가지 형식으로 발표되어 있습니다. 즉 法文學部에서는 창립 이래 간행된 연구서류는 紀要 1권, 연구조사의 책자 3권, 法文學會論集 17권, 의학부에서의 紀要 32권입니다. 이들 연구출판물은 本學이 조선에서의 古書를 翻刻・刊行한 것과 함께 이번의 도서관 陳列의 하나로 내놓았으므로 그것을 보시면 그 성과를 아실 것으로 생각합니다. 덧붙여서 본학 교수, 조교수 등의 제군 중에 帝國學士院, 東照宮三百年記念會, 服部報告會, 日本學術振興會, 啓明會 등의 학술적 연구조사의 援助를 받을 수 있었던 자는 昭和3年 이래 약 30건, 또한 本 年度에서 申請 중인 것이 몇 건 있습니다. 이것들은 어느 것이나 다 교수, 조교수 등의 제군이 그 전공학과에서의 深邃한 연구제목입니다. 그러나 이것이 우리 대학에서의 연구의 전부가 아니므로 또한 이 외에도 갖가지 연구가 각기 연구실에서 실시되고 있는 것을 말할 나위도 없습니다. 이러한 연구 상의 일에 관해서는 대학으로서는 할 수 있는 한 편의를 도모하고 본 대학이 대학으로서의 사명을 다하고 싶다고 생각하고 있습니다.

優良한 졸업생을 내보낸다는 것, 이것은 취직문제의 究竟한 해결책이며 또한 대학교육의 本領이기도 합니다. 優良한 졸업생의 조건으로서는 3가지 것을 생각할 수 있습니다.

먼저 첫 번째는 학문적 지식이 우수하다는 것, 이것은 당연한 일이고 따로 말할 것도 없는 일입니다. 다만 제가 학생제군에게 희망하고 싶은 것은 제군이 많은 지식의 소유자라는 것보다도 근본적 기초적인 觀念을 튼튼하게 파악하고 학문적 연구방법을 충분히 이해하셔서 眞理에 대한 趣味와 熱情을 가졌으면 합니다.

두 번째는 人格品性이 훌륭하다는 것, 이것은 어느 시대에서도 필요한 것입니다만, 특히 최근의 소위 비상시에서는 일반적으로 이 인격의 價値라는 것이 종래보다도 한층 중요시되는 경향이 되었다고 생각됩니다. 현재는 학문만으로는 도저히 성공할 수 없는 시대가 되었습니다. 그러므로 학생제군은 현대에서 일본의 국민정신에 각성하여 충실히 자기의 職責을 다하는, 輕薄하고 利己的인, 利害의 打算에만 敏感한 인간이 아니라 社會奉仕의 정신이 풍부하고, 게다가 담력이 있는, 똑똑한 사람이 되도록 애써야 합니다. 이러한 修養이 오늘날과 같은 일체 복잡한 비상시의 경우에는 특히 필요하다고 생각합니다.

세 번째는 건강이며, 따라서 明朗快活한 인간이라는 것. 이것도 오늘날처럼 경쟁이 激烈한 세상에서는 극히 필요하고, 얼마나 俊才이어도 건강이 없으면 일을 할 수 없습니다. 건강하며 忍耐力이 있다면 재능의 缺點을 채울 수도 있습니다. 저는 학생제군이, 학생생활 사이에 충분히 이 점에 유의하시고 적당한 운동, 스포츠를 통해 신체의 鍛錬에 주의하시는 것을 희망합니다. 그 때문에 도리어 품성의 墮落을 수반하는 경향이 없진 않지만, 이것은 물론 충분한 警戒를 要한다고 생각합니다. 올 연도 초에 즈음하여 과감하게 상당히 다액의 돈을 支出하여 트랙의 수리, 운동장의 정리를 실시한 것도 다소나마 학생제군의 건강증진에 공헌하고 싶다는 취지인 것을 諒承하시기를.

덧붙여 작년 이후의 교수의 異動 기타에 관해서 보고해야 할 일도 있기는 하지만, 너무 긴 동안 제군이 선 채로 계시는 것이 딱하고, 또 展覽會 시간의 사정도 있으므로 이 정도로 하겠습니다.

최근 校庭에 꽤 많이 植樹를 하였습니다. 校庭의 美觀도 다소나마 더해졌다고 생각하는 것입니다. 이 樹木이 장내 차츰 生長하고 亭亭한 大木이 됨에 따라 우리 경성대학도 점차 면목을 일신하고 隆盛해 간다는 것을 想像하면서 경성제국대학의 만세를 제군과 같이 三唱하고 싶습니다.

(15) 速水滉(총장), 「교육칙어와 메이지대제」[7](1936.10.24.), 『학보』 116호(1936.11.5.)

「教育勅語와 明治大帝」

오늘로 교육칙어가 조선총독에게 下付된 지 만 25년이 되었습니다. 때문에 그 기념식을 거행하여 勅語를 奉讀하고, 일장 강연을 하겠습니다. 이에 저는 평소에서 칙어를 봉독할

7. 교육칙어봉독식의 훈화.

때마다 특별히 느끼는 것에 관해서 한마디 말하고 제군의 淸聽을 청하고자 하겠습니다.

아시다시피 교육칙어가 下賜하게 되는 것은 明治23년 10월입니다. 이 明治23년쯤은 서양에서 移入된 갖가지 사상이 있었으며, 德育의 방침이라고 하는 것은 아직 진척되지 않았고, 국민은 그 適從하는 바를 몰랐던 모양입니다. 이에 관하여 자세히 말씀드리는 것은 생략합니다만, 하나 예를 들자면 明治23년 2월에 地方官會議가 있었고, 그 席上에서 두세 명의 地方官이 당시의 文相(文部大臣) 榎本武揚를 보고 '국민은 修身處世의 標準에 헤매고 있으니, 이에 대한 정부의 생각은 어떠한 것인지 삼가 고견을 듣고 싶다'고 질문하자 文相은 答辯하는 데 애먹었다는 것입니다. 이와 같은 상황에 대해 당시의 식자들은 매우 우려하고 있었으며, 明治天皇께서는 일찍이 심적으로 번민하고 계셨던 것입니다. 송구스런 일이오나, 天皇께서 당시의 어떤 누구보다도 이 점에 관한 우려가 깊었다고 拜察해드리는 것이며, 이미 文部大臣 森有禮한테 下命하셔서 德育의 근본방침에 관해서 그 案을 만들게 하도록 시키셨다고 합니다. 森子爵은 불의의 일로 이윽고 薨去, 榎本武揚 子爵이 이것을 대신하였는데, 얼마 안 돼서 子爵은 그 職을 사임하고, 芳川顯正 子爵이 이것에 대신하셨던 것입니다. 親任의 式이 끝나고 子爵이 退出하려고 하였을 때, 明治天皇께서는 특별히 芳川 子爵을 불러 세우시고 교육의 主旨는 아직 완성되지 않느냐, 朕은 이전에 榎本에게 명령한 바를 다시금 너에게 명령한다, 신속히 案을 갖추어 奉聞(보고)해라, 朕은 손수 이것을 裁定하겠노라는 말씀이 있었다고 하며, 顯正 子爵은 깊이 감격하여 御前에서 물러났습니다. 당시 山縣有朋 백작이 수상이었고, 親任式에서 [천황 주위에] 侍立하였는데 어전에서 물러난 후 顯正子爵에게 자신은 누차 大臣親任의 式에 侍立한 적이 있으나 오늘처럼 懇懇한 말씀을 주신 것을 경험한 적이 없다고 말씀하셨다고 합니다.

그러고 나서 芳川 子爵은 敎學의 主旨에 관해서 侍講 元田永孚 및 후에 文部大臣이 된 井上毅 등에게 상담하셔서 여러 차례나 討論合議하고 草案을 陛下께 제출하여 親閱을 거듭하고, 몇 번이고 下問, 批正하신 후 차차 그 案이 완성되어 上奏하려고 할 때, 明治天皇께서 水戶에 巡幸하시고 그 歸途 감기 기운이셨음에도 특별히 顯正子爵을 引見하시고, 마침내 明治23년 10월 30일, 즉 演習地에서부터 還幸의 다음날, 이 勅語를 渙發하시게 된 것입니다. 생각건대 明治天皇께서는 敎學의 主旨는 가능한 한 신속하게 확립해야 한다, 하루라도 이것을 소홀히 해서는 안 되겠다는 御心으로 계셨다고 拜察하는 것입니다.

明治天皇의 侍講으로서 폐하께 帝王의 學을 전수해 드린 것은 東野 元田永孚 翁과 蒼海 副島種臣 伯爵입니다만, 陛下께서 얼마나 孜孜 帝王의 學에 뜻을 두고, 行住坐臥, 열심히 수양에 노력하셨는지는 陛下 御製를 拜誦해도 알 수 있다고 생각합니다. 御製는 죄다 나라를 생각하며, 국민을 생각하고 또 널리 인류를 생각하시지 않는 것은 거의 없다고 말해도 좋고, 純粹히 花鳥風月의 風流를 읊으신 것은 극히 드뭅니다. 이것은 陛下 인격의 發露에 의거하는 것이며, 그 인격은 물론 天資의 英邁에 의거하는 것은 말할 나위도 없는 것입니다만, 상세히 그 御製를 拜誦해 보면 송구스러운 일이오나 修養의 궁리를 쌓으신 흔적을 拜見할 수 있는 것 같습니다. 晩年에 이르러서 陛下의 인격은 玲瓏 玉처럼, 소위 神人一如의 境涯에 도달하셨던 것처럼 拜察하는 것입니다.

수많은 御製 중에서 단 하나를 말씀드려 본다면, 여러분도 잘 아시겠습니다만,

사방의 바다 모두 동포라고 생각되는 이 세상에 어찌하여 풍파가 몰아친단 말인가
[四方の海みなはかからと思ふ世になど浪風の立ちさわぐらむ]

라는 御製가 있습니다. 이 御製에 담은 感懷와 같은 것은 외국의 어느 元首에게서 도저히 발견할 수 없는 것이 아닐까 생각합니다. 그 風格의 높이도 어찌해도 형용할 수 없는 것이 있습니다. 御心은 실로 하늘의 높이처럼 높고, 땅의 넓이처럼 넓은 것이 있었다고 생각하는 것입니다.

그러나 이와 같은 人格이 단순히 폐하의 天資에 의해서만 그렇게 되신 것이라고 판단할 수만은 없으며, 거기에는 끊임없는 수양, 황송하게도 눈물겨운 노력이 숨어 있습니다. 그 수양, 노력의 결과 이러한 境涯에 도달하신 것이 아닐까 拜察하는 것입니다.

제가 이렇게 말씀드린 하나의 근거라거나 할까, 하나의 사실을 이야기해 드리고 싶습니다. 이것이 제 강연의 骨子입니다.

그 당시의 侍講 副島種臣 伯爵이 병으로 그 직을 사임하려고 했을 때, 明治天皇은 副島에게 특별히 宸翰(천황이 친히 쓴 문서)을 내리셨습니다. 副島伯爵은 이 宸翰을 昭憲皇太子陛下의 御製와 같이 아침, 저녁으로 배견하여 한 번도 세상에 공개하지 않으셨습니다만, 明治大帝奉御 후 渡邊千秋, 大隈重信 등과 상담하신 후, 처음으로 세상에 발표하셨다고 합니다.

지금부터 그 宸翰를 삼가 拜讀하겠습니다.

卿은 復古의 功臣이며 그럼으로써 朕은 오늘에 이르러서도 여전히 그 功을 잊지 못한다. 그러므로 卿을 侍講으로 登庸하여 그럼으로써 朕의 德義를 갈고 닦으려고 하였다. 그런데도 卿이 道를 강의하는 날은 여전히 日淺하여 朕은 아직 그 教를 배우지 못한다. 以來 卿이 病褥에 누워서 오래 講義를 缺하였다. 卿이 侍講의 職을 사임하여 山林에 들어가려고 한다고 아련하게 듣는다. 朕은 그것을 듣고서 愕然할 수밖에 없으며, 卿은 어찌하여 이렇게 되었느냐. 朕이 道를 배우고 學에 노력하는 것이 어찌 12년에 그칠 수 있으랴. 卿은 바로 畢生의 힘을 다하려고 했다. 卿은 또한 두루 朕을 타일렀으므로 지쳐 마땅하다. 職을 사임하여 산에 들어가는 것 같은 것은 朕이 전혀 허락하지 않는 바이다. 앞으로도 朕이 원할 그때그때마다 講說 朕을 곁에서 부축하여 晩成을 마치도록 하여라.

저는 이것을 拜誦하면 자기도 모르는 사이에 감격으로 흐느끼는 것입니다. "朕은 道를 배우고 學에 노력하는 것이 어찌 12년에 그칠 수 있으랴. 卿은 바로 畢生의 힘을 다하려고 했다. 卿은 또한 두루 朕을 타일렀으므로 지쳐 마땅하다." 어쩌면 이렇게 謙讓의 態度, 어쩌면 이렇게 熱心의 覺悟일 수가 있을까요. 그 宸翰을 拜誦하고, 이제 교육칙어의 末尾에 있는 "朕은 너희들 臣民과 더불어 拳拳服膺하여 모두 그 德을 같이하는 것을 간절히

바란다."라고 되어 있는 것을 拜讀하면, 실로 無量하게 감격하지 않을 수 없는 것입니다. 明治天皇 陛下께서는 교육칙어에서 臣民에게 오직 여차여차하라고 명령하시는 것이 아니라, 어디까지나 臣民과 더불어 拳拳服膺해 나가고 싶다고, 이러한 생각을 衷心으로 가지시고 계셨다고 拜察하는 것이며, 참으로 고마운 마음이라고 생각하는 것입니다.

明治天皇과 같은 天資英明의 君마저 이와 같이 노력하시고 수양에 부지런히 힘쓴다면, 우리와 같은 凡夫는 아무리 노력해도 여전히 모자란 것입니다. 현재와 같은 시대에서 우리가 노력해야 하는 것은 많이 있습니다만, 인격의 수양은 그중에서도 가장 필요한 것이며 가장 근본적인 것입니다. 학문적 연구를 한다는 것도, 육체의 强健을 기도한다는 것도 이 인격의 수양을 기초로 하고 비로소 意義를 가지는 것입니다. 이 인생이란 競爭의 場 가운데서 단순히 일시적인 성공을 지향한다면 모르지만, 만약 진정한 의미에서 성공을 지향한다면, 칙어의 趣旨를 拳拳服膺하여 평생 잊지 않도록 수양노력하고, 實踐躬行으로 인격의 향상에 노력해야 합니다. 이 칙어는 교육칙어라고 불리고 있습니다만, 오직 교육에 관련된 것뿐만 아니라 널리 一般人間 處生의 방침을 제시하신 것이라고 拜察합니다만, 우리와 같이 교육과 관련이 있는 자는 특히 칙어에 의해 제시된 바에 따라 수양을 쌓는 것이 필요합니다. 그것이 이 칙어의 趣旨를 널리 세간에 철저히 시키는 길이라고 생각합니다.

매우 간단합니다만, 이것으로 제 이야기를 마치겠습니다.

(16) 速水滉(총장), 9회 졸업식 훈사(1937.3.25.), 『학보』 121호(1937.4.5.)

오늘 여기에 본대학교 법문학부 제9회, 의학부 제8회 졸업식을 거행하는 것에 맞이하여 특히 총독각하의 강림을 감사하며 군사령관각하를 비롯하여 朝野귀빈의 임장을 얻은 것은 本學에 있어서 진심으로 영관하기 그지없는 감사할 만한 바입니다.

오늘 졸업증서를 수여된 졸업생 총수는 151명, 가운데 법문학부 졸업생 76명, 의학부 졸업생 75명입니다. 법문학부 졸업생 중에는 법학과 졸업생 42명, 철학과 졸업생 2명, 사학과 졸업생 10명, 문학과 졸업생 22명이 포함되어 있습니다. 법학과 졸업생은 즉 법학사라고 부를 수 있을 자들이며, 철학, 사학 및 문학과 졸업생은 즉 문학사라고 부를 수 있을 자들입니다. 또한 이 밖에 법문학부에는 선과를 수료한 자가 8명 있습니다.

제1회 이래의 졸업생을 통계하면 법학과 졸업자 341명, 철학과·사학과·문학과 졸업자 274명, 의학부 졸업자 529명 합계 1,044명이 됩니다. 본 대학교는 개학 이래, 확실히 11년, 이렇게 다수의 졸업자가 조선 사회에서 활동할 수 있게 된 것은 역대의 총독각하를 비롯하여 직접 간접적으로 대학교에 관계있는 朝野諸賢의 盡力에 의한 것이라고 감사할 수밖에 없는 것이며, 우리 당사자로서는 더욱더 분려하여 본 대학교의 사명을 향하여 專心努力하고 싶다고 생각하는 바입니다.

다음에 졸업생 제자에 대해서 한마디 하겠습니다. 제자는 다년 형설지공을 쌓았으며,

오늘 졸업의 영예를 얻게 된 것은 정말로 경사스럽기 이를 데 없습니다. 제자의 기쁨은 물론이지만 제자의 부형의 기쁨도 또 상상에 넘치는 것이 있다고 생각합니다. 하지만 제자는 오늘 그 기쁨을 맛보는 것에 있어서 그 기쁨이 올 것에 대해서 깊이 반성할 바가 있어야 합니다. 제자가 오늘 있는 것은 제자의 노력, 면려에 인한 것은 물론이지만 또 제자는 제자를 위해 오늘까지 오랫동안 고생하며 걱정하며 끊임없이 제자에 대한 것을 염두로부터 놓지 않았던 부모님의 은혜, 또 소학교 혹은 보통학교 이래, 제자를 훈도하며 교육해 왔던 여러 선생님의 은혜를 감사해야 합니다. 뿐만 아니라 제자가 대학교육을 받기 위해서는 국가는 고액의 경비를 쓰고 있는 것이며, 경성대학에서는 학생 1명당 경비는 1개년 약 2천 엔 이상이 되는데, 이것은 다른 학교의 경우와 같다고 보기는 어렵지만 아무래도 매우 고액의 경비가 쓰이는 것은 확실합니다. 제자는 그렇게 하여 국가가 제자를 교육하는 이유가 어디에 있는지에 대해서 깊이 반성해야 합니다. 제자이자 이들의 점에 대해서 충분한 자각을 가진다면 제자의 기쁨의 정은 반드시 변하며 감사의 생각이 될 수 있게, 감사의 생각에 투철하지 않을까, 봉공의 생각이 스스로 세차게 떠오르지 않을까 믿습니다.

오늘날의 시세는 우리 일본에 있어서 극히 다난한 시기라고 하는 것은 자세하게 설명하지 않아도 제자도 아는 바와 같습니다. 우리나라가 이 난국을 극복할 수 있는지 없는지는 우선 우리 국민의 각오에게 의하고 있습니다. 나는 이 점에 대해서 반드시 비관하는 자가 아니지만 요사이 세상은 인심이 움직이는 것이 하면 이토록 지나치게 矯激할까, 奢侈安逸로 흐르고 타산적 공리적인 풍조에 말려드는 경향이 있습니다. 제자는 청년이지만 애초에 청년의 특색은 감격의 정이 풍부하며 이상이 불타며 質實剛健, 공리타산을 초월하여 행동하는 바에 있습니다. 나는 제자가 학창에 있는 동안 대체로 그러한 의기를 가진 청년이었다고 믿는 사람인데 제자는 졸업 후 사회로 나가고 어떠한 직업에 취임해도 그러한 청년의 의기를 오래 잃어버리지 않게 하는 것을 원합니다. 물론 사회는 복잡하기 때문에 단지 단순하게 자기가 이상으로 하는 바에 따른다는 것이 할 수 없을 경우도 있으며 세상의 풍조에게 장단을 맞추어야 할 경우도 있습니다. 그러나 속마음에는 의연히 時流에 아첨하지 않고 스스로가 믿는 것을 잃어버리지 않는 만큼의 마음가짐이 있으면 합니다. 그러한 의기를 잃어버리지 않는다면 제자는 어떠한 지위에 있으며, 어떠한 직업에 종사할지라도 부화경조의 바람에 물들지 않으며, 質實剛健이자 자기의 직무에 충실한 사람이 되어 봉공의 생각이 많아야 하며, 반드시 다른 사람이나 사회에서 신뢰받는 사람이 될 것에 틀림없습니다. 사람에게 신뢰받는다고 하는 것이 인간에 있어서 극히 필요한 것이며, 제자는 앞으로 이 점을 목표로 삼기 바랍니다.

나는 경성대학에 부임하기 전에 오랫동안 內地의 고등학교에서 봉직하고 있었는데 그 당시 학생이었던 수천 명의 사람들은 현재 사회의 여러 방면에서 활동하고 있으나 그중에도 오늘날 사회의 중요한 위치를 치지하고 있는 사람들에 대해서, 무엇이 그 사람으로 하여금 그러한 지위로 오르게 한 것인지를 자세히 조사해 보면 물론 그 사람의 학식, 수완, 건강 등에 의하는 것에 틀림없으나 이들보다 중요한 원인은 그 사람의 인격에 있습니다. 그 인격이 어딘가에 다른 사람의 신뢰를 획득하는 바가 있습니다. 즉 저 사람이라면 괜찮다, 저 사람이라면 이 일을 맡겨 두어도 지장이 없다, 이른바 믿음직한 사람이라는 것이 가장 중요한 원인이라고 생각됩니다. 이것은 혼자 관리라든가 실업가라든가 하는 실무적 방면에서만 아니라 학술의 연구적 방면에 있어서도 마찬가지라고 생각 듭니다. 그렇지 않는 사람은 뛰어난 능력이 있으며, 학식이 있으며, 또한 수완이 있으면서도 어디까지 간 후에는 더 이상 발전성이 없게 보인다. 이것은 나의 관찰이기 때문에 틀린 점이 있을지도 모르지만, 대체로는 틀리지 않았다고 믿습니다. 앞으로 사회로 나가는 제자는 이것을 꼭 염두에 두면 좋겠다고 생각합니다.

오늘날의 시세는 어느 방면에 있어서도 인재를 요구하는 것에 매우 간절합니다. 요구되는 인재는 결국 신뢰할 만한 사람이라고 한마디밖에 없다고 해도 과언이 아닐 것입니다. 그러한 신뢰받는 사람이 된다는 것이 즉 제자의 부모님에 대해서, 社友에 대해서, 또 국가에 대해서 그 은혜에 보답하는 것이며, 그러한 사람이 세상에 많아짐에 따라 비로소 일본이 현시의 국제적 위기를 벗어날 수 있다고 생각합니다.

또 하나 제자에게 바라고 싶은 것은 다수의 졸업생 중에 좀 더 만주국 방면으로 진출하는 사람이 있으면 좋지 않을까 합니다. 현재 만주국내에서 취직하는 자는 본 연도 졸업자를 포함해서 법문학부 졸업자 45명, 의학부 졸업자 25명, 합계 70명입니다. 조금 많아졌으나 아직 소수입니다. 만주국은 건국 이래, 비약적 발전을 이루고 있는 것은 제자가 아는 바이지만, 총독각하의 소위 鮮滿一如의 방침에 따라서 앞으로 더욱 놀라운 발전을 보게 될 것은 말할 것도 없습니다. 제자는 대학을 졸업하고 조선 내부에 머무르려는 생각을 버리고 장래의 대국으로부터 생각하여 滿蒙의 천지에서 자기의 운명을 개척하는 용기를 가지면 좋겠다고 생각합니다. 시기는 지금입니다. 앞으로 누구나 다 그 방면으로 진출한다고 할 때가 반드시 올 것으로 생각되지만, 그때가 되어 선배를 따라한다면 그것은 이미 시기를 잃은 것이라고 생각합니다. 아직 갈 사람이 비교적 적은 때에 선구자로서 뒤에서 향해 올 자의 지도자가 될 각오를 가졌으면 좋겠다고 생각합니다.

이상 말한 바로 나의 제자에 대해서 바라는 것의 요량은 끝났습니다. 지엽적이고 자세한 점에 대해서는 제자 같은 최고학부를 나온 사람들에 대해서는 특별히 필요 없다고 생각합니다.

이제 매서운 추위가 겨우 지나가고 春風駘蕩의 계절이 되려고 합니다. 제자는 언제까지나 발랄한 명랑한 청년의 원기를 가지며 용약하여 사회의 실무에 취임할 것을 바라여 마지않습니다. 나는 이상 품고 있는 생각의 일단을 말하고 제자의 전도를 축복하며 제자를 학창에서 사회로 보내는 말로 대신합니다.

(17) 速水滉(총장), 입학선언식(1937.4.26.), 『학보』 122호(1937.5.5.)

오늘 지금부터 新入學生 宣誓式을 擧行합니다. 新入學生諸君에 대해서는 대학교육의 목적을 충분히 마음에 銘記하였으면 해서, 《大學令》 第1條를 朗讀하는 것이 慣例가 되어 있습니다.

지금 朗讀하겠습니다.

大學令

제1조 대학은 국가에 須要한 이론 및 應用을 교수하여 또한 그 蘊奧를 攻究하는 것을 목적으로 하고, 동시에 인격의 陶冶 및 국가사상의 涵養에 유의해야 하는 것으로 한다.

이것은 대학교육의 목적을 규정한 것이며, 일일이 이에 대해서 자세히 설명할 필요도 없다고 생각합니다만, 대체적으로 말씀드리자면, "국가에 須要한 학술의 이론 및 응용을 교수한다"고 되어 있으며, 또한 "국가사상의 함양에 유의해야 하는 것으로 한다"고 되어 있고, 국가라는 것이 특별히 강조되어 있는 것은 특히 주의를 要하는 바입니다. 제군은 충분히 '日本國體'의 특색을 인식하시고 忠君愛國의 정신을 잊어버리지 않도록 하기를 바랍니다. 요즘 청년 가운데서 자칫하면 矯激한 사상에 끌리는 자가 적지 않은데, 적어도 대학과 같은 最高學部에 籍을 두는 학생으로서 그러한 사상에 접촉하는 경우, 일시적인 감정으로 輕卒하게 이것을 믿거나 혹은 雷同附和해서는 안 됩니다. 충분히 그 사상을 이해함과 더불어 냉정하게 이것을 비판하는 데 노력해야 하는 것입니다. 이 矯激한 사상은 그 左인지, 右인지를 불문하고, 국가가 대학을 설립하는 이유의 趣意에 반한다는 것을, 이 기회에 충분히 주의하시기를 바랍니다. 만약 그러한 사상에 심취하여 이것을 연구할 뿐만 아니라 實踐的 행동으로 옮기려고 하는 자가 있었다면, 가령 그것이 법률상의 罪人이 아니더라도, 대학으로서는 학생의 本分에 어기는 자로서 斷乎히 적당한 處置를 취해야 하는 것입니다.

다음에 "학술의 蘊奧를 攻究한다"는 것이 있습니다만, 이것은 교수님들의 일이며, 學生諸氏가 3년 또는 4년의 재학 중에 蘊奧를 궁구하는 것은 도저히 불가능한 일입니다. 그것은 제군이 졸업 후 대학원에 들어가서, 그렇지 않으면 제군의 평생의 일로서 연구하셔야 하는 것입니다. 재학 중의 수양은 畢竟 그 기초적인 智識을 얻는 것에 불과하다는 것을 충분히 자각하셔야 하는 것이며, 대학을 졸업했다고 해서 학술의 最高程度를 攻究했다는 생각을 가지는 자가 있다면 그것은 큰 오류입니다. 이 학술의 蘊奧를 攻究한다는 점에서 대학은 한 편으로는 교육의 機關임과 동시에 연구의 機關이 되는 것입니다.

마지막에 "인격의 陶冶"라는 것입니다만 이것은 오직 대학에만 그치지 않고 모든 학교에서 교육의 목적이 되어야 하는 것입니다만, 대학에서는 자칫하면 전문의 학술을 전수하는 곳으로서 인격의 修養陶冶라는 것을 여하튼 잘 잊게 되는 경향이 있습니다. 학술의 수양은 제군이 사회에 서는 데 있어 물론 필요한 것이기는 하지만, 그것보다도 더 필요로 하는 것은 훌륭한 인격을 가진다는 것입니다. 세월 동안의 競爭의 場 가운데서 마지막 승리는 高潔한 인물에게 돌아가는 것입니다. 제군은 이 점에 관해서 끊임없이 주의를 소홀히 하지 않고, 온갖 기회를 이용해서 그 수양에 노력하는 것이 긴요합니다. 예컨대 이 대학에서도 종교적 및 기타 갖가지 학술적 會合이 있습니다. 이러한 會合은 오직 智識을 얻는데 필요할뿐더러, 또한 정신적 수양에 도움이 되는 바가 적지 않습니다만, 제가 관찰하는 바에 따르면 그러한 會合에 출석하는 학생이 생각보다 적습니다. 게다가 醫學部 분야의 학생이 비교적 많이 출석하고 法文 분야의 학생은 오히려 적은 것 같습니다.

제군은 경성대학에 입학하신 이상 이 대학은 內地의 대학과 비교해서 어떠한 장점과 단점이 있는지를 자각하기를 바랍니다. 경성은 내지대학의 所在地와 같은 都會的 刺激이 비교적 적습니다. 누가 뭐라고 해도, 비교적 차분하고 自然과의 접촉도 용이한 곳에서 조용히 공부하는 데 있어 너무 적당할뿐더러 內地 대학에 대해 학생수가 적고 게다가 교수의 수가 비교적 많으므로 따라서 제군은 교수님들과 친하게 접촉하는 기회도 많은 것입니다. 제군은 이 점을 이용해서 교수님들로부터 개인적 感化를 받을 수 있게 하기를 원합니다. 설비 면에서, 교수의 學識 면에서 말해도 內地의 대학에 비하여 오히려 뛰어난 학과가 적지 않은데, 그러한 학과의 聽講者가 거의 없다는 것은, 우리 입장으로서는 실로 안타깝습니다. 다만 경성에서는 都會的인 刺激이 內地의 大都會에 비해 적음과 동시에 학문적인 刺激도 또 적으므로, 제군이 학교 이외의 선배로부터 받는 학문적 感化라는 것도 적습니다. 따라서 제군이 상당히 주의하지 않으면, 모르는 사이에 怠慢에 쏠리게 됩니다. 그 결과는 자칫하면 시대에 뒤지고 학문적 상식을 결여할 우려가 있을 뿐만 아니라 갖가지 誘惑에 빠지기 쉽게 됩니다. 오직 대학을 졸업하는 데 필요한 학과만 들으면 그만이라고 하는 소극적인 생각이 아니라, 在學 중 본인에 취미에 따라 가능한 한 많은 강의를 듣고, 또한 갖가지 학술적 會合에 출석하여 학문적, 인격적 수양에 노력하시기를 바랍니다.

豫科의 修了式 때에도 이야기한 것이기도 하는데, 제군은 豫科를 수료하자마자 바로 대학에 들어올 수 있습니다. 內地의 대학처럼 입학시험의 關門을 돌파할 필요는 없습니다. 이것은 제군에게는 상당히 행복한 일이지만, 그 때문에 대학생활이 豫科의 생활에 비해서 비교적 자유롭다는 면에서, 자칫하면 긴장을 완화시키기 십상입니다. 3년, 4년의 시간은 긴 것 같지만 대단히 짧은 것이므로, 대학생이 되었다는 일종의 자만심도 곁들어서 긴장을 완화시키는 일이 없도록 마음을 써 주시기를 바랍니다.

덧붙여서 대학령에 없는 일이지만, 건강이라는 것에 대해 一言해 두고 싶습니다. 최근 운동은 대단히 왕성하지만 壯丁의 體格檢查의 성적을 봤을 때 청년의 체격은 오히려 나빠지고 있는 점도 있으며, 학생제군 가운데에는 呼吸器의 疾患에 걸리는 자가 상당히 많은 것 같고, 병 때문에 中途退學 또는 휴학하는 자도 줄지 않고 오히려 증가하는 상태입니다. 여기에는 錯綜한 원인이 있고 오직 학생제군을 나무랄 수는 없습니다. 우리 당국으로서도 學生保健을 위해 장내 적당한 방책을 고려해야 한다고 생각하고 있지만, 그러한 사정이므로 제군은 極力 건강에 유의하는 것이 필요합니다. 요즈음 어떠한 직업도 일은 몹시 바쁩니다. 어느 정도 이상은 畢竟 健康競爭이 되어 있는 것입니다. 저는 최근 理科工科 方面의 대학연구소 등을 시찰했습니다만, 그때 가장 강하게 느낀 바는 연구실이 거의 공장화되어 있다는 것입니다. 옛날처럼 책상 위에서 試驗管을 만지는 것이 아니라 큰 기계를 움직이면서 終日 회삼물의 바닥(灰三物: 석회, 자갈, 황토를 섞어서 갠 것으로 굳힌 현관, 욕실, 부엌 등의 바닥) 위에 서 있는다는 식이며, 신체가 무척 強健하지 않으면 연구할 수 없게 되어 있습니다. 이것을 요약해 보니 學力優秀이고 人格高潔이면서도 신체가 強健해야 한다는 3拍子 맞추어지는 것이 이상이지만, 그렇게 잘 되지는 않는 것이기에 경우에 따라서는 학문을 犧牲해도 건강하고 게다가 진지하고 열심히, 정직하게 일을 하는 사람, 그러한 사람이 되도록 마음 써 주기를 바랍니다. 또 자세한 점에 대해서는 學生主事가 갖가지 주의를 줄 것으로 생각하므로 저는 대체로 대학교육의 趣旨에 대해서 느낀 그대로 이야기한 바입니다.

(18) 速水滉(총장), 창립기념식 식사(1937.5.2.), 『학보』 123호(1937.6.5.)

薰風이 상쾌하고 싱싱한 氣가 天地에 가득 넘치는 때에 제군과 함께 한 자리에 모여서 本學 창립의 기념일을 축하할 수 있는 것은 저에게는 참으로 欣幸한 바입니다.

京城大學이 수업이 開始된 것은 大正15年 5月 1日입니다만, 경성제국대학 官制가 公布된 것은 大正13年 5月 2日이므로 이 이틀이 기념일이 되고 있는 것입니다.

대학령 제1조에서 규정되어 있는 것처럼 "대학은 국가에 須要한 학술의 이론 및 응용을 교수함과 동시에 그 蘊奧를 攻究하는 것이 목적"입니다. 따라서 대학은 한편으로는 교육의 기관임과 동시에 연구의 기관이라는 것은 말할 나위도 없습니다만, 우리는 이 점을 특별히 유의해서 확실히 會得해 둔는 것이 필요하다고 생각합니다. 大學의 사명으로서는 한편으로는 優良한 卒業者를 사회에 내보냄과 더불어 연구의 기관으로서 학술의 진보발전에 공헌하는 데 노력해야 합니다. 이 연구의 장소라고 하는 의미에서, 다른 학교와는 달리 특히 대학에 부과되고 있는 特殊의 사명을 갖고 있습니다. 이것이 완전히 수행됨으로써 교육에 관한 것도 또한 有功하게 행해지는 것입니다. 대학을 구성하는 자는, 교수(가르치는 것)와 관련이 있는 자와 사무와 관련이 있는 자를 불문하고 이 점을 충분히 자각하고 一致 협력해 나가야 한다고 생각하는 것입니다.

이 점에 관해서 저는 최근 특히 과거 1년간을 회상해 보면, 경성대학에서의 연구의 空氣는 점차 濃厚해지고 동시에 대학의 聲價가 차차 인식되어 왔다고 느낍니다. 예컨대 醫學部에서의 학위수여는 昭和7年 9月에 시작되었으며 全體의 수에 관해서는 급격한 증가는 없습니다만, 그 質에 관해서는 최근 현저한 변화가 있었습니다. 즉 昭和10년에 이르러서야 비로소 本學 卒業者의 學位受領者가 생겼는데, 이후 學位受領者 26명 가운데 本學 졸업생이 16명이라는 多數에 達하고 있는 것입니다. 法文學部에서는 졸업자 가운데 학위를 受領한 자는 없습니다. 이것은 醫學部와는 사정이 다른 면이 있어서 어쩔 수 없습니다만, 法文學部교수인 中藤 교수, 尾高 교수 및 예과의 森 교수가 서로 前後해서 최근 學位를 받게 되신 것은 本學에 있어서 참으로 慶賀하지 않을 수 없는 바입니다. 3교수의 연구는 모두 다 그 深邃한 學識을 가리킴과 동시에 학계를 裨益하는 것, 多大하는 것이 있습니다.

덧붙여서 기타 교수제군 가운데 논문을 제출하시고 벌써 교수회를 통과한 자, 논문 벌써 완성되어서 제출하려고 하는 자, 및 논문 起草 중의 분들이 2, 3으로 그치지 않는 것으로 듣고 마음속에서 기뻐하고 있습니다. 이렇게 교수제군이 학위를 받았는지의 여부는 물론 교수, 학자로서의 價値를 올렸는지의 여부를 의미하는 것은 아닙니다. 따라서 흥감스럽게 여기서 말씀드릴 필요도 없다고 할 수 있습니다만, 저는 교수제군의 苦心慘憺의 연구업적이 세상으로부터 인정받고, 本學의 聲價를 發揚할 뿐만 아니라, 널리 학계를 裨益하는 바가 多大하다는 의미에서 衷心으로 이것을 축복하고 싶은 것입니다.

이 외에도 日本學術振興會, 帝國學士院, 服部報告會, 啓明會, 外務省文化事業部 등의 諸團體로부터 연구에 관해서 補助를 받는 자가 해마다 증가경향을 보이고 있습니다. 즉 昭和9년도 5건, 10년도 7건, 11년도 9건이며, 本年度는 현재 補助결정 건 5건, 目下 신청 중인 것이 7건에 達하고 있습니다.

덧붙여서 이 외에도 醫學部紀要, 法學會 및 文學會의 논문집 및 單行의 著書 등 귀중한 연구가 잇달아 발표되고 있는 것은 새삼스럽게 말할 것도 없습니다. 이것을 요약하면 本學에서의 大學使命의 一半은 漸次 그 목적을 달성하고 있는 것으로 기뻐하지 않을 수 없는 것입니다. 이것은 물론 교수(가르치는 것)와 관련이 있는 제군의 努力奮励의 결과입니다만, 학술의 진보는 駸駸하고 멈출 줄을 모르는 것이므로 우리는 이 現狀을 가지고 만족할 수 없습니다. 今後 한층 深邃한 연구, 세계적인 업적이 발표되기에 이르는 것을 기대하는 바입니다. 그러기 위해서는 교수, 조교수 등 제군이 한층 더 奮励努力하는 데 기대할 수밖에 없습니다. 저는 제 힘이 미치는 범위 내에서 가능한 한 援助하고 싶다고 念願하고 있습니다.

또한 한편으로 이것을 학생교육에 관해서 생각해 보면, 졸업생의 總數는 開學 이래 벌써 1,000여 명에 達하고 현재 조선사회에서 몹시 有力한 位置를 차지하는 자도 생기고, 本學의 명예를 발휘하는 자도 적지 않습니다만, 경성대학은 종래 豫科 2년의 제도였기 때문에 세간이 내지 대학졸업자에 비하여 一段 낮게 평가하는 것도 없지는 않았으나, 豫科의 제도가 개정되어서 本 年度부터는 신제도에 준하는 졸업생을 맞이하게 되고, 금후는 名實 공히 內地대학에 비하여 나으면 낫지 결코 못하지는 않은 졸업생을 내보낼 수 있는 것을 기뻐하는 것입니다. 학생제군은 금후 더욱 학업에 힘쓰며 인격의 수양에 힘쓰고, 동시에 신체의 건강에 유의하며 本 大學의 구성원으로서 대학의 聲價를 높이는 데 공헌하시기를 희망하여 마지않습니다.

다음에 최근 1년 동안 職員의 異動이 상당히 있었습니다. 그 重한 것은 醫學部의 微生物學, 法文學의 國際公法 및 財政學은 그 擔任者가 없었습니다만, 學部長 및 교수제군의 힘 덕분에 모두 新進氣鋭이면서도 게다가 우수한 篤學者을 얻은 것을 기뻐하는 바입니다. 豫科에서도 최근 物理學數學, 獨逸語 등 새롭게 우수한 教授講師의 임명하게 되었습니다.

건축시설 방면에 관해서는 그 重한 것으로서 醫學部 本館이 2년간에 걸친 공사로 작년 11월에 완성되었습니다. 의학부 附屬醫院의 病棟은 昭和10年度 이래 一部分씩 改築되고 있습니다만, 本 年度에 12年度 이후 3개년간의 繼續工事로 승인되었습니다. 또한 건축으로 장래 필요한 것으로는 도서관의 增築이 있습니다.

마지막에 本學에서의 藥草園 시설은 경성대학의 특색으로 꼽히고 있습니다만, 현재 시설은 規模가 狹小하고 게다가 京城府의 발전에 수반하여 工場地, 住宅地 사이에 介在하게 되고, 藥草栽培하는 데 不適當하게 되므로 따로 移轉의 필요성이 인정되고 있었습니다만,

다행히 開城府民의 熱烈한 희망도 있고, 총독부의 양해도 있으므로 藥都開城에 이전하게 되고, 이 기회에 그 시설의 擴張充實을 기도하고 또한 藥效的 연구 및 化學的 연구기관으로 활용하기 위해 着着 設備의 진행을 지켜보고 있습니다. 더욱더 이후 적당한 시기에 이것을 독립된 生藥연구소로서 內容 外觀 공히 設備를 완성시키고 이 施設의 목적을 달성시키고 싶습니다.

조선이 최근 飛躍的 발전을 이루고 있다는 것은 제군도 잘 아는 바입니다. 이 現狀을 감안하고 더욱더 장래 東亜에서의 조선의 위치를 생각할 때는 경성대학이 대학으로서의 책임이 重하고 게다가 큰 것을 상기하지 않을 수 없습니다. 따라서 대학으로서 施設計劃해야 하는 것은 매우 많다고 생각합니다. 지금 자세한 것을 일일이 지적하지 않겠습니다. 저는 총장 취임 이래, 微力하기에 제군의 기대에 부응하지 못할 것을 우려하고 있습니다만, 할 수 있는 한 힘을 다하고, 제군의 동정과 지원에 힘입어 이러한 計劃施設의 일부분만이라도 실현하고 奉公의 責務를 다하고 싶다고 念願하고 있습니다. 오늘의 기념식에 즈음하여 과거를 回顧함과 평소의 所懷와 의망의 一端을 말한 바입니다.

(19) 速水滉(총장), 10회 졸업식 훈사(1938.3.25.), 『학보』 133호(1938.4.5.)

오늘 여기에 본 대학교 법문학부에 있어서 제10회, 의학부에 있어서 제9회 졸업식을 거행하는 것에 맞이하여 특히 총독각하의 강림을 감사하며, 또 朝野 제현의 임장을 얻게 된 것은 本學의 영광으로서 깊이 감사할 만한 바입니다.

오늘 졸업증서를 수여받은 졸업생은 그 총수 136명, 가운데 문학부 졸업생 66명, 의학부 졸업생 70명입니다. 법문학부 졸업생 중에는 법학과 졸업생 33명, 철학과 졸업생 8명, 사학과 졸업생 7명, 문학과 졸업생 18명이 포함되어 있습니다. 또한 이 밖에 법문학부에는 선과를 수료한 자가 2명 있습니다.

本學의 제1회 이래의 졸업생을 통계하면 법학과 졸업자 374명, 철학과, 사학과, 문학과 졸업자 307명, 의학부 졸업자 699명, 합계 1,280명이 됩니다. 本學 개학 이래, 확실히 12년, 이렇게 상당한 다수의 졸업자를 배출하고 그것이 주로 조선의 사회에서 활동하게 되도록 된 것은 역대의 총독각하를 비롯하여 직접 간접 대학에 관계있는 朝野 제현의 진력, 원조에 의한 것이라고 깊이 감사해야 한다고 생각합니다. 특히 올해는 本學이 재재작년 이래 설립을 원했었던 바의 이공학부의 증설이 결정을 보게 된 것은 정말로 총독각하를 비롯하여 관계 당국의 현재 時勢에 대한 통찰에 의거한 英斷과 열심히 진력해 주신 결과 바로 그것이며, 우리에 있어서는 깊이 감사해야 한다고 생각하는 바입니다. 本學 예과에 있어서는 이미 그 입학 희망자들을 모집했는데 더욱 그 예과 수료할 때 이공학부가 개학하게 되면 본 대학교의 종합대학교로서의 면목은 확실히 일신될 것을 믿어 의심치 않습니다. 우리 당사자로서는 앞으로 더욱 면려해서 척척 개학의 준비를 소홀히 하지 않게 전심 노력하고자 합니다.

대학은 말할 것도 없이 한편으론 교육 기관임과 동시에 다른 한편으로는 연구기관이기도 합니다. 전자에 대해서는 굳이 말할 필요는 없으나, 후자에 대해서는 어찌된 일인지 세상의 주의를 끄는 일이 적은 느낌이 있는데, 저는 대학은 이 兩방면의 기능을 완전히 완수하는 것으로 비로소 대학으로서의 사명을 달성할 수 있다고 믿고 있으며, 경성제국대학은 개학 이래, 다른 대학교에 비해서 아직 일천하며, 연구 성적 중에 볼 만한 것이 적기는 하지만, 다행히도 교직원 제군의 열심히 하는 노력 덕분에 연구기관으로서도 상당한 성적을 거두었고, 우리 반도문화의 발전에도 다소 공헌을 하고 있는 것을 확신하는 것입니다. 다행히도 이공학부의 개설을 보게 되면 이 점에 있어서도 연구 능률의 증진과 동시에 비약적 조선의 발전을 위해 공헌하는 바가 적지 않을 것을 기대하고 있으며, 이런 의미에서도 朝野 제현의 한층 동정 있는 지원을 희망해 마지않습니다.

다음에 졸업생 제자에 대해 한마디 하겠습니다. 제자는 多年 형설지공을 쌓았고 오늘의 영예를 얻게 된 것은 정말로 경사스럽기 이를 데 없습니다. 이 반가운, 이른바 사회로의 출발의 式에 맞이하여 제자는 제자가 榮譽로운 이유와 제자의 앞으로의 책임에 대해서 깊이 반성하며 자각하는 바가 있으면 좋겠다고 생각합니다.

오늘날의 시국이 우리나라에 있어서 古今 미증유의 중대시기에 직면하고 있는 것은 새삼스럽게 말할 것까지는 없습니다. 이 중대한 시국을 극복해서 소기의 목적을 이룰지 아닐지는 실로 우리 국가운명이 걱정되는 바이지만 정말로 동양의 평화를 확립하게 될 때까지에는 앞으로 5년 걸릴지, 10년 걸릴지, 쉽게 예측을 허가하지 않는 것이며, 국제 간의 정세며 경제상의 곤란이며 非常時局은 오히려 지금부터이라고 각오해야 할 것입니다. 따라서 국가가 각각 방면에 있어서 인재를 필요로 하는 것은 오늘처럼 시급하고 절실한 적은 없는 것입니다. 제자는 이러한 시기에 있어서 최고학부를 졸업하고 사회로 나갈 수 있다는 것은 얼마나 행복한 시대에 태어났는지를 마음속 깊이 감사하고 중대한 결심을 해야 할 것이라고 생각합니다.

저는 졸업생 제자에 대해서 餞別의 말로 보내고 싶은 것은 무엇보다도 제자가 졸업 후 어떠한 직업에 종사하더라도 늘 그 직무를 충실히 열심히, 정력을 다해서 수행하라는 것입니다. 저는 제자에게 위대한 인물이 되라, 학문상 큰 발견 발명을 해라, 사회적으로 대사업을 해라고 권하는 것을 하고 싶지 않습니다. 이러한 것은 원래는 바람직한 것으로, 저는 이러한 사람들이 本學에서 배출하는 것을 바라는 점에 있어서 결코 누구에게도 뒤지지 않지만, 인간에는 각각 가지고 태어나는 천품이 있어서 두뇌가 비교적으로 나쁜 사람이 굳이 좋은 사람의 흉내를 하려고 해도 그것은 무리입니다. 그러나 자기의 직무를 충실히 열심히 완수한다는 것은 누구라도 할 수 없는 것이 아니며, 저는 제자가 각각 주어진 입장에 있어서 자기가 다해야 할 임무를 잘 자각하여 그것을 충실히 열심히 수행하는 것이 중요하다고 생각합니다. 거기에 충군도 있으며 애국도 있으며, 각자가 각각의 직무의 충실한 수행을 제외하고는 충군도 애국도 없다고 생각하는 바입니다. 제자가 이것을 잘 실행해 간다면 반드시 다른 사람에서 신뢰받는 사람이 될 것입니다. 이 다른 사람의 신뢰, 특히 자기의 주위에 있는 사람, 예를 들어 자기 자신의 친구, 동료, 혹은 부하인 사람들에서 신뢰받는 사람이 된다는 것이 우선 무엇보다도 중요합니다. 주위의 사람들에서 신뢰받을 수 없는 사람이 얼마나 천하국가를 입에 올리며, 자기 자신이 훌륭한 사람이나 된 것처럼 불평을 말하거나 다른 사람 욕을 퍼부어도 안 됩니다. 제자가 만약 자기 입장에 입각하여 2배로 힘을 들이고 충실히 열심히 자기의 능력을 다해서 그 직무를 수행해 간다면 그 사람은 반드시 다른 사람에서 신뢰받으며, 또 그러는 동안에 자기에게도 자신이 생기며 자연스럽게 큰일도 할 수 있게 됩니다. 반드시 준재라든가 둔재라든가 하는 것은 문제가 아니라고 생각합니다. 옛날부터 소위 성공한 사람들의 전기를 보면 대강 이러한 경로를 걸었던 사람들이었던 것을 깨닫게 되는 것입니다.

제자는 이번의 사변에 있어서 출정 장병 중에 도저히 사람의 재주라고는 생각할 수 없는 기적적인 일을 한 사람이 많이[澤由8] 있는 것을 알고 있을 것이라고 생각됩니다. 이러한 일이 어떻게 할 수 있을까, 그것은 결국 문자 그대로 열심히 했기기 때문입니다. 生死를 초월하여 소위 無我의 상태로 들어섰기 때문입니다. 이러한 것은 평소의 우리에 있어서는 가령 하려고 하더라도 쉽게 할 수 없는 일이지만 인간은 둔재라든가 준재에 관계없이 소위 열심히 하여 자기가 가지고 있는 정신의 全능력을 발휘할 경우에는 자기도 자기가 이상하게 생각할 정도로 할 수 있을 것이며, 우리는 이것을 잘 자각하고 있는 것이 필요합니다. 인간은 자기의 환경에 대해서 이럭저럭 불평불만을 가지기 쉬운 것이지만 우리는 그 불평불만을 남에게 말하기 전에 우선 자기가 자기의 직무에 대해서 진심으로 정력과 끈기를 경도하고 있느냐, 全능력을 집중 발휘하고 있느냐를 반성하는 것이 필요합니다. 그리하여 끊임없이 수양을 소홀히 하지 않고 向上의 一路로 가야 합니다. 오늘날 같은 사회의 정세에 있어서는 한걸음이라도 늘 전진하는 일이 없으면 그 사람은 반드시 후퇴하고 정세에 늦어진 사람이 된다는 것을 잊어버리면 안 된다고 생각합니다.

이상 간단히 생각의 일단을 말하고 영관 있는 제자의 전도를 축복하며 제자가 발랄한 청년의 意氣를 잃어버리지 않게 勇躍하며 사회로 나가는 것을 바라며 이 訓辭를 마칩니다.

(20) 速水滉(총장), 창립기념식 식사(1938.5.2.), 『학보』 135호(1938.6.6.)

매년 이 기념일 때는 마치 爛漫한 벚꽃이 지고 나서, 新綠의 色이 차츰 짙어지며 淸新의 氣 天地에 가득 차 있는 시기입니다. 이때 제군과 함께 한 자리에 모여서 本 大學 창립의 기념일을 축하하는 것은 저에게 정말로 欣幸한 일입니다.

경성대학에서 수업이 개시된 것은 大正15년 5월 1일입니다만, 大學官制가 공포된 것은 大正13년 5월 2일이기 때문에 이날을 大學創立의 기념일로 정하고, 昭和3년에 처음으로 창립기념식을 거행한 것입니다.

경성대학은 帝國大學 가운데서 창립의 날이 가장 새로운 것이며, 불과 12년을 경과한 것에 불과합니다만, 교직원제군이 열심히 노력하는 덕분에 비교적 짧은 時日 안에 내단히

---

8. 원문에는 '澤由'로 표기되어 있지만 문맥으로 보면 '澤山' 즉 'たくさん'의 誤記로 보인다.

건전한 발전을 이룩해 왔습니다. 창립 후 얼마 안 될 때에는 이러니저러니 대학에 대해서 세상 사람들로부터 여러모로 非難을 받았으며, 冷眼視 당하는 경향이 있었지만 현재는 대학의 眞價가 점차로 인식되고 있는 것은 경사스러운 일이라고 생각합니다. 오늘 저는 이것에 관해서 事實을 들지 않기로 합니다. 또한 이것에는 갖가지 사정이 있겠지만, 교수제군이 象牙塔에 들어박히지만 않고 적극적으로 街頭에 나가서 啓蒙적 운동에도 참여하고, 평소의 연구결과를 세상에게 발표하시는 힘도 충분히 있다고 생각합니다. 이것에 관해서는 저는 취임 당시에도 말씀드렸지만, 우리는 세상 風潮에 아첨하는 필요는 없습니다만, 한편으로 공연히 超然하게 하여 스스로를 높다고 생각하지 않고, 스스로 적극적으로 세간에 接觸하기를 노력해 주셨으면 바랍니다. 그것은 오늘날과 같은 時勢에서는 특히 학도로서의 책임이고 임무라고 확신하는 것입니다.

작년에는 暑中休暇에 들어서자 北支事變이 突發했습니다. 돌발했다고 표현을 쓰지만 언젠가 일어날 만한 일이 마침내 일어난 것입니다. 그 후 戰局은 擴大되어 드디어 支那事變이 되어 우리 대학에서도 召集에 부응하여 軍務에 복무하는 자가 法文學部의 藤本 조교수 이하 36명의 多數에 이르렀고, 지금도 硝煙弾의 비 속에서 馳躯하는 자가 相當數에 달하며, 本學 豫科의 配屬將校 丸山中佐의 전사를 보기에 이르렀던 것입니다. 대학 校庭 안에서도 一時 高射砲隊, 機關銃隊의 駐屯을 보기에 이르렀고 장교에 대한 慰問, 出征軍隊의 送迎, 慰問品의 發送 등으로 교직원제군은 휴가 중에도 불구하고 열심히 銃後奉公의 誠意를 披瀝하셨습니다. 다행히 충실한 皇軍將兵의 奮鬪에 의해서 北支(華北)로, 中支(華中)로 가는 곳마다 승리를 얻었으며, 작년 말에 이르러 완전히 上海 및 南京의 陷落을 보기에 이르렀습니다만, 현재로서는 전쟁은 장기간 계속되는 持久的 抗戰에 들어가 있습니다. 워낙 我軍의 점령지역은 몹시 廣範하여 그 넓이가 일본전체에다가 홋카이도를 더한 만큼이나 되며, 蘇聯 등 제3국의 支那에 대한 同情的, 支援的 態度, 支那에서의 排日敎育이 지극히 뿌리 깊고 철저하다는 것, 匪賊敗殘兵의 掃蕩에 커다란 노력이 필요하다는 것, 支那軍이 退却할 때 破壞가 徹底하며 그 荒廢가 심각하기 때문에 그 회복이 용이하지 않은 것 등을 여러모로 생각해 보면, 이번 時局이 한 차례 가라앉기까지는 상당히 긴 기간과 巨額의 出費가 필요한 것을 각오해야 할 것이며, 敵은 持久戰을 위해서 우리 國力의 消耗를 기다리고 있는 것이므로 우리들은 철두철미 장기의 전쟁에 견딜 堅忍持久의 각오로 임해야 하는 것은 말할 나위도 없는 바입니다.

그러기 위해서는 우리들은 한 편에서 消費節約, 勤儉貯蓄을 勵行함과 동시에 다방면에서 적극적으로 物的 資源의 개발, 生産의 擴充을 기도해야 하는 것이고, 時局의 장래를 생각하여 朝鮮 近時에서의 사업의 비약적 발전에 想을 달릴 때에는 우리 학도로서도 이것 등에 대하여 할 수 있는 한 공헌을 해야 하는 중대한 책임을 가진다는 것을 느끼는 것입니다.

저는 재작년 총장就任 當時의 기념일에 朝鮮 近時의 발전 상황에 適應하기 위해서도, 대학 내부에서 교수 및 학생이 넓고도 깊은 연구를 하기 위해서도, 현재의 2학부 외에도 새로운 학부의 증설을 희망한다는 것을 말했습니다. 이후 미력이나마 그 방면에서 다소 노력을 해 왔습니다만, 작년 말에 이르러 학부 증설의 예산이 大藏省의 査定을 통과했기 때문에 신년 祝賀式 때 일단 제군에게 이것을 보고했었습니다. 그러한 가운데 지난 4월 16일자의 관보에서 마침내 豫科官制의 개정 및 오는 昭和16년부터 경성제국대학에 理工學部가 新設된다는 내용이 公布되었으니, 제군과 함께 경축하지 않을 수 없는 바입니다. 이 理工學部의 新設에 관해서 처음에는 '時機尙早'라는 목소리도 적지 않아 있으며, 때마침 支那事變을 맞닥뜨려 그 실현은 도저히 곤란하다고 생각되었습니다만, 드디어 확정을 보기에 이른 것은 정말로 南總督 閣下를 비롯하여 關係當局의 英斷과 노력 덕분이며 감사하다는 말밖에 없습니다.

생각건대 일본이 금후 대륙으로 발전하는 데 있어 우리 조선반도는 갖가지 의미에서 매우 중요한 지위를 차지하고 있는 것이며, 또한 요즘 半島의 산업이 躍進的 발전을 이룩하고 있는 오늘날, 한편으로 산업기술자의 양성기관으로서, 다른 한편은 諸種工業의 기초적 및 응용적인 연구기관으로서 理工학부에 과해지는 임무는 극히 중대한 것이 있을뿐더러, 이공학부처럼 理學部와 工學部를 하나로 묶은 곳은 제국대학으로서는 정말로 새로운 시도이고 그 성공의 여하에 관해서는 상당한 의구심을 품는 자도 있기는 합니다만, 저는 학술계 및 산업계의 최근 경향을 감안한다면 新設의 理工學部는 단순히 理學部와 工學部를 합친 것이 아니며, 工學科의 志望者에게도 物理化學의 基礎的 知識을 必修로 시킨 후에 각각 전문지식을 學修시키고, 또 物理化學의 專攻者에게도 그 志望에 따라서 工科的, 應用的 方面의 지식을 吸收시킬 수 있도록 할 생각입니다. 따라서 理工學部라고 하는 것이 法文學部와 같은 것이 되는 것을 피할 수 있다는 자신을 가지고 있는 것입니다.[9] 그러나 理工學部의 완성은 결코 쉬운 일이 아닙니다. 완성까지 숱한 難關에 逢着할 것으로 생각합니다. 저는 대학의 교직원제군은 물론이고 豫科의 제군도 一致協力하시고 支援의 勞를 아끼지 않으실 것을 희망합니다.

理工學部의 開學은 本年 입학의 豫科生徒가 졸업할 해, 즉 昭和16년이 될 것입니다만, 내년부터 일찍이 그 건축공사를 시작하므로 이후 창립에 관한 위원회를 설치하고, 거기 사람들이 일부 敎師의 人選과 敷地建築 기타의 문제에 관해서 준비를 해 주신다는 생각으로 用意를 진행하고 있습니다.

이상 전적으로 理工學部에 관해서 이야기했습니다만, 이것으로 인해 제가 금후 我國의 발전에 관해서 전적으로 物質的, 自然科學的 방향을 偏重하고 있는 것과 같은 오해를 하지 않으시기를 바랍니다. 저는 정신적, 사상적 방면이 물질적 방면에 뒤지지 않게 중요하다고 인정하는 사람입니다. 日支의 親善提携라고 하는 것도 兩國民이 서로 그 문화를 이해하고 존중하는 것에 의하여 비로소 진실로 행해지는 것이고, 따라서 여러 가지 문화적 工作에 착수하는 것은 東洋永遠의 和平을 확보하는 데 있어 극히 필요한 것이라고 생각합니다. 또한 戰時 및 平時에 있어서의 국방도 오로지 무력에 의한 국방만으로는 불충분합니다. 이 의미에서 精神科學的 국방, 말하자면 廣義의 국방이 극히 필요합니다. 이 의미에서 精神科學的 방면의 연구에 종사하는 法文學部의 발전은 제기 衷心으로 희망하는 바

9. 법문학부가 애초의 법학부와 문학부의 적극적인 결합을 모색하기 위해 만들어졌지만 결국 실패하고 말았다는 것을 공식적으로 시인한 발언으로 해석될 수 있다.

이며, 저는 금후 경성대학이 한편으로는 우리 文化의 특질을 밝히는 것은 물론, 大陸文化의 연구, 특히 支那 文化의 闡明과 理解를 향해 크게 노력하는 바가 없어서는 안 되며, 地理的 관계에서 말해도 內地의 대학이 우리보다 먼저 기선을 잡는 것이 아니라 率先하여 이 방면의 연구에 착수해 나가야 한다고 생각합니다. 저는 미력이나마 이 종류의 연구에 관해서 가능한 한 便宜를 도모할 생각을 갖고 있습니다. 다만 人文科學의 방면에서는(자연과학의 방면에서도 다소 그 경향이 있는 것 같습니다만) 오늘날 一種의 革新 시기에 서 있는 것이 아닐까, 從來의 사고방식을 바꾸어서 말하자면 학문적 體系를 바로 세울 필요성이 적잖이 제기됩니다. 학자는 眞理의 탐구를 목적으로 하는 것이고 짐짓 時世에 아첨하는 필요는 없습니다만, 세계적 思潮의 大勢에서 봐도, 국제적 정세에서 생각해 봐도 이 점에 관해서 충분히 熟慮反省의 궁리를 필요로 하는 것처럼 생각됩니다. 저는 이 점에서 精神科學的 方面의 연구에 종사하시는 教授各位의 自重과 奮起를 희망하여 마지않습니다.

이상을 요약해 보니 금후 경성대학의 장래를 생각한다면 半島의 급격한 발전에 따라 前途가 매우 洋洋하다고 느낍니다. 京城大學과 관련이 있는 제군이 교수와 사무직원을 불문하고, 졸업생과 學生生徒를 논하지 않고 協同一致하여 우리 대학을 위해 개인적 利害를 희생시켜도 대학전체의 聲價를 發揚하는 것을 향해 각각의 입장에서 專心努力하시는 것을 희망하여 마지않습니다. 時局은 금후 더욱더 多難이며 국민전체의 큰 각오를 필요로 한다고 생각합니다만, 우리 대학 관계자가 반도에서 최고학부를 위해 진력한다는 것은 곧 우리가 日本國家의 발전에 진력하는 것이 되며, 널리 인류의 福祉에 공헌하는 방법이라고 확신하는 것입니다. 이상 기념식에 즈음하여 所懷의 一端을 말하고 式辭로 하겠습니다.

(21) 速水滉(총장), 창립기념식 식사(1939.5.2.), 『학보』 147호(1939.6.5.)

오늘 경성제국대학 창립 14주년의 기념일을 맞이하여 교직원, 학생제군과 한 자리에 모여서 기념식을 거행하고, 여기서 一言 式辭를 말하는 光榮을 얻은 것은 제가 심히 欣幸으로 여기는 바입니다.

생각건대 支那事變 勃發 이래 벌써 제3년째가 되었습니다. 우리 皇軍은 이전에(지난번에) 漢口, 廣東을 陷落하고, 게다가 海南島도 占領하며 武威를 全支(중국 전토)에 떨치고 북지(화북) 및 중지(화중)에서의 治安도 차츰 확보하고 있습니다만, 이것은 정말로 天皇陛下의 稜威(위광)와 우리 忠勇한 皇軍將兵諸君의 奮鬪努力 덕분이며, 우리가 오늘날 이처럼 평화롭게 學問報國에 專念할 수 있듯, 우리는 日本帝國과 같은 실로 萬邦無比의 國體를 가지는 이 나라에 태어난 행운을 차근차근 느끼는 것입니다. 그러나 現今 我國을 중심으로 하는 國際間의 외교관계는 지극히 복잡하고 중대할뿐더러, 아시다시피 歐羅巴에서의 열강의 관계는 극한에 이르고 있으며, 勢가 극도에 이를 곳, 어떠한 세계적 動亂을 惹起하는지 예측할 수 없는 정세이므로 우리는 이 기회에 擧國一致, 國難에 대하는 一大決意를 확고해 두어야 한다고 생각하는 것입니다. 我國에서는 이와 같은 大戰을 수행하고 있음에도 불구하고 일상의 食料에 관해서는 거의 어떠한 欠乏을 느끼지 않다는 것은 극히 행복한 일입니다만, 그러므로 국민은 걸핏하면 時局이 중대한 것을 잊어버리는 경향이 있으며, 덧붙여 일부 사회의 景氣가 良好하기 때문에 事變 當初에 비하여 人心은 도리어 긴장감을 잃어버리는 경향이 있지 않을까 생각됩니다. 이 점에 관해서는 우리 최고의 학부에 籍을 두는 자는 깊이 서로 경계하여, 衆庶에게 模範을 제시한다는 覺悟가 있어야 한다고 생각하는 것입니다.

이 기념일에서 本學에서의 과거 1개년간의 중요한 사건에 대해서 언급하려 합니다. 제일 먼저 보고자 하는 것은, 본학의 교직원이면서도 戰地에 출정한 자는 합계 27명이며 그중 附屬醫院 勤務 중인 자가 가장 많아 17명, 醫學部 5명, 法文學部 2명, 圖書館 豫科 및 本部가 각 1명씩입니다. 학생이면서 출정한 자는 醫學部에 7명 있습니다. 應召 중인 자는 합계 18명이며 이 안에 예과학생 2명이 포함되어 있고, 附屬醫院에서 근무하는 자가 역시 가장 많습니다. 그중 戰死者는 직원(丸山大佐) 1명, 졸업생 4명입니다. 戰傷 또는 병 때문에 歸還한 자 2명, 따라서 출정 또한 應召한 자는 總計 59명에 達했습니다. 저는 제군과 함께 이러한 출정자 및 응소자에 대하여 衷心으로 감사의 뜻을 표함과 戰歿 및 戰傷者에 대하여 深甚한 哀悼의 情과 敬意를 표하는 바입니다.

다음에는, 종래 本學 교수직원의 이동은 몹시 僅少했습니다만, 작년 4월부터 올해 4월에 이른 1년간에 相當多數의 이동을 보게 된 것입니다. 그 重한 것은, 醫學部生理學 擔任의 中西 교수, 皮膚科學 및 泌尿器科擔任의 廣田 교수가 퇴직하시고, 法文學部에서 國文學擔任의 高木 교수가 九州大學으로 轉任하셔서 朝鮮文學 擔任의 高橋 교수가 停年制 때문에 퇴직하신 것입니다. 中西, 廣田 및 高木 3명의 교수가 다년간 本學을 위해 진력하신 功績은 顯著하며, 모든 분이 다 주로 一身上의 사정 때문에 퇴직 또 轉任하시기에 이른 것은 유감스럽기 그지없습니다만, 사정이 어쩔 수 없는 것으로 생각하는 것입니다. 高橋 교수는 본학이 停年制를 만들고 나서 內規에 의한 최초의 退官者이며, 高橋 교수의 학계에서의 功績이 위대한 것은 누구나 다 승인하는 바입니다. 이 외에도 醫學部에서 조교수 3명, 예과에서는 교수 1명, 본부에서 事務官의 轉任이 있었습니다. 이상의 退職과 轉任 및 豫科에서의 理科新學級의 增設에 따르는 교수정원증가의 결과로서, 의학부에서 교수 1명(이것은 廣田 교수의 후임으로 北村精一 교수가 滿洲醫大에서 轉任) 조교수 3명, 예과에서 교수 5명, 講師 1명의 新任을 보게 되었습니다.

본학이 교육기관으로서 해마다 백 수십 명의 졸업생을 사회로 보내며 本學 창립 이래 13년을 경과한 오늘날, 졸업생의 숫자는 벌써 1,371명에 달하고 이렇게 졸업생이 점차 사회의 須要한 위치를 차지하고 있는 것은 本學을 위해서 경축하지 않을 수 없는 바입니다만, 우리는 이 현상을 가지고 만족할 수 없습니다. 금후 京城大學의 聲價를 높이기 위해서는 졸업생이 단순히 그 양에 있어 증가할 뿐만 아니라, 그 질에 있어서도 향상하는 바가 없어서는 안 됩니다. 그러기 위해서는 우리들로서도 그 방법에 관해서 고려하고 싶다고 생각하고 있습니다만, 그 점에 관해서 교수제군의 노력과 학생제군의 奮起를 희망하는 바입니다.

연구기관으로서의 本學의 성적은, 교수제군이 열심히 연구하는 것에 의해 종래 벌써 상당한 성적을 올리고 있는 것은 재작년의 기념일에서도 말하는 것입니다만, 그 후 교수 제군의 연구는 갈수록 열성과 深邃를 가하고 있다는 것을 느낍니다. 學術振興會, 服部報告會, 帝國學士院, 外務省文化事業部 등의 학술연구단체로부터 연구에 관해서 보조를 받을 수 있는 자가 해마다 증가하고 있는 것도 하나의 證據로 볼 수 있다고 생각합니다. 의학부에서의 學位受領者도 최근 급격히 그 숫자가 증가되고, 과거 1년에서 23명에 達했습니다. (10년부터 12년까지의 2년간에 26명) 法文學部에는 아직 1명도 논문 제출자가 없는 것은 유감스럽습니다.

이것을 요약해 보니, 교수제군의 연구업적은 오로지 학계를 裨益하는 데 그치지 않고, 나아가 경성제국대학의 聲價를 세간에 발양하는 데 있어 공헌하는 바가 적지 않으므로 저는 금후 더욱더 深邃한 연구가 이루어지고, 마침내 劃期的, 世界的 연구가 本學에서 태어나는 것을 切望하는 것입니다. 연구의 원조에 관해서는 學術振興會의 朝鮮委員會와 같은 것도 생겼으므로 상당히 많이 이것을 이용하시는 것을 희망합니다. (단독연구의 소개를 합니다만, 종합적 연구에서는 특별위원회를 만드는 것도 가능합니다. 철학 기타의 인문과학적 연구가 우수한 대학원학생에 대해서는 지도교관의 推薦으로 年額 900엔(圓) 3년간의 보조를 부여하고 연구보조를 하는 길도 있습니다).

다음에는, 건축시설의 방면에 관해서 大學附屬醫院의 改築은 수년에 걸칠 공사이며, 昭和10년도에 예산 13萬 圓의 승인을 얻고, 岩井內科, 小兒科의 病棟을 개축하고, 익년 11년도에 예산 15萬 圓을 얻고 伊藤內科, 小川外科의 病棟을 개축했습니다. 昭和12년도에 일러 3년간의 계속사업으로 총액 59萬 圓의 승인을 얻었기 때문에 篠崎內科, 松井外科 및 皮膚科의 신축공사에 착수했습니다만, 事變관계 때문에 공사비는 연기되어서 최근 간신히 前記 3科病棟의 개축이 완성되기에 이르렀습니다. 本年度에는 耳鼻科, 産婦人科, 眼科病棟의 개축에 착수할 예정입니다. 또한 이어서 結核病棟, 施療患者病棟, 病院本館 등의 개축이 이루어질 예정입니다. 圖書館書庫도 해마다 購入의 圖書가 堆積되어 狹隘하다고 보고하고 있기 때문에 벌써 수년 전부터 그 증축이 懸案이 되고 해마다 그 예산을 요구하고 있습니다만, 시국 때문에 승인을 얻기 못하고 있는 상황에 있는 것은 유감스럽게 생각합니다. 이 밖에 우리의 희망으로서 갖가지 蒐集參考品에 관한 展覽室, 職員 및 學生의 集會所, 學生武道場 등의 건축이 있습니다만, 시국의 관계상 국비를 갖고는 그 實現은 매우 困難한 사정에 있는 것입니다.

本學에서의 藥草園 시설은 경성대학의 하나의 특색으로 꼽히고 있었습니다만, 그 시설의 규모가 협소하고 그 所在地가 京城府의 발전에 따라 工場地, 住宅地 사이에 介在하게 되어서 藥草를 栽培하는 데 不適當하게 되었습니다. 昭和12년에 이것을 開城府로 移轉하게 되어 開城府로부터 3萬 圓의 寄附를 받았고, 總督府로부터의 예산과 합쳐서 公費 약 6萬 4千 圓으로 보다 더 擴張充實을 기하기 위해서, 園內에서 연구소로 써야 할 건축물을 건설하고 작년 10월 그 開所式을 거행했던 것입니다. 刻下의 時局에서 本學 藥理學 제2강좌의 연구를 강화, 확대하고, 더 나아가 藥劑資源의 개발, 藥劑의 自給自足 등에 공헌하는 데 있어 緊要한 것을 인정하며 本學 附屬의 연구실로서 生藥硏究所의 설립을 꾀하여 本

年度에 그 예산을 총독부에게 요구했습니다. 그런데 臨時費는 전부 削除되고 經常費도 多大한 削減을 당하고, 간신히 약 4萬 圓 남짓이 인정되었으므로 所期의 목적을 달성하는 것은 거의 불가능이 된 것은 몹시 유감스럽지만, 그 地所로서 京城稅務監督局所管의 國有地 약 1萬 3千 坪 및 京畿道立藥用植物試驗所用地의 약 2萬 5千 坪과 그 地上物件 一切(전부)를 移管받았기 때문에 전체에 있어 약 4萬1千坪의 敷地 및 栽培地를 소유하게 되었고, 本學으로서는 처음으로 大學附屬의 연구소를 소유하게 되었으며, 재작년인 12년 기념식에서 말한 희망이 소규모나마 실현된 것입니다. 우리는 금후 所員의 노력에 의해 상당한 성적을 올리고 더욱 이것의 擴張充實을 꾀하고자 합니다. 生藥研究所로서의 官制는 오는 7월 달에 공포될 것입니다.

다음에 理工學部에 관해서 一言합니다만, 그 교수, 조교수 등의 人的 內容에 관해서는 상당히 일찍부터 銓衡에 착수했고 創立委員제군이 열심히 노력해 주셨기 때문에, 이 방면의 인재를 얻기에 지극히 곤란한 시기임에도 불구하고 벌써 열 몇 명의 主要한 교수, 조교수는 內定을 보기에 이르렀습니다. 任命의 時期까지는 아직 적지 않은 기간이 있으므로 그 구체적인 내용을 발표할 수 없으나 금후도 더욱 전형을 계속해 나갈 생각입니다. 建築敷地에 관해서는 작년 이래 候補地를 物色하는 데 노력해 왔습니다. 처음에는 國有地를 찾았습니다만, 적당한 곳이 없으며, 어쩔 수 없이 民有地로 옮겼습니다만, 이것 또한 갖가지 점에서 봐서 學園으로서 적당한 土地를 선정하는 것이 용이하지 않아 꽤 苦心했습니다. 하지만, 최근에 이르러 대단히 好適한 土地를 발견, 그 買收 방법에 관해서도 총독부의 諒解를 얻어 차차 확정할 수 있었습니다. 벌써 新聞紙上에도 발표되었기 때문에 아실 것으로 생각하지만, 京畿道 楊州郡 蘆海面 孔德里 및 下溪里를 포함한 京春鐵道 沿線의 土地이며 佛岩山의 南麓에 위치하고 北쪽으로 北漢山을 바라보며 南쪽으로 아득히 南山을 보고, 丘陵 있고, 松林 있고, 溪流도 있는 風光이 풍부한 토지입니다. 바로 아주 가까이 隣接한 곳에 鑛山專門學校도 건설될 것이며, 十町 정도 떨어진 곳에 志願兵訓練所가 있고 또한 새로 敎學硏修所(敎員再敎育의 道場)도 건설된다고 하기 때문에 이 근방 一體는 장내 學園地帶가 될 것으로 생각합니다. 부지의 면적은 丘陵 부분을 합쳐서 약 16萬 6千坪 쯤이 되는데, 실은 더 넓기를 원했으나 그렇게 되지는 못했습니다. 그러나 理想에 가까운 넓이를 얻었다고 생각합니다. 目下 토지 買收 중입니다만, 昨今은 建築設計에 관한 안을 다듬고 있습니다. 대체 그것도 완료되었기 때문에 이번 여름쯤에는 건축에 착수할 수 있을 것으로 생각합니다. 本年과 來年으로 主要한 건축이 완료될 것입니다.

저는 지난 3월 달의 졸업식에서 "우리 일본인이 대륙으로 진출하기 위해서는 일본의 문화를 대륙으로 진출시킨다는 것이 극히 필요하다. 그것은 종래 거의 等閑視되어 왔다. 이 점에 있어서는 歐米人이 훨씬 앞서 왔다. 또한 적어도 産業的 방향으로의 진출에 비하여 활씬 뒤지고 있었다. 이 진출이 충분히 할 수 없는 상태로는 설령 전쟁에 이길지라도, 외교에 이길지라도 究局에서는 일본이 대륙에서의 발전에 있어 성공할 수 없다"라는 것을 말하고, 또한 "新秩序의 건설이라든가 日支兩國民의 提携라는 것은 우리 日本人과 支那人이 상호 각자의 문화를 충분히 이해하고, 그 特長을 서로 존중하는 것에 의해 비로소 완전히 성립하는 것이며, 日支兩國의 敎養 있는 靑年諸君이 서로 굳게 손을 잡지 않으면 兩國民의 提携는 실현되지 않는다"고 말했습니다. 저는 경성대학은 그 所在의 위치에서도 다른 대학에 앞서 그 方面에 진력하는 임무를 가지고 있다고 생각하는 것입니다. 작년 이래 다소의 계획을 시도했던 것입니다만, 올해는 더욱 한 걸음 나아가고 싶다고 생각합니다. 즉 이러한 목적을 위해서 작년 改組한 大陸文化硏究會를 이용하여 먼저 대륙의 調査視察과 대륙에 관한 지식의 啓發에 진력해 보고자 했던 것입니다. 상세한 것은 아직 발표시기가 되지 않았습니다만, 대체로 상당히 많은 교수제군에게 滿洲 및 支那 視察調査에 출장의 수고를 끼치는 것이 그 하나, 有志의 학생에게 旅費의 보조를 주어서 蒙疆方面에 見學의 여행을 시키는 것이 그 둘, 대륙에 관한 강좌를 설치하고 장기에 걸치는 公開講演會를 여는 것이 그 셋입니다. 이에 관해서 가까운 시일에 각각 協議를 이루고자 하므로 아무쪼록 교수제군의 원조를 부탁드립니다.

마지막에 더 一言하겠습니다. 支那事變 이후, 시세는 급격하게 변화하고 있습니다. 이것은 오로지 일본뿐만 아니라, 세계전체가 新秩序의 건설을 향해 動亂의 과정을 겪고 있는 것입니다. 이러한 시기에 있어서 학문적 연구를 생명으로 하는 학도는 어떠한 태도를 취해야 하는 것일까요. 우리는 所信을 버리고 굳이 時流에 아첨하는 필요가 없는 것은 물론입니다만, 그러나 學徒로서 時勢에 適應하기로 노력하는 것은 우리의 책임이며, 의무이기도 한다고 생각하는 것입니다. 학문에 있어서는 이곳(부분)에 학도로서의 심각한 고민이 존재한다고 생각합니다. 그러나 우리는 이 고민을 극복하기에 노력해야 합니다. 그리하여 최근 대학에 대한 비난의 목소리를 누차 듣게 됩니다. 그 비난 속에는 전혀 맞지 않는 것도 있습니다만, 한편 우리가 他山之石으로 반성해야 하는 것도 적지 않습니다. 대학으로서는 自肅自戒 그 고쳐야 할 것을 고치기에 주저해서는 안 된다고 생각하는 것입니다.

이상 최근 1년간 본학에서의 주요한 사항에 관해서 보고 드리고, 또 所懷의 一言을 말하여 오늘의 式辭를 마치겠습니다.

(22) 速水滉(총장), 12회 졸업식 훈사(1940.3.25.), 『학보』 157호(1940.4.5.)

오늘 여기에 본 대학교 법문학부에 있어서 제12회 의학부에 있어서 제11회 졸업식을 거행하는 것에 맞이하여 특히 南總督 閣下의 강림에 감사하며, 또한 朝野 제현이 임장을 해 주신 것은 本學의 영광으로서 깊이 감사할 뿐입니다.

우선 閣下 및 내빈 각위에게 보고를 하겠습니다. 오늘 졸업증서를 수여하는 졸업생은 그 총수 84명, 이 가운데 법문학부 졸업생이 55명입니다. 이 가운데 40명은 법학과 졸업 즉 법학사가 될 자, 5명이 철학과 졸업, 3명이 사학과 졸업, 7명이 문학과 졸업이며, 결국 문학사가 될 자가 15명입니다. 또한 이 밖에 選科 수료자는 조선사학전공이 1명 있습니다. 이들의 법문학부 졸업자는 지난 昭和9년 本學 예과의 修業年限이 2개년이었던 것을 3개년으로 고친 후 제1회 졸업생이 될 것입니다. 의학부 졸업생은 그 수 29명입니다. 올해 연도에 예년보다 그 수가 적은 것은 예과 修了年限 변경 때문에, 가령 올해 졸업해야 할 예과에서의 進入生이 모자라 다른 고등학교에서 소수의 학생들을 보충했기 때문입니다.

새로운 졸업생들의 취직상황에 대해 보고를 하면, 의학부 졸업생 가운데 대부분의 사람은 학내에 조수 혹은 부수 등으로서 머물러 더욱 연구를 계속해 나갈 것이며, 그 수는 19명이 될 것입니다. 다른 대학교로 연구를 위해 가는 자 2명, 군의가 될 자 4명, 도쿄전염병연구소로 갈 자 1명, 미이케(三池)광업소로 갈 자 1명, 입영할 자 1명, 미정 1명입니다.

법문학부 졸업생 가운데에는 대학원학생, 조수 등으로서 학내에 머무를 자 6명, 관청·학교에서 봉직할 자 8명, 은행·회사·신문사에서 봉직할 자 17명, 만주국으로 갈 자 6명, 北支 및 蒙疆으로 갈 자 6명, 內地로 가서 대학원에 들어갈 자 2명, 그 밖에 미정 11명입니다. 졸업생이 만주 및 支那지방으로 진출하는 것은 本學이 진작부터 학생에 대해서 종용하고 있는 바인데 올해에 이르러 겨우 상당수의 취직자들을 보게 된 것은 매우 기쁜 바입니다. 本學으로서는 2년 전에 大陸文化硏究會에서 蒙疆지역으로 學術探險隊를 보냈으며, 작년에는 학생만으로 구성된 조사단을 같은 지역으로 파견했는데 올해 그 지역으로 비교적 다수의 취직 희망자를 배출한 것은 현지 시찰의 영향으로 인한 힘이라고 믿고 있으며, 앞으로도 이런 종류의 조사 견학을 위한 여행은 한층 이것을 장려·원조함과 동시에 滿蒙·支那 지역과 대학과의 연락을 긴밀히 하려고 하고 있습니다.

다음에 졸업생 제자에 대해서 한마디 말하겠습니다. 제자는 오랫동안 형설의 노고를 쌓은 결과 오늘 최고학부를 마치는 영예를 얻게 것을 진심으로 축의를 표하겠습니다. 게다가 제자는 시국 다난한데 각 방면에서 인재를 필요로 할 때에 학업을 마치고 古今 未曾有한 新東亞건설의 대업으로 참여할 일을 얻는 것은 무상의 행운으로서 감사해야 합니다. 이제 支那에서의 중앙정권의 수립도 눈앞에 닥치고 있지만 時局의 장래에 반드시 낙관을 허락하지 않으며 특히 방금 奉讀한 勅語에서 "일본을 가꾸어 國家興昌의 기운을 永世에 유지하려는 임무는 그야말로 막중하며, 길은 멀지만 그래도 그 임무는 실로 너희들 청소년 학도의 두 어깨에 걸려 있으니"라고 말씀하신 대로 오래토록 국가 융창을 유지하려는 것은 국가 발전문화의 형상에서 기다려야 하는 것이며, 실로 청소년학도 그중에서도 최고학부를 떠날 제자의 양 어깨에 걸려 있는 바의 책임이며, 제자는 당연히 이 책임을 자각하며 自重自愛해야 합니다. 그렇기 위해서는 건강이라는 것이 무엇을 하는 것보다도 가장 먼저 필요한 것임을 자각해 주었으면 합니다. 만주, 북지 방면을 다닐 제군은 그 풍토가 다르기 때문에 적응하기까지 건강에 유의해 줄 것을 희망합니다. 건강에 관한 방법은 여러 가지 종류가 있겠지만, 내가 특히 제군에게 희망하는 바는 靑年의 客氣에 휘몰린 不攝生한 생활을 하지 않도록 하는 것입니다. 元氣旺盛한 시기에는 다소의 不攝生이 위와 같은 정도의 악영향을 끼칠 것이라고 인정하지 않는 일도 있겠지만, 그것은 반드시 훗날 후회를 남길 일이 될 것입니다.

다음에는 학창을 나가고 실무를 하게 되면 아무래도 독서를 가까이하지 않게 됩니다. 실무의 체험을 쌓는 것은 무엇보다도 중요하며, 이것이 즉 일종의 수양이라는 것에 틀림없으나, 그 실무에 관해서도 늘 독서에 의하여 지식을 넓히며 식견을 기르는 것을 소홀히 하면 안 되며, 더구나 인간으로서의 수양, 인격의 연마에 있어서는 모든 기회를 이용해서 이것을 소홀히 하지 않게 하는 마음가짐이 매우 중요합니다.

다음에 주의하고 싶은 것은 성공을 서두르는, 특히 官界로 들어간 사람들은 무엇인가 사람들의 눈에 띄는 일을 하고 자기의 수완을 세상에 보여 주고 싶다고 생각하는 법인데, 그러한 마음가짐으로는 아무래도 공리적 타산적인 생각으로 제멋대로 하게 되고 큰 인물이 될 수는 없습니다. 오늘날의 사회에 가장 필요한 인간은 자기 위치에 잘 입각하여 마음을 고쳐먹으며 자기를 잊어버리고 직무 수행에 자기 자신의 모든 능력을 쏟아 붓고, 게다가 끊임없이 수양을 소홀히 하지 않는 사람입니다. 이상을 크게 가지는 것은 필요하지만, 그러기 위해서 자기 자신만이 홀로 훌륭한 사람이라도 된 것인 양 생각하면 안 되며, 늘 겸허한 정신을 가지며 [자신이 서 있는] 발밑을 잘 둘러보는 것은 어떠한 경우에도 필요합니다. 그리하여 우선 자기의 주위에 있는 사람들에게 신뢰받을 만한 사람이 될 수 있으면 반드시 그 사람은 세상 사람들에게도 신뢰받게 되어 그렇게 하고 있는 동안에는 자신에게도 스스로 자신이 생기며 자연스럽게 큰일도 할 수 있게 될 법입니다. 이상은 저의 평소 품고 있는 생각의 일단이며 그중에는 이때까지의 졸업생 제자에게 바란 것도 있긴 하지만 오늘도 다시 이상의 희망을 말해서 제자를 보낼 말로 하는 것으로 영광이 있는 제자의 전도를 축복하고 싶다고 생각합니다.

(23) 速水滉(총장), 창립기념식 식사(1940.5.2.), 『학보』 159호(1940.6.5.)

每年의 예에 따라 新綠이 향긋한 季節에 오늘 여기서 京城帝國大學 창립 15주년기념일을 맞이하여 교직원 학생제군과 한 자리에 모여서 기념의 식을 거행하여 한마디 式辭를 말할 수 있게 되어, 저로서는 참으로 欣幸으로 여기는 바입니다.

생각건대 支那事變 발생 이래 벌써 만 3년 가까이 지났습니다만, 그 사이에 皇軍은 勇戰奮鬪 도처에 빛나는 전과를 올리고, 銃後의 국민도 또한 一致協力하여 國難에 대처하여 최근에는 支那 中央政權의 成立을 보기에 이르러, 東亜 新秩序의 建設도 차차 그 첫걸음을 내디디려고 하는 것은 경사스럽기 이를 데 없습니다. 특히 올해는 神武天皇 卽位 以後, 紀元 2600년을 즈음하여 悠遠한 古昔을 상기하고 天業恢宏의 鴻圖를 그릴 때, 感慨 사뭇 깊은 것이 있습니다. 그러나 이번 聖戰의 목적은 용이하게 달성할 수 있는 것은 아닙니다. 밖으로는 열강의 국제적 관계의 複雜微妙한 것이 있으며, 안으로는 物資의 生産配給에 적지 않은 困難이 있는 등, 우리는 이후 숱한 困難을 극복하고 堅忍持久, 不撓不屈의 정신으로 勇往邁進하는 각오를 견고히 해야 하는 것입니다. 따라서 최고학부로서 우리 경성대학이 이 중대한 시국에 處한 責務도 또한 重하고 게다가 큰 것이 있습니다.

지금부터 과거 1년간에 있어서 本學에서의 중요한 사건을 회고해 보겠습니다.

먼저 첫 번째로 말씀드리는 것은 이 1년간에 本學 교직원에 큰 異動이 있었던 것입니다. 그 하나는 應召에 의한 이동인데, 과거 1년간 本學 직원 중 應召出征한 자 7명, 학생으로서 응소한 자 5명, 除隊歸還한 자는 직원 22명, 학생 2명입니다. 事變 이래 응소한 자는 직원 66명, 학생 30명이며 합계 96명에 달했습니다. 그 가운데 豫科의 配屬將校 丸山大佐, 醫學部 학생 濱島勇 및 졸업자 4명이 전사하고 만 것은 극히 痛恨스런 일입니다. 應召者 가운데는 전쟁터에서 赫赫한 武勳을 세운 자도 적지 않아, 저는 이러한 응소자의 노고에 대하여 深甚한 감사의 뜻을 올림과 동시에 戰歿者의 英靈에 대하여 삼가 애도의 뜻을 표하는 바입니다.

두 번째는 병 때문에 생긴 異動입니다. 작년 9월에 醫學部 外科學 擔任의 小川 교수 및 올해 3월에 豫科 영어 擔任의 藤井 교수가 병으로 逝去하셨습니다. 양 교수가 오랜 기간 本學을 위해 진력하신 功績은 컸기에 참으로 痛惜하지 않을 수 없는 바입니다. 本學 창립 이래 民法을 擔任하고 계신 藤田東三 교수도 또한 병 때문에 지난 3월 退官하셨습니다. 이것 또한 유감스럽기 그지없습니다.

세 번째는 停年制 內規 또는 一身上의 사정에 의한 이동이며, 民法 擔任의 安田 교수, 政治學 擔任의 松本馨 교수, 刑法學 擔任의 不破 교수, 원래 社會法을 擔任하셨는데 최근 民法 擔任이 되신 津曲 교수, 倫理學 擔任의 白井 교수, 商工政策 擔任의 靜田 교수 諸氏는 모두 다 一身上의 사정 때문에 退官 혹은 轉任하시고, 또한 支那哲學의 擔任者이었던 藤塚 교수는 停年制 內規에 의해 지난 4월 퇴직하셨습니다. 이러한 교수제군은 모두 다 本學으로서는 귀중한 분들이었으며 지금 갑작스럽게 이분들을 잃은 것은 本學의 다대한 損失이라는 것은 말할 나위도 없습니다만, 각각 어쩔 수 없는 사정 때문입니다. 경성대학도 창립 이래 벌써 15년, 一昔半이 됩니다. 마침 이동이 많은 시기가 된 것입니다. 무언가 거기에 공통되고 특수한 원인이 있는 것처럼 이야기 되고 있습니다만, 결코 그렇지 않습니다. 그 대부분은 가정의 사정, 아이(자녀)의 교육상의 관계 등 개인적인 사정 때문입니다.[10]

이상 空位가 된 講座 擔任者의 보충에 관해서는 각각 학부에서 열심히 후보자의 전형을 하시며 學識人格 공히 우수한 후임자를 얻기에 노력하고 계시는 것이고, 벌써 임명하게 된 자는 民法 및 民事訴訟法 강좌 擔任者로서 山中 및 有泉의 양 조교수, 국어 및 국문학 擔任者로서 萩原 조교수, 外科學講座 擔任者로서 本名 교수이며, 모두 다 벌써 着任하고 계십니다. 또한 그 이외에도 本學 예과에서 福富 교수의 퇴관(이것은 후임으로 和田陽平 교수가 新任하셨습니다), 醫學部 藥劑官의 更迭 등이 있습니다만, 자세히 말하지는 않겠습니다. 시국의 영향을 받아서 사무직원의 이동도 적지 않았던 것입니다.

다음에는, 講座關係에 관해서 本學으로서는 法文學部 및 醫學部에 몇 강좌의 증설을 희망하여 本年度 예산으로 그 경비를 요구했습니다만, 그중 겨우 의학부의 放射線醫學 一講座만이 설치되었고, 지난 4월 1일부의 勅令에 의해 그 강좌에 관해 교수 1명, 조교수 1명, 조수 1명이 증가되었습니다. 개성에서의 本學 附屬의 生藥硏究所의 官制는 작년 7월까지 發布될 것이라고 작년의 기념식에서 말씀해 두었습니다만, 여러 사정에 의해 그 發

10. 이른바 安倍 교수 사건 및 速水 총장이 겪은 고초와 관련하여 安田 등의 교수들이 경성제대를 대거 떠난 것에 대해서 당시 조선 안팎의 언론에서 적잖게 논의가 제기되었는데, 이에 대한 총장직분으로서의 언급으로 보인다.

슈이 늦어지고 간신히 작년 말, 즉 12월 27일부의 칙령에 의해 公布施行되기에 이르렀으며, 이것에 의해 조교수 1명, 서기 1명, 技手 2명이 增置되었습니다. 이 외에 예과에는 學級增加에 따른 필요에 의해 本年度부터 교수 1명, 조교수 1명이 증원되었습니다.

다음에는, 건축설비의 방면에서는 부속의원의 개축은 작년 7월 篠崎內科, 松井外科 및 皮膚泌尿器科의 病棟新築을 마쳤습니다. 本年度에는 耳鼻咽喉科, 整形外科(成形外科), 産科婦人科 및 眼科 病棟의 신축에 착수하게 되어 있습니다.

理工學部의 건축에 관해서는 작년도에 대부분 整地工事를 마치고, 本年度에서 벌써 건축에 착수한 것입니다만, 아무래도 資材의 供給이 圓滑하지 않아서 예정대로 竣功을 보자마자, 미덥지 못한(불안한) 상태가 되었습니다. 예정은 올해 중에 第1號館(研究室, 實驗室, 事務室 등 개략 3千坪) 및 第3號館(工作室, 機關室 등)을 건축하기로 되어 있습니다. 다음년도(이듬해)에는 2號館(多量의 瓦斯 電氣가 필요한 應用化學科電氣學科 등의 硏究室, 實驗室 등) 및 4號館(特別實驗室, 工場 등)의 건축에 착수하기로 되어 있습니다. 創設에 관한 예산은 처음에는 약 2白萬 圓이었습니다만, 학급증가 및 設計變更 때문에 本年度부터 그 밖에 더해서 약 3百萬 圓을 4년간의 繼續費로 分割支出하게 되었습니다. 또 理工學部는 그 밖에 日本高周波重工業株式會社로부터 50萬 圓이 建造物 또는 設備의 一部로 充當寄附되는 것이 되고 벌써 그 신청을 받았습니다.

여기서 이 기회에 本學에 대한 기부에 관하여 말씀드리지면 작년 物故하신 朴榮喆 씨의 유족은 故人에 遺志에 따라 박씨의 遺品인 書畵書籍 등을 本大學에 기부하시고, 게다가 이러한 유품을 收藏하는 건물까지 기부하시기로 하였습니다. 또한 本學의 전 교수 松本馨 씨로부터 特志의 기부를 받았으며, 이러한 기부금에 관해서는 그 利用의 방법을 目下 考慮 중입니다.

다음에는, 在外研究員은 시국의 관계상 전적으로 허락되지 않는 것이 되어서, 작년에는 京城大學 在外研究員은 전혀 파견되지 못했습니다. 그래서 무엇인가 이를 대체할 수 있는 방법을 강구하는 필요가 있어서 여러 가지로 고려하고 있습니다만, 法文學部의 鵜飼 조교수는 米國 미네소타주 칼튼대학으로부터 일본의 정치사상에 관한 강의를 委囑받았기 때문에, 미국 行政機構의 실체적 운용을 取調하면서 本官이면서 재외연구원의 命을 받았습니다. 또한 예과의 橫山 교수는 내지유학의 형식으로 약 半年 간 現職 그대로 도쿄에서 연구한다는 명을 받았습니다. 理工學部에 새롭게 赴任하는 교수는 학과의 성격상 특히 在外연구를 필요로 하는 자가 많습니다만, 이것 또는 정부의 허가를 얻기 어려웠습니다. 하지만, 간신히 1명만 시국에 필요한 연구 때문에 특별히 미국유학의 명을 받아 目下 同地에서 연구 중입니다.

마지막으로 오늘은 오로지 작년도에 대한 회고를 말한 것이며, 장래에 관한 것은 되도록 언급하는 것을 피하고 싶습니다만, 단 한 마디만 해 두고 싶은 것은 本學 創立 이래 졸업생은 올해에 이르러 1,457명(法文 762, 醫 695)에 달하고, 학위를 수여받은 자도 131명이 되었습니다. (다만 이것은 醫學博士이고, 法文의 博士는 아직 없습니다.) 이 많은 졸업생들은 아직까지 대부분이 거의 朝鮮內에 分配되어 있습니다만, 최근 滿洲, 北支, 蒙疆

방면으로 진출이 점차로 많아지는 경향이 있는 것은 참으로 기뻐해야 할 일이라고 생각합니다. 이 방면에 진출하는 것은 本學 사명의 하나라고까지 생각하고 있으며, 가능한 한 이러한 경향을 助長하기에 노력하고 싶습니다. 학생제군 가운데는 작년처럼 올해도 蒙疆地方으로 調査班을 보내달라고 하는 희망이 있으며 저는 가능한 한 便宜을 봐주고 싶다고 생각하고 있습니다.

어떻든 간에, 이와 같이 漸次 다수의 졸업생이 滿洲, 支那방면으로 진출하게 되었습니다. 理工學部도 마침내 明年 4월부터 개학하게 되고, 교직원도 개학에 필요한 자의 선정은 대체로 끝났으며 目下 건축, 설비, 學則 등의 준비에 周到한 用意가 되어 있습니다. 理工學部가 마침내 開學되는 날에 경성대학은 농학부를 제외한 全學部를 網羅하게 되고, 綜合大學으로서의 面目도 거의 완성하게 되고 조선에서의 本學의 위치는 한층 向上할 뿐만 아니라, 時局이 중대한 국가가 최고학부로서의 대학에게 기대하는 바는 더욱더 커지는 때이므로 本學에 있는 자는 교수, 학생, 사무원임을 불문하고 全學이 전체로서 대학의 사명이 중대한 것을 자각하며, 一致協力하여 本大學 사명의 달성과 學風의 振興과 그 聲價의 발전에 노력하시는 것을 희망합니다. 지금은 대학에 籍이 없는 졸업생제군도 제군이 사회에서의 成績의 如何는 本學의 聲價에 관련된 바가 크기 때문에 또는 後進學徒를 鼓舞激勵하는 데 多大한 영향을 미치는 것이므로, 제군은 끊임없이 모교에 대한 熱烈한 애정을 잃지 않기를 희망하여 마지않습니다.

최근 경성대학에 관해서 世間에서 갖가지의 風評을 행하는 자가 있으며, 黨派 싸움이 있었고 肅學의 필요가 있다는 說을 퍼뜨리는 자가 있습니다만, 이것은 전적으로 대학에 대한 인식부족에서 야기된 것이거나, 그렇지 않으면 무언가를 꾸미려고 하는 자의 誣言일 뿐이며, 전혀 맞지 않는 것임을 斷言합니다. 喬木에는 바람이 많다는 속담도 있듯이, 一面에서 말하면 이러한 世評을 당하는 만큼 튼튼히 대학의 위치가 향상했다고 생각할 수 있는 것이고 깊이 고려할 필요도 없습니다만, 그러나 대학으로서는 또는 쓸데없이 스스로 높은 데에서 거만하게 군다는 마음가짐이 아니라, 항상 謙虛한 태도를 가지고, 이와 같은 風評에 대해서도 他山之石으로 끊임없이 반성하고 自肅自戒하는 바가 없으면 안 된다고 생각합니다.

이번의 支那事變은 大東亞의 新秩序를 건설한다는 것이 목표가 되어 있는 것은 말할 나위도 없습니다. 이 新秩序의 건설이라는 것은 조용히 생각해 보면 실로 雄大한 이상이며, 이와 같은 理想을 내세우고 전쟁을 한다는 것은 인류의 역사에 있어서 아직 한 번도 없었던 일입니다. 歐羅巴에서도 新秩序의 건설이라는 것이 이야기되고 있는 것 같습니다만, 그것은 일본의 경우와 의미가 다르다고 생각합니다. 그러므로 이와 같은 이상을 실제로 실현하려는 것은 예사 각오로는 도저히 가능한 일이 아니라고 생각하는 것이며, 진실로 온 국민이 모두 一億一心 어떠한 희생을 치르더라도 경우에 따라서는 세계의 열강을 적으로 삼아도 꺾이지 않겠다는 정도의 각오가 없으면 가능하지 않다고 생각하는 것입니다. 그것에 관해서는 最高學部로서 훗날 일본의 지도적 지위에 서는 사람들을 교육하고 있는 대학, 학술의 蘊奧를 연구하는 것을 목표로 하고 있는 대학의 책임은 실로 중대하다는 것을 우리는 마음에 銘記해야 합니다. 경성대학으로서는 창립 이래 아직 日淺하고 금후 더욱더 발전함에 따라 대학으로서의 본질을 발휘하고, 그 사명을 달성하는 데 아직 숱한 難關에 逢着하리라고 생각합니다. 우리는 충분히 이와 같은 受難을 극복하고, 試鍊을 견뎌 비로소 대학의 기초가 확립하는 것이며, 때문에 국가에 공헌할 수 있다고 확신하는 것입니다.

기념식을 즈음하여 작년도의 사건을 회고하고 多少의 所懷를 말하고 式辭를 마치겠습니다.

(24) 速水滉(전총장), 퇴관인사(1940.7.9.), 『학보』 161호(1940.8.5.)

速水前總長의 退官 인사(교직원에 대하여, 7월 9일 本學講堂에서)

오늘은 특별히 모이시기를 부탁드려서 정말로 송구스럽게 생각합니다. 저는 지난 6일날 퇴관의 恩命에 접했으므로 多年의 交誼에 대하여 감사의 말씀을 드리며 인사를 드리고 싶어서 모이시기를 부탁드린 바입니다. 실은 따로 인사 말씀을 드릴 기회도 있을 것이라고 생각했습니다만, 退官해 보니 제 마음으로서는 되도록 빠른 기회에 인사 말씀을 드리지 않으면 마음이 풀리지 않는 것처럼 느껴지고, 게다가 내부 사람만의 모임에서 이 기회에 저의 속임 없는 感想을 말씀드리고 싶다고, 이렇게 생각하게 되고 특별히 모임의 수고를 끼친 바, 언짢게 여기지 마시고 諒察해 주시기 바랍니다.

저는 조선에 籍을 두게 된 지 딱 17년째, 경성대학에 奉職한 지 15년째가 됩니다. 그 사이 法文學部長으로서, 교수로서, 여러분들께 폐를 끼쳤습니다. 그러한 일은 잠시 제쳐놓고, 최근 제군의 推薦에 의해 지난 昭和11년 1월 총장의 重任을 더럽히게 되었고, 이후 만 4년 반 쯤이 되었습니다만, 그사이 아무런 功績이 볼 만한 것도 없고 제군의 기대에 어긋나는 것이 많았다고 생각합니다. 저로서는 할 만큼은 다했다는 생각입니다만, 여하튼 微力短才이며 특히 취임의 이듬해부터 支那事變이 일어나 時局多端의 때, 대학의 사명을 수행하는 데 있어 갖가지 제군에게 폐를 끼치고, 또한 불만을 품게 하는 것도 있으며, 전혀 기대에 부응하지 못했다는 확신이 들어, 심히 황송하고 게다가 유감스럽게 여기고 있습니다. 이와 같은 시국에 즈음하여 저와 같은 老骨은 그 適任이 아니라는 것을 痛感했으며, 작년 이래 되도록 빠른 기회에 사임을 하려고 결심했던 것입니다만, 갖가지 사정에 의해 오늘까지 延延하게 되어서 그사이 新聞紙上에도 갖가지 데마가 퍼지고, 제군에게도 적지 않아 폐를 끼쳤습니다. 그것은 대단히 미안한 일이며 깊이 사죄하겠습니다. 동시에 저 자신으로서도 오늘까지 그 職을 더럽히고 있었던 것에 관해서 자세히 말씀드릴 수는 없습니다만, 상당한 忍耐를 필요로 했던 것입니다. 이 점은 諒察해 주시기를 바랍니다.

그러한 사정에도 불구하고, 그런대로 오늘까지 重任을 더럽혔고 특히 취임당시는 건강을 해치고 있었으므로 任期 동안 근무할 수 있을지 어떨지 그 점에서도 懸念하고 있었습니다만, 다행히 感冒 때문에 2, 3일 결근한 정도로 이번에 무사히 退官할 수 있었던 것은 전적으로 법문학부, 의학부 學部長을 비롯하여 사무직원제군의 일치협동, 동정어린 지도와 지원을 주신 결과이며 이에 衷心으로 감사하고 있는 바이며, 이것은 단지 儀禮的인 인사말로 말씀드리는 것이 아니라, 저는 정말로 그렇게 생각하고 있으며 진심으로 감사드리겠습니다.

경성대학 창립 이래의 일을 회고해 보면 갖가지 感想이 생깁니다. 그 중에서도 대학에 대한 認識不足, 여기에 기인한 非難이라는 것, 이것은 창립당시에서는 아주 滑稽的인 것도 있었습니다. 이런 종류의 비난은 최근 시국의 변화에 따라 한층 顯著해지고, 어떤 의미에서 대학의 受難時代라고 말할 만한 것을 現出시켰습니다. 이에 관해서 여기서 자세하게 말씀드릴 수 없습니다만, 아주 복잡한 사정도 있는 것이며 이에 관해서는 우리 측에서도 크게 반성해야 할 점이 적지 않다고 생각합니다. 그러나 또한 대학의 特質에 관한 인식부족도 작용하고 있다고 생각합니다. 대학이 한편으로는 교육의 기관임과 동시에 다른 한편으로는 학술연구의 기관이라는 것은 우리로서는 自明한 일입니다. 하지만, 세간에서는 최근까지 [우리 대학을] 다른 학교와 마찬가지로 前者만을 보고 後者의 사명을 인정하고 있지 않았던 것이 一般이었다고 생각합니다. 저는 대학의 사명은 학문의 연구가 첫 번째 의의를 가진다고 확신하고 있는 사람이며, 그 점에서 다른 학교와는 분위기를 달리하고 있는 바입니다. 오늘날의 시국에서 대학도 또한 國策의 線에 따라서 努力奮鬪해야 한다는 것은 말할 필요도 없는 바이며, 상아탑에 들어박혀서 시세에 초연한 것은 허용되지 않습니다만, 그 本領은 어디까지나 학문의 연구를 통해서 국가적 奉公을 한다, 이른바 學問報國에 있다고 확신하는 바입니다. 그러나 實際問題로서 社會 對 大學의 문제는 매우 困難한 문제이며, 특히 內鮮人을 包容하는 경성대학으로서는 內地의 大學에서 볼 수 없는 困難한 점이 있다고 생각합니다. 이러한 受難의 시기에 즈음하여 다행히도 兩 學部長이 열심히 노력하시고 교수제군이 지원해 주시는 덕분에 대학의 威信을 떨어뜨리지 않을 정도로 이 시기를 헤쳐 나갈 수 있다고 생각합니다. 하지만, 이후에도 대학의 聲價가 높아질수록, 이런 종류의 수난이 꼭 일어나지 않는다고 할 수는 없습니다. 아무쪼록 이 점에 관해서는 제군의 自重을 간절히 바라는 바입니다. 다행히도 新任의 총장은 그 閱歷, 人格, 識見 공히 훌륭한 분이기 때문에 반드시 경성대학을 하여금 國策의 線에 따르면서 그러고도 대학의 品位威信을 잃지 않고, 그 本領을 발휘할 것을 믿어 의심치 않습니다.

과거 15년간의 사이에 무엇보다 저에게 있어서 愉快한 일이었던 것은 大學 內의 空氣(분위기)가 정말로 和氣靄靄하고, 극히 유쾌한 마음가짐으로 지낼 수 있었다는 것입니다. 경성대학은 2개의 學部로 성립되어 있습니다만, 그 하나인 法文學部는 꽤 성미가 다른 교수가 한곳에 어울려 계시는데, 그 사이에 이렇다 할 摩擦도 생기지 않고, 法文과 醫學部 사이에도 친밀감이 있으며, 全敎授가 일치하여 대학 전체를 위해 盡力하신다는 것은 쉽게 다른 대학에서 찾아볼 수 없는 일이라고 생각합니다. 아무쪼록 明年부터 理工學部가 설치되어도 종래의 이 아름다운 傳統이 오래 유지되기를 희망하여 마지않습니다.

저는 이 京城을 떠나도 대학에 대한 추억은 아마 저에게는 잊을 수 없는 것이 됨과 동시에 경성대학 장래의 발전이라는 것도 아마 평생 제 머리를 떠날 수 없을 거라 믿습니다. 조선이 장래 발전함에 따라 경성대학의 前途도 매우 洋洋할 것입니다. 아무쪼록 여러분들은 한층 自重自愛하시고 오래 대학을 위해서 진력하시는 것을 간절히 희망하겠습니다. 저는 도쿄에 定住합니다만, 아무쪼록 상경하실 때에는 들러 주시고 대학의 소식을 들려 주셨으면 다행으로 생각하겠습니다. 여러분들의 건강을 기원하고 인사를 마치겠습니다.

(25) 速水滉(전총장), 「별도로 학생제군께 고함」(1940.7.13.), 『학보』 161호(1940.8.5.)

별도로 학생제자에게 告한다

교직원제형한테는 지난 9일에 인사를 할 기회를 얻었지만 마침 하기 휴가가 되어 학생제군들을 유감스러우나 다시 만날 기회도 없다고 생각하기 때문에 여기에는 오로지 학생들 및 졸업생제군한테 인사말을 적습니다.

나는 경성대학 창립 때부터 대학에 관련되어 왔으며, 최근 4개년 반쯤 총장의 중임을 더럽혔지만, 학문적 업적에 있어서도, 총장으로서의 사적에 있어서도 격별히 볼 만한 것도 없이 15년 동안을 지내다 이번 퇴관의 恩命에 맞이하게 된 것을 정말 유감스럽게 생각합니다. 그러나 과거를 회고해 보면, 나로서는 기뻐할 만한 것은 경성대학이 창립 이후 점차 발전해 온 과정을 직접 경험할 수 있었다는 점입니다. 건축만 해도, 처음에는 무척이나 빈약했었지만, 법문학부에서는 본관이 건축되었고 또 대학본부 건물이 생겼으며, 의학부에서는 본관이 준공되었고 병원도 개축되어 전체적으로는 아직 미완성이긴 하지만, 창립 당초에 비하면 어쨌든 면목을 일신했다고 해도 지장이 없을 것입니다. 또 처음 무렵에는 우리 학교라는 것이 어떤 것인지 이해되지 못했기 때문에 世間으로부터 여러 가지 비난도 일었지만, 교수 여러분이 훌륭히 참고 자중하여, 열심히 그 연구를 이루어 업적을 발표했기 때문에 차츰 경성대학의 진가가 世間에 인식되었고, 오늘날에는 교수 여러분이 여러 전문적 영역에서 世間的으로도 활동하시며, 또 관청의 위탁을 받아 국책의 수립에 공헌하시는 분도 적지 않습니다. 졸업생제군도 제1회 졸업식 이래, 오늘날에는 그 수가 이제 천 수백 명에 이르며, 조선, 만주 방면으로 여러 위치를 차지하였고, 현재 상당한 요직에서 활동하고 있는 사람들도 적지 않는 모양입니다. 최근에는 北支방면, 蒙疆지방으로 진출을 바라는 자가 겨우 많은 것을 덧붙여 보면, 전부터 내가 염원하고 희망했던 것이 실현되고 있기에 무척이나 기뻐하는 바입니다.

이상과 같은 상황이기 때문에, 내년 이공학부 설립마저 이루게 되면 경성대학은 그 지위가 확고부동한 존재가 될 것임은 의심할 여지도 없고, 그 앞날도 참으로 양양할 것입니다. 나는 재학생 제군 및 본학 출신의 제군이 모교를 위해 自重自愛하기를 희망하여 마지않습니다.

그와 관련하여 우선 내가 제군에게 원하는 것의 하나는 제군이 어떠한 일에 종사하더라도 결코 그 공을 서두르지 말라는 것입니다. 급하면 돌아가라는 속담도 있듯이 성공의 길을 서두르는 것은 오히려 그 길을 빨리 가기는커녕 그 길을 잃어버리게 되기도 합니다. 단지 각각의 입장에서 충실히, 열심히, 그 직책을 완수하는 것에 전력을 다하기를 바랍니다. 이에 대해서는 내가 여러 가지 기회에 자세히 말한 바도 있었기 때문에 여기서는 간단하게 이것으로 그칩니다.

또 하나는 대학에서 학생으로서의 생활의 의의는, 학문적 정신에 접촉한다고 말하는 것에 있다고 생각하며, 여기에 대학의 학생이 다른 학교의 학생에게 요구되는 바와 다른 특색을 가지고 있다고 믿습니다. 학문적 정신이란 무엇인가 하는 것은 지금 자세하게 설명할 시간이 없지만, 要는 어떤 세속 세상에 처해 있어도 항상 현실을 초월하며, 功利를 초월하는 세계가 존재한다는 것을 인식하는 것에 있다고 생각합니다. 그런 세계를 충분히 체득하다는 것은, 학생생활이 짧은 기간이기에, 얻기 바라기가 쉽지 않습니다. 다만 최소한 그런 세계에 다소간이라도 접촉하고, 그런 존재를 자각할 수 있으며, 이런 세계와의 관련을 통하여 현실의 자기를 규정할 수 있으면, 대학교육의 목적은 달성될 수 있었다고 말해도 좋으며, 그 밖의 것은 아직 장래의 일입니다.

나는 학문적 연구에 의해 정신적 생명의 세계에 접촉하고, 거기로부터 생애의 활동원천을 짐작할 수 있다면, 우리들은 어떠한 世間적인 운명의 희롱과 맞닥뜨려도 의연하게 우리 자신의 존재 깊은 속에는 결코 빼앗기지 않은 것이 있음을 알게 되어 안심할 수 있으리라 생각합니다. 이런 것을 말하는 것은 현재의 時局에서 지극히 迂遠한 것으로 생각될지도 모르겠지만, 오늘날과 같은 시국에서는 더욱 그러한 마음가짐이 필요하다고 생각합니다.

마지막으로 제군의 前途에 행운이 많을 것을 진심으로 기원합니다. 退鮮에 즈음하여 忽忘之間에 글을 써서 충분히 그 뜻을 다할 수 없게 된 것이 유감스럽습니다.

(26) 篠田治策(총장), 취임인사(1940.7.14.), 『학보』 161호(1940.8.5.)

이번에 人格 높고 學識 깊으며 內外에 信望을 가지고 계셨던 速水박사가 임기만료에 따라 본학 총장의 職을 떠나셨기 때문에 제가 浅学菲才의 몸으로 본학 총장을 拜命했습니다. 그러므로 여기서 한마디 인사 말씀을 드리고, 또한 今後 직무를 수행하는 데 있어서 各位의 충분한 협력을 부탁드리고자 합니다.

경성제국대학도 창설 이래 벌써 15년을 경과했으며, 내용도 充實해졌고, 信用도 점점 높아졌으며, 內地의 先進 諸大學에 비해 거의 遜色이 없는 정도에 이른 것은 참으로 경사스럽기 이를 데 없습니다. 이것은 모두 歷代總長의 노력과 교수직원 各位의 협력의 결과라는 것은 말할 나위도 없습니다만, 특히 내년도부터는 理工學部도 新設을 보기에 이르렀으며 더욱더 綜合大學의 實을 거둔 것은, 速水 前總長의 큰 공적이며 깊이 敬意를 표하는 바입니다.

작년 11월경쯤이었습니다만, 제가 평소 존경하는 교수 분이 찾아오셔서 速水선생은 重

任의 의향이 없으므로 저에게 그 後任을 맡으면 어떨까라는 이야기가 있었습니다. 흔히 말하는, '아닌 밤중에 홍두깨'라는 것이 이런 것이고, 너무나 意外의 이야기라 누군가 저를 놀리는 것이 아닐까 생각했었습니다. 왜냐하면 저는 옛날에 학생이었다는 것 이외에는 전적으로 대학에 緣故가 없는 자이며 또한 도저히 그런 [총장이 될 만한] 그릇이 아니라고 생각했기 때문입니다.

그런데도 그 후 조선총독으로부터도 이야기가 있고, 또 速水 前總長도 찾아오셨으며 또 兩學部長도 찾아오셔서 꼭 就任을 承諾하라는 懇談이 있었습니다만, 저는 도저히 그 任이 아니라고 확신하고 굳게 거절의 말씀을 드린 것입니다.

특히 李王殿下께서도 제가 李王職을 떠나서는 곤란하다는, 고마운 의향이 있으셨습니다. 그런데도 兩 學部長은 東京에 가서 직접 李王 殿下께 용서를 빌고, 또 총독께서도 宮內省을 거쳐서 李王 殿下께 사정을 말씀드리고 간신히 동의를 얻었습니다.

일이 여기에 이르러서는 저도 오로지 그 그릇이 아니라는 말만으로 일관되게 거절할 수 없게 되었고 결국 이 大任을 拜受한 것입니다.

以上과 같은 사정 때문에 이 大任을 맡은 것입니다만, 그렇다면 今後 어떠한 방침을 세울 것인가를 말씀드리자면, 앞에서 말한 바와 같이 저는 대학행정이 완전히 無經驗이고, 또한 학내의 사정에는 조금도 정통해 있지 않기 때문에 처음부터 방침을 세울 수가 없으며, 오직 本學의 傳統을 重히 여기고, 各位의 협력으로 任務를 수행하는 밖에 없는 것입니다. 이 점은 특히 各位의 諒解를 미리 바라는 바입니다.

그러나 대학의 대방침은 벌써 「大學令」에 제시되어 있기 때문에 이 大方針에 준하여 나가야 하는 것은 물론입니다.

「대학령」에 따르면 대학의 목적은,

첫째, 국가에 須要한 학술의 이론 및 응용을 교수하는 것이며,

둘째, 학술의 蘊奧를 攻究하는 것이며,

셋째, 인격의 陶冶 및 국가사상의 涵養에 유의하는 것입니다.

이와 같이 대학의 대방침은 벌써 勅令에 의해 정해져 있기 때문에 단지 이것을 실행하는 데 갖가지의 궁리를 필요로 하는 것입니다. 즉 그 궁리 및 이것에 의해 생기는 결과가 學風이 되기도 하고, 대학의 特色이 되기도 한다고 생각합니다. 예컨대 학술의 蘊奧를 공구하는 것은 교수, 조교수 各位가 각기 專門 학과에서 충분한 연구를 하고, 先人未踏의 경지를 개척한다는 것은 말할 나위도 없는 일입니다만, 조선의 대학으로서는 조선에 관한 특수의 연구를 행하고, 그 특색을 발휘해야 하는 사명을 가지고 있다고 생각됩니다. 또한 학생의 인격을 陶冶하고 국가사상을 涵養하기 위해서는 조선의 大學으로서 어떻게 하면 가장 효과가 있는지를 크게 궁리할 필요가 있으리라 생각됩니다. 이러한 점에 관해서는 저로서도 충분히 연구하겠습니다만, 벌써 從來의 방침도 있으며 今後 더욱더 학내의 여러 機關에 의해 各位의 意見도 삼가 고견을 듣고, 和衷協同하여 이것에 善處해 나가고 싶습니다.

아시는 바와 같이, 바야흐로 我國은 거국적으로 開闢 以來 未曾有의 大戰爭에 종사하고 있습니다. 本學의 職員 및 出身者로서 出征한 분들도 多數 있다고 들었습니다만, 우리

銃後에 있는 자도 本務하는 한편 각자가 가지는 최고의 智識으로 이 기회에 국가에 대하여 크게 공헌해야 한다고 생각하고 있습니다. 물론 우리의 本務인 학술의 연구, 인재 양성에는 한층 노력해야 합니다. 하지만, 餘力이나마 擧國一致의 體制에 가담하고, 최대한의 奉公의 정성을 다하고 싶다고 생각합니다.

또한 이번 歐洲大戰의 결과는 세계에 一大變革을 가져올 것이고 思想上에 있어서도, 政治上, 經濟上에 있어서도, 東亜에도 중대한 영향을 미치는 것은 명백합니다. 그러므로 우리도 늘 세계의 大勢에 注意하여 東亜에 미치는 영향에 대해 판단을 그르치는 일 없도록, 제국의 國是에 順應하여 충분히 학생을 지도해야 한다고 믿고 있습니다. 아무쪼록 各位께서도 이 점에 관해서도 충분히 협력해 주시는 것을 부탁드리는 바입니다.

이상 간단히 취임 인사를 드리고, 또한 速水 前總長에 대해 정중히 敬意를 표하고 동시에 所感의 一端을 披瀝하여 금후 각위의 충분한 협력을 희망합니다.

(27) 篠田治策(총장), 13회 졸업식 훈사(1941.3.25.), 『학보』 169호(1941.4.5.)

오늘은 南총독각하 및 內賓 各位 왕림의 영광을 입어서 本學 法文學部 제13회, 醫學部 제12회의 졸업식을 거행하는 것은 참으로 本學의 광영으로 여기는 바입니다.

이번 졸업생은 法文學部 61명(內譯 法科 48명, 哲學科 3명, 史學科 5명, 文學科 5명) 외에 選科修了生 2명이며 醫學部 69명입니다.

이 가운데 法文學部 출신은 本學 조수가 될 자 1명, 관청근무 9명, 실업계 방면에 32명, 교육자 6명, 기타 1명, 미정 12명, 選科修了者 2명 가운데 1명은 교육계로, 1명은 미정이며, 위 61명 가운데 滿洲, 支那 방면으로 奉職하는 자가 11명 있습니다.

의학부 졸업생 69명 가운데 학내에서 연구에 종사할 자 52명, 관청에 근무할 자 2명, 陸海軍軍醫가 될 자 6명, 民間병원에서 근무할 자 5명(그중 2명은 滿鐵의 병원근무), 未定의 자 4명으로 되어 있습니다.

졸업생 제자는 多年 螢雪의 勞를 쌓으며 오늘 경사스럽게도 최고학부를 졸업하고 이상과 같이 사회의 각 방면에 나가서 활동하는 것입니다.

제자가 벌써 아는 바와 같이, 지금이야말로 우리나라는 開闢 이래 未曾有의 大戰爭에 종사하고 있습니다. 특히 작년 9월에는 獨逸, 伊太利, 兩國과 同盟條約을 맺고 東西 서로 呼應하고 世界新秩序의 건설이라는 大事業에 착수했습니다. 우리 祖先이 꿈에서도 想像할 수 없었던 大事業에 착수한 것입니다. 그러므로 국민은 擧國一致, 一億一心으로, 어떤 희생을 치르더라도 그 목적을 이룩하기 전에 멈추지 않겠다는 一大決心으로 時艱克服에 邁進하고 있을 때입니다.

이러한 時世에서 제자 가운데 內地人은 徵兵猶豫의 特典 下에, 半島人은 兵役의 의무 없는 제도 下에 平穩無事하게 학업을 마친 것입니다. 제자와 同年輩의 청년 몇 萬(몇 만 명)은 현재 제1선에서 奮鬪하고 있으며 벌써 전장의 이슬로 사라진 자가 몇 萬 명에 이르렀습니다. 이전의 제1차의 歐洲 大戰에서도 交戰國의 대학생 가운데서 獨逸에서는 6萬 1,000명 가운데 虛弱者 6,800명을 제외하고 그 이외는 從軍했습니다. 英國 옥스퍼드 대학생 4,000명 가운데 3,000명은 종군했으며, 케임브리지 대학에서는 4,400명 가운데 3,200명이 종군하여 그중 2,000명이 전사했다고 들었습니다.

이번 歐洲戰爭에서도 伊太利의 학생 3만 8,000명은 벌써 지원에 의해 병역에 복무했다는 신문기사도 있습니다. 이와 같이 국가의 一大事에 임해서는 어느 나라 학생도 조국을 위해 자진하여 싸움터로 가는 것입니다. 이러한 외국 학생에 비하면 제자는 이 非常時局에 편안하게 최고학부에서 배우고 오늘 졸업의 榮譽를 얻은 것은 국가의 恩惠를 입은 것이 얼마나 큰 것인지를 생각하지 않으면 안 되는 것입니다. 이러한 것은 在學中에도 일찍부터 感激하고 있었으리라 믿습니다만, 제자는 졸업 후에도 충분히 이것을 기억해 두어야 하는 일입니다. 제자는 또는 졸업 후에도 늘 건강을 保持하는 일에 유의해야 하는 것입니다.

제자는 오늘날까지 수많은 難關을 突破하고, 수많은 靑年의 羨望의 대상인 최고학부를 졸업했습니다. 금후 크게 국가를 위해 활동해야 할 大責任이 제자의 양 어깨에 결려 있습니다.

그런데도 半途에서 건강을 해치고, 활동력을 잃어 혹은 病魔 때문에 쓰러진다면 단순히 제자의 불행일 뿐만 아니라 국가의 一大損失입니다. 그러므로 제자는 在學中에 體得한 운동을 계속하여 건강을 保持할 뿐만 아니라 적극적으로 그 運動을 통해서 더욱디 鍛鍊의 實을 올려야 합니다.

제 경험에 의하면 남자 35세 무렵이 제일 체력이 좋은 것입니다. 그러므로 제자 今後 10년간 정도는 한층 체력과 기운을 增進할 수 있는 시기입니다.

다음에는, 제자는 遠大한 뜻을 가져야 하는 것입니다. 최고의 학부에서 배운 자는 장래 사회의 각 방면에서 最高位의 列에 오르는 것은 당연한 일입니다. 즉 학문의 연구에 종사하는 자는 학술의 蘊奧를 궁구하여 大學者가 되고, 官途에 오르는 자도, 實業社會에 뛰어드는 자도, 독립하여 일을 하는 자도, 훗날 指導的 지위에 올라 크게 국가에 공헌하는 것에 마음을 써야 합니다. 오늘에 이르러서는 수많은 人材가 朝野에 가득 차고 또한 제자의 선배도 제자의 위에서 막혀 있기 때문에 제자는 내일부터 바로 학교에서 배워 얻은 理想을 실행하려고 해도 도저히 불가능합니다. 제자는 결코 功을 서둘러서는 안 됩니다. 금후 10년, 20년간은 아직 修養時代라고 이해하고, 그 사이에 더욱 人格을 陶冶하고 자기의 직무에 관한 연구와 實社會의 경험을 쌓고 타일의 雄飛에 대비해야 합니다.

古語에 소위 "남이 자신을 못 알아주는 것을 한탄하지 말지어다. 오직 學이 미흡한 것을 한탄하라"고 하는 말이 있는데 전적으로 맞는 말입니다. 제자의 前途에는 반드시 여러 번 不平, 不滿, 失望의 때가 있겠지만, 이러한 경우에는 그때마다 克己心을 불러일으키고 이러한 邪念을 이겨내야 합니다. 제자가 충분히 이것을 극복하면 비로소 전도에 光明이 있는 것입니다. 그러므로 제자는 금후 절대 '忍耐克己'의 四字를 잊지 말고, 또한 극히 卑近한 예이지만 제자가 유치원에서 불렀던 '토끼와 거북이'의 唱歌를 잊지 않고 일단 결정한 목표를 향해 거북이의 노력을 본떠서 一路邁進해야 하는 것입니다. 學士가 된 제자한테 유치원의 敎訓은 너무 걸맞지 않은 것이지만 소위 가르침은 가까운 곳에 있는 것이며 이것은 확실히 목적을 달성하는 一大敎訓입니다.

日支事變은 벌써 5년의 단계에 들어가 있으며 皇軍은 도처에서 連戰連勝하고 있지만 아직까지 蔣介石을 포로로 삼지는 못하고 있습니다. 그도 또한 제3국의 원조를 얻어 쉽게 항복하지는 않을 것입니다. 그를 원조하는 英米는 노골적으로 敵性을 暴露하고 자칫하면 挑戰的 태도를 나타내 보이고 소위 一觸卽發의 위기에 직면하고 있습니다. 그러므로 我國으로서는 좋든 싫든 간에 혹은 피차 적이 되어 싸움터에서 만날 수밖에 없을지도 모르겠습니다.

제자는 이와 같이 중대한 시기에 實社會에 진출하는 것입니다. 제자는 학창에서 修養鍛鍊한 정신과 실력을 각자의 職域에서 충분히 발휘하고, 그로해서 국가 非常時에 공헌할 수 있는 기회가 될지도 모르므로, 간절히 제자의 自重을 바라는 것이며, 또한 이 의미에서 저는 크게 제자의 오늘 졸업식을 경축하는 것입니다.

오늘의 졸업식으로 일단 제자가 학창에서 떠나는 데 임하여 一言으로 訓辭로 하는 것입니다.

(28) 篠田治策(총장), 선서식에서의 훈사(1941.4.23.), 『학보』 170호(1940.5.5.)

오늘은 신입생 제자의 入學宣誓式입니다. 제자는 지금부터 제국대학의 학생으로서 전문교육을 받고 훗날 졸업의 날에는 국가의 유위한 인재가 되어서 활동해야 합니다. 그러므로 제자는 국가가 막대한 경비를 지출하여 제자를 교육한다는 本旨를 잊지 말며, 어디까지나 본학의 방침에 따라, 또한 교수의 지도에 의해 열심히 공부해야 합니다. 현재는 매우 중대한 시국에 들어가 있습니다. 제자와 같은 수많은 同年輩 청년은 조국을 위해 砲煙彈雨 가운데에서 분투를 하고 있으며, 벌써 십 수만의 사람들은 싸움터의 이슬로 사라지고 있습니다. 또 제자의 부모는 重稅를 부담하여 부지런히 각각 그 직역에 봉공하고 있으며, 그것으로 銃後의 수비를 굳게 하고 있습니다.

제자가 이러한 시국에서 편하게 대학교육을 받을 수 있는 것은 너무나 행복한 일이며, 늘 국가의 은혜에 감사해야 합니다. 대학으로서도 가능한 한 노력을 하며, 충분히 제자를 교육하고 훗날 학문, 식견, 인격에 있어서 우수한 인간을 육성할 것입니다. 그렇기 위해서는 제자 중에 학문을 소홀히 하고 학교방침에 위반하거나 대학생으로서의 체면을 훼손하는 자가 있을 경우에는 상당한 制裁를 가할 경우가 있을지도 모릅니다. 오늘의 宣誓式에 있어서 이것은 굳게 약속해 두어야 하는 것입니다.

또한 제자의 입학, 시작에 있어서 제가 제자에게 바라는 것은 첫째로 學業報國이라는 것입니다. 오늘날의 시국에서는 어느 계급, 어느 직업을 불문하고 소위 직역봉공으로 거국일치의 실을 올려야 합니다. 오늘날의 대학생은 무엇을 해야 하냐면 시국을 인식하여 학생의 본분을 지키고 학업에 매진하여 훗날 국가에 유용한 인물이 될 것을 노력해야 합니다. 학생의 직역 봉공이란 즉 이것에 틀림없는 것입니다.

둘째로는 臣道實踐이라는 것입니다. 이것은 이미 중학교에서도 예과에서도 충분히 배워 왔듯이 환경의 차이에 따라 변경이 있는 것이 아니며, 알기 쉽게 말하면 즉 교육칙어의 실천입니다.

셋째로는 質實剛健입니다. 質實의 기풍을 배양함과 동시에 강건한 신체를 만드는 것은 청년시대의 수양으로서 결여해서는 안 되는 것입니다. 특히 제자는 매우 전도를 촉망받는 자입니다. 충분히 신체를 강건하게 만들어 훗날의 대성을 이루어야 합니다. 그러므로 반드시 경성대학의 總力聯盟의 鍛錬部라든가 訓練部라든가에 가입하여 평소부터 신체의 發達訓練을 기도해야 합니다. 제자는 숱한 난관을 돌파하고 대학까지 왔는데 병 때문에 학업을 중단하거나 졸업하자마자 쓰러지는 일이 있다면 오로지 본인의 불행일 뿐만 아니라 매우 기대했었던 부모의 비애는 어느 정도 일지를 생각해야 합니다. 그러므로 한편으로는 학과를 공부함과 동시에 다른 한편으로는 각인의 체질에 맞춰서 단련을 시도해야 합니다.

넷째로는 親和協力이라는 것입니다. 크게 말하면 1억 5,000만의 국민은 모두 황국신민으로 협력해야 하는데, 경성대 학생으로서 특히 親和協力이라는 것을 유의하는 것을 원합니다. 학풍이나 교풍이라는 것은 전학 학생의 일치단결에 의해 그사이에 수립되는 것이며 특히 내선일체와 같은 것은 최고학부의 학생으로서 전국학생에게 모범을 보여야 합니다. 더욱 나아가 내선일체 등의 언사는 불필요하게 될 정도까지 渾然融合해야 한다고 생각합니다.

다섯째로는 反省自重이라는 것입니다. 인간은 늘 자기반성해야 한고 특히 학생시대에는 이른바 사회경험이 없으므로 사상도 단순하기 때문에 자칫하면 어떠한 사상이 선행하고 도를 넘는 경우도 있으며 邪道에 빠지는 경우도 있습니다. 그러므로 늘 선배의 의견도 구해서 正道로 나갈 것을 노력해야 하고, 동시에 제자는 최고학부의 학생이라는 것, 장래의 대학자, 대인물이 되어서 국가를 짊어지는 자라는 자각을 가졌으면 합니다. 즉 學業報國, 臣道實踐, 質實剛健, 親和協力, 反省自重의 다섯 가지 항목을 모토로 하고 출발하는 것을 희망합니다.

昭和16년 4월 23일

경성제국대학 총장 篠田治策

(29) 篠田治策(총장), 창립기념식 식사(1941.5.2.), 『학보』 171호(1941.6.5.)

오늘은 본학 개학 15주년 기념일이므로 여기에 교직원, 학생제군 한자리에 모여서 기념식을 거행함과 동시에 본학 理工學部開學의 式을 올리는 것은 참으로 欣快의 극치입니다.

회고한다면, 본학 개학 이래 졸업생을 내보내는 것 法學士 479명, 文學士 344명, 醫學士 765명, 합계 1,588명, 또한 學位를 얻은 자 85명이며 그 숫자에 관해서 내지의 先進 諸大學에 미치지 못하지만, 어쨌든 이만큼 우수한 청년을 사회에 내보낸 것입니다. 또한 연구방면에서 각 연구실에서 각각 유익한 연구를 수행하고 이것을 학계에 보고하고 있으며 그 數는 너무 많아서 일일이 셀 수가 없을 정도이기 때문에 충분히 본학의 사명을 달성하고 있는 것입니다.

또한 事變 이래 應召한 자는 직원 74명, 학생 30명 합계 104명이며, 그 가운데 6명이 전사했습니다. 저는 이러한 應召者의 노고에 대해 深厚한 감사의 뜻을 표함과 동시에 戰歿者의 英靈에 대해 삼가 哀悼의 뜻을 표하는 것입니다.

다음으로는, 과거 1년간에 대학을 떠나신 분들에 관해서 말씀드리자면, 玉井 교수가 병을 이유로 퇴관하시고 결국 작년 12년 21일 逝去하셨습니다. 삼가 哀悼의 뜻을 표하는 바입니다. 速水 총장이 一身上의 사정 때문에 퇴관하시고, 예과에서는 中村 예과부장이 新潟고등학교에 轉任하시고, 교수 가운데 전임 및 퇴직하신 분은, 法文學部에서 安部 교수는 第1高等學校長으로 전임하시고, 上野 교수는 大阪博物館長에 취임하시며, 赤松 교수는 一身上의 사정으로 퇴직하시고, 醫學部에서는 高楠 교수가 停年으로 퇴직하시며, 水島 교수는 九州帝國大學으로 전임, 中村 교수, 土橋 교수는 一身上의 사정으로 퇴직하시고, 豫科에서도 小出 교수, 平賀 교수가 轉出하셨습니다. 기타 조교수 가운데서도 本科, 豫科 공히 약간의 이동이 있으며 事務方面에서는 吉村司書官이 停年內規에 의해 퇴직하셨습니다.

이상의 各位는 오랜 기간 본학에서 연구 및 교육에 종사하시고 본학의 名聲을 높인 碩學, 大家였습니다. 사정이 어쩔 수 없는 것이며 여기서 多年의 노력에 대하여 진심으로 감사의 뜻을 표합니다.

또한 速水 前 총장, 藤塚 前 교수, 高橋 前 교수 세 분이 본학에서 처음으로 名譽教授로 勅命되신 것입니다. 이것은 단지 세 분의 光榮뿐만 아니라 또는 본학의 명예입니다.

또한 尾田 교수, 北村 교수가 學生主事를 兼任하신 것은 師弟同行指導訓練하는 데 하나의 新機軸을 창출한 것이며 참으로 기쁜 일입니다.

다음으로, 醫學部의 新規事業으로서 江原道 平康에 高原療養所 新設의 준비를 진척시킨 것입니다. 이것은 佐藤 교수나 野坂 조교수의 盡力에 의해 風土氣候가 가장 高原療養에 적합한 平康에서 토지 10萬 坪의 寄附를 받고, 게다가 日窒[日本窒素]의 野口氏로부터 建築費 60萬 圓의 기부와 國費 9萬 2千 圓의 支出을 얻어 高原療養所의 新設을 결정하였습니다. 또한 최근 더 日窒로부터 25萬 圓의 기부를 얻게 되었습니다. 이 사업은 벌써 設計도 완료되고 며칠 안으로 공사에 착수하여 本年度 안에 竣工될 예정입니다.

다음으로 理工學部 開講 건입니다. 理工學部 設置 건은 벌써 4년 전에 결정되고 착착 준비를 진척시켰고, 昨年度에 예산을 증가시켜 약 549萬 圓으로 했습니다. 그런데도 時局의 관계상 建築資材를 얻기 곤란하기 때문에 건축이 예정대로 진척되지 않아 어쩔 수 없이 본학 構內에 임시로 廳舍, 製圖室, 倉庫 등을 건축하고 더욱이 法文學部 건물의 일부도 충당하여 4월 21일부터 講義를 시작했습니다. 교수의 人選에 관해서는 가장 어려움을 느꼈습니다만, 山家 부장의 대단한 노력 덕분에 昨年度 내에 인선을 마치고 당당한 陣容을 갖출 수 있었던 것은 본학을 위해 참으로 欣快의 극입니다. 틀림없이 대학의 名聲은 교수 인재를 獲得할 수 있느냐에 달려 있습니다. 이번에 理工學部에 취임하신 교수, 조교수 분들은 어느 분이나 다 그 專門學에서 우수한 학자입니다. 금후의 연구에 있어, 학생의 교육에 있어 良好한 성적을 올리고 국가가 본학에 理工학부를 설치한 목적을 달성할 것은 기대되어 의심되지 않는 바입니다.

그리하여 본학도 綜合大學의 實을 올리기에 이르렀으니, 더욱이 農學部의 설치라는 것도 고려되어야 할 문제입니다. 조선의 産業은 農業이 그 大宗(사물의 근본)입니다. 예를 들자면 平年의 쌀 産額을 2,400萬 石으로 하고, 1石의 價格을 40圓으로 해도 9億 6,000萬 圓입니다. 기타 雜穀林産物을 더하면 막대한 금액에 達하는 것입니다. 그러므로 조선의 氣候風土에 適應하는 農業方面의 연구는 역시 조선에서 행해야 할 것이라고 생각되는 것입니다.

또한 오늘의 기념식에서 본학에 10년 이상 勤續한 判任官 이하의 직원 및 傭人을 表彰하기로 했습니다. 생각건대 한 곳에 勤續하는 것은 그 직무에 習熟하고 경험을 쌓고 결국 빼놓을 수 없는 要員이 되는 것입니다. 그런데도 이제 시국의 영향을 받아 人事의 異動은 頻繁합니다. 이때 毅然하게 多年 職을 본학에 바치고 恪勤精勵 충분히 그 責務를 다하는 자에 대해서는 참으로 그 勞가 많았다고 인정해야 합니다. 그러므로 旣往의 勤勞를 위로하고 아울러 後進의 模範으로 삼기 위해 여기에 이것을 표창하는 까닭입니다. 여기에 한마디 덧붙입니다만, 從來의 事務職員 停年制는 오늘부터 이것을 撤廢하겠습니다. 그 대신에 각자 더욱 그 직무에 奮勉努力하기를 바랍니다.

日支事變은 벌써 5년째에 접어들었습니다. 當初의 목적인 東亞新秩序의 건설에서 한 걸음 나아가 大東亞共榮圈의 確立이라는 大理想에 進展하고 있습니다. 이것은 무엇을 의미하는지 말하자면 我國은 日支事變이라는 未曾有의 大事業에 종사하면서도 더욱더 國力이 充實하고, 國民의 意氣가 더욱더 昂揚하고 있는 것을 나타내 보이는 것입니다. 국운이 더욱 隆盛한 이 시기에 우리 學徒도 協力一致하여 職域奉公 學業報國의 實을 올리고 本大學의 사명을 다할 뿐만 아니라, 크게 국가에 寄與하는 것을 희망하는 것입니다.

이것으로 오늘의 式辭로 하겠습니다.

(30) 篠田治策(총장), 14회 졸업식 훈사(1941.12.26.), 『학보』 178호(1942.1.5.)

오늘은 南總督閣下를 비롯하여 來賓 多數 왕림의 영광을 입어 여기서 본학 法文學部 제14회, 醫學部 제13회 졸업식을 거행할 수 있는 것은 본학이 크게 光榮으로 여기는 바입니다.

방금 졸업증서를 수여받은 新卒業生은 법문학부 64명(法學科 49명, 哲學科 3명, 史學科 5명, 文學科 7명), 그 이외에 選科修了生 1명이며 의학부는 62명입니다.

이와 같은 新 卒業生의 대부분은 혹은 官廳, 銀行, 會社 등에, 혹은 母校인 본학 교실로 벌써 그 進路가 경정되어 있고, 滿洲國 및 北支方面으로 진출하는 자도 또는 9명을 헤아렸습니다. 게다가 陸軍衛生部 委託學生으로서 졸업하는 자 9명, 陸軍海軍軍醫의 시험에 합격한 자 29명이라는 많은 수를 헤아렸습니다. 다만 교육계 방면에 취직하려는 자는 시기의 관계상 그 부임처가 아직 대체로 미정입니다.

대학의 목적은 大學令에 明示되어 있는 것처럼 국가에 須要한 학술의 蘊奧를 攻究함과 동시에 人格을 陶冶하고 국가사상의 涵養에 노력하고, 이로써 國家有爲의 지도적 인물을 錬成하는 데 있는 것이며, 학술연구의 목적이 國家百年의 大計에 속하는 것은 말할 나위도 없습니다만, 그것과 더불어 장내의 국가를 양 어깨에 짊어질 수 있는 인재를 배출한다는 사명도 또한 더욱더 중요해지고 있습니다.

이 점에서 보았을 때, 본학이 올해 다시 이와 같은 가장 信賴할 만한 127명의 新 卒業生을 국가의 活舞臺에 내보낼 수 있었던 것은 실로 欣快하지 않을 수 없는 바입니다.

특히 올해는, 제국대학의 역사가 시작된 이래 처음으로 非常措置가 실시되고, 재학기간이 3개월 短縮되어 12월에 졸업식을 올린다는 異例적인 처리가 斷行되었습니다. 이것은 이 重大時局에 즈음하여 하루라도 빨리 新進氣鋭의 士를 각 방면의 職業戰線에 맞이해야 한다는 국가의 要望에 기초하는 것이며, 이와 같이 異常의 기대와 囑望을 받아 학창을 떠나려고 하는 新 卒業生의 광영과 책임이 무겁고, 또 큰 것은 종래 그 예를 찾지 못한다는 점을 말씀드려야 하겠습니다. 벌써 지난 12월 초에는 주로 이러한 올해 졸업해야 할 학생에 대한 臨時徵兵檢査가 실행되고, 그 많은 자는 明年 2월을 기하여 명예로운 국가의 干城으로서 입대하기로 되었습니다. 본학으로서는 이 臨時措置에 즉시 부응하기 위해 周到한 대책을 세우고 各 학부 공히 學修課程의 改訂, 授業時間數의 증가 등을 실시하고, 明年 3월 졸업할 경우에 비교해도 손색없는 교육을 완성할 수 있었던 것입니다. 그것뿐만 아니라 올해 졸업의 新 學士는 바로 世界維新의 새벽에 際會하여 학창을 떠나는 것이므로 그 士氣의 旺盛한, 그 盡忠報國의 精神이 熾烈한, 어느 사람이나 모두 치면 錚錚하게 울리는 인물들이라고 확신하는 바입니다.

新 卒業生 諸君, 제군은 이와 같은 未曾有의 비상시국에 임하여 여기에 多年의 螢雪之功 완전히 이루고 마침내 최고학부를 졸업하려고 하는 것입니다. 저는 衷心으로 제군의 기쁨을 축하함과 더불어 一言 전별의 辭를 드리고 금후 處世의 각오로 하겠습니다.

이제야 제국은 不退轉의 決意로 大東亞戰爭을 개시하고 지난 12월 8월에는 황송하게도 米英兩國에 대한 宣戰의 大詔(조칙)가 渙發되어 우리 海軍은 緖戰을 일찍이 하와이에서 米國太平洋艦隊를 全滅시키고, 게다가 말레이 앞바다에서 英國東洋艦隊의 主力을 擊滅한다는 古今 未曾有의 大戰果를 올렸던 것입니다. 그 밖에 말레이반도, 필리핀, 홍콩 등에서 敵의 要衝은 잇달아 皇軍 正義의 鐵槌를 당하고 米英兩國의 多年에 걸친 東洋侵略의 據點이 바로 壞滅에 직면하고 있는 것은, 帝國政府의 迅速正確한 보도에 의해 제군이 숙지하고 계시는 대로입니다.

저는 올해 3월에 졸업하신 제군의 선배를 보내는 데 즈음하여 支那事變에 언급하여 蔣介石은 제3국의 원조를 얻어 용이하게 屈服의 기색을 보이지 않고, 米英兩國은 더욱 노골적인 敵性을 발휘하여 제국의 목적을 방해하고 있으나 그런 식으로 나온다면 머지않아 우리나라로서는 좋든 싫든 간에 이와 같은 諸國과 피차 적이 되어 싸움터에서 만날 수밖에 없게 될지도 모르겠다고 말씀드렸습니다. 그때가 마침내 왔던 것입니다.

開戰의 결과는 全世界의 耳目을 驚倒시킬 정도로 큰 제국의 승리로 나왔던 것입니다.

이와 같은 위대한 勝利의 歡喜 속에서 졸업증서를 손에 쥐신 제군은 어김없이 옛 萬葉[나라시대 말기에 완성된 일본 最古의 시가집]의 歌人이 읊었던 것과 같이

臣民인 나도 마음속 깊이 사는 보람을 느끼네, 天地가
번영하고 천황이 다스리는 시대에 마침 태어났다고 생각하면.
(御民われ生きるしるしあり天地の
榮ゆる時にあへらく思えば)

라고 하는 感激으로 가득 찬 것으로 짐작하는 것입니다.

그렇기는 하지만, 이번의 敵은 그 資源과 經濟力에 있어 세계에서 으뜸가는 米·英 兩强國입니다. 그들은 오랫동안 역사를 지배해 왔던 優位를 지키기 위해서라도, 또 여태까지 세계에 誇示해 온 전통과 명예를 걸고서라도, 틀림없이 어떻게 해서든 形勢를 만회하려 들 것입니다. 그 결과, 전쟁은 당연히 장기간이 걸릴 것으로 생각해 놓고 있어야 합니다. 따라서 우리 국민은 결코 이 緖戰의 승리에 도취하는 일 없이, '이기고 나서 투구의 끈을 더욱 죄면서'[하나의 작은 성공을 이루면 누구나 느슨해지기 쉬운데, 이럴 경우 좀 더 분발하면서 긴장을 늦추지 말라는 속담] 모든 困難을 극복하여 長期戰을 끝까지 싸우고 支那事變의 목적을 貫徹하여 大東亞共榮圈의 건설이라는 曠古의 大業을 완수시켜야 합니다. 이와 같이 長期戰에 즈음해서는 직접 軍務에 종사하느냐 안하느냐 상관없이, 국민이 담당하는 職域은 모두 다 이것 전쟁터입니다. 특히 제군은 각 방면에 걸친 銃後 혹은 前線의 전쟁터로 나가서 나중에 一軍을 지휘하는 部隊長이 되기도 해야 하는 사람들입니다. 혹은 官界에, 혹은 實業界에, 혹은 敎育界에, 혹은 科學醫療의 陣容에, 제군이 다년간 硏鑽을 쌓은 蘊蓄을 기울여 勇躍하게 이 聖戰에 참가하여 滅私君國에 보답하겠다는 一大決意로 皇軍將兵에 뒤지지 않을 勳功을 세울 때는 바로 지금입니다. 제군은 제군의 두 어깨에 걸려 있는 責務가 얼마나 중대한지를 깊이 생각하고 自重自愛, 더욱더 인격을 갈고 닦아 識見을 높이고, 건강의 保持增進에 노력하여 제군에게 주어진 각각의 業務를 통해서 鴻業을 翼贊해야 합니다.

이와 동시에 제군이 크게 반성해야 할 사항은, 제군은 최고학부의 졸업생이라고 해도 사회의 活舞臺에서는 아직 1학년이며, 初年兵이라는 것입니다. 三軍을 지휘하는 名將도 첫걸음은 하급병사로서의 修行부터 걸음을 내딛어야 했던 것과 마찬가지로, 장래에 大成을 기대하는 제군도 세상에 나가서는 기초부터 시작하고 오래 '忍耐自重의 修練'을 쌓아야 합니다. 대학에서 배운 深遠한 學理라는 것과는 아주 차이가 큰, 卑近한 또는 無味乾燥한 事務를 몇 년씩이나 담당해야 할 경우도 적지 않습니다. 그렇지만 이와 같은 修業을 계속해서 참고 견뎌 나간다면 이치로 설명할 수 없는 생생한 세상의 機構라는 것을 會得할 수 있기 때문에, 제군은 끝까지 謙讓한 태도로, 최고학부 출신자라는 것으로 자만하지 않고, 또 주어진 職務에 조금도 不平不滿을 품지 않고, '빛 보지 못하는 공로자'의 입장이야말로 강한 국가사회에서 추진력의 원천이 되는 까닭을 자각하여 職域에 精勵해 주셨으면 합니다. 이와 같은 苦難의 시대, 남의 밑에서 고생하는 시대에 게으름 없이 계속 공부하여 진정한 실력을 양성해 나간다면, 그것이 꼭 제군의 몸에 밴 빛이 될 것이고 결국은

제군을 국가가 없어서는 안 될 지도자로서의 입장에 서게 만들지 않고서는 그냥 놓아두지 않게 될 것입니다.

저는 제군이 몇 년간 살며 정들었던 學園을 떠나, 세계 역사의 轉換을 告하는 鐘소리가 드높이 울려 퍼지는 가운데 영광스러운 첫 무대에 등장하려는 모습을 보니, 참으로 無量의 기쁨과 感慨를 금할 수 없습니다. 제군을 懇切히 薰陶하신 恩師 여러 선생님이나, 제군을 오랜 세월 손수 공들여 기르신 父兄 분들의 胸中도, 오죽할지 짐작됩니다. 저는 제군이 오늘의 이 감격을 언제까지나 잊는 일 없이, 陛下를 위해, 나라를 위해 마음껏 활약하실 것을 기원하여 마지않습니다. 이상 간단합니다만, 所懷의 一端을 말하고 제군의 光榮을 축복하고, 아울러 제군의 前途에 대한 訓辭로 하는 바입니다.

(31) 篠田治策(총장), 15회 졸업식 훈사(1942.9.30.), 『학보』 187호(1942.10.5.)

졸업식을 거행하는 데 즈음하여 小磯총독을 비롯하여 朝野의 來賓 여러분이 임석해 주신 것은 본학이 참으로 光榮되게 생각하는 바입니다.

지금 각 학부장한테서 졸업증서를 수여받은 자는 법학부 72명(가운데 법학과 61명, 철학과 5명, 사학과 3명, 문학과 3명), 의학부는 60명입니다.

법문학부 졸업생이자 관청에 봉직하는 자는 11명, 은행회사에 34명, 교육방면에 11명, 대학에 머무르고 연구에 종사하는 자는 나머지 16명이며, 의학부 졸업생 가운데 학내에 머무르고 연구에 종사하는 자는 35명에 이르고, 별도로 육해군 및 만주국의 군의가 될 예정자 등 상당한 수가 있으며, 곧바로 의업에 종사할 자는 2명입니다. 다년간 螢雪之功을 이루어 경사스러운 졸업의 영예를 차지하며 自進하여 實社會에 돌진하는 제자의 前途를 축복함과 동시에, 20년에 가까운 긴 세월 동안 오늘의 모습을 애타게 기다리셨던 부모님 및 가족 여러분의 기쁨을 생각하니 특히 감개 깊습니다. 여기에 제자의 광영과 희망에 가득 찬 출발에 대해 한마디 생각을 말하고 전별하고자 합니다.

아시다시피 본래 제자는 내년 3월이 되어야 학업을 마칠 것이었는데, 반년을 단축해서 學園을 떠나게 되었습니다. 이것은 참으로 교육계에 있어서의 미증유의 비상조치며, 현재의 정세를 감안하면 국가가 얼마나 다수의 유용한 인재를 급속도로 필요로 하는지를 가리키는 것이며, 제자의 책무가 얼마나 중대한지를 알 수 있습니다. 동시에 이번 가을에 즈음하여 국가의 총력강화에 참가할 수 있게 된 제자의 명예로움과 자신감을 나타내고 있습니다.

특히 올해 5월 9일에 조선에 징병제 시행의 취지가 발표되자마자 半島在籍의 학생[조선인 학생] 제자가 진정한 일본국민이라는 자각을 새로이 한 점이 현저하며, 大東亞戰爭에 卽應하여 개정된 교련실시의 결과에 비추어 보아도 분명하니, 이것은 경사스러운 것입니다.

당연히 제자는 "국가에 須要한 學術의 理論과 應用"에 충분한 수업을 쌓았는데, 비상시국 아래에서 가장 기대되는 것은, 왕성한 국가의식과 인격이 완성된 有爲한 사람이라 생각되며 帝國大學의 존립의 의의도 실로 여기에 있다고 확신한 바입니다.

졸업 후에 제자가 어떠한 직무에 취임하며, 또 어떠한 위치에 두게 되어도 '大君의 醜'의 방패가 될 결의 아래 다년간 배양해 왔던 모든 능력을 발휘하여 국가 有爲의 일원으로서 활약할 각오를 새로이 하기를 기대해 마지않는 바입니다.

제자의 앞으로의 一擧一動은 모조리 국운에 관계된 책임감 아래에서 각자 직역에 직분을 다해야 합니다. 國家의 興隆에 의한 인식과 각오를 가지면 일자리의 상하는 없을 것이며, 오히려 오늘날 '숨어 있는 실행자'에게 숱한 중대한 임무가 남겨 있는 것이며, 다음 시대를 짊어져야 할 청소년의 교육에도, 또 연구실에 파묻히고 있는 과학적 실험에도, 軍務에게 뒤지지 않을 책무의 중대함을 痛感하는 법입니다. 또한 특히 제자에게 바라는 것은 충량한 일본국민이란 자각을 가지고 사회의 師表가 되어 주라는 것입니다.

제자는 반도에서의 최고이자 유일한 學府에서 배우고 전국 청소년 중의 준재로서 각각 그 목표로 하는 곳으로 향하여 전문 知識을 터득한다는 긍지 아래서 사회로 한 걸음을 내딛는 것인데, 사회 제반의 사정은 반드시 제자가 오늘까지 습득한 것만을 가지고는 중요한 임무를 완수해 낼 있다고 할 수 없습니다. 오히려 實社會로 나가서는 제자는 일년생이며, 요컨대 학교생활은 훌륭한 국민이 갖추어야 할 기초를 만든 것에 불과하다는 것을 알 수가 있을 것입니다. 단지 거기에 제자가 가장 자랑해야 할 것이 있다면 충량한 국민으로서 국운을 위해 죽을 각오를 가진다는 것에 있다고 믿습니다.

그 첫째는 國恩을 느끼는 것이며, 부모님의 은혜, 스승의 은혜에 感奮하여 항상 언제나 [行主坐臥], 感恩報謝의 심정을 가지고 정진해야 합니다. 국가가 막대한 경비를 지출하여 천하의 학자를 모으고 대학을 경영하는 이유는, 결코 제자의 입신출세를 위해서만은 아니며, 또 부형이 제자를 편안하게 20년에 가까운 학교생활을 하게 한 이유도 결국 진정한 일본국민을 만드는 것에 있다고 확신합니다. 이 感恩의 이념이야말로 제자가 국가에게 봉사하며 사회에서 활동해야 하는 근본도의이며, 모든 도덕도 또 대의도 모조리 이를 나타낸 데 불과합니다. 요사이 學園을 떠나가는 자에 대해서 사회의 논의가 집중되는 것도 실은 이 感恩의 이념이 부족하기 때문이라고 생각됩니다.

제자와 동갑인 다수의 청년 및 제자의 선배 대부분은 決死적인 覺悟로 國運擁護를 위해서 戰線에 서 있습니다.

支那事變 이래, 大東亞戰 발발 이후라고 하더라도 學園이란 온상에 있으면서 硏學에 정진하며 자기향상의 생활을 보낼 수 있었던 제자야말로, 오늘날의 시국 아래에서 유일하게 풍족한 사람들이라고 할 수 있습니다. 이것이 국가의 큰 은혜가 아니라면 무엇일까요.

작년 12월 8일로써 시작된 大東亞 新秩序의 일은 겨우 반년여에 놀라운 큰 발전을 이루어 동쪽으로는 米大州에, 서쪽으로는 印度洋 위에 불타는 듯한 旭日旗를 우러러 보게 했고, 북쪽으로는 北氷洋에, 남쪽으로는 濠洲 근처에 혁혁한 제국의 실력이 미치고 있으며, 八纊一字의 聖業은 달성되고 있습니다. 태평양 그 자체를 領海로 하게 된 오늘날, 국민의 각오는 1년 전의 그것과는 비교할 수도 없었으며, 1년 후의 그것은 더욱 상상을 불허할 것이라 하겠습니다. 제자의 전도가 양양할 것과 동시에 그 책무가 더욱 부담일 것은 물론이지만, 百難을 물리치고 萬苦를 참고, 戰線에 있어도 銃後에 있어도 관계없이 一死報國의 결의를 가지고, 祖宗에게 받은 큰 사명의 달성에 邁進할 것을 절실히 바라는 바입니다. 오늘 제자를 보냄에 즈음하여, 萬感姣姣에 직면하여, 석별의 마음 간절합니다. 덧붙여 제자가 大東亞建設의 대업에 참여할 전도를 축복하여 제자의 자애를 기원하며 훈사를 마치겠습니다.

(32) 篠田治策(총장), 선서식에서의 훈시(1942.10.), 『학보』 188호(1942.11.5.)

오늘 여기에 신입학생 제자를 맞이하여 入學宣誓式을 거행할 수 있게 된 것은 大東亞戰爭下에서 참으로 그 뜻이 깊다고 느끼는 동시에 또 慶賀하지 않을 수 없습니다. 이번에 입학을 허가받은 자는 법문학부 학생 60명, 의학부 학생 53명, 이공학부 학생 41명이며 대부분은 본학 예과 수료생입니다.

제자가 다년간 원했던 修學의 마지막의 과정인 最高學府에 입학할 수 있는 영예를 얻은 것은 제자의 노력의 결과이지만, 오늘까지 제자를 길러 주신 부모님과 은사에게도 감사해야 하며 또 과거 수십 년간 제자를 訓導해 주신 스승에게 감사해야 합니다.

이제 국가는 총력을 쏟아 征戰에 종사하며, 제자의 동년배인 다수의 청년, 거의 모든 청년은 戰線에서 조국을 위해 死鬪를 벌이고 있으며, 벌써 십수만 명의 忠勇無比한 將士가 護國의 이슬로 사라졌고, 제자만이 편안하게 학원에서 학업에 몰두할 수 있다는 것을 생각해 보면, '皇恩의 弘大함'에 감사하지 않을 수 없습니다.

제자는 이것을 깊이 생각하며, 自肅自戒하고 본학 학생으로서 본분을 발휘하고 장래 국가지도자로서 인격을 도야하고 學術의 錬磨에 노력하여 '天壤無窮의 皇運'을 받들어 모실 각오를 굳게 해야 합니다.

우리나라의 교육의 기본은 敎育勅語인데, 이 聖訓은 肇國의 정신에서 淵源하며 古今東西를 통해 움직이지 않을 우리나라 교육의 근본정신이며, 국민이 실천해야 하는 千古不滅의 도리입니다. 우리는 밤낮 服膺하여 이 聖旨에 따라 노력하고 그 顯現을 이루기 위해 노력해야 합니다.

다음으로 대학교육에서의 지도정신은 대학령 제1조에서 제시된 바와 같습니다. 즉 "大學은 國家의 須要한 學術의 理論 및 應用을 敎授하고 그 蘊奧를 攻究하는 것"을 목적으로 하고 있으며, 또한 "人格의 育成 및 國家思想의 涵養에 유의해야 한다."라는 것이며, 제자는 본학의 여러 선생님께 전문지식을 배우고, 나아가 이것의 研鑽啓發에 노력함과 동시에, 여러 權威로부터 모든 인격적 감화와 훈도를 통해 국가의 柱石이 될 수 있고 忠良有爲의 인재가 되도록 자신을 갈고 닦아야 합니다.

오늘 선서, 서명한 신입생은 새로운 결의와 각오로 최고학부의 학생으로서 本分에 위배하는 행동을 취해서는 안 됩니다. 신입생제군은 원래 내년 4월에 입학해야 하는 것인데, 비상시국에서 국방상 및 산업상의 要望에 따라 臨時措置로서 학년단축이 실시되어,

처음으로 대학예과 2년 반의 과정을 끝내고 입학한 것입니다. 따라서 제자의 학력이 종래에 비해서 낮아진 것은 어느 정도 피할 수 없는 것이라고 생각됩니다. 대학에서의 專門學修의 硏鑽究明은 예과 또는 고등학교 시대의 基本學理와 基礎科學에 의거하는 바가 크기 때문에 제자의 학력이 저하한 것은 부정할 수 없는 사실입니다.

제자는 본학 여러 선생님께 專門學術의 기초지식을 전수받고 연구방법과 수단을 지도받은 것인데, 제자는 이렇게 體得한 지식 위에 한층 더 硏鑽과 사색을 함으로써, 문화의 창조와 발전을 이루어야 합니다. 이와 동시에 이들과 같은 여러 權威에 대해, 마음에서 우러나는 敬慕를 통해, 교수의 모든 人格을 통해 生動的으로 感化薰陶를 받는 것이며, 학문을 통해 진리를 구하는 지식적 측면에서보다 인격의 陶冶, 向上에 이바지해야 할 것입니다.

덧붙여 말하고 싶은 것은 體位에 관한 것입니다. 제자는 오랫동안의 修學生活에서 몇 번이나 지능적으로 선택을 받은 우수한 자이지만, 健康적으로 우수한 자가 많지 않은 것은 참으로 유감스러운 일입니다. 본학에서는 특히 이 점에 유의하여 작년부터 學生保健所를 新設하고 제자의 보건과 體位향상에 노력하고 있으므로 제자는 自進하여 대학당국에 협력하여 體育의 진흥을 기도하고 心身을 발전시켜야 합니다. 따라서 모든 학생이 明朗한 분위기 속에서 統制된 집단으로서, 또 우정이 넘치는 學園으로서, 학생, 직원, 교수들이 함께 어울려 修學鍊磨에 노력하며 마지막 학생생활의 3년을 의미 있게 보내기를 절실히 바라마지 않습니다.

오늘 大東亞戰 아래 10번째의 천황의 聖旨를 생각하고, 학생의 본분을 자각하여 국가 유용의 材가 되도록 학술과 인격의 연마에 노력하고, 國難을 극복하겠다는 결의를 굳게 하며 천황 아래에서 광영스러운 皇道文化를 四方에 宣揚하고 東亞의 영원한 평화를 확립하기 위해 천황을 보필할 것을 맹세해야 합니다.

이것으로 오늘의 고사로 삼습니다.

(33) 篠田治策(총장), 창립기념식 식사(1943.5.2.), 『학보』 195호(1943.6.5.)

오늘 여기에 본학 개학 17주년을 맞이하여 諸家와 함께 한 자리에 모여서 기념식을 거행하는 것은 극히 欣幸합니다.

생각건대, 皇國의 興廢를 걸고 米英擊滅이 開始된 지 1년 반, 極寒 알류샨 群島에서 酷熱瘴癘의 南方圈 및 支那全域에서 廣袤幾千里에 걸쳐서 陸海將兵이 咆哮하는 怒濤를 차고, 혹은 屍山血河幾山河을 넘어 勇戰奮鬪하시는 중대한 때에 즈음하여 교직원제자는 충분히 敎學의 本旨에 일관하고, 국가가 冀求하는 有爲한 인재의 速急한 需要에 따르는 修業年限의 臨時短縮에 대처하고, 刻苦精勵 대학의 사명달성에 盡悴하고 계십니다. 學生生徒 또한 眞摯한 노력을 기울이고 硏學에 精進하는 것을 보니 欣快의 念을 금할 수 없다고 느낍니다.

지금 여기서 과거 1년의 주된 사항을 회고해 보고 싶습니다.

먼저, 皇國이 지도적 인재를 요구하는 것이 현재의 시기보다도 절실한 적이 없는 가을, 작년 9월에 법문학부 72명, 의학부 60명의 卒業生을 새로 사회에 내보냈습니다. 이것으로 본학 졸업생 총수는 법문학부 961명, 의학부 887명, 합계 1,848명이 되어, 이 졸업생이 각각 大東亞圈 내의 각 방면에서 그 높은 敎養과 蘊蓄을 쏟아 未曾有의 難局打開에 전력을 다하여 공헌하고 있습니다. 또 대학 본래 사명의 하나인 연구에 관해서도 각 연구실에서의 진지한 學究的 태도는 수많은 有益한 연구를 달성하고 있으며, 본학에서 學位를 授與받은 자 벌써 229명(그중 본학 졸업생 136명)에 달했습니다.

다음으로, 과거 1년의 人事의 槪略을 본다면, 법문학부장 藤田 교수는 任期滿了에 의해 사임하여 후임으로 內藤 교수를, 附屬醫院長 小林 교수도 任期完了하여 北村 교수의 취임을 보게 되었고, 學生課長事務取扱 尾高 兼任學生主事는 敎務의 사정에 따라 사임하시고 대신하여 大内 교수가 학생과장에 취임하셨습니다. 또한 각 學部敎官의 異動에 관해서는 법문학부에서는 一高 교수로 轉任한 麻生 교수의 후임으로 學識經驗 풍부한 齋藤 교수를 얻었습니다만, 心理學의 泰斗 黑田 교수가 一身上의 사정으로 퇴관하셨습니다. 의학부에서는 산부인과에 秦 교수, 안과에 林 교수를 얻어, 공히 刀圭界의 權威者를 맞아들일 수 있었습니다만, 微生物學 第1講座의 細川 교수는 京城順化病院長에 취임하기 위해 퇴관하셨습니다. 理工學部는 開講 1년을 지나지 않아 이 분야의 碩學을 얻는데다가, 土木工學科에 橫井 本府技師의 兼任, 機械工學科에 淺野 교수의 轉任 및 土屋 교수의 陞格, 電氣工學科에 谷 교수, 治金學科에 原田 교수의 轉任 및 吉岡 교수의 陞格, 物理學科에 遠藤 교수를 얻어서 理工學部 진용에 完璧度를 더했습니다. 그것뿐만 아니라 각 학부 共히 다수의 우수한 조교수를 맞아들여 연구에, 敎授에 만에 하나라도 오류가 없도록 기할 수 있었던 것입니다. 예과에서는 역사과의 喜田 교수가 神宮皇學館大學 교수로 轉出하고, 후임으로서 太田 교수를, 英語科 井上 교수가 福岡高校 교수로 전출한 후에 竹内 교수를 맞아들였습니다.

이에 반해 溫厚, 寡黙, 人格, 識見 모두 학생들의 畏敬의 대상이었던 理工學部의 大屋 교수는 膽道癌에 의해 6월 7일 逝去하시고, 예과 林 교수는 生徒의 指導訓育의 最先登에서 奮励하고 계셨습니다만, 病에 걸리어 旬日(10일 동안)만에 마침내 2월 21일 不歸의 客이 되신 것은 본학 및 예과를 통틀어 痛惜하지 않을 수 없으며 동시에 삼가 哀悼의 뜻을 표하는 것입니다.

다음으로 高地療養硏究所는 작년 5월 말, 官制公布와 더불어 野坂 교수를 소장으로 해서 현재 수많은 人的, 物的 각 部門의 困難을 극복하고 井原 敎授 외 要員을 맞아들이고, 또한 物資의 入手難에도 불구하고 작년 가을부터 患者를 입소시켜, 벌써 所期의 성적을 擧揚하고 있습니다. 理工學部도 昭和13년 이래 온갖 고생을 경험해 왔습니다만, 올해 4월 1일로 각 강좌도 완성의 경지에 도달했고, 건축에서도 第1號館도 완성되었으며, 內部設備의 完備도 目睫之間에 있고, 당당한 發足으로 올해 9월 제1회 졸업식을 내보낼 수 있는 現況에 있으며 국가의 기대에 부응할 수 있게 된 것입니다. 또한 生藥硏究所 濟州道試驗場도 완성되고, 올해 4월 24일 開所式을 거행할 수 있으며, 주된 사명인 藥劑資源의 檢索

에 공헌할 바 크기를 기대하고 기다릴 만한 것이라고 확신하는 바입니다.

新武道場도 작년 7월 완성되었고 學生生徒 錬武의 殿堂임과 동시에 일본정신의 眞髓를 파악할 수 있는 修道場으로서 좀처럼 볼 수 없는 무도장이 되었습니다. 近來 學生生徒의 體位惡化의 경향은 현저하게 증대하고 皇國 장래의 중대한 문제인 것을 감안하여, 작년 보건소를 설치하였고, 學生生徒의 체위를 조직적으로 검토해 온 결과, 그 성적 볼만한 것이 있으며, 要注意者, 强制休學者에 관해서도 또한 이들의 父兄도 一致協力, 健康回復에 노력하고 혹은 국가적 손실을 미연에 방지할 수 있었으며, 豫防醫學의 목적에 부합하는 좋은 결과를 낳았습니다.

다음으로 대동아전쟁 緖戰의 성과인 南方 여러地域에 대한 文化工作 및 개발조사로 本學도 多大한 足跡을 남기고 있습니다.

먼저, 자카르타에서의 治(오사메)集團軍政 치하 接收病院의 경영에 관해서는, 現地의 軍政監과의 절충을 통해 醫學部 小杉 교수를 隊長으로 하는 本學의 醫學派遣隊는, 各科 醫員, 看護婦, 사무원 등의 각 요원을 정비하고, 勇躍하여 戰火가 아직도 꺼지지 않은 南溟의 땅 자바로 挺身하였고, 更生 諸民族에게 날카로운 메스를 휘두르면서 '팔굉일우의 大理想'을 顯現하는 데 一翼으로서 본학의 眞價를 발휘하고 있는 것입니다. 다음으로 泉學生主事補助 外의 각원은 海軍의 囑託으로 뉴기니아 資源調査隊의 要員이 되어, 지하자원 및 기타 各種 天産物의 探險隊에 가담하여 출발했습니다. 이들은 激戰에 잇따른 激戰을 거듭하면서 뉴기니아 섬 北部에 있으면서 밤낮으로 조사에 노력하고 있습니다. 또한 北京에서의 接收병원의 지도자로 중국에 건너간 竹重一正 씨 외의 各員도 그 蘊蓄을 기울이고 奮鬪 중입니다. 이와 같이 본학 관계자는 남으로, 북으로 '나야말로 천황의 백성(御民吾れ)'이란 感悔를 안고 挺身하여 조국에 殉忠의 정성을 바치고 있는 노고를 인정하는 바입니다.

支那事變이 있은 지 거의 6년이 되어 가고 있고, 수많은 장병의 善謀力鬪는 세계를 驚倒시키는 戰果를 올리고 있습니다. 本學 관계자가 이것에 참가하여 웃으며 死地로 돌격하고 있는 모습에 深厚한 감사의 뜻을 표함과 더불어, 散華하신 幾萬의 英靈에 대하여 삼가 애도의 뜻을 표합니다. 특히, 지난번 慰靈祭 執行에서 本學 관계자 24柱의 忠魂에 대해서는 사뭇 감개가 무량하고, 여기서 深甚한 敬悼의 뜻을 올리는 것입니다.

이제야 米英은 緖戰의 頹勢를 회복하려고 민족의 생존전쟁을 標榜하면서, 풍부한 物資力, 생산력을 믿고, 올해를 決戰의 해로 삼으려 하며, 온갖 희생을 염두에 두지 않고, 前線과 銃後의 攪亂을 기도하며 남에서, 북에서, 또한 이제 막 支那大陸에서 反攻에 專念하면서 호시탐탐 기회를 엿보고 있습니다. 이것을 破摧하고 대동아 諸민족 공영의 이상을 貫徹하게 될 때, 숱한 곤란을 排除하고 장기전에서 決定的 凱歌를 올릴 수 있게 될 때까지는 우리 1억 국민이 宣戰의 詔勅을 삼가 받았을 때의 그 감격을 持續하여 前線의 艱苦를 생각하고 殉國의 熱情에 불타서 '적을 쓰러뜨리고 또 전격하라(擊ちてし止まむ: 물리치고 멈추지 않는다, 고사기에서 나온 시가의 일부, 태평양전쟁 중의 유명한 표어, 譯者脚注)'의 氣魄 밑에 총력을 발휘하여 각기의 직역에서 奉公의 성의를 다해야 합니다. 이때에 즈음하여 전학 직원, 학생, 생도 各各이 其의 본분에 대하여 切磋琢磨하시고, 국가가 기대하는 본학의 사명을 완수하여 조국의 隆昌에 공헌하시는 것을 切望하여 마지않습니다. 이것으로 本日의 式辭를 대신하겠습니다.

(34) 山家信次(총장대리), 出陣學徒壯行會훈사(1943.11.5.), 『학보』 201호(1943.12.5.)

出征學徒壯行會에서의 山家總長代理 壯行의 辭

菊花가 그윽하게 향기를 풍기는 가을, 全學의 敎官, 職員, 學生이 한자리에 모여서 조만간 勇躍하여 宿敵 米英 擊滅의 征途에 오르려 하는 法文學部 학생제자의 壯行會를 거행하는 데 즈음하여 一言 壯行激勵의 辭를 드리는 것은 제가 가장 欣快로 여기는 바이며 또한 감격하지 않을 수 없는 바입니다.

世界史轉換의 대동아전쟁은 物的 戰力을 믿는 米英의 總反攻에 의해 刻刻 凄絶無比한 決戰을 되풀이하고 있습니다. 이 曠古의 非常戰局에 임하여 지난번에 徵集延期 臨時特例 公布가 實施됨에 따라, 벌써 徵兵檢査도 끝났고 드디어 제자는 최고사명 아래에서 국가의 위기에 급히 달려가는 날이 곧 온다고 생각했을 것입니다.

또한 잇달아 공포된 陸軍特別志願兵臨時採用規則에 의해, 이미 適齡을 넘은 조선인 학도도 떳떳하게 戰列에 낄 수 있는 榮譽를 주어졌기 때문에, 本學에서도 법문학부 內地人 학생 대부분과 특별지원한 半島人학생은 조만간 皇國의 最精銳로 勇躍, 조국의 危急에 가게 되었습니다.

大戰의 詔書를 배견한 지 2년이라는 오랜 세월에 걸쳐서, 鬱勃한 報國의 赤誠에 불타면서도 隱忍自重 滿身의 躍動을 억제하면서, 오늘까지 肅肅 學窓에서 제자는 오늘과 같은 날이 오는 것을 애타게 기다렸을 것입니다. 이 千載一遇의 기회에 즈음하여 직접 제1선 將兵으로서 出陣할 수 있는 제자의 壯容에 접할 때, 저는 제자가 어찌나 행복한 처우에 있는 것일까, 衷心으로 제자의 壯行을 祝福함과 더불어 제자도 틀림없이 만족하고 있을 거라고 생각합니다. 저희들은 벌써 老境에 접어들어 이 赫赫한 戰士의 열에 낄 수 없는 것을 한심스럽게 생각함과 동시에 제자를 부럽게 느끼는 바입니다. 특히 徵兵檢査의 결과 體位의 관계상 입영의 부르심을 받지 못했던 殘留學生에게 있어서는 心中으로 사뭇 동정을 금할 수 없습니다.

의학부, 이공학부의 학생들도 틀림없이 똑같은 마음을 가질 것입니다. 그러나 動員令은 결코 文科系 학생에게만 내린 것이 아니며, 단지 理科系 학생은 국가의 요청에 의해 修學硏鑽의 期限이 부여된 것입니다. 理科系 제자는 이미 어제까지의 학도가 아니기에, 국가에 應徵된 戰士의 마음으로 교실이 바로 전쟁터이며, 연구실은 完勝의 道場이라는 마음가짐으로 一路戰力增强을 위해 必至의 硏鑽에, 修錬에 心血을 傾注하고, 졸업 후에 國家有爲의 干城이 되도록 육성에 있어서 소홀히 하는 바가 있어서는 안 됩니다.

저는 이 기회에 특히 조선인 학도에 한마디 하고 싶습니다.

이미 말씀드린 바와 같이 이번에 陸軍特別支援의 제도가 공포, 실시된 본학에서도 벌써 오늘까지 8명의 지원자를 접수하였습니다. 하지만, 이 숫자는 全數에 있어서도 비율에 있어서도 극히 적습니다. 지원의 마감일까지는 相等의 기간이 남아 있기 때문에 더 속속 자청하실 것으로 생각합니다.

무릇 이 지원병제도는 말할 나위도 없이 適齡을 넘은 대학전문학교학도에게만 열린 특권이며, 황국신민으로 대우하시는, 內鮮一體에 의한 (天皇陛下) 마음의 顯現입니다. 물론 징병제의 경험이 없는 조선에서는 지원병징집의 실시는 과거에 없던 돌발적인 사건이기 때문에 家庭緣故의 感化영향도 있고 해서, 어떻게 대처해야 하느냐에 관해서 시급히 결의하지 못하고 右顧左眄하는 자가 있을지도 모릅니다. 이 정세 밑에 率先 징병을 지원하시고, 全鮮 학도에게 垂範하신 것은 그 意氣 극히 장하다고 해야 하는 것이며, 저는 本 大學 全員의 이름으로 이와 같은 학도에 대하여 滿腔의 경의를 표하는 바입니다.

생각건대 半島統治의 根源인 內鮮一視同仁의 마음을 拜察해 드릴 때 조선민중도 또한 대동아 10億의 민족지도자로서 勇躍 참가함과 동시에 대동아건설을 위해 땀과 피를 흘려야 할 책무를 느끼지 않을 수가 없을 것입니다.

제자는 鮮內에서의 지도적 계급으로서 또한 국가최대의 恩澤과 기대를 받고 있는 자로서 또는 바로 全鮮學徒를 誘掖해야 할 유일한 최고학부의 학생으로서 저는 제자에게 그 각오를 묻고 싶은 것입니다.

이 世界史創造의 一大試錬의 시기에 직면하고 국가의 危急을 冷眼視하여, 전혀 보국최고의 길로 급히 달려가지 않고 학내에 남으려고 하는 자는 무슨 面目으로 여러 선생님이나 동료를 만나려고 하겠습니까. 조선을 사랑하고 조선인의 前途, 繁榮을 생각한다면, 제군이여, 먼저 스스로 지원병이 돼라, 저희들은 제군을 위해 또한 조선을 위해 이것을 衷心으로 切望합니다.

저는 切望하는 것이지 절대 강요하지 않습니다. 그러나 이 지원의 恩典이 반도인 학도에게 특별히 주어진 이 기회에 대동아 10억의 民族共榮을 위해 決然 나서지 못하는 儒夫를, 본학에서는 장래 有爲의 지도자로서 교육해야 할 필연을 인정할 수가 없는 것이며, 이와 같은 사람들은 하등의 방법으로 그 學修를 사양하게 만들 생각입니다. 이와 동시에 정부도 또한 이와 같은 제자에게는 징용 기타의 수단에 의해 제자의 心身을 再錬磨하고 再育成할 수 있는 방법을 강구한다는 것을 豫期하기를 바랍니다.

반도인 학생제군, 제군은 오늘까지 받은 교육에 의해 반도가 나아가야 할 길은 반도인이 황국신민으로 육성되고 道義의 朝鮮을 확립하고 (천황폐하의) 마음 밑에 일본인으로서 살아야 하는 것입니다. 또 이것이 唯一絶對의 길인 것을 충분히 承旨하고 있을 것입니다.

제군의 건강, 제군의 強靭함, 저는 제자는 반드시 황국신민으로서 충분히 그 의무를 다할 수 있는 것을 믿어 의심하지 않습니다. 우리는 또한 제자의 심중 潑剌한 殉國의 피가 흘리는 것을 느끼고 있는 것입니다. 저희들은 반드시 제자는 폐하의 股肱(심복)으로 內鮮 서로 손을 잡고 國難克服에 挺身할 수 있는 날이 올 것을 알고 있습니다. 이 기회에 쓸데

없이 逡巡遲疑하지 마세요. 자진해서 赤心을 吐露하고, 全學徒 모조리 지원병의 열에 끼어들고 이 崇高한 壯途에 올라감으로써 在朝鮮의 학교에 대하여 率先垂範해야 합니다. 달빛이 연한 저녁, 南山 기슭 朝鮮神宮 廣場에서 제자는 조선의 將來를 생각하고, 本然의 자신을 찾아내야 할 반성의 장소와 기회를 만드시는 것을 바라는 것입니다.

제군은 꼭 저희들의 기대에 부응해 줄 것으로 생각합니다. 저는 多大한 희망을 가지고 10월 20일까지 지켜보겠습니다. 전학 학생제군 悠久 3,000年의 皇運扶翼의 重責은 바로 제군의 雙肩에 있습니다. 붓을 버리고 劒을 들고 制服을 戎衣(군복)로 바꾸고 決戰場 가운데를 향해 가는 까닭 중 하나는 제자에게 負荷된 최고의 중책을 다하기 위해서입니다. 그리하여 제자와 싸우는 자는 또한 제군과 동년배의 米英 학도입니다. 제자는 健靭한 體軀, 眞紅하게 불타는 조국애의 熱血, 그 見敵必殺의 鬪魂은 渾然一體가 되어 砲彈煙雨 밑에 敵 學徒와 우열을 가리고, 神州男兒의 意氣를 천하에 보이는 것은 또한 壯하고 快한 일입니다. 제군은 젊은 열혈의 약동하는 곳, 破邪顯正의 利劍을 휘두르며 가는 곳마다 勝敗의 歸趨는 저절로 명백하므로 敵國의 降伏을 기하여 기다려야 할 것입니다.

가십시오, 出陣學生諸君!

이제야 秋霜烈日의 候, 颯爽한 마음으로 출장하시는 제자의 壯途를 全學 모두 마음속으로 경축하여 제자의 武運長久를 간절히 바라 마지않습니다. 白雪이 밟히는 아침에도 炎署에 불타는 저녁에도 우리 공히 제군의 자중자애를 念願하고 있습니다.

여러 선생님들은 물론이고 全學 學生은 깊이 친애하는 제자의 壯途에 多大한 기도로 전송(배웅)하고 있습니다. 잘 가라, 제군이여, 이것으로 壯行의 辭로 삼겠습니다.

昭和18년 12월 5일

경성제국대학총장대리 山家信次

3. 『朝鮮及滿洲』의 「城大教授物語り」와 「京城大學論」

1) 『城大教授物語り』(春秋子)

① 城大教授物語り(其一): 志賀總長・徳光博士・ハウアース教授, 『朝鮮及滿洲』 1931年 1月

○志賀總長

餘り世間に知られてゐない逸話を一つ。

博士は大の菊の愛好家である。此の愛好家は自分で菊を作って樂しんだり又その花を見て喜ぶだけではない。菊の花を油で揚げてその風味を賞するのである。だから、秋も終りに近づいて菊の品評會や展覧會の時期が過ぎた頃になると、博士は兼ねてから目星を附けておいた菊の愛

好家連中の許に片つ端しから電話を懸けて、『君の家の菊はまだ花をチヨン剪らないのか。』とか、『何日の何時何分頃にチヨン剪るのか。』等と誠に無慈悲に聞える催促が頻りである。

然し、此れは博士の説に依ると決して殺風景な理由にはならない。先づ花を充分に鑑賞して眼を樂しませたり頭を休めたりしてから、愈々最後に油で揚げて風味を賞するのである。いかにも念の入つた愛好振りではいあるが、唯問題になるのは、他家の花を賞しながら、實は心の中でちやんと油で揚げて食べる時のことを考へて居るのでないだらうか、どうかである。

扨て、博士は世間でも周知のやうに細菌學では世界的泰斗で且つ赤痢菌の世界最初の發見者である。つひ此の間までは大學で細菌學の講義をしてをられたのであるが、その講義たるやあたかも小學生に物事を教え込むやうな調子である。そこで大學生もおとなしく小學生のやうになつて講義を聽く。確かに愉快である。

凡そ博士に三つの階級があるさうだ。第一階級は博士の博士である。つまり博士となるべき人物を養成する博士である。第二階級は自分の實力で博士を獲得した博士である。第三階級はお情けや義理で博士にして貰つた者である。第一階級の面も最尖端に立つてゐる志賀博士であるから、未來の第二階級や第三階級の博士を以つて任じてゐる學生は勿論であるが、又は近頃のプロレタリア闘志のやうにもつと別の階級を狙つてゐる學生達も文句抜きに愉快である。此處に「世界的な」と言ふ言葉の難有味がひとりでに現はれてゐる。講義が赤痢菌の所に來ると、「此れは私が發見致しましたので――。」等と言はれると、確かに學生達は文句抜きで愉快になれる。勿論、博士にも敵はある。敵側に言はせると、「赤痢菌なんて、あれや隅然の發見ですよ。」等と冷笑するものもあるが、學生達は日本の本にも外國の本にも皆一様に「志賀氏此れを發見せり。」と詳しく書いてあるのを讀むと文句抜きで愉快になる。

所で、博士の試驗である。學生達は博士の研究室に順々に呼び入れられて一々口頭試問を受けるのであるが餘り物覚えの好くないのや怠けてゐるのが、試驗問題の書いてある紙を片手に持つた盡博士の前で、京城の電車見たやうによく停電して立ち往生をする。すると、博士は京城電氣株式會社のやうに、何時までも電車を停電させて放つて置くと言ふやうなことは決してない。博士自身で出した問題を又博士自身で學生の代りに丁寧にしやべつて呉れる。學生は唯黙つて、はいくくと言つて聽いてをればいゝのである。さうして、最後に解つたか、と聞かれた時に、はい解りました。と答へればいゝ。すると、その學生は細菌學の知識はなくてもちやんと良の成績が貰へて、もう面倒臭い細菌學なんか二度と覗かなくて結構一生が暮らせる。一體、大學の成績は、優、良、可、不可、の四階級に分れてゐる。第四階級に當る不可は落第點であるが、第四階級は中々文句が多くて厄介である。所が、唯はいくくと言つてをれば勉強はしなくても無事に良の成績が貰へるのであるが、つひ口を辷らして學生の方で餘計なことでもうつかり言はうもうなら、それこそ形勢は一ぺんに逆轉して大變だ。初めに言つたやうに、博士が菊の花を油で揚げたのが好きなので、その時の油をしぼつて置くのは今だとばかりに、まさかさうでもあるまいが、ともかく盛んに突つこまれてさんざんな目に會つて油をしぼり取られる。その舉げ句が點數は可に下落をしたり不可に慘落をしたりして成績表に番狂はせができる。成績表つて奴は相場表見たやうに一目瞭然として解り易いのはいゝけれども、どうも變動があり勝ちだ。さうして、學生が成績表を見ることあたかも昨今の相場師が新聞の株式欄を見る如し、とは少しひど過ぎるかも知れない。

嘗て、總督府醫院時代の博士は醫專の校長であつた。醫專時代の博士は今に比べると、確かにもつと見違えるやうな明るい健康な一面を絶えず學生に示してをられた。ある年の運動會は可なり盛會であつて、博士も頗る上氣嫌であつた。會が濟むと運動場の眞ん中で學生達は博士を取り圍んで胴上げをして萬歳を三唱したのである。勿論、博士の發聲で。所が、三回目の萬歳が濟んで、學生達はも一度博士を胴上げしたものだ。すると、博士の方も負けてはゐないで、又一度「明日は學校休み、萬歳。」と、如何にも嬉れしさうに、帽子を高く打ち振つて叫んだのである。勿論、學生はその聲に和して萬歳を叫び、相顧みて歡呼し、さうして、翌日は學校が休みであつたのは言ふ迄もない。だが斯うした面影は今の總長そしての博士には何處を探しても見當らない。

博士は今一生懸命になつて癩菌の研究をして居る、若しそれが成功して實際の治療上にも貢献することが出來たら、それこそ赤痢菌以上の功徳を世界の人類に奇與することになる、大にその奮勵努力を望んで止まない。

○徳光博士

病理學の徳光博士——

「いゝかい。君達。しやれの解らんやうな妻君なんか持つものじやない。一生苦勞するよ。」

一體、博士の夫人がしやれが解るのか、それとも解らないのか、其處迄は如何に博士の口が惡るくとも、又、如何に講義が脱線しても、遂ひに傾聽する譯に行かないのであるが、ともあれ、博士の講義には辛辣なしやれが多い。どう考へても面白いものではない病理の講義が光彩を放つて見えるのは、實は博士の辛辣なしやれのやうである。

然し、何と言つても紹介の仕甲斐があるのは博士の兩手使ひである。研究室で檢微鏡を覗いてゐるかは到底解る筈もないが、片方の手には確かにペンがある。も一方の手には色鉛筆がある。さうして、片方の手で文字を書き、片方の手では圖を描くのである。然も、それが同時なのだから壯觀である。勿論その間も眼は檢微鏡を離れない。頭の中も活動してゐる。

教室で黒板に圖を描く時は尚更利である。兩手にチヨオークを持つて同時に左右の手を働かせるので直ぐに出來上る。殊に人間の圖を描く時は左右同時に描くので平均の取れた人間の圖が普通の人の半分の勞力と時間で出來上る。

試驗は勿論口頭試問であつて丶博士の硏究室に呼び込まれた五六人づゝが一緒になつて、まるで一束幾らと言つた調子で極めつけられる。博士の言葉に依ると、學生は試驗室で煙草を吸つても酒を持つて來て飮んでもいゝ、ともかく頭を最もよくして知つてゐることが何でも答へられるやうな条件になつてゐてくれ給へ、とある。

扨て、試問の問題はくじ引きて定める。紙で作らへたたこよりを一束助手が持つてゐるが、その中の一本を引いて見れば、ちやんと問題が書いてある。それを博士の許に持つて行つて問題の答へをしやべればいゝのであるが、若し問題が氣に入らなかつたら三本まではくじを引き直して問題を取り換へてもいゝ。所で、學生の方が思案顔をして、恐る恐る博士の前に出やうものなら、開口一番、『君、ハンデイキヤツプとは何の事かね。』と言つた種類の質問が見舞はれる。『コモンセンスつて何のことか言つて見給へ。』と言ふやうな襲擊がある。さうして、此れが病理學の試驗問題なのだから先づ大抵の者は驚いても差し支へ無いのである。醫科の卒業生に就職難は無いのだが、若し試驗場の有様でも見せたら、それこそ、少くとも日本の景氣に關係しさうである。

○ハワアース教授

英國の大學教授は一體どんな風貌をしてゐるのだらうか。若しそんなことを考へる人があつたら、取り敢へず城大の法文學部教室の廊下に佇んで待つてゐ給へ。ガウンを着て、菱形の帽子をかぶり幾分持つたいぶつた様子で步るいて來る三十歲を越した位の英國人がハワアース教授である。恐らく、廊下に佇んでゐる君に向かつて批評的な、さうして取り澄まして落ち着いた一瞥を投げて行き過ぎることであらう。

昨年の秋に牛津大學の教壇から直つ伸ぐに城大英文學の教壇に來た少壯學者である。大英辭典の編輯に關係のある位だから、恐らく篤學者に違ひないが、未だ赴任以來？年にもならないので、海の者とも山の者とも解らない。今は唯その風貌が城大名物の一に加へられて居る。

② 城大教授物語り(其二)：杉原博士・森谷助教授・手島助教授,『朝鮮及滿洲』1931年2月

○杉原博士 —藥物學—

誰れが何んと言つても、藥物學の杉原さんは城大の醫學部に、いや朝鮮の醫藥界に無くてはならない名物である。從つて、名物であるからは、多少の有名税が要る。尤も、お醫者さんには、昔から營業税見たいなものは掛らないのだが、其處は世間への思ひやりが厚い杉原さんである。新らしい藥を創つて、世に益を積む丈では氣が濟まないと見えて、有名税の埋め合はせは、善良な京城府民として每月の給料袋をその儘そつくりと料理屋の酒代に拂つておいでだ。暮

らし向きのお金は、奥さんが毎月内地の郷里から取り寄せる。だから、京城府税務課長中村清一氏は誠に抜け目の無い敏腕家ではあるが、幾くら杉原さんが朝鮮の名物になつても、未だ以つて有名税を掛けるのは差し控へてゐる。そこで、早速ではあるが、税金の掛らないうちに、逸話を一つ拝借して置かう。

留學から歸つて來る杉原さんを乘せた汽船が、横濱の港に這入つた時の話だ。汽船の甲板に飛び出した杉原さんは、不安な眼附きで懸命に望遠鏡を覗いて、棧橋の群集中から、出迎へに來てる筈の奥さんの姿を物色して探し出さうと勉めてゐる。顯微鏡ならお手のものだが、望遠鏡では勝手元がだいぶ違つてゐる。幾くらあせつても、遂々奥さんの姿は見つからない。杉原さんは、氣の毒な程すつかり失望してしまつた。事情を聞いて見れば、全く無理もないことだが。その時、杉原さんのポケツトには十八錢しか殘つてなかつたのだ。十八錢では東京迄行く汽車賃にも足りない。斯うなつて來ると、幾年振りかで歸つた日本が、なつかしいとかどうとかの騒ぎではない。

間も無く汽車が棧橋に着いた。皆が降りるので、どうしても降りない譯には行かない。仕方が無いので、十八錢をポケツトにした杉原さんはブラくくとブリツヂを傳つて、棧橋に降りて來たものだ。すると、此の天涯の孤客のやうに漂然としてゐる杉原さんの側に近づいて來て、無遠慮な調子で親切に話し掛けて來た一人の婦人があつた。ふん、ホテルの案内係だな、と思つた杉原さんは、即座に、「宿はちやんと定まつてゐるよ。」と、懐へてゐるポケツトの十八錢を押へて景氣よく答へたものだ。さうして、何心無く氣を附けて見ると、驚いたことには、その婦人があれほど探してゐた當の奥さんなのであつた。それから、切符を買つて貰つたりなんかして、漸く郷里迄歸ることが出來たとは。

扨て、近頃の世の人々の癖を學んで、話を少し溯らせて見やう。此ん日、世界中の人間と言ふ人間は、皆が一人も殘らず、話を少し溯らせて語り合ふのが癖だ。今は全く不景氣のどん底だ。然し、大戰當時は景氣が好かつたと閑話休題、杉原さんはお醫者さんであるから、留學地は勿論獨逸である。所が、留學の期間がそろくく終りに近づいた頃、さうして、十八錢をポケツトにして、横濱の棧橋に新歸朝者として姿を見せた日から餘り遠く無い頃、杉原さんはベルリンからパリの空氣を吸ひに出懸けて行つたものだ。科學者であるから、杉原さんは、同じ空氣を吸ふにしても、味つたり嗅ひだりする。而も、パリの空氣は多種多様である。さうして、ある日のこと、杉原さんは遂に競馬場の空氣を嗅いで見ることいになつた。嗅いだ序に味はつて見たくなつた。其處で、ほんの一寸した氣紛れから、何氣なしに馬券を買つてしまつた。杉原さんの説に依ると、「うん、それや自信があつたからさ。」とか、「豫感があつたよ。」で鼻息が幾分荒れる。元來、フランスは地震國では無いが、何しろ地震の本場日本で鍛へた杉原さんの自信のことだ。まあ、同胞の誼しみで其處はぜひ信用して置き度い。然し、豫感の方は不贊成だ。何となれば、東京中央氣象？未だ嘗て大地震を前以つて豫感したことがない。何時も定まつたやうに、地震が濟んだ後で調査してくれる。再び、閑話休題、何しろ、そのジシンのお蔭で、全く地震見たいに突然、杉原さんが千圓近くの馬券に當つてしまつたのだから、地勢が多少複雜になつたに違ひない。筋書きはその勝つたお金で伊太利旅行としやれ込むことになる。杉原さんの格言に曰く、惡錢の身につかないこと、洋の東西の區別がない。扨て、筋書きは次第に進んで幕が最後に近づいて來ると、何時の間にか肝心のお金が無くなりかけてゐる。もつと終りになると、日本に歸る旅費までちやんと上手に使つてしまつて、此處でもあつぱれな天涯の孤客になりかける。愈々おしまひは、大使館に駈け込んで、ベルリンにある日本のM會社の出張店から歸國旅費を拜借とまで漕ぎ附ける。尤も、留學生が常習してゐる隱し藝ではあるが。

待ちたまへ。世の思慮ある人々は、もつと話を溯らせたがる。今は不況のどん底だ。だが、大戰當時は全く好況だつた。更に、大戰以前迄を考へれば、と。其處で、世の思慮ある人々の口癖を眞似ても少し話を溯らせると、ベルリン出發以前迄は、或は、留學時代はとなつて來るのだが——シツ。

○森谷助教授—社會政策—

社會政策の森谷さんに登場をお願ひして、現代社会劇一幕物としての紹介の勞を取り度い。場所は京城府内フランス教會附近にあるペンキ塗りの一寸大きな家の一室で、時代は昭和五年末頃の一夜と知つて頂き度い。

不意に幕がスルスルと上る。開幕の合い圖なしで。幾ら道具の方が慌てゝも、幕は決して降りない。扨て、無臺に見えるのは令嬢が只一人の人物であるが、少し詳しい説明をすると、彼女は大事な結婚式を明日に控えてゐる。だが、不思議なことに、結婚式前夜の令嬢としては、何處と無く様子が違つて見える。尤も、違つて見えるのに無理はない。嘗て、目白臺は女子大時代に例の福本イズムを熱心に信仰したり、三・一五事件に奮闘して大いに東京で聲名を馳せてゐる位だから。又、今頃官僚王國の本場は京城の隅つこで、然も親達が定めて呉れた結婚にマアクス令嬢が易々と從はうとしてゐるのでは。其處で、更に氣を附けて見ると、隣室で若い男達の話し聲が盛んにしてゐるではないか。令嬢は確かに隣室の話を熱心に盗み聽きしてゐるのだ。一體、結婚式前夜のマアクス令嬢に、壁を隔てゝ話を盗み聽きされてゐるのは抑々誰れか。假りに、聲の人達の爲めに今役割を書き留めて見るならばその風采から見ても、その聲に依つても、その話の内容を聞いても我々はどうしても主人公が森谷さんであることを確めなくてはならない。然も、この令嬢の明日の結婚式には何の關はりもない森谷さんを。我が森谷さんは何も知らないで、偶然令嬢の兄を訪れて行つたのである。勿論、結婚式を明日に控へた此の家の令嬢に自分の話が盗み聽きされてゐやうとは夢にも知らないのだ。

だが、此處で注意して置き度いのは、明日の彼女の結婚式の主人公でない森谷さんは、その一夜の訪問によりて明後日の彼女の結婚式の主人公になつてしまつた。唯一度壁を隔てゝ彼女に話を盜み聽きせられたがために。此處に於いて、森谷さんは古來の格言を端無くも少し訂正したものだ。曰く壁に思想ありと。物解りの善い人達の爲めに簡單に言ふと、彼女は明日に迄式が押し逼つてゐた親の定めた結婚を棄てゝ、遂に森谷さんと明後日には新家庭を持つてしまつた。

それにしても、令孃が親達から結婚を聞かされたのは、勿論彼女に耳があつたからであらうが、彼女が折角明日に迄逼つてゐた、而も親達が定めてくれた結婚式を破り棄てたのも、又彼女に耳があつたからだ。世に娘を持つ親達は心して置き給へ。親達の不注意は、彼女の耳に栓をさして置くのをわすれてゐたのだ。それから、壁に思想のあることも。

京城は光熙門に遠山プロダクションがある。映畫愛好家に廣く見せるために、此の短かい且つテンポの早い社會劇を映畫化を、遠山プロダクションに頼んだなら、遠山氏は此れを全八巻の長編物に脚色して、僅か十五日の間に一本の映畫に仕上げてくれる。試寫會の際の解説には、是非とも今洋行中の三宅助教授を招いてお願ひ申し上げ度い。

最後に、遠山氏の參考の爲めに結婚以前迄の森谷さんの生活や風采などの一部を傳へて置かう。結婚後の現在と違つて、其の頃の森谷さんは、青雲寮の安下宿に閉ち籠もつて、何か知らん勉強をしたり依體の知れない欠伸をしたりしてゐた。時々訪ねて來るのは、佳人のやうに氣が利いたのではなくて何時も間の抜けた巡査位のものなので、一向氣勢が擧らない。不意にやつて來ては、巡査は何時も机の引き出しを掻き廻して行く。さうかと思ふと、郷里の親爺へ出す無心状の下書や鼻紙の類を、屑屋の代りに、大事さうに持つて歸つたりする。

閑話休題、そんな風で、青雲寮時代の森谷さんは、獨身暮らしの社會学者の卵ではあつたが、遠山氏を煩はして特に研究して貰ひ度い點は、又、新婚？？の夫人には少々相濟まない譯だが、その風采が頗る難しい特徴附なのだ。破れかゝつたこと宛も現代資本主義見たやうなトンビで身體を包み、古ぼけてゐること正に封建思想その儘のやうな帽子を面倒臭さうにしてあみだに被り、薄つぺらなこと丁度近代戀愛觀をそつくりにしたやうな下駄を、今にも抜ぎ棄てるやうな恰好に穿いて——と、斯う數へると今の失業者數のやうに際限はないが、も一つ言へば、粗製濫造で出來た和製メリヤスのズボン下は、着物の裳から遥かに下の方へ伸びて行つて、殆んど足袋の領分を侵略してゐる。

扨て、北漢山の風の吹き廻し具合では、此の如何にも難しいやうに聞える風采が漂然とカフエーに現はれたものだ。若し、同じお仲間の三宅さんと一緒であれば、座席の光彩は一段と加はり、談が冴えて來る。「俺は鐘路でバナナの叩き賣りをしてゐる。」と言つた具合に話が始まつてくる。その言葉を聞いて、女給さん達は改めて風采を見直すが、此れですつかり安心してしまふ。元々育ちの悪い上にパーセントの足りない京城の女給さん達であるから、バナナ賣りと知ると、早速銘々達の親爺の商賣に似てゐるのを思ひ出して、此の男組み易しと無遠慮になる。そこでそれから先きは——どうぞ脚色はプロダクションに尋ねてくれたまへ。

○手島助教授—印度哲學—

過日、京城府税務課長中村清一氏は府民の功徳を賞揚し、併せて納税率良好の爲め全國的名譽を獲ち得た光榮を祝福した。然し、中村氏の祝福に洩れた府民中、或る者は、納税率良好の理由として府収税吏を泥的に喩へ、税金をふんだくるが故であると惡言を呈した。

饒舌休題、讀書家に讀書税は掛らぬ。從つて、手島さんが幾くら讀書家であつても、府収税吏は讀書税をふんだくりには行けぬ。だから、泥的君がその邊の意を含んで、代理訪問を——と、中村清一氏は言はないけれど。

一夜、手島さんは遅く迄例の如く讀書に餘念がなかつた。すると、兼々狙つてゐた泥的君が屋敷内に侵入して計画遂行の隙を窺ひ出したのであるが、手島さんの讀書振りに？せられ遂ひに一物をもふんだくらないで逃げてしまつた。手島先生、讀書を以つて泥的君を走らせる。

然し、竹添町人(當時手島さんは竹添町に住んでゐた)の言葉をその儘拜借するとしよう——

大學の先生は成る程變つてゐる。泥棒が忍び込んだのを知ると、急いで机の前に飛んで行つて本を開くのだ。然も、その儘一寸も動かないで、先生は書齋の内で、泥棒は窓の外で、と言つた具合に、夜通し根氣比らべをしてゐたが、到々夜が明け出したので泥棒の方が逃げてしまつた。先生怖くてストオブも燃やしきらなかつたので、早速感冒にやられてゐる。幾くら學者でも、本では身體が暖まらないものと見える、云々。

③ 城大教授物語り(其三): 泉教授・般田教授,『朝鮮及滿洲』1931年 3月

○泉教授—國際公法—

國際公法では我が國の先覺者、學界での權威、嘗て高文試驗委員、法學博士……泉さんは京城帝大の金看板を受け持つ一人だ。敢へて、京城帝大教授の肩書きが無くても、法學博士の稱號を用ゐ無くても、泉さんの名はその儘で何處へでも通用をする。泉さんの著書で國際公法を勉強した人は日本の中なら至る處で見られやう。人格・學歴・年齢……どの點から言つても、よし多士濟々ではあつても何分若手揃ひの法科教授中では、是非無くてならないピカ一的存在である。長者的信望が集まつてゐる點では、恐らく大學内切つての第一人者と言へやう。此の次の法文學部長には當然泉さんとの下馬評が大部分のやうだ。今迄代々の法文學部長は、どうしたものか、全部哲學科から出てゐる。その爲めからでもあるまいが、しぜん哲學科の講座は内容・設備共に充實するのが早いとの聲が時々外に洩れる。又、京城に女子專門學校設立の話が出たのは久しい以前からのことだが、その際の校長に擬せられたのは泉さんだ。いや、寧ろ泉さんを校長としての設立計画と迄言はれたものだ。それほど泉さんの名は暖かく響く。

—その泉さん。なにぶん自著を參考書に指定して購読をしてゐるのは、今の所何と言つても、法科中この人ぐらゐなものであらう。教室はいつも滿員である。法科は勿論だが、文學科・史學科・哲學科の學生迄がどしくく聽講に出懸ける。時に醫科の學生の顔が見えるのもめづらしくない。教授の教は確かに教へると言ふ字であるが、泉さんの懇切丁寧な講義を傾聽してゐると、如何にも教はると言ふ氣がしてくる。若い教授に眞似の出來ないのは先づ此處。

ところで、或る年の泉さんの國際公法の試驗に、受驗する學生の數が餘り多くて指定の試驗場だけでは這入り切れなくなつてしまつた。平常サボつてゐる連中が一度に押し懸けたのだから敵はない。係員はすつかり面喰つて、早速別の教室を試驗場にあてたが、それも直ぐ一ぱいになりかける。しばらくして、試驗場の樣子を見に來られた泉さんが驚いたのも無理はない。何しろ、一日も出席したことの無い顔が半數以上も並んでゐる。此れがもし若い教授なら、一ぺんに不機嫌になる所だが、其處はさすがに泉さんである。泉さんの學生は何も此處の狹い教室に限つたものでない。日本中にゐる筈だ。だから、既に氣の持ち方が違つてゐる。落ち着いておつしやるのには、

—私はかまひません。……、諸君の良心に尋ねて下さい、ふだん眞面目に出席してゐる人に對して氣の毒ですから、と。

此の言葉を聞くと、良心の一番敏感な學生が、まづ第一に席を立つて試驗場を出る。續いて一人が出る。又一人が……。又……。斯うして、平常出席してゐない學生の良心は瞬く間に呼び醒まされてしまつた。それから、試驗場はまた元通りの一つになつて、良心に恥ぢ無い學生だけが受驗したものだ。——それ以來、泉さんの良心問題と言へば誰れ知らない學生は無い位有名だが、同時に、平常サボつてゐて試驗だけ受けやうとする不心得者は、國際公法に限つて斷然ゐなくなつた。

京城に初めて大學が出來た當時、朝鮮在住の人達は反感的に大學のことを語り合つたものだ。昔浦賀の港に來たペルリ提督の軍艦を黒船と呼んだやうに。お役人は勿論鎖国令を布いてゐる。

閑話休題。今日、泉さんを兎や角言ふ者はよもやゐない筈だ。若しあるとすれば、今迄の所では例に依つて總督府のお役人位のものだつた。嘗て、松浦鎭次郎さんが城大總長の頃、官權萬能主義のお役人連は温厚な篤學者泉さんを朝鮮から追ひ出さうとの策を立てた。朝鮮の自治——即ち朝鮮人に自治を與ふると云ふやうな一文を雜誌に発表したのを理由にして。城大はペルリの黒船だ。早速、お役人は松浦さんに向つて、泉さんの辭職勧告を依頼したものだ。だが、松浦さんは朝鮮仕込みの俗官吏ではない。泉さんを辭職させるのなら、先づ自分を首にしてからにしてくれ、と言つた。今迄、總督府のことなら、どんな無理でも通ると思つてゐたお役人も、さすが此の時は當てが外れて驚いたやうだつた。官歴から言つても、學歴から言つても、松

浦さんでは歯が立たない。或はそれ以上だ。お役人は二度びつくりだ。

京城學界の内情は、鮮内では知れないで、直ぐ東京に飛んで行つて擴がるのが習慣的だ。さうして、いつも東京から京城に逆輸入をして戻つて來るのだが、然しその時は既に東京での評判が、税關のスタンプのやうにちやんとくつついてゐる。——泉さんの此の話もお多分に洩れないで、直ぐ東京に傳つて、再び京城に逆輸入をしてきた。その結果は、京城と言ふ所が否、朝鮮全體が、如何に學術・文化に遅れてゐるか、廣く東京學界に紹介したことになつた。而も、創立以來最初の京城學界情報として。

だが、考へやうに依つては、朝鮮の學術・文化が遅れてゐる證據を、如實に知らしたと言ふ點から、此のお役人の惡策は殆んど正に滿點に近いさうだ。然し、幾くら物は考へやうと言つても、朝鮮に於ける學術・文化の發展を阻止する禍根はその罪が大きい。Where is the guilty man? And who?だ。

學者には學者的良心がある。學者から此の良心を奪ひ取つたなら學者の價値が消える。學の獨立が無くなる。城大で勉強してゐる學者の學者的良心を敬愛して育てるやうにすることが、朝鮮に於ける文化の將來の爲めであるのは言ふ迄もない。同時に、學者的良心を充分に育てるには、城大としては是非大きな保護者がなくてはならない。城大も今後次第に色々な形式で外部との交渉が多くならう。その時に當つて、嘗てお役人のおせつかいを一蹴した松浦さんの役を勤める士は果して誰れか。

○船田助教授—羅馬法—

學生達に言はせると、法科の數多い教授團の中で、誰れが一番早く學位を得るだらうかは、確かに一つの興味ださうだ。世間の一部に聽いてみると、城大の若い助教授達は講義なんか放つて置いたらいゝ。學生が勉強したいなら、學生自身ですればいゝのだ。それが大學ではないが。その代り、助教授達は自分の研究著書を出して世に問ふて貰ひ度い。名講義を心掛けるのもいゝが、今日の社會狀態で、學生を刺戟するのはやはり教授自身の著書に依る力が最も大きいと。

羅馬法の船田さんは、學生達の期待も、世間への希望も、同時に充たしておいでだ。まだお若いが既に學界では一家の風格を備へ何處となく大家の趣きがある。先年出版になつた大著「羅馬法」は學界驚嘆の的であつた。學位を取るのは、先づ此の人がイの一番だらうとの話だ。氣の早い學生の中には、學位請求論文提出濟みを裏書きするものがある。さうかと思へば、東京帝大の羅馬法講座の後任を受け持つのは、此の人ではあるまいかとの噂が、京城では起らないで東京から、聞えて來たりする。船田さんは城大に取つて將來大事な學者だ。

—一口目には、法科の教授はどうも若いと言はれる。だが、若いと言はれながら、その中に次第に年を取る。學識も出來る。世間も注意をしだす。大學の内容が教授達の學識に依つて段々整つて來やう。

學位と言へば、倫理學の島本教授には今來月中に學位が下がるとのことだ。此れで哲學科に又博士が一人增える。かうして博士の顔ぶれが次第に揃つて來る。

④ 城大教授物語(其四): 今西教授・黒田教授・四方教授,『朝鮮及滿洲』1931年 4月

○今西教授—朝鮮史學—

朝鮮史學の今西さんなのか、それとも、今西さんの朝鮮史學なのか、その邊の區別は、朝鮮の歴史より、もつて解り難いやうだ。何しろ、城大から內地の大學に輸出の出來てゐるのは、今の所、先づ朝鮮史學の講義だけだらう。今西さんは、毎年、京都の大學に講義に行かれる。內地に幾くら大學の數が多くても、朝鮮史學の講座では、先づ城大が獨り無臺である。場所として、學問に有利な點もあらうが、今西さんその人に依る點のあることは、どうあつても見？せない。朝鮮の歴史を、整理して、學としての系統を立てることは、確かに、學者の任務であり、城大の大きな義務であらう。

—それにしても、朝鮮史學とは何んなものか、解つてゐる者は、解つたやうな顔をすればよい。見聞記と歴史とを間違へてゐるやうな、所謂歴史家が、朝鮮には相當多い。その中で、今西さんの存在は、色々な眼で見られる。見る眼をして、銘々に好きな角度を持たしめよだ。ともかく、今西さんの講義は愉快だ。脊の高さは普通だが、その體身容貌は確かに魁偉だ。若し鎧を着たら、美事な武士が出來上る。興來れば、その魁偉な體身を盛んに椅子の上で、前後左右或ひは上下に動かして、高聲歡談、時の移るのが解らない。それに學生の歡聲嘆聲が常に相和して來る。廊下を歩るいてゐる者は、何事が起つたのかと、是非一度は立ち留まつて耳を傾ける。それから、今西さんだな、と安心したやうにつぶやいて通りすぎる。然し、興の乘らない時の講義は、その反對である。開口數分、直ちに氣乘りのしない旨を宣言して、その儘學生一同を伴れて弘養軒（醫學部構內）に赴き、茶菓の御馳走と？ゐ。さうして、此處で高聲歡談が始まることになる。

一體、今西さんは、誰にでも門戸を開く。さうして歡談して時を過すのを惜しまない。此處にも、史學家としての態度が見られる。遠い田舍から、遙々と、今西さんの名を聞いて、古書、手紙類を賣りに來る鮮人も？くない。彼等にも、一々會つて事情を聽く。鑑定をする。馬鹿々々しい場合も多いが、時に思ひ懸け無い發見がある。例へば、嘗て田舍から鮮人が賣りに來た一通の古手紙の話であるが、その古手紙の出現の爲めに十年來の疑問が氷解したのはいゝが、同時に十數年來折角苦心の研究も、又、研究方法を改めて、最初から初め無くてはならないとのことがあつた。斯そうなると、歴史家の苦心も並大抵ではない。

最後に逸話。或る年、今西さんが、史蹟調査の爲めに、由緒多い城下町崎阜に行つた時のことである。崎阜には、今西さんが兼ねてから泊りつけにしてゐる、懇意な宿屋がある。例に依つて、今西さんは何時ものやうに宿を取らうと思つて、その宿屋の門前迄來たのであるが、その日に限つて、宿屋の様子が何と無く普通でない。門には幕が引き廻してある。玄關は綺麗に拭き清められて、家の中はひつそりと靜まり返つてゐる。不思議に思ひながら、試みに案内を乞ふと、威儀を正した主人が直ぐに飛び出して來て、今西さんを見ると、盛んに氣の毒さうに平身低頭を始める。愈々妙なので、主人に理由を尋ねると、實は今夜上人様の御來泊がある。だから、旅客は一切取らないことにしてゐる。どうぞ、此の度だけは濟まないが他の宿屋に泊つて呉れと嘆願する。此の言葉を聞くと、こんどは今西さんが嘆願を始める。どんな隅つこの部屋でもいゝから、是非泊めて貰ひ度いと。だが、一轍な主人は唯恐縮して謝罪するだけなので、どうにも仕方が無い。其處で今西さんは、一體上人様とは誰れなのかを尋ねて見た。宿の主人は改まつて大谷勝眞さんだと答へる。その大谷さんなら、大學時代から、今西さんとは友達である。専門は違ふが、二人とも同じ史學科出身だ大した遠慮も要らない。然し、今西さんが宿屋の主人に向つて、大谷さんなら自分とは友達である、關は無いから是非泊めて貰ひ度いと大いに説明をしても、解らう筈がない、遂ひに隅つこの部屋さへも借して貰へ無いでしめ出しを喰つてしまつた。——扨て、その時の上人様、即ち大谷勝眞氏は、現在城大の教授だ。而も、今西さんと同じやうに史學科。唯違ふのは、今西さんは朝鮮史學であるが、大谷さんは東洋史學の方である。世の中は妙なもの。隨つて歴史の研究も難しいつてわけ。

○黒田教授—心理學—

城大には、家族を内地に置いて、京城で下宿生活をしてゐる教授が相當に多い。世間が不思議がつて聞きたがるのは先づこのこと。然し、家族と離れゐても、平然と日常生活が續けられるのは、日本の軍人と、それから大學の教授位、他の職業では到底眞似が出來ない。黒田さんも、その點で、世間から不思議がられる中の一人。寡言沈思、年中黙々として研究に餘念が無い。専門は實驗心理學。先き程、論文通過で博士の學位を得たことは、未だ耳に新しく殘つている。

扨て、大學の教授は一體どんな研究をしてゐるのだらうか。此れも世間では不思議がつてゐる問ひの一つ。若しかしたら、黒田さんの研究も、世間から不思議がられるものかも知れない。

—獨逸の或る學者の著書に、黒田さんの發見が、立派に引用されてゐる。言はれる儘に、怖々本を開いて見ると、ヤパンとかプロフエサア・クロダ等の横文字が讀める。も少し氣を附けると、文中にピストルなんて時節柄物騷な言葉が使つてある。はて、變だな、と思ひ乍ら、讀み返へして見ると、何でもとかげにピストルの音を聞かせると、パチリと目を瞬くとのことである。黒田さんの發驗とは、此れである。普通の人には一寸解らない。

大學が創立された當初は、内地から、色々の教授達が一度に京城に集まつてきた。既に名聲のある人、無い人、或ひは偉いと思はれてゐた人等。然し、當初は誰れも一樣に落ち着けなかつたやうだ。だが、今年で六年の年月が過ぎた。落ち着く人はぼつぼつ落ち着いて仕事を始めてゐる。偉いと思はれてゐた人が、案外偉く無かつたことが解つてくる。箔の落ちる人がある。さうして、落ち着いて仕事をして行く人が次第に認められて來る。世間で幾くら學者の研究を不思議がつても、黒田さんは年月と倶に次第に認められて行く中の一人に相違ない。

○四方助教授―經濟學―

往年、河上肇博士が京都大學で經濟學の講座を擔任してゐた頃、卒業生が研究室に殘り度い旨を申し出ると、必ず決まつた質問が繰り返へされた。君の家は黙つてゐても毎月二百圓宛位は送金して呉れますか、と。やはりか金の要ることは、マアクスシストが既に體得して證明してゐる位だ。

同じ經濟學でも、四方さんは河上博士と畑が違ふ。東大の山崎覺次郎博士の門下と聞くからには、先づその方面の心配は無い。もつと心配の無いことは、家が關西財界の富豪であるから、河上博士見たやうに、毎月二百圓云々の懸念は更にない。だから、大學の會計では、出納係が時々嘆息を洩らす。此の月は四方さんが俸給を受け取りに來ないので片附がなくて困る、と。

大學内に、朝鮮經濟研究所、がある。四方さんはその中の中心をなす一人、やがて、城大に朝鮮經濟研究所あり、と言はれる日が來るのを祈つて止まない。先年發表になつた、朝鮮の市場に就いての系統的な論文は、量から言つても、質から言つても、大學内で無くては出來ない仕事として識者の注意を惹いてゐる。その論文作製に就いての挿話――夏の暑い最中を、奥さんが朝鮮内の市場を方々廻つて調査資料の一部分を集めたとのことだ。會でもあると、必ず夫婦同伴の先頭をうけ賜るのがこの人。口の惡いのが、それを見て、シカタ（四方）が無いと言ふ。

―學者になる要件は、金と根氣と長生きださうだ。勿論、四方さんは金の心配無用。夏の休暇中も、毎日大學の研究室でコツコツとしてゐるのを見ると、確かに根氣もある。これで、身體が丈夫で長生きが出來たら、それこそ占めたもの。養生が第一。

⑤ 城大教授物語(其五)：藤塚・速水・安倍・多田教授,『朝鮮及滿洲』1931年 5月

○藤塚教授―東洋哲學― ―法文學部長―

藤塚さん程の臧書家は、京城はおろか、京都以西では先づ見當らないだらうとのことだ。お宅を――否、『書物の家』を訪問した者は、廊下に迄うづ高く積み重ねられた書物を見て、若しも幸に愛書家なら垂涎正に三千丈であらうが、それが市井の俗物共なら大概はひと目でうんざりさせられ

る。さうして、『書物の家』の主人公に秘かに同情を寄せるかも知れない。——古臭い古書の山積はどう見ても氣が詰まるやうで、此んな中に毎日埋まつて暮らしてる主人公は、恐らく身體を害つて、蒼い顔をして半病人見たやうな人だらうと思ふと、書物の間から莞爾として現はれる赭顔の主人公——藤塚さんの頑丈な身體如何にも健康其物のやうな風貌に接すると豫想がすつかり裏切られる。何しろ、御尊父が釜石神社の神主さんで漢學者と聞くからには、家柄から言つても由緒がある。又、祖先傳來の古書・稀書が多いのは當然であらう。それに、藤塚さんが大學を卒業した時に、先づ最初一萬圓の書物を購入されたとの評判がある。評判だけでも羨ましい話だ。今の世の學生に、何處を探して、こんな話が聞かれやう。

扨て、土俵に上つたら、結構幕下位の相撲取りの仲間入りが出來さうな體格の藤塚さん、講義は懇切で熱心だ。それに言葉には力が這入つてゐるので、新入生は當分の間は肩がこるさうだ。然し、それも束の間、まもなく馴れて來る。だん〱東洋哲學の難有味が解つて來る。現法文學部長。學生の世話に熱心なのでその方の評判もいゝ。

これは藤塚さんと餘り關係のないことかも知れないが——城大が出來てから、ともかく京城の本屋の書物の有様が變つて來た。殊に、古本屋は著しいことだ。誰れが何と言つても、此れは大學が出來た賜物であらう。併し京城の新古本屋はまだ學者を滿足さす本は西洋東洋ものを通じて貧弱である。其處で、序でに言へば、京城の古本屋の親爺連は藤塚さんのお宅——『書物の家』に參上して教を受け、少しは店に氣の利いた書物を東京から仕入れて陳列して讀書子を引き付けるべしである。

○速水教授—心理學—

學生が教授の名前を話す時は大抵「——さん」を附ける。隨つて速水教授なら、速水さんで通つてゐる。然し、東大の卒業生が京城に來て、此處の學生が速水さんと言つてゐるのを聞いて、不思議がつたとの事だ。何でも、東京では速水さんとは言はないで、速水先生と言つてゐるさうだ。「——さん」と言はれるよりは「——先生」と言はれる教授の方が學生から見て偉いことになつてゐるのだらう。だから、速水教授は先生級の教授である。

或る時、『私は關東の大震災に會つていゝ體驗をしました。』と、嬉しさうに仰つしやつたものだ。地震と言へば、大抵が苦い經驗に決まつてゐる。どうも變なことに理窟を附けて喜ぶのが學者の癖——そら來た、と聽いてゐる者が耳を傾ける。何でも、地震の時に屋根の瓦が盛んに飛んで落ちてゐる。所が、不思議なことに瓦の落ちる音は一向に聞えない。澤山の瓦が飛んで落ちてゐるのだから、相當に大きな音に違ひないのだ。それにも拘らず、瓦の落ちるのが唯だ眼にだけ判つて、耳には音が聞えない、と。其處で、わが速水先生斷然うれしくなつたとのことだ。そんな危い中だから、普通の人なら先づ飛んで逃げる所だが、心理學者は反對にいゝ體驗をしてうれしくなるのだから大へんだ。さうして、此れを心理學上から言へば——の説に當てはまるなんておつしやる。聽いてゐる者は、啞然として先生の頭に屋根瓦の落ちなかつた幸運を祝する。尤も、ニユートンのやうに林檎の落ちるのを見て大發見をした例もある位だから、「落ちる」ものに興味を持つのは發見への母かも知れない。既に屋根瓦の「落ちる」例に依つて速水さん自身の證明くだんの如しである。それがあらぬか、速水さんはむつかしい試驗問題を出して、其處で多くさんの學生が「落ちる」のをごらんになる。試驗で屋根瓦のやうに落ちる者の悲鳴は心理學者の耳に聞えないのだらう。由來、「落ちる」ものに興味を持つのは發見への母かも知れない。——

城大法文學部は心理學教室にとゞめを刺す、と言つたら他から怒られるかも知れない。然し、實驗室等の設備が完成してゐることは、內地の各大學に比しても自慢してもいゝとのことだ。それも、速水先生が京城に來たからこそ出來たやうなものと言へるのであらう。

○安倍教授—西洋哲學—

『城大にはロダンの彫刻のやうな教授がゐるね。』と、或る専門學校の學生が城大の學生に話し懸けてゐた。『ロダンの彫刻に「考へる男」つて言ふのがあつたらう。あれそつくりなんだ。』と。何でも、専門學校の學生が牛耳。

洞に櫻見物に行つた時、騷々しい所から少し離れた奧の方へぶらくくやつて行くと、其處には石の上に腰を掛けて、凝つと瞑想に耽つてゐる一人の人が居る。よく見ると、いつも大學の方から出て來る教授である。そこで、邪魔をしてはいけないと思つたので、敬遠してそつちの方には行かなかつたとのことだ。それから二人の學生が話し合つて行くと、それが安倍さんであることが解つて來た。『哲学者つて變つてるもんだな。』と、専門學校の學生が嘆息をする。今から數年前、未だ大學が出來て間もない頃、世間から珍しがられてゐた頃の話である。安倍さんと言へば、名前なら日本中通用する。勿論京城だつて。然し、名前と顔とは一緖に覺えてゐる人は未だその頃少なかつたが、もう近頃では京城の安倍さんになりかけて來た。安倍さんが本町を歩るいて居れば『城大の安倍さんだな。』と本ブラ？は氣が附くやうになつてゐる。

又、若い頃は、漱石の門下に集まつた中の一人で、文藝批評のペンを取つて居られた。その方面の著書も數種ある。何でも、漱石の書いた日記の中には、安倍さんがお金を借りに行つたことが見えたりするとのことだ。そんなことを知つてゐる學生が、『漱石時代の話をして下さい。』とせがむと、きつと『それだけは聞くのを許して呉れ』とおつしやる。それ以上は誰れも聞き出すことが出來ない。それにしても、外國の文學批評は、此頃では既に哲學を持つやうになつてゐる。安倍さんがずつと文學批評を續けて居られたら、日本の文藝批評にも、哲學が發展してゐたらうに、と言つて惜しむ者がある。さうかも知れない。若し學生に『安倍さんとは』と尋ねて見たら、先づ一齊に『皮肉』と答へるやうだ。それ程、安倍さんの皮肉は天來の堂に入つてゐる。此れが學生の鬼門——。

○多田教授—城大豫科—

豫科で漢文を教へてゐる多田さん、朝鮮に來たのは今から五年程以前であるが、着京當時の荷物はどう考へても京城で小さな雑貨店でも開業するやうに見えたものだ。曰く反物下駄、曰く味噌、醤油、曰く木炭マツチ、曰く何々と言つた調子。『どうしてですか。』と尋ねると、『いや、朝鮮には賣つてないと思ひましたので——。』なんて言はれる。それから、『僕なんか未だいゝ方ですよ。米迄持つて來た連中も居るのですからね。』には先づ大抵の者が黙らされる。人間は皆大抵が多少變人である。だから、多田さんがほんの少し位變つてゐても何の不思議があらう。それにしても、内地から持つて來たマツチと木炭が數年間役に立つたさうだ。

⑥ 城大教授物語(其六): 高木・左藤・上野教授, 金重世講士, 『朝鮮及滿洲』 1931年 6月

○高木市之助教授—國文學—

聞く所に據れば、東大で最後の銀時計組の一人。さうして、『今にどんなことをするか解らない——』との言葉に送られて卒業した人。講義は飽く迄體系的で科學的である。不用は省き必要だけを整理して國文學を體系的に發展させて行くのであるから、講義は決して面白いわけのものでは無いが、其處に在來の國文學では見られ無かつた何物かゞある。その何物かゞ『今にどんなことをするか解らない——』と恐れられる所以である。

嘗て、兒島獻吉郎博士が城大教授時代の座談が傳つてゐる。『昔、私達の學生時代には頭の悪い連中が皆國文學に行つたものですよ。勉強の出來る者は大抵支那文學に來ました。』と。又、『今はさうではありませんね。國文學に出來る人がたくさん出ますよ』と。兒島さんの述懐を俟つ迄もなく、國文學近年の降盛は大したものである。幾多の新人、幾多の學者が輩出して、日本文藝復興の氣運は漸く動かんとしてきたのである。さうして、國文學は近代科學的な體系に依つて次第に整理されつゝあるのだ。此の機運に乗じてゐる高木さんが、『今にどんなことを——』と恐れられるのは又一理あらう。今迄の國文學者は殆んど外國語に縁が乏しかつたが、今日國文學者と言はれる人々は何れも外國語に堪能である。高木さんも亦その例に洩れない。附屬圖書館の演劇に關する外國語原書の多くは、その洋行中の土産であると傳えられてゐる位だ。此處にも、國文學の新しい時代の一面が見られる。

挿話一つ。學生が金を借りに行くのなら、先づ高木さんの所へ——ださうである。時に授業料を飲んでしまつた學生は授業料を借りる。高木さんなら黙つた儘で借して貰へる。巧く行けば、失敬してもいゝ。それも高木さんが金持ちであるからではない。少くとも、學生が教授に金を

無心するからには並大抵で無い勇氣が要る。だから、その勇氣に免じて、——とは、まさか。

ともあれ、教授と學生との間、又學生同志の間——が最も順潮に行つてゐるので、國文科は定評が高い。

○上野直昭教授—美學—

今から數箇年以前、丁度鐘路の普信閣が塗り換へられた頃、上野さんの言葉として傳つてゐる。——普信閣が塗り換へられると聞いて自分は古典の美が壊されると思つてゐたが、此ん度塗り換へられたのを見ると、其處に又別な美が出て來てゐる、云々と。此れは誰れにでも言へさうな、極くありふれた言葉であるが、而も決して誰れにでも言へるものではない。譬へ言へたにしても價値が極めて乏しいであらう。何となれば、文化上の正しい確實な批判は、矢張り正しい確實な學的基礎の上に立つて爲されてこそ、始めて眞の價値があるからだ。上野さんの此の言葉にも、大學が社會に對して呼び掛ける聲に新らしい響のあるのを、耳敏な人なら聽き分けることが出來るであらう。さうして、卒業生の就職難を見て直ちに大學創立尚早の論を唱へる人の多い朝鮮は、文化的立ち場から見て、決して大學設立が尚早で無いことを知る可きであらう。

扨て、大學の講座中で、美學の講義は學問柄からか多少風變りである。教室で蓄音機が聽ける。活動寫眞がみられる。それが講義の一部分であつたり、全部であつたりする。冬の寒い日なぞは、下宿で震へてゐるよりは、スチームのよく通つてゐる教室で蓄音機の聽ける美學の講義に出席した方が學生に取つてどれだけ有難いか解らない。レコオドの多いこと殊にベトオヴエン物が全部揃つてゐるなどは日本でも先づ珍しいのである。それが上野さんの説明付きで聽けるのだから愉快だ。もつといゝことは、試驗の點數が甘いこと——但し、此れは内緒。それから、奥さんのバイオリンは餘り知れ渡つてゐるが、上野さんの三味線は殆んど知られてゐないやうだ。若し三味線師匠の看板を張つたら、その方でも結構食つて行ける程——但し、此れも内緒。

○佐藤清教授—英文學—

學者で詩人は日本で非常に少ないが、佐藤さんはその少ない中の一人であることは世間が周知だ。お得意の講義は英國ロマンチシズムであるから、教室ではキーツ・セリ・バイロン・バアーンズ・ウアズワス・コリルヂと言つたやうな詩人や彼等の詩が主に講ぜられてゐるが、佐藤さんは何處迄も情熱家で寧ろ激情の人だ。太い聲でどんどんと講義が進んで行くのであるが、詩の朗讀の時などは聲が震えてゐる位熱情的である。從つて佐藤さんは何事でも思つた事感じた事は遠慮會釋なしに言つてのける。そこで極端なエゴイズムとか偏狭とか詩人で詩人らしい高踏的氣格が乏いとか云ふ批評もあるが、詩人と云ふものは一體にそんな人が多いやうだ。家族は東京、隨つて京城では下宿住ひであるが、休暇が明けて京城に歸任して來ると、朝の汽車で驛に着いて直ぐその日の講義に出懸ける程の元氣である。頑張りの強いことゝ、親孝行とは校内で評判が高い。

○金重世講師─ギリシヤ語─

何しろ、自國語の朝鮮語がてんで下手糞でそれこそ殆んど満足に話せない。そこで、講義は總て獨逸語である。所がそれで無くてさへも厄介なキリシヤ語を、獨逸語での説明だから、馴れないものは先づ最初から一目置いてかゝる。講義中學生が不得要領な顔付をしてゐると、金さんは頗る叮嚀に朝鮮語で説明の勞を取る。然し、その朝鮮語やるや獨逸語よりもつと意味が皆に通じない頗るあやしい代物だ。學生が一せいに苦笑する。金さんも一緒に微苦笑をする。さうして、講義は元の獨逸語に戻つてズンズン進んで行く。

幼児から、ずつと永らく獨逸で勉強した人。朝鮮語は殆んど忘れてゐる。歸朝する迄は伯林大學で東洋哲學の講師をしてゐたことも傳へられてゐる。獨逸の哲學博士の稱號を持つてゐる篤實温厚の士。奥さんは獨逸婦人。本町の人通りの中を夫婦づれて、腕を組んで散歩の姿が時々見受けられる。

⑦ 城大教授物語(其七): 戸澤・松月教授, 『朝鮮及滿洲』 1931年 7月

○戸澤鐵彦教授─政治學─

大正九年東大政治科卒業・京城帝大法文學部教授・政治學講座擔任・現法文學部長[몇 글자 식별불능]と、斯う經歷を書き竝べて來て、此處で是非何か言つて見度くなるのは、最後の『現法文學部長』に就いてである。評判の善かつた藤塚教授が病氣の爲めに、先般餘儀無く部長の職を退いて、その後任に据えられたのが戸澤鐵彦教授である。今迄、代々の部長が揃つて哲學科の諸教授であつたのが、此ん度は愈愈永年待望のお株を法學科が奪つて此處に法學科乾杯!の日が訪れたのである。然も、年配から言つても、經歷から見ても、同氏より更に年長であつて、更に經歷の多い教授達が法學科中にさへも、見られるのに關らないで、未だ四十の年配に足り無い氏が部長になつたのであるから、迂闊な第三者が見ても一寸位は首を傾けて不思議に思ふと言ふものだらう。それに、部長の椅子は教授會の選擧投票を三度迄やり直して漸く後任が同氏に決定したものと聞いては尚一層不思議に思はれる。『戸澤氏はどんなことにでも必ず何かケチを附け理窟を加へなくては修まらない男だ。殆んど圓滑に解決しかけたことにでもきまつて横槍を入れるのである。だから、此ん度は一つ部長にして、學部の仕事がどんなに辛いものであるか經驗させてやるのだ』と、平素鼻息の荒らい法學科の若手教授連の言葉は至つて涼しい。又、さうかと思へば、『ナニ、戸澤氏の親爺は敏腕な銀行家だ、親爺の影響を受けて事務の才能だつて見覺え聞き覺えで持ち合せてゐる。學部の仕事位結構やつて行けるさ』と、友情的な態度が露

骨に見える。法學科にして見れば、戸澤氏でも誰れでもいゝ、兎も角法學科の中から部長を出したかつたのであらう。

扨て、新部長としての戸澤氏の評判は、就任後未だ、一箇月位では勿論決まらないのが當然であらう。巧く行けば此れに越したことはない。今後は出來るだけ事務的手腕に富んだ若い教授を部長に据えることにすればいゝわけだ。試みに部長室の前に立つて見ると、ドアに執務時間表がチヤンと几帳面に掲示してある。——曰く何曜日は何時から何時迄、と。こんなことは全く今迄にない例だ。どうしても若い者で無ければ出來ない事務的な几帳面さ振りである。それにしても折角圓滑に行きかけてゐるのを今更ら何もケチを附ける譯ではないが、今部内と言ふことを少し離れて對社會或は對外部の方面から考へて見ると、對象が官僚社會であるだけ部長としては矢張り出來ることなら年長者で經歷に富だ人を選んだ方が學部全體としての得策とのことだ。尤も、對社會なんか問題にしまいと言へばそれ迄ではあらうが、それでは法學科小王國になつて差し當り一番困るのは學生であらう。何れにしても、法文學部長の選任とは困難が附き物のやうだ。お隣の醫學部では到底見られない點である。醫學部と言へば醫學部の教授連は法文學部を殆んど問題にしてないやうだ。『此んどの總長は法文學部からでせうな』と醫學部の教授に尋ねて見れば、『法文に誰れが居るかね。誰れだね』と、言下に一蹴を受ける。此れは醫學部に技術屋氣質が多分に存立してゐるのにもよるのだらう。

話が横道に外れた。戸澤氏には最近の著書として『政治學概論』がある。圓本全集中の一冊である。市内の古本屋の店頭でも時々見受けられるから、その方面に興味のある人は是非讀んで大いに論ずればいゝのである。但し、決してマアクシストでは無いのであるから、その點は、大丈夫安心して差し支へ無い。

○松月秀雄教授—教育學—

會て「京城日報」子は評して曰く——

古人の『學んで厭はず、教えて捲まず』といふ言葉はぴつたりとわが松月秀雄教授に適應する。さやうに教授は熱心な篤學者である。[몇 글자 식별불능]

實に松月さんは獻心的である。眞劍である。命懸けである。「？治ある教授」であり、「忙しい教授」である。先生には他の職業人の味ひ得ざる三昧の境地がある。『教育の喜び』がそれである。

松月さんが一度講壇に登らるゝや、その流暢な雄辯、その奔放な外國語の使用、その麗はしき文章、その叮嚀なる講義振りは學生をして敬服せしめずには置かない。論より證據、先生の特殊講義の状況を御覧になれば解るが、他科の學生まで雲集して教室がつまつて座席が無い。若し不幸にしてまだ先生の講義を聽かざるものあらば先生の著書例へば、「手長足長個性教育膝栗毛」を讀まれんことを奬める。その如何に能文なるかを味はひ知るであらう。又、先生の教育學演

習(外國語の原)[몇 글자 식별불능]

著書に迄一々手紙で問ひ合はしてその返事を教室で發表される。而も、先生の使はれるテツクストには邦譯本が無いので學生は譯本を讀んで涼しい顔をしてゐると言ふ譯には行かない。だから、初めの中はろくに讀めない者でも、一時期も出席すれば氷の解けるやうにスラスラと外國語が讀めるやうになる。『松月さんの演習に出れば、一擧兩得だ。語學の勉強にもなるから。いや實は語學そのものゝためめの語學時間に出るより却つて實力が附いて增しだよ』と學生が言つてゐるのに不思議はない。又教育學概論の講義には『東洋の事柄も出て來て、東西兩洋の學問の比較對照がはつきりと頭を擡げて現はれる』と言つて知識慾に燃えた學生は大喜びである。何しろ先生は支那の殷墟文學を始めとして支那思想を熱心に研究して居られ、また朝鮮の李栗谷、李退谿等に就いても深く研究して居られる。

—以上、研究室員の言葉をその儘拜借する次第である。先般、故島本愛之助助教授の後を受けて視學委員になられたのであるが、此處にも『忙しい教授』の一面が社會的に強く反映するのである。

⑧ 城大教授物語(八): 志賀總長の辭任と後任問題, 『朝鮮及滿洲』 1931年 8月

○志賀潔博士—總長辭任—

初代總長服部宇之吉博士の功績は良教授を城大に集めた點と、更に後任に名總長と謳はれた現九大總長の松浦鎮次郎を据ゑたことであつた。東大教授其他多數の要職に急がしかつた服部博士は、總長時代の殆んど全部の生活が東京であつたので、學内の事務を自分で直接に見る暇が無かつたので、隨つて事務的方面の停滯してゐた仕事は其の儘で松浦氏に讓り殘されたのであるが、松浦氏の就任以來學内の事務的方面は面目を一新したやうに進捗して來た。而も、その間に松浦氏は紛糾後の九大總長に招かれて同地へ去つたのであつて、その後を受けて就任したのが第三代總長の志賀潔博士であつたのだ。總長としての志賀博士は恐らく松浦氏の立てたプランの進捗を監視して居れば好かつたと言つて差し支へ無いであらう。

大正九年十月、總督府醫院長として赴任して來た當座の志賀博士の人氣は宛も生き神樣のやうであつた。それ迄の總督府醫院長は歷代軍醫系であつたのが、志賀博士に依つてその例が破られて、而も世界的の學者である同氏であつたのだから、志賀博士が朝鮮迄來るのは不思議な位だ——と言はれ、又北里博士の隱退後は當然志賀博士が、その後に行くのだが、それ迄の約束で來鮮したのである——と迄傳へられてゐたのが當時一般の通り言葉であつた。現在の醫學部境内の大銀杏樹の前にある赤煉瓦の四角い洋館(現に眼科・岩井内科等の醫局に當てられてゐる)は、志賀博士の來任と倶に、同氏のために急設した細菌研究室であつたのだ。その頃の同氏に對する尊敬と崇拜は、當時を知る者の等しく思ひ出して忘れない點であらう。若

し、此れを現在の同博士の周圍に比べると、思ひ正に半ばに過ぎるものがある。豫言者は故郷に入れられずと言ふ言葉があるとすれば、又朝鮮を同博士の第二の故郷になりかけてゐた地とすれば、その言葉は年月と倶に漸次氏の身邊に當てはまつて來たやうであつた。大學創立以來、此處數年の間に學内に湧き上つて來たアンチ志賀熱は、誠に不思議な現象の一つであつたと言へやう。然も大物過ぎたのだ。その反對熱に大した原因の無いのを見れば尚不思議に思はれて來るのである。殆んどが些細な個人的の感情問題から出發してゐたやうだ。更に言へば、來任當時の志賀博士を知つてゐる醫學部現在の先輩株に當る諸教授連は殆んど皆が今尚ほ同博士に對しての敬愛の念を失つてゐないが、若手連中との間には大部分が感情上の溝が出來てしまつてゐるのであつた。其處には年齢上の差から來る當然の懸隔が多分に手傳ひてゐたことは爭はれない點であらうが、又、學究同志の敵對心或は偏狭心もあつたかも知れないが、一には朝鮮特有の特殊な排他的な氣風も其の間に自然に養はれてゐたやうであつた。さうして、その氣風こそは正に排斥すべきものに違ひないのだ。

ともあれ、京城が第二の故郷になりかけて來た志賀博士、而もアンチ熱に苦しめられてゐる志賀博士——斯う考へて見ると、矢張り同博士本來の故郷である北里研究所歸任が本道と言ふものであらう。一般の言ふが如く、城大醫學部内での志賀博士は、學者として不遇な人であつたやうだ。朝鮮が學者を遇するの道を知らないとは屢々聞く所であるが、學究者自身達も亦學者を遇するの道を知らないものゝやうだ。否、此れは獨り朝鮮だけではないかも知れない。日本の學界全體が既にさうなのかも知れないのだ。

功成り名を遂げ而も尚學究的精進を怠らない志賀博士は、朝鮮を言ふ小世界では餘り大物過ぎたのは事實であらう。我々は此の度北里研究所が博士を迎へて遇するに厚く、又日本學界が博士の爲めに榮ある背景となり、氏の新に着手して居るレプラ研究を完成せしめて此の天刑病として悩まされて居る多くの人々を救ふて貰ひたい。

忘れられないのは、最近拓務省で揉み消された城大學位令問題である。現在、植民地に於ける學位令と言へば、勿論日本學界の現状から押して醫學部のみの問題であつて、他の學部には有名無實で問題の外に立つものである。然も、その醫學部(朝鮮を主とし臺灣を客として)にのみ適用されると見てもいゝ學位令が、九分通り迄發令の運びになつたものが、遂に立ち消えになつたのは、原因が兒玉前總監と拓務省間との不和にあつたからと一般に言はれてゐるのは奇怪な點であつた。勿論、志賀博士にして見れば當然事なく發布になると安心してゐたものであつたのだ。然るに此學位令は城大に與へられないと云ふことになると志賀博士の顔に係ると云ふものだ。是れも志賀博士辭任の近因の一だと傳へられて居る。

暑中休暇中入りと倶に志賀潔博士の總長辭任が發表されて、同時に氏の北里研究所への歸任が傳へられた。此處で當然起るのは後任問題であつて、本來から言へば他の諸大學の慣例に倣ひ、何を措いても新總長は城大内から推擧す可き筈であるが、そんな顧慮や理論を一ぺんに飛び越えて、新秋の學期始め迄に内地大學内の先輩教授中から迎へることになつた。其處で、後任の白羽の矢は京都大學の織田萬法學博士に立てられたのである。

偖て、後任總長に就いては、先づ學内で相當に議論が分れて、その揚句更に後任者への就任慫慂難が伴ふであらうと一般から見られてゐたが期待は美事に裏切られたのであつた。極く短時日の間に併も極秘の裡に、學内教授會の意見を手早く取り纏めて直ちに就任慫慂難に移ることが出來たのは、或は城大内にアンチ志賀熱が澎？と持ち上つてゐて同博士辭任の機を平素から暗々裡に待ち侘びてゐたのにも依らうが、更に法學科出の戸澤鐵彦教授が現法文學部長であつたのに依る點が多分に首肯されるやうだ。機先を制するの明に敏な戸澤部長に取つて、此度の仕事は正に適材を適所に置いたと言へるものであらう。

若し此ん度のやうな場合に哲學科から法文學部長が出てゐたら、色々な意味で、問題が更に行き惱んだかも知れないと傳へられてゐるのにも、確かに一脈の埋がある筈だ。言ひ換へたなら、法學科系統の總長を後任に据ゑるには譬へ偶然からではあつたにしても、法科教授中から部長を選出できてゐたことが誠に好都合だつたのに相違ない。而も、それが戸澤教授であつたことは確かに人を得てゐたと言へやう。城大學内の醫學部からでもなく、哲學科からでもなく、又内地大學からにしても哲學系統ではなく、新總長を法學科系統からと言ふことに迄なつたのは、此處に再び城大法科乾杯！であらう。

東大法科には總長級の教授が、相當多いが、大抵は皆大學以外の或は自分自身の仕事を持つてゐるので、直ちに總長として赴任出來る人が居ないのは事實だ。其處で、京都の織田博士に白羽の矢を立てゝ一氣呵勢的に事を運んだとしたのは、城大法科として誠に賢明な方法であつた。殊に、織田博士は國際法の權威者であり、又國際聯盟に關係が深い。城大に國際聯盟思想が發達するのは、周圍の事状から見て大いに慶賀す可きことであらう。所が當の織田博士は總長は絶對に引き受けぬと云ふ電報が昨今の新聞に出て居る。斯うなると城大總長問題で城大は當分話題を造られるのであらう。

2) 「京城大學論」(江間俊太郎)

① 京城大學論(その一): 序論・職員編(總論), 『朝鮮及滿洲』 1931年 8月

序論

菊の花薫るこの十月十五日、京城帝国大学の開學式は總督、總監その他來賓數多の光榮ある臨場を得て、いと盛大に擧行された。内地の新聞にもその記事はのつてゐたし、鮮内の新聞には、「零號活字」の見だしで大きく書き立てゝいたので、この開學式は忠南道廳の移轉祝賀式など

はどこへか蹴し飛ばして、今年(秋の行事)の王座にのさばり返つたかの感がある。

京日の見だしは「半島學府の誇り、城大開學式行はる、全國の學会權威者參列下に明日から記念講演」であつたし、朝鮮朝日は「學びの殿堂に咲く豪華な學術の花、一流の學者を招聘し城大晴れの開學式を擧行」、大每朝鮮版は「半島最高の學塔、城大輝く開學式、新容成つて十五、六兩日に生誕後九星霜の歩み」としるしてゐた。朝新も確か同じ句調。——かうして光華燦たる金モールの帽子を着けられた我京城大学はいまでは押しも押されぬ帝國大学(日本人は何にでも「帝國」をつけることがお好き)として臺彎大学を弟分に持つてゐる。とは言ふものゝ、その創立當時は隨分諤々の議論があつたものである。「朝鮮文化の開發」といふスローガンには、誰だつて反對なものはなかつた。然しそれに伴ふ財政的配慮を先づ考へる必要があつた。何しろ大學の設立を具體的には豫想してゐなかつた當時の教育系統に、ごとんと大きな不生産的なことに於てはどの官廳にも敢てヒケをとらない大學——しかも帝國大學——が出來ようといふんだもの、少し位の騷ぎが學務局系統や一般觚者間にあつたとて無理もなからう。但し、大學設立反對運動と銘打つたものが公然と現れなかつたのは、政治運動類似の行動を絶對的に禁止されてゐる朝鮮として當然な現象であるが大阪に大阪帝國大學が出現したときの如き熱烈な朝鮮府民及朝鮮人の要求によつて出來上つたもので城大は斷じてない。一方我々は、一部朝鮮研究者の當時の便益の爲にその出現が立案されたのを否むことは出來ない。そして彼等研究者の一群は、大學開校と同時にその安全地帶にもぐり込んでしまつたのである。高級事務員の仕事をしてゐたものが一躍大學教授といふ肩書き持つた譯であるから、その得意や思ふべしだ。小田、小倉、高橋の諸教授は當時總督府に頑張つてゐてその帷幄に參書した。花村、松岡、渡邊等の面々は當時浮び上がつた人達であらう。大學豫科の職員はスベテ彼等に拾ひ上げられて「シーザー微苦笑す」をやつた連中である。これ等を「在來種」と言へば輸入組の東京の方は、服部宇之吉博士が京城帝國大學創設委員會の委員長として、職員組織を整理したのだ。當時の東大の法學部長が服部の直系であつたので、世人京城大學を以て「服部學府」の出現と稱した。高橋は文博で洋行歸りといふので「在來種」の總師の感があつた。しかして服部は法學科の陣客を山田に頼んだのだつたが蓋を明けて見ると、何れも新進であつたかは知らぬが無名の準ルンペン許しだつた。(法專より駄目だぞ) などと裁判所や本府の連中から當時ケナシをつけられた。現職法科の教授連はみなこの先禮を受けて進んで來たもので、その割りにしていまでは學門的に隨分とエラクなつてゐる。尤も官等や官位はそれとは不釣合に昇進してはゐるが……。

日支朝鮮文化の融合關係を探求するとは宜しい。しかしそれには必ずしも大學——しかも帝国大学——を立てるには及ぶまい、研究所位にして置いた方がよくはないかとの見解は當時仲々盛んだつた。今でもちよいちよい耳にする。原始的狀態が眼を廻すなら草葺の家泥濘の路次、それから飴賣りや松葉賣りの擔軍となつて展開するこの貧しい朝鮮に、金を喰ふとの權威、大學を立てると言ふ事に對して、總督府の新廳者を立てた時に聞いた世評と同じ非難が聞えた。この駁論には、月に六十錢乃至一圓の授業料の負擔の故に推定學齡兒童二百六十二萬人の僅か十八%しか普通學校就學者を出し得ない貧困なる朝鮮人たちの現状を考へると、些かうなづけるものがある。要は、義務教育費國庫負擔制を布き一般大衆の最低限教育の普及を圖ることが先であるべきか、それを全く閑却視しての大學制度が先行すべきかの問題である。

この問題の解決論は兎も角として、植民地住民にはなるべく教育を施さず愚昧のまゝに殘しておかんとの歐米諸國の植民地政策の定石を捨てゝ、またこの捨てたことを證明する手段として、齋藤文化政治の累次の宣言によれば、内地延長主義の教育制度を確立する必要があつたのである。そのシルエツトこそ京城大學ではないか。但しこの神聖な使命を持つた學塔からは反帝國同盟を旗幟として共産黨(市川、愼、曹、櫻井等の)が出てゐる。その一方齋藤前總督は昭和五年三月の貴族院分科會に於て、一委員の質問「京城大學には何故法文學部を設置したるや」の答として、朝鮮人青年の内地遊學による赤化防止手段として設けたと答へてゐる。

僕はこの前總督の言を重要視しなければならない。それはたゞに齋藤大将が京城大學の生みの親だからと言ふからではなく、壞滅状態にある朝鮮民族の生活にその方向を與へつゝある××運動討伐カムパの別働隊として京城大學が益々その創立精神を發揚して行かなければならないと言ふ、言はゞ城大の進路を指示したものであると思ふからである。その指示に從ふことがまた、東洋文化の發掘宣明を重要な任務として居る京城大學の爲めであるとも思ふ。從つてそこでは、新興階級の學門を奉ずる人々は極度に驟縮されて悲鳴をあげてゐるし、所謂思想善導の用に役立つ學門の徒に極度にその翼をのばして人間意識を超絶した緩やかな顔をしてゐるのだ。彼等善導學者の風貌は實はこれが原因した單純で子供らしき學門的勝利組の故であるが、如何にも官僚風——高等官一等從三位勲二等程度の—を吹かしているかに見えて、頗る人間的な気持に乏しく感ぜしめる。それは内地より輸入組で比較的官等の低い人間主義者どもの反感をそゝつてゐるやうである。輸入組即ち在來種以外の人々は比較的學門が深いと言ふが、基礎的に研究しつゝ永い間學究生活のみをしてゐたといふ自負心にて、在來種に相當ひどい闘ひを挑んだ頃もあつた。その行動の裏には常に、自分等は中央論壇、學界で大分名を賣つたのだといふ意識が手傳つてゐることを見逃せない。これは言はゞ中央集權的な考へで、無条件に譽める譯には行かない。在來種は在來種で文化の地方分權主義にとぢこもつて、上席に頑張つてゐようとする。そこに教授間の盛衰もうかがはれるが、AがBよりエライかどうかといふ點は抜きにして、京城大學の前記の使命目的に直接的な關係にある講座主はその種別の孰れにあるとを問はずまづくく高枕で數多の老若教授を燕雀視してをられる譯である。ただしその燕雀たちが徒黨や閥を組み出すと鴻鵠も安閑としては居られなくなること必定である。こゝから行つた松浦總長が就任するまでの九大の紛擾の新聞を手にした法科の俊秀、藤田(東)教授は、だから平然とした顔をして「それやこゝだつて騒ぎの起る可能性はあるわね人間はその時の感情でどう動き出すか分からないから」と言つた。

然し、どんな騒ぎの起る可能性かは知らないが、憤慨して出ていくやうな勇氣と能力のある教授の一人も見當たらないことだけは、保證して置く次第である。

職員編(總論)

京城帝國大學各學部講座は大正十五年四月(勅令第四十七號) で發布決定され、爾來数度改正、現在に於ける講座の種類及その數次の通りである。各講座擔任教授も序に入れた。

法學部

憲法、行政法 二講座	第一 松岡修太郎,	第二 清宮四郎	
民法、民事訴訟法 四講座	第一 藤田東三,	第二 松坂佐一,	第三 津曲藏之亟
商法 二講座	第一 竹井廉(第二兼擔)		
刑法刑事訴訟法 二講座	第一 花村美樹,	第二 增永判事(講師)	
國際公法 一講座	泉哲		
國際私法 一講座	長谷川理衛		
經済學 二講座	第一 四方博,	第二 鈴木武雄	
政治學、政治史 二講座	第一 戸澤鋳彦,	第二 藤本直	
外交史 一講座	奥平武彦		
財政學 一講座	三宅鹿之助		
羅馬法 一講座	船田享二		
法理學 一講座	尾高朝雄		
法制史 一講座	空席		
統計學 一講座	大内武次		
哲學、哲學史 二講座	第一 安倍能成,	第二 宮本和吉	
支那哲學 一講座	藤塚鄰		
倫理學 二講座	第一 白井成允,	第二 安倍能成(兼擔)	
心理學 二講座	第一 速水滉,	第二 黒川亮	
宗教學、宗教史 一講座	赤松智城		
美学、美術史 二講座	第一 上野直昭,	第二 田中豊臧	
教育學 二講座	第一 松月秀雄,	第二 花田爲雄	
社会學 一講座	秋葉 隆		

國史學　二講座	第一 田保橋潔,	第二 松本重彦	
朝鮮史學　二講座	第一 藤田亮策,	第二 小田省吾(講師)	
東洋史學　二講座	第一 大谷勝眞,	第二 島山喜一	
西洋史學　一講座	金子光介		
國語學、國文學　二講座	第一 高木市之助.	第二 時枝誠記	
朝鮮語學、朝鮮文學　二講座	第一 高橋亨,	第二 小倉進平	
支那語學、支那文學　一講座	田中豊藏(兼擔)		
外国語學、外國文學　二講座	第一 佐藤清,	第二 寺井邦男	

醫學部

解剖學　三講座	第一 上田常吾,	第二 津崎孝道,	第三 今村豊
生理學　二講座	第一 中岡政周,	第二 大塚藤吉	
醫化學　一講座	中村拓、佐藤剛藏各々分擔、佐藤氏は兼任		
薬理學　二講座	第一 大澤勝,	第二 杉原徳行	
病理學　二講座	第一 徳光美福,	第二 小杉虎一	
微生物學　二講座	第一 中村敬三,	第二 小林晴治郎	
衛生學、豫防醫學　一講座	綿引朝光		
法醫學　一講座	佐藤武雄		
内科學　三講座	第一 岩井誠四郎,	第二 伊藤正義,	第三 篠崎哲四郎
外科學　二講座	第一 松井樵平,	第二 小川蕃	
整形外科學　一講座	中村兩造		
産科學、婦人科學　一講座	高楠榮		
皮膚科學、泌尿器科學　一講座	廣田		
眼科學　一講座	早野龍三		
耳鼻咽喉科學　一講座	小川静雄		
小兒科學　一講座	土橋光太郎		
神經科學、精神科学　一講座	久保喜代二		

(この表、第一とあるは第一講座擔任教授の略なり)

右表の老若、大小、有名無名の各教授の外に猶ほ幾多の無任所の助教授、講師連が高祿を食んでゐる。教授で在外研究中なるもの數名、何れも相當の旅費を支給されてゐる筈である。

その外付屬大學豫科にも教授ならざる教授十九名、何れも清凉里の三？僂だけに通用する名説卓論に、我を忘れて未來の學者を夢みつゝあるのを忘れてはならない。とともに、大學の助手、副手、大學院生等にも、(あはよくば)と天下でも取るやうな氣で教授職を覬覦するもの多しとかや、取つてからの幻滅を感じない心掛けが大切であると言つておかう。一方、取り損つた時の心組みは尚更大切であること論を俟たない。萬巻の書も、一片のパンにさへ時にはなり兼ねるもの。その下に囑託、雇員看護婦、運轉手、小使等々、その數一寸數へ切れない程の大世帯だ。

これ等の上に鎭座して「大學一般の事務を掌り所屬職員を統督す」る機能を管制により公認されたる總長山田三良閣下がある。

總長の直屬機關としては、事務官西澤新臧と學生監渡邊洞雲があり、諮問機關として評議會がある。任期三年の評議員が六名、各學部教授の互選により總督から任命されて學科の設置講座の廢止等につき審議權を付與されてゐる。しかし評議會なるもの評議員に人を得ない爲かその名に相應な權力なく實權は各學部教授会の収める所となる。

教授会は學部長これを招集し、その議長となる。每週一回水曜日にあるが議論百出であつて、二時頃から開會して晩の七時、八時となるのは珍しくない。この頃の議長は概ね無權威(尤も醫學部はさうでもないさうだ) である爲め、事實教授會を支配するのは各派親分のカルテル的な力である。

法文學部には付屬圖書館があり醫學部に付屬醫院がある。醫院の方はその經營上獨立會計となつた。

大學規程は、餘程時勢に遇はなくなるものか、教授達が相談が好きなのか、どれもこれもミナ數度の改正を經てゐる。その審議に備へる爲めいろんな前相談會のやうな小委員會が澤山あつて、各教授が偏屈な理論闘爭に興奮して居る。つまり勝手なねつを吹き合つてゐる譯だ。

それ等の委員會の中で公式なものは、總長を會長とする建築委員會と付屬圖書館商議員位なものである。

大學生養成所たる豫科にも教授會がある、が看護婦産婆養成科の相談會位なもんで、大局に勢力を持たぬ。その爲めか、豫科の教授が本科に來るとどれもこれもおづくくとして居るやうだ。

勅任教授閣下が二十名、奏任教授、助教授殿が豫科を併せて百六十名、これに事務官二名、司書館？局長各一名が加はる、判任官の數は助手、書記、司書を合して百名。これを統督する總長は親任待遇にしてもイ？と思はれる程の官僚學府だ。朝鮮全道の八道廳を合計しても、勅任官八名、奏任官約二百名である。裁判所と對立して所謂大官の棲息地である。大學の出現によって、總督府所謂大官の席次に大動揺を來した譯である。しかし本府局長にまで漕ぎつけ得るものは安心して可なりであらう。何となれば、新年宴會等のメインテーブルは大學總長一人を入れたのみで矢張り彼等のものであるからである。

これ等の教授群は相當級の年俸に若干の講座料を國家より支給される外、彼等の自由になる研究室費(圖書購入費及研究旅行費)を頂戴してゐる。その額たるや、彼れ等の功績に比し安からざるものである。

② 京城大學論(その二): 職員編(總論)の續き,『朝鮮及滿洲』1931年 8月

職員篇(總論)の續き

カーキ色に塗られた大學の建物の中で一體いくら位の國費が費消されてゐるか、昭和五年朝鮮總督府統計年報(昭和七年三月刊行)に就てみよう。もつと詳細に發表することも筆者にとつて強ち不可能ではないが、この程度の公開が讀者の要求するところであらうし、また筆者の意圖した「ユニバーシティ・エキステンション」の趣旨にも適ふものであると思ふのである。

京城大學資産　五、三九一、三七六円

京城大學豫科資産　六四九、七六三円

(全鮮公立普通學校資産)　三三、四三八、九三六円

歲出經常費　一、九九六、六六四円

(總督府經常費)　三、八二〇、四五七円

京城大學講座經費　一、八三五、七九一円

(全鮮公立普通學校俸給月額)　二八四、二七〇円

京城大學新營費

(總經費・總督府繼續費)　一、〇九七、七八三円

歲出經常費 (總督府特別會計歲出豫算) の內譯を示すと次の通り。

俸給　八四六、一五八円

(昭五・八九〇、六九二円)

校費　一、一三一、〇〇六円

傭外人諸給　一九、五〇〇円

大學新營費も次の通りに小出をやつて來てゐる、鐵筋が校舍の至る所に震災時の建物のやうに不細工に出てゐたのはその爲めであつた。

昭和四年以前　四七四、七一〇円

昭和五年　三一三、〇七三円

昭和六年　一一三、八七五円

昭和七年　　　二〇〇、〇〇〇円

かゝる莫大な國費を、永久性のあることがらのためとは言へ、大して惜しみなく流消してゐる一方、大學の収入といふべきものは學生五七一名(内地人三八一、鮮人一九〇)の年額百圓(これも二期に分納)の授業料しかないのである。附屬病院の方には聊か患者や藥品による収入があるが、之とても病院の經常費には足らない位であり、よしまた一時の變態で剰餘金が生じても之を大學全般の爲めに使用することは出来ないのである。大學が營利を目的とした公企業でないからいゝやうなものゝ、大學の設立によつて少しでもその豫算面に影響を感ずる専門學校や關係部局は(大學許りに金を使はして)と苦情をよく持ち出してゐる。しかし大學もこの節は萬事五分減乃至それ以上の切り詰めで、教授の椅子のスプリングにもきかないのが随分あるし、會議室や事務室もどこか田舎の大學といふ感じがしてゐる位の有様だ。心ある參觀人だつたら寧ろ質素なことに驚くであらう。たゞ本部の總長室と應接室だけは相當な絨毯が敷いてあり、カーテンもいつも新しいのが下つて居る、またシアンデリア類似のものさへあるが、政務總官の次位にある大官のお部屋として、幾多の參觀の顕官の應接室としてまづたいして過ぎたものでもないであらう。應接室には歴代總長の額縁入りの大寫眞がかけてあるが、前任者の功徳を偲ぶ意味からしてイイことであると思ふ、しかし物故した教授や轉任せる教授講師の寫眞はどこにも見當らない。小型でいゝから關係研究室にでも掛けるようにしてはどうか。之を考へるといまさら總長職の教授職のエラサの差異、將に總督・局長の如し、と思はれて來るではないか。何しろ教授はどんぐりの脊比べのやうな人々計一八〇名もゐるのに、總長は一人だからなあ、さもあらう、展望子のペンが總長室に向かつたのを機としてその部室を一覧してみる。

總長閣下の机は教授のよりたいして壮麗なものではないが、椅子はずつと上等でからだがすつぽり埋れるやうな氣がする。机の上には卓上電話があり、構内電話の番號一番の總長室から五三番の小使室まであること、電話帳をくられた方は分るでせう。(醫學部は一番の部長室から一三七の小使室まで)決裁を要する書類を入れるうるし塗りの箱がある、僕はいまでも志賀菌の一件しか知らなかつた志賀博士が、そこで盲判をおしてゐられた姿を忘れてゐない。その決裁箱にも時として眞劍味、といふより殺氣を帯びた書類が入つて來ることがある。いままでの例としては、總長の命令によつて解散を命ぜられた森谷・四方・鈴木教授の經濟研究會の再興を、お定まりの(研究の自由)とかの理由の下に歎願した書類などが眼につく。いくらうつかり捺印する癖のある志賀總長も、これだけには捺印どころか検索もしなかつたと言ふ、何でも數度その殺氣のある書類が經濟研究室と総長室とを行きつ戻りつしたさうだが、終に總長閣下の手ひどい「却下」の叱咤の聲により小壮教授もあきらめてしまつたとのことである。この現象は僕の前回の京城大學に對するの見解を裏書きしてあまりあることであると思ふ。

總長室にはガラス張りの戸棚が一つあるが、その中にはプロフエツサー連の御研究の貴重な結晶物が、つまつてゐる。その勞作が朝鮮學界の爲めのみならず、日本學界延ひては世界學界にどれだけのパーセンテージ貢献するところあつたか頗る興味ある問題である。恐らく筆者などの凡人の鑑定すべく荷が重すぎる感がある、大毎に「京大展望」を書いて、一躍その人ありと、その博學に天下を驚かした來間恭氏か、さもなくては論壇の大御所、長谷川如是閑氏邊りを引張つて來なければ手に負へない代物が多い。それはその多くが質的に判定がむつかしいといふより徒らに量的に大部なものが多いのに原因する。博引考證の莫大なる量は兎に角その質的決定を困難ならしめてゐるのだ。而して論文の價値判斷はその論文の量より質によつて決まるのである。尤も高畠素之が嘗て(量も澤山書かないで質もあつたものではない)とか言つたさうだが、これは一つの論文に就て言つたのでなくて、價値のない論文でも二つかけば一つ書いたよりはマシだと言ふ意義に解すべきものである。

そこで僕は玉手箱を開ける氣持で、その戸棚を開けて見ることにしよう。すると、筆者の眼にとまりこゝに紹介せられることになつた幸福なる書物は凡その左の如きものになる。――。

京城帝國大學法文學部 第一部論集　第一冊, (法學會論集)昭和三年十一月

法務官の訴訟拒絶權　船田享二

法律の社會的構造　尾高朝雄

朝鮮と內地との經濟的關係　三宅鹿之助

新ロシア株式會社法に就て　竹井廉

京城帝國大學法文學部 第一部論集　第二冊(朝鮮經濟の研究)昭和四年九月

地圖二葉　大内武次

市場を通じて見たる朝鮮の經濟　四方博

朝鮮に於ける小作問題の發展過程　津曲藏之丞

朝鮮人勞働問題　山田文雄

李朝末期に於ける朝鮮の財政　鈴木武雄

社會民主主義の民族理論斷片　森谷克己

京城帝國大學法文學部 第一部論集　第三冊, (私法を中心として)昭和五年九月

株式會社法の範圍内に於ける特殊法規の研究　西原寛一

海商法改正への雜考　竹井廉

法律解釋に於ける主知と主意　安田幹太

契約自由と勞働法の指導原理　津曲藏之丞

近代訴權理論の史的研究　船田享二

京城帝大法文學會第一部論集　第四冊,（法制論纂)昭和六年十二月

法の定立、適用、執行　清宮四郎

直接國民立法の一形態　鵜飼信成

朝鮮に於ける行政權及びその立法權竝に司法權との關係　松岡修太郎

委任統治地の主權の所在に關する研究　泉哲

賠償問題の史的考察　三宅鹿之助

キケロの國家論とアウグスツスの政體　船田享二

歐羅巴人の文献による明治維新の原因(獨文)　松本重彦

京城大學帝國大學法文學部第二部論纂　第一輯,（朝鮮支那文化の研究)昭和四年九月

冽水考　今西龍

西洋人によつて蒐集せられた早い時代の朝鮮語彙　小倉進平

李氏朝鮮時代に於ける倭館の變遷　小田省吾

李朝儒學史に於ける主理派主氣派の發達　高橋享

李朝の學人と乾隆文化　藤塚鄰

舅姑甥稱謂考　加藤常賢

唐の賤民制度とその由来　玉井是博

猛安謀克と金の國勢　鳥山喜一

金聖歎の生涯とその文藝批評　辛島驍

京城帝國大學法文部第二部論纂　第二輯,（哲學論集)昭和五年九月

實践的目的概念　島本愛之助

朝鮮の婚姻形態　秋葉隆

｢勘｣の辨　黒田亮

ランケの世界史に於ける史的發展　金子光介

宗教現象學の對象に就いて　赤松智城

初期人文主義教育思想に見えたるクヰンテイリアヌスの影響　田花爲雄

特殊運動感覺の否定デイルタイの心理學に於ける構造の概念　速水滉

現實意識に就いて　宮本和吉

教育の本質　松月秀雄

カントの根本悪説　安信能成

京城帝國大學法文學部紀要，第一，昭和四年三月

郷歌及史談の研究　小倉進平

京城帝國大學法文學部 研究調査冊子　第一輯，昭和四年三月

平安南北道の方言　小倉進平

同　　　　　　　第二輯，昭和五年四月

咸鏡南道及黄海道の方言　小倉進平

同　　　　　　　第三輯，昭和五年四月

近代日支鮮關係の研究　田保橋　潔

京城帝國大學醫學部紀要, Vol XI. Fasc. 1

Imamura, Yutaka, Beitäge zur Metamorphose des Planeri. Mit 13 Textabbildungen und 7 Tafelu, darunter & farbigen

Yu. Nichishun. Über die Frigid-Häwoagglutinine

Ikuta, Nobuyasu. On the relation between endocrine organs and the development of tceth.

Kaku, Tenwin, Die vergleichende Untersuchung der verschiedenen Atophan-präparate in chrer. Wirkung auf die Harnsäureausscheidung und über die Wirkungsweise des Atophans. Mit 5 Textabbildungen.

醫學部の勞作はかう書いて來て見ると、題目さへも珍文漢文分らないのが多い、讀者もさうであらう。兎に角こんな形式の書物が同部發行の雜誌とともに十二冊ほど出てゐる。

こゝに發表したものゝ外、他の學術雜誌にどしくく新説を紹介して眞理の道に精進してゐる教授も兩學部にかなりあるのを否めない。教授の頭髪が加速度的に白さを增しつゝあるか、然らざれば禿げのスペースを擴げつ　ゝあるのは全く難解な書物の上で頭を惱ましてゐる結果である。但しその白髪率は必ずしもアルバイトの多寡に比例してゐないやうである。夏休みを二箇月、春の休みを一箇月以上も享樂する彼等であるが、矢張り老衰現象をチエツクする譯には行かぬと見える。その間を多く論文の起草にあてるものが多い。開講中でも一週數時間の授業、それも毎年大差ない原書の飜譯を書いたノートを讀んでゐればいゝ譯だし、一年の全部をあげて研究室に暮して居る人達であることを考へてみると右の勞作表も強ち出來過ぎたといふほどのものでもなからう。いゝ加減なうすのろでも教授にしてやれば、いつぱしの學者になると言はれてゐるが、確にその傾向はあると思はれる程度の時間と、設備とが備つてゐるのである。その爲めに講座料一年金

五百圓也がついてゐるんだし、研究旅行費とか言ふ約年二百圓許りオマケさへあるのではないか。少し位の研究を發表されたつてさう驚くには足りない。材料の蒐集にした所で、京城帝大教授といふ權力的な地位がものを言つて、どこららだつてたやすく手に入り得る、自分はたゞ必要な要件を書いてうよくくしてゐる小使に渡せばそれで濟むのである。この點から言へばA博士やB氏が研究してゐるのでなくて、大學の教授そのものが動いてゐるやうなもので、從つてその効果なり功績なりはAやBに歸屬しないでたまくくかち得たその教授職に歸屬さるべきものである。

大學教授はまた、研究だけが彼等の仕事であるのではない。評論家や研究所員などとは異るのである。彼等に高祿を國家が與へてゐるのは、學生に自分の研究した成果を大學規程(大正十五年四月朝鮮總督府令第三十號)の下に教へるといふ勞働——よしそれが精神勞働であるにしても、自分の研究としてはもはや不必要な事柄を何遍も年度の代る度に教へなければならないといふのだからそこに労働的な要素が入つて來る——を管制によつて強制してゐるが爲めである刑法總論を教へたくない時でも、新學期がくれば丁寧に教へてやらなければならない。それが教授であらうが、教諭でなからうが、そこに何の差異を認めるべきでない。全力を盡して研究室の成果を人格的に教授するを要する。大學令は這般の事情をよく語つてゐる。從つて教授は、一個の教育技師であるのを本然の使命とするもので學徒的精進はそれに必要な限度に於てとゞめても敢へてせめるに及ばないのである。立派な教育技師たらんには、學門的權威の外に人格的な修養が要求されるのである。殊に京城大學が前記の使命を有する帝國大學にしてみればより一層教授の人格が錬磨必要とされ期待されなければならぬ。然らずして、徒に一本立ちの思想家振ることは大學教授としては一大禁物である。研究が忙しい故に學生の面倒をよく見てやれないといふ遁辭を弄すものは、將に「働かざるもの食ふべからず」の範疇に屬すべき腐儒に過ぎない。腐儒は國家六との一に數ふべきもので、特に朝鮮の如き特殊地域の最高教育機關の一員となる資格全然なきものである。こゝに於てか筆者は、日本の大學一般の小學校化を提唱したいと思ふのである。敢へて京城大學のみが惡いといふのではないが、前記の使命を持つ城大としては、內地大學一般の空氣があればそれにてこと足れりとは思はれない。國家の祿を食むことによつて生きて行くことも出來、研究さへも出來るものがそこに思ひ及ばずして仇を以て恩に報ひる體の言行に出ずることは常識的に考へても至極滑稽な話である。若し飽くまで、自說の正當を信じてしかもそれを天下に發表したいものは宜しく野に下つてからなすべきである。

僕は何も眞理の探求を止めて國家の提燈持ちになれと言ふのではない。また教授連の愛國號建設基金が少額だつたとか、慰靈祭や三大節の式の參列者が少いといふことを以て非國家的な心魂を彼等がもつてゐると言ふのではない。しかし中等學校の生徒の一人や二人が國家的な行事に參列しなかつた時でさえ (この事件はいつか安東の女學校であつたと記憶してゐる) 大きな問題になる朝鮮の現狀、この間の平壤の私立學校不參列問題の如き、總督を初め總督府幹部總出で思想善導運動に邁進してゐる「非常時」に、總督府のお膝下にあつて、しかも總督府の豫算面を少からず蚕食してゐる京城大學――教授及學生――に於て、聊かでも非國家的な言動を教壇の上たりとも弄するものあるならば、總督府としては飼猫に要部をかまれたやうなもので、朝鮮統治一般の爲めに百害あつて一利なきものである。

昭和三年だつたかI博士が外交時報に「朝鮮を如何にすべきや」を書いた時の大學の醜態はひどいものだつた。その論文が使つた統計の古かつたことや、事實を無視した叙述があちこちにあつたことは、その論文の學門上の價値を頗る減殺してゐるとは言へ、その立場とする根本理論は、敢へて博士一箇の見解ではなく、汎く世界の國際法學者にして殖民政策を論ずるものゝよく口にする見解に外ならなかつたのである。しかしそれが總督府幹部連の極度に憤慨する所となつたといふ顛末は世間周知の事實である。そこまで行かないにしても非國家的なと思はせる言動は、一教授たるもの極力避けられるのを適當と信ずるのである。

いまにもう一歩朝鮮の世相が險惡化すると、身教職にあるものは何れも明倫學院の門をくゞるを要する時代にならないとも限らない。新聞で見ると最近またプロレタリヤ日本文化聯盟の細胞が城大に出來かゝつてゐたといふ話だ。問題は從つて教授の勢力爭ひや教授學生間の誤解などといふ閑散なものではなく、もつと急迫して切實になつてゐる。教授も學生も事務員も巡視も看護婦も一體となつて、日本思想研究所的役割を城大が演じなければならないのである。然らざれば朝鮮全教育機關の事實の統制がとれないことになるのである。視學員の形式で學務局と協力してゐるだけの城大は、もつと堅く同局と結び合ひ、鮮内の學校一般と結ばなければならない。それには先づ教授連の純然たる學徒たるのみにて事終れりとする態度を革命しなければならないのである。

醫學部も同様、施療病院的な精神で大衆に接し感謝の念をかち得るやう、一部教授の不遜の態度を矯めるべきである。さもないと、助手や副手までみな惡いことゝは知りながらその態度を眞似るようになり、患者は病氣がなほつてもそれほど感謝しないであらう。而して醫學部に對する不滿は同時に官廳一般に對する不滿に轉化されること必然である。

③ 京城大學論(その三): 職員編(總論)の續き・医學部を中心として,『朝鮮及満洲』1931年 8月

職員篇(總論)の續き

朝鮮の官廳一體どこでも多かれ少かれその傾向があるさうだが、月給日にはなまめかしい風景が廊下に現出するとのこと――こゝ京城大學もその例に洩れず、白粉の臭、紅裙連がシヤナリシヤナリと研究室や會計課の前を右往左往する。

醫學部も相當なもんだがひどいのは法文學部殊に法科の所謂新進連だ。お年のお若いせい

もあらうが、世の法律書生一般の惡いところはミナ持つてゐると見え、傾斜の巷で國家政治を論ずるのを好むものらしいのである。横走りの文字に頭脳を痛めることの甚しい教授達がさうした悦樂に走る氣持は、筆者のやうに文筆を操つて消光するものにはよく分る。人間が枯れてしまつては説き出す理論も勢ひ素朴生硬なものとなる譯だから、頭の内部がその風采とともにふけない爲めに遊びと言つたものをやるのもよからう。京都大學でも岡松參太郎博士當時は研究室から祇園へ腕車がとんだといふからね。しかしそんな點だけ學んで研究や指導の任務を忘れては不可である。大學者になれば酒の上の奇行といつたものはその人の價値を増すのに役立つものだが、燕雀教授の身でそれを眞似ると却て社會から馬鹿にされること必定である。いつか京城神社のお祭りにFとかKとかの一團の教授が頬被りして料理屋のだしに入つてゐたのを見たが、あんなのは益々人間の下等なことを示す以外に何の効果もないやうである。文科の思想善導用教授にはお年のせいもあらうがそんな話はあまり聞かない。時に二・三の教授がバー・火の鳥の女將からもてるとか何とか言ふ位の話だ。

教授も人間だから酒や女に戯れるのに無理もなからう、明らかにエロ化したつて宜しい。しかし教授間の京城大學の屋根の下に於ける連帯感情が、酒や女を中心にして辛うじて保たれてゐるやうでは心細い。一寸見渡したところで、少數の教授を除いては、お互ひに眞理の探求には協力しないでその方面にだけ意思が和合してゐて、それを利用して時々はれ物に障るやうな顔をして専門上の質問をし合うといふやうな微温的な研究態度では到底大きな勞作なぞは思ひも及ばない話だ。それが事務官とか何とかいふんだつたらまあ樽俎折衝とかいふこともあるが、學門の徒に何の必要があろう。その暇があつたらフランス語の出來ない教授はフランス語をやつたらよからうし、ドイツ語の不得手なものはドイツ語の字引をくつたらよからう。柳暗の巷で大きなほら許り言つてると、専門學校教授どころか中學校教論さては大事なるべき教へ子にまで馬鹿にされるやうになるであらう。「どうもあれもエラくない」などとうそぶいて、日本一流の人物をこき下ろしてゐる某法科教授の如きは豫科の生徒からも陰口を聞かれてゐるのを知らない見下げた代物だ。一生首の心配のない地位につくとあくまで人間は増長するものかな――説き出す理論もひどい獨斷に陥つて、定めし日本の學界ではもの笑ひの種となつてゐる論説もあらう。吉野作造博士はじめ城大へ懇望されたのださうだが、博士の卓越なる頭脳は東京文化の容易に見離すところとならず、博士自身も「どうせ朝鮮大學なんぞには譯の分らない若いもの許り行くんだらうから…」と言つて見合せられたさうである。大した學門もない教授連はまず人格的にでも少し向上してもらひたいと思ふね。人格と學門、これもまた別なものでもあるまい。法科には一體無暗に恩師の權威的な學説を信奉しないで所謂新説という手前味噌を並べる輩があるが、如何にしてだらう、それの説明には二つの理由を持ち出すを要する。一つは今の人格の劣等、一つは東京に於けるミヂメナ地位への復讐これである。自分の新説のシステムもろくに出來ない内に無暗の大家にくつてかゝる、はたで聞いていてもさもしい氣がする。中には牧野はとか言つて教壇で恩師をヨビツケルのがゐるが、ふんどしかつぎが横綱に青筋たてゝむかつて行くやうで滑稽千萬である。敵城を落すのには戰備を整えてかゝらなければならぬといふ當然な理論を奉じないのだ。その證據に、相手から負けたとも勝つたとも何とも信號のない場合が多いではないか。つまり散彈的理論のめくら打ちでは砲？は落ちない。プロフエツサーになる前の準ルンペン振りの鮮かな、でありし一幕は餘り喋々する必要を認めない、それは休職官吏が知事に浮び上がる前と同じ性質のものと解する。要はこれからの努力次第であるからね、たゞ努力の方向として有名戰術をとり大家のねらひ打ちを企てるのはよくない。退いて守る自分の學藻を豊にし人格を向上するのに向けられんと朝鮮教育界の爲めに望むものである。動物心理の文博黒田亮がいつか「東京朝日」かに法科の教授をケナしたさうだが、その示唆はこんなところにあつたのであらう。何しろ若冠でプロフエツサーの幸運にありついたのだからそれだけ自重してもらはねばならぬのである。日本一の若い學部長とか何とか言はれていゝ氣になつてゐる△氏よ、筆者は寧ろその稚氣を愛するものだが、總督府の幹部は同教授のことを「何んだ君のところの部長は！」と言つて憤慨し法科の學生は「部長は少し言動を愼んで貰はなければこまります」と言つてゐたのをこゝに忠實に報告して將來覇轍の憂なからしめんとするものである。そんな學生としてはあるまじき言動をやらかす角帽連の空氣は「學生篇」で詳述しよう。非難はどちらにもあるやうである。僕はたゞ朝鮮全般の「善」の爲めに大家論を書いてゐるので、強ち教授連の缺點あさりをやつてゐるのではない。大體人間は聖人でない限り不完全なものだからな——

醫學部を中心として

京城帝國大學醫學部の母胎は京城專門學校と總督府醫院にあつた。それがいまからは醫專の母胎は醫學部にあることにならう。大邱・平壤の醫專もまた何れはさうなるであらう。醫專校長で總督府醫院長たりし志賀博士が城大創立委員会のメンバーになつて醫院は大學に移管され(その時は大したお祭騒ぎがあつた)醫專の俊髦教授がプロフエツサーになつたのである。醫專はだからもぬけの殼みたいな慘状を呈しこれからもどつちかと言へば二流どころか醫專教授に廻るであらうと思はれる。しかし學生の質は何といつても醫專よりも醫學部の方が優秀な譯であるから、それが却て調和がとれてイイといふものであらう。そしてまた醫者は臨床といふものがあるので、頭の勝れてゐるだけで萬事解決出來ない部分が澤山ある譯であるから、醫專の生徒も悲觀する必要もなからう。

醫學部と醫專の關係は、佐藤剛藏といふ「校長笑ひ」で有名な政治家がゐる爲めもあらうが、頗る親密なものである。それは將に法科と法專との關係と對蹠的なものである。法專校長鷹松は城大法科の講師で擔保物權法を講じてゐて仲々學生の評判も宜しい、（一方教授間では惡い)が、その麾下に集る車田以下の法專教授は中老が多いのに、(相川なんといふ老人もゐる筈)城大の方はミナ若手であるのでその間が面白い筈はない。車田なんといふのは官吏上りの男だが朝鮮警察法規から朝鮮地方制度、金融組合となかくく朝鮮の公法方面に勞作を殘して城大公法の一派を顔色なからしめてゐる有様だ。

醫學部の教授諸公はまさに文科の諸教授に對比して官等も高く、人間も出來てゐる、といつても隅におけぬ政治家が數多居ることは世間周知の事實である。いまでも教授の佐藤剛藏を初めとして高楠・綿引・松井・杉原・早野等々何れも少からぬその方の一騎當千の武者である。これ等が頑張つてゐる間は、教授の中から大學總長を互選するやうな場合には、なかくく文科の教授にそのお鉢をとられるといふやうなことはやるまいといふから、法科の教授なぞにおめくくさきを譲るやうなへまはしまい。法文學部長を法科にとられた爲め少からず權威を内外に失墜した京城大學の爲めに、前記諸教授の健鬪を祈りたい。小川蕃なんといふ名前から勇猛な外科教授もゐるからたのもしい氣がする。しかし教授特に法文學部との聯合教授會などでは、私的交渉のこれら大家連も案外ひつそりとしてゐるといふから、国際連盟總會で小國側が大勢を制する如く燕雀教授連のあばれるところとなるのを恐れるのである。こゝで次期總長を豫想するのも面白いが職員篇各論に讓る。

醫學部の方にも一皮むけば隨分相當なかつとうがあるやうだが、醫學部の構成が、所謂「教室」組織で、各講座擔任教授を中心に封建制をつくり、教室員は他の教室とはスポーツ位ひしか親しむ時間を持たない状態である。だから一方「教室」なるものはその内部の空氣羨ましいほど温和で、宛然一つのフアミリイをなしてゐる。研究材料の餘りで御馳走をつくつて皆でたべたり、野遊會を開いたり、三時のオヤツを食べたり、到底法文科では見られない現象を呈する。教室員には卒業生も在學生もあり、彼等は心から主任教授を尊敬し、その指導下に感謝して毎日を暮してゐる。杉浦鎭次郎さん(前總長)に見せたらさぞ喜ばれるであらう。法學者でも松浦さんのやうな立派な人もあるんだから、法科の教授だつて人格者になれない筈はなからう。

主任教授に集る助手や副手や囑託といふものゝ悩みも相當あるものらしいが、内氣な彼等は無遠慮にぶちまけないのだ。基礎に廻つたものはいゝとして臨床つまり病院勤務のものはなかくくの激職を負うてゐるのだ。しかしその御給金といふものゝ頗る少いのは御氣の毒の至りである。外来患者の當番と入院患者を數名受けもつて朝九時から夜の六時頃まで右往左往する。どんな面白いところだつて毎日こんなに長く居れば嫌氣がさしてくるのに、商賣柄とは言へ病人の間にゐるんだもの、餘りいゝ職業に携わつてゐるのでもなささうに思へるのである。運でも惡いとチブスや結核を頂戴しなければならない、野口英世のやうにエラクなつてからならそれも浮ばれるが若い無名の醫者ではその犧牲になるのは可哀想だ。内科・外科は醫者仲間では行政官・外交官といつたところで華やかな専門とされてゐる。花柳病をとり扱う皮膚科や女のからだを拜見する産婦人科こそ華美な部署と思はれるが、さうではないのである。産婦人科は相當患者も多いさうであるが、皮膚科教室の如きはどつちかと言へば閑古鳥がないてゐるさうである。同じ閑古鳥が鳴くにしても精神科のやうに最も幽邃になる、林の中にある科でならよからうが、外來表玄關の二階に陣どる皮膚科診療室でなかれては氣の毒である。

この教室の經費の一部は患者の多寡によつて左右せられるものらしい。だから教室の設備なり圖書なりを擴大しようと思へば有料患者の數を多くする必要があるのである。腕利きの醫者が居る科例へば耳鼻咽喉科とか篠崎内科などの如きは患者も多く集り、設備も教室員の待遇も上等になつて行くのである。無論その科で賣つた藥代・診療料金といふものがそのまゝ商店のやうにその科に入つては來ないが、その金が一度病院の金庫に戻つて、今度出て來る時即ち病院經費全體額が大きなものになつて患者の多い科に歸つて來るのである。

一體大學病院の特別會計は、課長は勿論醫員の俸給は城大本部から城大の經常費として支出され、設備も大きなものは新營費とか繼續費とかの名目で出て來るのであるから、それらの大きな支出を除いての特別會計であるから、少し患者が寄れば何とか獨立でやつて行ける筈なのである。しかしその患者の寄りがどうも惡いのはどういふ譯であらうか。

現時の不景氣といふことも有力な原因の一つ、京城府經費診療所でも出來たら患者は確に減るであらう。もう一つは、一般有料患者でもあすこに行かれた方は分かるやうに、スグ科長 (主任教授) に見て貰う爲めには特診券三圓かを奮發せねばならないのだ。その爲め多くの方は財布の輕い折にはまづ遠慮して普通診察券を二十五錢出して求めることになるのである。さうすると豫診室とかで學生が方程式通りのカルトをつくる爲めに、いろくく惡くもない所を彼等にいぢられ(女性なぞ特に嫌がるやうだ)そこで先づ一時間から二時間を費やされて、今度は助手(副手)即ち醫員連が診察する。着物を脱ぐこと三度目に初めて科長閣下の診察といふ段取りになるのである。そこでも大抵の科長は患者に對してだまつてゐて、醫員連とドイツ語交り宜しく、カラダをなでるやうにして診られるだけである。患者は一向自分と口を効いて貰へないので非常に不安を覺えるらしい。この邊の所はまづ本府の局長に面接に行くのに、玄關子に文句を言はれ局長付屬室で待たされ初めて局長と一寸面談出來るといふのによく似通つてゐる。城大が官僚學府たる以上仕方がなからう。その上、學用に供する爲めのみでもなからうがレントゲンをとられたり尿や糞・注射とあらゆるオペラチオンをやられるので大抵の患者は青くなつて憂鬱になるのである。そして運惡く一旦入院でもしようものなら、特にそれが腎臟病とかいふ慢性病になると、いろくくな療法を試みられ、患者としては有？迷惑な場合が多い、結局退院の日が延びる位が關の山である。また腎臟なんかになると、食事が非常に面倒になつてくるものと見え、一患者は美食を許されてゐるのに他の患者はオモユかパン(砂糖付)だけになるといふ有様で十日も過ぎる、オモユ組の方も矢張り同額の入院科三圓といふものをとられるんだから、オモユ組の方の腹の蟲が収まらないのも尤もである。十日もその療法をやつた後「いや矢張り食事は並食にして見ませう」と來ることが多いさうで、そんな時のオモユ患者の癪の蟲が到底おさまつてはゐないのも無理なし。「いままでの食費を返して下さい」とどなつたかどうかは知らぬが、その患者の分は何れ誰れかの腹に入つてしまつてゐるんだらう。

大學病院に患者のよりつかぬ他の一理由は、看護婦かどうもお高くとまつてゐるのに原因する。彼女らにして見れば難關の看護婦養成所試驗を突破して來た才媛であらう、また美貌の持主も相當ゐる、玉の輿にのつたものさへもなかくくある。だからと言つて一本筋の判任官振つて貰つては、からだを痛めてふさぎこんでゐる患者の病氣は益々重る許りであると言ひ度い。看護人をどうして年頃の女性にしたかといふ命題を考へて貰へば自然と判る筈である。彼女達が患者に對して娼婦的地位に堕する必要はなからうが、女性としてのやさしみを持つてもらいたいのである。それに對して僕は、彼等若き看護婦にのみその責を負はせたくないのである。大學一般の空氣もさることから、彼女達を監督する地位にある所謂婦長さん、(各教室の看護婦長)なるものがむかし總督府醫院時代の官僚風に染つてゐるからだと思ふ。何しろ、總督病院(總督府醫院のこと)華やかなりし頃といつたら、どうしてその科長とか醫官とか言ふものゝ鼻息はエライものだつたのである。その下に使はれた婦長さんどもは知らずくくの内に金時計をぶらさげた醫官の態度を覺えたものらしい。なにしろいまは入院室の入口にもなつてゐるあの時計?の下は當時本玄關と言つて、あすこからは勅任官以上しか出入出來なかつたものだものね、……そして一般患者は、こそくくとスチームの煙突の向こうにあつた小さな病院の横の入口から出入したものである。

時世廻轉して、それでは大學病院もやれなくなつて來たのである。(つゞく)

④ 京城大學論(その四): 医學部を中心として(續),『朝鮮及滿洲』1931年 8月

醫學部を中心として(續)

私立病院であれば收支相償はなくなつた折は病院を閉鎖しなければならない秋なのであるが、官立病院となるとその憂目をみないで濟むのである。各道の道立病院(むかしの慈惠病院——なんと振つた名稱をつけたことよ)の現状は、その設備・職員がその道に關する限り飛び切り上等である爲め相當な患者數を呼んでまづ良好な成績を擧げてゐる所が多いが、京城となると官立病院だけを數へても醫專があり、鐵道があり、それから例の輕費診療所と指を屈し得られる外赤十字病院なども半官的色彩が濃厚な病院である。その上市内の私立病院を見るなら、外科に内科に眼科に産婦人科に枚擧に遑ない位であり、然もそれ等が相當な設備と醫者をもつて朝鮮醫界の開拓者・先客の態宜しく根強くはびこつてゐるのである。

これ等數多の競爭者を持つ大學病院が、さう樂にやつて行ける筈はない。醫專病院の如くぐつと大衆的になつて患者本位の治療を施してゐるといふ事實は相當な人をもそこへアトラクトする

に充分な人氣を持つてゐるので、大學病院の經營はますくく苦しいものがあるが、それが歴とした官立病院である限り特に病院としてはそれが附屬的なものである限り、破産するといふやうなたほれつこはない譯である。その爲のみでもあるまいが、大學病院の對患者政策が患者本位でなく醫者本位となうてゐるのを否認する譯にはいかないのである。さう申せば所謂醫者即ち開業醫の方も醫者本位なのだが、前者が研究の必要の爲めに然るに反して、後者はお？所の悩みの故にさうなるのである。この現象は官私立病院とも結果の同一を見て居る譯で、こゝに迷惑するのは患者ばかりといふことになるのである。

こゝで一寸町醫者と大學病院の關係を言つておくが、この二つは明に敵對關係――商賣敵となつてゐて、開業醫の方は患者の疾患が愈々治療し得なくなり仕方がなくなつて初めて「大學へ行かれたら」と言ひ出すのが常である。つまりそれまで搾取するだけしておいて大學へ廻すのである。病状は從つてこぢれてる場合が多く、大學側ではそのこぢらしを解く爲め苦心する、即ちいろくくやつて見るのである――これを患者が材料扱ひにされてゐるといつて託つ場合も實際あるやうである。不景氣といふ奴は恐しいもので、どんな立派な永年かゝりつけの開業醫であつてもお得意をしぼる爲めに種々策を弄して病氣延引策に出るのを僕は屢々目撃した。患者になる京城府民はだから大學病院を責めると同時に、自らもその誤信の責を負ふべきを至當とする場合多々あるを知るべきである。筆者がいつかその患者の材料云々をとり出すと某小壯教授は奮然として「開業醫の逆宣傳なり」を以てし、語を續けて「私達は有料患者は一人でも材料にしようと考へたことはない。いろくくやつて見るのはそれによつて患者の耐久力といふものを見てゐるので、これの見透しがつかなければ徹底した根本的な治療は出來ない譯なんだから」と言はれたのを覺えてゐる。僕と雖もさう言はれて見れば成程と思はないともないのだが、理論としては全く將に然るべきものと考へられる。しかしその徹底的な療法も、患者が同意した場合に限つて施された方がよいやうにも思はれる場合がある。患者の一身上の都合で無暗に永く入院或は通院出來ないものもあるが、かゝる人達には生活勞働に差支へない程度の治療を加へて、後は自然治療に任すといふ風にでもしたら……と思はないでもない「かくかくするとが君の身の爲めです」と自分のテオリーに適應させるやうに患者を取扱ふとするのは醫者の權利であり義務であるかも知れない。しかしそれは、患者にとつては一の理想であるに過ぎない場合が多いのではなからうか。

大學病院の醫者で患者に對し無暗に強制的態度に出るもの無しとしないが、それは餘り自己本位のしぐさだ。無論病氣に再發の可能性歴然たる徴候ある場合は別であるが、そのけぢめたるや博士と雖も明らかでない場合が多いのであるから、益々もつて始末が惡い。そこに開業醫の乘ずべき金穴があり、大學病院の研究(材料)があるのであらう。「金」と言ひ「研究」と言ひ、官私兩病院の生命なんだから仕方がない。町醫者は、救病濟世の國手的理想でやつてゐるのでなく、何萬貯めようとか何とか言つてケチくくやつてゐるんだし附屬醫院は無數の醫學博士を養成する爲めにあるのだと言つた方が手つとり早いのである。一方朝鮮に、一つ位研究本位で患者を取扱ふ病院があつてもさう責めるべきではないと思はれる節もある。特に朝鮮特有の地方病的な病患も隨分だんとあるのであるから、それ等の究明の爲めにもその研究的態度は強ち責めるべきでない場合があるとは有料患者と雖も患者道徳として心得ておいてもよいことかも知れない。患者道徳の語の序に言ふが、在鮮內地人の道徳心(公共心)の希薄なのは既にあらゆる方面に於て檢査濟みなのであるが、患者の範圍に於てもそれがなかくく顯著なのである。その一例として先年ある暑い日であつた、松井外科に一人の患者が脚にくるくく繃帶を卷いてやつて來た、巻き立ての繃帶は寸分の弛みもせず解くにも及ばないほどきちんとしてゐた、松井權平教授逸早くこれを看破し胸中ある憤慨の念をわかしてそれを抑へ、その患者の患部をメガネ越しに見やると、患者も可哀想な病氣にとりつかれたものだ、骨髓炎なのだ。しばし默然としてゐると患者は捨鉢の語調で「どうでせう、完全に歩けるやうになりませうか」と哀?を何度となく洩らしたのだつた。ピンセツトを持つて立つてゐた松井教授皮肉な笑を浮べて「それや治るだらうよ。方々廻つて居る內にはね。まだ京城には鐵道病院もあるし醫專もあるしそれから植村さんもあるからしばらくは歩いて居れますよ」それを聞いて患者はとうくく委細を白状したのだつた。彼は今日で四つ目の病院だつたのだ。しかも當日は赤十字で繃帶して貰ひスグその足で大學病院へ飛んで來たのである。患者道徳を毫末も持ち合せてゐない代物であつたのだ。病氣はその醫者を信じなければ自づとなほりがおそいと言はれてゐる位だから、そんなに輕薄な人の病氣はどうしてもうまく行かない結果になるのも止むを得まい。それは外部の病院から大學へやつて來た氣まぐれ患者の例であるが、もつと露骨な實例は伊藤內科に今日見て貰つておいて明日は岩井內科に初診患者として見參するといふやつだ。なるほど岩井は第一內科、伊藤は第二內科だから醫員も看護婦もがらつと違ふのである。伊藤よりは岩井の方が年をとつて經驗がありさうなので行くのかも知れない。その心情は患者としてはあり得べきものかも分らない。特に宣告された病名が、結核とか癌とか癩とかであつたとしたならば、若しや誤診ではあるまいかと言つてもう一度他の醫者をわずらはして生の光明を得られるものなら得たいと思ふ、ほんとに人間の生本能としては同情すべき場合なのであるが、醫者の方から言はせるとその行爲は自分への不信任案を同僚(教授)に提出された譯なので、さういふ患者の仕打はなかくくのシヨツクを國手的良心に支へると同時に關係教授間の離隔の原因にもなる場合が多いのである。心氣雄大な教授の間でなら「癌でなかつたのか、さうか、ほお」位ですませるかも知れないが、かゝる野田大塊式な醫者といふものは至極少いもので……。いまの場合岩井教授にしたつて、後刻その患者が實は同僚の診察濟のものであるのを知れば非常に氣持が惡く、患者に對し冷くなるのを奈何せんやである。こんな場合は患者の自業自得で、大學病院の官僚式の爲めではないのだ。患者道徳、醫者道徳ともに車の兩輪のやうなもので、兩者相俟つて圓滿に病氣は恢復の一路を經濟主義によりたどることになるものである。いまのやうなことをよくやらかすといふ○教授は醫者道徳をもつと養成しなければならぬ一人である。僕は○教授の人道主義を信じるものだが、共同生活の下ではよほどその邊に氣をつけてもらはなければならない。教授間のこの同僚意識なるものがまた大學病院不人氣の理由の一つになり、開業醫の乗ずるところとなるのも萬止むを得ないことであらうか。この命題を解決する爲めには教授間の空氣如何が必然的に問題になつて來る。そこで極く大ざつぱに教授の總評・色分けをやつて見ることが必要になつて來た。しかし前言しておくが醫學部教授はミナ相當な年配でまづ紳士と申し上げたい人々のみであるとは文科と似通つた所があり、法科などの到底及ばない所であることだ――。

まづ先生達の日本學界に於ける地位であるが、ミナ概して立派なものである。(先生といふと實は助手や副手の醫員達を言ふので科長たる教授は大先生と言ふ)。眼科の早野教授は東京帝大及愛知醫大よりひつぱられた位の大家であり耳鼻科の小林教授また愛知にひつぱられ、第三内科の篠崎また頻りと九州帝大より招聘されてゐるが、何れも教授會で行かせないやうにとり計つてゐるといふのは朝鮮醫學界の爲めに心から祝杯を擧げ度いと思ふのである。皮膚科の廣田、産婦人科の高楠既に令名あり外科の松井また深い學識を有して斯界に重きをなして居るといふ盛況である。その他臨床の大先生達何れも相當なものであり、基礎の方を見ても微生物の小林晴次郎、生理学の中西政周、醫化學の中村梁など何れも俊才を以て鳴つてゐる。城大の卒業生中にも飛切りな秀才が少しはあるやうで、その點意を強うするものがある。「藥草園」の名稱でしばく新聞紙に出てゐる藥物教室は漢方藥の研究で獨自なものがあり、その方の教授連の一大奮勵を祈る次第である。杉原、大澤の兩教授に石戸谷勉講師のトリオ――三人寄れば文殊の智慧といふ具合に一つスバラシイ藥を製造して不治の病人に光明を與へるとともに、その藥の賣上高によつて病院の流動資本をうんとつくつてもらひたいものである。内地の醫科大學ではそれによつてしこたま金をつくつてゐる教授や教室があるのであるから、支那・朝鮮の藥草をものにすることが出來たらその希望も強ち夢ではなからう。人參やチブス内服豫防藥位で滿足しては不可である。後者は元來フランス人の發明品であるので、それを國際聯盟が採擇して各國に分割研究させ、城大がその一部を志賀潔を通して受けもつたのであるから、藥物教室の功にその發明を全部歸せんとするは早計である。それを思へばなほさらいま一番の努力を要求しても不當でなからう。その他の朝鮮地方色の豊かな温突研究を題目とする衛生學教室主任・綿引教授、これから學門的に大いに精進を期待する、學士院奨勵金を無駄にしないやうに、朝鮮民族生活向上の一手段もなり得るやうに。解剖の上田教授は朝鮮人を人類学的見地より究明する化學を完成すべしだが、これに就ては京城醫專教授たりし篤學者故久保武博士の挿話を揚げよう。墓を發いて、それも非常な努力と根氣で暗夜私かに龍山練兵場附近の鮮人の墓穴から、骨を運び出したのだつた。久保博士はその爲め三角地に借家住ひをして、その骨を山と積んでそれを分類整理してテイーテルをとつたのである。ある日同博士はたまくくその学問的良心の命ずるまゝに「骨格上から見て、朝鮮人は日本人より明かに○○である」と醫學のレクチユアーに於て、多くの鮮人學生を前にして放言したのだつた。それが民族熱の貧しい學生達の極度の憤慨するところとなり、それに總督府の方のお叱りがあり、前途有爲な久保教授は極度の神經衰弱にとりつかれ、遂に再び起ち得なくなつた、全く學門の犠牲であつた、——上田博士よ、この覆轍を踏まないやうに注意してその方のアルバイトは横文字にして宜しく学術雜誌にてなすやうにしなければならないぞ！

それから地方病性疾患をとり扱ふ小林教授の微生物學教室員の如きは、材料のユニークなのに有頂天にならず細心に研究の道を進むべきである。小林博士の後見を期待する。どうも朝鮮特殊研究をやる學徒は法文學部の方でもであるが、徒に材料を殺してしまつて、といふのはろくに基礎的に充分培はない頭で輕卒に結論へと誘導しようとする爲め案外つまらない、材料の勝れてゐるのに反比例して下らない勞作しかつくれない場合が多々あるやうであるから、その點老婆心ながら大に注意する必要がありはしないかと思ふ、尤も朝鮮語學の文博、小倉進平の如く申分のない立派な勞作をたんと殘して日本學界を瞠若たらしめてゐる篤学の士もあるから、醫學部の方にもそれに比すべき逸材があるもの、出て來るものと思つて筆者は私に期待してゐるものである。それには各教授、教室が之に學門的な連繋を失はないで大いに啓發し合ふ、空氣が一段と必要とされるやうに思へる。醫學でなしに醫術の方となると先に言つた同僚意識もあつて、各科長が重病患者を前にして所謂會診をやる機會も少くなり、また療法といふものもその虎の巻が共通しないとさういくつもある譯でないのだからその必要も幾分實際になくなるらしいのであるが、基礎の方はこれは純粋科學の世界で、その理論は無限に發展して行くべきものであり、それはまた臨床の方にもやがては貢献を？し得べきものなるを原則とする場合が多いのであるから、大いに共同研究して東洋醫學界の前駆となつて貰ひたいと思ふのである。志賀前總長の癩病治療研究など、確にその先鞭をつけられたものであるから、その方にはまた總督府の行政的配慮もいろくくある筈だからそれと相俟つて、着々研究の歩を進めて欲しい。

こゝで志賀前總長のことを一寸言ふが、氏は人も知る志賀菌の發見者で、水野錬太郎氏にひかれて來た人であつたが、どうしたものか醫學部長時代も大學總長時代も頗る人氣が惡く、いつも浮かぬ顔をして居られた。總督府醫院時代に既にその行政的手腕を云々されてゐたのは、何んでもその當時○○○○たりし○○氏と結んで相當○をつくつたらしいといふ爲めであるらしい。兎に角大家族を持つてゐた博士はその家庭的配慮の爲めにも、金には相當苦しまれてゐたらしい。また志賀さんは世間では大學病院内に所謂志賀閥をつくつたとかいふ人もあるが實際はさうでなく故久保武とともに總督府醫院時代三羽烏と云はれた小林晴次郎などもホントの子飼ひの部下といふのではなく、たゞ一寸その學門を認められたに過ぎなかつた。早野・伊藤・岩井など當時よりの人々もたゞ在來種といふ點で懐古的に一致してゐたのみであり、表面的な關係でしかなかつた。即ち志賀さんはホントの乾文といふものを一人も城大に持たなかつた淋しい人であつたのである。その爲めにしまひには追ひ出された形だつた。尤も彼が松浦總長時代に次期總長振つてその上手ならざる政治家的手腕を一部醫學部の政治家連と弄したとは、學内一般の人氣を極度になくしてしまつた最大原因であつたであらう。松浦鎭次郎さんが惜しみても餘りある教育行政家であり、人格者であることが朝鮮の人達に分つてくればくる程、志賀さんの人氣は落ちて行つたのである。(この項未完)

⑤ 京城大學論(その五): 医學部を中心として(續)・職員編(總論)の結語,『朝鮮及滿洲』1931年 8月

醫學部を中心として(續)

ポプラの並木がそゞろに大韓病院當時を偲ばす邊り、大學病院「外來」の前に西洋料理屋がある、平山牧場の經營にかゝる「高陽軒」といふランチ程度の洋食を調理するレストラーントがそれだ。

この「高陽軒」の建つたのは大正十五年の春であつたと思ふ、新尾さんと言つてとても仕方のないタウゲンヒトがゐて、當時角帽を被つてゐた人達に性教育を施したものであつた。「高陽軒」に？司部てふものを設けるようになつたのは彼の獻策であり、可憐な少女を給士女に採用してかたい大學の空氣を柔にしてたのも彼であつたが、何分多情多恨な男で愛すべき彼女達といつしか姿を消してしまつた。朝鮮人のボーイでその頃からずつと勤めてゐるのが、よく新尾さんの話をして笑つてゐる。

「高陽軒」に營業を許可したのは志賀さんが部長時代で、こゝでもまたその許可にからんで一入○○の噂が巷間を賑はしたものであつた。何しろ數百人の入院患者が日々のすさびに注文する洋食・ソバ・アイスクリ・丼物だけでさへ店の仲々の繁昌であるに、大學病院・醫學部それから法文學部の職員の晝食その他通院患者の御用等を加算して見ると一日の賣上高は並大抵なものではないのであるから。……

かゝる地の利・人の利・時の利(夜長の客もゐなければ大した泥醉が來る譯でなし)を得た店舖を誰れに經營させるかは先づ醫學部長たる志賀の胸三寸にあつた譯なのでそんな噂も立つたのであらうが、僕は必ずしもそれを信じない。「高陽軒」の主人てふのは例の「十二聖人」の映畫をムツソリニに獻上したり、また某國の名譽領事もやつて居る平山牧場主である(夫人はフランス同好會の熱心な會員である。)それで、夫婦ともどつちと言ふかと何でも派手にやる方なので、年末の贈答などは隨分はりこんで志賀さんの所のみならず各科長博士の所など屆けてゐたことを聞いてゐる。然しこんなことでスグ○○云々呼ばはりするのはチト早過ぎはしまいか。どうせこの世は甲と乙との利害關係によつて動いてゐるもので？屋や本城屋が御中元や御歳暮をお得意様に配るのと大同小異であると思つてイイと思ふ。

この「高陽軒」でもいろくく惱みはもつてゐる。代金が殆んど傳票制であること、入院患者に

食ひ逃げされること、傳票面が實際と合致しない場合の往々あること（いろくくな詐欺漢もあるものと見える）何分病院相手の食堂で氣持のよくない點など……。醫者相手の食堂だから定めし皿のものも吟味し、蝿なども注意してゐると思ふとさうでなく、時々はおかしくなつたビフテキを食はされたり、蝿の屍をうどんの中に發見したりして愕然となるのである。「きたないな——」といふと「百度以上かで煮沸してあるタレをかけてますのでバイ菌はもう死んでる筈ですから御安心を」なんと言はれるので、さすがに病院食堂の醫學主義を會得したように思ふのだ。南無阿彌陀佛。

さふ言へば蝿も「高陽軒」にたかる蝿は無害なさうな。これは小林博士の新説で、チブスや赤痢の媒介をするとある蝿とよく？表で日向ぼつこをしてゐる黒いこうらの蝿ではないのであるので、青蝿牛蝿が醫學的に惡い奴なので他は論ずべからずといふ譯である。夏なぞ「高陽軒」に行つて見るとだからブーブーワアンワアン京城の洋食堂でこれだけ蝿を飼つてゐる所も一寸見當らない。

ブンくくの蝿の運動音とともに、人間の聲もまたこの食堂には一年中喧びすしい——病人の愚痴や若い先生の不平許りではなく、大先生達のかん高い聲も二階から洩れる。大學の官僚式な所をそのまゝ映し出しゐるのがこの「高陽軒」の構造である。二階が高等官食堂といふのに當る部屋で、助教授以上が行く所。下の一階が助手、副手學生の行く所で判任官食堂。あるどこかの官廳のやうにビフテキの上肉は二階、ナツブンは一階にといふやうなことまでやつてはゐないが、飲食する場所をかう分けたのは面白いではないか。誰れもこんな所まで來て學門上の質問をして教授をイヂメルものもなからうし、教授に飲食代金を拂はせようとする不心得者もあるまい。こんな所でつまらない誤解や憤慨を買うのは教授として損なことではなからうか。今も二階で、自動車でやつて來て食つた所で、その人のエラサが増して鈍物が新進になり、繆説が新説になるものでもあるまい。上で食はうが下で飲まうが鈍物は鈍物、篤学は篤学だ。

「高陽軒」のこの二階制度の必要な點はだからそこにあるのではない。初め設計當時よりその積りで建てたのではなかつたが、その二階こそは醫學部教授會の下相談會場なのである。大先生達のかん高い聲とはその愕々たる辯舌のエーテル波動だ。

しかしこゝでまさか醫局員連の「遺恨なり十年一劍を磨く」式の學位論文の及落が取引的に決定される譯ではないが、月百圓の手當のつく醫學部長の人選や月八十圓の職務俸のつく病院長の詮衡が行はれることは事實である。しかし高陽軒の常連から白羽の矢を射當てるものは少くて、滅多に顔を出しもしない例へば松井博士がかつぎ出されるのは聊か皮肉なやうな氣もするのである。が兎も角その相談が眞面目に行はれるとは、法文學部の連中よりも愛校心があつてイイと思ふ。法文學部のやうに誰れも彼れも部長は閉口と頭から言つてしまつて、部長なんて君子人や眞面目な學究者のやるものでないやうな顔をしてゐて、その相談にろくに耳を傾けない連中には良い教訓である。しかし部長なり病院長なりの地位の獲得者を出した例へば皮膚科なり産婦人科なりはその爲め自分の科の擴張整備の爲めには不必要な遠慮までしなくてはならなくなるさうで、その點醫局員の小先生達は痛しかゆしであるが、科長が事務の方に多忙になるので、そのすきをうかゞい偸安の夢に耽けり得る利便はある。小人閑居して不善をなすの好機來だ。

こゝで一寸考へて見たいのは法文學部のことだ。現山田總長が就任されたのは戸澤法學士が部長の時であつたが、これが安倍か高木か部長の時であつたらよもや山田といふ人物をもつて來なかつたかも知れない。法科の連中が自分達の先生の御恩返しの意味で連れて來たのか、或は法科を法文のつけ足りものとせず、文科と對等なものにする自分等の權勢擴大の道具として持つて來たのか、山田總長の就任はなかくく種々な曲折を經たものらしい。然し彼も第一候補者ではなく第二、第三の候補者であつたのだ。織田萬が來るといふ説もあつた。しかし彼がやつて來ても山田總長ほどの華やかさは見せなかつたであらう。學士會京城支部の設立、學士院奬學資金の獲得と、城大を中央にデブユーさせる策は色々企てられてゐるのは喜ばしいが、もつと大學内部の状態を見つめて欲しい。一方山田總長就任後法科の方も餘り優勢になつたとも思へないし、就職状況なども新聞の記事ほど開拓されてゐないのは何故であるか。こゝに京城大學の原罪がひそんでゐるのだ。

心理學教室は法文の誇りの一つださうだ。これは速水博士が部長の時の計畫である。産婦人科診療室では扇風器なぞつけて贅澤にしてゐるが部長生産教室の御蔭ではなからう。一萬二千圓の新レントゲンは物療教室の絶對必要物だし、外科の無影燈二千圓、これまたタイル張りのほかに大した設備費を要してゐない手術室の絶對備付品である。

「高陽軒」の萬室の蒼蝿拂へども去り難く、こゝにまた大學病院は醫專卒業生問題を持つてゐる。大學病院の母胎は前述のやうに醫專にあつたものであるから、醫專の卒業生は大學病院を自づから自分の病院といふ顔をし、城大出の醫學士と一時は相當サヤアテをやつたものだ。しかし今は一人去り二人去りだんくく醫專系の先生はゐなくなつたが國家が滅亡しても單純にｂ亡失するのでなくそこに民族問題でふものを殘して行く如く、彼等追はれ行く醫專の先生達は地方の道立病院・私立病院に割據し、自分の就職の御恩を仇で報じようとしてゐる。その意味は、大學病院を單純にケナシ「あすこへ行つてもこの病院と同じことです」といふ位ならまだ宜しいが、珍奇な患者を自分で料理し、また料理しそこなつて殺してしまつたりして、貴重な材料を捨てちまうことが屢々ある。若し道立病院の諸公が大學病院の先生達を尊敬してゐるなら、かゝる患者はどしくく移管して世界醫學界の問題として貰はなければならないのである。それをやらないのは確に城大への學問的輕蔑である。やらない所でなくそれを自分のものにして輕々に發表してしまうのに至つては學問的復讐と言へるのである。私立病院でもなかくくこれがあるさうで、朝鮮醫界の爲め歎ずべき現象だ。醫學部に野口英世のやうな遠く海外にまで高名を轟かしてゐる人は、日本的なエラ物ばかなりあるものゝ餘り見當らないのもその一因であるが、醫學部の大學紀要・日本醫學界雜誌程度のエラサでもいゝではないが、他山の石として教授の指導を受けたらと思はれるのである。尤も、開業醫は博士號をとるのに、研究費自辨で三千圓出して五、六年費してもなかくく學位をとれない、それが單なる感情上の問題なぞで學位を呉れないといふやうな不公平な惡德漢の爲めには、どしくく前述の手段に訴へるべしである。

醫專卒業生でも隨分澤山の醫學博士が出てゐる。醫學博士は醫學士よりも上だ。大學生でも博士になれなければ醫專以下な譯だから、醫專派を克服する爲めには先づ大學出が勉強することが必要である。

ところがこゝに歎かはしい件が持ち上がつた。城大の最初の學位記が生理学の中西教授に下つたのはイイとして、城大出の連中は少くとも五年は病院に勤務しなければ、よしその論文に價値あるも博士はやれぬてふ不文律が出來てる位だから、五年居つてもなかくく學位は落ちて來ないのは確だ。これは志賀總長が醫學博士濫造を憤慨しての戒？の結果であるが、果して正當な企であらうか。

醫者の學位論文は主論文五頁でも醫學博士になれる世の中に、無暗みに高率な標準を設けて有爲の材を？漬けにするのは面白くない。こんな所まで例の耐久力說を擴張されては、多血質の醫學士たまつたものではない。得に醫學界をながめて見ても醫學博士がどんずまりなのではなく、學士院賞もあれば學士院會員もノーベル賞金もある。博士にも大中小あるのだ。いまの世の中は博士だからといつて均一にとり扱ふほど盲目ではない筈である。また城大の博士はいくらエラクても、それも途方もない秀才ならともかく、先づいまの教授程度のものであるなら、矢張京城大學の？？博士位にしか世間はとらないのであらう點も、少しは考へて見る必要があらう。

若い醫學士は事務的に慣れてゐる老看護婦にバカにされ、安月給にこぎ使はれ、愚痴の如く見做され、なかくくその生活も陰鬱な點もあるが、男々しく自分の專門を開拓して行くものに最後の榮冠は輝くであらう。

職員編(總論)の結語

そろくく冬も去つて春もやつて來さうだ。東崇洞の美しい駱駝山の鬱の静かな「象牙の塔」にも春を告げる小鳥が鳴き出した。氷の溶ける音に掘割りの水は流れ出した。數歲前の泥々の小川はあの邊りに氾濫して、東崇洞は京城でも道の汚い所であつた。K君が機能咸北からやつて來て、いまさら立派になつた京城大學に感心してゐた。

實際大學は半島文化の豪華版には相違ない。哲學があり、文學があり、法律があり、醫學があり、病院がある。朝鮮には過ぎたものであるかも知れない。

この象牙の宮に春とともに幾多の學生が出たり入つたりしてゐる。その行雲流水をながめてゐると面白い。水の流れである角帽群を流れの岸に立てる職員連がたゞルツクアウトしてゐる樣は、これ將に京城大學の春窮譜ではなからうか。

僕は決して「危険なる革新論者」ではない積りである。然し僕は、わが愛すべき厨川白村とともに、つとめて罪悪や缺陥には觸れまい、夫れをそつと避けて通らうといふ消極主義や禁欲主義や保守思想などが人間の生き方として極めて卑怯な臆病な、そして詰らない態度であることを知つてゐる。また一方に缺陥や罪悪の美てふものゝあることをも知つてゐるものである。

さればこそ、京城大學がこゝに五歳の齢を迎へんとするに當り、京城大學の意義より說き起こして、善を善とし惡を惡とするの禿筆を磨して五つ度に至つたのであつた。僕の心は大學を治外法權地帶とするべく餘りに強く深く城大を愛してゐたのである。ベツカー(O.H. Becker)の言ふが如く、大學の教師は、他の教師と異つて、教へるてめ即ち生徒の爲めばかりに存在してゐるのではなくて、自己のためにあるのを充分知つてゐる。然し同時にヤスパース(Karl Jaspers)の言の如く、理念上、最良の研究家は、同時に、唯一の善良な教師であるべきことを知るものである。

教へなければならぬといふ強制は、研究家を其本来の任務から一應外れさせはする。しかしその努力は自分への新領域のヒントを與へることもあるし、自分の學の後繼者をもり立てゝゐるといふ意識からも必要なことではないか。内面的の誠實と自責の念の強い教授ほど立派な弟子を持つてゐる。だからその教授のエラサは、彼が發表した業績の外に弟子の優秀さに於て判斷されても宜しい筈だ。參考書といふ他人の書いたものゝ中から勝手放題に失敬して來て寄せ集めたごもく鮨みたやうな論文許りで、端的にその制作者を尊敬せよといふのは無理な話だ。

大學教授の價値が大學の數とともに下放れしては言つたものゝ、矢張教授と眞面目に開き直るには、ある程度の權威——最高權威を要望するのはこちらが無理だ——といふものを持つてゐることが必要である。その點では純粹哲學の見地を放棄してゐるかに見える安倍能成などに寧ろ好意が持てると思ふ。

しかし所謂輸入組の連中が在來種の學門的權威を云々したがるのは、自らの立場をあやうくするものではなからうか。シユブランガーでさへ告白してゐる——「自分は、一般的なるものへ、方法的なるものへ、並びに世界觀的なるものへの放射は、今日は、色彩のない、平凡な哲學の講義が此奇蹟をなし遂げ得る以上に、各專門學科其物の中心から形作られるだらうといふ印象をもつてゐる」と。文明が榮えて世界交通が頻繁になつて來るに從つて、所謂世界文化が一色になる傾向を感ずる時に、文化の特殊性を闡明する。例へば朝鮮史學といふものを研究するは、失はれ行く世界文化の一角を再現させる意義を持つもので、極めて緊急不可缺なものであることは贅言を要せぬ。

大學生活の中心たる、官吏たる大學教授が氣むづかしい同僚に對する苦勞から共同研究の歩調をとらぬのは大學教授に統一意識がないからである。城大の存外理由はこれを一言にして言へば、日本と朝鮮とのより高き結合を完成させる所のその媒介物になつてゐるといふ點にあるのだから、京城大學に對する愛校の念は同時に愛國の念であるべきである。それを鎖々たる身邊の事情から「自分は城大教授たるを恥としてゐる」など〻放言するものあるは誠に以て聞き捨てならぬ言葉ではないか。國家から金を得て氣樂に研究するといふのは面白くない結果に導くとはこの邊を言ふのだ。フランス邊りの文部省留學生の監督機關が歸朝する識者よりその都度要請されると同様に、朝鮮への留學生たる大學教授の監督機關が要るようでは、日本最高學府の名譽毀損であり、朝鮮教育會のがんとなる厄介者の棲息所である。

大學教授連は學生に對してよく熱を持て、感激がないといふさうだが、狐狸の空氣が支配する教室にそれを要求する方が無理を言つてゐる。氷から沸騰する湯氣はた〻ない。いくら朝鮮が奇妙な所でも、これまでの魔術は出來ない。

職員の城大に對する共同責任感がこの際最も必要である。その爲めには、まづ大學の校歌からつくつてか〻るべきであらう。教授連の休講の礼を少くすべきであらう。官等により學問の權威を計るべきでなからう。大毎のユニバーシチイ・エキステンションの聽衆の數によつて朝鮮大衆の信頼の念を判斷すべきでなからう。

醫學部教授が衛生課技師たり、文科教授が視學委員たると同じく、法科教授は總督府の行政に參畫すべきに至るまで努力すべきであらう。

これを以て京城大學教授に捧獻する跋歌とする。妄言多謝。(完)

4. 경성제국대학 관련 잡지기사 목록

— 이 목록에서 활용한 잡지는 총 12종이다. 그 내역은 다음과 같다. ① 북미시보, ② 동광, ③ 삼천리, ④ 경무휘보, ⑤ 문교의 조선, ⑥ 조선, ⑦ 조선급만주, ⑧ 조선의 교육연구, ⑨ 조선총독부조사월보, ⑩ 조선행정, ⑪ 대중공론, ⑫사해공론.

— 목록의 작성은 한국역사정보통합시스템(http://www.koreanhistory.or.kr)을 통해 이루어졌는데, 경성제대와 관련된 검색어를 입력하는 방식으로 목록을 추출했다. 검색 시스템의 제약상 일부 자료는 누락되어 있을 수 있다.

1
[신문명] 북미시보
[기사명] 京城日報(경성일보) 十월 十八일
[날짜] 1945-11-15

2
[잡지명] 동광 제36호(1932년 8월)
[기사명] (家政學) 우리 家庭의 衛生的 生活改善, 紙上 夏期大學
[작성자] 金晟鎭(경성제대병원)

3
[잡지명] 삼천리 제7권 제6호(1935년 7월)
[기사명] 醫藥寶鑑, (人生・疾病・健康)
[작성자] 朴昌薰(前경성의전 교수, 前경성제대 의학부 강사/의학박사)

4
[잡지명] 삼천리 제7권 제7호(1935년 8월)
[기사명] 京城帝大出身 青年學士는 어데갓는가

5
[잡지명] 삼천리 제7권 제8호(1935년 9월)
[기사명] 醫學寶鑑 人生・疾病・健康(三), 通俗實用處方類彙
[작성자] 朴昌薰(前경성의전 교수, 경성제대 강사/의학박사)

6
[잡지명] 삼천리 제13권 제3호(1941년 3월)
[기사명] 京城帝大의 全貌

7
[잡지명] 경무휘보 1927년 6월(제254호)
[기사명] 朝鮮に於ける癩問題
[작성자] 志賀潔(경성제대 의학부장/의학박사)

8
[잡지명] 경무휘보 1928년 2월(제262호)
[기사명] 國語と朝鮮語との系統的關係に就て
[작성자] 小倉進平(경성제대 교수/문학박사)

9
[잡지명] 경무휘보 1930년 9월(제293호)
[기사명] 犯罪精神病示說

[작성자] 久保喜代二(경성제대 교수/의학박사)

10
[잡지명] 경무휘보 1930년 9월(제293호)
[기사명] 法醫學
[작성자] 佐藤武雄(경성제대교수/의학박사)

11
[잡지명] 경무휘보 1930년 10월(제294호)
[기사명] 警察衛生に就て
[작성자] 綿引朝光(경성제대 교수/의학박사)

12
[잡지명] 경무휘보 1930년 10월(제294호)
[기사명] 犯罪精神病示說
[작성자] 久保喜代二(경성제대 교수/의학박사)

13
[잡지명] 경무휘보 1930년 10월(제294호)
[기사명] 法醫學
[작성자] 佐藤武雄(경성제대 교수/의학박사)

14
[잡지명] 경무휘보 1930년 11월(제295호)
[기사명] 犯罪精神病示說(十一)
[작성자] 久保喜代二(경성제대 교수/의학박사)

15
[잡지명] 경무휘보 1930년 11월(제295호)
[기사명] 法醫學血液型に就て
[작성자] 佐藤武雄(경성제대 교수/의학박사)

16
[잡지명] 문교의 조선 1926년 10월
[기사명] 朝鮮人蔘に就て
[작성자] 杉原德行(경성제대 교수)

17
[잡지명] 문교의 조선 1926년 10월
[기사명] 長屋王と新羅の使節(懷風藻より)
[작성자] 近藤時司(경성제대 예과 교수)

18
[잡지명] 문교의 조선 1926년 10월
[기사명] 梁武帝と朝鮮半島の文敎
[작성자] 多田正知(경성제대 예과 교수)

19
[잡지명] 문교의 조선 1928년 3월
[기사명] 嶺西方言
[작성자] 小倉進平(경성제대 교수)

20
[잡지명] 문교의 조선 1928년 5월
[기사명] 歷史と言語
[작성자] 田保橋潔(경성제대 조교수)

21
[잡지명] 문교의 조선 1928년 6월
[기사명] 勤勞の敎育學的槪念
[작성자] 松月秀雄(경성제대 교수)

22
[잡지명] 문교의 조선 1929년 1월
[기사명] 新年所感
[작성자] 松浦 京城帝大 總長

23
[잡지명] 문교의 조선 1929년 1월
[기사명] 樂浪帶方につきて
[작성자] 今西龍(경성제대 교수, 京都제대 교수)

24
[잡지명] 문교의 조선 1929년 6월
[기사명] 卒業生に餞す
[작성자] 安倍能成(경성제대 법문학부장)

25
[잡지명] 문교의 조선 1929년 12월
[기사명] ウイルヘルム, ライン逝く
[작성자] 田花爲雄(경성제대 교수)

26
[잡지명] 문교의 조선 1930년 12월
[기사명] 職業科一元の新學校
[작성자] 松月秀雄(경성제대)

27
[잡지명] 문교의 조선 1931년 1월
[기사명] 社會主義から理想主義へ(上)
[작성자] 島本愛之助(경성제대 교수)

28
[잡지명] 문교의 조선 1931년 1월
[기사명] 宇野博士のDie Ethik des Konfuzianismusを讀む
[작성자] 松月秀雄(경성제대 교수)

29
[잡지명] 문교의 조선 1931년 1월
[기사명] 勞作敎育の本質
[작성자] 李俊夏(경성제대 교육학연구실)

30
[잡지명] 문교의 조선 1931년 1월
[기사명] 京城帝大豫科入學試驗數學科答案調査報告(2)

31
[잡지명] 문교의 조선 1931년 1월

[기사명] 羊の話
[작성자] 森爲三(경성제대 예과교수)

32
[잡지명] 문교의 조선 1931년 2월
[기사명] 社會主義から理想主義へ(下)
[작성자] 島本愛之助(경성제대 교수)

33
[잡지명] 문교의 조선 1931년 2월
[기사명] 百濟史講話
[작성자] 今西龍(경성제대 교수)

34
[잡지명] 문교의 조선 1931년 3월
[기사명] ウォシュバーン氏の來城に就て
[작성자] 松月秀雄(경성제대 교수)

35
[잡지명] 문교의 조선 1931년 5월
[기사명] 全北の旅より歸りて
[작성자] 松月秀雄(경성제대 교수)

36
[잡지명] 문교의 조선 1931년 5월
[기사명] 泰西思想紹介
[작성자] 경성제대 교육학연구실

37
[잡지명] 문교의 조선 1931년 5월
[기사명] 彙報(小學校普通學校教員試驗規則改正, 京城帝大講義題目, 家庭教育の振興, 國旗の制式及揭揚方法について, 恩賜記念科學館月報, 野球試合の課税問題, '母'の日制定)

38
[잡지명] 문교의 조선 1931년 10월

[기사명] 印度に於ける全亞細亞教育會議と教育勅語
[작성자] 松月秀雄(경성제대 교수)

39
[잡지명] 문교의 조선 1931년 12월
[기사명] 朱子と論語
[작성자] 藤塚(경성제대 교수)

40
[잡지명] 문교의 조선 1932년 7월
[기사명] 蟬と萬葉集
[작성자] 名越那珂次郎(경성제대 예과 교수)

41
[잡지명] 문교의 조선 1942년 4월
[기사명] 南方共榮圈地誌(蘭領印度, タイ地誌)
[작성자] 笹井一雄(경성공립제일고등여학교), 秋本太二(경성제대 동양사연구실)

42
[잡지명] 조선 1928년 1월(제152호)
[기사명] 濟州島及對馬の動物分布を考察して內鮮兩陸分離の時代とその時代の狀態を推論す
[작성자] 森爲三(경성제대 예과 교수)

43
[잡지명] 조선 1928년 3월(제154호)
[기사명] 我輩の老子觀
[작성자] 兒島獻吉郎(경성제대 교수)

44
[잡지명] 조선 1928년 4월(제155호)
[기사명] 朝鮮民族の硏究に就て
[작성자] 秋葉隆(경성제대 교수)

45
[잡지명] 조선 1928년 5월(제156호)
[기사명] 彙報(京城府內圖書館員總會/朝鮮米吟釀の「秩父しら藤」/漁業取締船朝風丸/京城帝大

醫學部の藥草園/道林務主任官會議/總督府事務分掌規程改正/三月中の總督府圖書館狀況/佳辰に當る記念植樹/李王同妃兩殿下御歸朝/鮮展規定と審査員/世界一周米國觀光團の入城/昭和三年度朝鮮辯護士試驗/全北茁浦灣の海苔養殖/蔚山城址を中心とせる大公園/京城府營のバス開業/內地博と鮮米宣傳/第二艦隊仁川入港/專檢試驗科目合格效力の共通)

46
[잡지명] 조선 1928년 6월(제157호)
[기사명] 新羅王陵の考察
[작성자] 名越那珂次郞(경성제대 예과 교수)

47
[잡지명] 조선 1928년 7월(제158호)
[기사명] 朝鮮産有名植物發見の歷史と朝鮮植物標本の保管に就て
[작성자] 石戶谷勉(경성제대 강사)

48
[잡지명] 조선 1928년 9월(제160호)
[기사명] 德川光國と朝鮮信使
[작성자] 名越那珂次郞(경성제대 예과 교수)

49
[잡지명] 조선 1928년 10월(제161호)
[기사명] 朝鮮に傳される德川光國の二貴重史料に就て
[작성자] 名越那珂次郞(경성제대 예과 교수)

50
[잡지명] 조선 1928년 11월(제162호)
[기사명] 太古朝鮮にはどんな動物が棲んでゐたか
[작성자] 森爲三(경성제대 예과 교수)

51
[잡지명] 조선 1929년 1월(제164호)
[기사명] 歐米の博物館と朝鮮
[작성자] 藤田亮策(경성제대 조교수)

52
[잡지명] 조선 1929년 1월(제164호)
[기사명] 內地に栽植する桐は果して鬱陵島の原産なるや
[작성자] 石戸谷勉(경성제대 강사)

53
[잡지명] 조선 1929년 2월(제165호)
[기사명] 日本切支丹に殉敎せる朝鮮の人?
[작성자] 名越那珂次郎(경성제대 예과 교수)

54
[잡지명] 조선 1929년 2월(제165호)
[기사명] 雀と人生
[작성자] 森爲三(경성제대 예과 교수)

55
[잡지명] 조선 1929년 7월(제170호)
[기사명] 水戸藩と朝鮮信使の一史料
[작성자] 名越那珂次郎(경성제대 예과 교수)

56
[잡지명] 조선 1929년 7월(제170호)
[기사명] 歐米の博物館と朝鮮
[작성자] 藤田亮策(경성제대 조교수)

57
[잡지명] 조선 1929년 11월(제174호)
[기사명] 碧蹄館と立花宗茂
[작성자] 名越那珂次郎(경성제대 예과 교수)

58
[잡지명] 조선 1930년 1월(제176호)
[기사명] 藥草に就て
[작성자] 石戸谷勉(경성제대 강사)

59
[잡지명] 조선 1930년 2월(제177호)
[기사명] 昭和四年古蹟調査の概要
[작성자] 藤田亮策(경성제대 조교수)

60
[잡지명] 조선 1930년 2월(제177호)
[기사명] 大鐘乳洞?龍窟の偉觀
[작성자] 森爲三(경성제대예과교수)

61
[잡지명] 조선 1930년 4월(제179호)
[기사명] 植樹は土産のものを以てあるがよい
[작성자] 森爲三(경성제대 예과 교수)

62
[잡지명] 조선 1930년 4월(제179호)
[기사명] 詩經の植物と朝鮮の名木
[작성자] 石戶谷勉(경성제대 강사)

63
[잡지명] 조선 1930년 6~8월(제181~183호)
[기사명] 高麗朝漢文學史
[작성자] 多田正知(경성제대 예과 교수)

64
[잡지명] 조선 1930년 9월(제184호)
[기사명] 水淸き論山郡仁川里
[작성자] 今西龍(경성제대 교수)

65
[잡지명] 조선 1930년 9월(제184호)
[기사명] 碧蹄館役と小早川隆景
[작성자] 名越那珂次郞(경성제대 예과 교수)

66
[잡지명] 조선 1930년 10월(제185호)
[기사명] 月印千江之曲と釋譜詳節とに就て
[작성자] 今西龍(경성제대 교수/문학박사)

67
[잡지명] 조선 1930년 10월(제185호)
[기사명] 韓藍の花
[작성자] 名越那珂次郎(경성제대 예과 교수)

68
[잡지명] 조선 1931년 1월(제188호)
[기사명] 尊經閣叢刊「拙藁千百」に就きて
[작성자] 今西龍(경성제대 교수)

69
[잡지명] 조선 1931년 5월(제192호)
[기사명] 朝鮮巫俗に於けるデュアリズム
[작성자] 秋葉隆(경성제대 교수)

70
[잡지명] 조선 1931년 8월(제195호)
[기사명] 朝鮮の動物
[작성자] 森爲三(경성제대 예과 교수)

71
[잡지명] 조선 1931년 8월(제195호)
[기사명] 朝鮮の藥用植物の過去と將來
[작성자] 石戶谷勉(경성제대 강사)

72
[잡지명] 조선 1931년 10월(제197호)
[기사명] 樂浪の調査と露西亞の蒙古西伯利亞に於ける發掘について
[작성자] 海原末治(경성제대 문학부)

73
[잡지명] 조선 1931년 10월(제197호)
[기사명] 京城奠都の由來と其の城壁
[작성자] 小田省吾(경성제대 교수)

74
[잡지명] 조선 1931년 11월(제198호)
[기사명] 京城奠都の由來と其の城壁(完)
[작성자] 小田省吾(경성제대 교수)

75
[잡지명] 조선 1931년 12월(제199호)
[기사명] 朝鮮に於ける古蹟の調査及び保存の沿革
[작성자] 藤田亮策(경성제대 조교수)

76
[잡지명] 조선 1932년 1월(제200호)
[기사명] 學校の往復
[작성자] 安倍能成(경성제대 교수)

77
[잡지명] 조선 1932년 1월(제200호)
[기사명] 猿といふ言葉
[작성자] 小倉進平(경성제대 교수)

78
[잡지명] 조선 1932년 2월(제201호)
[기사명] 朝鮮の民謠
[작성자] 高橋亨(경성제대 교수)

79
[잡지명] 조선 1932년 2월(제201호)
[기사명] 朝鮮神話傳說の特異性
[작성자] 近藤時司(경성제대 예과 교수)

80
[잡지명] 조선 1932년 4월(제203호)
[기사명] 在城及び居世干名義考
[작성자] 小倉進平(경성제대 교수)

81
[잡지명] 조선 1932년 4월(제203호)
[기사명] 山の人谷の人
[작성자] 秋葉隆(경성제대 교수)

82
[잡지명] 조선 1932년 5월(제204호)
[기사명] 日露戰役の一考察
[작성자] 田保橋潔(경성제대 교수)

83
[잡지명] 조선 1932년 5월(제204호)
[기사명] 鐵原の名勝地孤石亭
[작성자] 今西龍(경성제대 교수)

84
[잡지명] 조선 1932년 7, 8월(제206, 207호)
[기사명] 宣祖仁祖朝文學の一考察(上)
[작성자] 多田正知(경성제대 예과 교수)

85
[잡지명] 조선 1932년 8월(제207호)
[기사명] 五臺山動植物の記
[작성자] 森爲三(경성제대 예과 교수)

86
[잡지명] 조선 1932년 11월(제210호)
[기사명] 彙報(第二回朝鮮山林大會/恩賜救療計?/産金額の調査實施/全南でアルミニユ-ムの原鑛發見/昭和六年の植桑成績/金融組合聯合會理事長會議と全鮮金融組合中央大會/昭和六年の死亡者數/道財務部長會議と酒造業者大會/咸南端川郡のマグネサイト鑛/分掌郵便局長會議/本年の春蠶狀況/滿洲國派遣學童使節入城/御神寶傳達式/稅關

長會議/朱乙奧地の密林開發/公立農業學校長會同/忠淸南道廳移廳式/刑務所長會議/平南工業試驗所落成/京城帝大開學式/時局匡救講習會/裁判所及檢查局監督官會議/鮮滿をたぐ二大橋竣成/鐵道開通と廣軌改築/龍塘浦築港竣工式/春畝山博文寺落成入佛式)

87
[잡지명] 조선 1932년 12월(제211호)
[기사명] 朝鮮の白丁階級
[작성자] 岩崎繼生(경성제대 법문학부)

88
[잡지명] 조선 1933년 1월(제212호)
[기사명] 釋王寺行
[작성자] 阿倍能成(경성제대 교수)

89
[잡지명] 조선 1933년 1월(제212호)
[기사명] 民謠に現はれた濟州の女
[작성자] 高橋亭(경성제대 교수)

90
[잡지명] 조선 1933년 1월(제212호)
[기사명] 朝鮮傳說に現はれたる支那の使節
[작성자] 近藤時司(경성제대 예과 교수)

91
[잡지명] 조선 1933년 3~5월, 12월(제214~216, 223호)
[기사명] 中庸懷疑說の再檢討
[작성자] 藤塚鄰(경성제대 교수)

92
[잡지명] 조선 1933년 4월(제215호)
[기사명] 英艦の巨文島占領事件
[작성자] 奧平武彦(경성제대 교수)

93
[잡지명] 조선 1933년 5월(제216호)
[기사명] 朝鮮の巫祖傳說
[작성자] 秋葉隆(경성제대 교수)

94
[잡지명] 조선 1933년 6월(제217호)
[기사명] 海印寺を訪ふ
[작성자] 安倍能成(경성제대 교수)

95
[잡지명] 조선 1933년 8월(제219호)
[기사명] 北鮮の民謠
[작성자] 高橋亨(경성제대 교수)

96
[잡지명] 조선 1933년 11월(제222호)
[기사명] 嶺南大家內房歌詞
[작성자] 高橋亨(경성제대 교수)

97
[잡지명] 조선 1934년 1월(제224호)
[기사명] 李栗谷の處世訓
[작성자] 松月秀雄(경성제대 교수)

98
[잡지명] 조선 1934년 1월(제224호)
[기사명] 滿洲人の文化と社會
[작성자] 秋葉隆(경성제대 교수)

99
[잡지명] 조선 1934년 1월(제224호)
[기사명] 熱河承德の離宮と喇嘛寺
[작성자] 森爲三(경성제대 예과 교수)

100
[잡지명] 조선 1934년 4월(제227호)
[기사명] 彙報(京圖南廻線と滿浦線の一部開通/陸軍記念日の閱兵式/躍進せる半島の鑛業界/京城帝大の卒業式/鮮展の日取決定/消防事業の實施概要/昭和八年雜穀實收高/鑛業技術實習生採用/緬羊奬勵計畫概要/朝鮮簡易保險積立金貸付/鐵道ホテル·列車食堂局營に還元)

101
[잡지명] 조선 1934년 9월(제232호)
[기사명] ロシア沿海洲漁業權の史的考察
[작성자] 田保橋潔(경성제대 교수)

102
[잡지명] 조선 1934년 11월(제234호)
[기사명] 朝鮮の天然記念物に就て
[작성자] 森爲三(경성제대 예과 교수)

103
[잡지명] 조선 1934년 12월(제235호)
[기사명] 松隅里の長栍
[작성자] 秋葉隆(경성제대 교수)

104
[잡지명] 조선 1935년 1월(제236호)
[기사명] 猪に就て
[작성자] 森爲三(경성제대 예과 교수)

105
[잡지명] 조선 1935년 1월(제236호)
[기사명] 見學日記より
[작성자] 秋葉隆(경성제대 교수)

106
[잡지명] 조선 1936년 1월(제248호)
[기사명] 滿鮮の山菓と山菜
[작성자] 石戶谷勉(경성제대 강사)

107
[잡지명] 조선 1936년 10월(제257호)
[기사명] 島の自然と女性
[작성자] 秋葉隆(경성제대 교수)

108
[잡지명] 조선 1936년 11월(제258호)
[기사명] 明治年間朝鮮關係文獻抄錄
[작성자] 櫻井義之(경성제대)

108
[잡지명] 조선 1936년 12월(제259호)
[기사명] 農村に現れたる精神現象1-明治年間朝鮮關係文獻抄錄
[작성자] 櫻井義之(경성제대)

109
[잡지명] 조선 1937년 1월(제260호)
[기사명] 考古學上より見たる日鮮滿文化關係
[작성자] 藤田亮策(경성제대 교수)

110
[잡지명] 조선 1937년 1월(제260호)
[기사명] 體質より見たる內鮮民族
[작성자] 上田常吉(경성제대 교수)

111
[잡지명] 조선 1937년 2~5월, 1939년 3, 5, 7~10월(제261~264, 286, 288, 290~293호)
[기사명] 明治年間朝鮮關係文獻抄錄
[작성자] 櫻井義之(경성제대 법문학부)

112
[잡지명] 조선 1937년 8월(제267호)
[기사명] 德物山と鷄龍山
[작성자] 秋葉隆(경성제대 교수)

113
[잡지명] 조선 1938년 11월(제282호)
[기사명] 朝鮮の科學と傳說
[작성자] 近藤時司(경성제대 예과 교수)

114
[잡지명] 조선 1939년 3월(제286호)
[기사명] 日本學術振興會朝鮮委員會の設置
[작성자] 速水滉(경성제대 총장/조선위원회위원장)

115
[잡지명] 조선 1939년 6월(제289호)
[기사명] 高麗歌詞の解說
[작성자] 金台俊(경성제대 강사)

116
[잡지명] 조선 1939년 8월(제291후)
[기사명] 朝鮮住民の生存力
[작성자] 水島治夫(경성제대 교수/의학박사)

117
[잡지명] 조선 1939년 9월(제292호)
[기사명] 朝鮮に於ける漢方醫學と傷寒論
[작성자] 杉原德行(경성제대 교수/의학박사)

118
[잡지명] 조선 1939년 11월(제294호)
[기사명] 時局下の大學生
[작성자] 松月秀雄(경성제대 교수)

119
[잡지명] 조선 1940년 2월(제297호)
[기사명] 朝鮮に於ける都市計畫と國土計畫
[작성자] 鈴木武雄(경성제대 교수)

120
[잡지명] 조선 1940년 2월(제297호)
[기사명] 儒教以前の祖先崇拜
[작성자] 秋葉隆(경성제대 교수)

121
[잡지명] 조선 1940년 5월(제300호)
[기사명] 薔花紅蓮
[작성자] 金台俊(경성제대 강사)

122
[잡지명] 조선 1940년 6월(제301호)
[기사명] 昭和十五年度朝鮮總督府豫算の展望
[작성자] 小田忠夫(경성제대 교수)

123
[잡지명] 조선 1940년 6월(제301호)
[기사명] 都市の人口問題と保健根本策
[작성자] 水島治夫(경성제대 교수/의학박사)

124
[잡지명] 조선 1940년 7월(제302호)
[기사명] 朝鮮に於ける藥草
[작성자] 石戸谷勉(경성제대 강사)

125
[잡지명] 조선 1940년 10월(제305호)
[기사명] 半島産業發達の現段階とその發展への展望
[작성자] 鈴木武雄(경성제대 교수)

126
[잡지명] 조선 1941년 3월(제310호)
[기사명] 城大を語る
[작성자] 篠田治策(경성제대 총장)

127
[잡지명] 조선 1941년 6월(제313호)

[기사명] 考古學上より見たる鮮滿關係
[작성자] 藤田亮策(경성제대 교수)

128
[잡지명] 조선 1941년 6월(제313호)
[기사명] 言語上より見たる鮮滿の關係
[작성자] 河野六郎(경성제대 강사)

129
[잡지명] 조선 1941년 6월(제313호)
[기사명] 朝鮮産業科學硏究院(假稱)の設置
[작성자] 山家信次(경성제대 이공학부장)

130
[잡지명] 조선 1941년 6월(제313호)
[기사명] 新體制管見
[작성자] 大澤勝(경성제대 의학부 교수)

131
[잡지명] 조선 1941년 11월(제318호)
[기사명] 國民皆勞の倫理性
[작성자] 田花爲雄(경성제대 교수)

132
[잡지명] 조선 1941년 11월(제318호)
[기사명] 國民皆勞の意義
[작성자] 森谷克己(경성제대 조교수)

133
[잡지명] 조선 1942년 1월(제320호)
[기사명] 大東亞戰爭と朝鮮及び朝鮮經濟
[작성자] 鈴木武雄(경성제대 교수)

134
[잡지명] 조선 1942년 4월(제323호)
[기사명] 大東亞の建設と半島の人的資源の重要性

[작성자] 森谷克己(경성제대 조교수)

135
[잡지명] 조선 1942년 8월(제327호)
[기사명] 朝鮮金融の新體制
[작성자] 鈴木武雄(경성제대 교수)

136
[잡지명] 조선 1942년 9월(제328호)
[기사명] 瑞雲滿洲と懿風朝鮮
[작성자] 松月秀雄(경성제대 교수/문학박사)

137
[잡지명] 조선 1942년 11월(제330호)
[기사명] 農業再編成の基礎問題
[작성자] 伊藤俊夫(경성제대 조교수)

138
[잡지명] 조선급만주 1926년 4월(제221호)
[기사명] 財界漫言/銀行取引停止者/滿鮮諸會社だより/時事日誌/京城帝大の講座擔任決定

139
[잡지명] 조선급만주 1926년 6월(제223호)
[기사명] 近代劇に現れたる母性(二)
[작성자] 藤井秋夫(경성제대 예과 교수/文學士)

140
[잡지명] 조선급만주 1926년 7월(제224호)
[기사명] 蠅の繁殖力と其の豫防
[작성자] 小林晴治郎(경성제대 의학부 교수/이학박사)

141
[잡지명] 조선급만주 1927년 1월(제230호)
[기사명] 初春の芝居噺
[작성자] 藤井秋夫(경성제대 교수/文學士)

142
[잡지명] 조선급만주 1927년 2월(제231호)
[기사명] 現代詩壇の風潮
[작성자] 佐藤淸(경성제대 교수)

143
[잡지명] 조선급만주 1928년 5월(제246호)
[기사명] 歐米敎育膝栗毛
[작성자] 松月秀雄(경성제대 교수)

144
[잡지명] 조선급만주 1928년 7월(제248호)
[기사명] 宋儒の自由硏究と朱晦庵の態度
[작성자] 藤塚鄰(경성제대 교수)

145
[잡지명] 조선급만주 1928년 12월(제253호)
[기사명] フランスに於ける金解禁
[작성자] 鈴木武雄(경성제대 교수)

146
[잡지명] 조선급만주 1929년 2월(제255호)
[기사명] 新時代の女性と其敎育
[작성자] 松月秀雄(경성제대 교수)

147
[잡지명] 조선급만주 1929년 2월(제255호)
[기사명] 成功せるマラリヤ豫防作業の實例
[작성자] 小林晴治郞(경성제대 의학부/이학박사)

148
[잡지명] 조선급만주 1929년 2월(제255호)
[기사명] 疾病と迷信
[작성자] 綿引朝光氏(경성제대 의학부 교수)談

149
[잡지명] 조선급만주 1929년 3월(제256호)
[기사명] 朝鮮人蔘が鐵を忌むと云ふ說に就て
[작성자] 杉原德行(경성제대 교수/의학박사)

150
[잡지명] 조선급만주 1929년 5월(제258호)
[기사명] 東阿とセイロン
[작성자] 泉哲(경성제대 교수/법학박사)

151
[잡지명] 조선급만주 1929년 5월(제258호)
[기사명] 染井吉野櫻の原産地
[작성자] 石戶谷勉(경성제대 예과 강사)

152
[잡지명] 조선급만주 1929년 6월(제259호)
[기사명] マラリヤ研究に於けるロッスの苦心
[작성자] 小林晴治郞(경성제대 의학부 교수/이학박사)

153
[잡지명] 조선급만주 1929년 6월(제259호)
[기사명] 贋作金庾信平濟頌碑文と扶餘
[작성자] 今西龍(경성제대 교수/문학박사)

154
[잡지명] 조선급만주 1929년 10월(제263호)
[기사명] 朝鮮の寄生蟲病の回顧
[작성자] 小林晴治郞(경성제대 의학부 교수/의학박사)

155
[잡지명] 조선급만주 1930년 1월(제266호)
[기사명] 現代に於けるインテリゲンチャの地位
[작성자] 佐藤淸(경성제대 교수)

156
[잡지명] 조선급만주 1930년 1월(제266호)

[기사명] カナダと英國との關係
[작성자] 泉哲(경성제대 교수/법학박사)

157
[잡지명] 조선급만주 1930년 1월(제266호)
[기사명] 支那の新しい文藝に就て
[작성자] 辛島驍(경성제대 강사)

158
[잡지명] 조선급만주 1930년 1월(제266호)
[기사명] 溫泉物語
[작성자] 綿引朝光(경성제대 교수)

159
[잡지명] 조선급만주 1930년 2월(제267호)
[기사명] 生命と目的
[작성자] 梶村正義(경성제대 조교수)

160
[잡지명] 조선급만주 1930년 2월(제267호)
[기사명] 支那の新しい文藝に就て
[작성자] 辛島驍(경성제대 강사)

161
[잡지명] 조선급만주 1930년 3월(제268호)
[기사명] 胃癌問答
[작성자] 小川藻(경성제대 교수)

162
[잡지명] 조선급만주 1930년 4월(제269호)
[기사명] 藥草の探險と哲學思想
[작성자] 石戸谷勉(경성제대 의학부 강사)

163
[잡지명] 조선급만주 1930년 4월(제269호)
[기사명] 季節と精神病の關係

[작성자] 久保喜代二(경성제대 의학부 교수)

164
[잡지명] 조선급만주 1930년 5월(제270호)
[기사명] 地理學と疾病
[작성자] 小林晴治郎(경성제대 의학부 교수/의학박사)

165
[잡지명] 조선급만주 1930년 5월(제270호)
[기사명] 腸閉塞死因と火傷と死因
[작성자] 小川蕃(경성제대 교수/의학박사)

166
[잡지명] 조선급만주 1930년 5월(제270호)
[기사명] 英國人と初夏の植物
[작성자] 藤井秋夫(경성제대 교수)

167
[잡지명] 조선급만주 1930년 6월(제271호)
[기사명] 世界に於ける癩菌の研究
[작성자] 志賀潔(경성제대 총장/의학박사)

168
[잡지명] 조선급만주 1930년 6월(제271호)
[기사명] 神經衰弱に就いて
[작성자] 久保喜代二(경성제대 정신과부장/의학박사)

169
[잡지명] 조선급만주 1930년 9월(제274호)
[기사명] 夏の最中に蠅の少くなる理由
[작성자] 小林晴治郎(경성제대 의학부/의학박사)

170
[잡지명] 조선급만주 1931년 2월(제279호)
[기사명] 支那の犯罪文學
[작성자] 辛島驍(경성제대 조교수)

171
[잡지명] 조선급만주 1931년 2월(제279호)
[기사명] 「惡の華」の詩人ボードレエルの少年期
[작성자] 山崎知二(경성제대 조교수)

172
[잡지명] 조선급만주 1931년 7월(제284호)
[기사명] 獨乙の大學生の生活
[작성자] 白井成允(경성제대 교수)

173
[잡지명] 조선급만주 1931년 11월(제288호)
[기사명] イギリス金本位制停止と日本
[작성자] 鈴木武雄(경성제대 조교수)

174
[잡지명] 조선급만주 1932년 1월(제290호)
[기사명] 歐洲のウインタ—スポ—ツ
[작성자] 中村兩造(경성제대 교수)

175
[잡지명] 조선급만주 1932년 9, 10월(제298, 299호)
[기사명] 滿蒙の通貨及經濟問題
[작성자] 鈴木武雄(경성제대 조교수)

176
[잡지명] 조선급만주 1932년 9월(제298호)
[기사명] モルビネ—患者
[작성자] 杉原德行(경성제대 교수/의학박사)

177
[잡지명] 조선급만주 1932년 10월(제299호)
[기사명] 中國作家と東京
[작성자] 辛島驍(경성제대 조교수)

178
[잡지명] 조선급만주 1932년 11월(제300호)
[기사명] 雜船
[작성자] 名越那珂次郎(경성제대 예과 교수)

179
[잡지명] 조선급만주 1932년 11월(제300호)
[기사명] 伊太利に於ける現代のロマン文學管見
[작성자] 土村光佑(경성제대도서관)

180
[잡지명] 조선급만주 1932년 12월(제301호)
[기사명] 今日の獨裁主義フアシツヨに就て
[작성자] 戸澤鐵彦(경성제대 교수)

181
[잡지명] 조선급만주 1933년 2월(제303호)
[기사명] 臺灣の「マラリア」
[작성자] 小林晴治郎(경성제대 교수/이학박사)

182
[잡지명] 조선급만주 1933년 2월(제303호)
[기사명] 萬葉集と正倉院の御物
[작성자] 名越那珂次郎(경성제대 예과 교수)

183
[잡지명] 조선급만주 1933년 3월(제304호)
[기사명] 朝鮮に於ける農村振興の一形態
[작성자] 松月秀雄(경성제대 교수)

184
[잡지명] 조선급만주 1933년 3월(제304호)
[기사명] 支那と朝鮮の新劇
[작성자] 辛島驍(경성제대 조교수)

185
[잡지명] 조선급만주 1933년 4월(제305호)
[기사명] 金本位制度の將來
[작성자] 四方博(경성제대 교수)

186
[잡지명] 조선급만주 1934년 7월(제320호)
[기사명] サルバドール國の滿洲國承認と其意義
[작성자] 泉哲(경성제대 교수/법학박사)

187
[잡지명] 조선급만주 1934년 7월(제320호)
[기사명] ハイデルベルヒた二三日
[작성자] 安倍能成(경성제대 교수)

188
[잡지명] 조선급만주 1935년 1월(제326호)
[기사명] 太平洋の平和工作
[작성자] 泉哲(경성제대 교수/법학박사)

189
[잡지명] 조선급만주 1935년 1월(제326호)
[기사명] 四時名義考
[작성자] 名越那珂次郎(경성제대 예과 교수)

190
[잡지명] 조선급만주 1935년 1월(제326호)
[기사명] 鶴と猪の話
[작성자] 森爲三(경성제대 예과 교수)

191
[잡지명] 조선급만주 1935년 1월(제326호)
[기사명] ローマの新年
[작성자] 安倍能成(경성제대 교수)

192
[잡지명] 조선급만주 1935년 5월(제330호)
[기사명] 朝鮮に存在する孔夫子の子孫に就て
[작성자] 小田省吾(前경성제대 교수)

193
[잡지명] 조선급만주 1935년 5월(제330호)
[기사명] 急性死亡を來す狹心症の話
[작성자] 伊藤正義(경성제대 교수/의학박사)

194
[잡지명] 조선급만주 1935년 5월(제330호)
[기사명] 蒙古の士官學校
[작성자] 近藤時司(경성제대 예과 교수)

195
[잡지명] 조선급만주 1935년 7월(제332호)
[기사명] 滿蒙の旅日記
[작성자] 佐藤眉峰(경성제대 교수/의학박사)

196
[잡지명] 조선급만주 1935년 7월(제332호)
[기사명] 整形外科から觀た怪我の話
[작성자] 中村兩造(경성제대 교수)

197
[잡지명] 조선급만주 1935년 9월(제334호)
[기사명] 傳染病の流行と衛生施設の改善
[작성자] 水島治夫(경성제대 교수/의학박사)

198
[잡지명] 조선급만주 1935년 9월(제334호)
[기사명] 遭難せる滿蒙の旅日記(二)
[작성자] 佐藤眉峰(경성제대 교수/의학박사)

199
[잡지명] 조선급만주 1935년 10월(제335호)
[기사명] 併合前後の教科書編纂に就て
[작성자] 小田省吾(前경성제대 교수)

200
[잡지명] 조선급만주 1935년 10월(제335호)
[기사명] 京城に於ける蠅の今昔
[작성자] 小林晴次郎(경성제대 교수/이학박사)

201
[잡지명] 조선급만주 1935년 10월(제335호)
[기사명] 萬葉集と明月
[작성자] 名越那珂次郎(경성제대 예과 교수)

202
[잡지명] 조선급만주 1935년 12월(제337호)
[기사명] 指導者國家の理念
[작성자] 淸宮四郎(경성제대 교수)

203
[잡지명] 조선급만주 1935년 12월(제337호)
[기사명] 朝鮮經濟三十年·机上の回顧
[작성자] 四方博(경성제대 교수)

204
[잡지명] 조선급만주 1935년 12월(제337호)
[기사명] 朝鮮の將來を語る(2)-朝鮮工業化の諸基礎とその將來
[작성자] 森谷克己(경성제대 조교수)

205
[잡지명] 조선급만주 1935년 12월(제337호)
[기사명] 冬の小兒呼吸器疾患とその手當
[작성자] 高井俊夫(경성제대 조교수/의학박사)

206
[잡지명] 조선급만주 1936년 1월(제338호)
[기사명] 腦溢血の話
[작성자] 岩井誠四郎(경성제대 교수/의학박사)

207
[잡지명] 조선급만주 1936년 1월(제338호)
[기사명] 「ホルモ―ン」其他二三の話
[작성자] 大澤勝(경성제대 교수/의학박사)

208
[잡지명] 조선급만주 1936년 1월(제338호)
[기사명] イヘダニと鼠との關係
[작성자] 小林晴治郎(경성제대 교수/이학박사)

209
[잡지명] 조선급만주 1936년 1월(제338호)
[기사명] 鼠に就いて
[작성자] 森爲三(경성제대 예과 교수)

210
[잡지명] 조선급만주 1936년 1월(제338호)
[기사명] 羅馬テイヴオリに遊ぶ記
[작성자] 安倍能成(경성제대 교수)

211
[잡지명] 조선급만주 1936년 2월(제339호)
[기사명] ホルモ―ン雜話
[작성자] 大澤勝(경성제대 교수/의학박사)

212
[잡지명] 조선급만주 1936년 2월(제339호)
[기사명] 近松巢林子と萬葉集
[작성자] 名越那珂次郎(경성제대 예과 교수)

213
[잡지명] 조선급만주 1936년 3월(제340호)
[기사명] 「ホルモーン」雜話(三)
[작성자] 大澤勝(경성제대 교수/의학박사)

214
[잡지명] 조선급만주 1936년 3월(제340호)
[기사명] 外科的結核の話
[작성자] 松井權平(경성제대 교수/의학박사)

215
[잡지명] 조선급만주 1936년 3월(제340호)
[기사명] 加藤淸正と茶道
[작성자] 名越那珂次郞(경성제대 예과 교수)

216
[잡지명] 조선급만주 1936년 4월(제341호)
[기사명] 山櫻國花考
[작성자] 名越那珂次郞(경성제대 예과 교수)

217
[잡지명] 조선급만주 1936년 6월(제343호)
[기사명] 思想史から見た日本人の獨創
[작성자] 黑田亮(경성제대 교수/문학박사)

218
[잡지명] 조선급만주 1936년 12월(제349호)
[기사명] 癌の話
[작성자] 小杉虎一(경성제대 교수/의학박사)

219
[잡지명] 조선급만주 1937년 1월(제350호)
[기사명] 溫突と蟲
[작성자] 小林晴治郞(경성제대 교수/이학박사)

220
[잡지명] 조선급만주 1937년 5월(제354호)
[기사명] 衛生上の希望事項二三
[작성자] 小林晴治郎(경성제대 교수/이학박사)

221
[잡지명] 조선급만주 1937년 5월(제354호)
[기사명] 春旅雜見
[작성자] 名越那珂次郎(경성제대 예과 교수)

222
[잡지명] 조선급만주 1937년 6월(제355호)
[기사명] 聾啞を語る
[작성자] 小林靜雄(경성제대 교수/의학박사)

223
[잡지명] 조선급만주 1937년 8월(제357호)
[기사명] 佐由利考
[작성자] 名越那珂次郎(경성제대 예과 교수)

224
[잡지명] 조선급만주 1937년 8월(제357호)
[기사명] 水鄕シユプレ―ヴ゛ルトの思ひ出
[작성자] 黑田乾一(경성제대 예과 교수)

225
[잡지명] 조선급만주 1937년 12월(제361호)
[기사명] 時局と學徒の使命
[작성자] 黑田亮(경성제대 교수/문학박사)

226
[잡지명] 조선급만주 1938년 1월(제362호)
[기사명] 萬葉集と日本精神
[작성자] 名越那珂次郎(경성제대 예과 교수)

227
[잡지명] 조선급만주 1938년 2월(제363호)

[기사명] 萬葉集と日本精神
[작성자] 名越那珂次郎(경성제대 예과 교수)

228
[잡지명] 조선급만주 1938년 4월(제365호)
[기사명] 人間の壽命
[작성자] 水島治夫(경성제대 교수/의학박사)

229
[잡지명] 조선급만주 1938년 5~7월(제366~368호)
[기사명] 北支漫步
[작성자] 竹中要(경성제대예과교수)

230
[잡지명] 조선급만주 1938년 6월(제367호)
[기사명] 疫痢の豫防と治療
[작성자] 高井俊夫(경성제대 조교수/의학박사)

231
[잡지명] 조선급만주 1938년 6월(제367호)
[기사명] 滯佛雜感
[작성자] 山崎知二(경성제대 조교수)

232
[잡지명] 조선급만주 1938년 10월(제371호)
[기사명] 京城帝大蒙疆學術探檢報告
[작성자] 尾高國雄(경성제대 교수/법학박사) · 鈴木武雄(경성제대 교수/경제학박사) · 森爲三(경성제대 예과 교수/이학박사) · 波多江信廣(조선총독부 지질조사소기사) · 泉靖一(경성제대 사회학교실/법학사)

233
[잡지명] 조선급만주 1939년 2월(제375호)
[기사명] 漢法醫學の科學的檢討
[작성자] 杉原德行(경성제대 교수/의학박사)

234
[잡지명] 조선급만주 1939년 4월(제377호)
[기사명] 血液型研究の其後の進展
[작성자] 佐藤武雄(경성제대 교수/의학박사)

235
[잡지명] 조선급만주 1939년 8월(제381호)
[기사명] 瀧と傳說
[작성자] 近藤時司(경성제대 예과 교수)

236
[잡지명] 조선급만주 1939년 9월(제382호)
[기사명] '春姬'と'不如歸'
[작성자] 辛島驍(경성제대 교수)

237
[잡지명] 조선급만주 1940년 2월(제387호)
[기사명] 半島國土計畫の必要
[작성자] 鈴木武雄(경성제대 교수)

238
[잡지명] 조선급만주 1940년 3월(제388호)
[기사명] 不問語
[작성자] 田花爲雄(경성제대 교수)

239
[잡지명] 조선급만주 1940년 8월(제393호)
[기사명] 映畵教育の施設を急げ
[작성자] 辛島驍(경성제대 교수)

240
[잡지명] 조선급만주 1940년 10월(제395호)
[기사명] 新萬葉集と朝鮮風物
[작성자] 名越那珂次郎(경성제대 예과 교수)

241
[잡지명] 조선급만주 1941년 1월(제398호)
[기사명] 注連の內
[작성자] 田花爲雄(경성제대 교수)

242
[잡지명] 조선의교육연구 1932년 7월
[기사명] 陶治の語源と其の本質
[작성자] 松月秀雄(경성제대 교수)

243
[잡지명] 조선의교육연구 1934년 4월
[기사명] 全村學校運動と農村振興運動
[작성자] 松月秀雄(경성제대 교수)

244
[잡지명] 조선총독부조사월보 1938년 11월
[기사명] 朝鮮に於ける都市財政の性格
[작성자] 小田忠夫(경성제대 교수)

245
[잡지명] 조선총독부조사월보 1938년 12월, 1939년 1, 5월
[기사명] 繭の配給組織について
[작성자] 陸芝修(경성제대 강사)

246
[잡지명] 조선총독부조사월보 1941년 6월
[기사명] 土幕民の生活·衛生
[작성자] 京城帝大 特殊細民硏究會

247
[잡지명] 조선총독부조사월보 1944년 8월
[기사명] 南鮮一農村の實態調査報告(完)
[작성자] 京城帝大 法律學班

248
[잡지명] 조선행정 1937년 5월
[기사명] 農家負債整理問題
[작성자] 靜田均(경성제대 교수)

249
[잡지명] 조선행정 1937년 5월
[기사명] 櫻花談片
[작성자] 名越那珂次郎(경성제대 예과 교수)

250
[잡지명] 조선행정 1937년 5월
[기사명] 東洋社會黨樽井藤吉と朝鮮合邦論
[작성자] 櫻井義之(경성제대 법문학부)

251
[잡지명] 조선행정 1937년 7월
[기사명] 我國社會統制法の動向
[작성자] 津曲藏之亟(경성제대 교수)

252
[잡지명] 조선행정 1937년 8월
[기사명] ヒットラー國の國法淨化運動
[작성자] 船田亨二(경성제대 교수)

253
[잡지명] 조선행정 1937년 10월
[기사명] 朝鮮行政法(四)
[작성자] 松岡修太郞(경성제대 법문학부 교수)

254
[잡지명] 조선행정 1937년 10월
[기사명] 法學通論(四)
[작성자] 尾高朝雄(경성제대 법문학부 교수)

255
[잡지명] 조선행정 1937년 10월
[기사명] 統計學講話(四)
[작성자] 大內武次(경성제대 법문학부 교수)

256
[잡지명] 조선행정 1937년 10월
[기사명] 朝鮮金融論(二)
[작성자] 鈴木武雄(경성제대 법문학부 교수)

257
[잡지명] 조선행정 1937년 10월
[기사명] 朝鮮財政論(二)
[작성자] 小田忠夫(경성제대 법문학부 교수)

258
[잡지명] 조선행정 1937년 10월
[기사명] 朝鮮史(二)
[작성자] 末松保和(경성제대 법문학부 교수)

259
[잡지명] 조선행정 1937년 11월
[기사명] 朝鮮行政法(五)
[작성자] 松岡修太郎(경성제대 법문학부 교수)

260
[잡지명] 조선행정 1937년 11월
[기사명] 法學通論(五)
[작성자] 尾高朝雄(경성제대 법문학부 교수)

261
[잡지명] 조선행정 1937년 11월
[기사명] 統計學講論(五)
[작성자] 大內武次(경성제대 법문학부 교수)

262
[잡지명] 조선행정 1937년 11월
[기사명] 朝鮮金融論(三)
[작성자] 鈴木武雄(경성제대 법문학부 교수)

263
[잡지명] 조선행정 1937년 11월
[기사명] 朝鮮財政論(三)
[작성자] 小田忠夫(경성제대 법문학부 부교수)

264
[잡지명] 조선행정 1937년 11월
[기사명] 朝鮮史(三)
[작성자] 末松保和(경성제대 법문학 부교수)

265
[잡지명] 조선행정 1937년 12월
[기사명] 朝鮮行政法(六)
[작성자] 松岡修太郞(경성제대 법문학부 교수)

266
[잡지명] 조선행정 1937년 12월
[기사명] 法學通論(六)
[작성자] 尾高朝雄(경성제대 법문학부 교수)

267
[잡지명] 조선행정 1937년 12월
[기사명] 統計學講話(六)
[작성자] 大內武次(경성제대 법문학부 교수)

268
[잡지명] 조선행정 1937년 12월
[기사명] 朝鮮金融論(四)
[작성자] 鈴木武雄(경성제대 법문학부 교수)

269
[잡지명] 조선행정 1937년 12월
[기사명] 朝鮮財政論(四)
[작성자] 小田忠夫(경성제대 법문학부 교수)

270
[잡지명] 조선행정 1937년 12월
[기사명] 朝鮮史(四)
[작성자] 末松保和(경성제대 법문학부 교수)

271
[잡지명] 조선행정 1938년 4월
[기사명] 朝鮮行政法(九)
[작성자] 松岡修太郎(경성제대 법문학부 교수)

272
[잡지명] 조선행정 1938년 4월
[기사명] 統計學講話(九)
[작성자] 大內武次(경성제대 법문학부 교수)

273
[잡지명] 조선행정 1938년 4월
[기사명] 朝鮮金融論(六)
[작성자] 鈴木武雄(경성제대 법문학부 교수)

274
[잡지명] 조선행정 1938년 4월
[기사명] 朝鮮財政論(七)
[작성자] 小田忠夫(경성제대 법문학부 교수)

275
[잡지명] 조선행정 1938년 4월
[기사명] 朝鮮史(七)
[작성자] 末松保和(경성제대 법문학부 교수)

276
[잡지명] 조선행정 1939년 9월
[기사명] 朝鮮農業經濟論
[작성자] 靜田均(경성제대 조교수)

277
[잡지명] 조선행정 1939년 9월
[기사명] 朝鮮史
[작성자] 末松保和(경성제대 교수)

278
[잡지명] 조선행정 1939년 9월
[기사명] ドイツに於ける斷種裁判事件の話
[작성자] 藤本直(경성제대 조교수)

279
[잡지명] 조선행정 1939년 9월
[기사명] 朝鮮新法令解說
[작성자] 경성제대 공법연구회

280
[잡지명] 조선행정 1939년 10월
[기사명] 法醫學の諸問題
[작성자] 藤本直(경성제대 조교수)

281
[잡지명] 조선행정 1939년 10, 11월
[기사명] 經濟原論
[작성자] 四方博(경성제대 교수)

282
[잡지명] 조선행정 1939년 10월
[기사명] 朝鮮史
[작성자] 末松保和(경성제대 교수)

283
[잡지명] 조선행정 1939년 10월
[기사명] 朝鮮産業法規解說
[작성자] 津曲藏之丞(경성제대 조교수)

284
[잡지명] 조선행정 1941년 2, 3월
[기사명] 京城帝大を衝く
[작성자] 赤田美久

285
[잡지명] 대중공론 제2권 제2호(1930년 3월)
[기사명] 今年度 學窓을 떠나는 卒業生諸君 抱負: 學窓을 떠나면서
[작성자] 崔容達(경성제대)

286
[잡지명] 대중공론 제2권 제2호(1930년 3월)
[기사명] 今年度 學窓을 떠나는 卒業生諸君 抱負: 抱負고 말고
[작성자] 李孝石(경성제대)

287
[잡지명] 대중공론 제2권 제2호(1930년 3월)
[기사명] 今年度 學窓을 떠나는 卒業生諸君 抱負: 實際生活方面으로
[작성자] 朴文圭(경성제대)

288
[잡지명] 대중공론 제2권 제2호(1930년 3월)
[기사명] 卒業論文-資本蓄積理論小考
[작성자] 朴文圭(경성제대 법과)

289
[잡지명] 사해공론 제2권 제6호(1936년 6월)
[기사명] 京城帝大病院 精神病舍 見聞記
[작성자] 千眼居士

5. 경성제국대학 관련 신문기사 목록

— 이 목록에서 활용한 신문은 총 5종이다. 그 내역은 다음과 같다. ① 동아일보, ② 중앙일보, ③ 조선중앙일보, ④ 중외일보, ⑤ 시대일보.

— 기사 목록의 작성은 한국역사정보통합시스템(http://www.koreanhistory.or.kr)을 통해 이루어졌는데, 경성제대와 관련된 검색어를 입력하는 방식으로 목록을 추출했다. 검색 시스템의 제약상 일부 자료는 누락되어 있을 수 있다.

□ 동아일보

290
[신문명] 동아일보 1924년
[기사명] 大學名稱은 京城帝大, 帝大令 適用 決定
[날 짜] 1924.4.16.

291
[신문명] 동아일보 1924년
[기사명] 京城帝大開校期 五月一日이나 될듯
[날 짜] 1924.4.17.

292
[신문명] 동아일보 1924년
[기사명] 京城帝大議案 精査委員會上程
[날 짜] 1924.4.21.

293
[신문명] 동아일보 1924년
[기사명] 京城帝大官制 樞府에서도 問題; 內部不統一暴露//今後 措處可觀, 事態가 頗히 重大//開校期遲延乎, 그리重大치는 안타, 萩原學務課長談
[날 짜] 1924.4.22.

294
[신문명] 동아일보 1924년
[기사명] 京城帝大問題; 廿二日 決定乎//時代錯誤의 詰難, 京大問題 紛糾와 樞府 某顧問官談

[날　짜] 1924.4.25.

295
[신문명] 동아일보 1924년
[기사명] 京城帝大總長 本科開校時任命//京大官制上奏
[날　짜] 1924.4.29.

296
[신문명] 동아일보 1924년
[기사명] 京城帝大總長은 專任總長으로 但 當分은 兼攝取扱
[날　짜] 1924.4.30.

297
[신문명] 동아일보 1924년
[기사명] 京城帝大官制 一日 裁可, 二日 官報로 發表//集合은 八日, 實地始業은 十二日
[날　짜] 1924.5.2.

298
[신문명] 동아일보 1924년
[기사명] 京城帝大 事務所 移轉
[날　짜] 1924.5.4.

299
[신문명] 동아일보 1924년
[기사명] 京城帝大 教授發表//助教授 任命은 遲延
[날　짜] 1924.5.5.

300
[신문명] 동아일보 1924년
[기사명] 京城帝大豫科關係告示
[날　짜] 1924.5.13.

301
[신문명] 동아일보 1924년
[기사명] 京城帝大에 紛糾; 총장과 총독부의 의견충돌, 원인은 당국의 보수적 태도
[날　짜] 1924.9.30.

302
[신문명] 동아일보 1924년
[기사명] 京城帝大 開校는 豫算削減에 無關係
[날　짜] 1924.10.9.

303
[신문명] 동아일보 1924년
[기사명] 京城帝大 教課擔任 內定
[날　짜] 1924.11.13.

304
[신문명] 동아일보 1925년
[기사명] 京城帝大豫科生徒募集에 대하야 小田豫科部長談
[날　짜] 1925.1.10.

305
[신문명] 동아일보 1925년
[기사명] 京城帝大에 朝鮮文科特設; 래년에 개교되는 경성대학에 朝鮮語 朝鮮文學 朝鮮史의 세 강좌를 둔 조선 문과를 두기로 결뎡되여 朝鮮文學의 新紀元//明春 設置確實, 조선문과는 당연한 요구 平井學務課長談
[날　짜] 1925.7.14.

306
[신문명] 동아일보 1925년
[기사명] 京城帝大의 地鎭祭
[날　짜] 1925.8.15.

307
[신문명] 동아일보 1925년
[기사명] 明春부터 開交하는 京城帝大의 內容, 대학 예과의 졸업생으로 리공과 의과에 팔십명식
[날　짜] 1925.9.26.

308
[신문명] 동아일보 1926년
[기사명] 京城帝大宣誓式

[날 짜] 1926.5.2.

309
[신문명] 동아일보 1926년
[기사명] 京城帝大 選聽科生募集
[날 짜] 1926.5.13.

310
[신문명] 동아일보 1926년
[기사명] 戶田氏 講演會, 社會問題에 對하야 勞働農村小作婦人(戶田, 京城帝大敎授)(金泉)
[날 짜] 1926.7.26.

311
[신문명] 동아일보 1927년
[기사명] 京城帝大豫科 大正十三年에 創立(高陽)
[날 짜] 1927.2.3.

312
[신문명] 동아일보 1927년
[기사명] 京醫專附屬醫院 적십자병원안에 설립, 총독부병원은 경성제대부속의원이 되는 관계로
[날 짜] 1927.3.23.

313
[신문명] 동아일보 1927년
[기사명] 京城帝大學位는 總督의 權限, 학위를 총독이 주어
[날 짜] 1927.8.27.

314
[신문명] 동아일보 1927년
[기사명] 京城帝對卒業生에 學士號廢止說 실력을 존중하는 것이 데일이라고 학사호증여 폐지설이 유력하다고 日本의 廢止說과 朝鮮方針
[날 짜] 1927.9.19.

315
[신문명] 동아일보 1927년

[기사명] 本社見學 京城帝大高木教授外 十六人[寫]
[날 짜] 1927.12.17.

316
[신문명] 동아일보 1928년
[기사명] 京城帝大藥學部 漢藥原料硏究, 삼천원의 비용을 던지어 一大藥草園施設
[날 짜] 1928.1.14.

317
[신문명] 동아일보 1928년
[기사명] 京城帝大豫科 選拔試驗問題, 英語
[날 짜] 1928.3.21.

318
[신문명] 동아일보 1928년
[기사명] 京城帝大豫科 選拔試驗問題, 數學
[날 짜] 1928.3.22.

319
[신문명] 동아일보 1928년
[기사명] 京城帝大生 文友會解散? 일본 것과 성질이 갓다고 學校當局은 協議中
[날 짜] 1928.5.2.

320
[신문명] 동아일보 1928년
[기사명] 京城帝大蹴球, 明大와 對戰 來一日 京城에서
[날 짜] 1928.5.31.

321
[신문명] 동아일보 1928년
[기사명] 京城帝大夏期講習
[날 짜] 1928.6.17.

322
[신문명] 동아일보 1928년
[기사명] 京城帝大硬球 九州地方에 遠征

[날 짜] 1928.6.30.

323
[신문명] 동아일보 1928년
[기사명] 京城帝大硬球遠征團 對熊本戰에 勝捷
[날 짜] 1928.7.6.

324
[신문명] 동아일보 1928년
[기사명] 京城帝大硬球歸京
[날 짜] 1928.7.12.

325
[신문명] 동아일보 1928년
[기사명] 京城帝大豫科 校內陸上競技
[날 짜] 1928.10.12.

326
[신문명] 동아일보 1928년
[기사명] 學生卓球大會, 京城帝大 卓球部主催로
[날 짜] 1928.10.14.

327
[신문명] 동아일보 1928년
[기사명] 中等準硬球大會, 京城帝大學友會庭球部主催
[날 짜] 1928.10.16.

328
[신문명] 동아일보 1928년
[기사명] 培材팀 驛傳 八百米「릴레이」에서 優勝, 京城帝大 豫科 第四回 大運動會에서
[날 짜] 1928.10.16.

329
[신문명] 동아일보 1928년
[기사명] 京城帝大 豫科蹴球팀 今夜出發 九州大會 遠征
[날 짜] 1928.12.24.

330
[신문명] 동아일보 1929년
[기사명] 母校등지는 選手들 그들의 動하는 곳은 어대, 朝鮮에서 자라난 學士運動家 京城帝大
[날 짜] 1929.3.23.

331
[신문명] 동아일보 1929년
[기사명] 今日卒業式; 京城帝大//中東學校
[날 짜] 1929.3.25.

332
[신문명] 동아일보 1929년
[기사명] 各專門學校 入試合格者; 京城帝大豫科
[날 짜] 1929.3.30.

333
[신문명] 동아일보 1929년
[기사명] 男女學校漫畵巡禮, 京城帝大豫科
[날 짜] 1929.7.7.

334
[신문명] 동아일보 1929년
[기사명] 京城帝大 慘敗, 對九大陸上競技
[날 짜] 1929.7.17.

335
[신문명] 동아일보 1929년
[기사명] 遣外硏究는 無妨, 幾分人員은 減少 現在 京城帝大留學教授十二人, 來年에도 七名
[날 짜] 1929.8.16.

336
[신문명] 동아일보 1929년
[기사명] 人蔘은 어떠한 것인가?[1929.9.12.까지 全22回](京城帝大醫學部教室閔丙祺) 藥物學
[날 짜] 1929.8.16.

337
[신문명] 동아일보 1929년
[기사명] 京城帝大生 總長留任運動
[날　짜] 1929.9.26.

338
[신문명] 동아일보 1929년
[기사명] 滿洲蹴球遠征記[1929.11.5.까지 全11回](京城帝大蹴球部 史敬郁)
[날　짜] 1929.10.21.

339
[신문명] 동아일보 1929년
[기사명] 對九大蹴球 決勝에 京城帝大軍優勝, 水上陸上의 敗를 決히 復讐, 城大3 九大1
[날　짜] 1929.11.20.

340
[신문명] 동아일보 1929년
[기사명] 四種檄文 八千張 押收, 今午까지 百卄七名 檢擧, 引致者中엔 靑年과 學生相半, 종로서에 수사 총본부 두고 활동, 事件正體는 判明한듯//事件의 背後에는 秘密團體操縱//謄寫版도 發見 十三處 大搜索//東署도 活動 三名을 檢擧//京城帝大를 筆頭로 各學校에 無漏配付, 책상설합에까지 교묘히 너허두고 하학시간에 학생들에게 뿌리엇다, 巧妙한 撒布의 方式//雨雪마지며 徹夜活動, 檢擧範圍刻刻擴大, 오는 사람은 모조리 감검, 各旅館 團體等守直//主謀者 兩名 去處嚴探中, 검거하는 경찰당국의 추측, 關係者는 約八十名//光州學生檢擧//西署도 緊張, 各學校警戒//羅州刑事隊 上京해 活動
[날　짜] 1929.12.5.

341
[신문명] 동아일보 1930년
[기사명] 엄한긔와 소아위생; 첫째요점은 소아의 보온[上~下](京城帝大醫學部小兒科 李先根)
[날　짜] 1930.1.3.~5.

342
[신문명] 동아일보 1930년
[기사명] 엄한긔와 소아병 무서운 폐염과 긔관지염[全2回](京城帝大 醫學部小兒科 李先根)
[날　짜] 1930.1.6.~7.

343
[신문명] 동아일보 1930년
[기사명] 엄한긔의 소아병 무서운 백일해(당나귀 기침)(京城帝大 醫學部小兒科 李先根)
[날　짜] 1930.1.9.

344
[신문명] 동아일보 1930년
[기사명] 엄한긔의 소아병 「디프테리」와 그 종류[全3回](京城帝大醫學部 小兒科 李先根)
[날　짜] 1930.1.11.~13.

345
[신문명] 동아일보 1930년
[기사명] 산부인과의로서의 임부와 우리 가정부인에게 바람 녀자자신이 먼저 병을 알어야 할 일[全3回](京城帝大醫學部産婦人科 許信)
[날　짜] 1930.1.15.~17.

346
[신문명] 동아일보 1930년
[기사명] 엄한긔의 소아병; 류행성 이하선염(京城帝大醫學部小兒科 李先根)
[날　짜] 1930.1.19.

347
[신문명] 동아일보 1930년
[기사명] 엄한긔의 소아병, 사람마다 반듯이 알는 홍역[제1회, 全4回](京城帝大醫學部 小兒科 李先根)
[날　짜] 1930.1.22.~25.

348
[신문명] 동아일보 1930년
[기사명] 京城帝大豫科 募集人數
[날　짜] 1930.2.5., 2.8.

349
[신문명] 동아일보 1930년
[기사명] 新學士八十 大概는 就職, 조선인은 전부 이십륙명 今春京城帝大卒業
[날　짜] 1930.2.9.

350
[신문명] 동아일보 1930년
[기사명] 募集生 定員七倍를 超過 작년보담 이십이명이 늘어 京城帝大豫科志願率
[날 짜] 1930.2.23.

351
[신문명] 동아일보 1930년
[기사명] 京城帝大附屬醫院 募集人數
[날 짜] 1930.2.23.

352
[신문명] 동아일보 1930년
[기사명] 어린 아이를 건강케 길르랴면 아동의 생리와 해부를 알라 어머니 된 이들의 급선무[1930.3.22.까지 全13回](京城帝大 醫學部 小兒科 李先根)
[날 짜] 1930.3.2.

353
[신문명] 동아일보 1930년
[기사명] 임신분만 산욕에 대한 일반지식과 섭생법[1930.3.27.까지 全18回] 대체 태아는 어떠케 영양을 엇는가(京城帝大醫學部 産婦人科 許信)
[날 짜] 1930.3.2.~27

354
[신문명] 동아일보 1930년
[기사명] 京城帝大卒業式
[날 짜] 1930.3.25.

355
[신문명] 동아일보 1930년
[기사명] 百二十六名의 新學士 二十五日 京城帝大卒業式[寫]
[날 짜] 1930.3.26.

356
[신문명] 동아일보 1930년
[기사명] 京城帝大蹴球 九州에 遠征
[날 짜] 1930.9.3.

357
[신문명] 동아일보 1930년
[기사명] 京城帝大蹴球 九州에 遠征, 十七日朝 出發 豫定
[날 짜] 1930.9.9.

358
[신문명] 동아일보 1930년
[기사명] 京城帝大豫科의 中等蹴球 十月中旬 擧行할 터
[날 짜] 1930.9.10.

359
[신문명] 동아일보 1930년
[기사명] 京城帝大蹴球 九州遠征, 卄日朝에 出發 一行全部 朝鮮人
[날 짜] 1930.9.20.

360
[신문명] 동아일보 1930년
[기사명] 京城帝大蹴球部 九州에
[날 짜] 1930.9.21.

361
[신문명] 동아일보 1930년
[기사명] 正宗創建의 奎章閣, 京城帝大로 넘어가 넷날 우리 모든책을 모흔 규장각 제국 대학도서관으로 옴겨간다, 朝鮮古籍의 一大寶庫//卷數도 十五萬冊 主要古書 總集成//念慮는 火災 形式은 保管, 閱覽規定은 從前 同一, 神尾學務課長談[寫]
[날 짜] 1930.9.24.

362
[신문명] 동아일보 1930년
[기사명] 京城帝大豫科 運動會
[날 짜] 1930.10.3., 10.5.

363
[신문명] 동아일보 1930년
[기사명] 京城帝大講演會
[날 짜] 1930.10.25.

364
[신문명] 동아일보 1930년
[기사명] 京城帝大女子에 開放, 녀자학사도 배출할 모양, 本科 豫科에 入學可能
[날　짜] 1930.11.21.

365
[신문명] 동아일보 1930년
[기사명] 女子에의 門戶開放, 改訂辯護士法과 京城帝大의 男女共學實施
[날　짜] 1930.11.26.

366
[신문명] 동아일보 1930년
[기사명] 京城帝大에 女子志願遝至
[날　짜] 1930.12.26.

367
[신문명] 동아일보 1931년
[기사명] 京城帝大豫科 募集人數
[날　짜] 1931.2.10.

368
[신문명] 동아일보 1931년
[기사명] 京城帝大附屬醫院 看護婦募集人數
[날　짜] 1931.2.24.

369
[신문명] 동아일보 1931년
[기사명] 京城各專門校 今春 卒業式日, 京城帝大는 卄五日
[날　짜] 1931.2.26.

370
[신문명] 동아일보 1931년
[기사명] 全朝鮮 千六百卄三校(三) 官專 朝鮮人 卒業生 日本의 半數 未滿 就職率도 八割에 九割 專門校卒業生 現況//京城帝大도 三割七分 未滿 日本人學生 絶對多數 就職率은 九二%//官師卒業에도 二割九分强 일본인이 三배반 차지 就職率은 九割以上
[날　짜] 1931.3.1.

371
[신문명] 동아일보 1931년
[기사명] 京城帝大 卒業式
[날 짜] 1931.3.25.

372
[신문명] 동아일보 1931년
[기사명] 요사이 류행하는 홍역의 증세와 간호법[上, 下](京城帝大 小兒科 敎室 李先根)
[날 짜] 1931.3.25.~26.

373
[신문명] 동아일보 1931년
[기사명] 今春朝鮮人 新學士四十四, 京城帝大卒業式
[날 짜] 1931.3.26.

374
[신문명] 동아일보 1931년
[기사명] 京城帝大豫科 合格者
[날 짜] 1931.3.29.

375
[신문명] 동아일보 1931년
[기사명] 官吏等總蹶起 持久戰을 劃策코 各種官吏總聯合, 가봉 안주린다는 언명잇기까지 감봉반대운동을 지구전으로 항쟁 法官敎授官吏總結束//政府에 陳情次內務局長渡東//京城帝大의 敎授도 蹶起 반대항쟁할 것을 결의햇다 各交聯合抗爭圖謀//確乎한 言明까지 反對運動繼續 遞信局從業員決議//動中靜結果는 果如何?
[날 짜] 1931.5.28.

376
[신문명] 동아일보 1931년
[기사명] 滿洲醫大 對京城帝大庭球戰
[날 짜] 1931.7.7.

377
[신문명] 동아일보 1931년
[기사명] 어른들에게만 정당하다고 피서에 어린이 동반은 문제, 과식은 피하고 낮잠을 좀

재워야, 京城帝大 小兒科 李先根談
[날　짜] 1931.7.15.

378
[신문명] 동아일보 1931년
[기사명] 여름엔 약도 변해 아이약은 제 때에, 독약이 되는 수도 잇습니다, 京城帝大小兒科 李先根談
[날　짜] 1931.7.16.

379
[신문명] 동아일보 1931년
[기사명] 京城帝大總長 山田三良博士受諾, 國際法의 權威
[날　짜] 1931.10.25.

380
[신문명] 동아일보 1931년
[기사명] 京城帝大總長 山田三良博士 決定
[날　짜] 1931.11.2.

381
[신문명] 동아일보 1931년
[기사명] 괴상한 긔후에 더욱 념려되는 어린이의 긔관지염과 폐염[全3回](京城帝大 小兒科 敎室 李先根)
[날　짜] 1931.12.11.~13.

382
[신문명] 동아일보 1932년
[기사명] 九國條約及 不戰案을 滿洲事件에 適用, 英佛伊三國과 協議한 結果 米國의 强硬한 通牒//日中兩國에 對한 米國의 通電內容, 七日 午後九時 國務省發表 米大使 外相에 手交//米國이 引用키로 決定한 兩個條約 通告된 經路는 不明//陳友仁外交部長 對日策確立 英米公使招致//不戰案適用과 結果 京城帝大 敎授 泉哲博士談//어디까지든지 外國의 干涉排除, 三國이 어떤 態度에 出할지 모르나 機會 보아 中外에 聲明//米大統領「후버」氏 同情 잇는 見解披瀝 新任中公使에 對하야//容嘴干涉치 안흐리란 解釋, 條約의 精神을 侵害 안함으로//米國行動은 有力 議員支持로 效果期待는 難關?
[날　짜] 1932.1.9.

383
[신문명] 동아일보 1932년
[기사명] 中學以上 男女學校 入學案內; 高等專門學部, 京城帝大 豫科 京城法學專門學校 京城醫學專門學校 京城高等工業學校 水原高等農林學校 京城高等商業學校
[날　짜] 1932.2.9.

384
[신문명] 동아일보 1932년
[기사명] 中學以上 男女學校入學案內; 京城帝大豫科及 聽講生 세브란스醫學專門 延禧專門學校 梨花女子專門學校 平壤醫學講習所 大邱醫學講習所
[날짜] 1932.2.10.

385
[신문명] 동아일보 1932년
[기사명] 리질과 장질부사 내복「왁친」 완성, 경성제대 松岡憲固씨가 면역효과가 백 파센트
[날　짜] 1932.2.24.

386
[신문명] 동아일보 1932년
[기사명] 조혼으로 만히 생기는 생식긔성신경쇠약증, 어지럽고 머리 아프고 수족이 차고 늘 수심을 띄어[全3回](京城帝大 岩井內科 金東益)
[날　짜] 1932.2.27.~3.1.

387
[신문명] 동아일보 1932년
[기사명] 卄五日 卒業式; 京城帝大, 同德女高, 向上女子技藝
[날　짜] 1932.3.25.

388
[신문명] 동아일보 1932년
[기사명] 한 살부터 다섯 살 때 흔한「지푸테리」는 어떤 병인가, 흔히는 인두 후두 지푸테리가 만타[上, 下](京城帝大 小兒科敎室 李先根)
[날　짜] 1932.3.26., 3.28.

389
[신문명] 동아일보 1932년

[기사명] 京城帝大 豫科 合格者
[날　짜] 1932.3.29.

390
[신문명] 동아일보 1932년
[기사명] 요사이 꼿철에 더욱 만흔 폐병 증세, 예방 치료 근년에 와서는 해마다 폐병자가 늘어간다[제1회, 全8回](京城帝大病院 岩井內科 金東益)
[날　짜] 1932.5.14.

391
[신문명] 동아일보 1932년
[기사명] 요사이 꼿철에 더욱 만흔 폐병 증세, 예방 치료 근년에 와서는 해마다 폐병자가 늘어간다[全8回](京城帝大病院 岩井內科 金東益)
[날　짜] 1932.5.15.~20., 3.22.

392
[신문명] 동아일보 1932년
[기사명] 수태 못하는 리유는 무엇? 결혼한 후 三년 이내에 수태 못하면 불임증, 二十五세 지나 혼인한 사람에게 만타[全3回](京城帝大産婦人科教室 尹泰權)
[날　짜] 1932.6.10.~12.

393
[신문명] 동아일보 1932년
[기사명] 京城帝大에서 朝鮮文學講演 十八日 午後三時: 朝鮮文學의 病弊(鄭萬朝), 北鮮方言中 活用語의 語尾에 붙는 「둥」과 「메」(小倉教授)
[날　짜] 1932.6.18.

394
[신문명] 동아일보 1932년
[기사명] 大學에 發火 京城帝大 醫學部 變電所에
[날　짜] 1932.7.18.

395
[신문명] 동아일보 1932년
[기사명] 京城帝大生을 中心한 共產黨再建事件終豫 檢擧된 後로 近一年 만에 曹圭瓚 崔翔奎 等 十九名은 公判廻附//公判廻附者名單//免訴者名單//大部分 保釋出獄//組織內

容은 複雜 統制系統은 巧妙//總督府의 ?版使用 各種?密出版物 긔회보아 격문도 산포하엿다, 半年間의 活動顚末//重要關係者 細胞組織後 統制機關設置 國際共産黨 데제로//檄文을 押收 夜半總檢擧 사건정체가 비로소 나타나 發覺端緒와 檢擧風//戀人도 警戒 酒草禁止, 嚴格한 ?密保障//不意에 備코저 武器까지 準備 메리켄삭크라는 무긔를 安東縣으로 注文[肖: 市田朝? 櫻井三良 崔翔奎 平野面吉 愼弦重 高晶玉 姜若秀 曹圭瓚]//피검 당시 압수된 무긔 메리켄삭크와 격문, 등사판 기타[寫]

[날　짜] 1932.8.16.

396

[신문명] 동아일보 1932년

[기사명] 京城帝大優勝 對九大蹴球決勝에 城大 2 九大 0

[날　짜] 1932.9.21.

397

[신문명] 동아일보 1932년

[기사명] 京城帝大豫科 主催 全朝鮮中等蹴球, 十月十五日부터 三日間 컵外에 優勝旗도 新造

[날　짜] 1932.9.30.

398

[신문명] 동아일보 1932년

[기사명] 수명과 생식의 관게 밋 장수법, 장생불사하는 비방은 어떠한가?(京城帝大講師 李甲洙 博士)[1932.11.15.까지, 全12回]

[날　짜] 1932.11.2.

399

[신문명] 동아일보 1932년

[기사명] 京城帝大生을 主體로 學生共産黨公判 豫審終結以後 四個月 만에 明四日 第一回開廷; 愼弦重 曹圭瓚 崔翔奎等 十九名

[날　짜] 1932.11.4.

400

[신문명] 동아일보 1932년

[기사명] 기생충을 박멸하자! 긔생충의 생기는 리유와 그 박멸책[全5回](京城帝大 岩井內科 金東益 博士)

[날　짜] 1932.12.18., 12.23., 12.27.~28., 12.31.

401
[신문명] 동아일보 1933년
[기사명] 京城帝大 豫科 募集人員
[날　짜] 1933.2.9.

402
[신문명] 동아일보 1933년
[기사명] 李榮俊 吳一承 兩氏 醫學博士 論文通過, 昨日東京帝大와 京城帝大에//世專 李榮俊氏 論文 東大敎授會에, 세전출신으론 림상에 최초//外科 吳一承氏論文, 城大敎授會에 조선 안에서 생긴 둘재박사
[날　짜] 1933.2.26.

403
[신문명] 동아일보 1933년
[기사명] 病院專門窃盜, 京城帝大附屬病院 侵入犯 尹虎榮
[날　짜] 1933.3.21.

404
[신문명] 동아일보 1933년
[기사명] 螢雪功의 成果, 各 專門學校 卒業式: 修了者 五十八 京城帝大 豫科
[날　짜] 1933.3.23.

405
[신문명] 동아일보 1933년
[기사명] 京城帝大 法文學部 第四回 醫學部 第三回 卒業式
[날　짜] 1933.3.25.

406
[신문명] 동아일보 1933년
[기사명] 京城帝大 豫科 合格者 氏名
[날　짜] 1933.3.29.

407
[신문명] 동아일보 1933년
[기사명] 부인병과 봄(一) 불때지 않은 방에 거처하면 흔히 오즘 소태가 된다, 찬돌 위에나 풀 우에 앉는 것도 조심할 것(京城帝大産婦人科敎室 尹泰權)

[날 짜] 1933.4.18.

408
[신문명] 동아일보 1933년
[기사명] 부인병과 봄(二) 나드리 가서 대소변을 참으면 갖가지 병의 빌미가 된다, 봄! 외출이 많은 이때 더욱 주의할 일(京城帝大産婦人科敎授 尹泰權)
[날 짜] 1933.4.19.

409
[신문명] 동아일보 1933년
[기사명] 부인병과 봄(三) 자궁병이 속으로 들어가면 뱃속에 폭발탄을 지닌 셈 몸을 잘못 움지기면 터질 염려가 잇다(京城帝大産婦人科敎授 尹泰權)
[날 짜] 1933.4.20.

410
[신문명] 동아일보 1933년
[기사명] 外科病과 봄 ; 나무에 새싹 틀 때 많이 나는 부스럼은 짜면 안된다, 이 철에는 광견병에도 특히 주의할 일[上, 下](京城帝大松井外科敎室 金河橙)
[날 짜] 1933.4.27., 4.28.

411
[신문명] 동아일보 1933년
[기사명] 신경병과 봄; 봄부터 여름에 걸쳐 흔한 신경쇠약에 대하야 절기와 사회적 환경에 밀접한 관게 잇다[上, 中, 下](京城帝大 神經科精神科敎室 安鍾一)
[날 짜] 1933.4.29., 4.30., 5.3.

412
[신문명] 동아일보 1933년
[기사명] 京城帝大 八週紀念 五月二日 講演과 音樂; 科學에 잇어서의 共同精神과 大學의 任務(尾高朝雄) 溫突에 對해서(綿引朝光)
[날 짜] 1933.5.1.

413
[신문명] 동아일보 1933년
[기사명] 이때 아이들끼리 옮기 잘하는 소위 학교병이란 무엇 신입생은 학교 빈혈도 일으킬 때[全4回](京城帝大 小兒科 敎室 李先根)

[날 짜] 1933.5.22.~24., 26.

414
[신문명] 동아일보 1933년
[기사명] 안락의자겸용 캠핑용 침대(경성제대학생 蔡大植 君考案)
[날 짜] 1933.5.31.

415
[신문명] 동아일보 1933년
[기사명] 京城帝大 滿蒙文化硏究會 發會式을 擧行
[날 짜] 1933.6.1.

416
[신문명] 동아일보 1933년
[기사명] 無頭胴體의 兒屍와 無胴兒頭는 別個兒? 發見卅時間에도 未解決로, 事件正體去益複雜//頭胴을 싸고 疑雲만 重疊 여러 가지 의심나는 요점 區區한 推測이요, 亂飛//아모리 생각해도 別個의 乳兒인 듯, 韓基玉이 죽기 직전에 진찰한 醫生 安德承氏談//「같기도 하고 않기도 하다」도모지 말을 할 수가 없다는 京城帝大 國房博士談//韓基玉屍體는 十一月 埋葬 이것만은 확실하다고 하는 孔德里 駐在所員談//兒頭寫眞은 基玉과 判異
[날 짜] 1933.6.7.

417
[신문명] 동아일보 1933년
[기사명] 瀧川敎授問題로 京城帝大에서 會合
[날 짜] 1933.6.12.

418
[신문명] 동아일보 1933년
[기사명] 京城帝大軍 五年 만에 優勝, 對九大陸上競技
[날 짜] 1933.6.20.

419
[신문명] 동아일보 1933년
[기사명] 京城帝大講堂: 世界의 日本地位(新渡戶稻造)
[날 짜] 1933.6.25.

420
[신문명] 동아일보 1933년
[기사명] 延專快勝 京城帝大를 十對六으로 이겨; 野球
[날 짜] 1933.6.27.

421
[신문명] 동아일보 1933년
[기사명] 四胎兒의 其後 한 애는 죽어, 경성제대병원에서
[날 짜] 1933.7.23.

422
[신문명] 동아일보 1933년
[기사명] 여름철에 흔한 토사곽란과 중독(京城帝大 巖井內科 金東益博士)
[날 짜] 1933.8.6.

423
[신문명] 동아일보 1933년
[기사명] 물에 빠진 사람은 어떠케 구해낼까?(京城帝大松井外科教室 金河禮)
[날 짜] 1933.8.6.

424
[신문명] 동아일보 1933년
[기사명] 情들이고 돈 뺏은 가짜 京城帝大學生, 밥 먹이고 돈을 주니 다러나, 詐取金은 「研究資金」(平壤)
[날 짜] 1933.8.26.

425
[신문명] 동아일보 1933년
[기사명] 京城帝大 大勝, 對九大蹴球
[날 짜] 1933.9.12.

426
[신문명] 동아일보 1933년
[기사명] 京城帝大 卒業生 一年은 못나게 돼, 學年 延長으로
[날 짜] 1933.9.13.

427
[신문명] 동아일보 1933년
[기사명] 京城帝大生 高文合格者
[날　짜] 1933.9.13.

428
[신문명] 동아일보 1933년
[기사명] 京城帝大豫科 滿洲遠征, 應援團二百과 함께 大擧하야 八種目競技
[날　짜] 1933.9.19.

429
[신문명] 동아일보 1933년
[기사명] 山上草人氏講演會 京城帝大法文學部講堂에서 劇과 映畫에 대해[演藝]
[날　짜] 1933.9.30.

430
[신문명] 동아일보 1933년
[기사명] 장질부사는 어떠한 병인가 요사이 유행하는 이 병에 대한 주의[上, 中, 下](京城帝大病院 醫學博士 金東益)
[날　짜] 1933.10.24.~26.

431
[신문명] 동아일보 1933년
[기사명] 임신진단법에 대하야, 일즉이 아는 데 확실한 법은 두 가지[上, 下](京城帝大産婦人科敎室 尹泰權)
[날　짜] 1933.11.5.~6.

432
[신문명] 동아일보 1933년
[기사명] 京城帝大管絃樂演奏會 二十三日午後二時
[날　짜] 1933.11.22.

433
[신문명] 동아일보 1933년
[기사명] 겨울에 많이 걸리는 어린아이들의 병[제1회, 全4回](京城帝大病院小兒科敎室 李先根)

[날 짜] 1933.12.16.~17., 12.19., 12.21.

434
[신문명] 동아일보 1933년
[기사명] 駱山俱樂部忘年會, 京城帝大 法文學部 卒業生
[날 짜] 1933.12.22.

435
[신문명] 동아일보 1933년
[기사명] 京城帝大아이스하키敗, 滿洲醫大에(奉天)
[날 짜] 1933.12.28.

436
[신문명] 동아일보 1934년
[기사명] 京城帝大6 京師2, 京城 아이스하키리그戰
[날 짜] 1934.1.12.

437
[신문명] 동아일보 1934년
[기사명] 京城帝大10 高工0 ; 아이스하키
[날 짜] 1934.1.16.

438
[신문명] 동아일보 1934년
[기사명] 京城帝大豫科 入學案內
[날 짜] 1934.1.25.

439
[신문명] 동아일보 1934년
[기사명] 京城帝大法文學部 入學案內
[날 짜] 1934.1.25.

440
[신문명] 동아일보 1934년
[기사명] 임부와 겨울; 겨울에 들기 쉬운 감기 임신부에게는 더욱 위험 반듯이 다음의 것을 지키십시요[全3回](京城帝大病院産婦人科 尹泰權)

[날　짜] 1934.2.2.

441
[신문명] 동아일보 1934년
[기사명] 임부와 겨울, 겨울일스록 의복은 비단보다 무명이 좋읍니다 자극을 피하고 젓을 보호할 것(京城帝大病院産婦人科 尹泰權)
[날　짜] 1934.2.6.

442
[신문명] 동아일보 1934년
[기사명] 석유가 폐결핵에 특효약이라는 데 대한 비판, 학계에 인정되기 전에는 찬성키 어렵다(京城帝大 金東益)
[날　짜] 1934.2.24.

443
[신문명] 동아일보 1934년
[기사명] 京城帝大 豫科修業生 朝鮮人 三十九名
[날　짜] 1934.3.11.

444
[신문명] 동아일보 1934년
[기사명] 京城帝大英文學會會報(三月號)
[날　짜] 1934.3.16.

445
[신문명] 동아일보 1934년
[기사명] 우두를 넣으시오; 우두에 대한 주의 몇 가지 더욱 처음 넣는 유아에 대하야[上, 下](京城帝大 岩井內科 金東益)
[날　짜] 1934.3.18., 3.21.

446
[신문명] 동아일보 1934년
[기사명] 京城帝大卒業式
[날　짜] 1934.3.24.

447
[신문명] 동아일보 1934년
[기사명] 京城帝大卒業生一同[寫]
[날　짜] 1934.3.25.

448
[신문명] 동아일보 1934년
[기사명] 京城帝大豫科 合格者 發表
[날　짜] 1934.3.28.

449
[신문명] 동아일보 1934년
[기사명] 醫學界의 一衝動; 殺人劇藥을 研究中 回生起死藥을 發見, 京城帝大 大澤博士가 學會에 提出 臨床實驗에 大槪成功//治療된 諸症 朴熙俊씨의 實驗結果
[날　짜] 1934.3.30.

450
[신문명] 동아일보 1934년
[기사명] 京城帝大豫科[上, 下]
[날　짜] 1934.3.30.~31.

451
[신문명] 동아일보 1934년
[기사명] 비타민이야기; 매일 밥상에 빠저서는 안 되는 「비타민」은 생명의 원천, 봄철에는 푸성기가 절대로 필요[上, 中, 下](京城帝大巖井內科 金東益博士)
[날　짜] 1934.4.7.~9.

452
[신문명] 동아일보 1934년
[기사명] 京城帝大 創立記念, 記念運動講演
[날　짜] 1934.4.30.

453
[신문명] 동아일보 1934년
[기사명] 京城帝大豫科 創立十年 記念諸集會
[날　짜] 1934.5.4.

454
[신문명] 동아일보 1934년
[기사명] 朝鮮佛敎典籍展, 京城帝大서
[날 짜] 1934.5.19.

455
[신문명] 동아일보 1934년
[기사명] 京城帝大蹴球 九州遠征
[날 짜] 1934.6.14.

456
[신문명] 동아일보 1934년
[기사명] 京城帝大蹴球部 九州에[寫]
[날 짜] 1934.6.21.

457
[신문명] 동아일보 1934년
[기사명] 光明의 新朝鮮建設에 五萬朝鮮健兒들아 動員하라 啓蒙文化戰線勇士 千七百名을 突破 女隊員과 別動隊活動이 特色 梨專 帝大 大成도 動員!//學生隊 崇實專門//大成中學校//宣川保聖女校//梨花女專//新義州三務//京城帝大//中東學校//別動隊
[날 짜] 1934.6.24.

458
[신문명] 동아일보 1934년
[기사명] 京城帝大英文學會會報(十五號); 京城帝大英文學會發行
[날 짜] 1934.7.21.

459
[신문명] 동아일보 1934년
[기사명] 「아인슈타인」 敎授의 相對性原理說崩壞? 最近學界에 큰 衝動(파리)//從來로 各國에 有力한 反對說이 잇다, 京城帝大 豫科敎授 山邊曉之氏談
[날짜] 1934.7.29.

460
[신문명] 동아일보 1934년
[기사명] 蹴球에는 惜敗, 京城帝大豫科

[날　짜] 1934.9.26.

461
[신문명] 동아일보 1934년
[기사명] 六十萬圓經費로 城大와 官專大改築 京城帝大附屬病院도 增築, 明春부터 工事에 着手
[날　짜] 1934.12.1.

462
[신문명] 동아일보 1934년
[기사명] 京城帝大音樂會 二日午後 公會堂
[날　짜] 1934.12.2.

463
[신문명] 동아일보 1934년
[기사명] 京城帝大學生中心의 反帝同盟事件公判, 教員과 職工等 인테리의 赤化工作, 出廷한 被告가 趙正來等 八名
[날　짜] 1934.12.4.

464
[신문명] 동아일보 1934년
[기사명] 京城帝大中心 反帝同盟公判 最高 三名에게 五年 最下 一年半의 求刑, 趙正來 李舜根 等 八名
[날　짜] 1934.12.11.

465
[신문명] 동아일보 1934년
[기사명] 東京總長後任難 京城帝大總長 山田三良도 有力(東京)
[날　짜] 1934.12.12.

466
[신문명] 동아일보 1934년
[기사명] 京城帝大中心 反帝同盟도 判決 最高에 懲役四年 言渡 二名에게는 執行猶豫 ; 被告氏名 趙正來 李舜根 金在件 李觀述
[날　짜] 1934.12.21.

467
[신문명] 동아일보 1935년
[기사명] 對東大「하키」 京城帝大快勝
[날 짜] 1935.1.8.

468
[신문명] 동아일보 1935년
[기사명] 京城帝大 豫科 募集人員 約百六十名
[날 짜] 1935.2.1.

469
[신문명] 동아일보 1935년
[기사명] 細菌을 가지고 學者들이 論議, 昌慶苑猛獸死因은 馬鼻疽의 毒菌, 모르모트로 試驗하야 成功햇다고 京城帝大 兩教授가 發表//軍部는 發表 中止, 亦是 馬鼻疽로 診斷[寫]
[날 짜] 1935.2.10.

470
[신문명] 동아일보 1935년
[기사명] 入學의 前哨戰展開 專門 大豫에 志願 輻湊, 出願期一週 앞두고 昨年 記錄突破, 大豫 師範엔 超過 五倍强 ; 文科志願 增加, 理科엔 昨年보다 減少, 京城帝大豫科의 志願者//京師도 減少//京醫專엔 六倍超過, 世專은 昨年 이날보다 激增
[날 짜] 1935.2.21.

471
[신문명] 동아일보 1935년
[기사명] 啓聖校 李本寧君 京城帝大選科에 合格[肖]
[날 짜] 1935.3.7.

472
[신문명] 동아일보 1935년
[기사명] 京城帝大卒業式
[날 짜] 1935.3.25.

473
[신문명] 동아일보 1935년

[기사명] 京城帝大卒業式과 朝鮮人 新學士[寫]
[날 짜] 1935.3.26.

474
[신문명] 동아일보 1935년
[기사명] 新學士 三十九名, 法文卄五 醫學 十四 今日 京城帝大 卒業式
[날 짜] 1935.3.26.

475
[신문명] 동아일보 1935년
[기사명] 延專野球 이겨 決勝戰에, 京城帝大와 對戰
[날 짜] 1935.5.22.

476
[신문명] 동아일보 1935년
[기사명] 大學專門聯盟第一部 延專野球「팀」優勝 對 京城帝大14-5로
[날 짜] 1935.5.23.

477
[신문명] 동아일보 1935년
[기사명] 京城帝大 平間選手 馬場馬術障礙에 入選
[날 짜] 1935.7.30.

478
[신문명] 동아일보 1935년
[기사명] 脫走한 李載裕의 劇的活動; 京城帝大硏究室官舍가 今番 共産運動의 總本營, 脫走한 總指導者格의 李載裕와 三宅教授 鄭泰植等이 握手, 朝鮮共産運動의 初有事, 取調中의 西大門署 二層에서 跳下脫走(第一次); 李載裕 露領事館 안에서 被逮[寫: 事件檢擧의 中心이오 李載裕의 再脫出한 西大門署]//手足의 고랑 끄르고 警察正門으로 逃走(第二次), 失色한 警察 京城一帶非常線 三宅教授地下室에 隱身[肖: 三宅鹿之助]//三宅教授 官舍地下室에서 隱身해 祕密計劃 窟속과의 聯絡은 노끈으로, 共産運動統一 再建決議//脫出後 夜警으로 假裝 龍山에서 地下運動, 工場地帶에 祕社를 再建 市內三千警官動員[寫: 運動의 總本營인 三宅教授의 官舍]//三宅은 三年 懲役事件을 총지휘하든 관사에서 나와 안해는 龜屋書店經營//三宅教授 잡히자 李載裕는 逃走, 逃走二時에 官舍를 包圍//海軍鑛業部에 爀進會組織//李載裕 略歷 咸南三水出生//事件의 槪要 警務局發表

[날 짜] 1935.8.24.

479
[신문명] 동아일보 1935년
[기사명] 帝大水上競技第二日, 京城帝大는 十三點(東京)
[날 짜] 1935.9.7.

480
[신문명] 동아일보 1935년
[기사명] 京城帝大「럭비」 九州에
[날 짜] 1935.9.22.

481
[신문명] 동아일보 1935년
[기사명] 京城帝大「럭비」 零敗
[날 짜] 1935.9.26.

482
[신문명] 동아일보 1935년
[기사명] 京城의 人氣運動 大豫運動會, 京城帝大豫科運動會
[날 짜] 1935.10.4.

483
[신문명] 동아일보 1935년
[기사명] 醫學博士 된 金晟鎭氏 京城帝大 出身으로 最初[肖]
[날 짜] 1935.10.26.

484
[신문명] 동아일보 1935년
[기사명] 京城帝大總長後任 高山正雄博士에 交涉中
[날 짜] 1935.10.31.

485
[신문명] 동아일보 1935년
[기사명] 京城帝大氷上 日光大會에
[날 짜] 1935.12.22.

486
[신문명] 동아일보 1935년
[기사명] 京城帝大 스키隊 漢拏山登山 送舊迎新의 壯擧
[날　짜] 1935.12.24.

487
[신문명] 동아일보 1936년
[기사명] 五帝大「아이스하키」 京城帝大優勝(日光)
[날　짜] 1936.1.4.

488
[신문명] 동아일보 1936년
[기사명] 神宮氷上開幕 延專5 京商1//京城帝大5 京師1.
[날　짜] 1936.1.11.

489
[신문명] 동아일보 1936년
[기사명] 京城帝大醫學部 入學須知
[날　짜] 1936.1.23.

490
[신문명] 동아일보 1936년
[기사명] 豫科卒業生全無로 法文學部는 놀고 醫學部學生은 東京에 가서 募集 京城帝大의 失態
[날　짜] 1936.1.26.

491
[신문명] 동아일보 1936년
[기사명] 入學難問題 座談會 (五) 專門學校; 眞正한 自由競爭으로 考査의 公正要求 入學難主因은 差別에 伏在, 本末顚倒의 各官專//京城帝大 豫科는 差別定員을 內定? 否證은 하나 事實이 證明, 公正比率을 決定하라//合格된 朝鮮人은 秀才에 만 局限, 秀才와 凡庸의 不自然한 씨름, 差別이 나흔 奇現象//公正與否도 良心問題//收容制限만 撤廢하면 私專入學難 解消[寫]
[날　짜] 1936.2.7.

492
[신문명] 동아일보 1936년
[기사명] 學海出帆의 前夜, 進水工作의 要覽[寫]//希望의 聖船에 오른 選民, 初登場의 負擔은 얼마, 各學校別 新入生 學費는 어떤가, 父兄의 關心되는 諸點//노트代 五五圓 總計約五百圓, 京城帝大豫科//科別로 硏究費 新入費用은 別無差, 延禧專門學校//實習費가 만코 校服代도 비싸다, 京城醫學專門//學費 적어 特色 教科書는 別로 없다, 京城法學專門//四角帽四圓 첫 學期에 約百圓, 普城專門學校//便衣室 鍵代와 音樂硏究에 十五圓, 梨花女子專門//節約을 爲主, 時勢 따라 打算, 京城高等商業//參考書는 禁物, 雜費는 後援會費로 充當, 一年에 十六圓餘, 普通學校//裁縫費 十八圓 學費는 男子보다 적다, 同德女子高普//劍道費 隨意 學費는 僅少, 中央高普校//卒業準備金 新入初에 六圓, 京城第一高普
[날 짜] 1936.3.12.

493
[신문명] 동아일보 1936년
[기사명] 新學士 四十八名 京城帝大의 卒業式[寫]
[날 짜] 1936.3.26.

494
[신문명] 동아일보 1936년
[기사명] 大學開校十週年運動, 京城帝大
[날 짜] 1936.4.26.

495
[신문명] 동아일보 1936년
[기사명] 大學開學十年 記念式節次, 京城帝大에서
[날 짜] 1936.5.1.

496
[신문명] 동아일보 1936년
[기사명] 京城帝大 創立十週年記念式場[寫]
[날 짜] 1936.5.3.

497
[신문명] 동아일보 1936년
[기사명] 京城帝大登山隊員 最初에 山岳犧牲 한라산에서 실종된 前川君의 死體 發現

[날　짜] 1936.5.5.

498
[신문명] 동아일보 1936년
[기사명] 京城帝大 優勝 對九大定期陸上
[날　짜] 1936.6.24.

499
[신문명] 동아일보 1936년
[기사명] 九州帝大野球連勝, 京城帝大와의 定期戰에서
[날　짜] 1936.7.1.

500
[신문명] 동아일보 1936년
[기사명] 人類學硏究코자 京城帝大 教授來汶(汶山)
[날　짜] 1936.7.10.

501
[신문명] 동아일보 1936년
[기사명] 大豫運動部五隊 總陣大學遠征, 京城帝大豫科
[날　짜] 1936.7.12.

502
[신문명] 동아일보 1936년
[기사명] 高句麗時代의 壁畫 原色으로 再現, 京城帝大에서 撮影
[날　짜] 1936.8.4.

503
[신문명] 동아일보 1937년
[기사명] 醫學界에 「三博士」 京城帝大 醫學部 教授會에서, 林昌善氏//秦炳鎬氏, 明大赫氏[肖]
[날　짜] 1937.6.12.

504
[신문명] 동아일보 1937년
[기사명] 京城帝大蹴球 淸州서 競技, 오는 二十일경에
[날　짜] 1937.7.13.

505
[신문명] 동아일보 1937년
[기사명] 京城帝大主催의 支那文化硏究 公開講演會 開催
[날 짜] 1937.11.7.

506
[신문명] 동아일보 1937년
[기사명] 京城帝大 申雄浩君 博士論文 通過, 醫學界에 喜消息
[날 짜] 1937.12.3.

507
[신문명] 동아일보 1937년
[기사명] 京城帝大와 醫專서 防護衛生을 敎授, 時局關係上重要視
[날 짜] 1937.12.10.

508
[신문명] 동아일보 1938년
[기사명] 兒童保健衛生에 對한 社會的施設이 緊急 ; 兒童公園施設과 村落엔 保健相談所(中央保育 獨孤璇) 季節을 따라 林間, 海邊으로(中央保育車士白) 託兒所, 嬰兒院設置가 가장 緊急!(世醫專 趙東秀) 育兒相談所의 設置가 緊要!(小兒科醫師 李先根) 衣食住缺陷을 먼저 改善하라(京城帝大 崔羲楹)學校醫療의 擴充, 色盲 結核이 만타(誠信女校 李淑鍾) 充分한 日光浴 冬期遊戲場이 必要(醫師 劉洪鍾)
[날 짜] 1938.1.1.

509
[신문명] 동아일보 1938년
[기사명] 京城帝大卒業式 南總督告辭內容
[날 짜] 1938.3.26.

510
[신문명] 동아일보 1938년
[기사명] 英語敎壇의 非常信號; 國策 思想 風俗上에 英語敎材를 統制「헉슬리」「럿셀」「하-디」等 除外, 文部省 大學에 通牒//朝鮮도 實施 京城帝大 敎授說
[날 짜] 1938.6.3.

511
[신문명] 동아일보 1938년
[기사명] 榮譽의 初期志願兵 二百二名健兒合格 오는 十五日에는 京城帝大講堂에서 盛大한 入所式을 擧行//道別合格者發表//一層自重修養하야 將來國家의 干城이 되라 志願兵訓練所長 鹽原 學務局長談
[날 짜] 1938.6.11.

512
[신문명] 동아일보 1938년
[기사명] 九大가 優勝 對京城帝大 庭球戰
[날 짜] 1938.6.14.

513
[신문명] 동아일보 1938년
[기사명] 帝大水上競技 京城帝大는 三位(京都)
[날 짜] 1938.9.6.

514
[신문명] 동아일보 1938년
[기사명] 今日의 寫眞帖 淑明女專 임시 校舍 京城帝大 공개강좌[寫]
[날 짜] 1938.11.8.

515
[신문명] 동아일보 1938년
[기사명] 사람을 좀먹 듯하는 회충의 박멸과 예방 기생충에 죽는 이가 연八백 명[上, 下] (京城帝大 巖井內科 金思馹)
[날 짜] 1938.11.21.~22.

516
[신문명] 동아일보 1938년
[기사명] 京城帝大理工學部 入學定員倍增 教授十四名 採用決定
[날 짜] 1938.12.15.

517
[신문명] 동아일보 1939년
[기사명] 京城帝大卒業日字三月二十五日

[날　짜] 1939.3.11.

518
[신문명] 동아일보 1939년
[기사명] 京城帝大 卒業式
[날　짜] 1939.3.25.~26.

519
[신문명] 동아일보 1939년
[기사명] 李在晟 依願免兼 京城帝大司書官 道理事官
[날　짜] 1939.3.29.

520
[신문명] 동아일보 1939년
[기사명] 京城帝大의 軍事敎練 今年부터 全學生에 實施
[날　짜] 1939.5.21.

521
[신문명] 동아일보 1939년
[기사명] 京城帝大에서 大陸文化講座 九月七日부터 開催[東西南北]
[날　짜] 1939.8.13.

522
[신문명] 동아일보 1939년
[기사명] 正體 모르는 惡質의 怪病 자다 죽는 嗜眠病侵入 京城에 蔓延할 形勢 京城帝大病院 巖井 細川敎室總動員 病原體 發見에 猛活動//感氣注意하고 身體의 抵抗力을 增進 大學病院 金容弼氏談
[날　짜] 1939.9.13.

523
[신문명] 동아일보 1939년
[기사명] 병의 원인 잘 아지 못하는 「잠자는 죽는 병」유행 몸이 몹시 고단하면 걸리기 쉽다 京城帝大病院巖井內科 金思駉氏談
[날　짜] 1939.9.16.

524
[신문명] 동아일보 1939년
[기사명] 旱災民에 바치는 救濟의 따뜻한 손 京城帝大豫科生 有志二百名 同情金을 本社에 寄託
[날　짜] 1939.9.22.

525
[신문명] 동아일보 1939년
[기사명] 京城帝大學生 旱害救濟義捐
[날　짜] 1939.9.23.

526
[신문명] 동아일보 1939년
[기사명] 京城帝大醫療班 一月泰國訪問
[날　짜] 1939.12.8.

527
[신문명] 동아일보 1939년
[기사명] 京城帝大豫科
[날　짜] 1939.12.21.

528
[신문명] 동아일보 1939년
[기사명] 京城帝大豫科 入學生募集要項
[날　짜] 1939.12.24.

529
[신문명] 동아일보 1940년
[기사명] 京城帝大豫科 入試合格發表
[날　짜] 1940.3.12.

530
[신문명] 동아일보 1940년
[기사명] 京城帝大 卒業式
[날　짜] 1940.3.25.

531
[신문명] 동아일보 1940년
[기사명] 京城帝大卒業式 젊은 學士八十五名
[날　짜] 1940.3.26.

532
[신문명] 동아일보 1940년
[기사명] 昌原毒殺事件으로 釜山檢局再活動 京城帝大佐藤博士 屍體解剖
[날　짜] 1940.6.9.

533
[신문명] 동아일보 1940년
[기사명] 京城帝大總長 篠田氏發令(東京)
[날　짜] 1940.7.7.

534
[신문명] 동아일보 1940년
[기사명] 일기불순한 여름철에 이러나는 병의 치료, 아지 못하는 응급치료는 오히려 해를 미칩니다[上, 下](京城帝大病院金思駟)
[날　짜] 1940.7.9.~10.

535
[신문명] 동아일보 1940년
[기사명] 전염병은 예방만 하면 절대로 퇴치한다, 요새는 전염병이 창궐하는 땝니다(京城帝大 金思駟)
[날　짜] 1940.8.9.

□ 조선중앙일보

536
[신문명] 중앙일보 1931년
[기사명] 취직을 앞에 두고 초조한 신학사군, 明春 경성 각 전문대학 졸업생의 각 방면으로 취직될 희망은 어떠한가, 작년보다도 부진할 듯
[날　짜] 1931.12.9.

537
[신문명] 중앙일보 1932년
[기사명] 대구사범사건 송국, 독서회와 강좌개최, 대중획득에 전력, 중심인물은 경성제대 출신으로 대담무쌍한 잠행운동/중심인물 현준혁, 지하운동에 전부관련, 아니 관련된 사건이 없다/적색서적만 세가방, 경찰에 압수된 바/사건관계자 씨명/발각단서는 스파이 배척
[날 짜] 1932.3.31.

538
[신문명] 중앙일보 1932년
[기사명] 이혼의 과학화, 법정에서 혈액감정법! 함흥군 하에서 행긴 珍事, 경성제대 법의학부 교수도 등장, 경성복심법원 민사부에
[날 짜] 1932.4.11.

539
[신문명] 중앙일보 1932년
[기사명] 실업홍수범람과 취직전선에 이상, 명춘삼월에 졸업할 경성제대, 新學士 삼백명은 어디로?
[날 짜] 1932.11.26.

540
[신문명] 중앙일보 1932년
[기사명] 초등학교장 회의
[날 짜] 1932.12.8.

541
[신문명] 조선중앙일보 1933년
[기사명] 약사 박종영씨 박사 논문 통과, 경성제대 교수회에서 간장기능의 연구로
[날 짜] 1933.3.21.

542
[신문명] 조선중앙일보 1933년
[기사명] 재만조선인 위한 순회 치료반, 杉原박사일행 30일에 출발
[날 짜] 1933.4.31.

543
[신문명] 조선중앙일보 1933년
[기사명] 경성제대는 靜觀 태도, 불원간 협의회 개최
[날 짜] 1933.5.30.

544
[신문명] 조선중앙일보 1933년
[기사명] 재경성 경대 동창회, 모교 문제로 성명, 경성제대에서도 경계중
[날 짜] 1933.6.2.

545
[신문명] 조선중앙일보 1933년
[기사명] 경대 상황 稍 호전
[날 짜] 1933.6.10.

546
[신문명] 조선중앙일보 1933년
[기사명] 부인, 여름 많은 아이병, 생명까지 빼았는 어린아이 토사증, 특히 어머니에게 이 글을, 경성제대 소아과 이성봉/ 병은 입으로 붙어, 음식을 주의시키는 것이 이 병의 유일한 예방법
[날 짜] 1933.7.2.

547
[신문명] 조선중앙일보 1933년
[기사명] 부인, 여름에 많은 아이병(2), 젖으로부터 생기는 어린아이 각기병, 특히 어머니들에게 이 글을, 경성제대 소아과 이성봉
[날 짜] 1933.7.3.

548
[신문명] 조선중앙일보 1933년
[기사명] 부인, 여름에 많은 아이병(4), 분으로부터 생기는 어린아이 뇌막염, 특히 어머니들에게 이 글을, 경성제대 소아과 이성봉
[날 짜] 1933.7.4.

549
[신문명] 조선중앙일보 1933년

[기사명] 각교 입학 須知, 성대 법문학부
[날　짜] 1933.12.23.

550
[신문명] 조선중앙일보 1934년
[기사명] 여급이 영아 압살, 관계남자와 공모하고
[날　짜] 1934.10.9.

551
[신문명] 조선중앙일보 1934년
[기사명] 성대 만몽문화 보고강연회
[날　짜] 1934.10.26.

552
[신문명] 조선중앙일보 1934년
[기사명] 성대 문학회의 강연과 가면전
[날　짜] 1934.10.27.

553
[신문명] 조선중앙일보 1934년
[기사명] 반년 앞둔 졸업기, 벌써부터 구직운동, 학교 당국에서 각방면에 의뢰, 취직전선의 전초전
[날　짜] 1934.11.11.

554
[신문명] 조선중앙일보 1935년
[기사명] 성대법문학부장 경질 정식발령
[날　짜] 1935.2.27.

555
[신문명] 조선중앙일보 1935년
[기사명] 청계산 영아시, 타살로 판명, 성대 병원 해부의 결과, 동대문서 긴장 활동
[날　짜] 1935.3.15.

556
[신문명] 조선중앙일보 1935년

[기사명] 결혼 기념으로 4백원을 희사, 신혼한 강민호 최북례 양군이 연건동 배영학원에
[날　짜] 1935.4.14.

557
[신문명] 조선중앙일보 1935년
[기사명] 5-1 경성제대선승, 대(對) 구대축구 제1일/단평
[날　짜] 1935.6.21.

558
[신문명] 조선중앙일보 1935년
[기사명] 2-2 경성제대 수 재패, 대 구대축구 제2일
[날　짜] 1935.6.22.

559
[신문명] 조선중앙일보 1935년
[기사명] 경성제대 예과 주최, 全조선 中等축구
[날　짜] 1935.9.10.

560
[신문명] 조선중앙일보 1935년
[기사명] 성대 정경 강좌
[날　짜] 1935.11.6.

561
[신문명] 조선중앙일보 1935년
[기사명] 경성제대 빙상부 遠征
[날　짜] 1935.12.20.

562
[신문명] 조선중앙일보 1936년
[기사명] 大 京城 明暗 二重奏(完), 娑婆世界를 反映한 교육시설의 차이, 화려한 대학과 빈약한 강습소/ 군색없이/ 소비하게/ 지탱할수/ 두려워서
[날　짜] 1936.1.9.

563
[신문명] 조선중앙일보 1936년

[기사명] 각모를 벗어놓은 새조선의 새일군/ 생활전선에 출진할 천백여명 신학사, 학창에서 실사회로의 제일보, 취학예상의 타진(1)
[날 짜] 1936.1.17.

564
[신문명] 조선중앙일보 1936년
[기사명] 각학교 합격자. 경성제대 예과/ 문과 갑류, 문과 을류, 이과
[날 짜] 1936.3.28.

565
[신문명] 조선중앙일보 1936년
[기사명] 경성제대 주최 7인제 럭비, 5월9·10일
[날 짜] 1936.4.23.

566
[신문명] 조선중앙일보 1936년
[기사명] 경성제대 개교 10주년기념식
[날 짜] 1936.5.1.

567
[신문명] 조선중앙일보 1936년
[기사명] 이갑수씨에게 '의박'학위 수여, 경성제대 의학부에서
[날 짜] 1936.5.13.

568
[신문명] 조선중앙일보 1936년
[기사명] 경성제대 득승. 제8회 對 九大 육상
[날 짜] 1936.6.23.

569
[신문명] 조선중앙일보 1936년
[기사명] 九大20 京城大5
[날 짜] 1936.6.25.

570
[신문명] 조선중앙일보 1936년

[기사명] 경성제대 축구 연패, 와신 九大 우승
[날　짜] 1936.6.27.

571
[신문명] 조선중앙일보 1936년
[기사명] 地方 人事
[날　짜] 1936.8.3.

572
[신문명] 조선중앙일보 1936년
[기사명] 亂用亂賣의 폐해로 한약의 종류를 제한, 지정품 이외는 僞物로 취체, 개성에 연구소 신설
[날　짜] 1936.8.26.

□ 중외일보

573
[신문명] 중외일보 1926년
[기사명] 경성제대 19강좌 증설, 내용 착착 충실
[날　짜] 1926.12.24.

574
[신문명] 중외일보 1927년
[기사명] 문묘추기釋奠, 래 31일에
[날　짜] 1927.8.29.

575
[신문명] 중외일보 1928년
[기사명] 계속사업에는 무영향, 토목예산에는 대타격, 사방공사 治道 年割 곤란
[날　짜] 1928.1.24.

576
[신문명] 중외일보 1928년
[기사명] 초, 중등교육 국사과연구회 18, 9 양일에
[날　짜] 1928.2.9.

577
[신문명] 중외일보 1929년
[기사명] 경성제대 개교기념 강연, 5월 4일 同大 강당에서
[날 짜] 1929.5.2.

578
[신문명] 중외일보 1929년
[기사명] 경성제대의 하기 강습회
[날 짜] 1929.6.11.

579
[신문명] 중외일보 1929년
[기사명] 조선의 경제사회사정 조사, 경성제대에서
[날 짜] 1929.7.8.

580
[신문명] 중외일보 1929년
[기사명] 경성제대 총장 후임, 赤司鷹一郎씨
[날 짜] 1929.9.26.

581
[신문명] 중외일보 1930년
[기사명] 경성제대의 선과생 모집
[날 짜] 1930.1.29.

582
[신문명] 중외일보 1930년
[기사명] 경성제대의, 박사 제조난, 법제국에 보낸 학위령이, 연도 안에 되기가 어려워
[날 짜] 1930.2.7.

583
[신문명] 중외일보 1930년
[기사명] 시내 중등전문 각교, 영예의 졸업식(10), 우등생과 지망별, 경성제대 졸업생 중 조선인 39명, 일본인은 87명
[날 짜] 1930.3.26.

584
[신문명] 중외일보 1930년
[기사명] 고고학상 好자료 패총 유적 40상, 骨釣 패총 토기 석기 人獸骨 등, 경성제대 교수 등 연구 계속 중
[날　짜] 1930.8.22.

□ 시대일보

585
[신문명] 시대일보 1924년
[기사명] 경성제대 원안가결
[날　짜] 1924.4.26.

586
[신문명] 시대일보 1924년
[기사명] 대언소언
[날　짜] 1924.5.12.

587
[신문명] 시대일보 1924년
[기사명] 京城帝大
[날　짜] 1924.9.30.

588
[신문명] 시대일보 1924년
[기사명] 보수와 진취, 경성제대에 대한 당국의 태도에 就하여
[날　짜] 1924.10.2.

589
[신문명] 시대일보 1925년
[기사명] 경성제대 新營 예산, 당연 증가 50만원
[날　짜] 1925.1.16.

590
[신문명] 시대일보 1926년

[기사명] 학생○○만세사건 속보, 경성제대생 이대진은 퇴학 처분, 만세사건 관계로
[날　짜] 1926.6.17.

제 2 부 교수와 강좌제

V. 교수와 연구 · 교육체제

1. 경성제대의 교수들

경성제국대학은 총독부에 의해 식민지조선에 설립된 유일한 대학이었고, 종합대학의 편제와 시설, 연구기능을 갖춘 최초의 고등교육기관이었다. 경성제대는 설립 당시부터 식민통치의 문명적, 시혜적 성격을 식민사회뿐 아니라, 국제사회에 과시할 목적으로 설립된 통치기관이었다. 하지만 이 경성제대를 통해서 근대적 분과학문이 식민사회에 본격적으로 '이식'되고 가르쳐졌다는 것 또한 부정하기 어렵다. 서구 학문의 최신 동향이 도입되고, 식민지 공론장(公論場)에서는 금지되었던 지식마저도 여기서는 '학문의 자유'라는 이름으로 비교적 자유롭게 논의되기도 했다. 이것이 '입학이 허용된 일부 학생들의 특권에 국한된 것이라 하더라도, 경성제대가 근대적 학술지식이 생산되고 교육되는 특권적 장소였고 그런 경험이 한국의 대학형성사, 근대학문형성사에서 중요한 흐름 중 하나로 합류하고 있었다.

경성제대를 둘러싸고 전개된 근대적 학술지식의 도입과 식민지적 생산의 문제를 체계적으로 다룬 연구는 상대적으로 드물었다. 서울대학교의 공식 역사는 경성제대와의 단절 위에 써졌다. 그러나 최근 들어 경성제대가 개별 학문의 형성과정에 미친 영향에 대해서 주목하는 연구가 늘고 있다. 조선학연구(정규영, 1995; 이준식, 2003; 박명규, 2003; 박광현, 2003), 동양학의 형성(백영서, 2004; 박광현, 2005), 공법학의 흐름(石川健治, 2006), 식민지 민속학과 인류학(전경수, 2002; 2005; 남근우, 2008), 식민지의학의 전개(신창건, 2007), 식민지언어학의 흐름(安田敏郎, 1998; 1999) 등의 연구는 한국 근대학문 형성의 식민지적 기원을 추적하고, 제국일본에서 지식과 권력의 결합양상을 주목했다는 점에서 의미가 적지 않다. 하지만 지금껏 경성제대 자체가 무엇이었는가에 대한 본격적인 논의는 물론이고, 전체의 대학상을 파악할 수 있는 연구는 상대적으로 드물다. 경성제대가 무엇이었는가, 현재의 서울대학교와의 관계는 무엇인가에 대한 체계적인 고찰은 학문적 영역에서는 외면되었지만 비공식적 영역에서는 주로 옛 경성제대 출신자들의 회상과 추억을 통해 자주 언급되었다(京城帝大同窓會, 1974). 한국인 졸업생들과 재학생들은 서울대학교동창회를 구성하는 성원들로 인정되었다.

이 장에서는 이런 상황을 고려하면서, 경성제대의 교육 및 연구체제에 대한 기초자료들을 정리하려고 했다. 특히 여기서 주목했던 것은 대학에서 근대학문의 수입과 생산을 주도했던 교수집단이다. 경성제대의 교수란 어떤 존재였고, 그들이 담당했던 제국대학 특유의 강좌제란 무엇이었는가? 교수들은 경력과 이력, 학문적 입장 등에서 어떤 특징을 가지고 있었으며 하나의 집단으로서 어떻게 유형화될 수 있는가? 이러한 질문들에 제대로 답하기 위해서는 교수 개인들의 경력과 연구 성과를 추적하고, 경성제대의 강좌체제 전반을 분석할 필요가 있다. 이들이 식민지조선에서 가지는 위치 또는 당시의 '제국' 전체 학계에서의 위상 등을 평가하는 것은 경성제대 연구의 핵심적인 과제이기도 하다. 이를 위해서 경성제대의 역대 교수진과 강좌내역을 밝히고,[1] 이를 바탕으로 경성제대 교수진과 이들의 연구·교육 조직의 특징적 측면을 검토하도록 하겠다. 기존의 연구가 개별 교수의 학문적 이력을 학사(學史)적으로 고찰하는 것이 주류를 이루었다면, 여기에서는 제국대학이라는 제도에 중점을 두고 교수집단의 조직적 성격을 주로 고찰하겠다.[2]

경성제대는 식민지에 세워지긴 했지만 제국대학이었고, 따라서 제국대학 특유의 제도적 특징이 개별 교수의 학문적 활동에도 크게 반영되었다. 당시 제국대학 이외에도 전문학교와 구제고등학교, 그리고 사립대학의 교원도 '교수'라고 호칭하는 것이 일반적이었지만, 제국대학의 교수는 사회적 지위나 역할, 그리고 제도적 지원의 측면에서 다른 '교수'들과는 비교도 할 수 없을 만큼 특권적인 존재였다. 경성제대도 이

1. 교수진 및 강좌내역의 재구성 과정에 대해서는 이 책의 VI장을 참조.
2. 경성제국대학을 전체적으로 조망한 연구로는 馬越徹(1997), 鄭圭永(1995)과 정선이(1998) 등이 있다. 이 연구들은 경성제국대학의 전체적인 그림을 그리고 있어 본 연구에 큰 도움이 되었으나, 교수집단의 기초적 성격에 대해서는 설명이 다소 불충분하였다. 한편, 해외연구로는 타이완의 鄭麗玲(2001)이 있는데, 여기서는 경성제국대학을 臺北帝大와 비교하여 언급하고 있다.

러한 교수들의 특권적 조건은 일본 본토의 제국대학과 기본적으로 동일했다.

일본의 제국대학은 다른 일본의 고등교육기관들과는 달리 대학운용에 있어서 교수들의 자율권, 자치권이 매우 강한 것이 특징적이었다(寺崎昌男, 2000). 대학총장이 대학 전체를 대표하는 존재로서 대학의 운영에 대한 전반적인 방향을 제시했다면, 학사운영에 관련된 구체적인 사항은 각 학부(단과대학)의 교수회가 사실상 관할하고 있었다. 각 학부는 상당한 독자성과 자율성을 가지고 있었고, 이것은 교수집단의 특징에도 크게 영향을 미쳤다. 경성제대의 교수들은 세 학부, 즉 법문학부와 의학부, 이공학부, 그리고 예과교수들로 구성되는데 여기에서는 법문학부에 초점을 두고 분석을 하되 의학부와 이공학부는 법문학부와 비교의 관점에서 접근하겠다.

2. 교수집단의 법적 지위와 강좌제

경성제대의 교수들은 어떠한 사회적 지위를 가진 존재였을까? 제국대학 교수가 다른 고등교육기관의 '교수'들과 비교하여 어떤 특권과 권위를 가지고 있었을까?

먼저 언급할 필요가 있는 것은 제국대학이 국가기관이었고, 교수의 법적 지위 또한 국가기관에 속하는 관료였다는 사실이다. "조선총독이 문부대신의 역할을 대신"했던 경성제대 또한 사정은 마찬가지였다. 본토의 제국대학이 일본 문부성의 소속 기관이었고 경성제대는 총독부기관이었다는 차이는 있었지만, 교수의 법적 지위가 다른 관료들과 동등하게 보장되었다는 점에서는 마찬가지였다. 즉 경성제대 교수는 총독부의 다른 관료들과 동일한 관등을 부여받았고, 지위와 대우에 있어서도 동일했다.

교수의 관료사회에서의 지위는 대단히 높았다. 당시 일본의 관료체계는 크게 고등문관으로 통칭되는 고등관과 보통문관으로 통칭되는 판임관으로 나누어져 있었고, 이 고등관과 판임관에 다시 각각 9개와 4개의 관등, 즉 위계가 부여되어 있었다(岡本眞希子, 2008: 41-42). 한편 고등관은 임명의 형식에 따라 주임관(奏任官)과 칙임관(勅任官), 친임관(親任官)으로 나누어지는데, 주임관이 관서(官署)의 책임자, 즉 본토에서는 내각총리대신, 식민지에서는 총독이 천황의 재가를 얻어 임명한 관리라고 한다면, 칙임관은 천황의 칙령에 의해서 임명되는 관리를, 친임관은 천황이 직접 임명하는 관리를 뜻한다. 관등으로 본다면 고등관의 대부분은 주임관(3등~9등)이었지만, 최상위의 관등 즉 1등과 2등은 칙임관으로 임명되었고, 총리대신이나 총독 등 관료적 위계를 넘어서는 핵심 포스트는 친임관으로 임명되었다. 조선총독부의 조직으로 본다면, 총독과 정무총감이 천황으로부터 직접 임명장을 받은 친임관이었고, 각 국장 및 도지사 등 총독부의 최상위 관료들이 칙임관이었으며, 나머지 중앙 및 지방의 고등관들은 대체로 주임관들이었다고 할 수 있다. 이런 관료의 위계조직 속에서 제대교수들은 고등관이었고 주로 주임관과 칙임관이었다. 『총독부직원록』에는 문무고등관 관등표가 실려 있는데, 표 V-1은 경성제대 교수를 중심으로 이를 재구성한 것이다.

이 표에서 알 수 있듯이 경성제대 교수들이 부여받을 수 있는 관등서열은 최소 6등 주임관에서 최대 1등 칙임관까지였다. 1등 칙임관인 교수는 조선총독부의 국장, 도지사와 사실상 같은 관등으로 관료사회에서 이들보다 높은 직위는 조선총독과 정무총감, 그리고 친임관 임명도 가능했던 경성제대 총장뿐일 정도였다. 대학 내에 의전상 말을 타고 들어온 2등 칙임관의 학무국장을 교수들이 꾸짖어 말에서 내려오게 했다는

표 V-1. 경성제국대학 교수 · 조교수의 관등(官等)

	親任	총독/ 정무총감							
勅任	一等	국장	판사 검사	경성제대 총장	경성제대 교수				
	二等	국장 기획부장	판사 검사 경성부윤	上同	上同		경성제대 예과교수	전문학교 교장	전문학교 교수
奏任	三等		경성부윤		上同	경성제대 조교수	上同	上同	上同
	四等		경성부윤		上同	上同	上同	上同	上同
	五等				上同	上同	上同	上同	上同
	六等				上同	上同	上同		上同
	七等					上同	上同		上同
	八等								
	九等								

출처: 朝鮮總督府及所屬官署職員錄(1942年)

회고담은 교수들의 지위가 어떠했을까를 단적으로 보여 주는 일화라고 하겠다. 또 경력이 일천한 교수들이 부여받게 되는 6등 주임관의 관직 또한 결코 낮다고 할 수 없었다. 당시 엘리트관료의 길을 걸었던 고등문관시험 합격자들이 수습과정을 거쳐 공식적으로 받게 되는 첫 관등이 6등 주임관이었다. 결국 경성제대 교수는 관료사회에서 고등문관시험 합격자들과 사실상 동일하거나 그 이상의 처우를 받았다고 할 수 있다.

경성제대의 조교수는 7등 주임관부터 3등 주임관까지의 관등을 부여받을 수 있었다. 조교수들의 최소 관등은 대체로 보통문관에서 진급한 이들이 받을 수 있는 7등 주임관이었고, 대체로 관립전문학교의 교수들과 비슷한 대우를 받고 있었다. 이들 조교수는 대학의 실질적인 학사운영을 담당했던 학부교수회에서도 배제되어 있었다. 다른 제국대학과 마찬가지로 경성제대는 조교수를 비롯한 다른 교직원이 교수들에게 종속되어 있는, 철저하게 교수중심의 체제였던 것이다.

이런 교수중심 체제를 확고하게 보장하는 제도적 장치가 바로 '강좌제(講座制)'였다. '강좌'라는 용어 자체는 강사의 좌석(chair)이라는 원래 뜻이 확대된 것으로 이미 당시에도 "강의의 형식으로 체계적인 지식을 가르친다"는 의미로 폭넓게 사용되고 있었다. 하지만 제국대학에서 강좌란 이런 통상적인 용례와는 달리 연구와 교육을 위한 조직 단위를 의미하는 것으로서, 제국대학의 특징적 제도 중 하나였다.[3] 제국대학의 강좌는 단어의 친숙함에도 불구하고 오늘날의 관점에서 보면 오히려 낯선 것이라고 할 수 있다. 현재 한국의 대학의 기본적 조직단위가 학과제(academic department system)라고 한다면, 경성제대를 비롯한 당시의 제국대학의 기본 조직단위는 바로 강좌제(chair system)였기 때문이다.

당시 제국대학의 편성체계는 "학부－강좌－학과－전공"이었다. 완전히 강좌로만 구성되어 학생들 스스로가 계획을 세워 강의를 들어야 했던 19세기 독일의 대학과는 달리, 일본의 제국대학은 학과와 전공 제도를 도입하여 강좌제와 병행하고 있었다. 하지만 「제국대학령」을 비롯한 제국대학의 공식적인 칙령이 학부와 강좌만을 규정하고 있을 뿐, 학과 및 전공은 대학 내부의 학칙으로만 규정하고 있는 것에서도 알 수 있듯이 대학의 제도, 운영, 재정의 핵심단위는 학부와 강좌였던 것이다. 대학의 실질적인 운영 또한 학부단위의 교수회였다. 교수가 교수회를 통해 이러한 '자치'의 권리

3. 사실 지금까지도 학계와 문화계를 중심으로 이루어진 각종 '강좌'들과 제국대학의 '강좌제'를 혼동하여 사용하는 경우가 적지 않고, 심지어 이런 오류가 경성제대를 전문적으로 다루는 연구에서조차 심심치 않게 발견된다. 강좌가 제국대학을 구성하는 핵심적인 단위라는 점을 감안한다면, 이런 오류는 경성제대 존재방식 자체에 대한 심각한 오해를 초래하기도 한다.

를 행사할 수 있었던 것도 그들이 천황의 칙령에 의해서 공식적으로 보장받은 조직 단위인 강좌의 전임이었기 때문에 가능한 것이기도 했다.[4]

데라자키 마사오(寺崎昌男)에 따르면, 제국대학에 유럽대학의 강좌제를 도입한 것은 대학 측과 정부 측의 서로 다른 이해관계가 반영된 결과였다. 먼저 대학당국은 강좌의 도입을 통해서 대학교수의 전문성과 연구역량을 강화하고자 했다. 대학제도 도입초기에 일본의 제국대학은 서구 지식의 수용을 중심으로 제도화된 상태에 있었고, 교수들의 학문적 수준도 전문적인 지식생산에 이르지 못하는 경우가 많았다. 그렇다 보니 제국대학 교수들은 전문적인 연구활동을 등한시한 채, 제대교수라는 특권을 이용하여 정관계에 접근하려는 경향도 적지 않았다(竹內洋, 2007). 따라서 대학당국은 강좌의 도입을 통해 기존의 제국대학 조직을 개별 학문분야의 단위로 편성하여 교수와 전문 분야의 대응관계를 명확히 하고, 이를 통해 대학의 교육과 연구에 있어서 책임체제를 확고히 하려고 했다(정준영, 2009: 143).

한편 국가 측에서도 강좌제 도입이 필요했던 이유가 있었다. 당시로서는 제국대학이 유일한 국가엘리트 양성기관이었지만, 교수의 사회적 지위가 취약해서 기껏 유학까지 보내 양성한 교수들이 교수직을 포기하고 정계나 관계에 투신하는 사례가 많았다. 따라서 국가는 강좌의 도입을 계기로 교수들에게 고등관으로서의 봉급(본봉) 이외에 강좌에 따른 직무봉(職務俸)을 부여하여, 이들의 사회적·경제적 지위를 강화하려고 했다. 이 결과, 교수의 특권적 지위를 보장하는 강좌제가 제국대학의 특징적 제도로 자리 잡을 수 있게 되었다. 강좌제에 의해 제국대학의 교수들은 다른 고등교육기관의 교원들에게는 허용되지 않았던 학문연구의 자율성과 전문성을 제도적으로 보장받았던 것이다. 물론 강좌제의 도입이 미친 영향은 모두 긍정적이었던 것만은 아니었다. 교수들의 특권이 강화되면서, 이들이 강좌를 중심으로 특정 학문영역에서 마치 독립된 영주처럼 군림하는 사태를 초래하고 분과학문은 교수들의 독립된 왕국의 또 다른 이름으로 전락하기도 했기 때문이다. 강좌제의 도입은 제국대학이 연구중심대학이 되는 결정적인 계기가 되기도 했지만(정규영, 1995: 82), 학문적 권위주의와 분권주의로 점철된 특유의 관학아카데미즘의 폐해를 낳기도 했던 것이다.

이런 특징은 식민지의 제국대학에도 그대로 이식되었다. 경성제대는 1919년에 개

4. 제국대학의 학교규모, 예산규모, 교수정원 또한 기본적으로 강좌의 종류와 수에 의해 결정되는 것이기도 했다. 당시 제국대학 학생들의 자기정체성이 학과 또는 전공보다는 학부(예컨대 법학부 학생이다) 또는 강좌(예컨대 ○○교수의 연구실에서 배웠다)를 중심으로 구축되었던 것도 이와 무관하지 않다.

정된 「제국대학령」의 규정을 받았다. 제국대학만을 대학으로 인정했던 기존의 방침을 폐기했던 1918년 「대학령」이 공포되면서, 종전까지 대학에 관한 유일한 칙령이었던 「제국대학령」이 칙령 제12호로 전면 개정되었다. 이 개정 「제국대학령」은 제국대학의 제도적 특징들, 예컨대 복수의 학부, 교수회, 강좌 등에 대한 규정을 포함하고 있는데, 특히 강좌제에 대한 규정은 제11조와 제12조에 명시하고 있다. 그 내용은 다음과 같다.

> 제11조. 학부에는 강좌를 설치한다.
> 2. 강좌는 교수가 담당하는데, 단 담당교수가 없는 경우나 기타 특별한 사정이 있는 경우에 있어서는 조교수 또는 촉탁강사로서 이를 담임시킬 수 있다.
> 제12조. 강좌의 종류와 그 수는 별도의 칙령에 의해 정한다.

이러한 「제국대학령」 규정에 근거하여, 경성제대도 1926년 학부개교에 즈음하여 강좌의 종류와 수를 정한 칙령을 선포했다. 1926년 칙령 제47호 「경성제국대학 각 학부에 있어서 강좌의 종류와 그 수에 관한 건[京城帝國大學各學部ニ於ケル講座ノ種類及其ノ數ニ關スル件]」이 그것이나. 이 칙령은 단순히 경성제대 법문학부와 의학부의 강좌 종류와 수를 나열한 것처럼 보이지만, 경성제대의 학교규모를 결정하는 결정적인 규정이 된다. 왜냐하면 제국대학에서 교수의 정원은 강좌의 종류와 수에 의해 결정되는 것이기 때문이다.

다른 제국대학과 마찬가지로 경성제대도 강좌에 의해 교원의 충원이 결정되었다. 각 강좌에는 1명의 교수가 임용되며, 이 교수를 "도와 수업 및 실험에 종사"하는 조교수와 "교수 및 조교수의 지도를 받아 學術에 관한 직무에 종사"하는 조수도 충원되었다.[5] 즉 강좌라는 단위를 중심으로 교수와 조교수, 조수가 위계적으로 조직된 것(寺崎昌男, 1992: 74)이 경성제대라는 조직이었던 것이다. 물론 강좌의 교수직이 결석(缺席)인 경우에는 조교수가 강좌의 담임을 맡기도 했다. 하지만 이것은 어디까지나 교수의 임용을 전제로 한 한시적인 경우에 불과했다.[6] 결국 다른 제국대학과 마

5. 이상에서 인용한 구절은 「경성제국대학관제」(1924년, 칙령제103호)의 4조와 8조의 규정에서 따온 것이다. 참고로 제3조에는 교수의 직무에 대해서 다음과 같이 규정되어 있다. "각 學部에 分屬되어 講座를 擔任하고 학생들을 敎授하며 그 연구를 指導한다."
6. 물론 조교수가 장기적으로 강좌의 담임을 맡는 경우도 없지는 않았다. 하지만 이것은 대학당국이 재정부족 등 여러 사정에 의해서 칙령에 의해 규정된 교수의 정원을 다 채우지 못할 때 생길 수 있는, 예외적 상황에 속한다.

찬가지로 경성제대의 조직은 강좌와 교수의 제도적 결합을 바탕으로 했으며, 교수들의 모든 특권적 지위와 역할도 여기에서 기인하는 것이다.[7]

그렇다면 강좌의 담임으로써 경성제대 교수들의 위상은 어떠했을까? 강좌제에서는 교수들의 사회적 지위보장을 위해 본봉과는 별도로 직무봉(강좌봉)을 추가로 지급했다. 1926년 칙령 제51호로 공포된 「경성제국대학 고등관 봉급령(京城帝國大學高等官俸給令)」에 따르면, 경성제국대학 강좌의 직무봉은 최소 연봉 600원에서 최고 1,800원으로 규정되어 있었다. 다만 본봉과 직무봉을 합해 연 5,700원을 넘으면 안 되었다. 가령 관등이 1등1급의 칙임관급 교수는 본봉이 연 4,500원이었는데, 이럴 경우 받을 수 있는 강좌봉은 1,200원이었다. 또한 다른 강좌를 겸담(兼擔)하는 경우에는 강좌 직무봉의 절반까지를 추가 지급받을 수 있었기에, 교수의 연봉은 6,300원까지도 가능하였다. 당시 1등1급 칙임관으로 학무국을 비롯한 총독부 중앙관청의 국장들도 연봉이 5,700원에 불과했다는 사실을 고려해 보았을 때, 경제적 보수의 측면에서 경성제대 교수의 위상은 관료사회 내부에서도 상당한 것이었다.[8] 물론 중앙관청 국장들의 정치적 영향에 비할 바는 아니었지만, 경성제대 교수는 총독부의 관리로서, 전문적인 학문분야의 전문가로서 상당한 특권을 제도적으로 보장받은 존재였던 것이다.

3. 경성제대 교수집단의 규모와 특징

그렇다면 경성제대 교수집단의 규모는 어느 정도였을까. 1926년 학부 개교 때부터 1945년 패전으로 문을 닫을 때까지 경성제국대학에 재직했던 교수·조교수의 총수는 275명으로 확인된다. 학부별로 살펴보면, 법문학부는 97명, 의학부는 109명, 이공학부는 66명이 경성제대 교수 또는 조교수를 역임했다. 칙령에 의해 경성제대 내에 설치된 부치연구소(附置研究所)도 별도로 교수를 임용할 수 있었는데,[9] 이런 연구소 교수도 3명이 있었다.

---

7. 물론 1930년대 이후 제국대학 내에 부치연구소의 설립이 본격화되면서, 강좌를 담임하지 않는 연구소 교수들도 나타나게 되었다. 하지만 이들은 학부가 아니라 연구소에 소속되어 있었고, 따라서 학부의 교수회에 참가할 권리를 갖지는 못했다.
8. 게다가 이들 교수가 모두 일본인이었기 때문에, 외지근무에 따른 수당이 더해졌다. 조선총독부의 경우에는 본봉의 40%를 외지수당으로 지급했다.
9. 경성제대의 부치연구소로는 고지요양연구소와 대륙자원연구소가 있었다. 이들 연구소는 대체로 각 학부의 강좌교수들이 보직의 형태로 연구소 활동을 하는 경우가 많았지만, 별도로 교수와 조교수를 임용하기도 했다. 연구소의 교수는 학부가 아닌 연구소에 소속되어 있었고 따라서 강좌담임을 맡지 않았다.

경성제대는 당시 설립되어 있던 일본의 제국대학 등과 비교하면, 개교 당시부터 비교적 작은 규모의 대학이었다. 학부도 처음에는 법문학부와 의학부 2개뿐이었고, 1926년 개교와 동시에 발령받은 교수도 25명에 불과했다. 당시 교수와 조교수의 임명일자를 확인해 보면, 1926년 4월 1일자로 발령받은 교수는 법문학부가 14명,[10] 의학부가 11명에 불과했다.[11] 조교수는 법문학부가 7명,[12] 의학부가 4명이었다.[13] 여기에 개교일보다 약간 늦은 5월 7일에 「조선사학제1강좌」 교수로 발령받은 이마니시 류(今西龍)까지를 합해도 교수의 수는 26명에 불과했던 것이다. 이후 1926년 말까지 조교수가 법문학부 10명, 의학부 3명이 새로 발령받아 합류하게 되었다. 1926년 당시 도쿄제대의 교수와 조교수는 각각 190명과 103명이었고, 본토의 제국대학 중에서도 규모가 가장 작았던 도호쿠제대의 교수와 조교수 수도 각각 88명과 57명이었던 것을 감안한다면, 경성제대의 규모를 짐작할 수 있다.

하지만 경성제대도 개교 이래 계속적으로 교수와 조교수를 충원해 나갔다. 표 V-2는 경성제대의 각 연도별 직원수를 나타낸 것이다. 『경성제국대학학보』에는 매년

표 V-2. 법문학부 · 의학부 연도별 교직원수(1927~30년)

	法文學部			醫學部		
	勅任	奏任	합계	勅任	奏任	합계
1926	-	-	32	-	-	18
1927	8	28	36	1	21	22
1928	-	-	51	-	-	42
1929	10	44	54	4	41	45
1930	9	40	49	4	45	49
1931	9	42	51	6	44	50
1932	7	49	56	10	38	48
1933	10	45	55	10	36	46
1934	16	42	58	13	33	46
1935	17[14]	41	58	14	30	44
1936	19	40	59	14	31	45
1937	19	40	59	18	28	46
1938	21	39	60	19	28	47
1939	22	35	57	18	26	44

출처: 1927~40년 『학보』의 <職員數> · <職員人員表>.

10. 명단은 다음과 같다: 高木市之助, 高橋亨, 小倉進平, 兒島獻吉郎, 佐藤淸, 松月秀雄, 島本愛之助, 速水滉, 安倍能成, 藤塚鄰, 上野直昭, 小田省吾, 大谷勝眞, 花村美樹.
11. 명단은 다음과 같다: 上田常吉, 津崎孝道, 中西政周, 大塚藤吉, 綿引朝光, 志賀潔, 小林晴治郎, 大澤勝, 杉原德行, 德光美福, 佐藤剛藏.
12. 명단은 다음과 같다: 秋葉隆, 田保橋潔, 金子光介, 四方博, 藤田東三, 松岡修太郎, 船田亨二.
13. 명단은 다음과 같다: 今村豐, 椎葉芳彌, 小杉虎一, 椎葉芳彌. 한편, 조교수들은 발령을 각 학부로 낸 뒤, 부치연구소에 근무를 명하는 형태였다.
14. 1935년 법문학부 칙임관 인원은 『학보』 제109호 昭和11년 4월 6일자 <직원인원표>(昭和10년 12월 말일 현재)에 27명으로 실려 있는데, 이는 '17명'의 오식인 것으로 판단하여 표에는 17명으로 기입하였다.

1~4월호 중 한 곳에서 이전 연도 12월 말일을 기준으로 「직원수(職員數)」 또는 「직원인원표(職員人員表)」를 작성하여 공개했다.15 이 표는 교수, 조교수의 직위가 아니라 칙임관과 주임관이라는 관등에 따라 분류되어 있기 때문에 아쉽게도 교수와 조교수의 수를 정확하게 나타내고 있지는 않다. 앞서 언급했지만, 칙임관이 모두 교수였음은 확실하지만, 주임관은 교수와 조교수가 뒤섞여 있기 때문이다. 하지만 표 V-2는 경성제대의 교직원 규모에 대한 전반적인 추세를 보여 주는 데에는 충분하다 할 수 있다.

이 표에 따르면 1926년 학부설립 이후 1929년까지의 3~4년간은 이른바 '설립기'로 교직원의 수가 급격하게 늘었음을 알 수 있다. 1926년 32명에 불과했던 법문학부의 교원은 1929년에는 54명으로 늘어났고, 1926년 현재 기초의학 계열 교원들만 부임했던 의학부도 이후 임상의학 계열 교원을 충원하여 1929년 45명으로 늘어난다. 이 1928~29년의 시점은 경성제대가 계획했던 강좌설립을 대체로 완료했던 시점으로, 이후 해외유학, 퇴직, 전직 등의 이유로 인원의 차이가 생기기는 했지만 대체로 강좌에 의해 설정되었던 정원을 유지하고 있었음을 확인할 수 있다. 앞서 살펴보았듯이, 제국대학의 강좌는 대학에서 강의·연구되는 분야를 나타낼 뿐 아니라, 대학의 교수 정원을 나타내는 것이기도 했기 때문에, 강좌수와 변동이 없는 한 교원의 수도 일정하게 유지될 것이라는 점은 쉽게 추론할 수 있다.

이 표를 강좌의 수와 연계해 보면, 또 하나의 사실이 확인된다. 뒤의 표 V-3에서도 확인할 수 있지만, 강좌의 수를 보면 법문학부가 49개, 의학부가 26개로 법문학부가 의학부에 비해 배 가까이 강좌가 많았음에도 불구하고, 실제 교원의 수는 그렇게 큰 차이를 보이지 않는다는 점이다. 가령 교직원의 수가 가장 많았던 1938년 당시 교직원의 수는 법문학부 60명, 의학부가 47명이었는데, 강좌수와 연계해 보면 법문학부의 경우 강좌담임이 49명, 비담임이 11명, 의학부의 경우 강좌담임이 27명, 비담임이 20명이었다. 물론 강좌담임이 모두 교수였다고는 할 수 없겠지만 대체로 교수였다는 것을 감안하여 계산해 보면, 교수와 조교수의 비율은 법문학부가 1 : 0.22, 의학부가 1 : 0.74 정도였다. 의학부가 1개 강좌에 1명의 교수, 1명의 조교수라는 강좌제의 '이념형'에 대략 부합했다면, 법문학부는 교수 4명당 조교수가 1명에 불과했

15. 1926년 자료는 1927년도 『학보』에 「직원인원표」가 수록되지 않았기 때문에 필자가 임명사항을 확인, 대조하여 기입해 넣은 것이다. 그리고 1940년 이후의 데이터는 「직원인원표」가 『학보』에 수록되어 있지 않아 제시하지 못했다. 그리고 1928년도 것은 『학보』의 「직원인원표」가 칙임, 주임으로 나누지 않고, 고등관으로만 해 두어 이를 그대로 기록하였다.

던 것이다.

왜 강좌제의 이념형에 가까웠던 의학부에 비해, 법문학부는 교수가 조교수에 비해 많은 특이한 구조를 가지게 되었을까? 법문학부의 초대 부장을 역임했고 이후 경성제대 총장이 되었던 하야미 히로시(速水滉)가 기고한 『경성일보』 기사는 이런 의문에 대해 하나의 단서를 제공한다(速水滉, 1927). 그에 따르면, 경성제대 법문학부가 비정상적일 정도로 강좌교수가 많았던 이유는 교원확보의 어려움 때문이었다. 경성의학전문학교 등 고등교육기관이 있었던 의학부와는 달리, 경성제대 설립 이전까지 그런 교육기관의 전통이 없었던 법문학부는 일부 교수를 제외하고 처음부터 일본 본토에서 교원을 충원해야 했다. 하지만 '조교수'의 직위만으로는 본토의 연구자, 교육자를 조선으로 오게 하는 것이 불가능했기 때문에, 부득이하게 '교수'와 '강좌'의 수를 늘려야 했던 것이었다. 교수들의 회고록을 살펴보면, 심지어 '교수직'을 약속했음에도 불구하고 이를 고사하는 경우도 다수 있었다. 경성제대가 제국대학의 제도를 그대로 이식했고, 따라서 교수의 특권적 지위가 본국의 제국대학에 못지않았음에도 최소한 법문학부의 경우에는 교수확보에 상당한 곤란을 겪었다. 이처럼 식민지의 현실은 형식적으로는 동일했던 식민지의 제국대학 교수집단의 구성에도 강력하게 반영되어 있었던 것이다.

3. 경성제국대학의 강좌 개설현황과 특징

그렇다면 식민지의 현실은 경성제대의 강좌개설 상황에 어떤 영향을 미쳤을까? 경성제대의 강좌내역을 연도별로 확인할 수 있는 가장 기본적인 자료는 『경성제국대학일람』(이하 『일람』)이다. 『일람』에서는 학부별 강좌가 어떤 것이 있으며 누가 담당교수를 맡고 있었으며, 그의 본적이 어디였는지를 확인할 수 있다. 따라서 강좌내역은 이 『일람』을 통해 기본적인 상황을 정리할 수 있으며, 실제로 대부분의 기존 연구가 『일람』에 의거해서 경성제대의 강좌현황을 소개하고 있다. 하지만 면밀히 살펴보면 『일람』 자료 자체에도 문제는 없지 않다. 여기에 수록된 정보는 강좌의 개설상황을 전반적으로 이해하는 데는 틀림없이 도움이 되지만, 매해 특정시점의 상황을 보여 주는 자료의 특성상, 실제 강좌개설 시점과 『일람』의 작성시점의 차이로 인한 오차가 생길 수 있기 때문이다. 게다가 『일람』 자료는 현재 1943년도 것까지만 활용할 수 있기 때문에, 그 이후의 상황은 알 수 없다는 문제점도 있다.

이 연구에서는 정확한 강좌내역을 파악·구성하기 위해 매년 개정·공포되었던 「경성제국대학 각 학부에 있어서 강좌의 수 및 그 종류에 관한 건」을 기준으로 강좌내역표를 작성하고 이것에 근간하여 분석을 시도했다. 또 강좌 담임교수에 관해서는 『학보』, 『관보』, 『일본인관료연구』에 나온 임면일을 직접 기입하는 형태로 강좌내역표에 추가하였다. 이러한 작업을 통해 『일람』에서는 알 수 없었던 1943년에서 1945년 기간의 강좌 및 담당교수 변동사항도 파악할 수 있게 되었다. 이렇게 작성된 것이 이 책 V장에 실린 「경성제국대학 강좌내역표」다.

강좌개설은 강좌의 수와 종류에 관한 칙령을 통해 이루어졌는데, 칙령 반포일을 기준으로 경성제대의 개설 강좌수를 연도별로 나타내면 표 V-3과 같다.

이 표에 따르면, 경성제대는 법문학부 23개, 의학부 12개로 총 35개 강좌로 시작한 후, 점차 강좌를 확충해 가서 1945년 당시에는 법문학부 49개, 의학부 27개, 이공학부 39개, 총 115개 강좌에 이르렀음을 알 수 있다.

대학당국은 학부개설 이전부터 강좌개설에 관한 구체적인 계획을 확정하고, 총독부 및 제국정부와의 협의를 통해 이를 칙령으로 법제화하였는데,[16] 그 첫 번째 칙령이 1926년 4월 칙령 제47호였다. 학부개설 당시의 강좌로는 법문학부의 경우 문과계열에는 국어학국문학, 조선어학조선문학 2개, 지나어학지나문학, 외국어학외국어문

표 V-3. 경성제국대학 연도별 강좌수

	法文學部	醫學部	理工學部	합계
1926	23	12	-	35
1927	38	15	-	53
1928	**49**	26	-	75
1929~39	49	26	-	75
1940	49	**27**	-	76
1941	49	27	24	100
1942	49	27	37	113
1943	49	27	**39**	115
1944	49	27	39	115
1945	49	27	39	115

출처: 『경성제국대학일람』, 『경성제국대학학보』, 『조선총독부관보』.

16. 경성제국대학 강좌 개설에 관한 심의와 그 개설 계획안에 관해서는 정규영(1995: 83-86)을 참조할 것.

학, 교육학, 윤리학, 심리학, 철학철학사, 지나철학, 사회학, 종교학종교사, 미학미술사, 국사학, 조선사학 2개, 동양사학 강좌가 있었고, 법과계열에는 경제학, 민법민사소송법, 헌법행정법, 형법형사소송법, 로마법, 정치학정치사 강좌가 있었다. 의학부는 주로 1~2학년 학생들에게 가르쳐지는 기초의학 강좌들이 개설되었는데 해부학 3개, 생리학 2개, 의화학, 미생물학 2개, 약리학 2개, 병리학 2개였다.

이듬해인 1927년 6월에는 칙령 제154호에 의해 강좌가 증설되었다. 국어학국문학, 외국어학외국문학, 윤리학, 심리학, 철학철학사, 미학미술사, 동양사학, 헌법행정법, 형법형사소송법, 정치학정치사 강좌가 각각 제1강좌, 제2강좌로 나누어졌다. 민법민사소송법강좌는 3개 강좌로 나누어졌으며, 서양사강좌와 국제공법강좌가 새로 개설되었다. 의학부의 경우, 위생학예방의학, 내과학, 외과학의 3개 강좌가 새로 추가 개설되었다.

경성제국대학의 강좌증설은 1928년에도 계속되었다. 1928년 4월 칙령 제58호에 따라 다시 강좌가 증설되어, 법문학부는 49개 강좌가 되었으며, 의학부는 25개 강좌가 되었다. 뒤이어 1928년 4월 칙령 제81호에 따라 법의학강좌가 의학부에 개설되어 의학부 강좌는 26개가 되었다. 교원의 충원은 1929년까지 이어졌지만 법문학부와 의학부의 강좌수는 크게 변하지 않는데, 이로 보아 개교 3년 만에 강좌의 구성이 거의 마무리되었던 것으로 볼 수 있겠다. 즉, 1928년부터 12년 동안 경성제국대학 강좌는 법문학부 49개 강좌, 의학부 26개 강좌였던 것이다. 따라서 1926년부터 1928년까지, 즉 1926년 개교 후 3년간을 경성제국대학 강좌의 구축기로 볼 수 있겠다. 실제로 개학 이전부터 학교당국이 계획했던 강좌는 1928년까지 약간 수정된 형태로 개설을 실현하게 된 것이었다.

그러면 법문학부와 의학부의 1926년부터 1928년까지 강좌 개설·증설 상황은 좀 더 상세히 알아보자. 이 상황을 요약하면 표 V-4와 같다.[17]

1926년 칙령 제47호의 칙령안(案)에는 학교당국이 작성한 것으로 추정되는 「강좌설치연도할표(講座設置年度割表)」라는 것이 첨부되어 있다. 1926년부터 향후 3년간의 강좌개설 계획을 정리해 놓은 이 계획표에 따르면, 경성제대는 1928년까지 법문학부 51개 강좌, 의학부 29개 강좌를 개설하기를 희망했다(정규영, 1995: 87).[18] 이런

17. 이 표는 해당 칙령의 반포일을 기준으로 작성한 것이다.
18. 정규영이 제시한 표에는 몇 가지 오류가 존재한다. 「강좌설치연도할표」는 「京城帝國大學各學部ニ於ケル講座ノ種類及其ノ數ニ關スル件ヲ定ム」, 『公文類聚』 第50編 第31卷, 1916年 3月 20日, JACAR(アジア歴史史料センター) Ref. A01200556600.에 수록되어 있다.

표 V-4. 경성제국대학 법문학부 · 의학부 개설강좌와 강좌수(1926~28년)

법문학부	1926	1927	1928	의학부	1926	1927	1928
국어학국문학	1	2	2	해부학	3	3	3
조선어학조선문학	2	2	2	생리학	2	2	2
지나어학지나문학	1	1	1	의화학	1	1	1
외국어학외국문학	1	2	2	미생물학	2	2	2
교육학	1	1	2	약리학	2	2	2
윤리학	1	2	2	병리학	2	2	2
심리학	1	2	2	위생학예방의학	0	1	1
철학철학사	1	2	2	내과학	0	1	3
지나철학	1	1	1	외과학	0	1	2
사회학	1	1	1	산과학산부인과학	0	0	1
종교학종교사	1	1	1	안과학	0	0	1
미학미술사	1	2	2	이비인후과학	0	0	1
국사학	1	1	2	법의학	0	0	1
조선사학	2	2	2	소아과학	0	0	1
동양사학	1	2	2	신경과학정신과학	0	0	1
서양사학	0	1	1	정형외과학	0	0	1
경제학	1	1	2	피부과학비뇨기과학	0	0	1
재정학	0	0	1				
통계학	0	0	1				
민법민사소송법	1	3	4				
헌법행정법	1	2	2				
형법형사소송법	1	2	2				
상법	0	1	2				
법리학	0	0	1				
법제사	0	0	1				
로마법	1	1	1				
정치학정치사	1	2	2				
국제공법	0	1	1				
국제사법	0	0	1				
외교사	0	0	1				
합계	23	38	49	합계	12	15	26

출처: 『경성제국대학일람』, 『경성제국대학학보』.

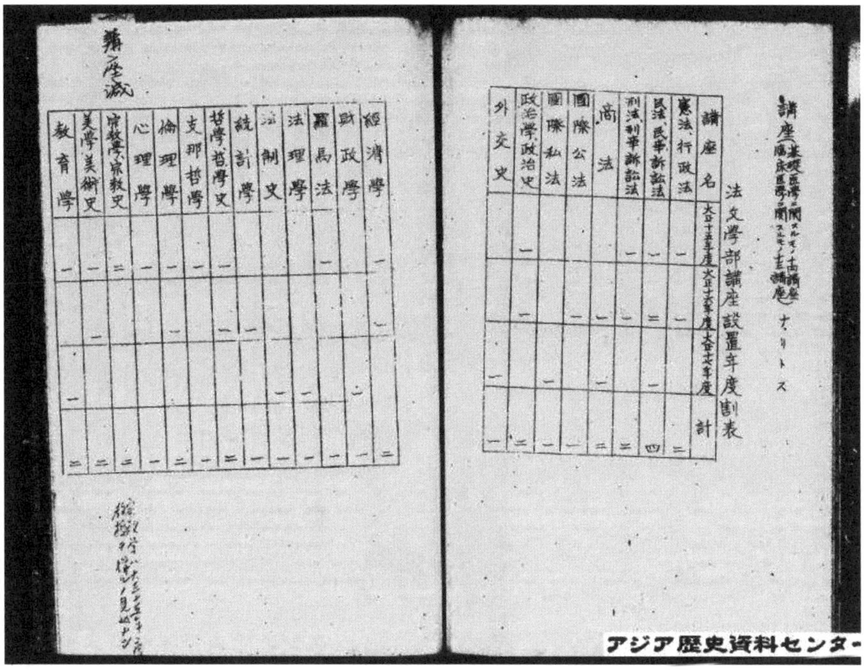

法文學部講座設置年度割表

憲法、行政法
民法、民事訴訟法
刑法、刑事訴訟法
商法
國際公法
國際私法
政治學、政治史
外交史
經濟學
財政學
羅馬法
法理學
法制史
統計學
哲學、哲學史
支那哲學
倫理學
心理學
宗教學、宗教史
美學、美術史
教育學

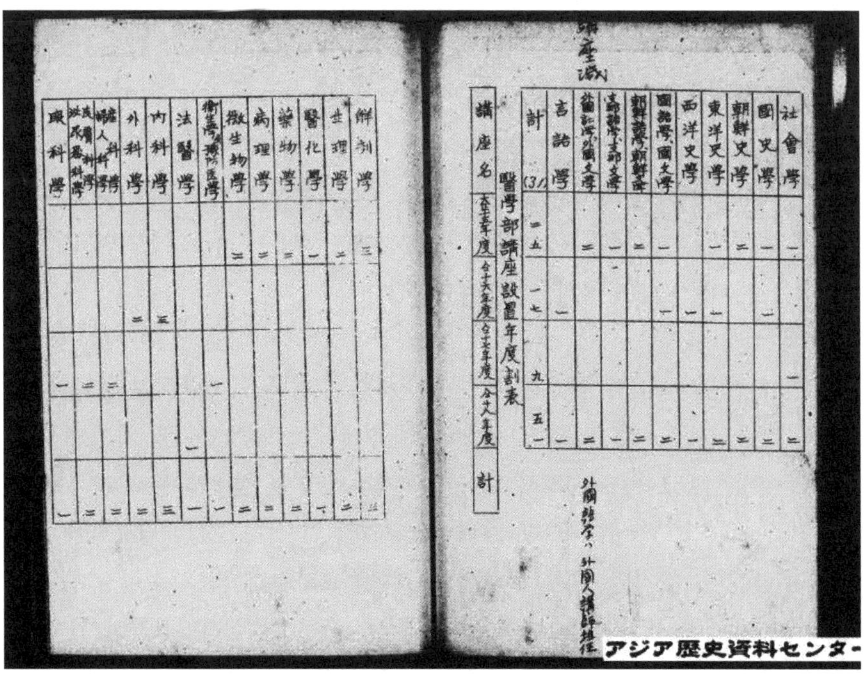

醫學部講座設置年度割表

社會學
國史學
朝鮮史學
東洋史學
西洋史學
國語學、國文學
言語學
解剖學
生理學
醫化學
藥物學
病理學
微生物學
衛生學、豫防醫學
法醫學
內科學
外科學
眼科學

그림 V-1. 강좌설치연도할표

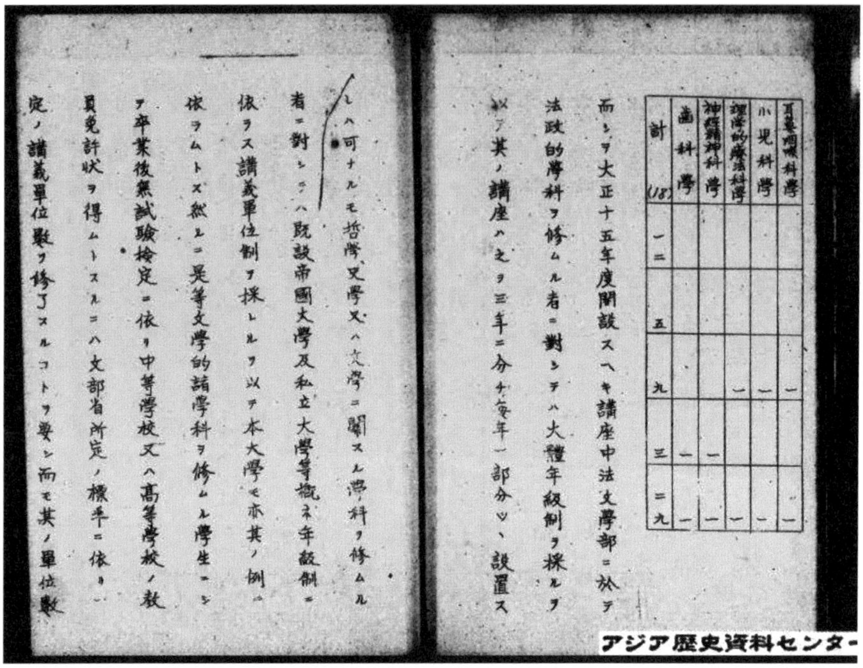

計(18)	齒科學	神經精神科學	理學的療法科學	小兒科學	耳鼻咽喉科學
一二					
五					
九			一	一	一
三	一	一			
二九	一	一	一	一	一

而シテ大正十五年度開設スヘキ講座中法文學部ニ於テ法政的學科ヲ修ムル者ニ對シテハ大體年級制ヲ採ルヲ以テ其ノ講座ハ之ヲ三年ニ分チ每年一部分ツヽ設置ス

ルハ可ナルモ哲學、史學又ハ文學ニ關スル學科ヲ修ムル者ニ對シテハ既設帝國大學及私立大學等概ネ年級制ニ依ラス講義單位制ヲ採レルヲ以テ本大學モ亦其ノ例ニ依ラムトス然ルニ是等文學的諸學科ヲ修ムル學生ニシテ卒業後無試驗檢定ニ依リ中等學校又ハ高等學校ノ教員免許狀ヲ得ムトスルニハ文部省所定ノ標準ニ依リ一定ノ講義單位數ヲ修了スルコトヲ要シ而モ其ノ單位數

그림 V-1. 계속

강좌계획은 1928년 타이완의 타이베이(台北)제국대학 개설 당시에도 마찬가지로 칙령안의 형태로 확인된다. 하지만 양자의 계획안은 결정적인 차이점이 있었다. 타이완의 경우에는 예산 부족을 이유로 학교당국의 요구를 거부해 절반 가까이 축소된 형태로 실현된 반면에, 조선의 경우는 학부당 2개 정도의 강좌가 축소되었지만, 강좌의 수에 있어서는 대체로 학교당국의 요구를 수용했다.

강좌계획과 실제 개설 사이에 차이가 전혀 없었던 것은 아니었다. 그 차이는 「강좌설치연도할표」를 표 V-4와 비교해 보면 선명하게 드러난다. 법문학부의 경우 애초 학교당국은 종교학종교사강좌와 사회학강좌를 2개씩 설치할 계획을 가지고 있었다. 이 계획은 이후 종교학종교사강좌 및 사회학강좌의 연구 활동을 통해 추론해 보건대, 식민지조선의 '구관(舊慣)'과 '민속'에 대한 체계적인 실지조사의 필요성이 반영된 것으로 추측된다. 하지만 실제 설치된 종교학종교사강좌 및 사회학강좌는 각 1개뿐이었다. 대신에 동물실험 등 실험심리학을 중심으로 한 심리학강좌가 원래 계획보다 1개 더 많은 2개가 개설되었다. 그 이유가 명확하게 나온 자료는 발견되지 않았지만, 초대 법문학부장인 하야미 히로시(速水滉)가 심리학강좌의 교수였고, 심리학 제2강좌의 교수로 임명된 것이 제1고등학교 시절 하야미의 수제자였던 구로다 료(黑田亮)였다는 점과 관련이 있는 듯하다. 이후 경성제대 학풍에서 하나의 특징이 된 '실험심리학'의 발전을 위해서 상당한 시설과 장비, 그리고 연구 인력이 투여되었다. 한편 계획에 있었던 언어학강좌도 실현되지 않았다. 이것은 아마도 조선어조선어문학 제2강좌의 오구라 신페이(小倉進平)가 언어학 전공자이기 때문에 이 분야도 포괄하여 다룰 수 있다는 사정이 반영된 것으로 보인다. 실제로 오구라는 1933년 도쿄제국대학 교수로 부임하게 되었는데 담당강좌는 언어학 제1강좌였다. 결국 기존의 51개 강좌 설립계획안은 종교학종교사, 사회학, 언어학 각 1개 강좌가 빠지고 대신에 심리학강좌가 증설되어 49개 강좌로 실현되었던 것이다.

위의 자료를 자세히 살펴보면, 「강좌설치연도할표」의 위쪽에 수기(手記)로 "講座減"이라고 써 놓은 부분이 있다. 이것은 칙령안이 총독부 또는 제국정부의 심의를 거치는 과정에서 축소되었던 정황을 보여 주고 있는 것으로 보인다. 종교학 강좌는 "종교학은 대정15년도 교수를 충원할 예정이 없다"는 이유를, 외국어외국문학강좌는 "외국어학은 외국인교사가 담당"하면 된다는 이유를 써 놓고 있다. 하지만 실제 축소된 것은 종교학뿐으로 외국어강좌, 특히 영문학강좌는 결국 계획대로 2개가 설치되게 된다. 영문학강좌가 정부당국의 축소지시를 피할 수 있었던 것은 당시 사립고등교육이 미국선교사들에 의해 주도되고 있었고, 식민지의 주민들 또한 이들에게 큰 호응을 보이고 있었던 상황과 무관하지 않은 것으로 보인다. 당국의 입장에서 영어교육을 둘러싸고 미국선교사들의 동향에 대응할 필요가 있었던 것이다(尹スアン, 2009).

한편 의학부의 경우에는 원래의 계획에서 3개의 강좌가 축소되었다.[19] 2개의 강좌를 설치할 계획이었던 산부인과강좌와 피부비뇨기과강좌는 1개 강좌만 설치되었고, 이학적요법과학강좌와 치과학강좌는 설치되지 않았다. 대신에 원래 2개로 계획되었던 외과학강좌에 덧붙여 정형외과강좌가 추가 설치되었다. 다만, 이학적요법과학강좌는 1940년 방사선의학강좌로 개설되었고, 치의학강좌는 공식적인 강좌는 아니었지만 조교수가 책임자인 치과의료부의 형태로 존속했기 때문에 실제로는 2개의 강좌를 제외하고 계획대로 설립되었다고도 볼 수 있다.

법문학부 49개, 의학부 27개였던 경성제대의 강좌수는 1941년 이공학부가 창설되

19. 경성제대 의학부의 강좌구성의 특징에 대해서는 정준영(2010)을 참조.

표 Ⅴ-5. 경성제국대학 · 타이베이제국대학 · 규슈제국대학 법문학계열 강좌 비교

京城帝大 法文學部	1929년 12월	台北帝大 文政學部	1930년 2월	九州帝大 法文學部	1929년 12월
국어학국문학	2	국어학국문학	2	국문학	1
조선어학조선문학	2	언어학	1		
지나어학지나문학	1	동양문학	1	지나문학	1
외국어학외국문학	2	서양문학	1	영문학	1
				불문학	1
				독문학	1
교육학	2	교육학 · 교육사	1	교육학	1
윤리학	2	동양윤리학 · 서양윤리학	1	윤리학	1
심리학	2	심리학	1	심리학	1
철학철학사	2	철학·철학사	1	철학철학사	3
지나철학	1	동양철학	1	지나철학사	1
				인도철학사	1
미학미술사	2			미학미술사	1
사회학	1	토속학인종학	1	사회학	1
종교학종교사	1			종교학	1
국사학	2	국사학	1	국사학	2
조선사학	2	남양사학	1		
동양사학	2	동양사학	1	동양사학	1
서양사학	1	서양사학 · 사학 · 지리학	1	서양사학	1
경제학	2	경제학	2	경제학	7
재정학	1			재정학	1
통계학	1				
민법민사소송법	4	민법민사소송법	2	민법	3
				민사소송법	1
헌법행정법	2	헌법	1	헌법	1
		행정법	1	행정법	1
형법형사소송법	2	형법형사소송법	1	형법형사소송법	1
상법	2			상법	2
법리학	1	법률철학	1	법리학	1
법제사	1			법제사	1
로마법	1			사회법	1
정치학정치사	2	정치학정치사	1	정치학	1
외교사	1			정치사외교사	1
국제공법	1			국제법 · 국제공법	2
국제사법	1				
합계	49	합계	24	합계	44

출처: <타이베이제국대학일람> 昭和5년, <규슈제국대학일람』 昭和5년.

면서 크게 증가하였다. 이공학부의 강좌는 1941년에 24개, 1942년에 36개, 1943년에 39개가 되어 폐교 때까지 유지되었다.[20] 이공학부 창설와 강좌구성은 '과학동원체제'의 형성과 관련하여 매우 흥미로운 주제이지만, 이에 대해서는 별도의 논문에서 다뤄야 할 것으로 생각한다.

마지막으로 경성제대 법문학부의 강좌구성을 다른 제국대학과 비교해 보면 어떠했을까. 1930년 무렵 경성제대 법문학부와 타이베이제대 문정학부, 규슈제대 법문학부의 강좌 내역과 그 수는 표 V-5와 같다.

우선, 경성제대가 강좌의 수에서 유독 많았다는 점이 눈에 띈다. 이것은 식민지 부임을 기피했던 본토 지식인들의 성향에 따라 어쩔 수 없이 조교수보다는 교수와 강좌를 늘릴 수밖에 없었다는 하야미의 주장을 상기시킨다. 하지만 이것만으로는 설명이 충분하지는 않는데, 타이베이제대의 경우에는 강좌수가 경성제대나 규슈제대의 절반 수준에 불과했기 때문이다. 이런 차이에 대해서는 여러 가지 추측이 가능하나, 무엇보다도 경성제대가 대학설립을 둘러싸고 미국인 선교사들의 교육선교와 헤게모니 경합을 벌이는 상황 속에서 신속하게 설립되었다는 사정을 염두에 둘 필요가 있다(정준영, 2009). 조선총독부의 입장에서는 제국대학의 '위용'을 선교사들과 식민지인들에게 과시할 필요가 있었던 반면, 타이완총독부는 그럴 필요성이 강하지 않았던 것이다.

다음으로 식민지의 두 제국대학이었던 경성제대와 타이베이제대는 식민지를 지식-권력의 대상으로 포착하는 특유의 학문분과를 강좌로 제도화하고 있다는 점이다. 경성제대 법문학부의 조선어학조선문학 두 강좌와 조선사 두 강좌, 타이베이제대 문정학부의 토속학인종학 강좌, 남양사학 강좌가 그것이다. 이들 식민지학문은 이들 제국대학에 의해서 강좌로 인정되어 제국일본의 관학아카데미즘의 일부로 편입되었다.

5. 교수집단의 학문적 경력과 연구지향

앞서 경성제대는 타이완의 타이베이제대와 더불어 제국일본이 식민지에 세운 제국대학이었으며, 제국대학이라는 공통의 형식을 강조하고 있지만 사실은 교수집단 및 강

---

20. 이공학부 강좌 개설에서 눈에 띄는 것은, <강좌내역표> 이공학부편의 응용화학강좌를 예로 들면, 제4강좌와 제5강좌가 먼저 개설되었다는 점이다. 즉, 응용화학강좌의 제1강좌~제5강좌에서 강좌 번호는 개설 순서를 말하는 것이 아니라, 응용화학 내의 전공영역을 의미하는 것으로 보아야 한다.

좌구조에 식민지의 현실이 투영되고 있었음을 살펴보았다. 그렇다면 경성제대 교수들에게 식민지란 어떤 것이었으며, 그들의 교육과 연구 활동은 식민지 사회에서 어떤 의미를 가지고 있는 것일까?

여기서는 경성제대의 일본인 교수들이 어떤 맥락에서 조선에 건너오게 되었으며, 학문적 지향에 있어서 조선이 차지하는 위상이 어떠했는가를 중심으로 교수들을 유형화해 보고자 한다. 경성제대 교수집단을 유형화한다고 했을 때, 사실 여러 가지 기준들을 생각해 볼 수 있다. 하지만 그중에서도 가장 기초적인 범주가 되는 것은 그들의 출신대학과 조선에 건너온 시기, 교수가 되기 이전의 이력, 그리고 그들의 학문적 지향이 될 것이다.

먼저 교수들의 출신학교를 살펴보면, 대다수가 일본 본토의 제국대학 출신자들이라는 특징을 가진다. 1918년 이전까지 일본에서 '대학'으로 인정받았던 것은 제국대학들뿐이었다는 것을 고려해 본다면, 경성제대 교수들 대부분이 제국대학 출신자라는 점은 어찌 보면 당연한 일인지도 모른다. 게다가 일본의 지방제국대학은 도쿄제대의 외연적 확장이었고, 식민지의 제국대학은 다시 일본 본토 제국대학의 외연적 확장이었다는 점을 감안한다면, 경성제대 교수들의 출신학교가 제국대학 중에서도 도쿄제대가 다수를 점할 것이라는 점도 익히 예상할 수 있다. 실제로 법문학부든 의학부든 경성제대 교수의 과반수는 도쿄제대 출신자들이었다.

그런데 법문학부와 의학부를 구별하여 교수들의 출신학교를 따져보면 상당히 흥미로운 차이들이 나타난다. 법문학부 교수의 95% 이상이 도쿄제대 출신자들이었던 반면,[21] 의학부 교수의 경우 도쿄제대 출신자들은 57.6%에 그치며 심지어 의학전문학교 출신자도 11.5%나 된다는 점이다. 왜 이런 차이가 생겨났던 것일까. 그 이유 중 하나로 생각해 볼 수 있는 것은 법문학부와 의학부가 처했던 식민지적 조건의 차이다(정준영, 2009: 146-155). 즉 이전까지 법학과 인문학에 대한 학술적 연구가 전혀 없던 상황, 즉 '무(無)에서 출발'했던 법문학부는 학문적 권위를 제국대학, 그중에서도 최고학부였던 도쿄제대에서 끌어올 수밖에 없었다.[22] 법학과 인문학을 선호했던

---

21. 경성제대 법문학부 49개 강좌 초대담임교수들의 출신학교를 살펴보면, 도쿄제대 출신자가 아닌 사람은 통계학강좌의 오우치 다케지(大內武次), 종교학종교사강좌의 아카마쓰 지조(赤松智城), 국제공법강좌의 이즈미 아키라(泉哲) 등 3인뿐이었다. 오우치와 아카마스가 교토제대 출신이었고, 이즈미는 홋카이도제대의 전신인 삿포로농학교를 중퇴하고 미국유학을 떠났던 인물이었다. 법리학의 오다카 도모오(尾高朝雄)의 경우 도쿄제대 법학부를 졸업하고 다시 교토제대 문학부에 입학하여 졸업했다는 점에서 특이한 이력의 소유자였다.

22. 법문학부 교수 충원 과정에 대한 『紺碧遙かに』에 실린 증언으로는 도자와 데쓰히코(戶澤鐵彥, 정치학

조선인들의 본토 및 해외유학을 저지하기 위해서라도 도쿄제대의 학풍을 그대로 이식할 필요가 있었던 것이다. 그리고 이러한 높은 학문적 권위는 조선총독부의 대학 개입을 막는 보호막이 될 수도 있었다. 초대총장 핫토리가 심지어 자신의 정치적 성향과는 배치되는 자유주의 성향의 명망 있는 중견철학자들을 교수로 대거 발탁했던 것도 이러한 사정과 무관하지 않았던 것이다.

반면에 의학부에서는 기존의 의학교육, 의학연구의 연속성이 중시되었다(정준영, 2010: 215-218). 경성의전 교수들이 대거 경성제대 교수로 발탁되었던 것도 이들의 식민지 의료 경험을 높이 산 결과였다. 더욱이 그 자신이 세계적인 세균학자로 명망이 높았던 시가 기요시는 도쿄제대 출신의 학벌주의 폐해와 심각성을 누구보다도 몸소 겪었던 인물이었고, 따라서 신설된 경성제대 의학부에서 특정 제국대학 출신자들, 특히 도쿄제대 출신자들이 독주하지 않도록 출신학교를 안배했다. 그는 경성제대 의학부의 설립을 통해 제국대학 체제가 내포하고 있는 문제를 극복하려는 실험을 시도했고 이를 통해 의학부 특유의 학문적 권위를 창출하려 했다. 전략과 방법은 달랐지만, 교수의 충원을 통해 제국대학에 걸맞은 위상과 권위를 갖추려고 시도했다는 점에서 법문학부와 의학부는 동일했던 것이나.

이러한 특징적 차이는 교수들이 조선에 건너온 시기에서도 나타난다. 법문학부의 경우는 '내선(來鮮)' 시기가 극단적으로 갈리는 경향이 나타난다. 한편으로는 제국대학 졸업 후 바로 조선에 건너와 식민지관료로 활동하다가 경성제대가 설립된 후 교수가 된 사람들이 있다. 이른바 총독부관료 출신 교수들이 여기에 속하여, 조선사, 조선어학, 조선문학 등 조선학 관련 강좌를 맡고 있는 경우가 많았다. 다른 한편으로는 경성제대의 교수가 되기 전까지는 '조선'에 대해 거의 무관심했거나, 순수하게 학문적인 관심만 있었던 집단이 있다. 이들이 조선에 건너온 시기는 교수로 내정된 시점이 학부가 창설되기 이전이었던가, 이후였던가에 따라 차이가 있었고, 임용의 형식도 달랐지만 제대교수가 되기 위해서 "현해탄을 건너왔다"는 점에서는 동일했다.23 다시 말해 조선에 건너온 시기 자체보다는 조선에서의 학문적 경력을 바탕으로 교수

정치사제1강좌) 교수의 「京城帝國大學創立五十周年にあたって」와 「座談會記事」가 있다.

23. 이런 점에서 교수유형화의 기준으로 '내지'발령과 '외지'발령을 구별하고 있는 박광현의 연구(2009)는 경성제대 교수유형에 관한 세분화된 분석에 기여하고 있는데, 다만 약간의 문제가 있다. 1924년 경성제대 창설 당시에 이미 '교수'로 내정된 사람들은 일단 조선 내의 관립전문학교로 발령이 난 후 재외연구원으로 해외유학을 했고, 그 후에 교수로 발령받았기 때문이다. 이들도 박광현의 분류에 따르면 '외지'발령이라고 하겠지만, 제대교수가 되기 위해 '현해탄'을 건넜다는 점에서 1926년 이후의 '내지' 발령의 인물들과 학문적 경력과 지향에서는 큰 차이를 발견하기 어렵다.

가 되었는지, 아니면 본토에서의 학문적 경력을 바탕으로 교수가 되었는지 하는 문제가 더 중요하다고 할 수 있다.

다음으로 주목할 것은 교수들의 학문적 지향이었다. 경성제대는 식민지에 설립된 대학이었고, 따라서 식민지 조선에 관한 지식-권력의 창출은 대학의 존재이유와 직결된 문제라고도 할 수 있었다. 교수로 부임해 온 일본인 지식인들에게 있어서도 교육과 연구의 기반이 식민지에 있다는 사실은 그들의 학문적 지향과 연구활동의 수행에 있어서도 적지 않은 영향을 미쳤던 것은 당연했다. 경성제대 교수들 사이에는 한편으로는 보편적인 학문적 지향과 과학적 기준을 추구하여 식민지에 있더라도 경성제대는 어엿한 근대대학임을 입증하려는 지향이 존재했다면, 다른 한편으로는 식민당국의 적극적 후원 속에 수집된, 본토였다면 불가능했을 방대한 데이터베이스를 바탕으로 조선에 대한 실증적 연구를 수행하여 국가기관으로서 경성제대의 효용성을 입증하려는 지향도 존재했다.

개별 교수들의 학문적 지향과 연구 활동, 해당 연구 분야에 대한 기여를 모두 분석하여 엄밀히 평가하여 이를 종합한다는 것은 아마도 불가능한 과제일 것이다. 하지만 이상에서 검토한 이들 교수집단이 직면했던 공통의 조건들, 즉 학문적 경력과 연구지향에서 나타난 이중적 성격을 중심으로 교수집단을 대략적으로 유형화하는 것은 가능할 것으로 보이며, 이것은 경성제대를 중심으로 이루어진 연구체제의 특징을 이해하는 데도 도움이 될 것이다.

단순화의 오류를 무릅쓰고 경성제대 교수집단을 몇 가지 유형으로 나눈다고 했을 때, 가장 중요한 기준은 위에서 언급한 학문적 경력과 연구지향이라고 할 것이다. 우선 여기서 '학문적 경력'이란 이들이 경성제대 교수로 부임하는 데 있어서 '식민지의 경험'이 학문적 경력에 어떻게 반영되었는가 하는 문제와 관련이 있다. 이런 기준에 따르면, 경성제대 교수들은 크게 세 가지 유형으로 나눌 수 있다.

먼저 경성제대에 부임하기 이전에 총독부의 관료로 활동했던 인물들이 있다. 법문학부 강좌의 초대교수로 한정해 보면 1908년 조선에 건너와 총독부 학무국 편집과장, 고적조사과장을 역임했던 오다(小田省吾, 조선사학 제2강좌)와 1905년에 조선에 건너와 총독부 시학관을 역임했던 다카하시(高橋亨, 조선어조선문학 제1강좌), 1911년에 조선에 건너와 학무국의 편수관을 역임한 오구라(小倉進平, 조선어조선문학 제2강좌), 1918년 조선에 건너와 경성지방법원 판사와 총독부 법무국 사무관을 역임했던 하나무라(花村美樹: 형법형사소송법 제1강좌) 등이 여기에 속한다. 이들은 조선을 학문적 관심사로 다루기는 했지만, 식민지 관료의 위치와 입장이 강했던 인물들이다.

다음으로 경성제대 부임 이전부터 조선을 학문적으로 탐구하는 과정에서 식민지를 직간접적으로 경험했던 인물들도 있었다. 가령 교토제대 조교수였던 이마니시(今西龍, 조선사학 제2강좌)는 조선사 연구로부터 학문적 경력을 시작했고, 경성제대가 설립되기 이전부터 촉탁의 신분으로 조선총독부와 밀접한 관계를 맺고 있었다. 조선어조선문학 제2강좌 오구라(小倉進平)의 경우, 조선총독부 학무국의 편수관을 역임했지만 성향 및 학문적 관심에서 보았을 때 관료보다는 연구자에 가까웠던 인물이었기 때문에 이 범주에도 포함시킬 수 있다. 뤼순공과대학 예과교수를 역임했던 교육학 제1강좌의 마쓰즈키(松月秀雄), 경성법전 교수를 역임했던 헌법행정법 제1강좌의 마쓰오카(松岡修太郎)는 식민지에서의 교육경력을 높이 사 경성제대 교수에 발탁된 경우였다.

마지막으로 이들을 제외한 나머지 대다수의 교수들은 경성제대에 부임하기 이전까지 '조선'과 큰 관련이 없었고 또 이에 대한 학문적 호기심도 많지 않았던 것으로 보인다. 대부분이 일본 내 고등교육기관의 교원이나 법관, 행정관 등 관료로 활약했던 이들은 제국대학 교수로의 출세코스, 이른바 '아카데믹 커리어(academic career)'에서 벗어난 이들이었다. 이들에게 조선, 특히 경성제대는 새로운 기회의 땅이었다. 사실 법문학부 교수들에 한정해 본다면, 관료로서 또는 연구자로서 식민지와 관련을 맺고 있었던 인물들 중에는 중량급 인사들이 많았지만 수적으로는 오히려 소수에 불과했다. 교수들 대부분은 이전까지는 조선과 무관한 인물이었고 제대교수가 되기 위해 '현해탄'을 건넜던 경우가 많았던 것이다.

이러한 '식민지 경험'과 더불어 경성제대 교수들을 유형화할 수 있는 또 다른 기준은 교수들의 학문적 지향이었다. 교수들 중에서는 식민지 조선을 일본과 중국을 잇는 핵심적인 매개 고리로 설정하고 본격적인 학문적 연구대상으로 설정했던 이들이 있었는가 하면, 일부 교수들의 지나친 조선지향, 조선경도에 우려를 표시하면서 학문적 보편성에 입각한 지식탐구를 주장하는 이들도 있었다. 이들 사이의 긴장관계는 경성제대가 식민통치의 이해관계와 직결된 식민지대학이면서도 동시에 근대대학의 이념을 표방했던 제국대학이었다는 것을 감안했을 때 필연적인 것이기도 했다.

당연한 이야기이겠지만, 교수들의 조선연구는 경성제대의 특색 있는 강좌들, 즉 이른바 조선학 강좌들을 중심으로 이루어졌다. 조선사 2개 강좌, 조선어조선문학 2개 강좌는 칙령으로 정해지는 제국대학 강좌 중에서도 경성제대에만 있었던 것으로

이 강좌라는 제도적 기반 위에서 조선의 역사, 언어, 문학 등의 연구가 수행되었다. 국사학(일본사학), 국어학(일본어학), 동양사학, 중국문학, 중국철학 등 인접학문의 강좌도 "한편으로는 지나(支那)와의 관계, 또 한편으로는 내지(內地)와의 관계를 가지고 폭넓게 제 방면에 걸쳐 조선연구(朝鮮研究)를 행(行)해 동양문화(東洋文化)의 권위(權威)"24가 되겠다는 경성제대의 건학이념에 따라 일본 및 중국과의 비교의 관점에서 조선을 주목했다. 종교학종교사강좌, 사회학강좌의 교수들은 조선의 '풍속'에 주목하여 체계적인 실지조사를 수행했으며, 형법형사소송법강좌의 하나무라(花村美樹), 법제사강좌의 나이토(內藤吉之助) 등은 총독부 구관조사의 연장선상에서 조선법제의 특징을 규명하기도 했다. 행정법학자인 마쓰오카(松岡修太郎)는 식민행정에 관한 일련의 연구를 발표했으며, 시가타(四方博) 등 경제학 전공 교수들 및 연구자들은 호적 등의 방대한 자료들을 바탕으로 조선경제사의 토대를 마련했다.

하지만 경성제대 교수들 중에서는 이러한 '조선중시', '동양중시'의 경향이 자칫 근대대학의 이상적 지향, 즉 학문의 보편성과 자율성을 해칠지도 모른다는 우려를 드러내는 사람도 있었다. 이와나미(岩波) 철학총서를 중심으로 활동하면서 일본 학계에서도 저명했던 철학자 아베(安倍能成: 철학철학사 제1강좌), 하야미(速水滉, 심리학 제1강좌), 미야모토(宮本和吉: 철학철학사 제2강좌), 미학자 우에노(上野直昭: 미학미술사 제1강좌) 등이 그러했다. 이들은 서양의 다양한 사상적·문화적 조류를 예의주시하면서 개인의 인격과 자율성을 강조하는 경향이 강했다. 이러한 보편적이고 자유주의적 학문성향은 법철학, 공법학, 정치학을 전공한 젊은 소장 교수들에게도 발견된다. 헌법학의 기요미야(淸宮四郎), 법리학의 오다카(尾高朝雄) 등은 당시로서는 최신경향이었던 독일의 현상학, 법사회학적 조류를 일본학계에 소개하고 이를 바탕으로 기존 학계의 학문적 경향에 대한 비판을 전개했으며, 정치학의 도자와(戶澤鐵彦), 로마법의 후네다(船田亨二), 국제공법의 이즈미(泉哲) 등도 자유주의 성향의 학자들로 유명했다. 심지어 재정학강좌의 미야케(三宅鹿之助)와 같은 교수는 마르크스주의자로 1929년부터 베를린반제동맹을 결성해 활동했고, 1934년 이른바 이재유 은닉사건으로 실형을 구형받아 교수직을 상실하기도 했다. 경제학 제2강좌 교수 스즈키(鈴木武雄), 사회정책학 강의를 했던 조교수 모리타니(森谷克己) 등도 최소한 1930년대 초반까지는 마르크스주의에 동조했었다.

---

24. 이것은『文教の朝鮮』第10號(1926년 4월)에 게재된 초대 경성제대 총장의 발언 중 일부다.

이와 같이 경성제대 교수들은 학문적 경력과 지향에서 몇 가지 뚜렷하게 구별되는 몇 가지 집단으로 유형화된다. 이를 도식화해서 표로 그려보면 다음과 같다.

이전경력 / 학문지향	식민지 경험	
	있음	없음
조선지향	A	C
제국지향/보편지향	B	D

앞서 살펴보았듯이 경성제대 법문학부 교수들은 교수취임 이전에 직간접적으로 총독부와 연관을 가졌던 자들과 제대교수가 되기 위해 조선으로 건너온 자들로 나눌 수 있다. 이런 유형구분은 당시에도 언론의 주목을 받을 정도로 뚜렷이 구별되었을 뿐만 아니라 대학에 대한 입장 차이, 학문적 관점의 차이가 현격했다. 『조선급만주(朝鮮及滿洲)』 1931년 11월호에 게재된 「경성대학론」은 총독부관료로 있으면서 경성제대 창설에 실무를 담당했던 이른바 '재래종(在來種)'과 총장 핫토리의 인선에 의해 교수로 조선에 건너온 이른바 '수입조(輸入組)' 사이의 대립과 알력이 대학설립 당시부터 있었음을 지적하고 있다(이 책 1부 V장에 수록). 이런 경험의 차이는 이들 교수들의 학문적 지향에도 크게 영향을 미쳤다. 이른바 '재래종'교수들의 대부분이 조선학 관련 강좌를 독차지하면서 연구 성향 또한 1910년대 이래 조선총독부의 주도로 이루어진 조사사업의 경험을 바탕으로 조선의 역사, 문화, 사상, 언어, 제도 등에 초점을 맞추었다. 위의 표에서 본다면, "재래종"의 경우 A유형이 대부분이었고, B유형을 거의 찾아보기 어렵다. 반면 '수입종'교수들은 학문적 지향의 측면에서는 보편 지향 또는 일본지향이 강한 가운데, 조선학과 근친관계에 있는 일부 학문분야의 강좌에는 부분적이나마 조선을 연구대상으로 설정하고 있었던 학자들이 충원되었다. 즉 D유형이 주류를 이루는 가운데, 한일관계사를 전공했던 다보하시(田保橋潔), 발해사를 연구했던 도리야마(鳥山喜一)와 같이 C유형에 속하는 이들이 국사학, 동양사학 등의 강좌교수를 맡게 되었던 것이다. 따라서 『조선급만주』에서 언급된 '재래종'과 '수입조'의 대립이란 결국 A유형과 D유형의 집단적 대립이라고 할 수 있겠다.

이런 교수집단 내부의 대립구조는 경성제대가 설립된 이후, 점차 바뀌어 갔다. 경성제대 교수가 되기 이전까지 조선을 학문적 대상으로 심각하게 고려하지 않았던 '수입조' 교수들의 일부가 점차 '조선'을 본격적인 연구대상으로 다루기 시작했던 것이다. 이것은 그들이 부임했던 곳이 '식민지'였다는 점에서 당연한 귀결이기는 했지만, 연구 환경의 측면에서 그들이 누릴 수 있었던 유리한 조건도 생각해 볼 필요가 있다. 식민통치를 위한 정책적 배려 때문에 일본 본토였다면 불가능했을 체계적인 실지조사가 식민지에서는 가능했고, 1910년대 이래 총독부의 각종 조사사업에 의해 축적된 방대한 데이터베이스도 연구 자료로 활용할 수 있었다. 교수부임 이전에 '조선'을 본격적인 연구대상으로 고려하지 않았던 사회학강좌의 아키바(秋葉隆)와 종교학종교사강좌의 아카마쓰(赤松智城)가 부임 이후에는 조선의 무속에 대한 실지조사를 시작으로 점차 연구범위를 조선과 만주의 민속과 종교상황으로 확대해 나갔던 것도, 시가타(四方博)를 비롯한 경제학자들이 교수부임 이후 연구의 관심을 조선경제사로 전환하여 호적자료 등 방대한 자료들을 기반으로 공동연구를 계속해 갔던 것도 이러한 '유리한' 연구조건, 즉 식민지적 연구 환경에서 기인하는 바가 적지 않았다. 게다가 중심부의 학계동향에 민감했던 '수입조' 교수들의 입장에서는 이런 조선연구가 도쿄 학계의 주목을 받는 데 오히려 유리한 조건이 될 수 있었다. 오구라(小倉進平)처럼 A유형의 교수가 도쿄제대 교수로 '영전'될 수 있었던 것도 조선에서만 가능했던 연구가 중앙학계의 인정을 받음으로써 가능해졌던 것이다.[25] 따라서 D유형의 교수들은 일부 서양철학, 서양사상 계통의 교수들을 제외하고는 상당수가 C유형으로 전환되어 갔다.

전체적으로 보았을 때, 법문학부 교수사회 내부에서 확연히 구별되었던 두 집단, 즉 재래종(A유형)과 수입조(D유형)의 대립은 도쿄에서 건너온 교수들이 식민지적 연구 환경을 적극 활용하여 실증적 방식으로 조선연구를 수행하게 되면서 점차 수렴되는 양상을 보인다. 이들 재래종과 수입종의 대립은 경성제대의 위상에 대한 입장차이, 다시 말해 경성제대를 식민통치를 위한 지식생산기관으로 볼 것인가, 아니면 근대대학의 이상에 걸맞은 학문연구기관으로 볼 것인가의 문제와 무관하지 않았지만, 이러한 대립은 경성제대의 식민지적 존재조건에 의해 점차 식민지적 지식-권력의 확립이라는 방향으로 수렴되어 갔던 것이다.

6. 소결

이 글에서는 경성제대의 교육·연구체제가 가진 특징을 교수와 강좌에 초점을 맞추

25. 이런 의미에서 오구라의 경우는, 이상의 분류기준에서 본다면 A유형에서 B유형으로 전환된 사례라고 할 수 있다. 조선사강좌의 이마니시의 경우도 유사하다.

어 논의하였다. 교육・연구체제와 관련하여 경성제대의 역사는 크게 보면 세 시기로 나누어 고찰할 수 있을 것 같다. 첫째는 강좌가 구성되고 교수가 확충되었던 설립시기로 이 시기는 대체로 1928~29년에 완료되었던 것으로 보인다. 둘째는 이른바 '안정기'라고 부를 수 있는 1930년대 말까지의 기간인데, 식민당국의 암묵적 인정 하에서 대학운영이 교수들에 의해 비교적 '자치'적으로 이루어졌던 시기였다. 마지막으로는 조선총독부가 대학학사에 본격적으로 개입하기 시작했던 1939년 이후의 시기인데, 총력전을 위한 학술동원이 본격화되고 대학의 자치적 위상이 붕괴됨에 따라 교수들의 자율성 또한 급격하게 위축되던 시기다. 다만 이 글에서는 지면의 제약 때문에 이들 세 시기를 포괄적으로 다루지는 못했다. 대신에 경성제대 교수들의 제도적 위상과 식민지적 연구조건에 주목하여, '식민지의 제국대학'으로서 경성제대가 안고 있었던 내적 모순의 문제를 검토했다.

앞서 살펴보았듯이, 경성제대의 교수들은 한편으로는 총독부에 의해 설립된 식민지의 대학교수로서 설립자인 식민당국의 요구에 부합해야 했다. 하지만 동시에 이들은 제국 내의 최고학부라고 할 수 있는 제국대학교수로서 거기에 부합하는 학문적 이상과 사회적 위상을 요구했다. 하지만 식민지적 이해관계가 보편적 대학이상과 충돌하는 것은 당연했을 뿐만 아니라, 심지어 때로는 제국적 이해관계와도 갈등의 소지가 있을 수 있다는 점을 생각해 보면, 이와 같은 경성제대의 이중적 조건은 항상 갈등의 소지를 안고 있었다. 경성제대를 단순히 식민통치를 위한 지배도구로만, 아니면 반대로 근대대학의 출발로만 볼 수 없는 것도 이 때문이다. 이상의 논의에서 확인할 수 있듯이, 경성제대라는 공간은 학술지식의 생산을 둘러싸고, 식민지적 이해와 제국적 이해, 심지어 근대의 이상적 관점이 상호 충돌을 거듭했던 격투장에 가까웠다고 할 수 있다.

VI. 강좌의 내역과 교수진

1. 교수 관련 자료와 그 특징

경성제대는 '제국일본'의 패전으로 폐교되었기에 학교사(學校史)가 없다. 학적과나 서무과 등 대학의 운영을 공식적으로 기록 · 관리하는 기구가 없어졌고, 대학에서 사용하고 있던 행정문서들 또한 완전히 보존된 것은 아니기 때문에, 경성제대의 학생은 정확히 몇 명이었는지, 졸업생은 얼마였는지, 교수는 몇 명이었고 어떤 과목이 개설되었는지 등과 같은 기초적인 학사운영 상황마저 확인하기란 쉬운 일이 아니다. 이 장에서는 『경성제국대학일람』, 『경성제국대학학보』 등 현재 남아 있는 자료를 기초로 교수진과 강좌내역의 구체적인 양상을 소개하도록 하겠다.

경성제대 교수들은 몇 명이었을까? 이들의 정년은 몇 살이었으며, 또 어떤 경로를 통해 교수로 임용되었던 것일까? 당시 교수들은 어떤 연구를 했으며, 무엇을 가르쳤을까? 이러한 질문들은 대학교수라는 집단을 분석할 때 곧잘 생각나는 것들이다. 물론 기존 연구 중에서도 경성제대를 중심으로 이루어진 학술활동의 특징을 밝히고 있는 글들은 존재한다. 이미 정규영(鄭圭永, 1995; 1999)의 논문을 통해 경성제국대학의 전학적(全學的) 조직이었던 만몽문화연구회, 대륙문화연구회의 활동이 개괄적으로 검토된 바 있고, 의학부의 제도적 특징과 관련하여 경성제대의 일본인 의학자들이 어떤 연구경향을 가지고 있었는지에 대한 개괄적인 설명이 시도되기도 했다(정준영, 2010). 개별 교수들을 중심으로 조선학(朴光賢, 2007), 인류학(전경수, 2002; 2005), 공법학(石川健治, 2002), 철학(김재현, 2007), 공학교육(김근배, 1996), 약리학

(신창건, 2007) 등의 연구경향 및 식민이후에 미친 영향 등도 다각적으로 검토되고 있다. 경성제대를 중심으로 이루어진 학문적 활동을 보다 본격적으로 분석하기 위해서는 교수들에 대한 기초 인적 사항, 즉 출생연도, (조)교수임용 연도, 학력(출신대학), 교수부임 이전 경력, 사임일 및 전임(傳任)사항 등을 파악하고, 나아가 언제, 어떤 강좌가 개설되었으며, 담당 교수는 누구였는가, 또 언제 담당교수가 교체되었는가를 질문할 필요가 있다.

경성제대 교수라는 집단을 생각할 때, 가장 먼저 알고 싶은 것은 누가 재직했었나 하는 것, 즉 교수의 총 명단과 숫자다. 이를 파악하는 데 있어 곧바로 떠올릴 수 있는 자료는 바로 『조선총독부 및 소속 관서 직원록(朝鮮總督府及所屬官署職員錄)』(이하 『직원록』)이다. 경성제대는 문부대신의 관할이었던 본토의 제국대학과는 달리, 문부대신의 역할을 조선총독이 대신하도록 규정되어 있었다. 경성제대는 조선총독부의 기관이었기 때문에, 교수, 조교수, 조수 등의 교직원은 기본적으로 총독부의 직원이었다. 따라서 그 재직사항은 당연히 조선총독부가 매년 발행하는 『직원록』에 수록되었다. 다만 『직원록』이 가지는 자료적 특성에 대해서는 주의를 요한다. 기본적으로 『직원록』은 작성 시점에 재직하고 있는 조선총독부 및 부속직원들의 일람이다. 따라서 이 기록은 교수가 언제쯤 임용되어 언제쯤 퇴임했는지 그 대강을 파악하고 관료로서 관등서열이 어떻게 바뀌어 갔는지를 파악하는 데 유용하지만, 정확한 임용일 및 재임기간을 제공하지는 않는다. 단적으로 임용기간이 짧을 경우, 즉 이전 해의 작성 시점 이후에 임용되었다가 다음해의 작성 시점 이전에 자리를 옮겼을 경우에는 아예 기록 자체가 누락될 가능성도 존재한다.

이러한 문제점은 경성제대 관련 연구물에서 가장 흔히 인용되는 『경성제국대학일람』(이하 『일람』) 역시 마찬가지다. 『일람』은 경성제대 서무과(庶務課)가 1년 단위로 발행한 책자로서, 경성제대 및 그 예과의 운영과 관련한 모든 사항을 한눈에 볼 수 있도록 연도별로 수록한 공식 출판물이다. 여기에는 학사일정, 역사, 대학설립·운영 전반의 근거가 되는 법령·규정, 출판물, 전체 직원과 학생 명단 등이 수록되어 있어서 경성제대 운영의 기본적인 윤곽이 한눈에 드러난다. 교수의 재직상황도 강좌 및 전공과 더불어 정리되어 있어서 가장 기본적인 자료라고 할 수 있다. 하지만 이 『일람』도 기본적으로는 어느 특정 시점의 경성제대의 상황을 기록해 둔 것이기 때문에 이를 통해 교수의 임용연도를 확정한다면 부정확한 연구결과를 산출한 위험이 상존한다.

『일람』 중에서 1943년도 이후의 것은 현재 소재가 확인되지 않고 있기 때문에 활용에도 한계가 있다. 경성제대 자료가 그대로 소장된 서울대학교 고문헌자료실은 1926년부터 1943년까지의 『일람』을 소장하고 있으나, 1944·45년도 일람은 소장하고 있지 않다. 조선총독부 자료가 인계된 국립중앙도서관 역시 1943년도 『일람』까지만 소장하고 있다. 일본의 국립국회도서관과 도쿄대학 도서관의 『일람』 소장 상황은 서울대 고문헌자료실에 미치지 못한다. 결국 1944년 이후의 교수 상황을 알기 위해서는 『일람』 이외에 별도의 자료가 필요하다.

이런 의미에서 유용한 자료가 『조선총독부관보』(이하 『관보』)와 『경성제국대학학보』(이하 『학보』)다. 『학보』는 경성제대 서무과에서 매월 발간한 정기간행물로 학사운영 사항 전반을 싣고 있는 일종의 소식지다. 여기에는 경성제대와 관련된 법률, 규칙 등 제반 규정의 개정사항이 수록되어 있을 뿐만 아니라, '서임 및 사령'의 항목을 통해 교직원의 인사이동 사항도 자세히 소개하고 있다. 또한 총독이나 총장의 각종 식사(式辭), 졸업생 명단, 학교재산 상황, 도서 및 물품 소장사항 등 다른 자료에서는 찾아볼 수 없는 구체적인 정보도 담고 있다. 경성제대의 운영 실태를 살펴보는 데 있어서는 『일람』과 더불어 가장 기본적인 사료라고 할 수 있다. 이 『학보』는 현재 서울대학교 중앙도서관 고문헌자료실이 1927년 1호부터 1944년 202호까지 빠짐없이 소장하고 있다. 다만 202호 이후, 다시 말해 1944년 이후의 『학보』는 발견되지 않는데, 서울대학교 이외의 문서고에서도 이를 발견할 수 없는 것으로 보아 발간되지 않았을 가능성도 있다. 따라서 1944년 이후의 상황에 대해서는 파악하기 어렵다는 점에서 다소 아쉬움이 있다.

한편 『관보』는 총독부에서 공포하는 각종 법령과 규칙, 주요한 시행공고, 관리들의 임면사항을 담고 있는 가장 기본적인 자료다. 『학보』에 수록된 법률, 규칙의 개정사항과 교직원의 임면사항은 대체로 이 『관보』에 근간하고 있다. 더욱이 『관보』는 『학보』가 포괄하지 못하는 시기, 즉 1944년 이후의 학교 관련 관제, 법률, 규칙, 그리고 교직원의 임면사항을 포함하고 있어서 대단히 유용하다. 다만 자료의 규모 자체가 방대하기 때문에 비교적 최근까지도 이를 체계적으로 활용하기 어려웠다. 그런데 2002년 이래 연세대학교 사회과학연구소의 안용식 연구팀이 『관보』에 게재된 일본인관료들의 임면사항을 데이터베이스로 구축함으로써 경성제국대학 교직원들, 특히 주임관 이상의 교수, 조교수의 임면 정보를 시계열적으로 추적할 수 있게 되었다(安龍植 編, 2002; 2003; 2004).

2. 기존 자료의 구축과 강좌 내역표의 작성

우선, 교수들의 임면사항은 안용식(安龍植) 편(編)의 『관보』 데이터베이스와 『학보』를 주로 참조하여 정리하였다. 다만 안용식의 데이터베이스와 『학보』의 정보가 서로 맞지 않을 경우도 있었는데 이 경우에는 데이터베이스의 원본이 되는 『관보』를 직접 찾아봐 대조하기도 했다. 이런 임면정보를 바탕으로 교수들의 재직기간을 추출하였다. 앞서 『관보』와 『학보』는 교수 임면사항을 연도, 월, 일까지 정확히 기록해 두고 있기 때문에 재직기간 또한 비교적 정확하게 산출할 수 있다. 1944년 이후의 임면사항에 대해서는 『학보』의 자료가 남아 있지 않기 때문에, 주로 안용식의 데이터베이스를 활용했으며 누락된 부분이 있는지를 이 기간 『관보』의 원본과 대조했다.

다음으로 경성제대의 강좌현황은 매년 개정, 공포되는 칙령 「경성제국대학 각 학부에 있어서 강좌의 수 및 그 종류에 관한 건」을 참고로 작성했다. 이 칙령은 매년 발행되는 『일람』에 수록되어 있는데, 출간시기에 따른 누락이 있을 경우에는 『관보』를 찾아 참고했다. 강좌의 담당교수 현황은 『일람』의 교직원 현황을 일차적으로 활용하여 작성했다. 하지만 『일람』에는 교수의 임면일자가 구체적으로 나와 있지는 않기 때문에 이들 교수들의 임면사항을 『관보』를 정리한 안용식의 데이터베이스를 통해 정리했다. 다만 『관보』는 교수들의 담당 강좌명이 누락되는 경우도 없지 않았는데, 이것은 『일람』자료와 『학보』가 남아 있지 않은 1943년 이후에는 크게 문제가 될 수 있다. 최악의 경우에는 담당교수의 존재 자체가 누락될 수 있기 때문이다. 따라서 이 연구는 안용식의 데이터베이스에서 1942~45년분을 중심으로 경성제대와 관련된 임면사항을 모두 확인하는 작업을 거쳤다. 이 과정에서 강좌담임을 맡지 않았던 조교수들의 임면사항을 다수 확인할 수 있었지만, 안용식의 데이터베이스 자체가 다소간 오류와 오기가 발견되는 이상 이 표 자체가 완벽하다고는 말할 수 없다. 앞으로의 후속연구, 조사가 기대되는 부분이다.

교수들의 이력 중 『관보』, 『일람』, 『학보』에 공식적으로 기록되지 않는 사항들, 특히 출신학교 및 주요 경력과 같은 정보는 각종 흥신록 자료를 활용했다. 이 연구에서는 주로 쇼와(昭和) 10년(1935년)에 발간된 『조선인사흥신록(朝鮮人事興信錄)』을 활용했는데, 1935년 이전에 교직원을 그만두고 조선을 떠난 인물들, 1935년 이후에 교직원으로 부임한 인물들의 이력은 확인되지 않는다는 한계는 있지만 각 인물의 출신학교와 주요 경력, 가족 관계, 인물평 등 자세한 정보가 게재되어 매우 흥미롭다. 『조선인사흥신록』은 1922년판과 1935년판이 서울대 고문헌자료실에 소장되어 있으며, 『일본인물정보대계(日本人物情報大系)』(皓星社, 2001) 조선편 제4권에도 1935년판이 복각되어 있다.

이렇게 수집된 교수들의 기초 인적사항은 몇 가지 주요 항목을 중심으로 정리했다. 법문학부, 의학부, 이공학부로 나누어 강좌별로 교수들의 명단을 먼저 입력한 후, 이들의 출생연도, 출생지역, 최종학력, 졸업연도, 교수부임 이전의 경력, 조교수 부임일, 교수 부임일, 사임일, 부임 및 전임사항을 순서대로 기록하였다. 일부 정보는 교수들의 저서와 자서전 등으로 보완했지만 현재의 시점까지 확인할 수 없는 사항들도 다수 있었다. 한편 교수, 조교수의 임용일은 곧바로 교수로 임명된 경우, 조교수로만 재직하다 사임한 경우 등 여러 가지 상황이 있기 때문에 해당 사항이 없는 항목은 공백으로 남겨두었다. 이렇게 정리된 것이 총 275명의 교수, 조교수의 기본 데이터다. 학부별로 살펴보면, 법문학부가 97명, 의학부가 109명, 이공학부가 66명이며, 학부에 속하지 않았던 부치연구소(附置研究所) 교수도 3명[1] 있었다.

이처럼 경성제대 교원에 대한 기본데이터베이스를 확보한 후, 이 자료를 바탕으로 경성제대 강좌의 내역표를 작성했다. 기본 데이터가 교수를 중심으로 정리한 것이라면, 강좌 내역표는 강좌를 중심으로 교수, 조교수의 변동사항을 정리한 것이다. 강좌는 제국대학의 특징적인 제도로 교육과 연구가 이루어지는 가장 기본적인 단위였다. 제대교수의 특권적 위상과 사회적 역할이 일차적으로 강좌에 의해 보장된다는 사실을 감안해 볼 때, 강좌를 중심으로 교수와 조교수의 변동사항을 확인하는 것은 경성제대의 교육·연구체제를 이해하기 위한 가장 기초적 작업이라고 할 수 있다.

강좌의 종류와 수는 앞서도 보았듯이 칙령 「경성제국대학 각 학부에 있어서 강좌의 수 및 그 종류에 관한 건」을 기본으로 했다. 『일람』에 수록된 칙령을 일차적으로 참조했지만, 『일람』을 확인할 수 없는 1943년 이후는 『관보』를 참고했다. 각 교수와 조교수의 임면사항을 가지고, 강좌의 충원상황, 인적 구성의 변동상황을 재구성했다. 이렇게 해서 작성한 것이 「경성제국대학 강좌내역표」(이하 「내역표」)다.

이 「내역표」는 횡축에는 강좌의 종류와 수, 종축에는 연도를 배치하여 강좌별

1. 부치연구소에 근무를 명받은 조교수들은 각 학부에 소속되어 있었지만, 학부에 소속되지 않고 부치연구소에 근무하도록 명받은 교수들이 존재한다.

인원변동을 한눈에 볼 수 있도록 했다. 담당 교수의 임명과 퇴임 일자는 교수의 성명 아래에 숫자로 표시했다. 숫자 옆에 '임(任)'이라고 표시한 것은 임명일자라는 표시이며, '면(免)'은 이날 퇴직이나 전임(轉任)을 했음을 뜻한다. 숫자 옆에 '교수'라고 표시한 것은 이 날에 해당 인물이 교수로 승진했음을 의미하며, '담임'이라고 표시한 것은 강좌담임으로 임명된 일자라는 뜻이다. '담임'과 '교수'가 일치하지 않는 것은 조교수가 강좌담임을 맡는 경우도 있었기 때문이다. 제국대학에서 강좌는 기본적으로 대학의 교수정원을 의미했다. 가령 특정 학부에 강좌가 10개가 있다면 교수 또한 10명을 충원할 수 있다는 것을 의미한다. 하지만 재정적 여건이 허락되지 않아서 교수를 임용할 수 없게 된 경우나, 교수인선 과정이 지연된 경우, 교수가 재외연구원으로 장기간 해외로 나가 있는 경우에는 강좌가 공석(空席)으로 남게 된다. 이 경우에는 인근 강좌의 담임교수가 이를 '분담'하거나 조교수가 '담임'을 맡게 되는 경우가 있었다. 또한 교수예정자의 경력이 일천할 때에는 우선 조교수로 발령했다가 소정의 기간을 거쳐 교수로 진급시키는 경우도 있었다. 이러한 사정 때문에 '담임'과 '교수'가 반드시 일치하지 않는 경우도 생겨났던 것이다.

이상의 내용을 「내역표」의 구체적인 사례를 들어 다시 설명해 보겠다. 「내역표」의 '국어학국문학강좌'의 내용을 살펴보면, 3개의 칼럼이 있어서 1926년에는 '국어학국문학강좌'에 "高木市之助"가 표기되어 있고, 1927년에는 '국어학국문학강좌'의 항목은 비워진 대신에 '국어학국문학 제1강좌'에 "高木市之助"가 표기되어 있다. 이것은 1926년에 국어학국문학강좌가 1개 개설되었다가, 1927년 2개로 증설되었음을 의미한다. 즉 기존의 국어학국문학강좌는 강좌 증설에 따라 국어학국문학 제1강좌가 되고, 여기에 제2강좌가 추가 개설된 것이다. 1926년 칼럼에서 "高木市之助" 밑에 표기된 "4.1.任"은 다카키(高木市之助)가 1926년 4월 1일에 국어국문학강좌의 담임이자 교수로 임명되었음을 의미한다. 한편 1927년 신설된 국어학국문학 제2강좌에는 "時枝誠記(조)/6.22. 任분담"라고 표기되어 있는데, 이는 조교수인 도키에다(時枝誠記)가 제2강좌를 분담했음을 의미한다. 당시 도키에다는 제2강좌의 교수내정자로 조선에 부임했지만, 경력이 일천했고 아직 재외연구원으로써 해외유학을 거치지 않았기 때문에 일단 1927년 제1강좌의 다카키와 더불어 2강좌를 분담하는 형태가 되었다. 바로 밑에는 "12.22. 免분담"이라고 되어 있는데 이를 통해 도키에다가 1927년 12월 22일 제2강좌 강의분담을 면제받고 재외연구원으로 유학을 떠났음을 알 수 있다. 1928년 제2강좌에 '◎'로 표기된 것은 강좌는 개설되어 있으나, 담임교수가 없는 상태를 나타낸 것이다. 1933년 도키에다의 이름 밑에는 "4.4.任교수"라고 되어 있는데, 그가 1933년 4월 4일 교수로 승진했다는 것을 나타냈다. 그런데 도키에다는 1943년 5월 31일 경성제대 교수직을 그만두었다. 사실 그는 도쿄제대 교수로 전임한 것인데, 일단 교수직을 그만 두었기 때문에 표에는 '免'으로 표기하고 각주에서 전임한 곳을 일러두었다. 그 이후 제2강좌는 '◎' 표시로도 알 수 있듯이 계속 공석으로 남겨져 있었다. '◎'표기는 칙령에 의해 강좌는 개설되었지만 미처 담임교수가 발령나지 않은 그러한 경우다. 또 담임교수가 전임·사망·퇴임했지만, 아직 후임교수가 임명되지 않았을 경우도 이에 해당된다. '—' 표기는 아직 해당 강좌가 칙령에 의해 개설되지 않았음을 뜻한다. 경성제국대학의 경우 한번 개설된 강좌는 폐지된 바가 없다. 따라서 「내역표」의 '—'표기는 해당 강좌가 일시적으로 개설되지 않은 것이 아니라, 아직 칙령으로 개설을 명받지 않았다는 것을 의미한다. '○'표기는 의학부에 해당하는 것으로, 해당 연도에 조교수가 없는 상태를 말한다.

1) 법문학부 강좌내역

각 학부별 강좌내역에 대해 말하면, 먼저 법문학부의 강좌내역은 1926년부터 1945년까지의 개설강좌와 담임교수를 연도별로 제시한 것이다. 문학과, 철학과, 사학과, 법학과 순으로 배열을 하고, 맨 뒤에 강좌담임을 맡지 않은 조교수 명단을 덧붙였다. 법문학부의 경우, 강좌제와 관련하여 말하면, 1명의 담임교수와 그를 보좌하는 조교수로 강좌가 구성되지 않은, 즉 담임교수 1인이 운영하는 강좌가 다수였다. 그리고 『관보』와 『학보』에도 강좌담임이 아닌 조교수는 '법문학부 근무를 명함'이라는 임용명령만 있지, 어느 강좌에 조교수로 근무하라는 명령은 없었기 때문에, 각 강좌담임교수 옆에 조교수를 제시하지 않고 「내역표」 후반부에 별도의 표를 작성했다.

2) 의학부 강좌내역

의학부는 '교실' 체제로 운영이 되었고, 또 『일람』에 '강좌–담임교수–조교수'라는 틀로 제시가 되어 있기에 이를 따라 「내역표」를 작성하였다. 이 표를 보면 의학부는 법문학부와는 달리 '교수-조교수-조수'라는 강좌 형태가 비교적 분명했음을 알 수 있다. 1~3개 강좌를 묶어 하나의 연구실을 개설했던 법문학부와 달리, 의학부는 1개의 강좌가 기본적으로는 1개의 교실(법문학부에서는 '연구실'에 해당한다)이 되었고, 각 교실에는 담당교수 1인과 조교수 1인, 강사와 조수, 부수(副手)가 임명되어 있는 형태로 구성되어 있었다. 그럼에도 「내역표」가 복잡해 보이는 것은 강좌를 분담하거나 겸담하는 경우가 잦았기 때문이었다. 의학부의 강좌는 교육, 연구뿐만 아니라 임상의학의 경우 의료의 단위였기 때문에, 법문학부처럼 공석을 남겨두지 않았다. 강좌담당교수가 재외연구 등으로 자리를 비우게 되었을 경우 조교수나 유사전공 교수가 강좌를 분담 혹은 겸담하여 자리를 메웠던 것으로 보인다.

「내역표」 뒤에는 조교수 명단을 붙였는데, 이 명단은 1943년 이후 임용되었기 때문에 『일람』에는 나타나지 않는 조교수들이다. 이들의 명단과 임용날짜는 『관보』를 통해서만 알 수 있는데, 『관보』에는 '경성제국대학 의학부 근무를 명함'이라고만 나와 있기 때문에 이들이 어느 교실, 어느 강좌에 소속되었는지는 알 수 없다.

3) 이공학부 강좌내역

마지막으로 이공학부는 존속 햇수가 짧았던 만큼 「내역표」도 비교적 단순하다. 이공학부의 강좌에서 특기할 만한 것은, 제1강좌, 제2강좌가 개설 순서를 말하는 것이 아니라는 점이다. 예를 들어, 기계공학강좌의 경우 강좌 번호순으로 강좌가 개설된 것이 아니라, 제1강좌와 제4강좌가 먼저 개설되고, 제2・제3강좌는 그 이듬해에 개설되었다. 응용화학강좌와 야금학강좌도 그러한데, 이공학부의 강좌번호는 분과학문 내의 세부 전공을 의미했던 것으로 추측할 수 있다.

3. 학부별 강좌내역과 교수진

1) 법문학부 강좌

■ 문학과 강좌

강좌 / 연도	국어학 국문학			조선어학 조선문학	
	국어학 국문학 강좌	국어학 국문학 제1강좌	국어학 국문학 제2강좌	조선어학 조선문학 제1강좌	조선어학 조선문학 제2강좌
1926	高木市之助 4.1.任			高橋亨 4.1.任	小倉進平 4.1.任
1927		高木市之助 6.2.任	時枝誠記(조) 6.2.任분담 12.22.免분담	高橋亨	小倉進平
1928		高木市之助	◎	高橋亨	小倉進平
1929		高木市之助	時枝誠記(조) 10.31.任	高橋亨	小倉進平
1930		高木市之助	時枝誠記(조)	高橋亨	小倉進平
1931		高木市之助	時枝誠記(조)	高橋亨	小倉進平
1932		高木市之助	時枝誠記(조)	高橋亨	小倉進平
1933		高木市之助	時枝誠記 4.4.任교수	高橋亨	小倉進平 3.31.도쿄제대로 전임 경성제대교수를 겸임
1934		高木市之助	時枝誠記	高橋亨	小倉進平
1935		高木市之助	時枝誠記	高橋亨	小倉進平
1936		高木市之助	時枝誠記	高橋亨	小倉進平
1937		高木市之助	時枝誠記	高橋亨	小倉進平
1938		高木市之助	時枝誠記	高橋亨	小倉進平

강좌 / 연도	국어학 국문학			조선어학 조선문학	
	국어학 국문학 강좌	국어학 국문학 제1강좌	국어학 국문학 제2강좌	조선어학 조선문학 제1강좌	조선어학 조선문학 제2강좌
1939		高木市之助 4.1.免 麻生磯次 5.20.任담임	時枝誠記	高橋亨 4.4.免[2]	小倉進平
1940		麻生磯次	時枝誠記	◎	小倉進平
1941		麻生磯次	時枝誠記	◎	小倉進平
1942		麻生磯次 3.10.免[3] 齋藤淸衛 5.20.任	時枝誠記	◎	小倉進平
1943		齋藤淸衛	時枝誠記 5.31.免[4]	◎	小倉進平 3.31.免 河野六郎(조) 9.30.任
1944		齋藤淸衛	◎	◎	河野六郎(조)
1945		齋藤淸衛	◎	◎	河野六郎(조)

2. 1939년 4월 4일 강사 촉탁.
3. 제1고 교수로 전임.
4. 도쿄제국대학 교수로 전임.

강좌 / 연도	지나어학 지나문학 강좌	외국어학 외국문학		
		외국어학 외국문학 강좌	외국어학 외국문학 제1강좌	외국어학 외국문학 제2강좌
1926	兒島獻吉郎 4.1.任	佐藤清 4.1.任		
1927	兒島獻吉郎		佐藤清 6.2.任	◎
1928	兒島獻吉郎		佐藤清	◎
1929	兒島獻吉郎 1930.1.21.免		佐藤清	寺井邦男(조) 11.11.任분담
1930	田中豊藏 3.31.任분담/9.11.任겸담 藤塚鄰 3.31.任분담/9.11.免분담		佐藤清	寺井邦男(조)
1931	田中豊藏(겸담)		佐藤清	寺井邦男(조) 中島文雄(조) 6.30.任분담
1932	田中豊藏 3.31.겸담免, 분담任 藤塚鄰・辛島驍(조) 3.31.분담任		佐藤清	中島文雄(조) 6.17.免분담 寺井邦男 6.17.任담임/7.27.任교수
1933	田中豊藏・藤塚鄰・辛島驍(조) 분담		佐藤清	寺井邦男
1934	田中豊藏・藤塚鄰 3.31.분담免 辛島驍(조) 3.31.任		佐藤清	寺井邦男
1935	辛島驍(조)		佐藤清	寺井邦男
1936	辛島驍(조)		佐藤清	寺井邦男 4.30.免담임
1937	辛島驍(조)		佐藤清	◎
1938	辛島驍(조)		佐藤清	◎
1939	辛島驍 5.19.任교수		佐藤清	中島文雄 5.19.任
1940	辛島驍		佐藤清	中島文雄
1941	辛島驍		佐藤清	中島文雄
1942	辛島驍		佐藤清	中島文雄
1943	辛島驍		佐藤清	中島文雄
1944	辛島驍		佐藤清	中島文雄
1945	辛島驍 1.25.免		佐藤清 4.19.免	中島文雄

■ 철학과 강좌

강좌 / 연도	교육학			윤리학		
	교육학 강좌	교육학 제1강좌	교육학 제2강좌	윤리학 강좌	윤리학 제1강좌	윤리학 제2강좌
1926	松月秀雄 4.1.任			島本愛之助 4.1.任		
1927	松月秀雄				島本愛之助 6.2.任	白井成允 6.2.任
1928		松月秀雄 4.1.任	田花爲雄(조) 4.18.任		島本愛之助	白井成允
1929		松月秀雄	田花爲雄(조)		島本愛之助	白井成允 2.1.免
1930		松月秀雄	田花爲雄 6.25.任교수		島本愛之助	白井成允 11.12.任
1931		松月秀雄	田花爲雄		島本愛之助 4.5.死亡	白井成允
1932		松月秀雄	田花爲雄 2.10.免 松月秀雄 3.31.任겸담		安倍能成 3.31.任겸담	白井成允
1933		松月秀雄	松月秀雄 겸담		安倍能成 겸담	白井成允
1934		松月秀雄	松月秀雄 3.31.免겸담 田花爲雄 4.30.任담임		安倍能成 3.31.免겸담	白井成允
1935		松月秀雄	田花爲雄		◎	白井成允
1936		松月秀雄	田花爲雄		◎	白井成允
1937		松月秀雄	田花爲雄		◎	白井成允
1938		松月秀雄	田花爲雄		小島軍造(조) 11.30.任	白井成允
1939		松月秀雄	田花爲雄		小島軍造 5.19.任교수	白井成允
1940		松月秀雄	田花爲雄		小島軍造	白井成允 4.24.免
1941		松月秀雄	田花爲雄		小島軍造	宮島克一(조) 6.6.任[5]
1942		松月秀雄	田花爲雄		小島軍造	宮島克一(조)

5. 廣島문리과대학교수로 전임하여 퇴직.

강좌 / 연도	교육학			윤리학		
	교육학 강좌	교육학 제1강좌	교육학 제2강좌	윤리학 강좌	윤리학 제1강좌	윤리학 제2강좌
1943		松月秀雄	田花爲雄		小島軍造	宮島克一(조)
1944		松月秀雄	田花爲雄		小島軍造[6]	宮島克一(조)
1945		松月秀雄 3.31.任학부장	田花爲雄		小島軍造	宮島克一(조) 4.12.免

강좌 / 연도	심리학			철학 철학사		
	심리학 강좌	심리학 제1강좌	심리학 제2강좌	철학 철학사 강좌	철학 철학사 제1강좌	철학 철학사 제2강좌
1926	速水滉[7] 4.1.任			安倍能成 4.1.任		
1927		速水滉 6.2.任	◎		安倍能成 6.2.任	宮本和吉 6.2.任
1928		速水滉	黑田亮 1.13任		安倍能成[8]	宮本和吉
1929		速水滉	黑田亮		安倍能成	宮本和吉
1930		速水滉	黑田亮		安倍能成	宮本和吉
1931		速水滉	黑田亮		安倍能成	宮本和吉
1932		速水滉	黑田亮		安倍能成	宮本和吉
1933		速水滉	黑田亮		安倍能成	宮本和吉
1934		速水滉	黑田亮		安倍能成	宮本和吉
1935		速水滉[9]	黑田亮		安倍能成	宮本和吉
1936		◎	黑田亮		安倍能成	宮本和吉
1937		◎	黑田亮		安倍能成	宮本和吉[10]
1938		天野利武(조) 11.30.任	黑田亮		安倍能成	宮本和吉
1939		天野利武 5.19.任교수	黑田亮		安倍能成	宮本和吉
1940		天野利武	黑田亮		安倍能成 9.4.免 田邊重三(조) 10.23.任	宮本和吉

6. 1944년 6월 15일 학생주사 겸임.
7. 1926년 9월 11일~1928년 9월 11일 법문학부장.
8. 1928년 9월 11일~1930년 9월 11일 법문학부장.
9. 1936년 1월 16일 총장任~1940년 7월 6일 免.
10. 1937년 8월 31일~1939년 8월 31일 법문학부장.

강좌 / 연도	심리학			철학 철학사		
	심리학 강좌	심리학 제1강좌	심리학 제2강좌	철학 철학사 강좌	철학 철학사 제1강좌	철학 철학사 제2강좌
1941		天野利武	黑田亮		田邊重三 4.28.任교수	宮本和吉
1942		天野利武	黑田亮 9.23.免		田邊重三	宮本和吉
1943		天野利武	◎		田邊重三	宮本和吉
1944		天野利武	◎		田邊重三	宮本和吉 11.18.免
1945		天野利武	和田陽平 3.31.任		田邊重三	◎

강좌 / 연도	지나철학 강좌	사회학 강좌	종교학종교사 강좌	미학 미술사		
				미학미술사 강좌	미학미술사 제1강좌	미학미술사 제2강좌
1926	藤塚鄰 4.1.任	秋葉隆(조) 11.27.任	◎	上野直昭 4.1.任		
1927	藤塚鄰	秋葉隆(조)	赤松智城 8.13.任		上野直昭 6.2.任	◎
1928	藤塚鄰	秋葉隆 4.18.任교수	赤松智城		上野直昭	田中豐藏 6.12.任
1929	藤塚鄰	秋葉隆	赤松智城		上野直昭	田中豐藏
1930	藤塚鄰	秋葉隆	赤松智城		上野直昭	田中豐藏
1931	藤塚鄰	秋葉隆	赤松智城		上野直昭	田中豐藏
1932	藤塚鄰	秋葉隆	赤松智城		上野直昭 (5.5.규슈제대겸임)	田中豐藏
1933	藤塚鄰	秋葉隆	赤松智城		上野直昭 (규슈제대겸임)	田中豐藏
1934	藤塚鄰	秋葉隆	赤松智城		上野直昭 (규슈제대겸임)	田中豐藏
1935	藤塚鄰	秋葉隆	赤松智城		上野直昭 2.26.任학부장 4.17.免겸임	田中豐藏
1936	藤塚鄰	秋葉隆	赤松智城		上野直昭	田中豐藏
1937	藤塚鄰	秋葉隆	赤松智城		上野直昭 8.31.免학부장	田中豐藏
1938	藤塚鄰	秋葉隆	赤松智城		上野直昭	田中豐藏

강좌 / 연도	지나철학 강좌	사회학 강좌	종교학종교사 강좌	미학 미술사		
				미학미술사 강좌	미학미술사 제1강좌	미학미술사 제2강좌
1939	藤塚鄰	秋葉隆	赤松智城		上野直昭	田中豐藏
1940	藤塚鄰 4.22.免	秋葉隆	赤松智城		上野直昭 1941.1.31.免	田中豐藏
1941	阿部吉雄(조) 6.6.任	秋葉隆	赤松智城 3.15.免 佐藤泰舜(조) 4.10.任담임 11.30.任교수		矢崎美盛 8.6.任 (규슈제대로부터 겸임)	田中豐藏
1942	阿部吉雄(조)	秋葉隆	佐藤泰舜		矢崎美盛	田中豐藏 4.22.免
1943	阿部吉雄 10.21.任교수	秋葉隆	佐藤泰舜		矢崎美盛	◎
1944	阿部吉雄	秋葉隆	佐藤泰舜		矢崎美盛	田中梅吉 3.30.任, 3.31.免
1945	阿部吉雄	秋葉隆	佐藤泰舜		矢崎美盛	◎

■ 사학과 강좌

강좌 / 연도	국사학			조선사학	
	국사학 강좌	국사학 제1강좌	국사학 제2강좌	조선사학 제1강좌	조선사학 제2강좌
1926	◎			今西龍 5.7.任	小田省吾 4.1.任 (예과부장 겸임)
1927	田保橋潔(조) 1.10.任			今西龍	小田省吾 5.14.免(겸임)
1928		田保橋潔 4.18.任교수	◎	今西龍	小田省吾
1929		田保橋潔	松本重彦 7.1.任	今西龍	小田省吾
1930		田保橋潔	松本重彦	今西龍	小田省吾
1931		田保橋潔	松本重彦	今西龍	小田省吾
1932		田保橋潔	松本重彦	今西龍 5.20.사망 藤田亮策(조) 6.25.任/7.27.任교수	小田省吾[11] 3.30.免

11. 1932년 4월 19일~1933년 3월 31일 퇴관 후 법문학부 강사.

강좌 / 연도	국사학			조선사학	
	국사학 강좌	국사학 제1강좌	국사학 제2강좌	조선사학 제1강좌	조선사학 제2강좌
1933		田保橋潔	松本重彦	藤田亮策	◎
1934		田保橋潔	松本重彦	藤田亮策	◎
1935		田保橋潔	松本重彦	藤田亮策	◎
1936		田保橋潔	松本重彦	藤田亮策	◎
1937		田保橋潔	松本重彦	藤田亮策	◎
1938		田保橋潔	松本重彦	藤田亮策	末松保和(조) 11.30.任
1939		田保橋潔	松本重彦	藤田亮策	末松保和 5.19.任교수
1940		田保橋潔	松本重彦	藤田亮策	末松保和
1941		田保橋潔	松本重彦	藤田亮策[12]	末松保和
1942		田保橋潔	松本重彦	藤田亮策	末松保和
1943		田保橋潔	松本重彦	藤田亮策	末松保和
1944		田保橋潔	松本重彦	藤田亮策	末松保和
1945		田保橋潔 2.26.사망	松本重彦	藤田亮策	末松保和

강좌 / 연도	동양사학			서양사학 강좌
	동양사학 강좌	동양사학 제1강좌	동양사학 제2강좌	
1926	大谷勝眞 4.1.任			
1927	大谷勝眞 3.11.免	◎	◎	◎
1928		大谷勝眞 12.2.任	鳥山喜一 3.31.任	金子光介(조) 1.4.任 4.18.任교수
1929		大谷勝眞[13]	鳥山喜一 2.1.免	金子光介
1930		大谷勝眞	◎	金子光介
1931		大谷勝眞	鳥山喜一 3.30.任	金子光介
1932		大谷勝眞	鳥山喜一	金子光介
1933		大谷勝眞	鳥山喜一[14]	金子光介
1934		大谷勝眞	鳥山喜一	金子光介
1935		大谷勝眞	鳥山喜一	金子光介
1936		大谷勝眞	鳥山喜一	金子光介

12. 1941년 9월 5일~1943년 3월 31일 법문학부장.
13. 1929년 5월 23일 도서관장.
14. 1933년 3월 31일~1934년 4월 1일 법문학부장, 1935년 5월 31일~1939년 5월 31일 도서관장.

연도＼강좌	동양사학			서양사학 강좌
	동양사학 강좌	동양사학 제1강좌	동양사학 제2강좌	
1937		大谷勝眞	鳥山喜一	金子光介
1938		大谷勝眞	鳥山喜一	金子光介
1939		大谷勝眞	鳥山喜一	金子光介
1940		大谷勝眞	鳥山喜一	金子光介
1941		大谷勝眞 12.7.사망	鳥山喜一	金子光介 5.15.免 高橋幸八郞(조) 10.28.任
1942		松田壽男(조) 5.23.任	鳥山喜一	高橋幸八郞(조)
1943		松田壽男(조)	鳥山喜一	高橋幸八郞(조)
1944		松田壽男 7.6.任교수 11.30.免[15]	鳥山喜一	高橋幸八郞(조)
1945		◎	鳥山喜一	高橋幸八郞(조)

■ 법학과 강좌

연도＼강좌	경제학			재정학 강좌	통계학 강좌
	경제학 강좌	경제학 제1강좌	경제학 제2강좌		
1926	四方博(조) 6.19.任담임				
1927	四方博(조)				
1928		四方博(조) 4.18.任	山田文雄(조) 4.18.任	三宅鹿之助(조) 4.18.任	大內武次 (조) 4.18.任
1929		四方博(조)	山田文雄(조)	三宅鹿之助(조) 1.31.免 鈴木武雄(조) 3.31.任	大內武次 (조)
1930		四方博 6.25.교수任	山田文雄(조) 5.14.免[16] 大內武次(조) 5.31.任겸담	鈴木武雄(조)	大內武次 (조)[17]
1931		四方博	大內武次(조) 4.28.免겸담 鈴木武雄(조) 4.28.任	鈴木武雄(조) 4.28.免 경제학제2강좌 轉 三宅鹿之助(조) 4.28.任	大內武次 (조)

15. 1944년 11월 30일 육군교수로 전임.
16. 도쿄제국대학 조교수로 전임.
17. 1930년 5월 31일~1931년 4월 28일 경제학 제2강좌 겸담.

강좌 / 연도	경제학			재정학 강좌	통계학 강좌
	경제학 강좌	경제학 제1강좌	경제학 제2강좌		
1932		四方博	鈴木武雄(조)	三宅鹿之助 3.19.任교수	大內武次 7.27.任교수
1933		四方博	鈴木武雄(조) 2.9.免 三宅鹿之助・四方博 3.31.任분담	三宅鹿之助	大內武次
1934		四方博	三宅鹿之助 5.21.免분담 四方博 5.31.任겸담	三宅鹿之助[18]	大內武次
1935		四方博	四方博 4.24.免겸담 鈴木武雄 4.16.任교수, 4.24.任	鈴木武雄 5.31.任겸담, 12.23.免겸담	大內武次
1936		四方博	鈴木武雄	小田忠夫(조) 7.10.任	大內武次
1937		四方博	鈴木武雄	小田忠夫 7.16.任교수	大內武次
1938		四方博	鈴木武雄	小田忠夫	大內武次
1939		四方博	鈴木武雄	小田忠夫	大內武次[19]
1940		四方博	鈴木武雄	小田忠夫	大內武次
1941		四方博	鈴木武雄	小田忠夫	大內武次
1942		四方博	鈴木武雄	小田忠夫	大內武次
1943		四方博	鈴木武雄	小田忠夫	大內武次
1944		四方博	鈴木武雄	小田忠夫	大內武次
1945		四方博	鈴木武雄	小田忠夫	大內武次

강좌 / 연도	민법 민사소송법				
	민법 민사소송법 강좌	민법 민사소송법 제1강좌	민법 민사소송법 제2강좌	민법 민사소송법 제3강좌	민법 민사소송법 제4강좌
1926	藤田東三(조) 4.1.任				
1927	藤田東三(조) 2.13.免 竹井廉 3.15.任/6.2.免	藤田東三(조) 9.11.任	松坂佐一(조) 6.2.任분담 12.23.任	◎	
1928		藤田東三(조)	松坂佐一(조) 12.8.免	安田幹太(조) 2.10.任	◎

18. 1934년 6월 9일 경성제국대학교수 휴직(문관분한령제11조제1항제2호); 1935년 1월 9일 경성제국대학교수 失官(치안유지법 위반 범인 은닉죄).

19. 1939년 8월 31일~1941년 9월 5일 법문학부장. 1943년 3월 27일 학생주사 겸임.

강좌 연도	민법 민사소송법				
	민법 민사소송법 강좌	민법 민사소송법 第1강좌	민법 민사소송법 第2강좌	민법 민사소송법 第3강좌	민법 민사소송법 第4강좌
1929		藤田東三(조)	津曲藏之丞(조) 3.31.任	安田幹太(조)	◎
1930		藤田東三 6.25.任교수	津曲藏之丞(조)	安田幹太 3.31.免, 6.25.任교수 藤田東三(조) 3.31.任겸담 5.31.免겸담	◎
1931		藤田東三	津曲藏之丞(조) 5.27.免담임 松坂佐一 5.27.任[20]	津曲藏之丞(조) 5.27.任	◎
1932		藤田東三	松坂佐一	津曲藏之丞(조) 3.31.免 安田幹太 3.31.任담임	◎
1933		藤田東三	松坂佐一	安田幹太	◎
1934		藤田東三	松坂佐一	安田幹太	栗原一男 2.16.任
1935		藤田東三	松坂佐一	安田幹太	栗原一男
1936		藤田東三	松坂佐一	安田幹太	栗原一男
1937		藤田東三	松坂佐一	安田幹太	栗原一男 1.13.免
1938		藤田東三	松坂佐一	安田幹太	◎
1939		藤田東三	松坂佐一	安田幹太 10.9.免 津曲藏之丞(조) 10.21.任 12.28任교수	栗原一男 3.30.任
1940		藤田東三 4.9.免 有泉亨(조)4.15.任	松坂佐一	津曲藏之丞 4.4.免[21] 山中康雄(조) 4.4.任	栗原一男
1941		有泉亨(조)	松坂佐一	山中康雄(조)	栗原一男
1942		有泉亨(조)	松坂佐一	山中康雄(조)	栗原一男
1943		有泉亨(조)	松坂佐一	山中康雄(조)	栗原一男
1944		有泉亨 10.3.任교수	松坂佐一	山中康雄 10.3.任교수	栗原一男
1945		有泉亨	松坂佐一	山中康雄	栗原一男

20. 1930년 6월 25일 교수 임명.
21. 東北제국대학교수로 전임.

강좌 / 연도	헌법 행정법			형법 형사소송법		
	헌법 행정법 강좌	헌법 행정법 제1강좌	헌법 행정법 제2강좌	형법 형사소송법 강좌	형법 형사소송법 제1강좌	형법 형사소송법 제2강좌
1926	松岡修太郞(조) 4.1.任			花村美樹 4.1.任		
1927		松岡修太郞(조) 6.2.任	淸宮四郞(조) 7.26.任		花村美樹 6.2.任	◎
1928		松岡修太郞 4.18.任교수	淸宮四郞(조)		花村美樹	◎
1929		松岡修太郞	淸宮四郞(조)		花村美樹	不破武夫(조) 2.18.任
1930		松岡修太郞	淸宮四郞 6.25.任교수		花村美樹	不破武夫 6.25.任교수
1931		松岡修太郞	淸宮四郞		花村美樹	不破武夫 5.1.免
1932		松岡修太郞	淸宮四郞		花村美樹	◎
1933		松岡修太郞	淸宮四郞		花村美樹	不破武夫 7.13.任
1934		松岡修太郞	淸宮四郞		花村美樹	不破武夫
1935		松岡修太郞	淸宮四郞		花村美樹	不破武夫
1936		松岡修太郞	淸宮四郞		花村美樹	不破武夫
1937		松岡修太郞	淸宮四郞		花村美樹	不破武夫
1938		松岡修太郞	淸宮四郞		花村美樹	不破武夫
1939		松岡修太郞	淸宮四郞		花村美樹	不破武夫 7.31.免[22]
1940		松岡修太郞	淸宮四郞		花村美樹	花村美樹 4.6.任겸담
1941		松岡修太郞	淸宮四郞 9.30.免[23] 松岡修太郞 10.20.任겸담		花村美樹	花村美樹
1942		松岡修太郞	松岡修太郞 4.30.免겸담		花村美樹	花村美樹
1943		松岡修太郞	鵜飼信成 7.2.任		花村美樹	花村美樹

22. 九州제국대학교수로 전임.
23. 東北제국대학교수로 전임.

강좌 / 연도	헌법 행정법			형법 형사소송법		
	헌법 행정법 강좌	헌법 행정법 제1강좌	헌법 행정법 제2강좌	형법 형사소송법 강좌	형법 형사소송법 제1강좌	형법 형사소송법 제2강좌
1944		松岡修太郎	鵜飼信成		花村美樹	花村美樹 7.31.免겸담
1945		松岡修太郎	鵜飼信成		花村美樹	◎

강좌 / 연도	상법			법리학 강좌	법제사 강좌	羅馬法 강좌
	상법 강좌	상법 제1강좌	상법 제2강좌			
1926						船田享二(조) 4.1.任담임
1927	竹井廉 6.2.任					船田享二(조)
1928		竹井廉 4.18.任	西原寬一(조) 7.19.任	尾高朝雄(조) 4.18.任	內藤吉之助 4.18.任	船田享二 4.18.任교수
1929		竹井廉	西原寬一(조)	尾高朝雄(조) 2.1.免 船田享二 3.31.任겸담	內藤吉之助	船田享二
1930		竹井廉	西原寬一(조) 3.31.免 竹井廉 3.31.任겸담	船田享二	內藤吉之助 1.13.免	船田享二
1931		竹井廉	竹井廉	船田享二	◎	船田享二
1932		竹井廉	竹井廉 3.31.免겸담 西原寬一(조) 4.21.任	船田享二 3.31.免겸담 尾高朝雄 7.1.任[24]	內藤吉之助 3.31.任담임	船田享二
1933		竹井廉	西原寬一 12.21.任교수	尾高朝雄	內藤吉之助	船田享二
1934		竹井廉	西原寬一	尾高朝雄	內藤吉之助	船田享二[25]
1935		竹井廉	西原寬一	尾高朝雄	內藤吉之助	船田享二
1936		竹井廉	西原寬一	尾高朝雄	內藤吉之助	船田享二
1937		竹井廉	西原寬一	尾高朝雄	內藤吉之助	船田享二
1938		竹井廉	西原寬一	尾高朝雄	內藤吉之助	船田享二
1939		竹井廉	西原寬一	尾高朝雄	內藤吉之助	船田享二
1940		竹井廉	西原寬一	尾高朝雄[26]	內藤吉之助	船田享二
1941		竹井廉	西原寬一	尾高朝雄	內藤吉之助	船田享二
1942		竹井廉	西原寬一	尾高朝雄	內藤吉之助	船田享二

24. 1930년 6월 25일 교수 임명.
25. 1934년 4월 1일~1935년 2월 26일 법문학부장. 1933년 5월 1일~1934년 3월 31일, 1939년 5월 31일 도서관장.
26. 1940년 10월 30일 육군소위 및 학생주사 겸임.

강좌 / 연도	상법			법리학 강좌	법제사 강좌	羅馬法 강좌
	상법 강좌	상법 제1강좌	상법 제2강좌			
1943		竹井廉	西原寛一	尾高朝雄	內藤吉之助[27]	船田享二
1944		竹井廉	西原寛一	尾高朝雄 5.12.免[28]	內藤吉之助	船田享二
1945		竹井廉	西原寛一	◎	內藤吉之助	船田享二

강좌 / 연도	정치학 정치사			국제공법 강좌	국제사법 강좌	외교사 강좌
	정치학 정치사 강좌	정치학 정치사 제1강좌	정치학 정치사 제2강좌			
1926	戶澤鐵彦(조) 4.9.任 8.26.免/任분담 奧平武彦(조) 8.26.任분담					
1927	戶澤鐵彦(조) 2.13.免분담 奧平武彦(조) 2.13.任	奧平武彦(조) 6.2.任	◎	泉哲 6.2.任		
1928		奧平武彦(조) 2.13.免 戶澤鐵彦 6.12.任	尾高朝雄(조) 3.17任 4.14免	泉哲	長谷川理衛(조) 5.8.任	泉哲 4.18.任겸담
1929		戶澤鐵彦	藤本直(조) 3.31.任담임	泉哲	長谷川理衛(조)	泉哲
1930		戶澤鐵彦	藤本直(조)	泉哲	長谷川理衛 6.25.任교수	泉哲 3.31.免겸담 奧平武彦(조) 9.30.任
1931		戶澤鐵彦[29]	藤本直(조) 5.13.免 松本馨(조) 5.13.任	泉哲	長谷川理衛	奧平武彦(조)
1932		戶澤鐵彦	松本馨(조)	泉哲	長谷川理衛	奧平武彦 7.27.任교수
1933		戶澤鐵彦	松本馨 4.4.任교수	泉哲	長谷川理衛	奧平武彦

27. 1943년 3월 31일~1945년 3월 31일 법문학부장.
28. 도쿄제국대학 교수로 전임.
29. 1931년 5월 31일 법문학부장.

강좌 / 연도	정치학 정치사			국제공법 강좌	국제사법 강좌	외교사 강좌
	정치학 정치사 강좌	정치학 정치사 제1강좌	정치학 정치사 제2강좌			
1934		戶澤鐵彦	松本馨	泉哲	長谷川理衛	奥平武彦
1935		戶澤鐵彦	松本馨	泉哲 10.9.免 長谷川理衛 10.21.任겸담	長谷川理衛	奥平武彦
1936		戶澤鐵彦	松本馨	長谷川理衛 3.31免겸담	長谷川理衛	奥平武彦
1937		戶澤鐵彦	松本馨	◎	長谷川理衛	奥平武彦
1938		戶澤鐵彦	松本馨	祖川武夫(조) 11.30.任	長谷川理衛	奥平武彦
1939		戶澤鐵彦	松本馨	祖川武夫(조)	長谷川理衛	奥平武彦
1940		戶澤鐵彦	松本馨 2.28.免교수 藤本直(조) 4.1.任, 10.14.任교수	祖川武夫(조)	長谷川理衛	奥平武彦
1941		戶澤鐵彦	藤本直	祖川武夫(조)	長谷川理衛	奥平武彦
1942		戶澤鐵彦	藤本直	祖川武夫(조)	長谷川理衛	奥平武彦
1943		戶澤鐵彦	藤本直	祖川武夫(조)	長谷川理衛	奥平武彦 5.26.사망
1944		戶澤鐵彦	藤本直	祖川武夫 10.3.任교수	長谷川理衛	◎
1945		戶澤鐵彦	藤本直	祖川武夫	長谷川理衛	◎

■ 법문학부 조교수 명단

아래의 명단은 강좌담임교수가 되지 않은 채 퇴직・전임하거나 종전으로 퇴관한 조교수들을 정리한 것이다. 비교적 이른 시기에 조교수가 되었으나 종전 때까지 강좌담임이 되지 못하고 줄곧 조교수로 머물렀던 이들이 많다. 학생감과 사서관은 실제로 강의를 하지는 않았으나, 조교수 지위를 부여받았음을 알 수 있다. 종교학을 전공한 모로토(諸戶素純)는 제국대학 교수로 전임하여 나간 이례적 사례로 보인다. 심리학의 후쿠토미(福富一郎)는 예과교수로서 본과 조교수를 겸하였으며, 지나철학의 다카다(高田眞治)는 본래 예과교수였으나 본과 조교수로 전임한 사례다. 한편, 사회정책을 전공한 모리타니(森谷克己)는 연구활동의 이력이나 명성에 맞지 않게 계속 조교수에 머물렀는데, 이충우의 『경성제국대학』에 따르면, 이는 그가 '좌익교수'로 분류되었기 때문이라고 한다.

분야	성명	출생년	출신지	조교수 임용일	비고
지나철학	加藤常賢	1894	愛知	1928.3.31.	
사회학	鈴木榮太郎	1894	愛知	1942.3.31.	
학생감	渡邊洞雲	1890	新潟	1926.7.19.	
지리학	保柳睦美	1905	東京	1942.5.7.	
종교학	寺澤智了	?	新潟	1926.11.25.	
사서관	吉村定吉	1886	茨城顯	1930.7.11.	영문학 전공
지나철학	本多龍成	?	愛知	1934.11.8.	
지나철학	西順藏	1914	鳥取	1942.6.23.	
사회정책	森谷克己	1904	岡山	1929.4.17.	
농업정책	伊藤俊夫	1907	長野	1941.1.25.	
동양사학	玉井是博	1897	愛知	1926.12.6.	1940.10.22.任교수, 10.23.퇴직
정치학사	林茂	1912	和加山	1942.12.22.	
국문학	荻原淺男	1908	長野	1940.4.23.	
경제정책	靜田均	1902	山形	1933.4.11.	
프랑스어	山崎知二	?	靜岡	1929.4.17.	
언어학	小林英夫	1903	東京	1929.3.31.	
종교학종교사	手島文倉	?	大分	1928.4.18.	1931년 사망
종교학	諸戶素純	1907	兵庫	1942.2.23.	1944년 9월 22일 東北제대 교수로 전임
심리학	福富一郎	1891	兵庫	1926.8.12.	예과교수로서 본과 조교수를 1934년 1월 25일까지 겸임. 1939.7.8. 퇴직.
지나철학	高田眞治	1893	大分	1926.7.14.	예과교수에서 전임
미학미술사	谷信一	1905	?	1945.3.3.	

2) 의학부 강좌

강좌 / 연도	해부학 교실				생리학 교실		
	해부학 제1강좌	해부학 제2강좌	해부학 제3강좌	조교수	생리학 제1강좌	생리학 제2강좌	조교수
1926	上田常吉 4.1.任	津崎孝道(재외) 4.1.任 5.24.免 今村豊(조) 7.24.任분담 鈴木淸(조) 9.13.任분담	今村豊(조) 4.1.任	鈴木淸 7.19.任 梶村正義 8.26.任	中西政周 4.1.任	大塚藤吉 4.1.任	衛藤忠雄 8.26.任
1927	上田常吉	上田常吉 7.24.任분담 9.30.免분담	今村豊(조)	鈴木淸 梶村正義	中西政周	大塚藤吉	衛藤忠雄

강좌 / 연도	해부학 교실				생리학 교실		
	해부학 제1강좌	해부학 제2강좌	해부학 제3강좌	조교수	생리학 제1강좌	생리학 제2강좌	조교수
		津崎孝道 9.27.任담임 今村豊(조) 9.30.免분담 鈴木淸(조) 9.30.免분담					
1928	上田常吉	津崎孝道	今村豊 4.18.任교수	鈴木淸 梶村正義	中西政周	大塚藤吉	衛藤忠雄
1929	上田常吉	津崎孝道	今村豊	鈴木淸 梶村正義 荒瀨進(4.24.任)	中西政周	大塚藤吉	衛藤忠雄
1930	上田常吉	津崎孝道	今村豊	鈴木淸 梶村正義 荒瀨進	中西政周	大塚藤吉	衛藤忠雄
1931	上田常吉	津崎孝道	今村豊	鈴木淸 梶村正義 3.28.免 荒瀨進 小濱基次 4.18.任	中西政周	大塚藤吉	衛藤忠雄 橋本程次 3.16.任
1932	上田常吉	津崎孝道	今村豊	鈴木淸 荒瀨進 小濱基次 5.12.免	中西政周	大塚藤吉	衛藤忠雄 橋本程次
1933	上田常吉	津崎孝道	今村豊	鈴木淸 荒瀨進 9.22.免	中西政周	大塚藤吉	衛藤忠雄 5.30.免 橋本程次
1934	上田常吉	津崎孝道	今村豊	鈴木淸	中西政周	大塚藤吉	橋本程次
1935	上田常吉	津崎孝道	今村豊	鈴木淸 松本淸 4.13.任	中西政周	大塚藤吉	橋本程次
1936	上田常吉	津崎孝道	今村豊	鈴木淸 松本淸 島五郞 7.24.任	中西政周	大塚藤吉	橋本程次
1937	上田常吉	津崎孝道	今村豊	鈴木淸 松本淸 島五郞	中西政周	大塚藤吉	橋本程次
1938	上田常吉	津崎孝道	今村豊	鈴木淸 松本淸 島五郞	中西政周 6.11.免 大塚藤吉 8.31.任 겸담	大塚藤吉	橋本程次

강좌 / 연도	해부학 교실				생리학 교실		
	해부학 제1강좌	해부학 제2강좌	해부학 제3강좌	조교수	생리학 제1강좌	생리학 제2강좌	조교수
1939	上田常吉	津崎孝道	今村豊	鈴木清 松本清 島五郎	大塚藤吉	大塚藤吉	橋本程次
1940	上田常吉	津崎孝道	今村豊	鈴木清 松本清 島五郎	大塚藤吉	大塚藤吉	橋本程次
1941	上田常吉	津崎孝道	今村豊	鈴木清 松本清 島五郎	大塚藤吉 4.5.免겸담 和合印太郎 4.5.任	大塚藤吉	橋本程次
1942	上田常吉	津崎孝道	今村豊	鈴木清 松本清 島五郎	和合印太郎	大塚藤吉	橋本程次 溝口一郎 9.25.任
1943	上田常吉	津崎孝道	今村豊	鈴木清 松本清 島五郎	和合印太郎	大塚藤吉	橋本程次 溝口一郎
1944	上田常吉	津崎孝道	今村豊	鈴木清 松本清 6.22.免 島五郎	和合印太郎	大塚藤吉	橋本程次 6.22.免 溝口一郎
1945	上田常吉 3.31.免담임 任분담 7.23.免분담 任담임 鈴木清 3.31.任분담 7.23.任분담30	津崎孝道	今村豊	鈴木清 島五郎	和合印太郎	大塚藤吉	溝口一郎

30. 분담에서 免한 날짜는 찾을 수 없음. 재발령이기 때문인 것으로 보임.

강좌 / 연도	의화학 교실		미생물학 교실			약리학[31] 교실		
	의화학 강좌	조교수	미생물학 제1강좌	미생물학 제2강좌	조교수	약리학 제1강좌	약리학 제2강좌	조교수
1926	佐藤剛藏 4.1.任	-	綿引朝光 4.1.任	小林晴治郞 4.1.任분담	椎葉芳彌 4.1.任	大澤勝 4.1.任담임	杉原德行 4.1.任담임	-
1927	佐藤剛藏	赤尾晃 7.19.任	綿引朝光 6.2.免 志賀潔 6.2.任	小林晴治郞 4.5.免분담 4.5.任담임	椎葉芳彌 田邊操 4.18.任	大澤勝	杉原德行	加來天民 12.23.任
1928	佐藤剛藏	赤尾晃	志賀潔	小林晴治郞	椎葉芳彌 田邊操	大澤勝	杉原德行	加來天民 塩谷信男 4.1.任 石戶谷勉
1929	佐藤剛藏	赤尾晃	志賀潔	小林晴治郞	椎葉芳彌 田邊操	大澤勝	杉原德行	加來天民 塩谷信男
1930	佐藤剛藏	赤尾晃	志賀潔 6.11.免 中村敬三 6.11.任	小林晴治郞	椎葉芳彌 田邊操	大澤勝	杉原德行	加來天民 塩谷信男 北原靜雄 4.16.任
1931	佐藤剛藏 3.31.免담임 任분담 中村拓 4.23.분담	赤尾晃	中村敬三(在外) 9.11.免	小林晴治郞	椎葉芳彌 2.26.任교수 2.27.免 田邊操	大澤勝	杉原德行	加來天民 塩谷信男 北原靜雄
1932	佐藤剛藏 中村拓	赤尾晃	小林晴治郞 2.15.任분담	小林晴治郞	田邊操	大澤勝	杉原德行	加來天民 塩谷信男 北原靜雄 7.26.사망 安本義久 5.18.任 古田耕介 9.5.任
1933	佐藤剛藏 4.6.免분담 任담임 中村拓 4.6.免분담	赤尾晃	小林晴治郞中 5.19.免분담 村敬三 5.19.任담임	小林晴治郞	田邊操	大澤勝	杉原德行	加來天民 塩谷信男 安本義久 古田耕介

31. 1931년에 약물학 강좌에서 약리학 강좌로 명칭이 바뀜.

강좌 연도	의화학 교실		미생물학 교실			약리학 교실		
	의화학 강좌	조교수	미생물학 제1강좌	미생물학 제2강좌	조교수	약리학 제1강좌	약리학 제2강좌	조교수
1934	佐藤剛藏 5.9. 免담임 任분담 中村拓 5.9.任분담	赤尾晃	中村敬三	小林晴治郎	田邊操	大澤勝	杉原德行	加來天民 塩谷信男 安本義久 古田耕介 11.3.免
1935	佐藤剛藏 3.30.免분담 中村拓 3.31. 免분담 任담임	赤尾晃	中村敬三 7.18. 免담임	小林晴治郎	田邊操	大澤勝	杉原德行	加來天民 塩谷信男 安本義久 挾間文一 7.1.任
1936	中村拓	赤尾晃	◎	小林晴治郎	田邊操	大澤勝	杉原德行	加來天民 塩谷信男 安本義久 挾間文一 6.11.免
1937	中村拓	赤尾晃	細川正一 4.13.任	小林晴治郎	田邊操	大澤勝	杉原德行	加來天民 塩谷信男 安本義久
1938	中村拓	赤尾晃 3.31.免 黑田嘉一郎 7.9.任	細川正一	小林晴治郎	田邊操	大澤勝	杉原德行	加來天民 塩谷信男 安本義久 上田重郎 7.19.任
1939	中村拓	黑田 嘉一郎	細川正一	小林晴治郎	田邊操	大澤勝	杉原德行	加來天民 4.7.免 塩谷信男 安本義久 6.7.免 上田重郎
1940	中村拓	黑田 嘉一郎	細川正一	小林晴治郎	田邊操	大澤勝	杉原德行	塩谷信男 上田重郎 九谷昇 1.15.任
1941	中村拓	黑田 嘉一郎 (7.24.免)	細川正一	小林晴治郎	田邊操	大澤勝	杉原德行	塩谷信男 上田重郎 九谷昇

강좌 / 연도	의화학 교실		미생물학 교실			약리학 교실		
	의화학 강좌	조교수	미생물학 제1강좌	미생물학 제2강좌	조교수	약리학 제1강좌	약리학 제2강좌	조교수
1942	中村拓		細川正一	小林晴治郎	田邊操	大澤勝	杉原德行 7.6.免담임 7.6.任분담 溝口一郎 9.25.任분담	塩谷信男 前田謙一 上田重郎 九谷昇 近藤武夫 6.1.任
1943	中村拓		細川正一 1.29.免교수 8.23.免담임[32] 工藤正四郎 8.23.任	小林晴治郎	田邊操	大澤勝	杉原德行 上田重郎(조) 9.30.任분담 溝口一郎 9.30.免분담	塩谷信男 上田重郎 九谷昇 近藤武夫
1944	中村拓		工藤正四郎	小林晴治郎	田邊操 1.12.免	大澤勝	杉原德行 上田重郎	塩谷信男 上田重郎 九谷昇 近藤武夫
1945	中村拓		工藤正四郎	小林晴治郎	미상	大澤勝	杉原德行 上田重郎	塩谷信男 上田重郎 九谷昇 近藤武夫

강좌 / 연도	병리학 교실			위생학, 예방의학 교실		내과학 교실	제1내과학 교실	제2내과학 교실	제3내과학 교실
	병리학 제1강좌	병리학 제2강좌	조교수	위생학, 예방의학 강좌	조교수	내과학 강좌 / 조교수	내과학 제1강좌 / 조교수	내과학 제2강좌 / 조교수	내과학 제3강좌 / 조교수
1926	德光美福 4.1.任	◎	小杉虎一 4.1.任		椎葉芳彌 4.1.任	◎			
1927	德光美福	小杉虎一 3.13.任 4.18. 任교수	尹日善	綿引朝光 6.2.任	椎葉芳彌 水島治夫 4.5.任	岩井誠四郎 6.2.任 成田夫介 4.5.任			

32. 細川正一은 1943년 1월 29일에 의원면본관하고 강사로 촉탁되어 8월 23일까지 강좌담임을 맡았다.

강좌 / 연도	병리학 교실			위생학, 예방의학 교실		내과학 교실	제1내과학 교실	제2내과학 교실	제3내과학 교실
	병리학 제1강좌	병리학 제2강좌	조교수	위생학, 예방의학강좌	조교수	내과학 강좌	내과학 제1강좌	내과학 제2강좌	내과학 제3강좌
						조교수	조교수	조교수	조교수
1928	德光美福	小杉虎一	翠川磐 5.30.任	綿引朝光 1.10.免 10.21.任 志賀潔 1.10.任분담 10.21.免분담 椎葉芳彌(조) 1.10.任분담 10.21.免분담 水島治夫(조) 1.10.任분담 5.5.免분담	椎葉芳彌 水島治夫		岩井誠四郎 4.18.任	伊藤正義 8.26.任담임	篠崎哲四郎 4.18.任담임
							○	成田夬介 野坂三枝 10.23.任	稻田宣男 9.29.任
1929	德光美福	小杉虎一	翠川磐 5.16.免 梅田薰 10.7.任	綿引朝光	椎葉芳彌 水島治夫 鄭萬濬(?)		岩井誠四郎	伊藤正義	篠崎哲四郎
							風呂中不二夫 4.24.任	成田夬介 12.18.免 野坂三枝	稻田宣男
1930	德光美福	小杉虎一	梅田薰 赤沼順四郎 10.18.任	綿引朝光	椎葉芳彌 水島治夫		岩井誠四郎	伊藤正義	篠崎哲四郎
							風呂中不二夫	野坂三枝	稻田宣男
1931	德光美福	小杉虎一	梅田薰 赤沼順四郎	綿引朝光	椎葉芳彌 2.27.免 水島治夫		岩井誠四郎	伊藤正義	篠崎哲四郎
							風呂中不二夫	野坂三枝	稻田宣男
1932	德光美福	小杉虎一	梅田薰 赤沼順四郎	綿引朝光	水島治夫		岩井誠四郎	伊藤正義	篠崎哲四郎
							風呂中不二夫	野坂三枝	稻田宣男
1933	德光美福	小杉虎一	梅田薰 赤沼順四郎	綿引朝光 9.26.免 水島治夫 11.7.任분담	水島治夫		岩井誠四郎	伊藤正義	篠崎哲四郎
							風呂中不二夫	野坂三枝	三木榮 2.24.任
1934	德光美福	小杉虎一	梅田薰 赤沼順四郎	水島治夫 10.4.任	水島治夫		岩井誠四郎	伊藤正義	篠崎哲四郎
							風呂中不二夫	野坂三枝	三木榮
1935	德光美福	小杉虎一	梅田薰 赤沼順四郎	水島治夫	水島治夫		岩井誠四郎	伊藤正義	篠崎哲四郎
							風呂中不二夫	野坂三枝	三木榮 8.13.免[33]

33. 도립의원의관으로 전임.

강좌 / 연도	병리학 교실			위생학, 예방의학 교실		내과학 교실	제1내과학 교실	제2내과학 교실	제3내과학 교실
	병리학 제1강좌	병리학 제2강좌	조교수	위생학, 예방의학강좌	조교수	내과학 강좌 조교수	내과학 제1강좌 조교수	내과학 제2강좌 조교수	내과학 제3강좌 조교수
1936	德光美福	小杉虎一	梅田薰 赤沼順四郎	水島治夫	水島治夫		岩井誠四郎 風呂中不二夫	伊藤正義 野坂三枝	篠崎哲四郎 -
1937	德光美福	小杉虎一	梅田薰 赤沼順四郎	水島治夫	水島治夫		岩井誠四郎 風呂中不二夫	伊藤正義 野坂三枝	篠崎哲四郎 -
1938	德光美福	小杉虎一	梅田薰 赤沼順四郎	水島治夫	水島治夫		岩井誠四郎 風呂中不二夫 5.31.免[34]	伊藤正義 野坂三枝	篠崎哲四郎 -
1939	德光美福	小杉虎一	梅田薰 赤沼順四郎	水島治夫	水島治夫		岩井誠四郎 -	伊藤正義 野坂三枝	篠崎哲四郎 -
1940	德光美福	小杉虎一	梅田薰 赤沼順四郎 10.30.免	水島治夫 9.26.免 小林晴治郎 11.4.任분담	水島治夫[35] 9.26.免		岩井誠四郎 -	伊藤正義 野坂三枝	篠崎哲四郎 -
1941	德光美福	小杉虎一	梅田薰 8.28.免 橘茂 11.10.任	小林晴治郎 3.31.免분담 木村正一 3.31.任	-		岩井誠四郎 -	伊藤正義 野坂三枝	篠崎哲四郎 油谷友三(3) 7.18任
1942	德光美福	小杉虎一 6.18.免담임 6.18.任분담 橘茂(조) 6.18.任분담	橘茂	木村正一	大神盛正 9.25.任		岩井誠四郎 -	伊藤正義 野坂三枝 5.27.任교수[36]	篠崎哲四郎 油谷友三
1943	德光美福	小杉虎一 6.21.免분담 6.21.任담임 橘茂(조) 6.21.免분담	橘茂	木村正一	大神盛正		岩井誠四郎 미상	伊藤正義 미상	篠崎哲四郎 油谷友三
1944	德光美福	小杉虎一 3.25.免담임 橘茂(조) 3.25.任담임	橘茂	木村正一 12.17.사망	大神盛正		岩井誠四郎 미상	伊藤正義 미상	篠崎哲四郎 油谷友三
1945	德光美福	橘茂(조)	橘茂	佐藤武雄 1.21.任분담	大神盛正		岩井誠四郎 미상	伊藤正義 미상	篠崎哲四郎 油谷友三

34. 경성의학전문학교 교수로 전임.
35. 규슈제대교수로 전임.
36. 교수 승진 후 1944년 11월 24일 체신의관 체신국간이보험요양소장에 명.

강좌 / 연도	외과학 교실	제1외과학 교실	제2외과학 교실	산과학산부인과학 교실		안과학 교실	
	외과학 강좌	외과학 제1강좌	외과학 제2강좌	산과학 산부인과학 강좌	조교수	안과학 강좌	조교수
	조교수	조교수	조교수				
1926							
1927	松井權平 6.2.任						
	小川蓄 4.5.任						
1928		松井權平 4.18.任	小川蓄 4.18.任교수	高楠榮 7.13.任	横山茂樹 4.18.任	早野龍三 4.18.任담임	中島堅 6.23.任
		佐佐木建業(1) 5.23.任	○				
1929		松井權平	小川蓄	高楠榮	横山茂樹 9.14.免 井上繁 4.24.任	早野龍三	中島堅
		佐佐木建業	調來助 4.20.任				
1930		松井權平	小川蓄	高楠榮	井上繁	早野龍三	中島堅
		佐佐木建業	調來助				
1931		松井權平	小川蓄	高楠榮	井上繁	早野龍三	中島堅
		佐佐木建業	調來助				
1932		松井權平	小川蓄	高楠榮	井上繁	早野龍三	中島堅
		佐佐木建業	調來助				
1933		松井權平	小川蓄	高楠榮	井上繁	早野龍三	中島堅 9.16.免
		佐佐木建業	調來助				
1934		松井權平	小川蓄	高楠榮	井上繁	早野龍三	○
		佐佐木建業	調來助				
1935		松井權平	小川蓄	高楠榮	井上繁	早野龍三	江波知隆 4.13.任
		佐佐木建業	調來助				
1936		松井權平	小川蓄	高楠榮	井上繁	早野龍三	江波知隆
		佐佐木建業	調來助				
1937		松井權平	小川蓄	高楠榮	井上繁	早野龍三	江波知隆
		佐佐木建業	調來助 5.12.免[37]				

37. 도립의원의관으로 전임.

강좌 / 연도	외과학 교실	제1외과학 교실	제2외과학 교실	산과학산부인과학 교실		안과학 교실	
	외과학 강좌	외과학 제1강좌	외과학 제2강좌	산과학 산부인과학강좌	조교수	안과학 강좌	조교수
	조교수	조교수	조교수				
1938		松井權平	小川蕃	高楠榮	井上繁	早野龍三	江波知隆
		佐佐木建業	安野權治 7.19.任				
1939		松井權平	小川蕃 9.1.사망 松井權平 9.21.任분담 安野權治(조) 9.21.任분담	高楠榮	井上繁	早野龍三	江波知隆 10.6.免
		佐佐木建業 1.23.免[38]	安野權治				
1940		松井權平	安野權治(조) 2.10.免분담 松井權平 2.10.免분담 本名文任 2.10.任담임	高楠榮	井上繁	早野龍三	橘川篤 8.2.任
		中野祐 8.2.任	安野權治				
1941		松井權平	本名文任	高楠榮 4.5.퇴임 井上繁(조) 5.15.任담임	井上繁	早野龍三	橘川篤
		中野祐	安野權治				
1942		松井權平	本名文任	井上繁(조) 8.10.免담임 秦清三郎 8.10.任담임	井上繁 9.21.免	早野龍三 4.22.免담임 林勝三 8.22.任교수・담임	橘川篤
		中野祐 6.22.免	安野權治				
1943		松井權平	本名文任	秦清三郎	미상	林勝三	橘川篤 2.23.免
		미상	安野權治				
1944		松井權平	本名文任	秦清三郎	미상	林勝三	미상
		미상	安野權治				
1945		松井權平 5.24.사망	本名文任	秦清三郎	미상	林勝三	미상
		미상	安野權治 1.26.免				

38. 도립의원의관으로 전임.

강좌 연도	소아과학 교실		신경과학 정신과학 교실		정형외과학 교실		피부과학 비뇨기과학 교실	
	소아과학 강좌	조교수	신경과학 정신과학 강좌	조교수	정형외과학 강좌	조교수	피부과학 비뇨기과학 강좌	조교수
1926								
1927								
1928	土橋光太郎 4.18.任담임	原弘毅 12.10.任	久保喜代二(재외) 4.18.任담임 5.18.免담임 服部六郎(조) 12.20.任담임	服部六郎 12.10.任	中村兩造(재외) 4.18.任담임 10.11.免담임 松井權平·小川蕃 11.20.任분담	鈴木元晴 4.18.任	廣田康 4.18.任담임	石渡忠太郎 8.3.任
1929	土橋光太郎 10.9.免담임 原弘毅(조) 10.9.任담임	原弘毅	服部六郎(조) 6.17.免담임 久保喜代二 6.17.任담임	服部六郎	松井權平 小川蕃	鈴木元晴	廣田康	石渡忠太郎
1930	原弘毅(조) 8.7.免담임 土橋光太郎 8.7.任담임	原弘毅	久保喜代二	服部六郎	松井權平·小川蕃 11.24.免분담 中村兩造 11.24.任담임	鈴木元晴	廣田康	石渡忠太郎
1931	土橋光太郎	原弘毅 6.30.免 居石直資 7.16.任	久保喜代二	服部六郎	中村兩造	鈴木元晴	廣田康	石渡忠太郎
1932	土橋光太郎	居石直資 7.20.免[39] 高井俊夫 7.20.任	久保喜代二	服部六郎	中村兩造	鈴木元晴	廣田康	石渡忠太郎
1933	土橋光太郎	高井俊夫	久保喜代二	服部六郎	中村兩造	鈴木元晴	廣田康	石渡忠太郎
1934	土橋光太郎	高井俊夫	久保喜代二	服部六郎	中村兩造	鈴木元晴	廣田康	石渡忠太郎
1935	土橋光太郎	高井俊夫	久保喜代二	服部六郎	中村兩造	鈴木元晴	廣田康	石渡忠太郎
1936	土橋光太郎	高井俊夫	久保喜代二	服部六郎	中村兩造	鈴木元晴	廣田康	石渡忠太郎
1937	土橋光太郎	高井俊夫	久保喜代二	服部六郎	中村兩造	鈴木元晴	廣田康	石渡忠太郎
1938	土橋光太郎	高井俊夫	久保喜代二	服部六郎	中村兩造	鈴木元晴	廣田康 7.9.免담임	石渡忠太郎
1939	土橋光太郎	高井俊夫	久保喜代二	服部六郎	中村兩造	鈴木元晴	北村精一 3.25.任담임	石渡忠太郎

39. 도립의원의관으로 전임.

강좌/연도	소아과학 교실		신경과학 정신과학 교실		정형외과학 교실		피부과학 비뇨기과학 교실	
	소아과학 강좌	조교수	신경과학 정신과학 강좌	조교수	정형외과학 강좌	조교수	피부과학 비뇨기과학 강좌	조교수
1940	土橋光太郎	高井俊夫	久保喜代二	服部六郎	中村兩造 12.19.免담임	鈴木元晴	北村精一	石渡忠太郎 5.1.免[40]
1941	土橋光太郎 4.5.免담임 和泉成之 6.17.任담임	高井俊夫	久保喜代二 6.4.免담임 渡邊道雄 6.17.任담임	服部六郎	本名文任・安野權治(조) 2.6.任분담	鈴木元晴	北村精一	○
1942	和泉成之	高井俊夫	渡邊道雄	服部六郎 1.31.免 伊東高麗夫 9.25.任	本名文任・安野權治(조) 2.25.免분담 鈴木忠一郎 2.25.任담임	鈴木元晴	北村精一	○
1943	和泉成之	高井俊夫	渡邊道雄	伊東高麗夫	鈴木忠一郎	鈴木元晴	北村精一	미상
1944	和泉成之	高井俊夫	渡邊道雄	伊東高麗夫	鈴木忠一郎	鈴木元晴	北村精一	미상
1945	和泉成之	高井俊夫 4.16.免	渡邊道雄	伊東高麗夫	鈴木忠一郎	鈴木元晴	北村精一	미상

강좌/연도	이비인후과 교실		법의학 교실		방사선의학 교실[41]	
	이비인후과 강좌	조교수	법의학 강좌	조교수	방사선의학 강좌	조교수
1926	—		—		—	
1927	—		—		—	
1928	小林靜雄 4.18.任	廣田寬治 7.19.任	佐藤武雄 4.27.任		—	
1929	小林靜雄	廣田寬治	佐藤武雄		—	
1930	小林靜雄	廣田寬治	佐藤武雄		—	
1931	小林靜雄	廣田寬治	佐藤武雄 9.11.免 小杉虎一・國房二三(조) 9.11.任분담	國房二三 5.22.任	—	
1932	小林靜雄	廣田寬治	國房二三(조)	國房二三	—	
1933	小林靜雄	廣田寬治	小杉虎一・國房二三(조) 5.19.免분담 佐藤武雄 5.19.任	國房二三	—	
1934	小林靜雄	廣田寬治	佐藤武雄	國房二三	—	
1935	小林靜雄	廣田寬治 5.29.免	佐藤武雄	國房二三	—	

40. 도립의원의관 겸 공립전문학교 교수로 전임.
41. 칙령 218호에 의해 1940년에 강좌 신규설치.

강좌 / 연도	이비인후과 교실		법의학 교실		방사선의학 교실[42]	
	이비인후과 강좌	조교수	법의학 강좌	조교수	방사선의학 강좌	조교수
1936	小林靜雄	三宅彰 7.24.任	佐藤武雄	國房二三	—	
1937	小林靜雄	三宅彰	佐藤武雄	國房二三	—	
1938	小林靜雄	三宅彰	佐藤武雄	國房二三	—	
1939	小林靜雄	三宅彰	佐藤武雄	國房二三	—	
1940	小林靜雄	三宅彰	佐藤武雄	國房二三 7.27.免[43]	小林靜雄 6.11.任분담 鈴木元晴(조) 5.25.任분담	
1941	小林靜雄	三宅彰	佐藤武雄	○	小林靜雄 鈴木元晴(조)	
1942	小林靜雄	三宅彰	佐藤武雄	미상	小林靜雄 3.6.免분담 鈴木忠一郎 3.6.任분담 鈴木元晴(조)	
1943	小林靜雄	三宅彰	佐藤武雄	미상	鈴木忠一郎 鈴木元晴(조)	
1944	小林靜雄	三宅彰 8.3.任교수 8.3.사망	佐藤武雄	미상	鈴木忠一郎 鈴木元晴(조)	
1945	小林靜雄 1.12.사망 和泉成之 2.20.任분담	미상	佐藤武雄	미상	鈴木忠一郎 鈴木元晴(조)	

아래는 소속 교실을 알 수 없는 조교수 명단이다(날짜는 조교수 임용일). 이들은 1943년 이후 임용되어 『일람』에 나오지 않는다. 따라서 『관보』와 『학보』를 통해 조교수로 발령되었다는 사실만 확인할 수 있을 뿐, 전공과 소속 교실은 알 수 없다.

松崎七美 1943.12.24.
妹尾崧 1943.12.24.
足達道 1943.12.24.
小林宏志 1943.12.24.
山下雅義 1944.5.30.
笹沼竹雄 1944.7.31.
須江杢二郎 1944.10.31.
森田四郎 1944.12.26.
橋瓜將 1944.12.26.
上原芳孝 1942.8.1.
玉田太郎 1945.7.28.

* 前田謙一 1940.1.29. 약제관약국장

42. 칙령 218호에 의해 1940년에 강좌 신규설치.
43. 나가사키 의과대학 교수로 전임.

3) 이공학부 강좌

강좌 \ 연도	물리학					화학			
	물리학 제1강좌	물리학 제2강좌	물리학 제3강좌	물리학 제4강좌	물리학 제5강좌	화학 제1강좌	화학 제2강좌	화학 제3강좌	화학 제4강좌
1941	大塚明朗 4.16.任	犬井鐵郎 4.16.任	—	—	—	岩瀨榮一 4.16.任	西川武一 4.16.任	久保昌二 4.16.任	伊勢村壽三 4.16.任
1942	大塚明朗	犬井鐵郎	矢島祐利 4.11.任	◎	◎	岩瀨榮一	西川武一	久保昌二	伊勢村壽三
1943	大塚明朗	犬井鐵郎	矢島祐利	遠藤重郎 4.28.任	山口太三郎 8.25.任	岩瀨榮一	西川武一	久保昌二	伊勢村壽三
1944	大塚明朗	犬井鐵郎	矢島祐利	遠藤重郎	山口太三郎	岩瀨榮一	西川武一	久保昌二	伊勢村壽三
1945	大塚明朗	犬井鐵郎	矢島祐利	遠藤重郎	山口太三郎	岩瀨榮一	西川武一	久保昌二	伊勢村壽三

강좌 \ 연도	토목공학					기계공학				
	토목공학 제1강좌	토목공학 제2강좌	토목공학 제3강좌	토목공학 제4강좌	토목공학 제5강좌	기계공학 제1강좌	기계공학 제2강좌	기계공학 제3강좌	기계공학 제4강좌	기계공학 제5강좌
1941	安宅勝 4.16.任	◎[44]	新鄕高一 4.16.任	—	—	下坂實 10.8.任	—	—	本多三雄 4.16.任	—
1942	安宅勝	◎	新鄕高一	横井増治 5.16. 任[45]	◎[46]	下坂實 4.11.免 淺野友一 7.13.任	土屋正義 (조) 7.14. 任분담	下坂實 4.11.任	本多三雄	—
1943	安宅勝	◎	新鄕高一	横井増治	◎	淺野友一	土屋正義 4.10.任교수·담임	下坂實	本多三雄	◎[47]
1944	安宅勝	◎	新鄕高一	横井増治 3.4.任교수담임	◎	淺野友一	土屋正義	下坂實	本多三雄	◎
1945	安宅勝	◎	新鄕高一	横井増治	◎	淺野友一	土屋正義	下坂實	本多三雄	◎

44. 伏島信九郎(철도국 기사 출신)이 강의를 맡았던 것으로 보임.
45. 조선총독부기사에서 겸임. 1944년 3월 4일에 기사 겸임을 면하고 교수로 취임.
46. 강좌담임 임명에 대한 기록은 찾을 수 없음.
47. 1943년 4월 1일자로 강좌 개설. 이후 강좌담임 임명에 대한 기록은 찾을 수 없음.

강좌 / 연도	전기공학				응용화학				
	전기공학 제1강좌	전기공학 제2강좌	전기공학 제3강좌	전기공학 제4강좌	응용화학 제1강좌	응용화학 제2강좌	응용화학 제3강좌	응용화학 제4강좌	응용화학 제5강좌
1941	安宅彦三郎 4.16.任	中島好忠 4.16.任	高田實 4.16.任	—	—	—	—	藤岡忠仁 4.18.任	向井參之充 4.16.任
1942	安宅彦三郎	中島好忠	高田實	◎	—	藤岡忠仁 4.11.任	高橋武雄 4.11.任	藤岡忠仁 4.11.免 石橋弘毅 4.11.任	向井參之充
1943	安宅彦三郎	中島好忠	高田實	谷忠篤 3.27.任	村上惠一(조) 4.30.任분담 7.8.任교수·담임	藤岡忠仁	高橋武雄	石橋弘毅	向井參之充
1944	安宅彦三郎	中島好忠	高田實	谷忠篤 10.14.免	村上惠一	藤岡忠仁	高橋武雄	石橋弘毅	向井參之充
1945	安宅彦三郎	中島好忠	高田實	◎	村上惠一	藤岡忠仁	高橋武雄	石橋弘毅	向井參之充

강좌 / 연도	광산학		야금학			수학 강좌	응용역학 강좌
	광산학 제1강좌	광산학 제2강좌	야금학 제1강좌	야금학 제2강좌	야금학 제3강좌		
1941	道家欽 4.16.任	—	—	大屋正吉 4.16.任	—	宇野利雄 4.16.任	清水篤磨 4.26.任
1942	道家欽	水田準一 4.11.任담임	吉岡正三(조) 6.2.任분담	大屋正吉 6.7.사망	◎	宇野利雄	清水篤磨
1943	道家欽	水田準一	吉岡正三 4.10.任	田丸莞爾 9.22.任	原田蓄 3.27.任	宇野利雄	清水篤磨 11.23.사망
1944	道家欽	水田準一	吉岡正三	田丸莞爾	原田蓄	宇野利雄	◎
1945	道家欽	水田準一	吉岡正三	田丸莞爾	原田蓄	宇野利雄	淺野友一 3.31.任겸담

강좌 / 연도	응용물리학 강좌	분석화학 강좌	열공학 강좌	광물지질학 강좌
1941	矢島祐利 4.16.任	石橋弘毅 4.16.任	山家信次 1.9.任	◎
1942	矢島祐利 4.11.免 山口太三郎 4.11.任	石橋弘毅 4.11.免 外山修 4.11.任	山家信次	水田準一 1.26.任 4.11.免
1943	山口太三郎 8.25.免 大塚明朗 8.25.任분담	外山修	山家信次	◎
1944	大塚明朗 5.31.免분담	外山修	山家信次[48]	木野崎吉郎 12.26.任
1945	大塚明朗 7.23.任분담	外山修	須藤吉之助(조) 3.31.任분담	木野崎吉郎

48. 1944년 3월 20일 경성제국대학 총장 겸 이공학부장 사무취급.

* 이공학부 조교수 명단(강좌를 맡은 조교수는 제외)

성명	분야	조교수 임용일	성명	분야	조교수 임용일
堀部富男	광산학	1941.4.16.	左合正雄	토목공학	1942.4.11.
丸安隆和	토목공학	1941.4.16.	白神正信	조병학	1942.4.11.
三山醇	전기공학	1941.4.16.	田中大二	화학	1942.4.11.
樋口順四郎	수학	1941.4.16.	澤田正三	물리학	1942.4.11.
松田種光	응용화학	1941.4.16.	木村定一	미상	1942.8.10.
齋藤信房	분석화학	1941.4.16.	三宅彰	미상	1942.8.10.
淺沼强	기계공학	1941.4.16.	藤澤成一郎	미상	1943.4.28.
二村忠元	전기공학	1941.4.16.	大矢博毅	미상	1943.4.28.
戶田盛和	물리학	1941.4.16.	柳川禎	미상	1943.4.28.
井上勝郎	기계공학	1941.6.30.	新樂和夫	미상	1943.4.28.
平井敦	토목공학	1941.4.16.	和田良澄	미상	1943.11.11.
永井莊七郎	토목공학	1942.1.29.	石原俊	미상	1944.4.24.
木內俊二	야금학	1942.4.11.	安保武民	미상	1944.11.7.
堀江忠男	물리학	1942.4.11.	古賀孝	미상	1945.4.24.

Ⅶ. 교수의 연구 목록과 자료

1. 학부별 교수 연구 목록

경성제대의 교수들은 여러 가지 연구 성과들을 발표하였다. 이들을 체계적으로 정리하여 분석하는 것은 이들이 어떤 문제의식 하에서 학술활동을 하였는가를 평가하는 기초가 된다. 이 자료는 우선 일본국회도서관 홈페이지에서 인명으로 검색한 후, 이를 강좌내역표에 게재된 강좌의 순서대로 배열한 것이다. 자료에서 [서울대]라고 표기한 것은 서울대 중앙도서관 소장 문헌을 가리킨다. 이 자료는 단행본으로 출간된 저서, 역저 및 공저 목록에 한정된 것으로, 연구회 논문집 등에 실린 개별 논문은 여기에는 포함하지 않았다. 이공학부 교수의 경우에는 연구물과 잡지기고물이 적기 때문에 연구목록에 같이 포함하였다.

1) 법문학부

高木市之助(1888~1974) ‖ タカギ, イチノスケ

1. 平家物語 / 高木市之助, 沼沢竜雄. 中興館, 大正15.
2. 万葉集 / 高木市之助, 久松潜一. 中興館, 昭和2.
3. 日本文学大系. 第5巻. 河出書房, 昭和13.
4. 吉野の鮎 / 高木市之助. 岩波書店, 昭和16.
5. 表覧日本文芸史. [第1~2] / 高木市之助. 武蔵野書院, 1949~50.

6. 湖畔 / 高木市之助. 東京書院, 1950.
7. 万葉集 / 高木市之助[他]. 福村書店, 昭和27.(国語と文学の教室)
8. 古文芸の論 / 高木市之助. 岩波書店, 1952.
9. 日本文学の環境 / 高木市之助. 河出書房, 1952.(日本文学大系; 第5巻)
10. 表覧日本文芸史. [第1] / 高木市之助. 武蔵野書院, 1953, 訂4版.
11. 平家物語講座. 第1~2巻 / 高木市之助, 佐々木八郎, 富倉徳次郎. 創元社, 1954~57.
12. 岩波小辞典日本文学 / 高木市之助. 岩波書店, 1955.
13. 湖畔 / 高木市之助. 改版. 平凡社, 1957.
14. スサノオノミコト / 高木市之助[他]. 麦書房, 昭和33.(雨の日文庫; 第3集 21)
15. 詩酒おぼえ書き / 高木市之助. 塙書房, 1958.
16. 日本文学の歴史 / 高木市之助. 武蔵野書院, 1960.
17. 日本文学の歩み / 高木市之助. 武蔵野書院, 1960.7.(43版: 1996.3.)
18. 上代歌謡集 / 高木市之助. 朝日新聞社, 1967.(日本古典全書)
19. 国文学五十年 / 高木市之助. 岩波書店, 1967.(岩波新書)
20. 炎の女たち / 高木市之助. 現文社, 1967.
21. 雑草万葉 / 高木市之助. 中央公論社, 1968.
22. 大伴旅人・山上憶良 / 高木市之助. 筑摩書房, 1972.(日本詩人選; 4)
23. 貧窮問答歌の論 / 高木市之助. 岩波書店, 1974.
24. 古典春秋 / 高木市之助. 毎日新聞社, 1974.
25. 古事記総索引 / 高木市之助, 富山民蔵. 平凡社, 1974.
26. 尋常小学国語読本 / 高木市之助[他]. 中央公論社, 1976.(中公新書)
27. 高木市之助全集. 第1~7巻. 講談社, 1976.
28. 高木市之助全集. 第8~10巻. 講談社, 1977.1.~3.
29. 平家物語の論 / 高木市之助. 講談社, 1977.1.(講談社学術文庫)
30. 湖畔 / 高木市之助. 講談社, 1977.9.(講談社学術文庫)
31. 古事記大成. 2, 7, 8 / 久松潜一. 平凡社, 1994.6.
32. 古事記大成. 補遺 / 久松潜一. 平凡社, 1994.6.
33. 古事記総索引. 索引篇 / 高木市之助, 富山民蔵. 平凡社, 1994.6.
34. 古事記総索引. 補遺 / 高木市之助, 富山民蔵. 平凡社, 1994.6.
35. 古事記総索引. 本文篇 / 高木市之助, 富山民蔵. 平凡社, 1994.6.

麻生磯次(1896~1979) アソウ, イソジ

1. 近世生活と国文学 / 麻生磯次. 至文堂, 1925.(国文学研究叢書; 第2編)
2. 日本文学思潮. 第6. 不老閣書房, 昭和2.
3. 俳趣味の発達 / 麻生磯次. 八木書店, 昭和18.

4. 滝沢馬琴 / 麻生磯次. 三省堂, 昭和18.
5. 宣長の古道観 / 麻生磯次. 至文堂, 昭和19.
6. 註釈源氏物語 / 麻生磯次. 至文堂, 1944.
7. 江戸文学と支那文学 / 麻生磯次. 三省堂出版, 昭和21.
8. 俳趣味の発達 / 麻生磯次. 東京堂, 1946, 3版.
9. 笑の研究 / 麻生磯次. 東京堂, 昭和22.
10. 川柳雑俳の研究 / 麻生磯次. 東京堂, 昭和23.
11. 註釈源氏物語 / 麻生磯次. 至文堂, 1948, 再版.
12. 笑の研究 / 麻生磯次. 東京堂, 1949.
13. 西鶴 / 麻生磯次. 至文堂, 1949, 再版.
14. 日本文学史 / 麻生磯次. 至文堂, 1949.
15. ぼくらの日本文学 / 麻生磯次. 東京堂, 昭和25.(ぼくらの叢書)
16. 大学生の読書 / 麻生磯次. 山根書店, 1950.
17. 近世小説 / 麻生磯次. 至文堂, 1951.(日本文学教養講座; 第9巻)
18. 新式国語辞典 / 麻生磯次. 河野書店, 1952.
19. 学問と教養 / 麻生磯次. 勁草書房, 1953.
20. 西鶴全集. 第1~7 / 井原西鶴[他]. 河出書房, 1952~56.
21. 芭蕉講座. 第1~4巻 / 小宮豊隆, 麻生磯次, 能勢朝次. 創元社, 1953~56.
22. 滑稽文学論 / 麻生磯次. 東京大学出版会, 1954.
23. 新しい大学生活 / 麻生磯次, 朱牟田夏雄. 至文堂, 1954.(学生教養新書)
24. 傍訳源氏物語. [第1] / 麻生磯次. 明治書院, 1954.(傍訳古典叢書)
25. 江戸文学と中国文学 / 麻生磯次. 三省堂出版, 1955, 2版.
26. 評解名句辞典 / 麻生磯次, 小高敏郎. 蒼明社, 1955.
27. 馬琴 / 麻生磯次. 弘文堂, 1955.(アテネ文庫; 第11)
28. 要註西鶴名作選 / [井原] 西鶴[他]. 武蔵野書院, 1955.4.(23刷: 1996.3)
29. 日本文学研究入門 / 麻生磯次, 守随憲治. 東京大学出版会, 1956.
30. 江戸小説概論 / 麻生磯次. 山田書院, 1956.
31. 日本少年少女古典文学全集. 10, 18, 27 / 坪田譲治. 弘文堂, 昭和32, 34, 35.
32. 国文学研究書目解題 / 久松博士還暦記念会. 至文堂, 1957.
33. 傍訳源氏物語. 第2 / 麻生磯次. 明治書院, 1957.(傍訳古典叢書)
34. 教養の国文学史 / 麻生磯次. 旺文社, 1957.(学生ライブラリー)
35. 学問と教養 / 麻生磯次. 勁草書房, 1958, 改訂版.
36. 総合国語辞典 / 麻生磯次, 市古貞次, 松田武夫. 山田書院, 1958.
37. 日本人の笑い / 麻生磯次. 全国地方銀行協会, 1959.(銀行文庫)
38. 日本文学史の指導と実際 / 麻生磯次. 明治書院, 1960.
39. 奥の細道講読 / 麻生磯次. 明治書院, 1961.

40. 古典との対話 / 麻生磯次. 明治書院, 1966.
41. 日本文学史概論 / 麻生磯次. 明治書院, 1967.
42. 源氏物語 / 麻生磯次, 島田良二. 桜楓社, 1968.
43. 笑いの文学 / 麻生磯次. 講談社, 1969.(講談社現代新書)
44. 奥の細道 / 阿部正美[他]. 明治書院, 1970.
45. 俳句大観 / 麻生磯次. 明治書院, 1971.
46. 江戸文学と中国文学 / 麻生磯次. 三省堂, 1972.
47. 東海道中膝栗毛. 上, 下 / 十返舎一九[他]. 岩波書店, 1973.(岩波文庫)
48. 喜寿回顧 / 麻生磯次. 明治書院, 1974.
49. 対訳西鶴全集. 1~16 / 麻生磯次, 富士昭雄. 明治書院, 1974~79.
50. 芭蕉物語 / 麻生磯次. 新潮社, 1975.
51. 若き芭蕉 / 麻生磯次. 新潮社, 1976.
52. 東海道中膝栗毛 / 十返舎一九[他]. 岩波書店, 1983.1.(岩波クラシックス; 22, 23)
53. 対訳西鶴全集. 1~16 / 井原西鶴[他]. 明治書院, 1983.5.~94.10., 新版.
54. 奥の細道 / 松尾芭蕉[他]. 旺文社, 1988.5.(対訳古典シリーズ)
55. 評解名句辞典 / 麻生磯次, 小高敏郎. 創拓社, 1990.12.
56. 好色一代男 / 井原西鶴[他]. 岩波書店, 1991.12.
57. 対訳西鶴全集. 1~16 / 井原西鶴[他]. 明治書院, 1992.4.~93.7.
58. 日本文学概論 / 麻生磯次. 秀英出版, 1994.3., 改訂版.
59. 近世生活と国文学 / 麻生磯次. クレス出版, 1995.5.(近世文芸研究叢書; 14)
60. 東海道中膝栗毛. 上, 下 / 十返舎一九[他]. 岩波書店, 2002.8.(ワイド版岩波文庫)
61. 旅あるき「奥の細道」を読む. 1~4 / 麻生磯次. 明治書院, 2003.6.

齋藤清衛(1893~1981) ‖ サイトウ, キヨエ

1. 国文学の本質 / 斎藤清衛. 明治書院, 大正13.
2. 国文学の序説 / 斎藤清衛. 古今書院, 大正14.
3. 国文学の傾向 / 斎藤清衛. 不老閣書房, 大正15.
4. 集成文学概論 / 斎藤清衛. 明治書院, 昭和2.
5. 文芸鑑賞読本. 大正篇 / 斎藤清衛. 星野書店, 昭和2.
6. 文芸鑑賞読本. 明治篇 / 斎藤清衛. 星野書店, 昭和2.
7. 明治文学十大家選. 上, 下 / 斎藤清衛. 明治書院, 昭和3.
8. 楠公父子篇 / 垣内松三, 斎藤清衛. 星野書店, 昭和4.(日本文学読本大系)
9. 兼好抄 / 垣内松三, 斎藤清衛. 星野書店, 昭和4.(日本文学読本大系)
10. 赫映姫篇 / 垣内松三, 斎藤清衛. 星野書店, 昭和4.(日本文学読本大系)
11. 国文学講座. 第14, 17巻. 受験講座刊行会, 昭和5.

12. 作者別名歌集成 / 斎藤清衛. 藤井書店, 昭和5.
13. 名歌集成 / 斎藤清衛. 藤井書店, 1930.
14. 真淵抄 / 垣内松三, 斎藤清衛. 星野書店, 昭和5.(日本文学読本大系)
15. 秋成抄 / 垣内松三, 斎藤清衛. 星野書店, 昭和5.(日本文学読本大系)
16. 俊寛篇 / 垣内松三, 斎藤清衛. 星野書店, 昭和5.(日本文学読本大系)
17. 清盛篇 / 垣内松三, 斎藤清衛. 星野書店, 昭和5.(日本大学読本大系)
18. 地上を行くもの / 斎藤清衛. 改造社, 昭和8.
19. 南北朝時代文学新史 / 斎藤清衛. 春陽堂, 昭和8.
20. 国語国文学講座. 第8. 雄山閣, 昭和9.
21. はてしなく歩む / 斎藤清衛. 地上社, 昭和9.
22. 国文学大講座. 第22. 日本文学社, 昭和10.
23. 新講和歌史 / 斎藤清衛. 育英書院, 昭和10.
24. 東北の細道に立つ / 斎藤清衛. 春陽堂, 昭和10.
25. 中世日本文学 / 斎藤清衛. 文学社, 昭和10.(日本文学体系; 第3部 第2)
26. 近古時代文芸思潮史. 応永・永享篇 / 斎藤清衛. 明治書院, 昭和11.
27. 山家集研究 / 斎藤清衛[他]. 新潮社, 昭和11.(新潮文庫; 第173編)
28. 日本文学者年譜 / 斎藤清衛. 明治書院, 1936.
29. 芭蕉 / 斎藤清衛. 楽浪書院, 昭和12.(日本全書)
30. 欧羅巴紀行東洋人の旅 / 斎藤清衛. 春陽堂書店, 昭和12.
31. 作文. 1~4 / 斎藤清衛. 星野書店, 昭和12.
32. 精神美としての日本文学 / 斎藤清衛. 人文書院, 昭和13.
33. 日本文学大系. 第20巻. 河出書房, 昭和13.
34. 武蔵野に炊ぐ / 斎藤清衛. 黄河書院, 昭和13.
35. 日本的性格の文学 / 斎藤清衛. 子文書房, 昭和14.(文芸文化叢書; 第1)
36. 日本人の紀行 / 斎藤清衛. 八雲書林, 昭和15.
37. 中世文学新選 / 斎藤清衛. 東京武蔵野書院, 昭和16.
38. 鎌倉室町文学と日本国民性 / 斎藤清衛. 日本放送出版協会, 昭和16.(ラジオ新書; 67)
39. 日本文学の真髄 / 斎藤清衛. 日本放送出版協会, 昭和16.(ラジオ新書; 58)
40. 北京の窓 / 斎藤清衛. 黄河書院, 昭和16.
41. 韃靼漂流記 / 斎藤清衛[他]. 春陽堂, 昭和17.(新文庫; 8)
42. 夢かぞへ / 野村望東[他]. 春陽堂, 昭和17.(新文庫; 12)
43. 国文学の基礎論 / 斎藤清衛. 黄河書院, 昭和18.
44. 芭蕉 / 斎藤清衛. 改訂版. 楽浪書院, 昭和18.
45. われらの日本文学 / 斎藤清衛. 至文堂, 昭和18.(青少年日本文学)
46. 日本文学の性格 / 斎藤清衛. 振鈴社, 昭和22.
47. 随筆・日記・評論 / 斎藤清衛, 成瀬正勝. 至文堂, 1951.(日本文学教養講座; 第8巻)

48. 和歌史新講 / 斎藤清衛. 明治書院, 1951.
49. 日本文学概論 / 斎藤清衛,金子金治郎. 中央図書出版社, 1951, 再版.
50. 徒然草の新しい解釈 / 斎藤清衛. 至文堂, 1952.
51. 奥の細道・芭蕉紀行全通講 / 斎藤清衛. 力書房, 1953.
52. 批評文学 / 斎藤清衛. 河出書房, 1953.(日本文学大系; 20)
53. 要註御伽草子名作選 / 斎藤清衛. 武蔵野書院, 1953.6.(27版: 1997.3.)
54. 徒然草の新しい解釈 / 斎藤清衛. 至文堂, 1954, 増訂版.(国文注釈新書)
55. 国語国文学論文総目録. 昭和20年8月~28年7月 / 斎藤清衛. 至文堂, 1954.
56. 徒然草 / 斎藤清衛. 弘文堂, 1954.(アテネ文庫; 第2)
57. 日本文学研究法 / 斎藤清衛. 河出書房, 1956.
58. 論文の書き方 / 斎藤清衛. 南雲堂桜楓社, 1963.
59. 隠仙の文学 / 斎藤清衛. 武蔵野書院, 1963.
60. 日本文芸思潮全史 / 斎藤清衛. 南雲堂桜楓社, 1963.(ジャンル別日本文学史; 第1)
61. 国語・国文レポートと卒業論文の方法 / 斎藤清衛. 右文書院, 1963.
62. 中世日本文学 / 斎藤清衛. 有朋堂, 1966.
63. 芝草 / 斎藤清衛. 右文書院, 1971.
64. 南北朝時代文学通史 / 斎藤清衛. 古川書房, 1972.(古川叢書)
65. 国語・国文卒論・レポートの書き方 / 編集:斎藤清衛. 右文書院, 1974, 新版.
66. 日本紀行 / 斎藤清衛. 春陽堂書店, 1974.
67. 新撰日本文学精粋 / 斎藤清衛.訂正37版. 武蔵野書院, 1988.4.

時枝誠記(1900~67) ‖ トキエダ, モトキ

1. 国語学史 / 時枝誠記. 岩波書店, 昭和15.
2. 国語学原論 / 時枝誠記. 岩波書店, 昭和16.
3. 国語研究法 / 時枝誠記. 三省堂出版, 昭和22.
4. 古典解釈のための日本文法 / 時枝誠記. 至文堂, 1950.(日本文学教養講座; 第14)
5. 国語学原論 / 時枝誠記. 岩波書店, 1950, 7版.
6. 日本文法.[第1, 2] / 時枝誠記. 岩波書店, 1950, 1954.(岩波全書; 第114)
7. 古典の解釈文法 / 時枝誠記, 増淵恒吉. 至文堂, 1953.
8. 国語教育の方法 / 時枝誠記. 習文社, 1954.(これからの国語教育のために; 第1)
9. 徒然草総索引 / 時枝誠記. 至文堂, 1955.
10. 例解国語辞典 / 時枝誠記. 中教出版, 1956.
11. 現代の国語学 / 時枝誠記. 有精堂出版, 1956.(国語国文学体系)
12. 国語学への道 / 時枝誠記. 三省堂, 1957.
13. 古典解釈のための日本文法 / 時枝誠記 至文堂, 1959, 増訂版.
14. 文章研究序説 / 時枝誠記. 山田書院, 1960.

15. 国語問題と国語教育 / 時枝誠記. 中教出版, 1961, 增訂版.
16. 国語問題のために / 時枝誠記. 東京大学出版会, 1962.
17. 国語教育の方法 / 時枝誠記. 有精堂出版, 1963, 改稿版.
18. 国語学史 / 時枝誠記. 岩波書店, 1966.
19. 徒然草総索引 / 時枝誠記. 至文堂, 1967, 改訂版.
20. 言語本質論 / 時枝誠記. 岩波書店, 1973.(時枝誠記博士論文集; 第1冊)
21. 文法・文章論 / 時枝誠記. 岩波書店, 1975.(時枝誠記博士論文集; 第2冊)
22. 時枝誠記博士著作選. 1. 明治書院, 1976.
23. 言語生活論 / 時枝誠記. 岩波書店, 1976.(時枝誠記博士論文集; 第3冊)
24. 文章研究序説 / 時枝誠記. 明治書院, 1977.1.(時枝誠記博士著作選; 3)
25. 日本文法. 口語篇 / 時枝誠記. 岩波書店, 1978.3., 改版.(岩波全書; 114)
26. 古典解釈のための日本文法 / 時枝誠記. 至文堂, 1979.6., 增訂版.
27. 徒然草総索引 / 時枝誠記. 至文堂, 1979.12., 改訂版.
28. 時枝誠記日本文法・同別記 / 鈴木一彦. 東宛社, 1981.7.
29. 角川国語大辞典 / 時枝誠記, 吉田精一. 角川書店, 1982.12.~83.1.
30. 時枝誠記国語教育論集. 1, 2 / 石井庄司. 明治図書出版, 1984.4.(国語教育名著選集; 5, 6)
31. 改稿国語教育の方法 / 時枝誠記. 有精堂出版, 1987.8.
32. 時枝誠記 / 時枝誠記[他]. 明治図書出版, 1989.3.(現代国語教育論集成)
33. くわしい小学国語辞典 / 時枝誠記. 文英堂, 1992, 3訂新版.
34. 神皇正統記 / 北畠親房[他]. 岩波書店, 1993.3.(日本古典文学大系新装版)
35. 文英堂小学国語辞典 / 時枝誠記. 文英堂, 2003.3., 第4版.(シグマベスト)
36. 日本文法. 口語篇 / 時枝誠記. 岩波書店, 2005.11.(岩波全書セレクション)

小倉進平(1882~1944) ‖ オグラ, シンペイ

1. 馬に対する朝鮮語 / 小倉進平. [出版者不明], 刊.
2. 国語及朝鮮語のため / 小倉進平. ウツボヤ書籍店, 1920.
3. 朝鮮語学史 / 小倉進平. 大阪屋号書店, 1920.
4. 国語及朝鮮語発音概説 / 小倉進平. 大阪屋号, 大正12.
5. 南部朝鮮の方言 / 小倉進平. 朝鮮史学会, 1924.
6. 新羅語と慶尚北道方言 / 小倉進平. 大阪東洋学会, 1924.(亜細亜研究; 第1号)
7. 亜細亜研究. 第1号. 大阪東洋学会, 大正13.
8. 郷歌及吏読の研究 / 小倉進平. 京城帝国大学, 1931.(京城帝国大学法文学部紀要; 第1)
9. 言語誌叢刊. [第5]. 刀江書院, 昭和7.
10. 仙台方言音韻考 / 小倉進平. 刀江書院, 1932.(言語誌叢刊)
11. 諺文の起原及び朝鮮語の特質 / 小倉進平. 中央朝鮮協会, 昭和10.

12. 言語学概論. 第1分冊 / 小倉進平. 東京プリント刊行会, 昭和10, 11, 12.
13. 朝鮮語に於ける謙譲法・尊敬法の助動詞 / 小倉進平. 東洋文庫, 昭和13.(東洋文庫論叢; 第26)
14. 言語学概論. 1 / 小倉進平. 帝大プリント聯盟, 昭和13, 新版.
15. 満文老档. [第1~3] / 藤岡勝二[他]. 岩波書店, 1939.
16. 朝鮮語学史 / 小倉進平. 刀江書院, 昭和15, 増訂版.
17. 言語と文字の上から見た内鮮関係 / 小倉進平. 中央協和会, 昭和18.(協和叢書; 第15輯).
18. 朝鮮語方言の研究 / 小倉進平. 岩波書店, 昭和19.
19. 朝鮮語学史 / 小倉進平[他]. 刀江書院, 1964.
20. 小倉進平博士著作集. 1~4 / 京都大学文学部国語学国文学研究室. 京都大学国文学会, 1974~75.
21. 南部朝鮮の方言 / 小倉進平. 第一書房, 1981.1.
22. 増訂補注朝鮮語学史 / 小倉進平[他]. ゆまに書房, 1999.3.(世界言語学名著選集; 東アジア言語編 第5巻)

河野六郎(1912~98) ‖ コウノ, ロクロウ

1. 朝鮮方言学試攷 / 河野六郎. 東都書籍京城支店, 1945.(京城帝国大学文学会論纂; 第11輯)
2. 朝鮮語学史 / 小倉進平[他]. 刀江書院, 1964.
3. 朝鮮漢字音の研究 / 河野六郎. [河野六郎], 1968
4. 言語学と哲学 / エチェンヌ・ジルソン[他]. 岩波書店, 1974.
8. 河野六郎著作集. 第1~3巻. 平凡社, 1979.10.~80.1.
9. 朝鮮語学史 / 小倉進平[他]. 西田書店, 1986.10.
10. 河野六郎著作集. 第1~3巻. 平凡社, 1993.6.
11. 文字論 / 河野六郎. 三省堂, 1994.9.
12. 文字贔屓 / 河野六郎, 西田竜雄. 三省堂, 1995.5.
13. ヨーロッパの言語 / 亀井孝, 河野六郎, 千野栄一. 三省堂, 1998.5.(言語学大辞典セレクション)
14. 増訂補注朝鮮語学史 / 小倉進平[他]. ゆまに書房, 1999.3.(世界言語学名著選集; 東アジア言語編 第5巻)
15. 言語学大辞典. 別巻 / 河野六郎, 千野栄一, 西田龍雄. 三省堂, 2001.7.

兒島獻吉郎(1866~1931) ‖ コジマ, ケンキチロウ

1. 支那文学史 / 児島献吉郎. 早稲田大学出版部, 刊.
2. 東洋史綱. 上巻 / 児島献吉郎. 八尾書店, 明治28.2.
3. 漢文典. 続 / 児島献吉郎. 富山房, 1903.
4. 支那大文学史. 古代編 / 児島献吉郎. 富山房, 明治42.3.

5. 支那文学史綱 / 児島献吉郎. 富山房, 明治45.7.
6. 論語鈔本 / 児島献吉郎. 光風館書店, 大正5, 訂正2版.
7. 支那文学考. 第1, 2編 / 児島献吉郎. 目黒書店, 大正9~11.
8. 文法本位漢文釈法 / 児島献吉郎. 帝国書院, 大正12.
9. 荘子考 / 児島献吉郎. 東京高等師範学校国語漢文学会, 大正13.(東京高師国漢会パンフレット; 第1輯)
10. 支那文学史綱 / 児島献吉郎. 富山房, 1925, 8版.
11. 支那文学概論 / 児島献吉郎. 京文社, 1928.
12. 日本外史鈔本 / 児島献吉郎. 光風館書店, 昭和3, 訂正4版.
13. 支那諸子百家考 / 児島献吉郎. 目黒書店, 1931.
14. 支那文学雑考 / 児島献吉郎. 関書院, 昭和8.

辛島驍(1903년생) ‖ カラシマ, タケシ

1. 中国の新劇 / 辛島驍. 昌平堂, 1948.
2. 唐詩詳解 / 辛島驍. 山海堂, 1954.(国漢詳解叢書)
3. 暗号と推理 / 辛島驍. 講談社, 1962.(ミリオン・ブックス)
4. 中国現代文学の研究 / 辛島驍. 汲古書院, 1983.10.
5. 十八史略詳解. 上, 下 / 辛島驍, 多久弘一. 明治書院, 2004.7., 新装版.

佐藤清(1885~1960) ‖ サトウ, キヨシ

1. 青年の倫理 / エヴエレット[他]. 内外出版協会, 明治44.5.
2. 東洋伝道の開拓者ジヤドソン伝 / エドワード・ジヤドソン[他]. 教文館, 大正2.
3. 西灘より / 佐藤清. 警醒社書店, 大正3.
4. 緋文字 / ナタネール・ホーソン[他]. 日本基督教興文協会, 大正6.
5. 愛と音楽 / 佐藤清. 六合雑誌社, 大正8.
6. 自然詩人ウオーズワス / エ・エーチ・ストロング[他]. 福音書店, 大正9.(宗教と文芸叢書; 第1篇).
7. 万有神教詩人ゲーテ / エ・エーチ・ストロング[他]. 福音書店, 大正9.(宗教と文芸叢書; 第2篇)
8. 叙事詩人ホーマ / エ・エーチ・ストロング[他]. 福音書店, 大正9.(宗教と文芸叢書; 第3篇)
9. 羅馬の詩人ヴァージル / エ・エーチ・ストロング[他]. 福音書店, 大正9.(宗教と文芸叢書; 第4篇)
10. 敬虔詩人テニソン / エ・エーチ・ストロング[他]. 福音書店, 大正9.(宗教と文芸叢書; 第5篇)

11. 楽天詩人ブラウニング / エ・エーチ・ストロング[他]. 福音書店, 大正9.(宗教と文芸叢書; 第6篇)
12. 青海歌集 / 佐藤清. 青海短歌会, 大正11.
13. 芸術論 / モリス[他]. 日進堂, 大正11.(近世文化叢書; 第1編)
14. 海乃詩集. 大正12年版 / 佐藤清. 上田書店, 大正12.
15. 宗教改革の詩人ミルトン / エ・エーチ・ストロング[他]. 福音書館[ほか], 大正12.(宗教と文芸叢書; 第7篇)
16. ダンテと「神曲」 / エ・エーチ・ストロング[他]. 福音書館[ほか], 大正12.(宗教と文芸叢書; 第8篇)
17. シエークスピア及び彼の普遍性 / エ・エーチ・ストロング[他]. 福音書館[ほか], 大正12.(宗教と文芸叢書; 第9篇)
18. 詩人としてのエマスン / エ・エーチ・ストロング[他]. 福音書館[ほか]店, 大正12.(宗教と文芸叢書; 第10篇)
19. 雲に鳥 / 佐藤清. 柴田書店, 昭和4.
20. 緋文字 / ホーソン[他]. 岩波書店, 昭和4.(岩波文庫; 480-482)
21. 文学汎論 / 佐藤清. 四条書房, 昭和6.
22. 新文学評論 / 佐藤清. 東北書院, 昭和8.
23. 優しき少年 / [ホーソン][他]. 岩波書店, 昭和9.(岩波文庫; 1044-1045)
24. T.S.エリオット詩・研究 / 佐藤清. 研究社, 昭和12.
25. 折蘆集 / 佐藤清. 作品社, 昭和13.(作品文庫).
26. 碧靈集 / 佐藤清. 人文社, 1942.10.
27. ワーズワース詩抄 / 佐藤清. 新月社, 昭和23.(英米名著叢書).
28. 緋文字 / ホーソン[他]. 岩波書店, 昭和23.(岩波文庫; 480-482)
29. ワーヅワース詩抄 / 佐藤清. 新月社, 1948, 再版.(英米名著叢書)
30. シェリー / 佐藤清. 世界評論社, 昭和24.(世界文学はんどぶつく)
31. シェリー / 佐藤清. 世界評論社, 1949.(世界文学はんどぶっく)
32. キーツ書簡集 / 佐藤清. 岩波書店, 1952.(岩波文庫)
33. キーツ研究 / 佐藤清. 北星堂書店, 1953.
34. 史詩聖徳太子 / 佐藤清. 「創造」發行所, 1953.10.
35. 緋文字 / ホーソン[他]. 岩波書店, 1955, 改訳版, 27刷.(岩波文庫)
36. おもとみち / 佐藤清[他]. 書肆ユリイカ, 1960.
37. 佐藤清遺稿詩集. 詩声社, 1961.
38. 佐藤清全集. 第1. 詩声社, 1964.

寺井邦男 ‖ テライ, クニオ

1. ハウス・オヴ・コブウェブズ / ギツシング[他]. 広文堂書店, 大正15.

2. 英国小説研究 / 寺井邦男. 健文社, 昭和9.

中島文雄(1904~99) ‖ ナカジマ, フミオ

1. 英語学パンフレット. 第15編 / 市河三喜. 研究社, 昭和9.
2. 研究社英米文学語学講座. 第37, 64 / 研究社. 研究社, 昭和16?
3. 英語の常識 / 中島文雄. 研究社, 1944.
4. 日本精神と西欧精神 / 中島文雄. 洋々書房, 昭和22.
5. 意味論 / 中島文雄. 研究社, 1948, 4版.
6. 文法の原理 / 中島文雄. 研究社出版, 1949.
7. 英語発達史 / 中島文雄. 岩波書店, 1951.(岩波全書; 第143)
8. 英語:文法と鑑賞 / 中島文雄. 開文社, 1951.
9. 英語の常識 / 中島文雄. 研究社出版, 1953, 補訂.
10. 近代英語とその文体 / 中島文雄. 研究社出版, 1953.(研究社新英米文学語学講座; 第16)
11. 英語学研究室 / 中島文雄. 研究社出版, 1956.(研究社選書)
12. 新スタンダード英和辞典 / 竹原常太[他]. 大修館書店, 1959.
13. 英文法シリーズ. 第1~3集 / 大塚高信, 岩崎民平, 中島文雄. 研究社, 1959.
14. 英文法の体系 / 中島文雄. 研究社出版, 1961.
15. 英語語原小辞典 / 中島文雄, 寺沢芳雄. 研究社辞書部, 1962.(研究社英語小辞典シリーズ)
16. エッセンシャル英文法 / イエスペルセン[他]. 千城書房, 1962.
17. 岩波英和大辞典 / 中島文雄. 岩波書店, 1970.
18. 概説言語学 / ノウエル・ミニス[他]. 三省堂, 1973.
19. 新コンサイス和英辞典 / 中島文雄. 三省堂, 1975.
20. 英語発達史 / 中島文雄. 岩波書店, 1979.1., 改訂版.(岩波全書; 143)
21. ディースターヴェーク/ロングマン英米制度・習慣事典 / 中島文雄. 秀文インターナショナル, 1979.2.
22. 英語の構造. 上, 下 / 中島文雄. 岩波書店, 1980.9.(岩波新書)
23. 岩波新英和辞典 / 中島文雄, 忍足欣四郎. 岩波書店, 1981.2.
24. 新コンサイス和英辞典 / 中島文雄. 三省堂, 1985.3., 第2版.
25. 大きな活字の新コンサイス和英辞典 / 中島文雄. 三省堂, 1985.5., 第2版.
26. 岩波新英和辞典 / 中島文雄, 忍足欣四郎. 岩波書店, 1987.2., 補訂版.
27. 日本語の構造 / 中島文雄. 岩波書店, 1987.5.(岩波新書)
28. 英語の時代に生きて / 中島文雄. 研究社出版, 1989.2.
29. 英語学とは何か / 中島文雄. 講談社, 1991.11.(講談社学術文庫)
30. 現代の英文法. 第4, 12巻 / 大塚高信, 中島文雄[他]. 研究社出版, 2000.7., 2001.1.
31. 英語発達史 / 中島文雄. 岩波書店, 2005.11., 改訂版.(岩波全書セレクション)

松月秀雄(1892~1993) ‖ マツズキ, ヒデオ

1. 個性教育 / 松月秀雄. 教育研究会, 大正11.(最新教育学叢書; 第1巻)
2. 適性教育 / 松月秀雄. 教育研究会, 大正13.
3. 手長足長個性教育膝栗毛 / 松月秀雄,東尾真三郎. 日東書院, 昭和5.
4. 現代の哲学的教育学的潮流 / 松月秀雄. モナス, 昭和7.
5. 学校令に現はれたる皇国教学の目的 / 松月秀雄. 修文館, 昭和18.

田花爲雄(1896년생) ‖ タバナ, タメオ

1. 各科教授学習精義 / 田花為雄. 教育研究会, 大正13.(最新教育学叢書; 第14巻)
2. 西洋教育史研究 / 田花為雄. 新思潮社, 1956.
3. 憧憬 / 田花為雄. 新思潮社, 1960.
4. ガウディヒ派教育学 / 田花為雄. 新思潮社, 1962.
5. 教育原論 / 田花為雄. 所書店, 1967.
6. 朝鮮郷約教化史の研究. 歴史編 / 田花為雄. 鳴鳳社, 1972.
7. 西洋教育史ノート. 第1~3冊 / 田花為雄. 所書店, 1974.~78.9.
8. 巡礼想感抄 / 田花為雄. 大協, 1979.2.
9. 言詠観帖 / 田花為雄. 田花為雄, 1979.8.
10. 西洋教育史ノート. 第4冊 / 田花為雄. 田花為雄, 1980.9.

島本愛之助 ‖ シマモト, アイノスケ

1. 欧米道徳教育の趨勢 / ジ・スピーラー[他]. 弘道館, 大正2.
2. 経済より見たる道徳 / 添田寿一, 島本愛之助. 目黒書店, 大正4.
3. 自然派の倫理学 / 島本愛之助. 目黒書店, 大正8.
4. 人格の出発 / 島本愛之助. 日進堂, 大正11.
5. 英国の政治道徳の基調としての功利主義の発達 / 島本愛之助. 東京宝文館, 1925.(倫理叢書; 第1編)

小島軍造(1901년생) ‖ コジマ, グンゾウ

1. 民族性の本質に就て / オトマル・シユパン[他]. 日独文化協会, 昭和8.
2. 民主主義教育の哲学的基礎づけ / 小島軍造. 国際基督教大学教育研究所, 1959.
3. 民主主義の倫理と教育 / 小島軍造. 理想社, 1962.

白井成允(1888~1973) ‖ シライ, シゲノブ

1. カント著作集. 第8 / カント. 岩波書店, 大正15.

2. 鹿山遺稿. 巻上, 下 / 白井鹿山[他]. [白井成允], [昭和4].
3. 信仰とその反省 / 白井成允. 大雄閣, 昭和4.
4. 信仰と生活 / 白井成允. 白蓮社, 昭和6.
5. 善の実現 / 白井成允. 大雄閣, 昭和6.
6. 島地大等和上行実 / 白井成允. 明治書院, 昭和8.
7. 日本精神叢書. 第16 / 文部省思想局. 日本文化協会, 昭和12.
8. 人格の理想 / 白井成允. 百華苑, 昭和22.(百華選書)
9. 歎異抄領解 / 白井成允. 大蔵出版, 1951.(大蔵文庫; 第2)
10. 人類の平和について / 白井成允. 永田文昌堂, 1952.
11. 道徳哲学 / カント[他]. 岩波書店, 1954.(岩波文庫)
12. 十七条憲法講讃 / 白井成允. 百華苑, 1955.
13. 聞法録 / 白井成允. 百華苑, 1966.
14. 三経義疏の倫理学的研究 / 白井成允. 百華苑, 1970.
15. 正信偈私解 / 白井成允. 百華苑, 1972.
16. 親鸞聖人の聖徳太子奉讃 / 白井成允. 聖徳太子会, 1973.
17. 歎異抄領解 / 白井成允. 新訂版. 大蔵出版, 1988.10.
18. 島地大等和上行実 / 白井成允. 大空社, 1993.9.(伝記叢書; 129)

宮島克一 ‖ ミヤジマ, カツイチ

1. 新存在論 / ニコライ・ハルトマン / 長屋喜一, 宮島克一 共訳. 刀江書院, 昭和16.
2. 宣長の哲学 / 宮島克一. 高山書院, 昭和18.(哲学新書)

速水滉(1876~1943) ‖ ハヤミ, ヒロシ

1. ビネー氏人格変換論 / 速水滉. 育成会, 明治34.1.(心理学書解説; 分冊第8)
2. 心理学 / 速水滉. 博文館, 明治35.10.(帝国百科全書; 第89編)
3. 心理学 / 速水滉. 博文館, 1906, 10版.
4. 現代の心理学 / 速水滉. 不老閣書房, 大正3.
5. 論理学 / 速水滉. 岩波書店, 大正6.(哲学叢書; 第4編)
6. 速水博士還暦記念心理学哲学論文集 / 黒田亮. 岩波書店, 昭和12.
7. 論理学 / 速水滉. 岩波書店, 1948, 増訂改版 21版.(哲学叢書; 第4編)

天野利武(1904~80) ‖ アマノ, トシタケ

1. 比較過程の研究 / 天野利武. 三省堂, 昭和19.
2. 比較の心理 / 天野利武. 全国書房, 1949.
3. 一教育長の回顧 / 天野利武. 民主教育協会, 1956.(IDE教育選書; 第8冊)

4. 日本人の国民性と教育 / 天野利武. 民主教育協会, 1960.(IDE教育選書; 第37)
5. チッタゴン地方の丘陵人 / 大阪大学東パキスタン総合学術調査隊. 大阪大学, 1965.
6. 遅明録. 天野利武先生追悼出版会, 1982.12.

黑田亮(1890~1947) ‖ クロダ, リョウ

1. 家庭の幸福 / トルストイ[他]. 内外出版協会, 大正2.
2. 滑稽綴之軍書 / 黒田亮. 黒田亮, 昭和7.(痩松園叢書; 第1編)
3. 勘の研究 / 黒田亮. 岩波書店, 昭和8.
4. 野の花 / 黒田亮. 黒田亮, 昭和9.
5. 心理学概説 / 黒田亮. 三省堂, 昭和9序.
6. 痩松園随筆 / 黒田亮. 三省堂, 昭和9.
7. 徒然草分類索引 / 黒田亮. 岩波書店, 昭和11.
8. 動物心理学 / 黒田亮. 三省堂, 昭和11.
9. 徒然草分類索引 / 黒田亮. 岩波書店, 1936.
10. 速水博士還暦記念心理学哲学論文集 / 黒田亮. 岩波書店, 昭和12.
11. 痩松園文庫善本目録 / 黒田亮. 痩松園, 昭和14.(痩松園叢書; 第3輯)
12. 朝鮮旧書考 / 黒田亮. 岩波書店, 昭和15.
13. 心の世界 / 黒田亮. 三省堂, 昭和18.
14. 唯識心理学 / 黒田亮. 小山書店, 昭和19.
15. 支那心理思想史 / 黒田亮. 小山書店, 昭和23.
16. 心理学概論 / 黒田亮. 三省堂出版, 1948, 再版.

和田陽平(1907~88) ‖ ワダ, ヨウヘイ

1. 心理学 / 真辺春蔵,和田陽平. 三和書房, 1950.
2. 音響心理学 / 和田陽平. 創元社, 1950.(心理学全書; 第4巻)
3. 感覚・知覚心理学ハンドブック / 和田陽平, 大山正, 今井省吾. 誠信書房, 1969.

安倍能成(1883~1966) ‖ アベ, ヨシシゲ

1. 大思想家の人生観 / オイケン[他]. 東亜堂書房, 大正1.
2. この人を見よ / ニーチエ[他]. 南北社, 大正2.
3. 予の世界 / 安倍能成. 東亜堂書房, 大正2.
4. 無用語 / 安倍能成. 日月社, 大正3.(現代百科文庫文芸思潮叢書; 第3編)
5. 人及芸術家としてのトルストイ並にドストイエフスキー / メレジユコーフスキー[他]. 玄黄社, 大正3.
6. 大思想家之人生観 / ルドルフ・オイケン[他]. 東亞堂書房, 1914.9., 6版.

7. 西洋古代中世哲学史 / 安倍能成. 岩波書店, 大正5.(哲学叢書; 第5編)
8. 西洋近世哲学史 / 安倍能成. 岩波書店, 大正6.(哲学叢書; 第10編)
9. 道徳哲学原論 / カント[他]. 岩波書店, 大正8.
10. ルナン氏耶蘇傳 / ルナン[他]. 三星社出版部, 1921.11., 7版.
11. 梁川全集. 第10巻 / 綱島梁川. 春秋社, 大正12.
12. カントの実践哲学 / 安倍能成. 岩波書店, 大正13.
13. 芭蕉俳句研究. 続 / 安倍能成. 岩波書店, 大正13.
14. 思想と文化 / 安倍能成. 高陽社, 大正13.
15. 山中雑記 / 安倍能成. 岩波書店, 大正13.
16. 大思想家の人生観 / ルドルフ・オイケン[他]. 岩波書店, 大正14.
17. 綱島梁川集 / 安倍能成. 岩波書店, 昭和2.(岩波文庫; 102-103)
18. 大思想家の人生観 / ルドルフ・オイケン[他]. 岩波書店, 1927
19. ケーベル博士随筆集 / 久保勉[他]. 岩波書店, 昭和3.(岩波文庫; 254-255)
20. この人を見よ / ニーチエ[他]. 岩波書店, 昭和3.(岩波文庫; 430-431)
21. 七大哲人 / ルードルフ・オイケン[他]. 岩波書店, 昭和3.(岩波文庫; 298-299)
22. 西洋近世哲学史 / 安倍能成. 岩波書店, 昭和4, 37版.(哲学叢書; 第10編)
23. 青丘雑記 / 安倍能成. 岩波書店, 昭和7.
24. カント著作集. 第5. 岩波書店, 昭和7.
25. ギリシヤとスカンデイナ[ヴィ]ヤ / 安倍能成. 小山書店, 昭和8.
26. 静夜集 / 安倍能成. 岩波書店, 昭和9.
27. スピノザ倫理学 / 安倍能成. 岩波書店, 昭和10.(大思想文庫; 第10)
28. 草野集 / 安倍能成. 岩波書店, 昭和11.
29. 耶［ソ］傳 / ルナン[他]. 日高有倫堂, 1936.2.
30. 孟子・荀子 / 安倍能成. 岩波書店, 昭和12.(大教育家文庫; 第2)
31. 美的教育論 / シラー[他]. 岩波書店, 昭和13.(哲学古典叢書; 第8)
32. 寺田寅彦全集. 文学篇 第1～16巻 / 安倍能成. 岩波書店, 昭和11～13.
33. 朝暮抄 / 安倍能成. 岩波書店, 1938.10.
34. ケーベル博士随筆集 / 久保勉[他]. 岩波書店, 昭和14, 改訂版.(岩波文庫; 254-255)
35. 青年と教養 / 安倍能成. 岩波書店, 昭和15.
36. 芸術の国と自然の国 / 安倍能成. 小山書店, 1941.8.
37. 時代と文化 / 安倍能成. 岩波書店, 1941.3.
38. 自然・人間・書物 / 安倍能成. 岩波書店, 昭和17.
39. 巷塵抄 / 安倍能成. 小山書店, 1943.
40. 西遊抄 / 安倍能成. 小山書店, 昭和19.
41. 戦中戦後 / 安倍能成. 白日書院, 昭和21.
42. 新しき人々のために / 安倍能成[他]. 有恒社, 昭和22.

43. 權域抄 / 安倍能成. 斎藤書店, 昭和22.
44. 思索再興 / 安倍能成. 有恒社, 昭和23.
45. 一日本人として / 安倍能成. 白日書院, 昭和23.
46. 西洋道徳思想史 / 安倍能成. 角川書店, 昭和23.
47. 能楽雑叢 / 安倍能成. 斎藤書店, 昭和23.
48. 一青年科学者の手記 / 安倍亮[他]. 白日書院, 昭和23.
49. 思索再興 / 安倍能成. 有恒社, 1948.
50. カントの実践哲学 / 安倍能成. 勁草書房, 1948.
51. 西洋古代中世哲学史 / 安倍能成. 岩波書店, 1948, 改訂版, 23版.(哲学叢書; 第5編)
52. 安倍能成選集. 第1~3, 5巻. 小山書店, 昭和23~24.
53. 文化・思想・哲学 / 安倍能成. 勁草書房, 1949.
54. 私の歩み / 安倍能成. 要書房, 1949.
55. 天皇の印象 / 安倍能成. 創元社, 1949.
56. シムポジオン対立を超えて / 安倍能成. 養徳社, 1950.
57. 平和への念願 / 安倍能成. 岩波書店, 1951.
58. わが師わが友 / 安倍能成. 筑摩書房, 1951.
59. 一リベラリストの言葉 / 安倍能成. 勁草書房, 1953.
60. この人を見よ / ニーチェ[他]. 岩波書店, 1953, 22刷.(岩波文庫)
61. 山中雑記 / 安倍能成. 角川書店, 1954, 2版.(角川文庫)
62. 岩波茂雄伝 / 安倍能成. 岩波書店, 1957.
63. 狩野亨吉遺文集 / 安倍能成. 岩波書店, 1958.
64. 戦後の自叙伝 / 安倍能成. 新潮社, 1959.
65. 椋鳩十集 / 椋鳩十. ポプラ社, 1965.8.(新日本少年少女文学全集)
66. 人生をどう生きるか / 安倍能成. 講談社, 1966.(講談社現代新書)
67. 我が生ひ立ち / 安倍能成. 岩波書店, 1966.
68. 東洋城全句集 / 松根東洋城[他]. 東洋城全句集刊行会, 1966~67.
69. 狩野亨吉遺文集 / 安倍能成. 岩波書店, 1967.4.
70. 涓涓集 / 安倍能成. 岩波書店, 1968.
71. ドストエフスキイ文献集成. 第2巻 / 井桁貞義, 本間暁. 大空社, 1995.12.
72. 安倍能成選集. 第1~5巻 / 安倍能成. 日本図書センター, 1997.9.
73. 赤い鳥代表作集. 第1~6巻 / 安倍能成, 小宮豊隆[他]. 小峰書店, 1998.4., 新版.
74. 安倍能成 / 安倍能成. 日本図書センター, 2003.1.(人間の記録; 149)

田辺重三(1895~1975) ‖ タナベ, ジュウゾウ

1. リッケルト歴史哲学 / リツケルト[他]. 大村書店, 大正11.

2. 哲学論文集 / 田辺重三. 岩波書店, 昭和2.
3. カント著作集. 第10. 岩波書店, 昭和4.
4. 哲学論叢. 29. 岩波書店, 昭和4.

宮本和吉(1883년생) ‖ ミヤモト, ワキチ

1. 新理想主義の哲学 / ルドルフ・オイケン[他]. 内田老鶴圃, 大正2, 訂再版.
2. 実践理性批判 / カント[他]. 岩波書店, 大正7.
3. 岩波哲学辞典 / 宮本和吉. 岩波書店, 大正11.
4. カント研究 / 宮本和吉. 岩波書店, 昭和16.
5. 哲学概論 / 宮本和吉. 岩波書店, 1949, 11版.(哲学叢書; 第3編)

藤塚鄰(1879년생) ‖ フジツカ, チカシ

1. 孫子新釈 / 藤塚鄰, 森西洲. 弘道館, 昭和18.
2. 日鮮清の文化交流 / 藤塚鄰. 中文館書店, 昭和22.
3. 論語総説 / 藤塚鄰. 弘文堂, 1949.
4. 清朝文化東伝の研究 / 藤塚鄰[他]. 国書刊行会, 1975.

阿部吉雄(1905~78) ‖ アベ, ヨシオ

1. 東方文化学院東京研究所経部礼類善本に就いて / 阿部吉雄.[東方文化学院東京研究所].
2. 語典 / 橋本重次郎, 阿部吉雄. 駸々堂書店, 昭和6.
3. 李退渓 / 阿部吉雄. 文教書院, 昭和19.(日本教育先哲叢書)
4. 山崎闇斎先生の学問 / 阿部吉雄. 山崎町, 1962.
5. 中国の哲学 / 阿部吉雄. 明徳出版社, 1964.
6. 旺文社漢和辞典 / 阿部吉雄. 旺文社, 1964, 2版.
7. 日本朱子学と朝鮮 / 阿部吉雄. 東京大学出版会, 1965.
8. 父のたより / 野村岳陽[他]. 野村工, 1967.
9. 荘子 / 阿部吉雄. 明徳出版社, 1968.(中国古典新書)
10. 旺文社漢和辞典 / 阿部吉雄. 旺文社, 1972.
11. 李退渓全集 / 李退渓[他]. 李退渓研究会, 1975.
12. 儒教の変遷と現況 / 阿部吉雄. 霞山会, 1977.3.
13. 旺文社漢和辞典 / 赤塚忠, 阿部吉雄. 旺文社, 1980.11., 新版.
14. 東アジアの思想と文化 / 韓国研究院. 図書文献センター, 1980.11.
15. 老子 / 阿部吉雄, 山本敏夫[他]. 明治書院, 1996.7.(新書漢文大系; 2)

秋葉隆(1888~1954) ‖ アキバ, タカシ

1. 社会原力の理論 / シモン・パツテン[他]. 社会学研究会, 大正11.(社会学叢書; 第5)
2. 朝鮮巫俗の研究. 上巻 / 赤松智城, 秋葉隆. 大阪屋号書店, 昭和13.
3. 満蒙の民族と宗教 / 赤松智城, 秋葉隆. 大阪屋号書店, 昭和16.
4. 朝鮮巫俗の現地研究 / 秋葉隆. 養徳社, 1950.
5. 朝鮮民俗誌 / 秋葉隆. 六三書院, 1954.
6. 朝鮮巫俗の研究. 上, 下巻 / 赤松智城, 秋葉隆. 大空社, 1997.4.(アジア学叢書; 24, 25)

赤松智城(1886~1960) ‖ アカマツ, チジョウ

1. 現代哲学に於ける科学と宗教 / エミル・ブートルー[他]. 博文館, 大正8.
2. 宗教史概論. 上巻 / シー・エッチ・トーイ[他]. 博文館, 大正11.
3. 輓近宗教学説の研究 / 赤松智城. 同文館, 昭和4.
4. 文科大学講座. 第5巻 / 小原国芳. イデア書院, 昭和4.
5. 宗教史方法論 / 赤松智城. 共立社, 昭和7.
6. 尚白斎詩集 / 赤松照幢[他]. 赤松智城, 昭和12.
7. 朝鮮巫俗の研究. 上巻 / 赤松智城, 秋葉隆. 大阪屋号書店, 昭和13.
8. 満蒙の民族と宗教 / 赤松智城, 秋葉隆. 大阪屋号書店, 昭和16.
9. 山口大学文理学部赤松文庫図書目録. 山口大学附属図書館文理学部分館, 1954.

佐藤泰舜(1890년생) ‖ サトウ, タイシュン

1. 夢窓国師夢中問答 / 疎石[他]. 岩波書店, 昭和9.(岩波文庫; 1046-1047)
2. 大乗精神講話 / 佐藤泰舜. 緑旗聯盟, 昭和12.
3. 修証義と生活指導 / 佐藤泰舜. 教育新潮社, 1966.(昭和仏教全集; 第2部 9)
4. 夢中問答 / 夢窓国師[他]. 岩波書店, 1971.(岩波文庫)
5. 禅の修証義 / 佐藤泰舜. 誠信書房, 1975.

上野直昭(1882~1973) ‖ ウエノ, ナオテル

1. 精神科学の基本問題 / 上野直昭. 岩波書店, 大正5.(哲学叢書; 第8編)
2. 上代の彫刻 / 上野直昭[他]. 朝日新聞社, 昭和17.
3. 美と崇高との感情性に関する観察 / イマヌエル・カント[他]. 岩波書店, 1948.(岩波文庫)
4. 日本美術史. 上代篇 / 上野直昭. 河出書房, 1949.
5. 絵巻物研究 / 上野直昭. 岩波書店, 1950.
6. 日本美術の話 / 上野直昭. 宝文館, 1952.(NHK教養大学; 第14)
7. 日本彫刻図録 / 上野直昭, 坂本万七. 朝日新聞社, 1957.
8. 邂逅 / 上野直昭. 岩波書店, 1969.

9. 上野直昭日記 / 上野直昭. ぎょうせい, 1997.3.(東京芸術大学百年史; 東京美術学校篇 第3巻 別巻)

田中豊藏(1881년생) ‖ タナカ, トヨゾウ

1. 東洋美術談叢 / 田中豊蔵. 朝日新聞社, 1949.
2. 日本美術の研究 / 田中豊蔵. 二玄社, 1960.
3. 中国美術の研究 / 田中豊蔵. 二玄社, 1964.

田中梅吉(1883년생) ‖ タナカ, ウメキチ

1. グリンム研究. 語学篇 / 田中梅吉. 矢代書店, 昭和22.
2. ゲーテ童話全集 / ゲーテ[他]. 東京堂, 昭和24.
3. 祖稿グリム童話全集 / ヤコブ・グリム, ウィルヘルム・グリム[他]. 東京堂, 昭和24.
4. 総合詳説日独言語文化交流史大年表 / 田中梅吉. 三修社, 1968.

田保橋潔(1897~1945) ‖ タボハシ, キヨシ

1. 近代日本外国関係史 / 田保橋潔. 刀江書院, 昭和5.
2. 近代日支鮮関係の研究 / 田保橋潔. 京城帝国大学, 1930.(京城帝国大学法文学部研究調査冊子; 第3輯)
4. 明治外交史 / 田保橋潔. 岩波書店, 1934.(岩波講座)
5. 近代日鮮関係の研究 / 田保橋潔. 朝鮮総督府中枢院, 昭和15.
6. 梅花白屋詩文. 上, 中, 下巻 / 田保橋四朗明卿[他]. 田保橋潔, 昭和18.
7. 日清戦役外交史の研究 / 田保橋潔. 刀江書院, 1951.(東洋文庫論叢; 第32)
8. 近代日鮮関係の研究. 上, 下巻 / 田保橋潔. 文化資料調査会, 1963, 64.
9. 朝鮮統治史論稿 / 田保橋潔. 成進文化社, 1972.

松本重彦(1887년생) ‖ マツモト, シゲヒコ

1. 最近四年間官立学校入学試験歴史地理試験問題解答 / 松本重彦, 中村茂. 東華堂書店, 大正5.
2. 独修医薬羅甸語自在 / 松本重彦. 文光堂書店, 大正6.
3. なるほど / 松本重彦, 伊藤尚賢. 一誠社, 大正8.
4. 現代国語辞書 / 松本重彦. 一誠社, 大正12.
5. アジアに於ける重なる言語 / 中目覚, 松本重彦. 天理教道友社, 昭和2.(講習会叢書; 第6輯)
6. 訳註大日本史. 第3, 4巻 / 徳川光圀[他]. 訳註大日本史刊行会, 1969, 70.

今西龍(1875~1932) ‖ イマニシ, リュウ

1. 宣和奉使高麗図経. 巻1~40 / 徐兢[他]. 今西春秋, 1932.
2. 新羅史研究 / 今西竜. 近沢書店, 昭和8.
3. 百済史研究 / 今西竜. 近沢書店, 1934.
4. 朝鮮史の栞 / 今西竜. 近沢書店, 1935, 36.
5. 朝鮮古史の研究 / 今西竜. 近沢書店, 1937.
6. 今西文庫目録. 京都大学文学部図書室, 1959.
7. 今西博士蒐集朝鮮関係文献目録 / 原三七. 書籍文物流通会, 1961.
8. 高麗及李朝史研究 / 今西竜[他]. 国書刊行会, 1974.

藤田亮策(1892~1960) ‖ フジタ, リョウサク

1. 瀋陽状啓 / 藤田亮策, 田川孝三. 京城帝国大学法文学部, 昭和10.(奎章閣叢書; 第1)
2. 朝鮮古文化綜鑑. 第1~4巻 / 梅原末治, 藤田亮策. 養徳社, 1946~66.
3. 朝鮮考古学研究 / 藤田亮策. 高桐書院, 昭和23.
4. 朝鮮の歴史 / 藤田亮策. 福村書店, 昭和28.(アジアの歴史文庫)
5. 考古学の調査法 / 藤田亮策. 古今書院, 1958.(形成選書)
6. 朝鮮学論考 / 藤田亮策. 藤田先生記念事業会, 1963.
7. 長者ケ原 / 藤田亮策, 清水潤三. 糸魚川市教育委員会, 1964.
8. 考古学 / 藤田亮策. 国書刊行会, 1976.
9. 日本考古学選集. 19. 築地書館, 1981.11.

小田省吾(1871~1953) ‖ オダ, ショウゴ

1. 朝鮮文廟及陞廡儒賢 / 小田省吾, 魚允迪. 朝鮮史学会, 1924.3.
2. 朝鮮史大系. 上世史, 中世史, 近世史, 最近世史, 年表 / 小田省吾. 朝鮮史学会, 昭和2
3. 朝鮮小史 / 小田省吾. 魯庵記念財団, 昭和6.
4. 小田先生頌寿記念朝鮮論集 / 小田先生頌寿記念会. 大阪屋号書店, 1934.
5. 辛未洪景来乱の研究 / 小田省吾. 小田先生頌寿記念会, 1934.
6. 徳寿宮史 / 小田省吾. 李王職, 1938.5.
7. 朝鮮史大系. 1, 4. 原書房, 1975, 1976.(ユーラシア叢書; 9, 12)

末松保和(1904~92) ‖ スエマツ, ヤスカズ

1. 李朝実録考略 / 末松保和. [出版者不明], 刊.
2. 近世に於ける北方問題の進展 / 末松保和. 至文堂, 昭和3.(国史研究叢書; 第6編)
4. 新増東国輿地勝覧索引 / 末松保和. 朝鮮総督府中枢院, 昭和12.

5. 東国輿地勝覧索引. 続編 / 末松保和. 朝鮮総督府中枢院, 昭和15, 新増.
6. 朝鮮歴代実録一覧 / 末松保和. 京城大学附属図書館, 昭和17.
7. 任那興亡史 / 末松保和. 大八洲出版, 昭和24.(大八洲史書)
8. 新羅史の諸問題 / 末松保和. 東洋文庫, 1954.(東洋文庫論叢; 第36)
9. 任那興亡史 / 末松保和. 増訂版. 吉川弘文館, 1956.
10. 朝鮮封建時代農民の階級構成 / 金錫亨[他]. 学習院東洋文化研究所, 1960.
11. 訓読吏文. 巻之2~4 / 前間恭作[他]. 極東書店, 1962.
12. 日本上代史管見 / 末松保和. 笠井出版印刷社, 1963.
13. 青丘史草. 第1 / 末松保和. 末松保和, 1965.
14. 朝鮮研究文献目録. 1868~1945 / 末松保和. 東京大学東洋文化研究所附属東洋学文献センター刊行委員会, 1970.(東洋学文献センター叢刊; 第7~9, 12, 15~17輯)
15. 三国遺事 / 一然[他]. 国書刊行会, 1974.
16. 訓読吏文 / 前間恭作[他]. 国書刊行会, 1975.
17. 朝鮮研究文献目録. 1868~1945 / 末松保和. 汲古書院, 1980.2.(東洋学文献センター叢刊影印版; 5, 6)
18. 末松保和朝鮮史著作集. 1~6. 吉川弘文館, 1995.10.~97.1.

大谷勝眞(1885년생)

1. 東洋史論叢 / 池内宏. 岩波書店, 大正14.
2. 小田先生頌寿記念朝鮮論集 / 小田先生頌寿記念会. 大阪屋号書店, 1934.
3. 服部先生古稀祝賀記念論文集 / 服部先生古稀祝賀記念論文集刊行会. 富山房, 1936.
4. 山下先生還暦記念東洋史論文集 / 楳渓会. 六盟館, 昭和13.
5. 京城帝国大学文学会論纂. 第1~8輯 / 京城帝国大学文学会. 岩波書店, 昭和10~14.
6. 大陸文化研究 / 京城帝国大学大陸文化研究会. 岩波書店, 昭和15.
7. 池内博士還暦記念東洋史論叢 / 池内博士還暦記念東洋史論叢刊行会. 座右宝刊行会, 昭和15.
8. 史学論叢. 第[1]-2 / 京城帝国大学文学会. 岩波書店, 1938~41.
9. 新編東洋歴史. [서울대] 大谷勝眞, 東京: 明治書院, 1926.

松田壽男(1903~82) ∥マツダ, ヒサオ

1. 中央アジア史 / 松田寿男. [平凡社], [昭和年間].
2. 東洋史序説 / 松田寿男, 野原四郎. 四海書房, 昭和11.
3. 乾燥アジア文化史論 / 松田寿男, 小林元. 四海書房, 昭和13.
4. 中央亜細亜史・印度史 / 松田寿男, 小林元, 木村日紀. 平凡社, 1941, 6版.
5. 漠北と南海 / 松田寿男. 四海書房, 昭和17.(アジア史撰聚)
6. 遊牧民の歴史 / 松田寿男. 福村書店, 昭和27.(アジアの歴史文庫)

7. 世界史図説大系 / 松田寿男. 福村書店, 1955.
8. 図説世界史 / 松田寿男. 福村書店, 昭和31.(少年少女文庫)
9. アジア史概説 / 松田寿男. 河出書房, 1956.
10. 古代天山の歴史地理学的研究 / 松田寿男. 早稲田大学出版部, 1956.
11. 世界地理図説大系 / 松田寿男. 福村書店, 1957.
12. 東西文化の交流 / 松田寿男. 至文堂, 1962.(世界史新書)
13. 楼蘭 / A.ヘルマン[他]. 平凡社, 1963.(東洋文庫; 1)
14. アジア歴史地図 / 松田寿男, 森鹿三. 平凡社, 1966.
15. 砂漠の文化 / 松田寿男. 中央公論社, 1966.(中公新書)
16. 世界文化史 / 松田寿男. 通信教育大学講座, 1967.7.(大學講座; 4巻)
17. 世界の探検と開発 / 綜合文化史研究会[他]. 日米通信社, 1967.1.
18. 古代天山の歴史地理学的研究 / 松田寿男. 早稲田大学出版部, 1970, 増補版.
19. 丹生の研究 / 松田寿男. 早稲田大学出版部, 1970.
20. アジアの歴史 / 松田寿男. 日本放送出版協会, 1971.(NHK市民大学叢書; 21)
21. シルク・ロード紀行 / 松田寿男. 毎日新聞社, 1971.
22. 父と子世界史像を語る / 松田寿男, 松田知彬. 日本放送出版協会, 1974.
23. 古代の朱 / 松田寿男. 学生社, 1975.
24. 東西文化交流史 / 松田寿男博士古稀記念出版委員会. 雄山閣出版, 1975.
25. 松田寿男著作集. 第1~6巻 / 日比野丈夫. 六興出版, 1986.11.~87.7.
26. コータンの廃墟 / オーレル・スタイン[他]. 中央公論新社, 2002.9.(中公文庫)

鳥山喜一(1887~1959) ‖ トリヤマ, キイチ

1. 渤海史考 / 鳥山喜一. 奉公会, 1915.(奉公叢書; 第3編)
2. 黄河の水 / 鳥山喜一. 弥円書房, 大正14.
3. 東洋史観 / 鳥山喜一. 東京宝文館, 大正15.
4. 支那小史 / 鳥山喜一. 刀江書院, 1932, 改訂増補版, 15刷.
5. 満鮮文化史観 / 鳥山喜一. 刀江書院, 昭和10.
6. 北満の二大古都址 / 鳥山喜一. 京城帝国大学満蒙文化研究会, 1935.(京城帝国大学満蒙文化研究会報告; 第2冊)
7. 支那・支那人 / 鳥山喜一. 岩波書店, 昭和17.(岩波新書; 90)
8. 黄河の水 / 鳥山喜一. 中央文化社, 昭和23.
9. 失はれたる王国 / 鳥山喜一. 翰林出版, 1949.
10. アジアの歴史. 上, 下 / 鳥山喜一. 筑摩書房, 昭和28.(中学生全集; 87, 98)
11. 渤海史上の諸問題 / 鳥山喜一[他]. 風間書房, 1968.
12. 世界教養全集. 18. 平凡社, 1974.

金子光介(1888~1974) ∥ カネコ, コウスケ

1. 最近独逸の発展 / 金子光介. 赤城正蔵, 大正3.(アカギ叢書; 第108編)
2. 近代西洋文化史概観 / 金子光介. 世界思想社, 1954.

高橋幸八郎(1912년생) ∥ タカハシ, コウハチロウ

1. 近代社会成立史論 / 高橋幸八郎. 日本評論社, 1947.
2. 近代社会成立史 / 高橋幸八郎. 日本評論社, 1948.
3. 近代資本主義の成立 / 高橋幸八郎. 東大協同組合出版部, 1950.
4. 市民革命の構造 / 高橋幸八郎. 御茶の水書房, 1950.
5. 歴史と経済 / 高橋幸八郎. 御茶の水書房, 1951.(教養の書; 第9)
6. 島根県における株小作制度と田部家(鉄師)の構成並びに農地改革の影響 / 高橋幸八郎. 農政調査会, 1952.
7. 養蚕業の発達と地主制 / 高橋幸八郎, 古島敏雄. 御茶の水書房, 1958.(東京大学社会科学研究所研究報告; 第10集)
8. 西洋経済史講座. 第1~5 / 大塚久雄, 高橋幸八郎, 松田智雄. 岩波書店, 1960~62.
9. 土地所有の比較史的研究 / 高橋幸八郎. 東京大学出版会, 1963.
10. 産業革命の研究 / 高橋幸八郎. 岩波書店, 1965.(東京大学社会科学研究所研究報告; 第14集)
11. 市民革命の構造 / 高橋幸八郎. 御茶の水書房, 1966, 増補版.
12. 近代化の経済的基礎 / 高橋幸八郎, 古島敏雄. 岩波書店, 1968.
13. 日本近代化の研究. 上, 下 / 高橋幸八郎. 東京大学出版会, 1972.
14. 市民社会の経済構造 / 高橋幸八郎, 安藤良雄, 近藤晃. 有斐閣, 1972.(松田智雄教授還暦記念; 2)
15. 1789年—フランス革命序論 / ジョルジュ・ルフェーヴル[他]. 岩波書店, 1975.
16. 日本近代史要説 / 高橋幸八郎. 東京大学出版会, 1980.3.
17. 近代化の比較史的研究 / 高橋幸八郎. 岩波書店, 1983.6.

四方博(1900~73) ∥ シカタ, ヒロシ

1. 満州農業事情概説 / 三宅鹿之助, 大内武次, 四方博. 京城帝国大学満蒙文化研究会, 1934.(京城帝国大学満蒙文化研究会報告; 第1冊)
2. 万機要覧. 財用篇, 軍政篇 / 沈象奎, 徐栄輔[他]. 朝鮮総督府中枢院, 昭和12~13.
3. 朝鮮社会経済史研究 / 四方博. 国書刊行会, 1976.
4. [서울대] 四方博, 『四方博論文集』, 李相夏 編, 서울: 景文社, 1976.(서울대학교 중앙도서관 소장)
5. [서울대] 四方博, 『李朝人口에 關한 身分階級別的觀察』 梨花女子大學校 社會學科 編譯, 서울: 梨花女子大學校 出版部, 1962.(위의『朝鮮社会経済史研究』의 번역본)

6. [서울대] 四方博,『市場を通じて見たる朝鮮の經濟』/ 四方博 著.
7. [서울대] 四方博,『朝鮮に於ける大家族制と同族部落: その歴史的觀察の一試案』, 昭和12.
8. [서울대] 四方博,『李朝時代郷約の歴史と性格』.
9. [서울대] 四方博,『大邱戸口帳籍に就いて』.
10. [서울대] 四方博 編修筆稿,『類聚實錄抄 1~14』(영인본), 高麗書林, 1989.

鈴木武雄(1901~75) ‖ スズキ, タケオ

1. 戦後財政金融政策と簡保資金 / 鈴木武雄. 郵政省簡易保険局, [ ].
2. 世界経済と金解禁問題 / 鈴木武雄. 新興科学社, 昭和4.(新興学芸叢書)
3. [全国経済調査機関聯合会] 彙報. 別冊 第56号. 全国経済調査機関聯合会, [昭和7].
4. 朝鮮金融論十講 / 鈴木武雄. 帝国地方行政学会朝鮮本部, 1940.
5. 朝鮮の経済 / 鈴木武雄. 日本評論社, 昭和17.(経済全書; 13)
7. 朝鮮経済の新構想 / 鈴木武雄. 東洋経済新報社京城支局, 1942.
8. 再建日本経済研究のために / 鈴木武雄. 経緯書房, 昭和22.
9. 後経済の理論的諸問題 / 鈴木武雄. 実業之日本社, 昭和23.
10. 新しい経済の胎動 / 鈴木武雄. 同友社, 昭和23.
11. 市場理論 / 鈴木武雄. 河出書房, 昭和23.(社会主義経済学; 5)
12. 衣食住はどうなるか / 鈴木武雄. 旺文社, 1948.(生活文化シリーズ)
13. 安定恐慌論 / 鈴木武雄. 北隆館, 昭和24.
14. 社会化 / 鈴木武雄. 中央労働学園, 1949.(新労働文庫; 第4)
15. ドッジ・ライン / 鈴木武雄.時事通信社, 1950.
16. 経済原論 / ベルトラン・ノガロ[他]. 新人社, 1951.
17. 現代日本財政史. 上巻 / 鈴木武雄. 東京大学出版会, 1952.
18. 経済小辞典 / 鈴木武雄. ダイヤモンド社, 1952.
19. オカネの役割 / 鈴木武雄. 宝文館, 1953.(NHK教養大学; 第25)
20. お金と銀行 / 鈴木武雄. 偕成社, 1955.6.(新百科; 8)
21. 金融論 / 鈴木武雄. 弘文堂, 1956.(経済学全集; 第15)
22. 現代日本財政史. 中巻 / 鈴木武雄. 東京大学出版会, 1956.
23. 近代財政金融 / 鈴木武雄. 春秋社, 1957.(現代経済学全集; 第4巻)
24. 日本経済論 / 鈴木武雄, 原司郎. 高文社, 1958.(経済学ハンドブック; 第9)
25. 日本の借金 / 鈴木武雄. 至誠堂, 1959.(現代人叢書; 第5)
26. 金融財政講座. 第1~5巻 / 鈴木武雄. 有斐閣, 1960.
27. 現代財政学入門 / 鈴木武雄. 日本評論新社, 1960.
28. 財政学 / 鈴木武雄, 武田隆夫. 青林書院, 1960.(新経済学演習講座)
29. 現代日本財政史. 下巻 第1, 2 / 鈴木武雄. 東京大学出版会, 1960.

30. 金融財政講座. 第3巻 / 鈴木武雄. 有斐閣, 1961.
31. 財政学. 第1, 2 / 鈴木武雄, 武田隆夫. 青林書院, 1961.(新経済学演習講座)
32. 日本の財政 / 鈴木武雄. 至誠堂, 1961.(経済教室; 第13)
33. 経済成長と財政金融 / 鈴木武雄先生還暦記念論集編集委員会. 至誠堂, 1962.
34. 財政史 / 鈴木武雄. 東洋経済新報社, 1962.(日本現代史大系)
35. 日本の経済 / 大河内一男. 東洋経済新報社, 1963.
36. 円 / 鈴木武雄. 岩波書店, 1963.(岩波新書)
37. 近代財政金融 / 鈴木武雄. 春秋社, 1966, 新訂版.
38. 社会主義と財政 / 鈴木武雄. 三一書房, 1967.
39. おかねの話 / 鈴木武雄. 岩波書店, 1967.(岩波新書)
40. 戦後地方財政の展開. 日本評論社, 1968.
41. 最近における金融をめぐる諸問題 / 鈴木武雄. 郵政省簡易保険局資金運用課, 1969.
42. 金融緊急措置とドッジ・ライン / 鈴木武雄. 清明会出版部, 1970.(清明会新書; 4)
43. 機関投資家としてみた簡保資金 / 鈴木武雄, 原司郎, 志村嘉一. 郵政省簡易保険局資金運用課, 1970.
44. 円切上げと簡保資金 / 鈴木武雄. 郵政省簡易保険局資金運用課, 1971.(委託研究; 第8回報告 昭和45年度)
45. 西原借款資料研究. 東京大学出版会, 1972.
46. 資産選択と簡保資金 / 鈴木武雄, 江沢太一, 原司郎. 郵政省簡易保険局, 1972.
47. 低金利時代における簡保資金 / 鈴木武雄. 郵政省簡易保険局資金運用課, 1973.
48. 高金利・高物価時代における簡保資金 / 鈴木武雄. 郵政省簡易保険局資金運用課, 1974.
49. 日本経済の転換と簡保資金 / 鈴木武雄. 郵政省簡易保険局資金運用課, 1975.
50. 日本公債論 / 鈴木武雄. 金融財政事情研究会, 1976.
51. 鈴木武雄 / 鈴木武雄. 鈴木洋子, 1980.6.
52. 現代通貨論 / 鈴木武雄, 波多野真, 中央経済社, 1981.2.

三宅鹿之助 ‖ ミヤケ, シカノスケ

1. 満州農業事情概説 / 三宅鹿之助, 大内武次, 四方博. 京城帝国大学満蒙文化研究会, 1934.(京城帝国大学満蒙文化研究会報告; 第1冊)
2. 経済学体系. 上巻 / 三宅鹿之助, 高瀬浄, 四野宮三郎. コロナ社, 1960.

小田忠夫(1901~82) ‖ オダ, タダオ

1. ナチスの経済政策 / 小田忠夫. 東亜経済調査局, 1935.(経済資料; 第195)
2. 小田忠夫回想と追憶 / 小田忠夫[他]. 東北学院, 1983.5.

大內武次(1887년생) ‖ オオウチ, タケジ

1. 統計学 / 大内武次. 文信社, 大正13.
2. 農業政策 / 大内武次. 文信社, 大正13.
3. 経済史 / 大内武次. 明治堂書店, 大正14.
4. 満州農業事情概説 / 三宅鹿之助, 大内武次, 四方博. 京城帝国大学満蒙文化研究会, 1934.(京城帝国大学満蒙文化研究会報告; 第1冊)

藤田東三 ‖ フジタ, トウゾウ

1. 朝鮮親族法相続法 / 藤田東三. 大阪屋号書店, 1933.
2. 李朝実録朝鮮婚姻考 / 藤田東三. 大同印書館, 昭和16.

有泉亨(1906~99) ‖ アリイズミ, トオル

1. 労働争議の法理 / 有泉亨. 白日書院, 昭和23.(社会科学研究叢書; 2)
2. 労働者の企業参加 / 有泉亨. 中央労働学園, 1948.(新労働文庫; 第3)
3. 民法 / 有泉亨. 勁草書房, 1951.(「法学」叢書; 第4)
4. 労働争議 / 有泉亨, 沼田稲次郎, 峯村光郎. 勁草書房, 1954.
5. 売春 / 有泉亨, 団藤重光. 河出書房, 1955.(法学新書)
6. 夫婦の法律 / 有泉亨, 立石芳枝. 河出書房, 1955.(法学新書)
7. 就職から失業まで / 有泉亨, 青木宗也. 法政大学出版局, 1955.
8. 民法. 第3 / 我妻栄, 有泉亨. 一粒社, 1956.(法学テキスト; 第3)
9. 相続 / 有泉亨, 加藤一郎. 河出書房, 1956.(法学新書)
10. 給与・公営住宅の研究 / 有泉亨. 東京大学出版会, 1956.(東京大学社会科学研究所研究報告; 第9集)
11. 労働争議権の研究 / 有泉亨. 御茶の水書房, 1957.
12. 不法行為理論の操作的構成 / 有泉亨. 勁草書房, 1957.(法学選集; 第5)
13. 借地借家法の研究 / 有泉亨. 東京大学出版会, 1958.
14. 英米の労働組合 / 有泉亨, 桜林誠. 日本労働協会, 1959.(JIL文庫)
15. 親族法・相続法 / 有泉亨. 補正版. 弘文堂, 1959, 5版.(法律学講座)
16. 民法. 第1, 2, 3 / 有泉亨, 三島宗彦. 高文社, 1960, 61, 63.(法律学ハンドブック; 第3, 4, 6)
17. 集団住宅とその管理 / 有泉亨. 東京大学出版会, 1961.(東京大学社会科学研究所研究報告; 第13集)
19. 労働法辞典 / 有泉亨, 外尾健一. 一粒社, 1961.(法律小辞典全書; 第7)
20. 労働法演習 / 石井照久, 有泉亨. 有斐閣, 1961.
21. 暮らしの中の法律 / 有泉亨, 三淵嘉子, 渡辺道子. 読売新聞社, 1962.(暮らしの図書室)
22. 労働法大系. 第1~5 / 石井照久, 有泉亨. 有斐閣, 1963.

23. 民法. 第3 / 有泉亨, 西井竜生. 高文社, 1963.(法律学ハンドブック; 6)
24. 日本労使関係の研究 / 有泉亨. 東京大学出版会, 1963.
25. 労働基準法 / 有泉亨. 有斐閣, 1963.(法律学全集; 47)
26. 民法. 第2 / 我妻栄, 有泉亨. 一粒社, 1964, 新訂版.(法学テキスト; 第2)
27. 経営法学全集. 第2~19 / 石井照久, 有泉亨, 金沢良雄. ダイヤモンド社, 1965~69.
28. 労働時間の法律問題 / 有泉亨. 日本労働協会, 1966.
29. 双生のくるみ / 有泉亨. 日本評論社, 1966.
30. 経営法学全集. 第5, 11, 20 / 石井照久, 有泉亨, 金沢良雄. ダイヤモンド社, 1967.
31. 労働法概説 / 有泉亨. 有斐閣, 1967.(有斐閣双書)
32. ヨーロッパ諸国の団地管理 / 有泉亨. 東京大学出版会, 1967.(東京大学社会科学研究所研究報告; 第15集)
33. 職場の労働法. 第1, 2 / 石井照久, 有泉亨. 日本生産性本部, 1968.
34. 労働法基本判例集 / 有泉亨. 一粒社, 1970.(法学テキスト; 9)
35. 労働災害の法律相談 / 有泉亨. 有斐閣, 1971.(法律相談シリーズ; 12)
36. 日本の労使関係と法 / 有泉亨. 有斐閣, 1972.
37. 現代損害賠償法講座. 1~8. 現代日本評論社, 1972~76.
38. 採用と労務 / 中川善之助, 有泉亨. 第一法規出版, 1974.(実用法律事典; 11)
39. 追想の我妻栄 / 編集世話人: 有泉亨. 一粒社, 1974.
40. 民法. 3 / 有泉亨, 西井竜生. 高文社, 1974, 改訂版.(新法律学ハンドブック)
41. 労働法の解釈理論 / 編集代表: 沼田稲次郎. 有斐閣, 1976.
42. 生活変動と法 / 有泉亨. 日本放送出版協会, 1980.9.(新NHK市民大学叢書; 5)
43. 労働法演習. 1, 2 / 有泉亨. 有斐閣, 1981.12.~82.11., 新版.(有斐閣ブックス)
44. 全訂社会保障関係法. 1, 2 / 有泉亨, 中野徹雄. 日本評論社, 1982.12.~83.5.
45. 民法講義. 2 / 我妻栄. 岩波書店, 1983.5., 新訂 有泉亨補訂.
46. 全訂社会保障関係法. 5 / 有泉亨, 中野徹雄. 日本評論社, 1983.8.
47. 桃源郷 / 有泉亨. 一粒社, 1986.6.
49. 民法. 1~3 / 我妻栄, 有泉亨. 一粒社, 1992.2.~4., 第4版 川井健補訂.
50. コンメンタール民法総則 / 我妻栄, 有泉亨. 日本評論社, 1996.11., 新版 清水誠補訂.(コンメンタール民法; 1)
51. コンメンタール物権法 / 我妻栄, 有泉亨. 日本評論社, 1997.3., 新版 清水誠補訂.(コンメンタール民法; 2)
52. コンメンタール担保物権法 / 我妻栄, 有泉亨. 日本評論社, 1997.3., 新版 清水誠補訂.(コンメンタール民法; 3)
53. コンメンタール債権総則 / 我妻榮, 有泉亨. 日本評論社, 1997.8., 新版.(コンメンタール民法; 4)
54. コンメンタール契約法 / 我妻榮, 有泉亨. 日本評論社, 1998.4., 新版.(コンメンタール

民法; 5)
55. コンメンタール事務管理・不当利得・不法行為 / 我妻榮, 有泉亨. 日本評論社, 1998.11., 新版.(コンメンタール民法; 6)
56. 民法. 1~2 / 我妻榮, 有泉亨, 川井健. 勁草書房, 2003.11.
57. 民法. 3 / 我妻榮, 有泉亨, 遠藤浩. 勁草書房, 2003.11.
58. 我妻・有泉コンメンタール民法 / 我妻榮, 有泉亨, 清水誠, 田山輝明. 日本評論社, 2005.8.

松坂佐一(1898년생) ‖ マツザカ, サイチ

1. 履行補助者の研究 / 松坂佐一. 岩波書店, 昭和14.(京城帝国大学法学会叢刊; 第4)
2. 新しい民法 / 松坂佐一. 高須書房, 昭和23.
3. 債権者代位権の研究 / 松坂佐一. 有斐閣, 1950.
4. 不当利得論 / 松坂佐一. 有斐閣, 1953.
5. 民法提要. [第1~4] / 松坂佐一. 有斐閣, 1954~56.
6. 事務管理・不当利得 / 松坂佐一. 有斐閣, 1957.(法律学全集; 第22)
7. 大学の理念および使命について / 松坂佐一. 民主教育協会, 1961.(IDE教育資料; 第17集)
8. 債権者取消権の研究 / 松坂佐一. 有斐閣, 1962.
9. 事務管理・不当利得 / 松坂佐一. 有斐閣, 1973, 新版.(法律学全集; 22-1)
10. 英米法における不当利得 / 松坂佐一. 有斐閣, 1976.12.
11. 民法解釈の基本問題 / 松坂佐一. 名古屋大学出版会, 1985.12.
12. プラトンと法律 / 松坂佐一. 名古屋大学出版会, 1987.11.
13. 最近のドイツ不当利得法の概観 / 松坂佐一. 有斐閣, 1992.3.

津曲藏之丞(1900년생) ‖ ツマガリ, クラノジョウ

1. 労働法原理 / 津曲藏之丞. 改造社, 昭和7.
2. 労働法原理 / 津曲藏之丞. 改造社, 1932.
3. 日本統制経済法 / 津曲藏之丞. 日本評論社, 昭和17.
4. 勤労法の指導理念 / 津曲藏之丞. 産業図書, 昭和20.
5. 労働法総論 / 津曲藏之丞. 有信堂, 1954.(有信堂文庫)
6. 大衆のための労働法の基礎理論 / 津曲藏之丞. 有信堂, 1956.(文化新書)
7. 債権総論. 上巻 / 津曲藏之丞. 青林書院, 1959.(現代法学全書)

安田幹太(1900년생) ‖ ヤスダ, ミキタ

1. 司法資料. 第58号 / 司法省調査課. 司法省調査課, 大正13.
2. 司法資料. 第73号 / 司法省調査課. 司法省調査課, 大正14.

3. 司法資料. 第87, 88号 / 司法省調査課.司法省調査課, 大正15.
4. 司法資料. 第94号 / 司法省調査課. 司法省調査課, 大正15.
5. 司法資料. 第103号. 司法省調査課, 昭和2.
6. 民法雑考・借地借家法原理 / 安田幹太. 八幡大学法経学会, 1963.(法律学研究叢書; 第1号)
7. 民法論文集 / 安田幹太. 八幡大学社会文化研究所, 1970.
8. 賃借権の本質 / 安田幹太. 八幡大学社会文化研究所, 1973.
9. 安田民法学 / 松隈清. 八幡大学社会文化研究所, 1984.5.
10. 民法雑考 / 安田幹太. 九州大学出版会, 1986.4.

山中康雄(1908년생) ‖ ヤマナカ, ヤスオ

1. 市民社会と民法 / 山中康雄. 日本評論社, 昭和22.(法学叢書; 17)
2. 労働者権の確立 / 山中康雄. 春光社, 昭和23.
3. 市民社会と親族身分法 / 山中康雄. 日本評論社, 1948.(法学叢書; 第18)
4. 債権法総則講義 / 山中康雄. 巌松堂書店, 1948.
5. 民法と哲学 / 山中康雄. 朝倉書店, 1949.(法哲学叢書; 各論篇 第一巻)
6. 契約総論 / 山中康雄. 弘文堂, 1949.
7. 近代法の性格 / 山中康雄. 富士出版, 1949.(近代法学叢書)
8. 法の羈束力的権威 / 山中康雄. 日本評論社, 1950.
9. 供託論 / 山中康雄. 勁草書房, 1952.
10. 新法学概論 / 山中康雄. 法律文化社, 1952, 2版.(新文化叢書)
11. 債権総論 / 山中康雄. 巌松堂書店, 1953.
12. 民法総則講義 / 山中康雄. 青林書院, 1955.(青林全書)
13. 労働法の基礎理論 / 山中康雄. 勁草書房, 1956.(労働法学選書)
14. 現代法学読本 / 山中康雄. 法律文化社, 1964.
15. 法学概説 / 山中康雄. 法律文化社, 1970.
16. 近代法と現代法. 法律文化社, 1973.
17. 法学 / 山中康雄. 法律文化社, 1976.
18. 民法 / 山中康雄. 法律文化社, 1978.5.

栗原一男(1893년생)

* 자료 없음.

松岡, 修太郎(1896년생)

1. [서울대] 松岡修太郎.『朝鮮行政法提要: 總論』, 京城: 1944.

清宮四郎(1898년생) ‖ キヨミヤ, シロウ

1. 一般国家学 / ケルゼン[他]. 岩波書店, 昭和11.(京城帝国大学法学会翻訳叢書; 第1)
2. 憲法改正作用 / 清宮四郎. [有斐閣], 1938.
3. 外地法序説 / 清宮四郎. 有斐閣, 昭和19.(公法叢書; 3)
4. 新憲法と財政 / 清宮四郎[他]. 国立書院, 昭和23.
5. 権力分立制の研究 / 清宮四郎. 有斐閣, 1950.(法学選書)
6. 憲法要論 / 清宮四郎. 法文社, 1952.
10. 憲法改正の理論と実際 / 清宮四郎. 通信教育振興会, 1954.(教養の書; 第32)
11. ベルギー国憲法 / 清宮四郎. 有斐閣, 1955.(憲法正文シリーズ; 第3)
12. 憲法. 第1 / 清宮四郎, 宮沢俊義. 有斐閣, 1957.(法律学全集; 第3)
13. 憲法 / 清宮四郎. 青林書院, 1959.(新法律学演習講座)
14. 憲法事典 / 清宮四郎. 青林書院, 1959.
15. 憲法演習 / 清宮四郎, 佐藤功. 有斐閣, 1959.
16. 憲法. 第2 / [清宮四郎], 宮沢俊義. 有斐閣, 1959.(法律学全集; 第4)
17. 憲法要論 / 清宮四郎. 法文社, 1961, 全訂版, 2版.
18. 憲法講座. 第1~4巻 / 清宮四郎, 佐藤功. 有斐閣, 1963~64.
19. 憲法の諸問題 / 清宮四郎博士退職記念論文集刊行委員会. 有斐閣, 1963.
20. 憲法・行政法小事典 / 清宮四郎, 柳瀬良幹. 有信堂, 1964.(法律小事典シリーズ)
21. 続憲法演習 / 清宮四郎, 佐藤功. 有斐閣, 1967.
22. 国家作用の理論 / 清宮四郎. 有斐閣, 1968.
23. 憲法の理論 / 清宮四郎. 有斐閣, 1969.
24. 一般国家学 / ケルゼン[他]. 岩波書店, 1971, 改版.
25. 憲法. 1 / 清宮四郎. 有斐閣, 1971, 新版.(法律学全集; 3)
26. 憲法演習. 1~3 / 清宮四郎. 有斐閣, 1980.3.~11., 新版.(有斐閣ブックス)
27. 憲法演習. 1~3 / 清宮四郎. 有斐閣, 1987.8.~9., 新版 改訂版.(有斐閣ブックス)

鵜飼信成(1906~87) ‖ ウカイ, ノブシゲ

1. 戒厳令概説 / 鵜飼信成. 有斐閣, 昭和20.(戦時法叢書)
2. アメリカ法学の諸傾向 / 鵜飼信成. 新文芸社, 昭和23.
3. 官僚論・選挙制度・地方自治制 / 鵜飼信成, 宮沢俊義, 田中二郎. 三元社, 1948.(学生文庫; 第5)
4. 法と政治の研究 / 尾高朝雄, 鵜飼信成, 船田享二. 御茶の水書房, 1949.
5. 法律のはなし / 鵜飼信成. 三省堂出版, 昭和25.(社会科文庫; C 8)
6. 判事ホームズ物語. 上, 下巻 / カサリン・ドリンカー・ボーエン[他]. 法政大学出版局, 1950.

7. 法と国家 / ハンス・ケルゼン[他]. 東京大学出版会, 1952.
8. 憲法をつくる力とこわす力 / 鵜飼信成. みすず書房, 1952.(教養の書; 第20)
9. 行政法の歴史的展開 / 鵜飼信成. 有斐閣, 1952.(東京大学社会科学研究所研究叢書; 第1冊)
10. 現代アメリカ法学 / 鵜飼信成. 日本評論新社, 1954.(法学叢書; 第25)
11. アメリカ社会文化史. 上巻 / M.カーチ[他]. 法政大学出版局, 1954.
12. 憲法 / 鵜飼信成. 有斐閣, 1955.(らいぶらり・しりいず)
13. 憲法をつくる力とこわす力 / 鵜飼信成. 河出書房, 1955.(河出新書)
14. 比較政治叢書. 第1 / 鵜飼信成, 辻清明, 長浜政寿. 勁草書房, 1956.
15. 府県制度改革批判 / 田中二郎, 俵静夫, 鵜飼信成. 有斐閣, 1957.
16. 講座日本近代法発達史. 第1~11 / 鵜飼信成. 勁草書房, 1958~67.
17. パワー・エリート. 上 / C.W.ミルズ[他]. 東京大学出版会, 1958.
18. アメリカ社会文化史. 下巻 / M.カーチ[他]. 法政大学出版局, 1958.
19. 憲法 / 鵜飼信成, 奥平康弘. 高文社, 1959.(法律学ハンドブック; 第2)
20. 憲法行政法論集 / 鵜飼信成. 河出書房新社, 1960.(大学セミナー双書)
21. 要説憲法 / 鵜飼信成. 弘文堂, 1960.(法律学入門双書)
22. 憲法と裁判官 / 鵜飼信成. 岩波書店, 1960.(岩波新書)
23. 行政手続の研究 / 鵜飼信成. 有信堂, 1961.
24. 憲法の使命と運命 / 鵜飼信成. 有信堂, 1961.(文化新書)
25. 法律経済語大辞典 / 鵜飼信成. 光文書院, 1963.
26. 神と人との間 / 鵜飼信成. 弘文堂, 1966.
27. 道しるべ / ダグ・ハマーショルド[他]. みすず書房, 1967.
28. ケースブック憲法. 上 / 鵜飼信成. 有信堂, 1968.
29. 法律経済語大辞典 / 鵜飼信成. 光文書院, 1968, 改訂版.
30. 市民政府論 / ロック[他]. 岩波書店, 1968.(岩波文庫)
31. パワー・エリート. 下 / C.W.ミルズ[他]. 東京大学出版会, 1969.(UP選書)
32. 法とは何か / 鵜飼信成. 日本放送出版協会, 1969.(NHK市民大学叢書; 5)
33. 法と国家 / H.ケルゼン[他]. 東京大学出版会, 1969.(UP選書)
34. 都市形成の論理と住民 / 磯村英一, 鵜飼信成, 川野重任. 東京大学出版会, 1971.
35. ハンス・ケルゼン / 鵜飼信成, 長尾竜一. 東京大学出版会, 1974.(UP選書)
36. 人間と都市環境. 2 / 鵜飼信成, 川野重任. 鹿島出版会, 1975.
37. 法学入門 / 鵜飼信成, 金沢良雄, 山田晟. 有信堂, 1975.
38. 判事ホームズ物語. 上, 下巻 / C.D.ボーエン[他]. 法政大学出版局, 1977.12., 1978.1.(教養選書; 37, 38)
39. 憲法における象徴と代表 / 鵜飼信成. 岩波書店, 1977.5.
40. 法学・実定法入門 / 鵜飼信成. 北樹出版, 1978.3.
41. 公務員法 / 鵜飼信成. 有斐閣, 1980.6., 新版.(法律学全集; 7-2)

42. ホームズーラスキ往復書簡集 / M.D.ハウ[他]. 岩波書店, 1981.12.(岩波現代選書; 67)
43. 法と裁判をささえる精神 / 鵜飼信成. 岩波書店, 1983.11.
44. 司法審査と人権の法理 / 鵜飼信成. 有斐閣, 1984.7.
45. 憲法 / 鵜飼信成. 弘文堂, 1994.2. 新版.(法律学講座双書)
46. 道しるべ / ダグ・ハマーショルド[他]. みすず書房, 1999.5., 新装.

花村美樹(1894년생)

1. [서울대] 花村美樹.『(校訂)大明律直解』, 京城: 1936.
2. [서울대] 花村美樹.『法律論集』, 東京: 1933.

不破武夫(1899~1947) ‖ フワ, タケオ

1. 刑の量定に関する実証的研究 / 不破武夫. 巌松堂, 昭和14.
2. 刑の量定に関する実証的研究 / 不破武夫. 巌松堂, 昭和18, 訂補.
3. 刑法総論講義案 / 不破武夫. 巌松堂書店, 昭和23.
4. 刑事責任論 / 不破武夫. 弘文堂, 1948.
5. 魔女裁判 / 不破武夫. 巌松堂, 1948.
6. 刑法総論講義案 / 不破武夫. 巌松堂書店, 1948.
7. 刑事法上の諸問題 / 不破武夫. 弘文堂, 1950.
8. 刑法総論 / 不破武夫, 井上正治. 酒井書店, 1955.
9. 刑法総論 / 不破武夫, 井上正治. 酒井書店, 1967, 14版.
10. 刑事責任論 / 不破武夫, 清水弘. 文堂書房, 1968.

竹井廉(1888년생) ‖ タケイ, キヨシ

1. 戦時海運管理の構想 / 竹井廉. 辰馬海事記念財団, 昭和18.

西原寛一(1899년생) ‖ ニシハラ, カンイチ

1. 銀行法解説 / 西原寛一. 日本評論社, 1927.
2. 商事法研究叢書. 第2 / 小町谷操三. 有斐閣, 昭和13.
3. 手形交換法論 / 西原寛一. 岩波書店, 昭和17.(京城帝国大学法学会叢刊)
4. 日本商法論. 第1巻 / 西原寛一. 日本評論社, 昭和18.
5. 商法総則・商行為法 / 西原寛一. インターナショナル・ブック, 1949.(新法律学全書; 第8巻 上)
6. 日本商法論. 第1巻 / 西原寛一. 日本評論社, 1950, 訂再版.
7. 商法講義. 第1 / 西原寛一. 岩波書店, 1952.

8. 商法学 / 西原寛一. 岩波書店, 1952, 54.(岩波全書; 第155)
9. 改正株式会社法の問題点 / 西原寛一. 有斐閣, 1955.(ジュリスト選書)
10. 商法講義. 第2 / 西原寛一. 岩波書店, 1957.
11. 商事法研究. 第1巻 / 西原寛一. 有斐閣, 1957.
12. 商法講義. 第1 / 西原寛一. 岩波書店, 1958, 改訂版.
13. 株主総会 / 西原寛一. 有斐閣, 1958.(ジュリスト選書)
14. 取締役会 / 西原寛一. 有斐閣, 1958.(ジュリスト選書)
15. 商行為法 / 西原寛一. 有斐閣, 1960.(法律学全集; 第29)
16. 商事法研究. 第2, 3巻 / 西原寛一. 有斐閣, 1963, 68.
17. 証券取引法 / 鈴木竹雄, 河本一郎. 有斐閣, 1968.(法律学全集; 第53)
18. 商法. 1 / 西原寛一. 日本評論社, 1971.
19. 西原須磨 / 編者:西原寛一. 初音書房, 1973.
20. 企業と法. 上, 下 / 小室直人, 本間輝雄. 有斐閣, 1977.5., 1995.12.
21. 書斎とその周辺 / 西原寛一. 大阪市立大学法学会, 1982.11.

尾高朝雄(1899~1956) ‖ オダカ, トモオ

1. 現代哲学全集. 第17巻. 日本評論社, 昭和10.
2. 国家構造論 / 尾高朝雄. 岩波書店, 昭和11.(京城帝国大学法学会叢刊; 第3)
3. 実定法秩序論 / 尾高朝雄. 岩波書店, 1942.
4. 法哲学 / 尾高朝雄. 日本評論社, 1943, 改訂版, 9刷.(現代哲学全集; 第17巻)
5. 法哲学 / 尾高朝雄. 昭和書房, 昭和22.(新法学叢書)
6. ラアドブルツフの法哲学 / 尾高朝雄. 良書普及会, 昭和22.
7. 国民主権と天皇制 / 尾高朝雄[他]. 国立書院, 昭和22.
8. 法の窮極に在るもの / 尾高朝雄. 有斐閣, 1947.(法学選書)
9. 国民主権と天皇制 / 尾高朝雄[他]. 国立書院, 1947.(新憲法大系; 3)
10. 数の政治と理の政治 / 尾高朝雄. 東海書房, 昭和23.
11. 国家構造論 / 尾高朝雄. 岩波書店, 昭和23.
12. 法の窮極に在るもの / 尾高朝雄. 有斐閣, 昭和23.(法学選書; 1)
13. 法哲学 / 尾高朝雄. 昭和書房, 1948.(新法学叢書)
14. 数の政治と理の政治 / 尾高朝雄. 東海書店, 1948.
15. ラアドブルッフの法哲学 / 尾高朝雄. 良書普及会, 1948, 再版.(法律学新書; 第1)
16. 国家構造論 / 尾高朝雄. 岩波書店, 1948.
17. 法哲学 / 尾高朝雄. 昭和書房, 1948, 2版.(新法学叢書)
18. 国家の理論 / 尾高朝雄. 三元社, 1948.(学生文庫; 第3輯)
19. 国家構造論 / 尾高朝雄. 岩波書店, 1948, 9刷.

20. 民主主義の法律原理 / 尾高朝雄. 有斐閣, 昭和24.(法学選書)
21. 法哲学概論 / 尾高朝雄. 日本評論社, 昭和24.
22. 法学概論 / 尾高朝雄. 有斐閣, 1949.(有斐閣全書)
23. 法と事実 / 尾高朝雄. 朝倉書店, 1949.(法哲学叢書; 総論篇 第2巻)
24. 数の政治と理の政治 / 尾高朝雄. 東海書房, 1949.
25. 法の窮極にあるものについての再論 / 尾高朝雄. 勁草書房, 1949.(法学叢書)
26. 法と政治の研究 / 尾高朝雄, 鵜飼信成, 船田享二. 御茶の水書房, 1949
27. 法哲学概論 / 尾高朝雄. 日本評論社, 1949, 3刷.
28. 法哲学 / 尾高朝雄. 勁草書房, 1950, 訂.
29. 法思想史序説 / 尾高朝雄. 弘文堂, 1950.(法原理叢書)
30. 法学入門 / 尾高朝雄. 勁草書房, 1950.(法学普及講座)
31. 自由の体系 / 尾高朝雄. 弘文堂, 1950.(アテネ文庫; 第116)
32. 法学入門 / 尾高朝雄. 勁草書房, 1950, 再版.(法学普及講座)
33. ユネスコ紀行 / 尾高朝雄. 富山房, 1951.
34. 法学入門 / 尾高朝雄. 勁草書房, 1951.(勁草文庫)
35. 法 / 尾高朝雄. 勁草書房, 1951.(「法学」叢書; 第1)
36. 自由論 / 尾高朝雄. 勁草書房, 1952.
37. 法哲学概論 / 尾高朝雄. 日本評論新社, 1952.
38. 法哲学概論 / 尾高朝雄. 学生社, 1953, 改訂.
39. 国民主権と天皇制 / 尾高朝雄. 青林書院, 1954.
40. 法学入門 / 尾高朝雄. 勁草書房, 1954, 第2版 第13刷.(勁草文庫)
41. 自然法と世界法 / 尾高朝雄. 有斐閣, 1954.
42. 法 / 尾高朝雄. 勁草書房, 1955, 2版.(「法学」叢書; 第1)
43. 法学入門 / ラードブルッフ[他]. 東京創元社, 1955.
44. 20代の知性50代の英知 / 尾高朝雄. 新日本教育協会, 1955.
45. 法哲学講座. 第1~3巻 / 尾高朝雄, 峯村光郎, 加藤新平. 有斐閣, 1956.
46. 法哲学講座. 第8巻 / 尾高朝雄, 峯村光郎, 加藤新平. 有斐閣, 1956.
47. 法哲学 / 尾高朝雄. 勁草書房, 1956.(勁草全書)
48. 民主教育における道徳と政治 / 尾高朝雄. 民主教育協会, 1956.(IDE教育選書; 第1冊)
49. 国際連合と日本 / 横田喜三郎, 尾高朝雄. 有斐閣, 1956.
50. 法律の社会的構造 / 尾高朝雄. 勁草書房, 1957.
51. 法哲学講座. 第4巻 / 尾高朝雄, 峯村光郎, 加藤新平. 有斐閣, 1957.
52. 法哲学講座. 第5巻 下, 上 / 尾高朝雄, 峯村光郎, 加藤新平. 有斐閣, 1958, 1960.
53. 法哲学講座. 第6・7合併巻 / 尾高朝雄, 峯村光郎, 加藤新平. 有斐閣, 1961.
54. 法学概論 / 尾高朝雄. 有斐閣, 1962, 新版.(有斐閣全書)
55. 自由の法理 / 尾高朝雄教授追悼論文編集委員会. 有斐閣, 1963.

56. 法思想史序説 / 尾高朝雄. 清水弘文堂書房, 1967.
57. 法学概論 / 尾高朝雄. 有斐閣, 1984.8., 第3版 久留都茂子補訂.(有斐閣全書)
58. 民主主義の法律原理 / 尾高朝雄. 有斐閣, 1985.11., 1997.8.

內藤吉之助 ‖ ナイトウ, キチノスケ

1. 家族・私有財産及び国家の起源 / エンゲルス[他]. れしな荘, 1922.1.
2. 経国大典 / 崔恒[他]. 朝鮮総督府中枢院, 昭和9.
3. 続大典 / 金在魯[他]. 朝鮮総督府中枢院, 昭和10.
4. 大典続録及註解 / 内藤吉之助. 朝鮮総督府中枢院, 昭和10.
5. 朝鮮民政資料. 牧民篇 / 内藤吉之助. 内藤吉之助, 1942.
6. 家族・私有財産および国家の起源 / エンゲルス[他]. 彰考書院, 昭和22.

船田享二(1898~1970) ‖ フナダ, キョウジ

1. カントの法律哲学 / 船田享二. 日本大学, 大正12.
2. カントの法律哲学 / 船田享二. 日本大学, 大正13, 訂6版.
3. 背教者ジュリアノ / メレジユコゥフスキイ[他]. 春陽堂, 大正13.(春陽堂訳述叢書)
4. 京城法学会論集. 第1冊 / 船田享二. 刀江書院, 昭和3.
5. 羅馬法 / 船田享二. 刀江書院, 昭和5.
6. カント著作集. 第9. 岩波書店, 昭和8.
7. 國家の研究. 第1 / 船田享二. 刀江書院, 1934.9.(京城帝國大學法學會論集; 第7册)
8. 羅馬元首政の起源と本質 / 船田享二. 岩波書店, 昭和11.(京城帝国大学法学会叢刊; 第2)
9. 羅馬私法提要 / 船田享二. 有斐閣, 昭和16.
10. ファシズモ研究 / 船田享二. イタリアの友の会, 昭和17.
11. 羅馬私法提要 / 船田享二. 有斐閣, 昭和17, 改訂版, 2版.
12. 法学提要 / ガイウス[他]. 日本評論社, 昭和18.(法学叢書; 10)
13. 法律思想史 / 船田享二. 河出書房, 1943, 1949.
14. 羅馬法. 第1~5巻 / 船田享二. 岩波書店, 1943~1944.
15. 法と政治の研究 / 尾高朝雄, 鵜飼信成, 船田享二. 御茶の水書房, 1949.
16. 法思想史 / 船田享二. 勁草書房, 1953.(勁草全書)
17. ローマ法入門 / 船田享二. 有斐閣, 1953.
18. 法思想史入門 / 船田享二. 宝文館, 1956.(NHK教養大学)
19. 法学提要 / ガイウス[他]. 有斐閣, 1967, 新版.
20. ローマ法. 第1~5巻 / 船田享二. 岩波書店, 1968~72, 改訂版.
21. 法思想史の話 / 船田享二. 勁草書房, 1968.
22. 法思想史 / 船田享二. 勁草書房, 1968, 全訂版.(勁草全書)

戸沢鉄彦 ‖ トザワ, テツヒコ

1. 政治学史講義 / 戸沢鉄彦. 有斐閣, 1925.
2. 現代政治学全集. 第1巻. 日本評論社, 昭和5.
3. 政治学概論 / 戸沢鉄彦. 日本評論社, 1930.(現代政治学全集; 第1巻)
4. 政治家 / 戸沢鉄彦. 岩波書店, 昭和12.(政治学叢書; 第2輯)
5. 国政論集 / 戸沢鉄彦. 中央公論社, 昭和15.
6. 宣伝戦の史実と理論 / 戸沢鉄彦. 中央公論社, 昭和19.
7. 社会と国家 / 戸沢鉄彦. 政治教育協会, 1946.(国民大学文庫; 第5)
8. デモクラシーの受難者 / 戸沢鉄彦. 政治教育協会, 1948.(政治家評伝集)
9. イギリス政治思想史 / 戸沢鉄彦. 日本評論社, 昭和24.(新文化叢書)
10. ブルジョア革命の研究 / 戸沢鉄彦教授還暦記念論文集刊行会. 日本評論新社, 1954.
11. 人民民主主義の研究. 上, 下 / 戸沢鉄彦, 高橋勇治. 勁草書房, 1955, 1956.(政治学研究叢書; 第5, 8)
12. 国家の将来 / 戸沢鉄彦. 勁草書房, 1955.

藤本直 ‖ フジモト, タダシ

1. 新道徳学 / アントン・メンガー[他]. 広文館, 大正12.
2. 民衆政策 / アントン・メンガー[他]. 広文館, 1923.
3. 政治学説史 / クールト・シュテルンベルヒ[他]. 政治学普及会, 1925.
4. 政治学説史大要 / カスパリー[他]. 刀江書院, 昭和8.

松本馨(1901년생)

* 자료 없음.

泉哲(1873년생) ‖ イズミ, アキラ

1. 国際聯盟と国際警察 / 泉哲. 外交時報社出版部, 大正8.
2. 植民地統治論 / 泉哲. 有斐閣, 大正10.
3. 国際法概論 / 泉哲. 有斐閣, 大正11~15, 再~訂5版.
4. 国定教科書の国際的解説 / 泉哲. 南光社, 大正13.
5. 植民地統治論 / 泉哲. 有斐閣, 大正13, 訂再版.
6. 国際法問題研究 / 泉哲. 巌松堂書店, 大正13.
7. 植民地統治論 / 泉哲. 有斐閣, 1924, 増訂版, 2版.
8. 国際法講話 / 泉哲. 松華堂書店, 昭和2.
9. 最近国際法批判 / 泉哲. 日本評論社, 昭和2.

祖川武夫(1911~1996) ‖ ソカワ, タケオ

1. 国際政治思想と対外意識 / 祖川武夫. 創文社, 1977.12.
2. わが国裁判所の国際法判例 / 祖川武夫, 小田滋. 有斐閣, 1978.1.
3. 日本の裁判所による国際法判例 / 祖川武夫, 小田滋. 三省堂, 1991.2.
4. 国際法と戦争違法化 / 祖川武夫[他]. 信山社出版, 2004.5.

長谷川理衛(1899년생)

* 자료 없음.

奥平武彦(1900년생) ‖ オクダイラ, タケヒコ

1. 朝鮮開国交渉始末 / 奥平武彦. 刀江書院, 1969.

加藤常賢(1894~1978) ‖ カトウ, ジョウケン

1. 荀子 / 加藤常賢. 新光社, 大正12.(支那哲学叢書; 第5)
2. 近思録 / 加藤常賢. 支那哲学叢書刊行会, 大正13.(支那哲学叢書; 第11)
3. 荀子 / 加藤常賢. 支那哲学叢書刊行会, 大正15, 再版.(支那哲学叢書; 第5)
4. 支那古代家族制度研究 / 加藤常賢. 岩波書店, 1940.
5. 礼の起源と其発達 / 加藤常賢. 中文館書店, 1943.
6. 中國原始觀念の發達 / 加藤常賢. 青龍社, 1951.3.
7. 中国古代の宗教と思想 / 加藤常賢. ハーバード・燕京・同志社東方文化講座委員会, 1954.(ハーバード・燕京・同志社東方文化講座; 第3輯)
8. 教育漢字字源辞典 / 加藤常賢. 好学社, 1956.
9. 真古文尚書集釈 / 加藤常賢. 明治書院, 1964.
10. 老子原義の研究 / 加藤常賢. 明徳出版社, 1966.
11. 漢字の起原 / 加藤常賢. 角川書店, 1970.(二松学舎大学東洋学研究所別刊; 第1)
12. 中国教育宝典. 上, 下 / 編集: 加藤常賢. 玉川大学出版部, 1971, 1972.(世界教育宝典)
13. 漢字の発掘 / 加藤常賢. 角川書店, 1971.(角川選書)
14. 角川当用漢字字源辞典 / 加藤常賢, 山田勝美. 角川書店, 1972.
15. 小学漢字学習字典 / 加藤常賢. 日本標準, 昭和49, 第11版.
16. 中国故事成語辞典 / 加藤常賢, 水上静夫. 角川書店, 1979.2.~5.(角川小辞典; 20, 21)
17. 維軒加藤常賢学問とその思い出 / 加藤常賢[他]. 加藤さだ, 1980.8.
18. 中国古代文化の研究 / 加藤常賢[他]. 二松学舎大学出版部, 1980.8.
19. 中国の修験道 / 加藤常賢[他]. 雄山閣出版, 1982.11.(雄山閣books; 12)
20. 角川字源辞典 / 加藤常賢. 角川書店, 1983.12., 第2版.
21. 中国古代倫理学の発達 / 加藤常賢. 二松学舎大学出版部, 1983.5.

22. 字源辞典 / 加藤常賢. 学校図書, 1987.8., 新版.
23. 維軒加藤常賢—学問とその講義 / 加藤常賢[他]. 加藤さだ, 1992.3.

中村寅松 ‖ナカムラ, トラマツ

1. 最新教育学 / 中村寅松. 博文館, 明治39.3.(帝国百科全書; 第147編)

鈴木榮太郎(1894~1968) ‖スズキ, エイタロウ

1. 国家の形而上学的学説 / ホブハウス[他]. 不及社, 大正13.(社会学研究叢書)
2. 農村社会調査法 / 鈴木栄太郎. 改版. 郷土教育聯盟, 昭和7.
3. 農村社会学史 / 鈴木栄太郎. 刀江書院, 1933.
4. 家族と村落. 第1輯 / 戸田貞三,鈴木栄太郎. 日光書院, 昭和14.
5. 日本農村社会学原理 / 鈴木栄太郎. 時潮社, 1940.
6. 家族と村落. 第2輯 / 戸田貞三, 鈴木栄太郎. 日光書院, 昭和17.
7. 日本農村社会学原理 / 鈴木栄太郎. 時潮社, 1943, 8版.
8. 朝鮮農村社会踏査記 / 鈴木栄太郎. 大阪屋号書店, 1944.
9. 日本農村社会調査法 / 鈴木栄太郎, 喜多野清一. 国立書院, 1948.
10. 日本農村社会学要論 / 鈴木栄太郎. 時潮社, 1949, 1953.
11. 農村社会調査 / 鈴木栄太郎, 喜多野清一. 時潮社, 1952.
12. 都市社会学原理 / 鈴木栄太郎. 有斐閣, 1957.(社会学選書)
13. 鈴木栄太郎著作集. 第1~8. 未来社, 1968~1977.
14. 「家族・婚姻」研究文献選集. 10. クレス出版, 1990.2.
15. 日本農村社会学原理 / 鈴木栄太郎. クレス出版, 1999.11.(「家族・婚姻」研究文献選集; 10)

保柳睦美(1905~87) ‖ホヤナギ, ムツミ

1. 北支・蒙古の地理 / 保柳睦美. 古今書院, 1943.
2. 世界の自然と生活 / 保柳睦美. 三省堂出版, 昭和24.(社会科文庫; F 7)
3. 国際理解と社会科における地理教育 / 保柳睦美. 古今書院, 1952.
4. 義務教育における地図の正しい教え方 / 保柳睦美. 日地出版, 1953.
5. 世界地名辞典. 古今書院, 1954.
6. 新大陸 / 保柳睦美. 三省堂出版, 昭和30.(社会科地理文庫; 5)
7. 新しい地理教育のあり方 / N.V. Scarfe[他]. 古今書院, 1955.
8. 伊能忠敬の科学的業績 / 保柳睦美. 古今書院, 1974.
9. シルク・ロード地帯の自然の変遷 / 保柳睦美. 古今書院, 1976.
10. 北支・蒙古の地理 / 保柳睦美. 大空社, 2005.5.(アジア学叢書; 135)

寺沢智了 ‖テラサワ, チリョウ

1. 宗教の発達 / アーヴィング・キング[他]. 岩波書店, 大正14.

本多龍成

1. [서울대] 支那經學史 / 本多龍成 著, 東京: 共立社, 昭和8[1933].

西順藏(1914~84) ‖ニシ,ジュンゾウ

1. 講座近代アジア思想史. 第1, 3 / 西順蔵. 弘文堂, 1960, 1961.
2. 中国思想論集 / 西順蔵. 筑摩書房, 1969.
3. 叢書現代のアジア・アフリカ. 10. 三省堂, 1972.
4. 原典中国近代思想史. 第1~6冊 / 西順蔵. 岩波書店, 1976~77.
5. 東京の被差別部落 / 西順蔵. 明石書店, 1981.2.
6. 日本と朝鮮の間 / 西順蔵. 影書房, 1983.8.
7. アジアの差別問題 / 西順蔵, 小島晋治. 明石書店, 1986.12.(世界差別問題叢書; 6)
8. 仁学 / 譚嗣同[他]. 岩波書店, 1989.8.(岩波文庫)
9. 章炳麟集 / 西順蔵, 近藤邦康. 岩波書店, 1990.9.(岩波文庫)
10. アジアの差別問題 / 西順蔵, 小島晋治. 明石書店, 1993.1., 増補版.(世界差別問題叢書; 6)
11. 西順蔵著作集. 第1~3巻 / 西順蔵著作集刊行委員会. 内山書店, 1995.4.~96.2.
12. 西順蔵著作集. 別巻. 内山書店, 1995.4.

森谷克巳(1904~64) ‖モリタニ, カツミ

1. マルクスの歴史 `社会並に国家理論. 第2巻 第1冊. 同人社書店, 大正15.
2. 資本の蓄積並に崩壊の理論 / ヘンリーク・グロースマン[他]. 改造社, 昭和7.
3. ソヴィエト聯邦計劃経済史論 / フリードリツヒ・ポロツク[他]. 同人社書店, 昭和7.
4. 資本の蓄積並に崩壊の理論 / ヘンリーク・グロースマン[他]. 改造社, 1932.
5. ソヴィエト聯邦計劃経済史論 / フリードリッヒ・ポロック[他]. 同人社書店, 1932.(フランクフルト大学社会科学研究所叢書; 第2篇)
6. 支那社会経済史 / 森谷克己. 章華社, 昭和9.(各国社会経済史叢書; 第4巻)
7. アジア的生産様式論 / 森谷克己. 育生社, 1937.(日本政治・経済研究叢書; 第6)
8. 東洋小文化史 / 森谷克己. 白揚社, 昭和13.
9. 東洋的社会の理論 / ウィットフォーゲル[他]. 日本評論社, 1939.
10. 東洋的社会の理論 / ウイツトフオーゲル[他]. 日本評論社, 1940, 5版.
11. アジア的生産様式論 / 森谷克巳. 育生社, 1941, 4版.(日本政治経済研究叢書; 第6)
12. 東洋小文化史 / 森谷克巳. 白揚社, 1941, 2版.
13. 東洋的生活圏 / 森谷克己. 育生社弘道閣, 1942.

14. 東洋的社会の理論 / ウィットフォーゲル[他]. 日本評論社, 昭和21.
15. 東洋的社会の歴史と思想 / 森谷克巳. 実業之日本社, 1948.
16. 社会科学概論 / 森谷克巳. 法律文化社, 1953.(新文化叢書)
17. 中国社会経済史研究 / 森谷克己. 子安美知子等, 1965.
18. 東洋的社会の理論 / ウィットフォーゲル[他]. 原書房, 1976.(ユーラシア叢書; 17)

伊藤俊夫(1907년생) ‖ イトウ, トシオ

1. 農業経済の現象形態 / 伊藤俊夫. 叢文閣, 昭和17.
2. 農政学概論 / 伊藤俊夫. 養賢堂, 1950, 1951.(農学全書)
3. 酪農経済論 / 伊藤俊夫. 川崎出版社, 1951.
4. 北海道における資本と農業 / 伊藤俊夫. 農林省農業総合研究所, 1958.(日本農業の全貌叢書; 第3)
5. 離島における生活必需物資の供給実態と価格安定方策に関する調査報告書 / 伊藤俊夫. 北海道, 1975.
6. 北海道経済を考え直す / 伊藤俊夫. 共同文化社, 1987.2.

玉井是博(1897~1940) ‖ タマイ, ゼハク

1. 支那社会経済史研究 / 玉井是博. 岩波書店, 昭和17.

林茂(1912~87) ‖ ハヤシ, シゲル.

1. 現代史. 上, 下巻 / 林茂. 毎日新聞社, 1957.
2. 近代日本の思想家たち / 林茂. 岩波書店, 1958.(岩波新書)
3. 大正デモクラシー期の政治 / 松本剛吉[他]. 岩波書店, 1959.
4. 平民新聞論説集 / 林茂, 西田長寿. 岩波書店, 1961.(岩波文庫)
5. 日本終戦史. 上, 中, 下巻 / 林茂. 読売新聞社, 1962.
6. 原敬日記. 第6 / 原奎一郎, 林茂. 福村出版, 1967.
7. 湯浅倉平 / 林茂. 湯浅倉平伝記刊行会, 1969.
8. 農村人口変動論 / 林茂. 未来社, 1970.(農学原論研究叢書; 第3号)
9. 二・二六事件秘録. 1~3, 別巻 / 林茂. 小学館, 1971~72.
10. 日本内閣史録 / 林茂, 辻清明. 第一法規出版, 1981.8.
11. 近代日本政党史研究 / 林茂. みすず書房, 1996.1.
12. 原敬日記. 第6巻 / 原敬[他]. 福村出版, 2000.6.

荻原淺男(1908년생) ‖ オギワラ, アサオ

1. 日本神話の旅 / 荻原浅男. 人物往来社, 1964.

2. 古事記の世界 / 荻原浅男. 秋田書店, 1972.
3. 古事記 / 太安万侶[他]. 小学館, 1973.11.(第23版: 1992.10.).(日本古典文学全集; 1)
4. 上代文学論攷 / 荻原浅男. 風間書房, 1989.11.
5. 古事記・風土記新解 / 荻原浅男. 新塔社, 1991.6.(要所研究シリーズ)

靜田均(1902~91) ‖ シズタ, ヒトシ

1. 農業政策 / [静田均. 広文社, 昭和8.
2. 日本農業経済論 / 静田均. 巌松堂, 昭和13.
3. カルテル問題 / 静田均. 日本評論社, 昭和16.(経済全書; 9)
4. カルテルと経済団体 / 静田均. 日本評論社, 昭和18.
5. 利潤論 / 静田均. 河出書房, 1948.(社会主義経済学; 第7)
6. 工業経済 / 静田均. 朝日新聞社, 昭和24.(朝日新講座)
7. 工業経済概論 / 静田均. 有斐閣, 1950.
8. 現代工業経済論 / 静田均. 有斐閣, 1962.

山崎知二

1. フランス語学文庫. 6 / 日本フランス語学会. 白水社, 1956.

小林英夫(1903~78) ‖ コバヤシ, ヒデオ

1. 言語学原論 / ソッシュール[他]. 岡書院, 1928.
2. 生活表現の言語学 / シャルル・バイイ[他]. 岡書院, 1929.
5. 一般文法の原理 / 小林英夫. 岩波書店, 昭和7.
6. 一般文法成立の可能性について / 小林英夫. 刀江書院, 1932.
7. 誤用の文法 / アンリ・フレエ[他]. 春陽堂, 昭和9.
8. 言語学方法論考 / 小林英夫. 三省堂, 昭和10.
9. 言語美学 / カルル・フォスレル[他]. 小山書店, 昭和10.
10. 言語と文体 / 小林英夫. 三省堂, 昭和12.
11. 言語学通論 / 小林英夫. 三省堂, 1937.
12. 言語研究. 態度篇, 問題篇 / 小林英夫. 三省堂, 昭和13.
13. 言語学原論 / フェルヂナン・ド・ソシュール[他]. 岩波書店, 昭和15, 改訳新版.
14. 言語活動と生活 / シャルル・バイイ[他]. 岩波書店, 昭和16.(岩波文庫; 2674-2676)
15. 言語学通論 / 小林英夫. 三省堂, 昭和17, 改訂版.
16. 文体雜記 / 小林英夫. 三省堂, 昭和17.
17. 文体論の建設 / 小林英夫. 育英書店, 昭和18.
18. ロシヤ文学史 / エリヤスベルグ[他]. 筑摩書房, 昭和18.

19. 文体論の美学的基礎づけ / 小林英夫. 筑摩書房, 昭和19.
20. 言語研究・現代の問題 / 小林英夫. 養徳社, 1945.
21. 言語学通論 / 小林英夫. 改訂版. 三省堂, 昭和22, 3版.
22. 小林英夫選集. 第1巻. 創元社, 昭和22.
23. 文体美学 / 小林英夫. 創元社, 1947.(小林英夫選集; 第1巻)
24. 言語学の基礎概念 / 小林英夫. 振鈴社, 昭和23.
25. ことばの感覚 / こばやしひでお. 古明地書店, 1948.
26. 未来の国語設計者 / 小林英夫. 振鈴社, 1948.
27. ショパン / 小林英夫. ダヴイッド楽社, 1948.(楽聖選書; 第9)
28. 文体論の理論と実践 / 小林英夫. 八雲書店, 1948.
29. 言語学通論 / 小林英夫.. 三省堂出版, 1948, 改訂版, 3版.
30. 言語学の基礎概念 / 小林英夫. 振鈴社, 1948.
31. 言語美学序説 / 小林英夫. 創元社, 1949.(小林英夫選集; 第2巻)
32. 言語活動と生活 / シャルル・バイイ[他]. 岩波書店, 1950.(岩波文庫)
33. ことばの反省 / こばやしひでお. 大洋図書, 1950.
34. 言語学通論 / こばやしひでお. 三省堂出版, 1955, 改訂5版..
35. 言語美学 / こばやしひでお. 友文社, 1957.
36. 実践言語学 / こばやしひでお. 友文社, 1957.
37. 一般文法の原理 / イエルムスレウ[他]. 三省堂, 1958.
38. 言語学の基礎概念 / 小林英夫. 大村書店, 1959, 増訂新版.
39. 一般言語学とフランス言語学 / シャルル・バイイ[他]. 岩波書店, 1970.
40. 美学的文体論 / 小林英夫. 広済堂出版, 1970, 新訂版.
41. 一般言語学講義 / フェルディナン・ド・ソシュール[他]. 岩波書店, 1972, 改版.
42. 言語学通論 / こばやしひでお. 三省堂, 1972, 改訂第7版.
43. 誤用の文法 / アンリ・フレエ[他]. みすず書房, 1973.
44. 私の辞書 / 小林英夫. 丸善, 1973.
45. 言語活動と生活 / シャルル・バイイ[他]. 岩波書店, 1974, [改訂版].
46. 小林英夫著作集. 7. みすず書房, 1975.
47. アルネ / ビョルンソン[他]. 岩波書店, 1975.(岩波文庫)
48. 小林英夫著作集. 1~10. みすず書房, 1976~77.1.
49. 淡彩詩編 / 小林英夫. みすず書房, 1977.11.
50. ウズ・ルジアダス / ルイス・デ・カモンイス[他]. 岩波書店, 1978.10.
51. 歌劇「ドン・ジョヴァンニ」 / ロレンツォ・ダ・ポンテ[他]. 日本放送出版協会, 1978.2. (オペラ対訳選書; 20)
52. 言語美学 / カール・フォスラー[他]. みすず書房, 1986.11.
53. 20世紀言語学論集 / 小林英夫. みすず書房, 2000.12.

手島文倉 ‖テジマ, ブンソウ

1. 印度仏教の研究 / 手島文倉. 文献書院, 大正11.
2. 苦悶の釈迦 / 手島文倉. 文献書院, 大正11.
3. 維摩經 / 手島文倉. 二松堂書店, 1922.11.
4. 釈迦 / 手島文蒼. 越山堂, 大正12, 3版.
5. 印度宗教論 / 手島文蒼. 中外出版, 大正13.
6. 神の認識 / 手島文倉. 甲子社書房, 昭和3.
7. 文科大学講座. 第4巻 / 小原国芳. イデア書院, 昭和4.
8. 戒律聖典. 上, 下 / 手島文倉. 表現社, 昭和9.11.
9. 戒律聖典. 上 / 手島文倉. 表現社, 昭和9, 改訂版.
10. 仏教実践の聖典 / 手島文倉. 日本公論社, 昭和10.

諸戸素純(1907년생) ‖モロト, ソジュン

1. 祖先崇拝の宗教学的研究 / 諸戸素純. 山喜房仏書林, 1972.

福富一郎(1891년생) ‖フクトミ, イチロウ

1. 注意と学習の心理及び其の実験的研究 / 福富一郎. 金港堂書籍[ほか], 大正9.
2. 教育心理学概論 / ウヰリアム・ヘンリー・パイル[他]. 中文館書店, 大正10.
3. 全体性の構造 / 福富一郎. 同文書院, 昭和13.
4. 創造の論理 / 福富一郎. 同文書院, 昭和16.

高田眞治(1893~1975) ‖タカダ, シンジ

1. 日本外史 / 高田真治. 大日本図書, 昭和11.
2. 日本外史 / 高田真治. 大日本図書, 昭和11, 訂正2版.
3. 新漢文教授参考書. 巻3 / 高田真治. 大日本図書, 昭和11.
4. 漢文鈔本日本外史教授参考書 / 高田真治. 大日本図書, 昭和12.
5. 易経 / 高田真治. 岩波書店, 昭和12.(岩波文庫; 1492~1494)
6. 儒教の精神 / 高田真治. 大日本図書, 昭和12.
7. 上代支那哲学史. 第1分冊 / 高田真治. 東京プリント刊行会, 昭和12.
8. 新漢文初歩教授参考書 / 高田真治. 大日本図書, 昭和13.
9. 支那哲学概説 / 高田真治. 春秋社, 昭和13.(春秋文庫; 第1部 第73)
10. 支那思想の研究 / 高田真治. 春秋社, 昭和14.
11. 比較政治学 / 高田真治, 浜薫明. 南郊社, 昭和14.
12. 時文読本 / 高田真治, 魚返善雄. 大日本図書, 昭和15, 訂正2版.
13. 支那思想の研究 / 高田真治. 春秋社松柏館, 1940, 3版.

14. 支那思想と現代 / 高田真治. 大日本図書, 1940.
15. 支那哲学概説 / 高田真治. 春秋社松柏館, 1942, 2刷.
16. 日本儒学史 / 高田真治. 地人書館, 1943, 3版.(大観日本文化史薦書)
17. 東洋思潮の研究. 第1 / 高田真治. 春秋社松柏館, 昭和19.
18. 支那思想の展開. 第1巻 / 高田真治. 弘道館図書, 昭和19.
19. 模範新辞典 / 高田真治. 元文社, 1959.
20. 易経. 上, 下 / 高田真治, 後藤基巳. 岩波書店, 1969.(岩波文庫)
21. 易経. 上, 下 / 高田真治, 後藤基巳. 岩波書店, 1993.8.(ワイド版岩波文庫)
22. 詩経. 上, 下 / 高田真治. 集英社, 1996.10.~11.(漢詩選; 1, 2)

谷信一(1905~1991) ‖ タニ, シンイチ

1. 東洋美術文庫. 第9巻. アトリヱ社, 昭和13.
2. 国史肖像集成. 第1~6輯 / 森末義彰, 谷信一. 目黒書店, 昭和15.
3. 近世日本絵画史論 / 谷信一. 道統社, 昭和16.
4. 国史肖像集成. 第1~6輯 / 森末義彰, 谷信一. 目黒書店, 1941.
5. 室町時代美術史論 / 谷信一. 東京堂, 1942.
6. 世界美術図譜. 日本編 第1~10集 / 谷信一. 東京堂, 昭和18~19.
7. 骨董道の話 / 谷信一. 生活社, 昭和21.(日本叢書; 第91)
8. 図説日本服装史 / 谷信一. 銀書院, 1947.
9. 日本美術史概説 / 谷信一. 東京堂, 1948.
10. ぼくらの世界美術史 / 谷信一. 東京堂, 昭和24.
11. 日本美術史概説 / 谷信一. 東京堂, 1949, 3版.
12. 図説日本服装史 / 谷信一. 東京堂, 1949, 2版.
13. 日本美術辞典 / 野間清六, 谷信一. 東京堂, 1952.
14. 風神雷神図・舞楽図 / 俵屋宗達[他]. 美術出版社, 1956.(日本の古典・絵画篇)
15. 美術鑑定事典 / 野間清六, 谷信一. 東京堂, 1963.
16. 日本美術辞典 / 野間清六, 谷信一. 東京堂出版, 1969.2., 22版.
17. 概観日本美術史 / 谷信一. 美術公論社, 1979.3.
18. 日本列島人の造形意識 / 谷信一. 玉川大学出版部, 1980.12.(玉川選書; 133)
19. 美術鑑定事典 / 野間清六, 谷信一. 東京堂出版, 1992.11.

2) 의학부

上田常吉(1887년생) ‖ ウエダ, ツネキチ

1. 生物統計学 / 上田常吉. 岩波書店, 昭和10.

津崎孝道(1894년생) ∥ツサキ, タカミチ

1. 歯科医学用解剖学 / 津崎孝道. 金原商店, 昭和10.
2. 実験用動物解剖学. 第2巻. 金原商店, 昭和10.
3. 最新掌中解剖学 / 津崎孝道. 金原商店, 昭和12.
4. 歯科医学用解剖学 / 津崎孝道. 金原商店, 昭和18.
5. 人体発生学 / 津崎孝道. 日本医書出版, 1949, 再版.
6. 透視頭頸部解剖図譜 / 津崎孝道, 横地千仭, 古田美子. 金原出版, 1967.

鈴木清 ∥スズキ, キヨシ

今村豊(1898년생) ∥イマムラ, ユタカ

1. 蒙古族及び通古斯族の体質人類学的研究. 補遺 其3 / 今村豊, 島五郎. 京城帝国大学満蒙文化研究会, 昭和13.(京城帝国大学満蒙文化研究会報告; 第4冊)

中西政周(1890년생) ∥ナカニシ, マサカズ

1. 骨骼筋の緊張態と調節神経司配 / 中西政周. 金原商店, 昭和9.
2. 骨骼筋のトーヌス及疲労の研究 / 中西政周. 金原商店, 昭和19.
3. 筋肉疲労の話 / 中西政周. 青山書院, 1949.
4. 骨格筋の拮抗性交感神経司配 / 中西政周. 大阪医科大学, 1958.
5. 表情の心理生理学 / 中西政周. 永井書店, 1962.
6. 自律神経系 / 中西政周. 1968.

大塚藤吉 ∥オオツカ, トウキチ

1. 小生理学 / 大塚藤吉. 金原商店, 昭和12.

綿引朝光 ∥ワタビキ, チョウコウ

1. 袖珍細菌学実習 / 綿引朝光, 小泉丹. 南山堂, 明治45.2.
2. 細菌鑑別掌典 / 綿引朝光. 明文館, 明治45.7.
3. 病原微生物学. 上, 下巻 / 綿引朝光. 南山堂書店, 大正2~6.
4. 細菌学総論 / 綿引朝光. 増訂再版. 南山堂書店, 大正11.
5. 細菌学. 総論, 各論 / 綿引朝光[他]. 南山堂書店, 大正15, 訂3版.
6. 簡明衛生学 / 綿引朝光. 金原商店, 昭和8.
7. 細菌学実習 / 綿引朝光. 南山堂書店, 昭和9, 訂6版.

志賀潔(1870~1957) ‖ シガ, キヨシ

1. 赤痢病原研究報告. 第1 / 志賀潔. 伝染病研究所, 明治31.1.
2. 赤痢病論 / 志賀潔[他]. 佐藤嘉六, 明治34.6.
3. 免疫学. 応用編(血清療法並予防接種法) / 志賀潔. 佐藤喜六, 明治39.4.
4. 赤痢及チフス病論 / 志賀潔. 南山堂, 明治40.9., 増訂2版.
5. 伝染病論 / 志賀潔. 南山堂, 明治41.
6. 臨床細菌及免疫学 / 志賀潔. 南山堂, 明治42.4., 42.12.
7. エールリッヒ氏化学的療法 / 志賀潔. 南山堂, 明治43.11.
8. 伝染病論 / 志賀潔. 南山堂, 明治43, 44, 増訂.
9. 生理衛生教科書 / 志賀潔, 永井元吉. 大日本図書, 大正2.
10. 二どめの独逸 / 志賀潔. 南山堂書店, 大正2.
11. 肺と健康 / 志賀潔. 三省堂書店, 大正3.(社会文庫; [1])
12. 結核の予防 / 志賀潔. 多野郡医師会, 大正7.
13. 戊辰紀事 / 佐藤信[他]. 志賀潔, 昭和10.
14. エールリッヒ伝 / 志賀潔. 富山房, 昭和15.
15. パウル・エールリッヒ. 第1部 / 志賀潔. 富山房, 1952.
16. ある老科学者とせがれとの対話 / 志賀潔. 読売新聞社, 1953.
17. 或る細菌学者の回想 / 志賀潔. 雪華社, 1966.(科学者随想叢書)
18. 志賀潔 / 志賀潔. 日本図書センター, 1997.2.(人間の記録; 5)

中村敬三(1896~1993) ‖ ナカムラ, ケイゾウ

1. 有機化学独逸文選 / 中村敬三. 中村敬三, 昭和7.
2. 有機定性分析 / シュタウディンゲル[他]. 金原商店, 昭和7.
3. 理化学実験五桁対数表 / 高木隆二, 中村敬三. 前野書店, 昭和8.
4. 細菌学の要領. 第1 / 中村敬三. 吐鳳堂, 1948.(セリオ・メヂチーナ; 2)
5. 抗ヒスタミン剤とアレルギー / 中村敬三. 日本医学雑誌, 1950.(医家叢書; 36)
6. アレルギーの本態 / 中村敬三, 木村義民. 金芳堂, 1951.(診療医学叢書; 第4)
7. 細菌学. [第1~3] / 中村敬三, 秋葉朝一郎. 南山堂, 1954~55.

小林晴治郎(1884년생) ‖ コバヤシ, ハルジロウ

1. 蠅ノ研究 / 小林晴治郎. 細菌学雑誌社, 大正5.
2. 蠅の害と其予防 / 小林晴治郎. 大日本衛生警察協会, 大正14.
3. 寄生虫と衛生昆虫 / 小林晴治郎. 臼井書房, 1949.
4. 日本寄生虫学文献集. 鉤虫・東洋毛様線虫篇 / 編集者: 小林晴治郎, 長花操, 吉田幸雄. 日本寄生虫学会, 1974.

田辺操 ‖タナベ, ミサオ

1. 人体寄生虫ノ診断及治療法 / 宮島幹之助, 田辺操. 南山堂書店, 昭和3.
2. 人体寄生虫病診療ノ実際 / 田辺操. 南山堂書店, 昭和7, 3版.
3. 人体寄生虫病診療の実際 / 田辺操. 南山堂, 昭和16, 訂5版.
4. 熱帯医学叢書. 第4輯 / 金原商店. 金原商店, 昭和18.

大沢勝(1891년생) ‖オオサワ, マサル

1. 長生きの科学 / 大沢勝. 東洋経済新報社, 1957.
2. 長生き随談 / 大沢勝. 東洋経済新報社, 1968.

小杉虎一 ‖コスギ, トライチ

1. 砒化水素泉の新発見 / 中島伴治郎[他]. 裳華房[ほか], 大正10.
2. 水代謝の生理及び病理に関する実験的研究, 小杉虎一等著, [財団法人啓明会]紀要. 第18号. 啓明会, 昭和10.
3. 病理解剖学. 第1 / 小杉虎一. 金原商店, 昭和10.

岩井誠四郎 ‖イワイ,セイシロウ

1. 岩井教授論文集 / 岩井誠四郎[他]. 京城帝国大学医学部岩井内科教室, 昭和14.
2. 臨牀医学講座. 第147輯. 金原商店, 昭和14.
3. 泰国の疾病と其の診療 / 岩井誠四郎, 北村精一. 金原商店, 1942.
4. 常習(慢性)便秘 / 岩井誠四郎. 金原出版, 1954.(臨牀医学文庫)

成田夬介 ‖ナリタ, サダアキ

1. 圧診と撮診 / 成田夬介. 日本医書出版, 1950, 5版.(臨牀医学文庫; 第1)

松井權平(1884년생) ‖マツイ, ゴンペイ

1. ヂアテルミー / 森毓, 松井権平. 南江堂書店, 大正5.
2. 内出血 / 松井権平. 金原商店, 昭和12.

小川蕃 ‖オガワ, シゲシ

1. 簡明外科各論. 上巻 1~2, 下巻 / 小川蕃. 金原商店, 昭和5~9.
2. 簡明外科各論. 上巻 2 / 小川蕃. 金原商店, 昭和9, 10, 改訂再版.
3. 簡明外科総論 / 小川蕃. 金原商店, 昭和11.

4. 簡明外科各論. 上, 中, 下巻 / 小川蕃. 金原商店, 昭和11, 13, 訂4, 5版.
5. 臨牀医学講座. 第121輯. 金原商店, 昭和13.

水島治夫(1896년생) ‖ ミズシマ, ハルオ

1. 衛生学原論 / 水島治夫. 金原商店, 昭和18.
2. 医用統計学綱要 / 水島治夫. 南江堂, 1948, 2版.
3. 簡約統計学 / 水島治夫. 南江堂, 1959.
4. 府県別生命表集 / 水島治夫. 生命保険文化研究所, 1961.
5. 生命表の研究 / 水島治夫. 生命保険文化研究所, 1963.

木村正一 ‖ キムラ, シヨウイチ

1. 医学領域空気イオンの理論と実際 / 木村正一, 谷口正弘. 南山堂, 昭和13.
2. 心理学. 上 / ルビンシュテイン[他]. 青木書店, 1961.(唯物論叢書)
3. 子供の高次神経活動 / エヌ・イー・クラスノゴルスキー[他]. 世界書院, 1964.(現代ソヴェト条件反射選書)
4. 幼児の感覚教育 / ソビエト就学前教育研究所[他]. 明治図書出版, 1965.
5. 認識の心理学 / アレクセイ・ニコラエヴィチ・レオンチェフ[他]. 世界書院, 1967.(現代ソヴェト条件反射選書; 別巻)
6. 精神薄弱児の発達過程 / ペブズネル, ルボウスキー[他]. 三一書房, 1968.
7. ソビェト心理学史 / A.B.ペトロフスキー[他]. 三一書房, 1969.
8. 心理学. 下 / ルビンシュティン[他]. 青木書店, 1970.(唯物論叢書)
9. 認識の心理学 / アレクセイ・ニコラエヴィチ・レオンチェフ[他]. 世界書院, 1978.10.(現代ソヴェト条件反射選書; 別巻)
10. H-Y抗原の研究(睾丸腫瘍細胞のH-Y抗原検索による睾丸腫瘍発生の免疫学的解明) / 木村, 正一, 東北大学. 1980~1981.
11. 睾丸腫瘍発生に関する実験的研究—性腺原基とH-Y抗原との関連— / 木村, 正一, 東北大学. 1985~1986.

本名文任(1891년생) ‖ ホンナ, フミノリ

1. 最近外科治療学 / 本名文任. 金原商店, 昭和4.
2. 新外科学. 上, 下巻 / 本名文任. 金原商店, 昭和14至15.
3. 痔核 / 本名文任. 日本医書出版, 昭和21.(臨牀医学文庫; [8])
4. 新外科学 / 本名文任. 日本医書出版, 1948.
5. 創傷伝染病 / 本名文任. 南江堂, 1949.(日本外科整形外科叢書; 第8巻)
6. 痔核の手術 / 本名文任. 日本医書出版, 1951.(図解手術叢書)

7. 病院設備 / 本名文任. 医学書院, 1952.(病院全書; 第3)
8. 痔核 / 本名文任. 金原出版, 1953, 4版.(臨牀医学文庫) 12. 痔核 / 本名文任. 金原出版, 1958, 改訂版, 5版.
9. 小手術のこつ / 本名文任. 金原出版, 1960.
10. 肛門外科の手術 / 本名文任. 金原出版, 1968.

高楠栄 ‖タカクス, サカエ

1. 産科婦人科領域より見たる虫様突起炎 / 高楠栄, 森川益夫. 金原商店, 昭和15.
2. 産婦人科と虫垂 / 高楠栄, 森川益夫. 医学書院, 1956.(産婦人科選書; 第12集)

廣田康 ‖ヒロタ, ヤスシ

1. 新皮膚科学 / 広田康. 金原商店, 昭和9.

北村精一(1898년생) ‖キタムラ, セイイチ

1. 泰国の疾病と其の診療 / 岩井誠四郎, 北村精一. 金原商店, 1942.
2. 皮膚科診療の実際 / 北村精一. 南山堂, 1955.
3. ホルモンと皮膚及びその疾患 / 北村精一, 矢村卓三. 永井書店, 1957.
4. 簡明皮膚病診断治療学 / 北村精一, 野北通夫. 診断と治療社, 1958.
5. アレルギー / 北村精一. 隆鳳堂, 1960.
6. 憶稿雑記 / 北村精一. 北村精一, 1964.
7. アレルギーの診断と治し方 / 北村精一. 白揚社, 1965.
8. 皮膚アレルギーと疾患 / 北村精一. 金原出版, 1965.(新臨床医学文庫)
9. 皮膚科 / 北村精一, 野波英一郎. 南山堂, 1966, 改訂版, 8版.
10. 内臟疾患と皮膚病変 / Rudolf M. Bohnstedt[他]. 医学書院, 1967.

早野龍三 ‖ハヤノ, タツゾウ

1. 近世トラホーム全書 / 中村辰之助, 早野竜三[他]. 半田屋医籍, 明治42.12.
2. 近世トラホーム図譜解並一般予防法 / 中村辰之助, 早野竜三. 半田屋医籍, 明治43.6.
3. 近世眼科治療学 / 早野竜三, 石田訓造. 半田屋医籍, 明治45.1.

原弘毅(1896년생) ‖ハラ, ヒロタケ

1. 小児科領域に於ける最近の理学的療法 / 原弘毅. 日本医書出版, 1948.
2. 初めの症状から見たこどもの病気 / 原弘毅. 二宮書店, 1949.(赤十字保健新書; 第13)
3. こどもの病気 / 原弘毅. 二宮書店, 1951, 訂再版.(赤十字保健新書; 第13)

4. 児童習癖相談室 / D.A.ソム[他]. 国土社, 1951.
5. 正しい保育教室 / 原弘毅. 二宮書店, 1952.(赤十字保健新書)
6. 小児科診療の実際 / 原弘毅. 南山堂, 1953.
7. 新しい小児科の診療事典 / 原弘毅. 文光堂, 1958.
8. 小児の新しい薬 / 原弘毅, 居谷健吾. 中外医学社, 1959.
9. 看護・医学事典 / 原弘毅. 医学書院, 1961.
10. 小児科医のみた皮膚病 / 門田省三, 原弘毅. 中央医書出版社, 1961.
11. 主訴による小児実用処方とその解説 / 原弘毅. 金芳堂, 1962.
12. 育児学 / 原弘毅. 建帛社, 1964.

和泉成之(1897년생) ‖イズミ, ナリユキ

1. 育児と治療より見たる小児科学 / 和泉成之. 鳳鳴堂書店, 昭和10.
2. 症候上より見たる小児科学 / 和泉成之. 鳳鳴堂, 昭和11.
3. 乳幼児学 / 和泉成之, 竹下成一. 鳳鳴堂, 昭和16.
4. 育児と治療より見たる小児科学 / 和泉成之. 鳳鳴堂書店, 昭和18, 訂5版.
5. 新小児科学 / 和泉成之. 鳳鳴堂, 1948.
6. 育児と治療より見たる小児科学 / 和泉成之. 鳳鳴堂書店, 1948, 9版.
7. 痲疹 / 和泉成之. 鳳鳴堂, 1949.(新小児科叢書)
8. 症候上より見たる小児科学 / 和泉成之. 鳳鳴堂書房, 1949, 訂6版.
9. 保健婦学 / 和泉成之. 鳳鳴堂書店, 1949.
10. 今日の小児呼吸器疾患の診療 / 和泉成之. 日本医学雑誌, 1950.(医家叢書; 12. 症候上より見たる小児科学 / 和泉成之. 鳳鳴堂書店, 1952, 改訂7版.
11. 処方の実際 / 和泉成之. 鳳鳴堂書店, 1955.
12. 小児急性伝染病の食餌療法 / 和泉成之. 日本医書出版, 1957.(臨牀医学文庫; 第59)
13. 症候上より見たる小児科治療学 / 和泉成之. 鳳鳴堂書店, 1957.
14. 小児科臨床の為に / 和泉成之. 金原出版, 1958.
15. 小児病の鑑別診断と治療の実際 / 和泉成之. 南山堂, 1963.
16. 和泉小児病学 / 和泉成之. 鳳鳴堂書店, 1964.
17. 育児指導学 / 遠城寺宗徳, 田中利雄, 和泉成之. 医学書院, 1967.
18. 小児科臨床のために / 和泉成之. 金原出版, 1968, 改訂版, 2版.

高井俊夫(1903~97) ‖タカイ, トシオ

1. 育児の常識 / 高井俊夫. 生活科学化協会, 1947.(家庭科学教室; 第6)
2. 欧米小児科の近況 / 高井俊夫. 診断と治療社, 1957.
3. 小児科学 / 高井俊夫. 文光堂, 1958.

4. 小児の栄養代謝 / 高井俊夫, 武知久幸. 医学書院, 1960.
5. 新しい小児科 / 高井俊夫. 診断と治療社, 1964.
6. 世界の小児科めぐり / 高井俊夫. 診断と治療社, 1968.
7. 小児科診断学 / 高井俊夫. 医学書院, 1968.
8. 乳児栄養学 / 高井俊夫. 朝倉書店, 1968.
9. 小児の治療と処方 / 高井俊夫. 永井書店, 1969.
10. 乳幼児栄養法 / 高井俊夫. 金原出版, 1972.(新臨床医学文庫)
11. 先天性代謝異常. 診断と治療社, 1973.
12. 開発途上国の栄養 / 高井俊夫. 医歯薬出版, 1973.
13. わが国フレーベル主義教育の流れ / 高井俊夫. 頌栄短期大学, 1974.10.
14. 未来をひらく障害児対策 / 高井俊夫, テオドール・ヘルブリュッゲ. 日本評論社, 1982.7.
15. ダウン症児の早期教育 / ヴァレンタイン・ドミートリーヴ[他]. 同朋舎出版, 1983.8.
16. ダウン症の早期教育 / 高井俊夫. 二瓶社, 1994.12.
17. 小児保健 / 平山宗宏, 日暮眞, 高井俊夫. 東京書籍, 2003.7., 新訂.(新現代幼児教育シリーズ)

久保喜代二 ‖ クボ, キヨジ

1. 精神医学における人間像 / クルト・コッレ[他]. 文光堂, 1965.

伊東高麗夫(1910년생) ‖ イトウ, コマオ

1. ヘミングウェイ / 伊東高麗夫. 金剛出版, 1972.(パトグラフィ双書; 8)
2. 天才の秘密 / 伊東高麗夫. 勁草出版サービスセンター, 1979.6.
3. 病跡学とオカルト / 伊東高麗夫. 勁草出版サービスセンター, 1980.11.
4. 病跡学夜話 / 伊東高麗夫. 金剛出版, 1982.9.
5. 文芸と病跡 / 伊東高麗夫. 近代文芸社, 1988.8.

鈴木元晴 ‖ スズキ, モトハル

1. 消化器レ線診断学 / 鈴木元晴. 金原商店, 昭和13.
2. 胸部レ線診断学 / 鈴木元晴. 金原商店, 昭和15.

生田信保(1898~1976) ‖ イクタ, ノブヤス

1. 抜歯学 / 生田信保. 歯苑社, 昭和13.
2. 歯科臨牀に必要なる口腔手術図説 / 生田信保. 歯苑社, 昭和16.
3. 歯痛 / 生田信保. 歯苑社, 1947.
4. 口腔衛生学 / 生田信保. 歯苑社, 1948.
5. 抜歯学 / 生田信保. 増補改訂版. 医歯薬出版, 1954, 4版.

6. 歯痛 / 生田信保. 医歯薬出版, 1954, 増補版, 5版.
7. 臨床に必要な歯性急性炎症 / 生田信保. 医歯薬出版, 1955, 増補版, 2版.

小林宏志 ‖コバヤシ, ヒロシ

1. 西ニューギニアの衛生事情 / 小林宏志, 服部敏. 日本評論社, 昭和20.(南太平洋叢書; 4)

笹沼竹雄 ‖ササヌマ, タケオ

1. おたすけへの医学知識 / 笹沼竹雄. 養徳社, 1984.7.

3) 이공학부

大塚明郎(1899년생) ‖オオツカ, ハルオ

1. ちからのつく地学 / 大塚明郎, 黒田新市, 石田五郎. 国土社, 昭和33.(中学生の学習文庫)
2. 小学校理科の新教育課程 / 大塚明郎. 国土社, 1958.(新教育課程双書; 小学校篇 第5)
3. 中学校理科の新教育課程 / 大塚明郎. 国土社, 1958.(新教育課程双書; 中学校篇 第5)
4. 物理学概要 / 一瀬正己[他]. 培風館, 1959, 増訂版.
5. 創発の暗黙知 / 大塚明郎. 青玄社, 1987.10.

犬井鐵郎(1905년생) ‖イヌイ, テツロウ

1. 複素函数論 / 犬井鉄郎, 石津武彦. 東京大学出版会, 1966.(東京大学基礎工学; 7)
2. 応用群論 / 犬井鉄郎. 増補版. 裳華房, 1980.10.
3. 応用群論 / 犬井鉄郎, 田辺行人, 小野寺嘉孝. 裳華房, 1976.
4. 特殊函数 / 犬井鉄郎. 岩波書店, 1962.(岩波全書)
5. 偏微分方程式とその応用 / 犬井鉄郎. コロナ社, 1957.(応用数学講座; 第9巻)
6. 微分方程式概論 / 犬井鉄郎. 理工出版社, 1952.
7. 応用偏微分方程式論 / 犬井鉄郎. 岩波書店, 1951.
8. 群表現と原子及び分子 / 犬井鉄郎, 柳川禎章. 裳華房, 1950.
9. 球函数・円壔函数・超幾何函数 / 犬井鉄郎. 河出書房, 1948.(応用数学; 第7)
10. 微分方程式概論 / 犬井鉄郎. 壮文社, 1948.
11. 物質構造論 / フント[他]. 吉岡書店, 1971.(物理学叢書; 31)

矢島祐利(1903년생) ‖ヤジマ, スケトシ

1. 科学者と科学 / 矢島祐利. 鉄塔書院, 昭和5.
2. 近世物理学史序説 / 矢島祐利. 鉄塔書院, 昭和6.

3. アルプスの氷河. 第1部(主に談話的), 第2部(主に科学的) / ジヨン・チンダル[他]. 岩波書店, 昭和7.(岩波文庫; 823-826)
4. アルプスの旅より / チンダル[他]. 岩波書店, 昭和8.(岩波文庫; 888)
5. 蝋燭の科学 / フアラデー[他]. 岩波書店, 昭和8.(岩波文庫; 954)
6. アルプス紀行 / チンダル[他]. 岩波書店, 昭和9.(岩波文庫; 1029-1030)
7. すみれぐさ / 矢島祐利. 矢島祐利, 昭和13.
8. フアラデー / 矢島祐利. 岩波書店, 昭和15, 23.(岩波新書; 第68)
9. 電気学実験研究. 第1 / ファラデー[他]. 岩波書店, 昭和16.(岩波文庫; 2906-2909)
10. 電磁理論の発展史 / 矢島祐利. 河出書房, 昭和22.(物理学集書; 9)
11. 科学史と科学 / 矢島祐利. 扶桑書房, 昭和23.
12. 科学的断片 / 矢島祐利. 理学社, 昭和23.
13. 電気学実験研究. 第1 / ファラデー[他]. 岩波書店, 1948, 再版.(岩波文庫)
14. 科学文学 / 矢島祐利. アルス, 1948.(アルス選書)
15. 科学史と科学 / 矢島祐利. 扶桑書房, 1948.
16. 力の恒存について / ヘルムホルツ[他]. 岩波書店, 昭和24.(岩波文庫; 3875)
17. 科学概論と科学史 / 矢島祐利. 河出書房, 1949.
18. 物理学史 / 矢島祐利. 朝倉書店, 1949.(科学技術史全書)
19. アルプス紀行 / ジョン・チンダル[他]. 岩波書店, 1949, 増訂新版, 再版.(岩波文庫)
20. 物理学史の断面 / 矢島祐利. 青山書院, 1949.
21. 世界の科学・日本の科学 / 矢島祐利. 弘文堂, 1949.(アテネ文庫; 第78)
22. 寺田寅彦 / 矢島祐利. 岩波書店, 1949.
23. James. P. Jouleエネルギーの原則 / 矢島祐利. 日本科学社, 1949.
24. ジェームス・P.ジュールエネルギーの原則 / 矢島祐利. 日本科学社, 1949.
25. 力の恒存について / ヘルムホルツ[他]. 岩波書店, 昭和24.(岩波文庫)
26. 世界の科学者 / 矢島祐利. 筑摩書房, 昭和25.(中学生全集; 18)
27. マックスウェル / 矢島祐利. 岩波書店, 1950.(科学史をつくる人々)
28. 電磁気学史 / 矢島祐利. 岩波書店, 1950.(岩波全書; 第109)
29. 近世科学史 / 矢島祐利. 弘文堂, 1950.(アテネ新書; 第9)
30. 科学用語辞典 / 矢島祐利, 石田周三. 弘文堂, 1951.(アテネ文庫; 第153)
31. 天体の回転について / コペルニクス[他]. 岩波書店, 1953.(岩波文庫)
32. 家事と雑用 / 矢島祐利,矢島せい子. 岩波書店, 1953.(岩波婦人叢書)
33. 科学の歴史. 上, 下 / S.メイスン[他]. 岩波書店, 1955, 56.
34. ロウソクの科学 / フアラデー[他]. 改訳版. 岩波書店, 1956, 24刷.(岩波文庫)
35. 科学思想史入門 / 矢島祐利. 修道社, 1956.(現代選書)
36. アラビア科学の話 / 矢島祐利. 岩波書店, 1965.(岩波新書)
37. 近代物理学史 / ウィリアム・ウィルソン[他]. 講談社, 1973.

38. 発見者ファラデー / ジョン・チンダル. 矢島祐利訳・編. 社会思想社, 1973, 第4版(現代教養文庫)
39. 古代の宇宙論 / C. ブラッカー, M. ローウェ[他]. 海鳴社, 1976.
40. アラビア科学史序説 / 矢島祐利. 岩波書店, 1977.3.
41. 電気実験. 上, 下巻 / M. Faraday[他]. 内田老鶴圃新社, 1980.4., 1980.5.(古典化学シリーズ; 10)
42. 一科学史家の回想 / 矢島祐利. 恒和出版, 1980.11.(恒和選書; 3)
43. 矢島せい子の足跡 / 矢島せい子[他]. ドメス出版, 1989.1.
44. あらくさの花 / 矢島せい子[他]. ドメス出版, 1989.12.
45. 科学史とともに五十年 / 矢島祐利. 中央公論社, 1993.12.(中公文庫)

西川武一(1879년생) ‖ ニシカワ, タケイチ

1. 基礎有機化学 / 西川武一, 村瀬一郎. 広川書店, 1963.
2. 女子大の化学 / 西川武一. 広川書店, 1968.

久保昌二(1911년생) ‖ クボ, マサジ

1. 強電解質の理論 / 久保昌二. 学術図書出版社, 1948.
2. 化学史. 上 / 久保昌二. 白水社, 1949.(白水社科学選書; 第24)
3. 量子化学概説 / 久保昌二. 朝倉書店, 1950.
4. 化学史. 下巻 / 久保昌二. 白水社, 1950.(白水社科学選書; 第25)
5. 物理学史 / マックス・フォン・ラウェ[他]. 白水社, 1953.(白水社科学選書)
6. 統計力学 / ラシブルック[他]. 白水社, 1955.
7. 原子価と分子構造 / E. Cartmell, G.W.A. Fowles[他]. 丸善, 1958.
8. 初等量子力学 / W. ハイトラー[他]. 共立出版, 1959.(共立全書)
9. 化学史 / 久保昌二. 白水社, 1959.
10. 原子価と分子構造 / E. Cartmell, G.W.A. Fowles. 原書3版 久保昌二訳. 丸善, 1976.
11. 原子価と分子構造 / E. Cartmell, G.W.A. Fowles[他]. 丸善, 1980.2.~92.4.

伊勢村壽三(1908~1997) ‖ イセムラ, ジュゾウ

1. 教養物理化学 / 伊勢村寿三. 朝倉書店, 1953.
2. 新食品学 / G.W. スコットブレアー[他]. 朝倉書店, 1956.
3. 教養物理化学 / 伊勢村寿三. 朝倉書店, 1964, 改訂新版.
4. ナフィールド生物. 啓林館, 1968.
5. 水の話 / 伊勢村寿三. 培風館, 1984.12.(化学の話シリーズ; 6)

安宅勝(1902~71) ‖ ヤスミ, マサル

1. 橋梁工学 / 安宅勝. 共立出版, 1949.(新制土木工学全書)
2. 合成桁 / 安宅勝. オーム社, 1953.(OHM文庫; 第307)
3. 新制橋梁工学 / 福田武雄, 安宅勝, 友永和夫. オーム社, 1956.
4. 橋梁設計例 / 福田武雄, 安宅勝, 友永和夫. オーム社, 1967.
5. 橋梁工学 / 福田武雄, 安宅勝, 友永和夫. オーム社, 1967.
6. 橋梁力学 / 安宅勝, 古川一郎, 小西保則. 森北出版, 1968.
7. 構造力学 / 近藤泰夫, 安宅勝, 伊藤冨雄, 神田一雄. 国民科学社, 1974.1., 改訂3版.

横井增治(1888년생) ‖ ヨコイ, マスジ

1. 築港工学. 前,後編 / 横井増治. 科学技術社, 1950.
2. 土木施工法 / 横井増治. 森北出版, 1957.

淺野友一(1903~75) ‖ アサノ, トモカズ

1. 基礎機械工学. 1~5 / 浅野友一. 啓学出版, 1973~74.

下坂實 ‖ シモサカ, ミノル

1. 水力学演習 / 下坂実. 産業図書, 1962.
2. 原動機工学演習 / 下坂実. 産業図書, 1963.
3. 工業英語演習 / 下坂実, 篠田義明. 産業図書, 1964.

安宅彦三郎(1904년생) ‖ アタカ, ヒコサブロウ

1. 交流回路学 / 安宅彦三郎. 叢文閣, 昭和14.
2. 電磁界と其の解析 / 安宅彦三郎. 修教社書院, 昭和19.
3. 円=函数表 / 安宅彦三郎, 門司正之. 丸善出版, 1948.
4. 高等函数とその応用 / 安宅彦三郎. 電気書院, 1952.(電気用数学全書)
5. 電気通信数学 / 安宅彦三郎. 岩波書店, 1953.(岩波全書; 第177)
6. 電気用マトリクス入門 / 安宅彦三郎. 電気書院, 1954.(電気工学入門新書)
7. 電気物理講義 / 安宅彦三郎. 電気書院, 1955, 2版.
8. 電気回路論 / 安宅彦三郎. 共立出版, 1958.(基礎電気工学講座; 第6)
9. 電気数学 / 尾本義一, 安宅彦三郎, 駒宮安男. 共立出版, 1958.(基礎電気工学講座; 第1)
10. ブール代数 / 安宅彦三郎. 共立出版, 1969.
11. ブール代数 / 安宅彦三郎. 共立出版, 1977.4., 増補版.

高田實(1895년생) ‖タカダ, ミノル

1. 騒音防止 / 高田実. 修教社, 1937.

村上恵一(1910년생) ‖ムラカミ, ケイイチ

1. 最新工業材料叢書. 第3, 10 / 材料研究会. 共立社, 昭和14, 15.
2. 耐火物概論 / 永井彰一郎, 村上恵一. 科学主義工業社, 昭和18.
3. 耐火物概論 / 永井彰一郎, 村上恵一. 科学社, 昭和23, 訂3版.
4. セメント・石膏・石灰 / 中原万次郎, 村上恵一. 日刊工業新聞社, 1959.(工業化学全書; 第7)
5. リン酸 / 堀省一朗, 村上恵一. 誠文堂新光社, 1965.

高橋武雄(1903년생) ‖タカハシ, タケオ

1. 海藻工業 / 高橋武雄. 工業図書, 昭和16.
2. 最新工業材料叢書. 17 / 材料研究会. 共立社, 昭和17.
3. アセチレン / 高橋武雄. 産業図書, 1952.
4. 有機工業分析 / 高橋武雄,田中誠之. 日刊工業新聞社, 1963.(工業化学全書; 55)
5. 有機定量分析 / 高橋武雄. 日刊工業新聞社, 1965.
6. 機器分析大意 / 高橋武雄. 産業図書, 1966.
7. 化学工業史 / 高橋武雄. 産業図書, 1973.
8. 機器分析大意 / 高橋武雄. 産業図書, 1976.12., 改増版.

石橋弘毅(1899년생) ‖イシバシ, コウキ

1. 科学知識叢書. 第6篇. 科学知識普及会, 昭和2.
2. 頁岩油 / 石橋弘毅. 共立社, 1940.
3. ヂーゼル燃料 / 石橋弘毅. 共立社, 昭和16.
4. 化学 / 石橋弘毅, 斎藤鐘次郎. 共立出版, 1950.(大学教養・自然科学概論; [第3])
5. ペトロケミカルズ / 石橋弘毅. 共立出版, 1953.(共立全書; 第61)
6. 有機工業薬品 / 石橋弘毅. 共立出版, 1953.(共立全書; 第66)
7. 石油化学辞典 / 石橋弘毅. 日刊工業新聞社, 1958.
8. 石油精製と石油化学 / 石橋弘毅. 槙書店, 1963.
9. 溶剤便覧 / 石橋弘毅. 槙書店, 1967.
10. 環境用語集 / 石橋弘毅. 共立出版, 1971.
11. エネルギー用語集 / 石橋弘毅. 共立出版, 1979.2.

向井参之充(1898년생) ‖ムカイ, サンノジュウ

1. 電気分析 / 向井参之充. 丸善, 昭和4.
2. 化学分析の理論と計算 / 向井参之充. 裳華房, 1948, 7版.

水田準一(1901년생) ‖ ミズタ, ジュンイチ

1. 鉱山機械. 第2 / 水田準一. 実業教科書, 1948.

吉岡正三(1912년생) ‖ ヨシオカ, ショウゾウ

1. 金属組織学 / Cecil H. Desch[他]. コロナ社, 昭和14.
2. 金属組織学 / 吉岡正三. コロナ社, 1953.
3. 金属 / 吉岡正三. コロナ社, 1959.(コロナ・シリーズ; 第8)
4. 金属学序説 / 吉岡正三. コロナ社, 1959.(標準金属工学講座; 第1)
5. 金属学のための原子論 / W. Hume-Rothery[他]. コロナ社, 1968.
6. 金属物性論 / N.F. モット, H. ジョーンズ[他]. 内田老鶴圃新社, 1978.
7. 金属物性論 / N.F. モット, H. ジョーンズ[他]. 内田老鶴圃, 1988.7.

田丸莞爾 ‖ タマル, カンジ

1. 非破壊検査法 / 田丸莞爾. 日刊工業新聞社, 1954.(工業技術新書; 第9)

宇野利雄(1902~98) ‖ ウノ, トシオ

1. 数値計算論 / 宇野利雄. 岩波書店, 昭和16.
2. 力学通論 / 宇野利雄. 朝倉書店, 1950.(数学全書)
3. 統計学 / 宇野利雄, 洲之内源一郎. 養賢堂, 1953.
4. 数理統計学演習 / 宇野利雄. 共立出版, 1955.(共立全書)
5. 統計学 / 宇野利雄, 洲之内源一郎. 養賢堂, 1956, 改著版.
6. わかる計算法 / 宇野利雄. 岩崎書店, 1960.5.(中学生の数学教室; 17)
7. ポテンシャル / 宇野利雄, 洪姙植. 培風館, 1961.(新数学シリーズ; 第21)
8. 計算機のための数値計算 / 宇野利雄. 朝倉書店, 1963.(応用数学力学講座; 14)
9. 級数入門 / 宇野利雄, 洪姙植. 培風館, 1965.(新数学シリーズ; 24)
10. 最大原理入門 / 宇野利雄, 菊池豊彦. 共立出版, 1967.(共立全書)
11. 電子計算機のための数値計算法. 3 / 山内二郎, 宇野利雄, 一松信. 培風館, 1972.(数理科学シリーズ; 5)
12. ラプラス変換 / 宇野利雄, 洪姙植. 共立出版, 1974.(共立全書)

山家信次(1887~1954) ‖ ヤマガ, ノブジ

1. 熱力学 / 山家信次. 一橋書房, 1955

1. [잡지명] 조선 1941년 6월(제313호) [기사명] 朝鮮産業科學研究院(假稱)の設置.
2. [잡지명] 조선 1944년 1월(제344호) [기사명] 戰力增强と朝鮮科學技術の使命.

小林晴治郎(1884년생) ‖ コバヤシ, ハルジロウ

1. 蠅ノ研究 / 小林晴治郎. 細菌学雑誌社, 大正5.
2. 蠅の害と其予防 / 小林晴治郎. 大日本衛生警察協会, 大正14.
3. 寄生虫と衛生昆虫 / 小林晴治郎. 臼井書房, 1949.
4. 日本寄生虫学文献集. 鉤虫・東洋毛様線虫篇 / 編集者: 小林晴治郎, 長花操, 吉田幸雄. 日本寄生虫学会, 1974.

1. [잡지명] 경무휘보 1937년 7, 8월(제375, 376호) [기사명] 蠅の驅除に就て.
2. [잡지명] 경무휘보 1937년 9월(제377호) [기사명] 南京蟲の話.
3. [잡지명] 경무휘보 1937년 10월(제378호) [기사명] 蛔蟲に就いて.
4. [잡지명] 경무휘보 1937년 11월(제379호) [기사명] 風の話.
5. [잡지명] 조선급만주 1926년 2월(제219호) [기사명] 屎尿の衛生的處分法.
6. [잡지명] 조선급만주 1926년 5월(제222호) [기사명] マラリアの豫防.
7. [잡지명] 조선급만주 1926년 7월(제224호) [기사명] 蠅の繁殖力と其の豫防.
8. [잡지명] 조선급만주 1926년 8월(제225호) [기사명] 清流及濁流に棲む寄生虫.
9. [잡지명] 조선급만주 1927년 5월(제234호) [기사명] 肺ヂストマの媒介をする朝鮮のサリガニの話.
10. [잡지명] 조선급만주 1928년 3월(제244호) [기사명] 印度旅行中見聞の二三.
11. [잡지명] 조선급만주 1928년 6월(제247호) [기사명] 日本人は果して眞の潔癖か.
12. [잡지명] 조선급만주 1928년 7월(제248호) [기사명] 研究の犠牲者野口博士を憶ふ.
13. [잡지명] 조선급만주 1928년 12월(제253호) [기사명] 蚊の冬籠り.
14. [잡지명] 조선급만주 1929년 1월(제254호) [기사명] 蠅の冬籠り.
15. [잡지명] 조선급만주 1929년 2월(제255호) [기사명] 成功せるマラリヤ豫防作業の實例.
16. [잡지명] 조선급만주 1929년 6월(제259호) [기사명] マラリヤ研究に於けるロツスの苦心.
17. [잡지명] 조선급만주 1929년 10월(제263호) [기사명] 朝鮮の寄生蟲病の回顧.
18. [잡지명] 조선급만주 1929년 12월(제265호) [기사명] マラリア豫防上に於けるロツスの苦心と成功.
19. [잡지명] 조선급만주 1930년 5월(제270호) [기사명] 地理學と疾病.
20. [잡지명] 조선급만주 1930년 9월(제274호) [기사명] 夏の最中に蠅の少くなる理由.
21. [잡지명] 조선급만주 1931년 2월(제279호) [기사명] 分らぬ病マラリア.
22. [잡지명] 조선급만주 1933년 2월(제303호) [기사명] 臺灣の「マラリア」.
23. [잡지명] 조선급만주 1936년 1월(제338호) [기사명] イヘダニと鼠との關係.
24. [잡지명] 조선급만주 1936년 8월(제345호) [기사명] 蚊とマラリア.
25. [잡지명] 조선급만주 1937년 1월(제350호) [기사명] 溫突と蟲.
26. [잡지명] 조선급만주 1937년 5월(제354호) [기사명] 衛生上の希望事項二三.

須藤秀治(1906년생) ‖ スドウ, ヒデハル

1. 火薬と発破 / 須藤秀治, 大久保正八郎, 田中一三. オーム社, 1971.

1. [잡지명] 경무휘보 1937년 9, 11월, 1938년 2월(제377, 379, 382호) [기사명] 火藥類と其の威力.

松田種光(1913년생) ‖ マツダ, タネミツ

1. 高分子材料 / 松田種光. 産業図書, 1962.
2. 溶剤ハンドブック / 松田種光, 箱島勝, 鎌苅藤行. 産業図書, 1963.
3. 回想記 / 松田種光. 松田種光, 1995.10.
4. 米寿を迎えて / 松田種光. 松田種光, 2001.10.

斎藤信房(1916년생) ‖ サイトウ, ノブフサ

1. 分析化学 / 斎藤信房. 裳華房, 1961.
2. 核化学と放射化学 / G. フリードランダー, J.W. ケネディ[他]. 丸善, 1962.
3. 分析化学 / 斎藤信房. 裳華房, 1988.4., 改訂版.

二村忠元(1916년생) ‖ ニムラ, タダモト

1. 廻転楕円体波動函数とその表 / 二村忠元, 渡辺良志. 電気通信研究所, 1955.(成果報告)
2. 電気磁気学 / 二村忠元. 朝倉書店, 1965.(電気工学基礎講座; 1)
3. 電子・通信・電気工学基礎講座. 1. 丸善, 1972.
4. 電磁気演習 / 二村忠元, 千葉二郎, 曽根敏夫. 電気書院, 1973.

平井敦(1908~93) ‖ ヒライ, アツシ

1. 鋼橋. 第1, 3 / 平井敦. 技報堂, 1953, 1956.
2. 鋼橋. 第3 / 平井敦. 技報堂, 1967, 改訂版.

沢田正三(1917~2001) ‖ サワダ, ショウゾウ

1. 実験技術. 上 / 熊谷寛夫. 朝倉書店, 1949.(物性論叢書; 第2巻)
2. 磁性体・誘電体の物性工学 / 高木豊, 沢田正三. オーム社, 1967.(物性工学講座)
3. 基礎物理実験 / 影山誠三郎, 沢田正三. 朝倉書店, 1968.
4. 基礎物理. 1, 2 / 沢田正三. 槙書店, 1972, 1973.
5. 物性実験の基礎 / 岡田利弘, 沢田正三, 藤田英一. 朝倉書店, 1975.(物性物理学シリーズ; 5)

古賀孝 ∥コガ, タカシ

1. 送電系統に於ける進行波 / ビュウリイ[他]. オーム社, 昭和11.
2. 電力伝送要綱 / 古賀孝. コロナ社, 昭和12.
3. 切込焼 / 古賀孝. 雄山閣出版, 1974.

2. 교수들의 잡지 기고문 목록

1) 법문학부

高木市之助(국어학국문학 제1강좌)

1. [잡지명] 文教の朝鮮 1940년 7월 [기사명] 古典の世界.
2. [잡지명] 朝鮮 1935년 8월(제243호) [기사명] 妙香山水.
3. [잡지명] 朝鮮及滿洲 1934년 6월(제319호) [기사명] 朝鮮名物を語る.
4. [잡지명] 朝鮮の教育研究 1938년 3월 [기사명] 喜劇いののく.

麻生磯次(국어학국문학 제1강좌)

1. [잡지명] 文教の朝鮮 1932년 12월 [기사명] 國語教授斷感.
2. [잡지명] 文教の朝鮮 1933년 1월 [기사명] 笑と文學.
3. [잡지명] 朝鮮 1921년 6월 [기사명] 勞役より活動への救ひ.

時枝誠記(국어학국문학 제2강좌)

1. [잡지명] 文教の朝鮮 1940년 7월 [기사명] 國語學と國語教育.

高橋亨(조선어학조선문학 제1강좌)

1. [잡지명] 朝鮮及滿洲 1922년 8월(제177호) [기사명] 歐米に於ける女子教育.

小倉進平(조선어학조선문학 제2강좌)

1. [잡지명] 警務彙報 1928년 2월(제262호) [기사명] 國語と朝鮮語との系統的關係に就て.
2. [잡지명] 文教の朝鮮 1928년 3월 [기사명] 嶺西方言.
3. [잡지명] 文教の朝鮮 1930년 1월 [기사명] 馬に對する朝鮮語.
4. [잡지명] 文教の朝鮮 1931년 9월 [기사명] 鞦韆の方言分布.
5. [잡지명] 朝鮮 1923년 7월(제100호) [기사명] 嶺東方言.
6. [잡지명] 朝鮮 1923년 10월(제102호) [기사명] 交通機關改善の言語·風俗思想に及ぼし

たる影響.

7. [잡지명] 朝鮮 1924년 2월(제106호) [기사명] 朝鮮語の歷史的硏究上より見たる濟州島方言の價値.
8. [잡지명] 朝鮮 1932년 1월(제200호) [기사명] 猿といふ言葉.
9. [잡지명] 朝鮮 1932년 4월(제203호) [기사명] 在城及び居世干名義考.
10. [잡지명] 朝鮮及滿洲 1912년 10월(제58호) [기사명] 神代文字と諺文.
11. [잡지명] 朝鮮及滿洲 1915년 3월(제92호) [기사명] 對馬見聞記.
12. [잡지명] 朝鮮及滿洲 1920년 3월(제153호) [기사명] 朝鮮の回鶻硏究.
13. [잡지명] 朝鮮及滿洲 1928년 1월(제242호) [기사명] 龍に對する朝鮮語.
14. [잡지명] 朝鮮及滿洲 1928년 12월(제253호) [기사명] 朝鮮語學に對する在鮮西洋人の貢獻.
15. [잡지명] 朝鮮及滿洲 1929년 1월(제254호) [기사명] 朝鮮語學に對する在鮮西洋人の貢獻.
16. [잡지명] 朝鮮彙報 1915년 4월호 [기사명] 慶尙南道方言.
17. [잡지명] 新民 제46호 [기사명] 海外에 잇는 朝鮮書籍.

河野六郎(조선어학조선문학 제2강좌)

1. [잡지명] 朝鮮 1941년 6월(제313호) [기사명] 言語上より見たる鮮滿の關係.

兒島獻吉郎(지나어학지나문학 강좌)

1. [잡지명] 朝鮮 1928년 3월(제154호) [기사명] 我輩の老子觀.
2. [잡지명] 朝鮮及滿洲 1928년 1월(제242호) [기사명] 墨子の學說と世界平和論.
3. [잡지명] 朝鮮及滿洲 1928년 2월(제243호) [기사명] 遊俠文學と征戍文學.

辛島驍(지나어학지나문학 강좌)

1. [잡지명] 三千里 제13권 제4호 [기사명] 米國の映畵.
2. [잡지명] 朝鮮 1942년 10월(제329호) [기사명] 朝鮮に於ける文化政策の現段階.
3. [잡지명] 朝鮮 1943년 4월(제335호) [기사명] 文藝作品總督賞の意義.
4. [잡지명] 朝鮮及滿洲 1930년 1, 2월(제266, 267호) [기사명] 支那の新しい文藝に就て.
5. [잡지명] 朝鮮及滿洲 1930년 3월(제268호) [기사명] 新しい支那の文藝に就て.
6. [잡지명] 朝鮮及滿洲 1931년 2, 5, 6, 7, 11, 12월(제279, 282, 283, 284, 288, 289호) [기사명] 支那の犯罪文學(四, 五, 六, 八).
7. [잡지명] 朝鮮及滿洲 1932년 1월(제290호) [기사명] 支那の笑話集.
8. [잡지명] 朝鮮及滿洲 1932년 2월(제291호) [기사명] 日本文學より支那文學へ.
9. [잡지명] 朝鮮及滿洲 1932년 5월(제294호) [기사명] 北京觀劇記.
10. [잡지명] 朝鮮及滿洲 1932년 10월(제299호) [기사명] 中國作家と東京.

11. [잡지명] 朝鮮及滿洲 1933년 3월(제304호) [기사명] 支那と朝鮮の新劇.
12. [잡지명] 朝鮮及滿洲 1933년 6월(제307호) [기사명] 北平印象記.
13. [잡지명] 朝鮮及滿洲 1934년 9월(제322호) [기사명] 周作人氏と現代支那.
14. [잡지명] 朝鮮及滿洲 1935년 4월(제329호) [기사명] 修學旅行.
15. [잡지명] 朝鮮及滿洲 1935년 8월(제333호) [기사명] 支那の夏旅の思出.
16. [잡지명] 朝鮮及滿洲 1935년 11월(제336호) [기사명] 現代支那社會の一面.
17. [잡지명] 朝鮮及滿洲 1936년 3월(제340호) [기사명] 現代支那小說「最後の列車」.
18. [잡지명] 朝鮮及滿洲 1936년 7월(제344호) [기사명] 現代支那の小說・丁玲の「母親」.
19. [잡지명] 朝鮮及滿洲 1937년 11, 12월(제360, 361호) [기사명] 支那事變を語る座談會.
20. [잡지명] 朝鮮及滿洲 1938년 1월(제362호) [기사명] 支那事變を語る座談會.
21. [잡지명] 朝鮮及滿洲 1938년 8월(제369호) [기사명] 支那の教育小說.
22. [잡지명] 朝鮮及滿洲 1938년 9월(제370호) [기사명] 支那の教育小說.
23. [잡지명] 朝鮮及滿洲 1938년 11월(제372호) [기사명] 支那の教育小說.
24. [잡지명] 朝鮮及滿洲 1938년 12월(제373호) [기사명] 支那人觀.
25. [잡지명] 朝鮮及滿洲 1939년 2, 3월(제375, 376호) [기사명] 支那軍と支那を語る座談會.
26. [잡지명] 朝鮮及滿洲 1939년 5월(제378호) [기사명] 現代支那の文壇.
27. [잡지명] 朝鮮及滿洲 1939년 9월(제382호) [기사명] '春姬'と'不如歸'.
28. [잡지명] 朝鮮及滿洲 1940년 8월(제393호) [기사명] 映畵教育の施設を急げ.

佐藤清(외국어학외국문학 제1강좌)

1. [잡지명] 朝鮮 1943년 12월(제343호) [기사명] 學徒出陣賦.
2. [잡지명] 朝鮮及滿洲 1926년 12월(제229호) [기사명] 藝術發達の經路.
3. [잡지명] 朝鮮及滿洲 1927년 2월(제231호) [기사명] 現代詩壇の風潮.
4. [잡지명] 朝鮮及滿洲 1930년 1월(제266호) [기사명] 現代に於けるインテリゲンチャの地位.
5. [잡지명] 朝鮮及滿洲 1937년 3월(제352호) [기사명] 科學と統制國家.

中島文雄(외국어학외국문학 제2강좌)

1. [잡지명] 朝鮮及滿洲 1931년 11월(제288호) [기사명] 倫敦の下宿生活.
2. [잡지명] 朝鮮及滿洲 1937년 8월(제357호) [기사명] 强壯劑としての民間藥を檢討す.

山崎知二(조교수, 프랑스어)

1. [잡지명] 朝鮮及滿洲 1931년 2월(제279호) [기사명] 「惡の華」の詩人ボードレエルの少年期.
2. [잡지명] 朝鮮及滿洲 1938년 6월(제367호) [기사명] 滯佛雜感.

松月秀雄(교육학 제1강좌)

1. [잡지명] 警務彙報 1931년 5월(제301호) [기사명] 愛と光に浴する貧民の兒.
2. [잡지명] 文教の朝鮮 1928년 6월 [기사명] 勤勞の教育學的槪念.
3. [잡지명] 文教の朝鮮 1930년 5월 [기사명] 石潭遊記.
4. [잡지명] 文教の朝鮮 1930년 10월 [기사명] 教育勅語渙發40年記念に際して.
5. [잡지명] 文教の朝鮮 1930년 12월 [기사명] 職業科一元の新學校.
6. [잡지명] 文教の朝鮮 1931년 1월 [기사명] 宇野博士のDie Ethik des Konfuzianismusを讀む.
7. [잡지명] 文教の朝鮮 1931년 3월 [기사명] ウォシュバーン氏の來城に就て.
8. [잡지명] 文教の朝鮮 1931년 5월 [기사명] 全北の旅より歸りて.
9. [잡지명] 文教の朝鮮1931년 6월 [기사명] 生産學校と其の批判.
10. [잡지명] 文教の朝鮮 1931년 8월 [기사명] 勤勞主義の教育と教育者の人格.
11. [잡지명] 文教の朝鮮 1931년 10월 [기사명] 印度に於ける全亞細亞教育會議と教育勅語.
12. [잡지명] 文教の朝鮮 1932년 3월 [기사명] ケルシェンシュタイナー逝く.
13. [잡지명] 文教の朝鮮 1932년 11월 [기사명] 獨逸の文化教育學者と論語.
14. [잡지명] 文教の朝鮮 1933년 1월 [기사명] 慶南卒業生指導視察印象記.
15. [잡지명] 文教の朝鮮 1938년 3월 [기사명] 第七回世界教育會議報告(成人教育部會, 家庭及學校教育部·放送教育部).
16. [잡지명] 文教の朝鮮 1939년 6월 [기사명] 皇國の學的.
17. [잡지명] 文教の朝鮮 1942년 5월 [기사명] 國民學校令と體育.
18. [잡지명] 文教の朝鮮 1942년 10월 [기사명] 教育勅語と國民教育.
19. [잡지명] 朝鮮 1932년 6월(제205호) [기사명] 教育に依つて甦る朝鮮の農村.
20. [잡지명] 朝鮮 1934년 1월(제224호) [기사명] 李栗谷の處世訓.
21. [잡지명] 朝鮮 1939년 11월(제294호) [기사명] 時局下の大學生.
22. [잡지명] 朝鮮 1942년 9월(제328호) [기사명] 瑞雲滿洲と懿風朝鮮.
23. [잡지명] 朝鮮 1942년 12월(제331호) [기사명] 皇民錬成の意義.
24. [잡지명] 朝鮮 1944년 6월(제349호) [기사명] 戰時下隨想—半島東海岸ところどころ.
25. [잡지명] 朝鮮及滿洲 1928년 2월(제243호) [기사명] 世界腕長脚長膝栗毛.
26. [잡지명] 朝鮮及滿洲 1928년 3~5월(제244~246호) [기사명] 歐米教育膝栗毛.
27. [잡지명] 朝鮮及滿洲 1929년 1월(제254호) [기사명] 新時代の女性と其の教育.
28. [잡지명] 朝鮮及滿洲 1929년 2월(제255호) [기사명] 新時代の女性と其教育.
29. [잡지명] 朝鮮及滿洲 1929년 9월(제262호) [기사명] 時代と諸家の意見.
30. [잡지명] 朝鮮及滿洲 1929년 12월(제265호) [기사명] ペルゾナリストの國際聯盟觀.
31. [잡지명] 朝鮮及滿洲 1930년 2월(제267호) [기사명] ハンブルグの冬を想ふ.
32. [잡지명] 朝鮮及滿洲 1933년 3월(제304호) [기사명] 朝鮮に於ける農村振興の一形態.
33. [잡지명] 朝鮮及滿洲 1936년 8월(제345호) [기사명] 廣田弘毅傳を讀む.

34. [잡지명] 朝鮮の教育研究 1929년 8월 [기사명] エ—リッヒ·シュテルン氏の教育本質觀.
35. [잡지명] 朝鮮の教育研究 1931년 5월 [기사명] 個性調査簿の作製について.
36. [잡지명] 朝鮮の教育研究 1931년 7월 [기사명] 教育者の生活形式.
37. [잡지명] 朝鮮の教育研究 1931년 10월 [기사명] 藝術教育と勤勞教育.
38. [잡지명] 朝鮮の教育研究 1932년 7월 [기사명] 陶冶の語源と其の本質.
39. [잡지명] 朝鮮の教育研究 1932년 9월 [기사명] 亞米利加に於ける進步的教授法の概觀.
40. [잡지명] 朝鮮の教育研究 1933년 7월 [기사명] 教科目としての公民科.
41. [잡지명] 朝鮮の教育研究 1934년 4월 [기사명] 全村學校運動と農村振興運動.
42. [잡지명] 朝鮮の教育研究 1935년 1월 [기사명] 今後の教育動向.
43. [잡지명] 朝鮮の教育研究 1935년 9월 [기사명] 半島現下の教育問題私考.
44. [잡지명] 朝鮮の教育研究 1936년 2월 [기사명] 禪と報德學とに於ける心田の意義.
45. [잡지명] 朝鮮の教育研究 1936년 4월 [기사명] 世界大戰より觀たる朝鮮の複式と單級.
46. [잡지명] 朝鮮の教育研究 1937년 9월 [기사명] 朝鮮に於ける普通教育の回顧と展望.
47. [잡지명] 朝鮮の教育研究 1938년 8월 [기사명] 小學校令第1條と小學校規定第1條.
48. [잡지명] 朝鮮の教育研究 1939년 1월 [기사명] アメリカの單級小學校.
49. [잡지명] 朝鮮の教育研究 1939년 5, 7, 8월 [기사명] 學制時代に於ける教育の實際.
50. [잡지명] 朝鮮の教育研究 1940년 8월 [기사명] 二宮金次郎の誕生地を訪ふ.
51. [잡지명] 朝鮮の教育研究 1940년 10월 [기사명] 教育勅語渙發當時を想ふ.
52. [잡지명] 朝鮮の教育研究 1941년 5월 [기사명] 國民學校教育要旨の獨創性.

田花爲雄(교육학 제2강좌)

1. [잡지명] 文教の朝鮮 1929년 12월 [기사명] ウイルヘルム, ライン逝く.
2. [잡지명] 文教の朝鮮 1934년 1~3월 [기사명] 新獨逸の教育(1~3).
3. [잡지명] 文教の朝鮮 1936년 2월 [기사명] 入學試驗を廻る諸問題.
4. [잡지명] 文教の朝鮮 1937년 11월 [기사명] 第七回世界教育會議狀況報告(眞摯に終始せる初等教育部會, 大學及專門學校部會).
5. [잡지명] 文教の朝鮮 1940년 8월 [기사명] 初等國語教育の比較考察.
6. [잡지명] 文教の朝鮮 1942년 11월 [기사명] 道義朝鮮の建設と家庭教育.
7. [잡지명] 朝鮮 1941년 11월(제318호) [기사명] 國民皆勞の倫理性.
8. [잡지명] 朝鮮 1943년 2월(제333호) [기사명] 朝鮮に於ける義務教育の發芽と開花.
9. [잡지명] 朝鮮 1943년 10월(제341호) [기사명] 擊蒙要訣十種.
10. [잡지명] 朝鮮 1944년 8월(제351호) [기사명] 六諭と朝鮮.
11. [잡지명] 朝鮮及滿洲 1936년 12월(제349호) [기사명] ナチ·ドイツの新教育.
12. [잡지명] 朝鮮及滿洲 1940년 3월(제388호) [기사명] 不問語.
13. [잡지명] 朝鮮及滿洲 1940년 11월(제396호) [기사명] 宮參り.

14. [잡지명] 朝鮮及滿洲 1941년 1월(제398호) [기사명] 注連の內.
15. [잡지명] 朝鮮の教育研究 1931년 4월 [기사명] 勤勞教育の場所的竝に時間的形態.
16. [잡지명] 朝鮮の教育研究 1936년 10, 11월 [기사명] 複式教育としてのエナ案(1, 2).
17. [잡지명] 朝鮮の教育研究 1940년 10월 [기사명] 僧空海の師論.

島本愛之助(윤리학 제1강좌)

1. [잡지명] 文教の朝鮮 1930년 10월 [기사명] 教育勅語と我國民的精神.
2. [잡지명] 文教の朝鮮 1931년 1~2월 [기사명] 社會主義から理想主義へ(上, 下).

白井成允(윤리학 제2강좌)

1. [잡지명] 警務彙報 1931년 5월(제301호) [기사명] 廻向.
2. [잡지명] 警務彙報 1935년 3~5월(제347~349호) [기사명] 日本の道の淵源.
3. [잡지명] 文教の朝鮮 1932년 1월 [기사명] 自律他律の辯.
4. [잡지명] 文教の朝鮮 1935년 1, 3월 [기사명] 日本の道の淵源(上, 下).
5. [잡지명] 文教の朝鮮 1936년 12월 [기사명] 教育勅語によりて大御心を仰ぎ奉る.
6. [잡지명] 文教の朝鮮 1938년 3, 5월 [기사명] 人格の理想とその實現(上, 下).
7. [잡지명] 朝鮮及滿洲 1931년 7월(제284호) [기사명] 獨乙の大學生の生活.
8. [잡지명] 朝鮮の教育研究 1936년 4월 [기사명] 和の教と和の國.
9. [잡지명] 朝鮮の教育研究 1940년 10월 [기사명] 教育勅語を承はる心.

速水滉(심리학 제1강좌)

1. [잡지명] 文教の朝鮮 1936년 12월 [기사명] 教育勅語と明治大帝.
2. [잡지명] 文教の朝鮮 1940년 2월 [기사명] 日本文化の大陸進出.
3. [잡지명] 朝鮮 1939년 3월(제286호) [기사명] 日本學術振興會朝鮮委員會の設置.

天野利武(심리학 제1강좌)

1. [잡지명] 朝鮮及滿洲 1928년 9, 10월(제250, 251호) [기사명] 心理學者の隨想斷片.
2. [잡지명] 朝鮮及滿洲 1929년 1월(제254호) [기사명] 心理學者から觀た赤穗浪士.
3. [잡지명] 朝鮮及滿洲 1929년 7월(제260호) [기사명] 京城の自然と人.
4. [잡지명] 朝鮮及滿洲 1931년 12월(제289호) [기사명] 龍井村及びハルビンを旅行して.
5. [잡지명] 朝鮮及滿洲 1937년 4월(제353호) [기사명] 影繪.
6. [잡지명] 朝鮮及滿洲 1938년 2, 4월(제363, 365호) [기사명] 支那及び支那人を語る座談會.
7. [잡지명] 朝鮮の教育研究 1936년 7월 [기사명] 素質, 傾性, 性格, 個性等の概念に就いて.

8. [잡지명] 朝鮮の教育研究 1940년 4월 [기사명] 隨筆 蒙古人と支那人.

黒田亮(심리학 제2강좌)

1. [잡지명] 朝鮮及滿洲 1928년 3~5월(제244~246호) [기사명] 猿の生活(1~3).
2. [잡지명] 朝鮮及滿洲 1936년 6월(제343호) [기사명] 思想史から見た日本人の獨創.
3. [잡지명] 朝鮮及滿洲 1937년 12월(제361호) [기사명] 時局と學徒の使命.
4. [잡지명] 朝鮮の教育研究 1941년 2월 [기사명] 六疊氣象學.

福富一郎(조교수, 심리학)

1. [잡지명] 文教の朝鮮 1938년 8, 9월 [기사명] 融合による國家の飛躍と力を生む教育.
2. [잡지명] 朝鮮及滿洲 1923년 7월(제188호) [기사명] 經濟行動と心理學.
3. [잡지명] 朝鮮及滿洲 1923년 10월(제191호) [기사명] 流言蜚語の心理.
4. [잡지명] 朝鮮の教育研究 1930년 11월, 1931년 1월 [기사명] 運動心理に關する研究.

安倍能成(철학철학사 제1강좌)

1. [잡지명] 文教の朝鮮 1926년 12월 [기사명] 批判的精神.
2. [잡지명] 文教の朝鮮 1929년 6월 [기사명] 卒業生に餞す.
3. [잡지명] 文教の朝鮮 1932년 7~9월 [기사명] プラトンの理想國(2~4).
4. [잡지명] 文教の朝鮮 1937년 7월 [기사명] 教育者と學問.
5. [잡지명] 朝鮮 1927년 11월(제150호) [기사명] 朝鮮所見二三.
6. [잡지명] 朝鮮 1932년 1월(제200호) [기사명] 學校の往復.
7. [잡지명] 朝鮮 1933년 6월(제217호) [기사명] 海印寺を訪ふ.
8. [잡지명] 朝鮮 1935년 8월(제243호) [기사명] 百濟の古都扶餘.
9. [잡지명] 朝鮮 1938년 4월 [기사명] 竹嶺を越えて浮石寺に遊ぶ.
10. [잡지명] 朝鮮及滿洲 1930년 4월(제269호) [기사명] 一冊の手帳.
11. [잡지명] 朝鮮及滿洲 1934년 1월(제314호) [기사명] 船を待つ間.
12. [잡지명] 朝鮮及滿洲 1934년 6월(제319호) [기사명] 歐洲の街路樹と日本街路樹.
13. [잡지명] 朝鮮及滿洲 1934년 7월(제320호) [기사명] ハイデルベルヒた二三日.
14. [잡지명] 朝鮮及滿洲 1935년 1월(제326호) [기사명] ローマの新年.
15. [잡지명] 朝鮮及滿洲 1935년 10월(제335호) [기사명] ヴエルサイユ宮を訪ふ.
16. [잡지명] 朝鮮及滿洲 1936년 1월(제338호) [기사명] 羅馬テイヴオリに遊ぶ記.
17. [잡지명] 朝鮮及滿洲 1937년 1월(제350호) [기사명] ハムブルヒの印象.
18. [잡지명] 朝鮮及滿洲 1938년 1월(제362호) [기사명] 事變中の年頭所感·冬期の生活.

藤塚鄰(지나철학 강좌)

1. [잡지명] 警務彙報 1933년 2월(제322호) [기사명] 禮と中庸.
2. [잡지명] 文教の朝鮮 1930년 1월 [기사명] 高麗版龍龕手鏡解說.
3. [잡지명] 文教の朝鮮 1931년 12월 [기사명] 朱子と論語.
4. [잡지명] 文教の朝鮮 1933년 1~3월 [기사명] 五倫教義發展の史的考察.
5. [잡지명] 文教の朝鮮 1935년 10월 [기사명] 漢文講習講話 淸鮮文化交流研究の動機及其過程.
6. [잡지명] 文教の朝鮮 1937년 3월 [기사명] 御講書初漢書進講控御奉仕の重任を果し奉りて.
7. [잡지명] 文教の朝鮮 1938년 6월 [기사명] 漢書進講御奉仕の大任を果し奉りて(謹話).
8. [잡지명] 文教の朝鮮 1939년 9월 [기사명] 教學と道德.
9. [잡지명] 朝鮮 1933년 3~5월(제214~216호) [기사명] 中庸懷疑說の再檢討(1~3).
10. [잡지명] 朝鮮 1933년 12월(제223호) [기사명] 中庸懷疑說の再檢討.
11. [잡지명] 朝鮮 1938년 5월(제276호) [기사명] 「阮堂集」及び「阮堂先生全集」に誤入せる淸儒の名文.
12. [잡지명] 朝鮮 1938년 8월(제279호) [기사명] 『阮堂集』誤入文の再檢討と淸儒阮元·梁章鉅の展望.
13. [잡지명] 朝鮮及滿洲 1928년 7, 8월(제248, 249호) [기사명] 宋儒の自由研究と朱晦庵の態度.

本多龍成(조교수, 지나철학)

1. [잡지명] 朝鮮及滿洲 1937년 11월~1938년 1월(제360~362호) [기사명] 北京の學人.

秋葉隆(사회학 강좌)

1. [잡지명] 警務彙報 1927년 9월(제257호) [기사명] 社會學之現況.
2. [잡지명] 警務彙報 1931년 7월(제303호) [기사명] 堂山の話.
3. [잡지명] 警務彙報 1934년 10월(제342호) [기사명] 朝鮮の秋祭.
4. [잡지명] 文教の朝鮮 1930년 2월 [기사명] 性解放の機會.
5. [잡지명] 文教の朝鮮 1932년 1월 [기사명] 松竹を立てる民俗.
6. [잡지명] 文教の朝鮮 1933년 2, 3월 [기사명] 母から聞いた話－鄕土の民俗－.
7. [잡지명] 文教の朝鮮 1940년 3월 [기사명] 故事學童の內地化の測定.
8. [잡지명] 朝鮮 1928년 4월(제155호) [기사명] 朝鮮民族の研究に就て.
9. [잡지명] 朝鮮 1931년 5월(제192호) [기사명] 朝鮮巫俗に於けるデュアリズム.
10. [잡지명] 朝鮮 1932년 4월(제203호) [기사명] 山の人谷の人.
11. [잡지명] 朝鮮 1933년 5월(제216호) [기사명] 朝鮮の巫祖傳說.

12. [잡지명] 朝鮮 1934년 1월(제224호) [기사명] 滿洲人の文化と社會.
13. [잡지명] 朝鮮 1934년 12월(제235호) [기사명] 松隅里の長栍.
14. [잡지명] 朝鮮 1935년 1월(제236호) [기사명] 見學日記より.
15. [잡지명] 朝鮮 1935년 4월(제239호) [기사명] 朝鮮巫俗文化圈.
16. [잡지명] 朝鮮 1936년 3월(제250호) [기사명] 大興安嶺の旅.
17. [잡지명] 朝鮮 1936년 10월(제257호) [기사명] 島の自然と女性.
18. [잡지명] 朝鮮 1937년 8월(제267호) [기사명] 德物山と鷄龍山.
19. [잡지명] 朝鮮 1938년 9월(제280호) [기사명] 江原道踏査紀行.
20. [잡지명] 朝鮮 1940년 2월(제297호) [기사명] 儒教以前の祖先崇拜.
21. [잡지명] 朝鮮 1942년 10월(제329호) [기사명] 民俗の硏究と社會學.
22. [잡지명] 朝鮮 1943년 2월(제333호) [기사명] 君が征く.
23. [잡지명] 朝鮮 1943년 12월(제343호) [기사명] 總出陣の硏究室.
24. [잡지명] 朝鮮 1944년 6, 8월(제349, 351호) [기사명] 同族部落とは何か.
25. [잡지명] 朝鮮及滿洲 1930년 2월(제267호) [기사명] ロンドンの冬の想ひ出.
26. [잡지명] 朝鮮及滿洲 1930년 4월(제269호) [기사명] 車窓から眺めたヨ—ロツパの春.
27. [잡지명] 朝鮮及滿洲 1932년 1월(제290호) [기사명] 門松の話.
28. [잡지명] 朝鮮の教育硏究 1938년 11월 [기사명] 雨の午後.
29. [잡지명] 朝鮮行政 1937년 9월 [기사명] 滿蒙民俗踏査の旅.

鈴木榮太郎(조교수, 사회학)

1. [잡지명] 朝鮮 1944년 10월(제353호) [기사명] 湖南農村調査野帳拔書.
2. [잡지명] 朝鮮總督府調査月報 1943년 9, 11, 12월 [기사명] 朝鮮の農村社會集團に就にて(1~3).

赤松智城(종교학종교사 강좌)

1. [잡지명] 朝鮮及滿洲 1929년 7월(제260호) [기사명] 弘法大師に就て.
2. [잡지명] 朝鮮の教育硏究 1929년 8월 [기사명] 世界宗教史上より見たる眞言宗の地位.

上野直昭(미학미술사 제1강좌)

1. [잡지명] 朝鮮 1938년 6월(제277호) [기사명] 金剛山の一夏.

田中梅吉(미학미술사 제2강좌)

1. [잡지명] 文教の朝鮮 1932년 5월 [기사명] この大人格を正視せよ.
2. [잡지명] 朝鮮及滿洲 1930년 4월(제269호) [기사명] 受驗生の顔.

3. [잡지명] 朝鮮及滿洲 1931년 1월(제278호) [기사명] 不動の詩人トマス.マン.

田保橋潔(국사학 제1강좌)

1. [잡지명] 文教の朝鮮 1928년 5월 [기사명] 歷史と言語.
2. [잡지명] 文教の朝鮮 1941년 1월 [기사명] 明治維新と教育勅語の渙發.
3. [잡지명] 朝鮮 1932년 5월(제204호) [기사명] 日露戰役の一考察.
4. [잡지명] 朝鮮 1934년 9월(제232호) [기사명] ロシア沿海洲漁業權の史的考察.
5. [잡지명] 朝鮮 1935년 8월(제243호) [기사명] 朝鮮の山水.
6. [잡지명] 朝鮮 1938년 2월(제273호) [기사명] 仁川沖海戰とロシア國公使の澈退.
7. [잡지명] 朝鮮 1944년 7월(제350호) [기사명] 大同江論.
8. [잡지명] 朝鮮の教育硏究 1940년 8월 [기사명] 南支那海2題.
9. [잡지명] 朝鮮行政 1942년 9, 10월 [기사명] 國際關係史上の北鮮.

松本重彦(국사학 제2강좌)

1. [잡지명] 朝鮮の教育硏究 1940년 1월 [기사명] 神武天皇.

今西龍(조선사학 제1강좌)

1. [잡지명] 文教の朝鮮 1929년 1월 [기사명] 樂浪帶方につきて.
2. [잡지명] 文教の朝鮮 1929년 6월, 1930년 6, 8, 9, 11월 [기사명] 全羅北道西部地方旅行雜記(1~6).
3. [잡지명] 文教の朝鮮 1930년 7월, 1931년 2, 11월, 1932년 1, 3, 4, 5월 [기사명] 百濟史講話(1~8).
4. [잡지명] 朝鮮 1930년 9월(제184호) [기사명] 水淸き論山郡仁川里.
5. [잡지명] 朝鮮 1930년 10월(제185호) [기사명] 月印千江之曲と釋譜詳節とに就て.
6. [잡지명] 朝鮮 1931년 1월(제188호) [기사명] 尊經閣叢刊「拙藁千百」に就きて.
7. [잡지명] 朝鮮 1932년 5월(제204호) [기사명] 鐵原の名勝地孤石亭.
8. [잡지명] 朝鮮及滿洲 1912년 8, 10월(제54, 58호) [기사명] 朝鮮と西藏との類似せる俗話.
9. [잡지명] 朝鮮及滿洲 1929년 6월(제259호) [기사명] 贗作金庾信平濟領碑文と扶餘.
10. [잡지명] 朝鮮及滿洲 1929년 7월(제260호) [기사명] アレキサンダ―・チヨ―マ・ケロエシ傳.
11. [잡지명] 朝鮮及滿洲 1929년 7월(제260호) [기사명] 訪問印象―今西龍, 綿引朝光, 藤井秋夫, 戒能夫人.
12. [잡지명] 朝鮮及滿洲 1929년 9월(제262호) [기사명] アレキサンダ・チョマ・ケロヱシ傳.
13. [잡지명] 朝鮮及滿洲 1932년 1월(제290호) [기사명] 支那帝國主義が及せる日韓の關係.
14. [잡지명] 朝鮮彙報 1915년 3월호 [기사명] 在家僧に關する調査一斑.

15. [잡지명] 朝鮮彙報 1918년 2월 [기사명] 任那に就て.

藤田亮策(조선사학 제1강좌)

1. [잡지명] 朝鮮 1925년 5, 6월(제120, 121호) [기사명] 樂浪の古墳と遺物.
2. [잡지명] 朝鮮 1926년 4월(제131호) [기사명] 靑丘短曲.
3. [잡지명] 朝鮮 1929년 1, 7월(제164, 170호) [기사명] 歐米の博物館と朝鮮.
4. [잡지명] 朝鮮 1930년 2월(제177호) [기사명] 昭和四年古蹟調査の概要.
5. [잡지명] 朝鮮 1931년 12월(제199호) [기사명] 朝鮮に於ける古蹟の調査及び保存の沿革.
6. [잡지명] 朝鮮 1937년 1, 6월(제260, 313호) [기사명] 考古學上より見たる日鮮滿文化關係.
7. [잡지명] 朝鮮 1943년 6월(제337호) [기사명] 高句麗祭.
8. [잡지명] 朝鮮 1943년 9월(제340호) [기사명] 北鮮の今昔.
9. [잡지명] 朝鮮及滿洲 1933년 4월(제305호) [기사명] 伊太利考古行脚の思出.
10. [잡지명] 朝鮮及滿洲 1933년 5월(제306호) [기사명] 伊太利考古行脚の旅.
11. [잡지명] 朝鮮及滿洲 1934년 2, 3월(제315, 316호) [기사명] 會源開市.
12. [잡지명] 朝鮮及滿洲 1936년 9월(제346호) [기사명] 朝鮮の古蹟と天然記念物.

小田省吾(조선사학 제2강좌)

1. [잡지명] 警務彙報 1930년 4, 5월(제288, 289호) [기사명] 朝鮮の古墳に就いて.
2. [잡지명] 警務彙報 1931년 7월(제303호) [기사명] 全鮮柔道團體段外者優勝旗爭奪戰に就て.
3. [잡지명] 文教の朝鮮 1936년 12월 [기사명] 教育に關する勅語御下付に就いての思出.
4. [잡지명] 朝鮮 1922년 3월(제85호) [기사명] 新教育令の公布と教科書に就て.
5. [잡지명] 朝鮮 1922년 6월(제87호) [기사명] 文廟に關する調査.
6. [잡지명] 朝鮮 1923년 9월(제101호) [기사명] 李朝黨爭概要.
7. [잡지명] 朝鮮 1923년 10월(交通發達號—제102호) [기사명] 古代に於ける內鮮交通傳說について.
8. [잡지명] 朝鮮 1924년 6월(제110호) [기사명] 朝鮮教育に就て.
9. [잡지명] 朝鮮 1924년 10월(제114호) [기사명] 平南龍岡郡石泉山のドルメンに就て.
10. [잡지명] 朝鮮 1925년 10월(제125호—始政十五周年記念號) [기사명] 釜山の和館と設門とに就て.
11. [잡지명] 朝鮮 1927년 8월(제147호) [기사명] 第一回汎太平洋會議の要領.
12. [잡지명] 朝鮮 1931년 10, 11월(제197, 198호) [기사명] 京城奠都の由來と其の城壁.
13. [잡지명] 朝鮮 1934년 11월(제234호) [기사명] 德壽宮略史.
14. [잡지명] 朝鮮 1935년 10월(제245호) [기사명] 施政二十五年史を編纂して.

15. [잡지명] 朝鮮 1937년 10월(제269호) [기사명] 半島の廟制槪要.
16. [잡지명] 朝鮮 1938년 2월(제273호) [기사명] 新刊紹介―小田省吾著 增訂朝鮮小史.
17. [잡지명] 朝鮮 1939년 5월(제288호) [기사명] 我が國體の特異性と朝鮮學者の認識.
18. [잡지명] 朝鮮 1940년 10월(제305호) [기사명] 施政三十年史の編纂に就て.
19. [잡지명] 朝鮮及滿洲 1919년 1월(제139호) [기사명] 己未の年と日鮮事實.
20. [잡지명] 朝鮮及滿洲 1920년 1월(제151호) [기사명] 京城に於ける文祿役日本軍諸將の陣地の考證.
21. [잡지명] 朝鮮及滿洲 1927년 9월(제238호) [기사명] 布哇より米大陸へ.
22. [잡지명] 朝鮮及滿洲 1929년 11, 12월(제264, 265호) [기사명] 李氏朝鮮時代に於ける倭館の變遷.
23. [잡지명] 朝鮮及滿洲 1935년 5월(제330호) [기사명] 朝鮮に存在する孔夫子の子孫に就て.
24. [잡지명] 朝鮮及滿洲 1935년 10월(제335호) [기사명] 併合前後の敎科書編纂に就て.
25. [잡지명] 朝鮮及滿洲 1937년 5~8월(제354~357호) [기사명] 朝鮮舊時の祭祀槪要(1~5).
26. [잡지명] 朝鮮及滿洲 1937년 6월(제355호) [기사명] 朝鮮舊時の祭祀槪要(1~4).
27. [잡지명] 朝鮮及滿洲 1940년 2월(제387호) [기사명] 神武創業と明治維新.
28. [잡지명] 朝鮮の敎育硏究 1931년 12월 [기사명] 黃嗣永帛書に就いて.
29. [잡지명] 朝鮮行政 1939년 5월 [기사명] 我が國體の特異性と朝鮮學者の認識.
30. [잡지명] 朝鮮彙報 1916년 7월 [기사명] 文祿の役に於ける加藤淸正進軍路の一部調査.
31. [잡지명] 朝鮮彙報 1917년 8월 [기사명] 朝鮮總督府に於ける敎科書編纂事業の槪要.
32. [잡지명] 朝鮮彙報 1918년 9월 [기사명] 慶州邑城沿革考.
33. [잡지명] 半島時論 제1권 제1호(1917년 4월) [기사명] 半島時論發刊을 祝함.

末松保和(조선사학 제2강좌)

1. [잡지명] 朝鮮 1930년 1월(제176호) [기사명] 新羅眞興王の戊子巡狩碑.
2. [잡지명] 朝鮮 1931년 4월(제191호) [기사명] 京都南禪寺大藏經の瞥見(稻葉岩吉 공저).
3. [잡지명] 朝鮮 1932년 7월(제206호) [기사명] 新羅佛敎傳來傳說.
4. [잡지명] 朝鮮 1932년 12월(제211호) [기사명] 甘山寺彌勒尊像及び阿彌陀佛の火光後記.
5. [잡지명] 朝鮮の敎育硏究 1936년 11월 [기사명] 新羅史の回顧.
6. [잡지명] 朝鮮行政 1937년 9월~1939년 10월 [기사명] 朝鮮史(1~21).

大谷勝眞(동양사학 제1강좌)

1. [잡지명] 朝鮮及滿洲 1939년 7월(제380호) [기사명] 東洋史より見たる支那.
2. [잡지명] 朝鮮の敎育硏究 1938년 10월 [기사명] 朝顔.

鳥山喜一(동양사학 제2강좌)

1. [잡지명] 文教の朝鮮 1932년 10월 [기사명] 東アジヤの歷史的大局より觀たる朝鮮半島.
2. [잡지명] 文教の朝鮮 1939년 4월 [기사명] 支那民族性と新東亞の建設.
3. [잡지명] 朝鮮 1938년 10월(제281호) [기사명] 乾隆時代の戰爭畵に就いて.
4. [잡지명] 朝鮮 1942년 9월(제328호) [기사명] 滿洲國文化事業の十年.
5. [잡지명] 朝鮮 1944년 1월(제344호) [기사명] 猿に囚んで.
6. [잡지명] 朝鮮及滿洲 1931년 12월(제289호) [기사명] 休戰日の英國民.
7. [잡지명] 朝鮮及滿洲 1936년 11월(제348호) [기사명] 斷想.

四方博(경제학 제1강좌)

1. [잡지명] 朝鮮 1943년 5월(제336호) [기사명]『朝鮮洗秘傳』.
2. [잡지명] 朝鮮 1944년 7월(제350호) [기사명] 鑛工平南を語る.
3. [잡지명] 朝鮮及滿洲 1933년 4월(제305호) [기사명] 金本位制度の將來.
4. [잡지명] 朝鮮及滿洲 1935년 10~12월(제335~337호) [기사명] 朝鮮經濟三十年・机上の回顧.
5. [잡지명] 朝鮮총독부조사월보 1944년 7월 [기사명] 李朝時代に於ける契規約の研究.
6. [잡지명] 朝鮮行政 1938년 9월~1940년 3월 [기사명] 經濟原論(1~12).

鈴木武雄(경제학 제2강좌)

1. [잡지명] 警務彙報 1929년 12월(제284호) [기사명] 金解禁の影響.
2. [잡지명] 文教の朝鮮 1942년 3월 [기사명] 大東亞戰爭と日本戰時經濟.
3. [잡지명] 朝鮮 1940년 2월(제297호) [기사명] 朝鮮に於ける都市計畫と國土計畫.
4. [잡지명] 朝鮮 1940년 10월(제305호) [기사명] 半島産業發達の現段階とその發展への展望.
5. [잡지명] 朝鮮 1942년 1월(제320호) [기사명] 大東亞戰爭と朝鮮及び朝鮮經濟.
6. [잡지명] 朝鮮 1942년 8월(제327호) [기사명] 朝鮮金融の新體制.
7. [잡지명] 朝鮮及滿洲 1928년 12월(제253호) [기사명] フランスに於ける金解禁.
8. [잡지명] 朝鮮及滿洲 1931년 11월(제288호) [기사명] イギリス金本位制停止と日本.
9. [잡지명] 朝鮮及滿洲 1932년 9, 10월(제298, 289호) [기사명] 滿蒙の通貨及經濟問題.
10. [잡지명] 朝鮮及滿洲 1933년 1월(제302호) [기사명]『思惑』時代.
11. [잡지명] 朝鮮及滿洲 1935년 9, 10월(제334, 335호) [기사명] 巴里の印象.
12. [잡지명] 朝鮮及滿洲 1936년 4, 5월(제341, 342호) [기사명] ストランスブルグの印象.
13. [잡지명] 朝鮮及滿洲 1937년 6월(제355호) [기사명] 碧瑠璃海岸.
14. [잡지명] 朝鮮及滿洲 1938년 4월(제365호) [기사명] 對支經濟問題を語る.
15. [잡지명] 朝鮮及滿洲 1938년 10월(제371호) [기사명] 京城帝大蒙疆學術探檢報告.

16. [잡지명] 朝鮮及滿洲 1938년 12월(제373호) [기사명] 蒙疆の政治と經濟.
17. [잡지명] 朝鮮及滿洲 1940년 2월(제387호) [기사명] 半島國土計畫の必要.
18. [잡지명] 朝鮮行政 1937년 3월 [기사명] 日滿ブロツク經濟と內鮮ブロツク經濟.
19. [잡지명] 朝鮮行政 1937년 9월 [기사명] 朝鮮經濟の再認識.
20. [잡지명] 朝鮮行政 1937년 9월~1938년 8월 [기사명] 朝鮮金融論(1~10).
21. [잡지명] 朝鮮行政 1938년 11, 12월, 1939년 4월 [기사명] 大陸ル―ト論.
22. [잡지명] 朝鮮行政 1940년 9~12월 [기사명] 戰時體制下の日本經濟.
23. [잡지명] 朝鮮行政 1941년 1, 2월 [기사명] 物價を繞る諸問題.
24. [잡지명] 朝鮮行政 1941년 2, 4, 5월 [기사명] 戰時體制下の日本經濟.
25. [잡지명] 朝鮮行政 1942년 5월 [기사명] 大陸隣組論.
26. [잡지명] 朝鮮行政 1943년 1월 [기사명] 半島産業の新たなる課題.
27. [잡지명] 朝鮮行政 1943년 6월 [기사명] 統制經濟と町會ブロック.

小田忠夫(재정학 강좌)

1. [잡지명] 朝鮮 1940년 6월(제301호) [기사명] 昭和十五年度朝鮮總督府豫算の展望.
2. [잡지명] 朝鮮總督府調査月報 1938년 11월 [기사명] 朝鮮に於ける都市財政の性格.
3. [잡지명] 朝鮮行政 1937년 9~12월, 1938년 3~12월, 1939년 2~4월 [기사명] 朝鮮財政論(1~18).
4. [잡지명] 朝鮮行政 1939년 2월 [기사명] 第八回日本都市年鑑を讀む.

大內武次(통계학 강좌)

1. [잡지명] 文敎の朝鮮 1929년 6월 [기사명] 農民の流浪.
2. [잡지명] 朝鮮 1938년 10월 [기사명] 戰時に於ける價格の統制.
3. [잡지명] 朝鮮 1944년 7월(제350호) [기사명] 鑛工平南を語る.
4. [잡지명] 朝鮮及滿洲 1929년 6월(제259호) [기사명] 北鮮に旅して.
5. [잡지명] 朝鮮及滿洲 1930년 4월(제269호) [기사명] 無目的の旅.
6. [잡지명] 朝鮮及滿洲 1934년 2월(제315호) [기사명] 滿洲雜感.
7. [잡지명] 朝鮮行政 1937년 7~12월, 1938년 2~12월, 1939년 2월 [기사명] 統計學講話(1~18).
8. [잡지명] 朝鮮行政 1942년 4월 [기사명] 大東亞共榮圈の地域的性格.

森谷克己(조교수, 사회정책)

1. [잡지명] 朝鮮 1941년 11월(제318호) [기사명] 國民皆勞の意義.
2. [잡지명] 朝鮮 1942년 4월(제323호) [기사명] 大東亞の建設と半島の人的資源の重要性.
3. [잡지명] 朝鮮 1943년 7월(제338호) [기사명] 勞務資源問題の今後と朝鮮の人的資源.

4. [잡지명] 朝鮮 1944년 7월(제350호) [기사명] 鑛工平南を語る.
5. [잡지명] 朝鮮及滿洲 1935년 2월(제327호) [기사명] 東洋的農業社會の天災とそれに對する社會施設.
6. [잡지명] 朝鮮及滿洲 1935년 8월(제333호) [기사명] 支那社會の自然環境序論.
7. [잡지명] 朝鮮及滿洲 1935년 12월(제337호) [기사명] 朝鮮の將來を語る(2)—朝鮮工業化の諸基礎とその將來.
8. [잡지명] 朝鮮及滿洲 1937년 4, 5월(제353, 354호) [기사명] 黑いピラミッドと食鹽を食はぬ農民.
9. [잡지명] 朝鮮及滿洲 1938년 10월(제371호) [기사명] 東亞大陸の經營.
10. [잡지명] 朝鮮及滿洲 1939년 5월(제378호) [기사명] 東亞農業に於ける朝鮮農業の地位.
11. [잡지명] 朝鮮及滿洲 1940년 5월(제390호) [기사명] 北京から南京へ.
12. [잡지명] 朝鮮及滿洲 1940년 10월(제395호) [기사명] 併合三十年の躍進と社會生活の革新.
13. [잡지명] 朝鮮及滿洲 1941년 1월(제398호) [기사명] 皇國と東亞廣域經濟.
14. [잡지명] 朝鮮行政 1937년 6월 [기사명] 東亞ブロック國防經濟と朝鮮の將來.
15. [잡지명] 朝鮮行政 1937년 8월 [기사명] 北支旅行の印象.
16. [잡지명] 朝鮮行政 1940년 2월 [기사명] 朝鮮商工經濟論.
17. [잡지명] 朝鮮行政 1940년 3월 [기사명] 朝鮮商工經濟論.
18. [잡지명] 朝鮮行政 1940년 9~12월, 1941년 2, 5, 6, 8, 9, 11, 12월 [기사명] 日滿支經濟提携論.
19. [잡지명] 朝鮮行政 1942년 1월 [기사명] 大東亞戰爭と南方資源の重要性.
20. [잡지명] 朝鮮行政 1943년 2월 [기사명] 生産戰線の決戰態勢.

靜田均(조교수, 경제정책)

1. [잡지명] 朝鮮行政 1937년 4월 [기사명] 非常時農村と土地政策.
2. [잡지명] 朝鮮行政 1937년 5, 6월 [기사명] 農家負債整理問題.
3. [잡지명] 朝鮮行政 1937년 8월 [기사명] 朝鮮農民と高利負債.
5. [잡지명] 朝鮮行政 1939년 5~6, 8, 9, 11~12월, 1940년 2월 [기사명]朝鮮農業經濟論.

伊藤俊夫(조교수, 농업정책)

1. [잡지명] 朝鮮 1942년 11월(제330호) [기사명] 農業再編成の基礎問題.
2. [잡지명] 朝鮮總督府調査月報 1942년 6월 [기사명] 朝鮮米作の技術水準.
3. [잡지명] 朝鮮行政 1942년 2월 [기사명] 南方農業開發の基本問題.

松岡修太郎(헌법행정법 제1강좌)

1. [잡지명] 警務彙報 1927년 5월(제253호) [기사명] 內閣制度と所謂憲政の常道.
2. [잡지명] 警務彙報 1928년 11월(제271호) [기사명] 法律上より觀たる踐祚と卽位の禮.
3. [잡지명] 警務彙報 1929년 3월(제275호) [기사명] 立憲國日本の生成より完成へ.
4. [잡지명] 警務彙報 1930년 1월(제285호) [기사명] 衆議院解散の理論.
5. [잡지명] 警務彙報 1934년 10월(제342호) [기사명] 在滿機構改革問題解說.
6. [잡지명] 朝鮮 1926년 12월(제139호) [기사명] 植民地制度と朝鮮.
7. [잡지명] 朝鮮 1943년 4월(제335호) [기사명] 朝鮮地方選擧と推薦制.
8. [잡지명] 朝鮮行政 1937년 7~12월, 1938년 2~7월 [기사명] 朝鮮行政法(1~12).
9. [잡지명] 朝鮮行政 1942년 7월 [기사명] 總督と統治.
10. [잡지명] 朝鮮行政 1942년 12월 [기사명] 行政簡素化と朝鮮行政機構.

清宮四郞(헌법행정법 제2강좌)

1. [잡지명] 朝鮮及滿洲 1935년 12월(제337호) [기사명] 指導者國家の理念.
2. [잡지명] 朝鮮行政 1938년 8~12월, 1939년 2~7월 [기사명] 教育行政法(1~10).

鵜飼信成(헌법행정법 제2강좌)

1. [잡지명] 朝鮮 1944년 10월(제353호) [기사명] 戰下隨想—或る手紙.
2. [잡지명] 朝鮮及滿洲 1936년 1월(제338호) [기사명] 宗教に對する國家の立場.
3. [잡지명] 朝鮮及滿洲 1936년 6월(제343호) [기사명] 左傾・右傾といふことば.
4. [잡지명] 朝鮮及滿洲 1937년 3월(제352호) [기사명] 多數決原理について.
5. [잡지명] 朝鮮行政 1938년 3, 5~12월 [기사명] 財務行政法(1~10).
6. [잡지명] 朝鮮行政 1938년 12월 [기사명] 水利組合の貯水行爲による鑛業權の侵害.
7. [잡지명] 朝鮮行政 1940년 11월 [기사명] 戰爭と宣傳.

花村美樹(형법형사소송법 제1강좌)

1. [잡지명] 朝鮮 1927년 2월(제141호) [기사명] 公選の投票に關する罪に就て.

不破武夫(형법형사소송법 제2강좌)

1. [잡지명] 警務彙報 1935년 7월(제351호) [기사명] 近世刑法思潮の動向.
2. [잡지명] 警務彙報 1936년 1월(제357호) [기사명] 魔女裁判の話—刑事法斷片その一.
3. [잡지명] 警務彙報 1936년 5~12월(제361~368호) [기사명] 輓近刑法學の諸問題.
4. [잡지명] 朝鮮及滿洲 1938년 7월(제368호) [기사명] ナヲス新刑法の基調.

津曲藏之亟(민법민사소송법 제2, 3강좌)

1. [잡지명] 朝鮮及滿洲 1937년 4월(제353호) [기사명] ドイツの勞働統制と産業統制法.
2. [잡지명] 朝鮮行政 1937년 7월 [기사명] 我國社會統制法の動向.
3. [잡지명] 朝鮮行政 1938년 4월 [기사명] 被傭者の充實義務.

安田幹太(민법민사소송법 제3강좌)

1. [잡지명] 警務彙報 1929년 8월(제280호) [기사명] 星の光り.
2. [잡지명] 警務彙報 1934년 3~6월(제335~338호) [기사명]法律と常識及び裁判と調停.
3. [잡지명] 朝鮮 1940년 1월(제296호) [기사명] 朝鮮に於ける家族制度の變遷.
4. [잡지명] 朝鮮1942년 5월(제324호) [기사명] 一新しつゝある法律生活.

竹井廉(상법 제1강좌)

1. [잡지명] 朝鮮及滿洲 1933년 12월~1934년 2월(제313~315호) [기사명] 滿洲國の法律建設.

西原寬一(상법 제2강좌)

1. [잡지명] 朝鮮行政 1940년 3월 [기사명] 株式讓渡の新方式.
2. [잡지명] 朝鮮行政 1940년 8~12월 [기사명] 改正商法概說.
3. [잡지명] 朝鮮行政 1940년 9~11월, 1941년 2, 4~6, 8, 9, 11, 12월 [기사명] 時局の增進と經濟統制法の現狀.

尾高朝雄(법리학 강좌)

1. [잡지명] 文敎の朝鮮 1939년 8월 [기사명] 國家と法律.
2. [잡지명] 文敎の朝鮮 1940년 1월 [기사명] 國家主義と國際主義.
3. [잡지명] 朝鮮 1942년 7월(제326호) [기사명] 道義朝鮮と徵兵制度.
4. [잡지명] 朝鮮及滿洲 1935년 8월(제333호) [기사명] 中歐の夏.
5. [잡지명] 朝鮮の敎育硏究 1937년 02월 [기사명] フライブルグ詣で.
6. [잡지명] 朝鮮の敎育硏究 1939년 2, 3월 [기사명] 國家と社會(1, 2).
7. [잡지명] 朝鮮行政 1937년 6월 [기사명] 大洞江とドナウ河.
8. [잡지명] 朝鮮行政 1937년 7~12월 [기사명] 法學通論(一~六).

船田亨二(로마법 강좌)

1. [잡지명] 朝鮮行政 1937년 6월 [기사명] 無題の二.
2. [잡지명] 朝鮮行政 1937년 7, 8, 10월 [기사명] 民法典の出來る迄(一~三).

3. [잡지명] 朝鮮行政 1937년 8월 [기사명] ヒットラ—國の國法淨化運動.
4. [잡지명] 朝鮮行政 1940년 7월 [기사명] 羅馬帝國の再現.
5. [잡지명] 朝鮮行政 1940년 8, 9월 [기사명] 佛蘭西の敗戰に省みる.
6. [잡지명] 朝鮮行政 1941년 1, 2월 [기사명] 昔の人口政策.

戶沢鐵彦(정치학정치사 제1강좌)

1. [잡지명] 朝鮮及滿洲 1932년 12월(제301호) [기사명] 今日の獨裁主義フアシツヨに就て.
2. [잡지명] 朝鮮及滿洲 1933년 1월(제302호) [기사명] 今日の獨裁主義, 特にフアツシズムについて.

藤本直(정치학정치사 제2강좌)

1. [잡지명] 朝鮮行政 1938년 3월 [기사명] 法醫學の諸問題—ドイツに於ける斷種裁判事件の話.
2. [잡지명] 朝鮮行政 1938년 4, 10월, 1940년 5월 [기사명] 法醫學の諸問題.
3. [잡지명] 朝鮮行政 1938년 8, 9, 11월, 1939년 1~9, 11, 12월, 1940년 2월 [기사명] ドイツに於ける斷種裁判事件の話.
4. [잡지명] 朝鮮行政 1940년 3, 7, 8, 10, 12월 [기사명] 斷種裁判事件の話.
5. [잡지명] 朝鮮行政 1940년 5월 [기사명] 國民優生法に就て.
6. [잡지명] 朝鮮行政 1941년 1월 [기사명] オイタナジ—の考へ方.
7. [잡지명] 朝鮮行政 1941년 3, 4, 6월 [기사명] ドイツ婚姻健康法の話.

松本馨(정치학정치사 제2강좌)

1. [잡지명] 朝鮮及滿洲 1931년 12월(제289호) [기사명] 獨乙國民より見たる休戰.

泉哲(국제공법 강좌)

1. [잡지명] 警務彙報 1929년 9월(제281호) [기사명] 航空取締に就て.
2. [잡지명] 警務彙報 1929년 12월~1930년 3월(제284~287호) [기사명] 國際警察に就て.
3. [잡지명] 警務彙報 1931년 4월(제300호) [기사명] 私の宗敎觀.
4. [잡지명] 警務彙報 1931년 11월(제307호) [기사명] 滿洲事件と聯盟規約.
5. [잡지명] 警務彙報 1932년 12월(제320호) [기사명] 國際聯盟存在の理由.
6. [잡지명] 警務彙報 1933년 4월(제324호) [기사명] 國際聯名脫退後の日本.
7. [잡지명] 警務彙報 1935년 6월(제350호) [기사명] 日本の聯盟脫退に就て.
8. [잡지명] 朝鮮及滿洲 1923년 6월(제187호) [기사명] 文化的融合の原理.
9. [잡지명] 朝鮮及滿洲 1927년 12월(제241호) [기사명] 世界の現狀.

10. [잡지명] 朝鮮及滿洲 1929년 5월(제258호) [기사명] 東阿とセイロン.
11. [잡지명] 朝鮮及滿洲 1930년 1월(제266호) [기사명] カナダと英國との關係.
12. [잡지명] 朝鮮及滿洲 1930년 8월(제273호) [기사명] 支那の不平等條約の將來.
13. [잡지명] 朝鮮及滿洲 1931년 1월(제278호) [기사명] 世界の不況に對する聯盟の努力.
14. [잡지명] 朝鮮及滿洲 1931년 8월(제285호) [기사명] 婦人賣買禁止に關する國際的運動.
15. [잡지명] 朝鮮及滿洲 1931년 11월(제288호) [기사명] 國際聯盟と滿洲事變.
16. [잡지명] 朝鮮及滿洲 1932년 1월(제290호) [기사명] 支那に於ける日本の權益と條約.
17. [잡지명] 朝鮮及滿洲 1933년 3월(제304호) [기사명] 聯盟脫退と南洋委任統治權.
18. [잡지명] 朝鮮及滿洲 1934년 1월(제314호) [기사명] 滿洲國に關する國際法上の問題.
19. [잡지명] 朝鮮及滿洲 1934년 7월(제320호) [기사명] サルバドールー國の滿洲國承認と其意義.
20. [잡지명] 朝鮮及滿洲 1935년 1월(제326호) [기사명] 太平洋の平和工作.
21. [잡지명] 朝鮮及滿洲 1935년 11월(제336호) [기사명] 滿洲國に於ける治外法權の撤廢と鐵道附屬地の返還.
22. [잡지명] 朝鮮及滿洲 1938년 9~11월(제370~372호) [기사명] 亞米利加物語.
23. [잡지명] 朝鮮の教育研究 1932년 1월 [기사명] 國際道德教育.
24. [잡지명] 朝鮮の教育研究 1933년 3월 [기사명] 日支紛爭と國際聯盟.
25. [잡지명] 新民 제21호 [기사명] 朝鮮의 教育.

長谷川理衛(국제사법 강좌)

1. [잡지명] 朝鮮及滿洲 1936년 8월(제345호) [기사명] 學制の革新と學校の時間.
2. [잡지명] 朝鮮行政 1937년 11월 [기사명] 北米合衆國の中立法.

奥平武彦(외교사 강좌)

1. [잡지명] 文教の朝鮮 1942년 4월 [기사명] 大東亞戰爭と世界外交の潮流.
2. [잡지명] 朝鮮 1933년 4월(제215호) [기사명] 英艦の巨文島占領事件.
3. [잡지명] 朝鮮 1936년 6월(제253호) [기사명] 朝鮮と外國人の足痕.
4. [잡지명] 朝鮮 1943년 3월(제334호) [기사명] 積翠軒文庫善本書目.
5. [잡지명] 朝鮮行政 1937년 9월 [기사명] 書庫の塵上.

保柳睦美(조교수, 지리학)

1. [잡지명] 朝鮮 1943년 8월(제339호) [기사명] 大陸科學の基地.

2) 의학부

上田常吉(해부학 제1강좌)

1. [잡지명] 朝鮮 1937년 1월(제260호) [기사명] 體質より見たる內鮮民族.

今村豐(해부학 제3강좌)

1. [잡지명] 警務彙報 1931년 6월(제302호) [기사명] 水泳に就て.
2. [잡지명] 朝鮮 1943년 4월(제335호) [기사명] 現地調辯.
3. [잡지명] 朝鮮 1943년 7월(제338호) [기사명] 戰時下隨想—恩師.
4. [잡지명] 朝鮮の教育研究 1940년 9월 [기사명] 科學教育の一管見.

梶村正義(조교수, 해부학 제2강좌)

1. [잡지명] 朝鮮及滿洲 1930년 2월(제267호) [기사명] 生命と目的.

荒瀨進(조교수, 해부학 제3강좌)

1. [잡지명] 朝鮮及滿洲 1928년 8월(제249호) [기사명] 朝鮮人の腎盂腎盞の研究.

綿引朝光(미생물학 제1강좌)

1. [잡지명] 警務彙報 1929년 3월(제275호) [기사명] 保菌者に就て.
2. [잡지명] 警務彙報 1930년 10월(제294호) [기사명] 警察衛生に就て.
3. [잡지명] 警務彙報 1931년 2월(제298호) [기사명] 優秀學とは何ぞや.
4. [잡지명] 警務彙報 1932년 12월(제320호) [기사명] ワクチンの話.
5. [잡지명] 文教の朝鮮 1932년 3월 [기사명] 空氣の衛生.
6. [잡지명] 文教の朝鮮 1932년 5월 [기사명] 記憶と衛生.
7. [잡지명] 朝鮮及滿洲 1924년 12월(제205호) [기사명] 朝鮮の花柳病に就いて.
8. [잡지명] 朝鮮及滿洲 1925년 10월(제215호) [기사명] コレラを何うして見出すか.
9. [잡지명] 朝鮮及滿洲 1927년 11월(제240호) [기사명] 口腔の細菌.
10. [잡지명] 朝鮮及滿洲 1928년 12월(제253호) [기사명] 免疫の話.
11. [잡지명] 朝鮮及滿洲 1929년 2월(제255호) [기사명] 疾病と迷信.
12. [잡지명] 朝鮮及滿洲 1929년 7월(제260호) [기사명] 訪問印象—今西龍, 綿引朝光, 藤井秋夫, 戒能夫人 [작성자] 植村生.
13. [잡지명] 朝鮮及滿洲 1929년 9월(제262호) [기사명] エドワード. ジエンナ—の想ひ出.
14. [잡지명] 朝鮮及滿洲 1930년 1월(제266호) [기사명] 溫泉物語.
15. [잡지명] 朝鮮及滿洲 1930년 7월(제272호) [기사명] 結核の豫防.

16. [잡지명] 朝鮮及滿洲 1930년 11월(제276호) [기사명] 學校衛生と體育問題.
17. [잡지명] 朝鮮の教育研究 1931년 9월 [기사명] 扁平足の話.

志賀潔(미생물학 제1강좌, 경성제국대학 총장)

1. [잡지명] 警務彙報 1927년 6월(제254호) [기사명] 朝鮮に於ける癩問題.
2. [잡지명] 警務彙報 1928년 10월(제270호) [기사명] 調和.
3. [잡지명] 警務彙報 1931년 1월(제297호) [기사명] 世界に誇り得る上水の完成.
4. [잡지명] 文教の朝鮮 1930년 1월 [기사명] 實力を養つて多幸なる社會へ.
5. [잡지명] 朝鮮 1924년 3월(제107호) [기사명] 余の試みたる所謂メンタル·テスト.
6. [잡지명] 朝鮮 1931년 3월(제190호) [기사명] 癩の豫防と撲滅とを期す.
7. [잡지명] 朝鮮及滿洲 1920년 11월(제161호) [기사명] 衛生事業の一致協力.
8. [잡지명] 朝鮮及滿洲 1921년 8월(제166호) [기사명] 朝鮮の學生諸君に告ぐ.
9. [잡지명] 朝鮮及滿洲 1923년 3월(제184호) [기사명] 痘瘡の傳染と朝鮮の傳染病に就て.
10. [잡지명] 朝鮮及滿洲 1923년 5월(제186호) [기사명] 朝鮮人の衛生思想.
11. [잡지명] 朝鮮及滿洲 1925년 12월 [기사명] 朝鮮に於ける癩治療の成績並びに癩患者隔離に對する意見.
12. [잡지명] 朝鮮及滿洲 1928년 4월(제245호) [기사명] チブスの病源と京城の水道.
13. [잡지명] 朝鮮及滿洲 1930년 6월(제271호) [기사명] 世界に於ける癩菌の研究.

細川正一(미생물학 제1강좌)

1. [잡지명] 警務彙報 1937년 12월(제380호) [기사명] 細菌戰線の勇士へ.

小林晴治郎(미생물학 제2강좌)

1. [잡지명] 警務彙報 1937년 7, 8월(제375, 376호) [기사명] 蠅の驅除に就て.
2. [잡지명] 警務彙報 1937년 9월(제377호) [기사명] 南京蟲の話.
3. [잡지명] 警務彙報 1937년 10월(제378호) [기사명] 蛔蟲に就いて.
4. [잡지명] 警務彙報 1937년 11월(제379호) [기사명] 風の話.
5. [잡지명] 朝鮮及滿洲 1926년 2월(제219호) [기사명] 屎尿の衛生的處分法.
6. [잡지명] 朝鮮及滿洲 1926년 5월(제222호) [기사명] マラリアの豫防.
7. [잡지명] 朝鮮及滿洲 1926년 7월(제224호) [기사명] 蠅の繁殖力と其の豫防.
8. [잡지명] 朝鮮及滿洲 1926년 8월(제225호) [기사명] 清流及濁流に棲む寄生虫.
9. [잡지명] 朝鮮及滿洲 1927년 5월(제234호) [기사명] 肺ヂストマの媒介をする朝鮮のサリガニの話.
10. [잡지명] 朝鮮及滿洲 1928년 3월(제244호) [기사명] 印度旅行中見聞の二三.
11. [잡지명] 朝鮮及滿洲 1928년 6월(제247호) [기사명] 日本人は果して眞の潔癖か.

12. [잡지명] 朝鮮及滿洲 1928년 7월(제248호) [기사명] 研究の犧牲者野口博士を憶ふ.
13. [잡지명] 朝鮮及滿洲 1928년 12월(제253호) [기사명] 蚊の冬籠り.
14. [잡지명] 朝鮮及滿洲 1929년 1월(제254호) [기사명] 蠅の冬籠り.
15. [잡지명] 朝鮮及滿洲 1929년 2월(제255호) [기사명] 成功せるマラリヤ豫防作業の實例.
16. [잡지명] 朝鮮及滿洲 1929년 6월(제259호) [기사명] マラリヤ研究に於けるロツスの苦心.
17. [잡지명] 朝鮮及滿洲 1929년 10월(제263호) [기사명] 朝鮮の寄生蟲病の回顧.
18. [잡지명] 朝鮮及滿洲 1929년 12월(제265호) [기사명] マラリア豫防上に於けるロツスの苦心と成功.
19. [잡지명] 朝鮮及滿洲 1930년 5월(제270호) [기사명] 地理學と疾病.
20. [잡지명] 朝鮮及滿洲 1930년 9월(제274호) [기사명] 夏の最中に蠅の少くなる理由.
21. [잡지명] 朝鮮及滿洲 1931년 2월(제279호) [기사명] 分らぬ病マラリア.
22. [잡지명] 朝鮮及滿洲 1933년 2월(제303호) [기사명] 臺灣の「マラリア」.
23. [잡지명] 朝鮮及滿洲 1936년 1월(제338호) [기사명] イヘダニと鼠との關係.
24. [잡지명] 朝鮮及滿洲 1936년 8월(제345호) [기사명] 蚊とマラリア.
25. [잡지명] 朝鮮及滿洲 1937년 1월(제350호) [기사명] 溫突と蟲.
26. [잡지명] 朝鮮及滿洲 1937년 5월(제354호) [기사명] 衛生上の希望事項二三.

椎葉芳彌(조교수, 미생물학 제1강좌)

1. [잡지명] 朝鮮及滿洲 1923년 7월(제188호) [기사명] 免疫と免疫體の發生に就いて.
2. [잡지명] 朝鮮及滿洲 1928년 3월(제244호) [기사명] チブスの話.
3. [잡지명] 朝鮮及滿洲 1928년 9, 10월(제250, 251호) [기사명] アイヌの衛生.
4. [잡지명] 朝鮮及滿洲 1934년 8월(제321호) [기사명] 實現し得る豫防法.
5. [잡지명] 朝鮮及滿洲 1935년 8월(제333호) [기사명] 消火器系傳染病の豫防に就て.

田邊操(조교수, 미생물학 제2강좌)

1. [잡지명] 朝鮮及滿洲 1927년 8월(제237호) [기사명] マラリヤの豫防と治療.

大澤勝(약리학 제1강좌)

1. [잡지명] 朝鮮 1941년 6월(제313호) [기사명] 新體制管見.
2. [잡지명] 朝鮮及滿洲 1936년 1월(제338호) [기사명] 「ホルモーン」其他二三の話.
3. [잡지명] 朝鮮及滿洲 1936년 2월(제339호) [기사명] ホルモーン雜話.
4. [잡지명] 朝鮮及滿洲 1936년 3월(제340호) [기사명] 「ホルモーン」雜話(三).

杉原德行(약리학 제2강좌)

1. [잡지명] 文教の朝鮮 1926년 10월, 1930년 1월 [기사명] 朝鮮人蔘に就て.
2. [잡지명] 朝鮮 1939년 9월(제292호) [기사명] 朝鮮に於ける漢方醫學と傷寒論.
3. [잡지명] 朝鮮及滿洲 1929년 3월(제256호) [기사명] 朝鮮人蔘が鐵を忌むと云ふ說に就て.
4. [잡지명] 朝鮮及滿洲 1932년 9월(제298호) [기사명] モルビネ—患者.
5. [잡지명] 朝鮮及滿洲 1939년 1, 2월(제374, 375호) [기사명] 漢方醫學の科學的檢討.
6. [잡지명] 朝鮮の教育研究 1936년 11월 [기사명] 瞑想は名卉滅びよと.

石戸谷勉(조교수, 약리학 제2강좌)

1. [잡지명] 朝鮮 1922년 2월(제84호) [기사명] 北鮮の横斷植物景並狼林山脈森林植物帶.
2. [잡지명] 朝鮮 1922년 5, 6월(제86, 87호) [기사명] 北朝鮮の横斷植物景並狼林山脈森林植物帶(二, 三).
3. [잡지명] 朝鮮 1920년 8월 [기사명] 大黑山島及梅加島の森林植物.
4. [잡지명] 朝鮮 1921년 4, 5, 8월(제74, 75, 78호) [기사명] 朝鮮に於ける柳屬及上天柳屬の分布(上, 中, 下).
5. [잡지명] 朝鮮 1924년 5월(제109호) [기사명] 朝鮮植物調査事業貢獻者.
6. [잡지명] 朝鮮 1928년 7월(제158호) [기사명] 朝鮮産有名植物發見の歷史と朝鮮植物標本の保管に就て.
7. [잡지명] 朝鮮 1929년 1월(제164호) [기사명] 內地に栽植する桐は果して鬱陵島の原産なるや.
8. [잡지명] 朝鮮 1930년 1월(제176호) [기사명] 藥草に就て.
12. [잡지명] 朝鮮 1930년 4월(제179호) [기사명] 詩經の植物と朝鮮の名木.
13. [잡지명] 朝鮮 1931년 8월(제195호) [기사명] 朝鮮の藥用植物の過去と將來.
14. [잡지명] 朝鮮 1936년 1월(제248호) [기사명] 滿鮮の山菓と山菜.
15. [잡지명] 朝鮮 1940년 7월(제302호) [기사명] 朝鮮に於ける藥草.
16. [잡지명] 朝鮮及滿洲 1928년 1월(제242호) [기사명] 朝鮮植物採集一番鎗の記.
17. [잡지명] 朝鮮及滿洲 1928년 8월(제249호) [기사명] 滿鮮の夏の野を飾る百合美觀.
18. [잡지명] 朝鮮及滿洲 1929년 5월(제258호) [기사명] 染井吉野櫻の原産地.
19. [잡지명] 朝鮮及滿洲 1930년 4월(제269호) [기사명] 藥草の探險と哲學思想.
20. [잡지명] 朝鮮及滿洲 1934년 12월(제325호) [기사명] 滿鮮植物風景雜觀.
21. [잡지명] 朝鮮及滿洲 1937년 1월(제350호) [기사명] 强精劑と不老術.
22. [잡지명] 朝鮮及滿洲 1938년 2, 4월(제363, 365호) [기사명] 支那及び支那人を語る座談會 [작성자] 石戸谷勉・川合彰武・田中德太郎 등.

小杉虎一(병리학 제2강좌)

1. [잡지명] 警務彙報 1929년 3월(제275호) [기사명] 奇怪な死.
2. [잡지명] 警務彙報 1929년 5~11월(제277~283호) [기사명] 花柳病の話.
3. [잡지명] 警務彙報 1931년 2월(제298호) [기사명] 酒の害.
4. [잡지명] 警務彙報 1931년 5월(제301호) [기사명] 煙草に就て.
5. [잡지명] 警務彙報 1931년 6~8월(제302호) [기사명] 蕃椒に就て.
6. [잡지명] 警務彙報 1931년 9~12월(제305~308호) [기사명] 水の毒性.
7. [잡지명] 警務彙報 1932년 2월(제310호) [기사명] 硏究室.
8. [잡지명] 警務彙報 1932년 3, 5월(제311, 313호) [기사명] 硏究室雜話.
9. [잡지명] 警務彙報 1932년 6월(제314호) [기사명] 硏究室講話—死と死因.
10. [잡지명] 警務彙報 1932년 7월(제315호) [기사명] 老性變性.
11. [잡지명] 警務彙報 1932년 9, 10월(제317, 318호) [기사명] 所謂若返り法に就て.
12. [잡지명] 警務彙報 1932년 11월(제319호) [기사명] 若返り法.
13. [잡지명] 警務彙報 1933년 3, 5~12월(제323, 325~332호) [기사명] 通俗病理學.
14. [잡지명] 警務彙報 1937년 3월(제371호) [기사명] サナトリウム設置の急務.
15. [잡지명] 警務彙報 1937년 5월(제373호) [기사명] 傳染病の豫防に就て.
16. [잡지명] 警務彙報 1937년 10월~1938년 2월(제378~382호) [기사명] 健康の定義.
17. [잡지명] 朝鮮及滿洲 1936년 12월(제349호) [기사명] 癌の話.

岩井誠四郎(내과학 제1강좌)

1. [잡지명] 朝鮮及滿洲 1922년 6월(제175호) [기사명] 神經衰弱に就て.
2. [잡지명] 朝鮮及滿洲 1922년 9월(제178호) [기사명] 腦貧血と腦充血.
3. [잡지명] 朝鮮及滿洲 1929년 10월(제263호) [기사명] 朝鮮と云ふ所は/朝鮮の回顧/朝鮮の有望なる事業/朝鮮の將來と希望 [작성자] 松村松盛・松岡正男・工藤武城・齋藤音作・岩井誠四郎 등.
4. [잡지명] 朝鮮及滿洲 1936년 1월(제338호) [기사명] 腦溢血の話.

伊藤正義(내과학 제2강좌)

1. [잡지명] 警務彙報 1931년 9월(제305호) [기사명] 血壓の話.
2. [잡지명] 警務彙報 1932년 1월(제309호) [기사명] 意外の場所に巣くふ健康の破壞者.
3. [잡지명] 朝鮮及滿洲 1928년 11월(제252호) [기사명] 獨逸印象記.
4. [잡지명] 朝鮮及滿洲 1935년 5월(제330호) [기사명] 急性死亡を來す狹心症の話.

三木榮(조교수, 내과학 제3강좌)

1. [잡지명] 朝鮮 1937년 3월(제262호) [기사명] 山林經濟考 [작성자] 富樫直次郎(도립안동의원장)・三木榮(도립수원병원장).
2. [잡지명] 朝鮮 1937년 9월(제268호) [기사명] 醫方類聚.
3. [잡지명] 朝鮮 1938년 3월(제274호) [기사명] 朝鮮の裁判醫學.

松井權平(외과학 제1강좌)

1. [잡지명] 朝鮮及滿洲 1928년 1월(제242호) [기사명] 醫學と人生.
2. [잡지명] 朝鮮及滿洲 1929년 5월(제258호) [기사명] 癌の話.
3. [잡지명] 朝鮮及滿洲 1933년 8월(제309호) [기사명] 外科に關する大昔の話.
4. [잡지명] 朝鮮及滿洲 1933년 10월(제311호) [기사명] 病氣治療上に於ける迷信による犯罪.
5. [잡지명] 朝鮮及滿洲 1934년 2월(제315호) [기사명] 破傷風.
6. [잡지명] 朝鮮及滿洲 1934년 9월(제322호) [기사명] 甲狀腺腫(クロツプ).
7. [잡지명] 朝鮮及滿洲 1935년 2월(제327호) [기사명] 盲腸炎の話.
8. [잡지명] 朝鮮及滿洲 1936년 3월(제340호) [기사명] 外科的結核の話.

小川蕃(외과학 제2강좌)

1. [잡지명] 朝鮮及滿洲 1930년 12월(제277호) [기사명] 內臟外科漫談(盲腸炎の話).

佐藤剛藏(의화학 강좌)

1. [잡지명] 朝鮮 1922년 2월(제84호) [기사명] 最近の獨逸.
2. [잡지명] 朝鮮 1927년 3월(제142호) [기사명] 半搗米の榮養價値に就て.
3. [잡지명] 朝鮮 1935년 8월(제243호) [기사명] 金剛山への思出.
4. [잡지명] 朝鮮 1938년 10월(제281호—生活刷新特輯) [기사명] 食物資源榮養問題.
5. [잡지명] 朝鮮 1939년 10월(제293호) [기사명] 朝鮮の農産食物資源と主食問題.
6. [잡지명] 朝鮮 1941년 6월(제313호) [기사명] 科學人の態度.
7. [잡지명] 朝鮮及滿洲 1929년 8월(제261호) [기사명] 金解禁を中心としての新內閣評.
8. [잡지명] 朝鮮及滿洲 1929년 11월(제264호) [기사명] 朝鮮の食物.
9. [잡지명] 朝鮮及滿洲 1930년 8월(제273호) [기사명] 夏季と食物.
10. [잡지명] 朝鮮及滿洲 1931년 6월(제283호) [기사명] 食物の化學と保健.
11. [잡지명] 朝鮮及滿洲 1932년 1월(제290호) [기사명] 生命と健康 [작성자] 佐藤剛藏・工藤武城・占部寬海.
12. [잡지명] 朝鮮及滿洲 1936년 1월(제338호) [기사명] 朝鮮に於ける衛生施設の將來.

13. [잡지명] 朝鮮及滿洲 1938년 1월(제362호) [기사명] 事變中の年頭所感・冬期の生活 [작성자] 賀田直治・池田林儀・篠田治策・鈴木正文・和田一郎・黑田吉夫・佐藤剛藏・安倍能成・丸山幹治.

椎葉芳彌(위생학예방의학 강좌)

1. [잡지명] 朝鮮及滿洲 1923년 7월(제188호) [기사명] 免疫と免疫體の發生に就いて.
2. [잡지명] 朝鮮及滿洲 1928년 3월(제244호) [기사명] チブスの話.
3. [잡지명] 朝鮮及滿洲 1928년 9, 10월(제250~251호) [기사명] アイヌの衛生.
4. [잡지명] 朝鮮及滿洲 1934년 8월(제321호) [기사명] 實現し得る豫防法.
5. [잡지명] 朝鮮及滿洲 1935년 8월(제333호) [기사명] 消火器系傳染病の豫防に就て.

水島治夫(위생학예방의학 강좌)

1. [잡지명] 文敎の朝鮮 1935년 7월 [기사명] 氣候と人生.
2. [잡지명] 文敎の朝鮮 1939년 9, 10월 [기사명] 學校衛生講話.
3. [잡지명] 朝鮮 1939년 8월(제291호) [기사명] 朝鮮住民の生存力.
4. [잡지명] 朝鮮 1940년 6월(제301호) [기사명] 都市の人口問題と保健根本策.
5. [잡지명] 朝鮮及滿洲 1925년 11월(제216호) [기사명] 猩紅熱に關する新知識.
6. [잡지명] 朝鮮及滿洲 1935년 9월(제334호) [기사명] 傳染病の流行と衛生施設の改善.
7. [잡지명] 朝鮮及滿洲 1938년 4월(제365호) [기사명] 人間の壽命.
8. [잡지명] 朝鮮の教育研究 1940년 7월 [기사명] 夏期の學童衛生.

大神盛正(조교수, 위생학예방의학 강좌)

1. [잡지명] 朝鮮행정 1942년 2월 [기사명] 朝鮮に於ける醫師と醫生.

佐藤武雄(법의학 강좌)

1. [잡지명] 警務彙報 1929년 5~12월, 1930년 1, 2, 4~10월, 1931년 1월~1932년 12월, 1933년 2~11월, 1934년 6, 7, 9, 11, 12월, 1935년 1, 2, 4, 6~12월, 1936년 1~3, 6~12월, 1937년 1월~1938년 10월(제277~286, 288~294, 297~320, 322~331, 338, 339, 341, 343~346, 348, 350~359, 362~373, 375~390호) [기사명] 法醫學.
2. [잡지명] 警務彙報 1930년 11월(제295호) [기사명] 法醫學血液型に就て.
3. [잡지명] 警務彙報 1934년 10월(제342호) [기사명] 蒙古雜感.
4. [잡지명] 朝鮮及滿洲 1939년 4월(제377호) [기사명] 血液型研究の其後の進展.
5. [잡지명] 朝鮮行政 1938년 2월 [기사명] 誰が自分の齡を知つてゐるか.

中村兩造(정형외과학 강좌)

1. [잡지명] 朝鮮 1935년 8월(제243호) [기사명] 冠帽峰淺野小屋.
2. [잡지명] 朝鮮及滿洲 1931년 8월(제285호) [기사명] 歐洲アルプス.
3. [잡지명] 朝鮮及滿洲 1932년 1월(제290호) [기사명] 歐洲のウインタ―スポ―ツ.
4. [잡지명] 朝鮮及滿洲 1933년 8월(제309호) [기사명] 山に惹かるゝ心.
5. [잡지명] 朝鮮及滿洲 1933년 12월(제313호) [기사명] 立てば芍藥の話.
6. [잡지명] 朝鮮及滿洲 1934년 12월(제325호) [기사명] 倫敦の一事件.
7. [잡지명] 朝鮮及滿洲 1935년 7월(제332호) [기사명] 整形外科から觀た怪我の話.
8. [잡지명] 朝鮮及滿洲 1936년 8월(제345호) [기사명] 小兒の步行異常.
9. [잡지명] 朝鮮の教育研究 1938년 8월 [기사명] 街の出日記.

高楠榮(산과학부인과학 강좌)

1. [잡지명] 朝鮮及滿洲 1927년 1월(제230호) [기사명] 女子の職業傷害と其の家庭に及ぼす影響.

井上繁(조교수, 산과학부인과학 강좌)

1. [잡지명] 警務彙報 1935년 5월(제349호) [기사명] お産の話.
2. [잡지명] 警務彙報 1935년 6~9월(제350~353호) [기사명] 姙娠初期の注意.
3. [잡지명] 警務彙報 1936년 3월(제359호) [기사명] 分娩豫定日に就て.

廣田康(피부과학비교기과학 강좌)

1. [잡지명] 警務彙報 1931년 6월(제302호) [기사명] 或る方々へのお答(性病に就て).
2. [잡지명] 朝鮮及滿洲 1926년 2월(제219호) [기사명] 文人齋藤綠雨と武人淸正と虎と.
3. [잡지명] 朝鮮及滿洲 1930년 1월(제266호) [기사명] 世界を旅して.
4. [잡지명] 朝鮮及滿洲 1930년 8월(제273호) [기사명] 味覺短見.

早野龍三(안과학 강좌)

1. [잡지명] 朝鮮 1922년 9월(제90호) [기사명] 歐米を視察して.

小林靜雄(이비인후과학 강좌)

1. [잡지명] 朝鮮及滿洲 1937년 6월(제355호) [기사명] 聾啞を語る.

土橋光太郎(소아과학 강좌)

1. [잡지명] 朝鮮及滿洲 1929년 7월(제260호) [기사명] 小兒の疾患二三.
2. [잡지명] 朝鮮及滿洲 1930년 11월(제276호) [기사명] 歐米最近の醫學衛生狀況.

原弘毅(소아과학 강좌)

1. [잡지명] 警務彙報 1930년 2~4월(제286~288호) [기사명] 小兒の體質異狀とは如何なるものか.
2. [잡지명] 警務彙報 1932년 9, 10월(제317, 318호) [기사명] 小兒科漫談.
3. [잡지명] 朝鮮及滿洲 1932년 9월(제298호) [기사명] 初秋と子供の健康に對する注意.
4. [잡지명] 朝鮮及滿洲 1933년 1월(제302호) [기사명] 冬の小兒病と看護法.
5. [잡지명] 朝鮮及滿洲 1933년 2월(제303호) [기사명] 兒童の猩紅熱に就て.
6. [잡지명] 朝鮮及滿洲 1933년 3월(제304호) [기사명] 小兒の結核—特に肺門淋巴腺結核に就て.
7. [잡지명] 朝鮮の教育研究 1934년 8월 [기사명] 立派な子供に.

高井俊夫(조교수, 소아과학 강좌)

1. [잡지명] 警務彙報 1938년 3월(제383호) [기사명] 小兒の流行性感冒に就て.
2. [잡지명] 朝鮮及滿洲 1935년 12월(제337호) [기사명] 冬の小兒呼吸器疾患とその手當.
3. [잡지명] 朝鮮及滿洲 1938년 6월(제367호) [기사명] 疫痢の豫防と治療.
4. [잡지명] 朝鮮の教育研究 1940년 3월 [기사명] 時局下の小兒榮養に就て.
5. [잡지명] 朝鮮の教育研究 1940년 5월 [기사명] 學校給食の理論と實際(1).

久保喜代二(신경과학정신과학 강좌)

1. [잡지명] 警務彙報 1927년 5, 6, 9, 12월, 1928년 2월(제253, 254, 257, 260, 262호) [기사명] 犯罪と精神病理.
2. [잡지명] 警務彙報 1929년 10월(제282호) [기사명] 外遊雜感.
3. [잡지명] 警務彙報 1930년 1~3월(제285~287호) [기사명] 犯罪精神病示說.
4. [잡지명] 警務彙報 1930년 6~11월(제290~295호) [기사명] 犯罪精神病示說(四).
5. [잡지명] 警務彙報 1931년 5, 6월(제301호) [기사명] 精神病のお話(1, 2).
6. [잡지명] 警務彙報 1931년 7월(제303호) [기사명] 精神病のお話.
7. [잡지명] 朝鮮及滿洲 1925년 12월 [기사명] 精神病と遺傳の理由.
8. [잡지명] 朝鮮及滿洲 1926년 6월(제223호) [기사명] 精神病と素質との關係.
9. [잡지명] 朝鮮及滿洲 1928년 2, 3월(제243, 244호) [기사명] 精神の健康法.
9. [잡지명] 朝鮮及滿洲 1930년 2월(제267호) [기사명] 南佛ニースの冬.

10. [잡지명] 朝鮮及滿洲 1930년 4월(제269호) [기사명] 季節と精神病の關係.
11. [잡지명] 朝鮮及滿洲 1930년 6월(제271호) [기사명] 神經衰弱に就いて.
12. [잡지명] 朝鮮の教育研究 1940년 9월 [기사명] 隨筆 科學思想の根柢.

服部六郎(조교수, 신경과학정신과학 강좌)

1. [잡지명] 朝鮮及滿洲 1931년 11월(제288호) [기사명] 黴毒のマラリヤ療法.
2. [잡지명] 朝鮮及滿洲 1935년 10월(제335호) [기사명] 不眠症の話.

鈴木元晴(조교수, 방사선의학 강좌)

1. [잡지명] 朝鮮及滿洲 1923년 5월(제186호) [기사명] エツキス光線の話.
2. [잡지명] 朝鮮及滿洲 1928년 7월(제248호) [기사명] 醫者と'れんとげん'.

제3부 학생들의 입학과 졸업

Ⅷ. 학생집단의 내부구성과 특징

1. 경성제대의 학생들

1924년 대학예과가, 1926년 학부가 개설되면서 출범한 경성제국대학은 일본인들은 물론, 상당수의 조선인들을 생도 및 학생으로 받아들였다. 기존의 연구에서 경성제대의 학생 및 생도[1]들의 정확한 숫자 및 구체적 면모를 확인하여 분석에 활용하는 경우는 비교적 드물었다. 정규영(1995)과 정선이(2002)의 박사학위 논문은 경성제대의 설립부터 시작해 연구와 교육에 관한 그 제도적 면모들을 총체적으로 재구성하고 있는 중요한 선행연구이지만, 경성제대의 생도 및 학생 관련 부분은 소략한 편이다.

정규영(1995)은 학생에 관하여 별도의 절을 할애해 학생의 민족별, 출신지별 구성, 졸업자 상황 등에 대해서 개략적으로 서술하고 있는데, 여기에서는 주로 『경성제국대학일람』 등에 수록된 경성제대 측에서 정리한 표들을 활용하고 있다. 그런데 경성제대 측의 자료들만 사용하는 것은 대학 측이 사용하는 범주화를 문제 삼지 못하고 그대로 수용한다는 한계를 지닌다. 예컨대 경성제대 측이 작성한 자료에는 학생구성비에 있어 가장 중요한 집단이라고 할 수 있는 재조일본인 집단이 집계되지 않았으며, 출신교별 구성도 도표화되지 못하고 있다.

정선이(2002)는 경성제대에서 작성한 입학자 상황표와 졸업자 상황표를 제시하는 한편, 예과과정을 서술하는 중에 예과 수료자를 조선인, 재조일본인, 그 밖의 일본인

1. 경성제국대학 및 그 부속기관에서 펴낸 모든 공식 문서들에서 학부의 재학자는 '학생'으로 예과의 재학자는 '생도'로 표기되어 있다. 이 글에서도 이 점을 고려하여, 예과의 재학자는 '생도'로 학부의 재학자는 '학생'으로 표기하겠다.

으로 삼분한 표를 재구성하는 노력을 보여 주고 있다. 하지만 표 구성 자체에 다소의 오류가 있고, 예과 수료자를 기준으로 본국 출신 일본인 학생의 규모를 짐작하는 데도 무리가 있다.

학생·생도 관련 내용을 포함하고 있는 또 다른 선행연구로는, 주로 예과를 중심으로 경성제대의 설립과 학사과정을 상술하고 있는 우마코시 도루(馬越徹, 1997)를 들 수 있다. 또 박광현(2003)은 경성제대 법문학부의 조선인 졸업생들이 발간한 잡지 『신흥』을 분석하는 논문을 통해 경성제대 조선인 학생들의 세계에 접근하고 있다. 그러나 경성제대 학생·생도의 전체상은 체계화하지 못했다.

이 장에서는 경성제대 학생집단, 즉 학생·생도의 내부구성을 체계적으로 조사하고 그 특징을 해석하는 데 일차적인 목적을 둔다. 경성제대의 학생·생도들의 규모는 어떠했는가? 그중 조선인, 재조일본인, 그 밖의 일본인의 비율은 어떠했으며, 어떻게 변화해 갔는가? 또 그 구성비가 의미하는 바는 무엇인가? 또 출신교별 구성은 어떠한가? 그 인적 구성에 있어 학부 입학자(학생)는 예과 입학자(생도)와 어느 정도나 다른가? 이런 의문점들을 해결하기 위해 이 연구에서는 우선, 산재된 여러 자료들을 취합하여 성명, 예과 입학연도 및 학부 졸업년, 출신교 및 본적지, 학부학과 등의 항목으로 구성된 「경성제대 학생명부」의 작성을 시도했다.[2] 그리고, 이렇게 구축된 자료를 바탕으로 경성제대 학생·생도의 규모와 구성을 보여 주는 한편, 제국대학이라는 학력자본을 획득하려는 구체적 행위자들에게 경성제대가 어떻게 그 기회를 차등적으로 배분하고 있는지에 주목했다.

작성된 「경성제대 학생명부」에 따르면, 3,500명이 넘는 사람들이 경성제대에 재학하였고, 그중 2,000여 명이 졸업하여 학사칭호를 획득하였다. 경성제대 입학률은 조선인과 일본인 간에 그리고 재조일본인과 본국 일본인 간에 그리고 다양한 중등교육기관들에 따라 다르게 나타난다. 기회의 차등적인 배분 양상은 우연적 현상이기보다는 지속적으로 반복되는 유형화(patterning)로 드러나며, 구조화의 면모를 보여 주고 있다. 또 이렇게 유형화된 질서는 경성제대가 구비한 제도와 행위수행의 복합적 산물이다.

2. 「경성제대 학생명부」의 구축과정에 대해서는 이 책의 IX장에서 상세하게 정리해 놓았다.

2. 예과 입학생의 구성과 입학기회의 차등화 양상

경성제국대학은 일본의 제국대학으로서는 이례적으로 그 예비교육기관으로서 대학예과를 개설하였다. 경성제국대학 예과가 개설된 1924년 당시 일본 제국대학 중 예과가 있던 곳은 홋카이도제대뿐이었다.[3] 물론 당시의 「대학령」에 따르면, 대학은 대학예과를 설치할 수가 있었고(12조, 13조), 대학예과의 수료자는 고등학교 고등과 졸업자와 동등한 학력으로 인정한다는 규정(9조)이 있었다. 하지만 이 규정은 대체로 '대학'으로 승격된 사립대학을 위한 것이었고, 대개의 제국대학은 고등학교를 그 예비교육기관으로 상정하고 있었다.[4] 그러나 경성제국대학은 매년 학부입학자수를 약간 상회하는 규모의 예과 입학자를 선발함으로써 예과 수료자로써 학부 학생의 대부분을 모집하는 입학 유형을 지속적으로 유지하였다(표 Ⅷ-1과 표 Ⅷ-9 참조). 이것은 조선에 일본형 고등학교를 두지 않았다는 점에 기인한다. 이것은 고등교육제도에서 나타나는 타이완과의 차이다. 타이완에는 일본형 고등학교를 두었다.

1) 하위집단의 범주화와 그 구성비

경성제국대학 예과에 입학한다는 것은 예과를 수료하면 경성제국대학의 각 학부 입학생 선발에 있어 제1순위가 된다는 것, 다시 말해 심각한 입학경쟁 없이—'외지'에 있을망정—제국대학 학생이 될 수 있다는 것을 뜻한다. 즉 제국대학 입학을 어느 정도 보장받은 것인데, 여기에는 물론 도쿄제대와 교토제대 같은 본국의 유수한 제국대학 입학을 포기해야 하는 대가가 따른다. 즉 경성제국대학이 예과를 설치한 것은 이런 기회를 제공함으로써 본국에서 벌어지는 대학입학경쟁에 휘말리지 않고 안정적으로 학부 학생을 충원하는 조직을 갖춘 것을 뜻한다. 경성제국대학 예과는 물론 식민지와 본국을 막론하고 일본 전역을 대상으로 생도를 모집하고 있었지만,[5] 그것이

---

3. 경성제국대학 예과의 설립과정 및 제도적 특징에 대해서는 정준영(2009: 122-131)을 참조할 것.
4. 물론 도쿄와 교토의 2대 제국대학에 다수의 고등학교 졸업자가 몰리고 있었으므로, 나머지 제국대학의 경우 고등학교 및 대학예과와 동등학력으로 인정된 전문학교 출신자를 받아들이고 있었다. 일례로 1942년 도호쿠제대의 경우, 이학부 95명 중 30명만이 고등학교 졸업자였고, 타이베이제대의 경우 입학생 모집의 70% 이상을 전문학교 졸업자가 점하고 있었다.
5. 예과의 수료연한이 2년이던 초기에 경성제대 예과규정은 중학교 및 고등보통학교 졸업자 및 그와 동등이상의 학력으로 인정되는 자(전문학교입학자검정시험 합격자 및 조선총독에게 중학교졸업 동등이상의 학력으로 인정받은 자)에게 입학을 허가하고 있다. 수료연한이 3년으로 개정된 뒤에는 중학교 또는

제공한 이런 기회에 가장 적극적으로 반응한 것은 조선에서 중학교와 고등보통학교를 졸업한 재조일본인과 조선인이었다. 조선에서 일본 본국의 학교에 진학하기 위해서는 상당한 비용이 요구되기 때문이다.

대학 설립을 주도한 조선총독부 측은 제2차 교육령을 준비하던 때부터 이미 고등학교가 아니라 대학 예과의 설립을 상정하고 있었으며,6 대학 창설안이 칙령으로 확정되기도 전인 1924년 3월 시점에 이미 예과 입학자를 선발해 놓고 있었다.

총독부가 경성제대에 예과를 개설한 이유에 대해서는 여러 설명이 있으나,7 이런 입학 제도를 통해 본국의 대학입학경쟁에 영향을 미치고, 다수의 재조일본인과 조선인들을 체제 내로 끌어들이려는 목적을 총독부가 가지고 있었다는 점은 공통적으로 확인되는 바이다.

선행연구들이 주목하는 또 하나의 현상은 대학당국이 학부 학생의 90% 정도를 차지하게 될 예과합격자에서 조선인의 비율이 50%를 넘지 않도록 하는 불문율을 고수하고 있다는 증언들과 입학시험 자체가 조선인에게 불리했고 경성제대 예과의 조선인 지원자에 대해 신분조사가 행해졌다는 점이다.8 조선인에 대해서는 본국의 대학들로부터 조선 내의 대학체계로 유인함과 동시에 그 비율을 적절히 조정하는 수용과 배제의 이중전략이 수행되고 있었다고 볼 수 있다. 또 본국의 일본인의 경우 본국

고등보통학교 제4년 수료자 및 그와 동등 이상의 학력으로 인정되는 자에게 입학을 허가하고 있다.

6. 문서로 확인되는 바에 따르면 2차 교육령을 초안하기 위한 조선교육조사위원회 2회 의결사항부터 고등학교 대신 대학 예과 제도의 채택이 논의되고 있었다. 결국 제2차 조선교육령에서 고등학교 제도는 채택되고 있지 않다.

7. 경성제대 예과 연구를 통해 경성제대 연구를 개시한 馬越徹(1997)은 초대 예과부장이었던 小田省吾의 말을 인용하여 예과개설이 대학입시경쟁으로부터 조선인 또는 재조일본인 생도들을 보호하기 위한 것이라고 주장하고 있다. 정규영(1995)과 정선이(2002)는 1922년 1월의 조선교육령 및 타이완교육령에 대한 추밀원 심사기록에서 조선총독부 학무당국자의 말을 인용하고 있다. 여기서 학무당국자는 고등학교제를 채택하고 있지 않은 이유로, ① 조선이 아직 고등학교를 설립한 만한 발전정도에 이르지 못했다는 것, ② 무리하게 고등학교를 개설할 경우 그 졸업자의 전도가 불투명할 수 있다는 점, ③ 조선의 고등학교 졸업자가 내지의 대학에 입학하는 것은 곤란하다는 점, ④ 보통교육에서 내선공학을 실시하지 않은 한 고등학교는 설치하기 어렵다는 점, ⑤ 대학예과를 개설하여 대학교육을 정비할 필요가 있다는 점을 들고 있다. 정규영(1995)은 ③, ④, ⑤의 이유를 중시하여, 본국 교육체계의 부담 경감, 내선공학의 고등학교를 설치하기 어려움, 제국대학의 조속한 설치 필요성을 중요한 이유로 들고 있다. 정선이(2002)는 ③으로부터 조선인을 조선의 관립대학 체계 내에 묶어 둠으로써 졸업생의 일본 대학 진학을 차단하려는 총독부의 의지가 강하게 관철된 것으로 해석하고 있다.

8. 정규영(1995)은 "대학 예과에 있어서는 일본인과 조선인을 반반씩 입학시킨다는 방침이 지켜지지 않으면 안 되었다"는 당시 법문학부 교수 戶澤鐵彦의 말을 일본에서 발간된 경성제국대학 50주년기념지인 『紺碧遼かに』에서 인용하고 있다. 정선이(2002)는 이런 증언을 인용하지는 않으나 조선인 학생을 1/3 정도로 고정한 것이 아닌가 하는 추정을 하고 있다. 불리한 입학고사와 신분조사에 관해서는 정선이(2002: 84-91) 참조.

표 Ⅷ-1. 예과 입학자의 하위집단별 구성(문과, 이과 전체)

예과 입학 연도	조선인		일본인1		조선인+일본인1		일본인2		일본인1+일본인2		기타		입학생 전체	
	사례수	백분율	사례수	백분율	사례수	백분율	사례수	백분율	사례수	백분율	사례수	백분율	사례수	백분율
1924	44	26.19	58	34.52	102	60.71	66	39.29	124	73.81			168	100
1925	48	29.63	51	31.48	99	61.11	63	38.89	114	70.37			162	100
1926	59	38.82	44	28.95	103	67.76	49	32.24	93	61.18			152	100
1927	42	28.57	58	39.46	100	68.03	47	31.97	105	71.43			147	100
1928	66	44.00	60	40.00	126	84.00	24	16.00	84	56.00			150	100
1929	44	31.43	51	36.43	95	67.86	45	32.14	96	68.57			140	100
1930	36	24.49	68	46.26	104	70.75	42	28.57	110	74.83	1	0.68	147	100
1931	62	38.75	64	40.00	126	78.75	34	21.25	98	61.25			160	100
1932	45	30.41	74	50.00	119	80.41	29	19.59	103	69.59			148	100
1933	49	33.79	49	33.79	98	67.59	47	32.41	96	66.21			145	100
1934	52	36.11	70	48.61	122	84.72	22	15.28	92	63.89			144	100
1935	54	35.76	72	47.68	126	83.44	24	15.89	96	63.58	1	0.66	151	100
1936	52	35.62	65	44.52	117	80.14	29	19.86	94	64.38			146	100
1937	55	34.81	71	44.94	126	79.75	32	20.25	103	65.19			158	100
1938	72	37.50	85	44.27	157	81.77	35	18.23	120	62.50			192	100
1939	73	40.11	74	40.66	147	80.77	35	19.23	109	59.89			182	100
1940	70	36.46	72	37.50	142	73.96	50	26.04	122	63.54			192	100
1941	79	35.27	99	44.20	178	79.46	45	20.09	144	64.29	1	0.45	224	100
1942	49	27.07	94	51.93	143	79.01	38	20.99	132	72.93			181	100
1943	62	24.41	149	58.66	211	83.07	43	16.93	192	75.59			254	100
합계	1,113		1,428		2,541		799		2,227		3		3,343	
평균		33.46		42.19		75.65		24.26		66.45		0.60		

제국대학 입학을 포기해야 하는 상당한 기회비용에 의해 예과 입학에서 상대적으로 배제되었다. 더욱이 예과 입학시험은 일본의 고등학교 입학시험과 같은 날짜에 시행되었고, 시험장소도 경성 한 군데로만 한정되었으므로(馬越徹, 1997) 이 기회비용은 한층 커졌다고 할 수 있다.

이러한 제도적 조건에서 1924년부터 1943년까지 경성제대 예과에 입학한 자들을 표 Ⅷ-1,[9] 표 Ⅷ-2, 표 Ⅷ-3, 그림 Ⅷ-1, 그림 Ⅷ-2, 그림 Ⅷ-3과 같이 도표화할 수 있다.

9. 이 표는 정규영, 1995: 111면과 정선이, 2002: 88면에 나와 있는 '경성제국대학 예과 입학생수'와 다르다. 정규영은 『조선총독부통계연보』 각 연도로부터 이 표를 구성했다고 하고 있고, 정선이는 『일람』 1942년도에서 재구성했다고 쓰고 있으나, 『일람』 1942년도에는 이 표가 나와 있지 않은 것으로 보아,

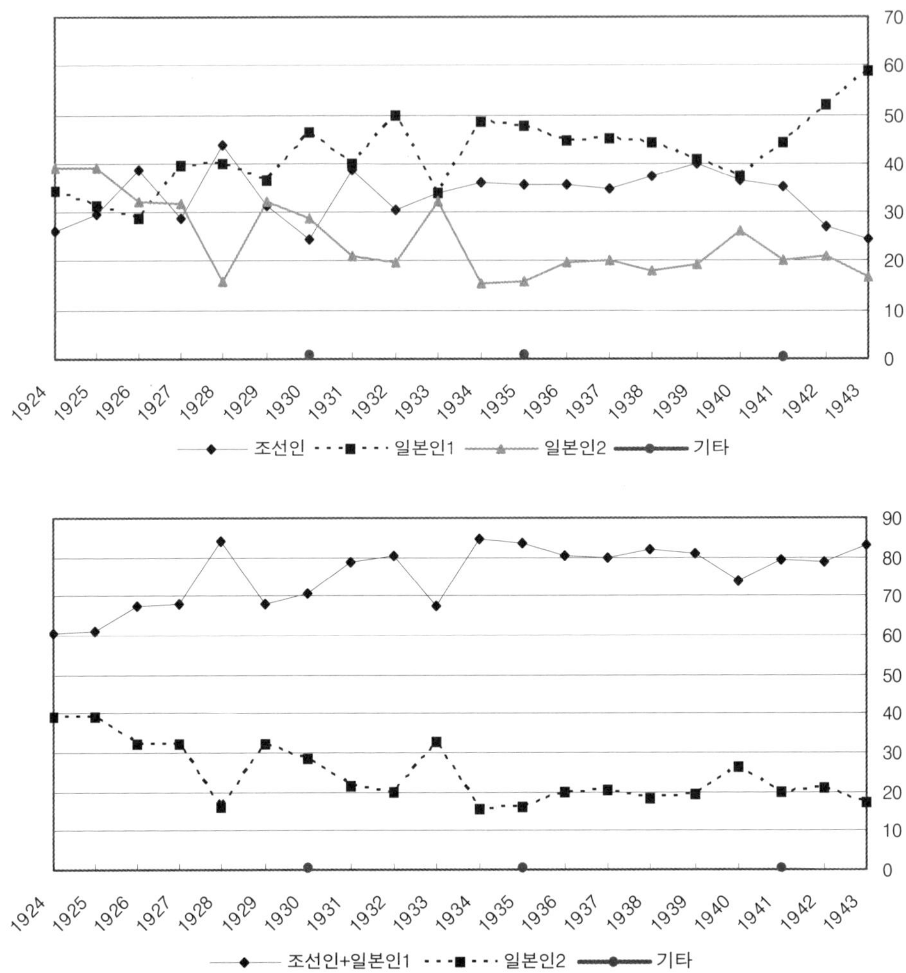

그림 Ⅷ-1. 예과 입학자의 하위집단별 구성(문과, 이과 전체)

여기서는 입학자들을 <조선인>, <일본인1>, <일본인2>, <기타>의 네 하위집단으로 범주화했다. 범주화를 위해 <조선인>은 본적지가 조선 내의 지역으로 기재된 자로 정의했고, <일본인>은 본적지가 일본 내 지역으로 기재된 자로 정의했다. <일본인1>은 재조일본인을 가리키려 함인데, 일본인 중에 조선에 소재한 고등보통학교,

정규영의 말이 맞는 것 같다. 그러나 표 Ⅷ-1 및 정규영의 표를 『일람』 1942년도 279면에 수록된 '豫科入學累年入學狀況表'와 비교하면 위에서 제시한 표 Ⅷ-1이 더 정확함을 알 수 있다. 일례로 1926년의 예과 입학자수가 정규영의 표에서는 143으로 되어 있으나 누년입학상황표는 입학시험 합격자를 153명으로 기재하고 있다.

중학교, 실업학교, 전문학교 등을 졸업한 자로 정의했고,[10] <일본인2>는 일본인 중에서 <일본인1>을 제외한 나머지다. <일본인2>는 본국에서 중학교 및 동등학력을 마친 자를 겨냥하는 범주이나, 일본인 1의 정의방식에 의해, 재조일본인으로서 전문학교 입학자격 검정시험을 합격한 자[11]와 일본 외의 만주 등지에서 동등학력을 마친 자[12]도 포함하고 있다. 기타는 조선인과 일본인을 제외한 자들이다. 1930년에는 중화민국 국적의 생도가, 1935년에는 만주국 생도가, 1941년에는 타이완인 생도가 입학했다.

표 Ⅷ-1에서 먼저 눈에 띄는 점은 <일본인2>의 사례수 및 백분율이 적다는 점이다. 정선이(2002)는 경성제국대학이 존속한 기간 내내 본국에서 온 일본인이 전체 생도의 1/3을 유지하였다고 주장했으나, 표 Ⅷ-1은 예과 입학생 중 <일본인2>의 비율이 1924~43년 평균 24.26%로 1/3에 크게 미치지 못하고 있음을 보여 준다.

연도별 추이를 보면 <일본인2>는 개설 초기에는 40%에 육박할 정도이나 예과 개설 후 10년째인 1934년부터 대체로 15~20% 선에 그치고 있다. 반면 <조선인>과 <일본인1>을 합한 비율은 1924년에는 절반을 넘는 60% 정도이나, 1934년 이후부터 80%를 넘어서거나 그에 육박하는 수치를 보이고 있다. 이는 재조일본인과 조선인을 유인하는 예과의 입학구조가 점차로 관철된 것이라고 해석된다. <일본인2>의 범주는 경성제국대학이 제국대학으로서 일본 본국과의 연계를 상징하는 존재로서, 이 범주의 비율이 늘 경우 재조일본인 및 조선인의 입학기회가 줄어드는 반면, 이 범주가 미미한 수준에 이를 경우 경성제국대학이 자칫 식민지의 2류 대학으로 취급당하는 위험을 안게 된다. 그러나 경성제국대학이 본국 일본인을 유치하기 위해 적극 노력했던 증거가 보이지 않는다는 점에서[13] 경성제대 측이 이 수치를 문제시했던 정황은 포착되지 않는다.

조선인은 예과가 개설된 1924년의 26.19%에서 점차 늘어나, 1926~41년에 이르기까

10. 일본인1의 출신교를 가나다순으로 살펴보면, 다음과 같다. 경성성동중, 경성사범, 경성중, 공주고보, 광주동중, 광주서중, 광주중, 군산중, 나남중, 대구중, 대전중, 마산중, 부산중, 신의주동중, 신의주중, 용산중, 원산중, 전주고보, 진주중, 청주고보, 청주일중, 청주중, 평양이중, 평양이중, 평양일중, 평양중, 함남중, 함흥고보, 함흥중, 해주동중, 해주서중. 이 학교명단은 2차 교육령 시기의 이름과 3차 교육령 시기의 변화한 이름을 구별 없이 나열한 것이다.

11. 「경성제대 학생명부」에는 조선인과 일본인을 모두 포함해 총 21명의 전문학교 입학자격 검정시험 합격자가 있다. 이 중 4명이 일본인이다. 이들이 재조일본인인지 아닌지는 현재의 자료로서는 확인할 수 없다.

12. 만주 등지에서 중학교 수준의 학력을 취득한 일본인은 모두 29명이었다. 구체적인 내역은 이하 표를 참조할 것. 총수가 799명인 일본인2의 3.6%에 해당하는 수치다.

13. 고등학교 입시일과 같은 예과시험일 및 경성 한 군데에만 설치된 시험장소와 같은 좋지 않은 조건이 있었던데다, 신문광고를 하는 등의 특별한 노력을 한 흔적이 보이지 않는다.

지 대체로 30~40% 선을 유지하고 있다. 1924~43년의 조선인 입학생은 33.46%로 약 1/3이다. 조선인 입학자가 30%에 미치지 못한 해는, 경성제이고등보통학교 졸업자가 아직 나오지 않은 1924~26년을 제외하면 1927년과 1930년인데, 1926년과 1929년에 6·10만세운동과 광주학생운동이 일어났음을 상기할 때, 정치적 사건의 여파로 짐작된다. 그러나 그 다음해인 1928년과 1931년에는 예년보다 높은 44%, 38.75%의 입학률을 보이고 있어서, 조선인 입학률을 주시했을 경성제대 측에서 보상적으로 많은 수를 모집한 것이 아닌가 하는 추측을 하게 된다. 1927~28년의 경우 <일본인1> 입학자수는 거의 변함이 없지만, 조선인을 24명 증원하고 있고, 1930~31년의 경우도 <일본인

표 Ⅷ-2. 문과 입학자의 하위집단별 구성

예과 입학 연도	조선인		일본인1		조선인+일본인1		일본인2		일본인1+일본인2		기타		입학생 전체	
	사례수	백분율	사례수	백분율	사례수	백분율	사례수	백분율	사례수	백분율	사례수	백분율	사례수	백분율
1924	29	32.95	32	36.36	61	69.32	27	30.68	59	67.05			88	100
1925	29	35.37	30	36.59	59	71.95	23	28.05	53	64.63			82	100
1926	35	43.21	27	33.33	62	76.54	19	23.46	46	56.79			81	100
1927	21	27.63	36	47.37	57	75.00	19	25.00	55	72.37			76	100
1928	35	45.45	34	44.16	69	89.61	8	10.39	42	54.55			77	100
1929	29	41.43	25	35.71	54	77.14	16	22.86	41	58.57			70	100
1930	24	33.8	33	46.48	57	80.28	13	18.31	46	64.79	1	1.41	71	100
1931	40	47.62	36	42.86	76	90.48	8	9.52	44	52.38			84	100
1932	31	41.33	37	49.33	68	90.67	7	9.33	44	58.67			75	100
1933	31	42.47	28	38.36	59	80.82	14	19.18	42	57.53			73	100
1934	31	42.47	37	50.68	68	93.15	5	6.85	42	57.53			73	100
1935	29	37.66	40	51.95	69	89.61	7	9.09	47	61.04	1	1.3	77	100
1936	26	35.14	43	58.11	69	93.24	5	6.76	48	64.86			74	100
1937	27	33.75	41	51.25	68	85.00	12	15.00	53	66.25			80	100
1938	34	43.04	36	45.57	70	88.61	9	11.39	45	56.96			79	100
1939	31	43.66	35	49.30	66	92.96	5	7.04	40	56.34			71	100
1940	29	41.43	27	38.57	56	80.00	14	20.00	41	58.57			70	100
1941	28	36.36	36	46.75	64	83.12	13	16.88	49	63.64			77	100
1942	15	23.44	35	54.69	50	78.13	14	21.88	49	76.56			64	100
1943	25	28.74	50	57.47	75	86.21	12	13.79	62	71.26			87	100
합계	579		698		1,277		250		948		2		1,529	
평균		37.85		45.74		83.59		16.27		62.02		1.36		

1> 입학자수에 큰 변화 없이 조선인을 26명 증원하고 있기 때문이다. 이러한 갑작스런 증가는 표 Ⅷ-2, 표 Ⅷ-3에서 볼 수 있듯이, 문과와 이과에서 모두 이루어졌다.

후술하겠지만 조선인의 이과 진학은 1930년대 중반까지 매우 부진했음에도 불구하고 표 Ⅷ-3에서 보이는 바 1928년 이과의 42.47%이라는 조선인의 비율은 비정상적이다. 여기에는 어떤 인위적 조치가 있었을 것으로 추측된다. 1928년은 1926년과 함께 문과와 이과 모두에서 조선인이 <일본인1>을 추월한 해이기도 하다.

예과 입학생의 하위범주 중 가장 큰 비중을 차지하는 것은 <일본인1>, 즉 재조일본인들이었다. 이들은 조선인 및 본국의 일본인에 비해 매우 작은 집단이지만, 식민지 대

표 Ⅷ-3. 이과 입학자의 하위집단별 구성

예과 입학 연도	조선인		일본인1		조선인+ 일본인1		일본인2		일본인1+ 일본인2		기타		입학생 전체	
	사례수	백분율	사례수	백분율	사례수	백분율	사례수	백분율	사례수	백분율	사례수	백분율	사례수	백분율
1924	15	18.75	26	32.50	41	51.25	39	48.75	65	81.25			80	100
1925	19	23.75	21	26.25	40	50.00	40	50.00	61	76.25			80	100
1926	24	33.8	17	23.94	41	57.75	30	42.25	47	66.20			71	100
1927	21	29.58	22	30.99	43	60.56	28	39.44	50	70.42			71	100
1928	31	42.47	26	35.62	57	78.08	16	21.92	42	57.53			73	100
1929	15	21.43	26	37.14	41	58.57	29	41.43	55	78.57			70	100
1930	12	15.79	35	46.05	47	61.84	29	38.16	64	84.21			76	100
1931	22	28.95	28	36.84	50	65.79	26	34.21	54	71.05			76	100
1932	14	19.18	37	50.68	51	69.86	22	30.14	59	80.82			73	100
1933	18	25	21	29.17	39	54.17	33	45.83	54	75.00			72	100
1934	21	29.58	33	46.48	54	76.06	17	23.94	50	70.42			71	100
1935	25	33.78	32	43.24	57	77.03	17	22.97	49	66.22			74	100
1936	26	36.11	22	30.56	48	66.67	24	33.33	46	63.89			72	100
1937	28	35.9	30	38.46	58	74.36	20	25.64	50	64.10			78	100
1938	38	33.63	49	43.36	87	76.99	26	23.01	75	66.37			113	100
1939	42	37.84	39	35.14	81	72.97	30	27.03	69	62.16			111	100
1940	41	33.61	45	36.89	86	70.49	36	29.51	81	66.39			122	100
1941	51	34.69	63	42.86	114	77.55	32	21.77	95	64.63	1	0.68	147	100
1942	34	29.06	59	50.43	93	79.49	24	20.51	83	70.94			117	100
1943	37	22.16	99	59.28	136	81.44	31	18.56	130	77.84			167	100
합계	534		730		1,264		549		1,279		1		1,814	
평균		29.25		38.79		68.05		31.92		70.71		0.68		

학인 경성제대에서는 가장 큰 집단으로 나타나고 있다. 이는 <조선인>과 <일본인2>가 예과 입학에서 상대적으로 배제됨으로써 나타난 결과로 해석된다. 뒤에서 더 자세히 보겠지만, 이들은 대부분 경성에 소재한 경성중과 용산중 출신이다. <일본인1>범주는 평균 42.19%로 1/3을 상회하고 있다. 이들은 1930년대로 접어들면서 대체로 40~50% 정도의 비율을 보여 주고 있다. 1930년 이전에는 간혹 조선인에게 추월당하기도 하나(26년과 28년) 1930년 이후에는 조선인에 대해 내내 우위를 지키고 있다.

표 Ⅷ-1을 보자면, 경성제대 예과의 하위집단별 구성은 재조일본인의 우위 속에 조선 거주자가 대다수를 차지하는 상황으로 서술될 수 있으나, 표 Ⅷ-2와 표 Ⅷ-3을 보면 문과와 이과에 따라 조금 다른 양상이 있음을 볼 수 있다. 문과 생도는 법학과, 문학과, 사학과, 철학과로 구성된 법문학부로 진학할 예정자이며, 이과는 1938년 이전에는 의학부로 진학할 예정자들로만 구성되나, 1938년부터는 이공학부로 진학할 예정자들도 포함하게 된다.

문과의 집단별 구성을 도표화한 그림 Ⅷ-2를 보면, <일본인1>의 우위 속에 조선 거주자가 대다수를 차지하는 상황이 좀 더 강화된 양상을 볼 수 있다. 1924~43년 평균 조선인은 37.85%, <일본인1>은 45.74%, <일본인2>는 16.27%이다. <조선인>과 <일본인1>을 합한 수치는 평균 83. 59%에 달하는데, 연도에 따라 이 수치가 90%를 넘어선 해도 9개 연도가 된다. <일본인2>는 1924년에는 30%를 넘고 있으나 1934~36년도, 1938~39년도에는 10%에도 미치지 못한다. 조선인이 주로 법문학부에 진학하는 것은 선행연구에서도 지적되었고, 이는 조선인 특유의 법과 선호 때문이라 추측되었다(정규영, 1995; 馬越徹, 1997). 그러나 표 Ⅷ-2에서 볼 수 있듯이, 경성제대 법문학부 선호 경향은 조선인과 재조일본인 모두에게 해당된다. 이들의 경성제대 법문학부 선호는 식민지 조선의 거주자들에게 경성제대가 자리 매김되는 방식, 나아가 일본 전역에서 경성제대가 구조화되는 방식을 가리키고 있다.

비교를 위해 이과의 구성을 도표화한 그림 Ⅷ-3을 살펴보자. 1924~43년 평균 <조선인>은 29.25%, <일본인1>은 38.79%, <일본인2>는 31.92%를 차지하고 있다. 평균치로 보자면, <조선인>이 가장 적고 <일본인2>가 그 다음이며, <일본인1>이 가장 많다. 그러나 <일본인1>도 전체 평균치 42.13%에는 못 미치는 수치이며, <일본인2>만이 전체 평균 24.32%보다 7.6% 높다. <일본인2>의 비중이 특히 높았던 것은 예과 개설 초기로서 1924년부터 1929년 입학연도까지로, 이 시기 평균치는 40.63%이다.

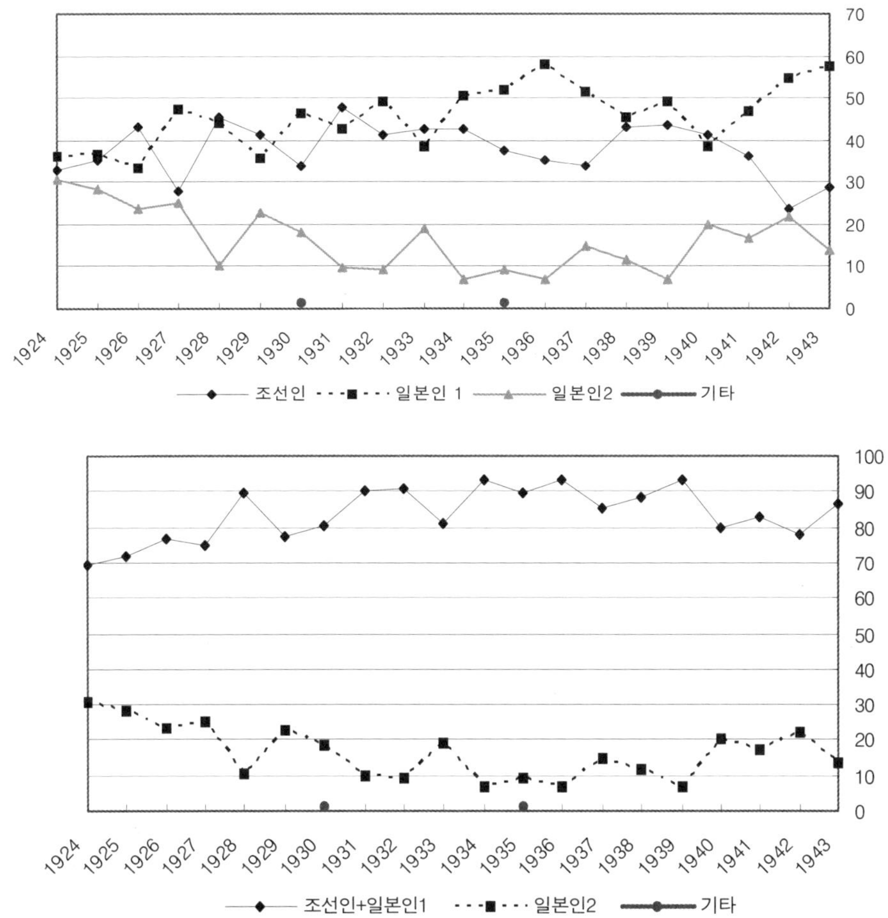

그림 Ⅷ-2. 문과 입학자의 하위집단별 구성

이후 연도별 추이를 보면 <일본인2>의 감소 및 <일본인1>과 <조선인>의 증가 경향은 이과에서도 관철되고 있음을 볼 수 있다. 1934년부터는 36년과 40년을 제외하고, <일본인1>-<조선인>-<일본인2>의 순서가 이과에서도 약화된 채로 유지되고 있다. 예과에서 이공학부 입학자를 모집하기 시작한 1938년 이후 <일본인2>의 범주는 30%를 넘어선 적이 한 번도 없다. 그러나 1938~43년 <일본인2>의 비율은 평균은 23.04%인데, 이공학부 진학자가 모집된 이과갑의 해당 수치는 11.75%이고, 의학부 진학자가 모집된 이과을의 경우는 32.24%이다. 이과 전체로는 현저히 줄기는 했으나, 의학부 진학자들 사이에서는 <일본인2>의 비율이 30%대를 유지했다고 할

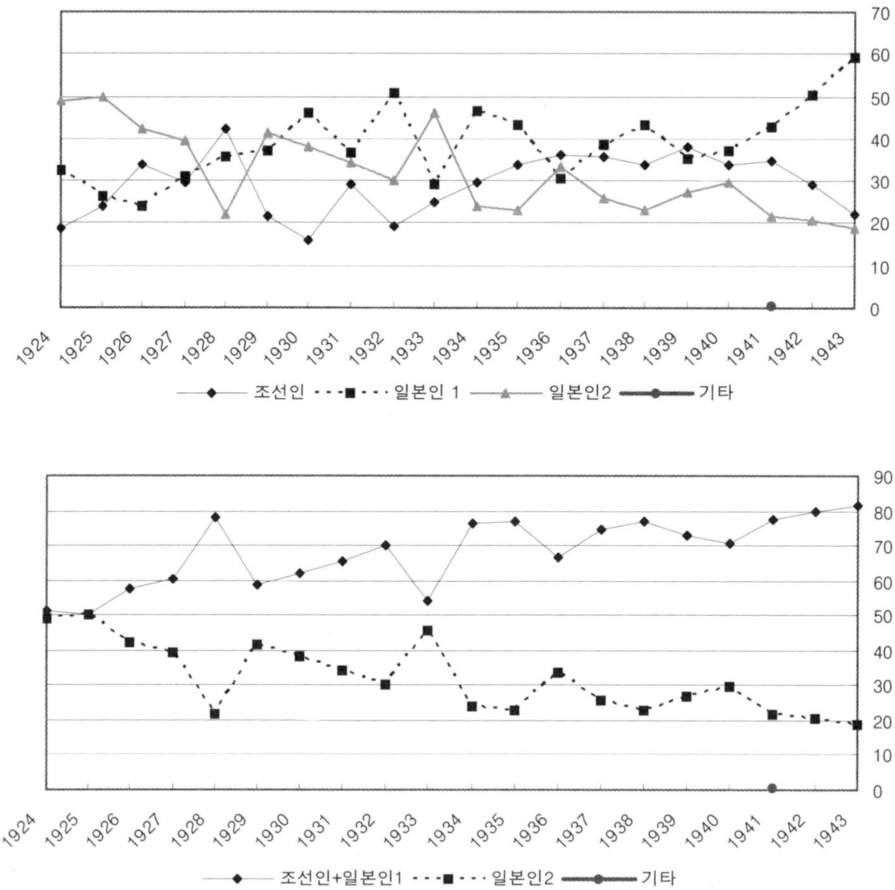

그림 Ⅷ-3. 이과 입학자의 하위집단별 구성

수 있다.

결론적으로 <일본인2>가 의학부 진학을 목표로 한 이과 입학에 큰 호응을 보인 반면, <조선인>과 <일본인1>의 이과입학률은 비교적 저조했다고 볼 수 있다. 물론 예과는 문과와 이과를 막론하고 모두 입학시험을 거쳐 생도를 선발하므로, 저조한 입학률을 갖고 조선인과 재조일본인의 이과 진학 욕구가 작았다고 보는 것은 무리가 있다.14 하지만 상당한 기회비용을 지불하면서까지 경성제대 이과에 지원해 합

14. 馬越徹(1997)이 인용한 자료(『朝鮮』 108호, 1924, 181면)에 따르면, 1924년 예과 개설 당시 조선인은 이과에 별로 지원하지 않았다. 문과에 일본인 154명, 조선인 141명이 지원한 반면, 이과에는 일본인 263명, 조선인 101명이 지원하였다.

격한 <일본인2>들의 비중으로 보아 본국의 일본인이 경성제대의 의학부에 상대적으로 높은 관심을 보인 것은 분명하다. 일본에 거주하는 일본인들에게 의학부 졸업과 함께 획득되는 의사면허는 일본 전역에서 통용되는 유의미한 재화로, 대학별 서열이 두드러지지 않으므로, 경성제대 의학부가 본국에서도 높은 가치를 갖게 된다. 반면 법문학부의 각 학과는 대학별 특성 및 서열화가 두드러지므로, 본국의 제국대학에 비해 높은 선호를 갖기 어려웠을 것이다.

결국 경성제대 예과 문과에 재조일본인과 조선인이 많이 진학한 반면, 본국의 일본인은 의학부 진학 예정의 이과에 상당한 관심을 보였다. 즉 본국으로부터의 인적 유입은 주로 예과의 이과를 통해 이루어졌다. 이는 학과별 특성과 예과가 갖는 특성이 복합적으로 작용한 결과였다. 경성제대와 마찬가지로 식민지에 설립되었으나 그 예비교육기관으로 고등학교를 두고 있었던 타이베이제대는 경성제대와는 정반대되는 경향을 보여 준다.[15]

所澤潤(1997)에 따르면 타이베이제대의 문정학부는 타이베이고교로부터의 진학자가 적어, 상당수를—1940년 이후 입학자의 90% 정도를—일본 본국에서 온 전문학교 졸업자로 채워야 했던 반면, 의학부는 타이베이고교로부터의 지원자가 많아 모집에 어려움이 크지 않았다. 고등학교 졸업자는 대학예과 수료자와 달리 대학 선택이 자유로우므로, 타이베이제대의 문정학부 영역을 지원하는 타이베이고교의 졸업자의 상당수는 도쿄제대나 교토제대에 진학했다. 고등학교를 설립한 타이완의 대학교육체계가 법학과, 정치학과 등의 문과계열 학생들의 이동에 의해 본국의 대학교육체계와 연결되었다면, 대학예과 제도를 둔 조선에서는 이과계열 생도들의 이동에 의해 본국의 대학교육체계와 연결된 것이다. 대학예과 제도는 학생·생도의 모집에 있어 조선 내부적 성격을 강화했으며, 이런 성격은 특히 문과계열이 진학하는 법문학부에서 더욱 컸다고 할 수 있다.

『일람』 및 『예과일람』에서는 관례에 따라 본적별 추계를 하고 있고 정규영(1995)도 『일람』의 자료를 인용하고 있으나, 본 연구의 관점에서 보면, 식민지 조선에서 식민자인 일본인은 본적별 구분이 조선 정주 여부보다 의미가 크지 않다. 본적지와 거주지 및 출신교가 연결되지 않고, 또 일본 내의 지방적 특성보다는 식민지 정주자로서의 특성들이 두드러질 가능성이 높다. 다만 조선인의 경우 본적별 구분은 그의 진

15. 타이베이제대는 고등학교를 개설한 뒤 설립되었고, 대학 설립 뒤에 다시 예과가 개설되었다. 예과 입학자수는 학부정원에 못 미친다.

표 Ⅷ-4. 조선인의 본적별 구성(문과, 이과)

문과			이과		
본적지	사례수	전체입학자 중 백분율	본적지	사례수	전체입학자 중 백분율
강원	20	1.31	강원	16	0.88
경기	155	10.16	경기	135	7.45
경남	24	1.57	경남	23	1.27
경북	60	3.93	경북	41	2.26
전남	27	1.77	전남	24	1.32
전북	29	1.90	전북	20	1.10
충남	64	4.19	충남	46	2.54
충북	37	2.42	충북	19	1.05
평남	45	2.95	평남	56	3.09
평북	36	2.36	평북	51	2.81
함남	39	2.56	함남	61	3.37
함북	13	0.85	함북	14	0.77
황해	28	1.83	황해	27	1.49
합계	577	37.81	합계	533	29.42

학 성향을 보여 주는 지표 역할을 어느 정도 할 수 있다.[16]

그리고 조선인을 문과, 이과로 나누어 본적별로 추계해 보면, 문과에서는 충남과 경북 출신이, 이과에서는 함남과 평남 출신이 더 많다는 특성을 보여 준다. 이는 전통적인 지배계급의 지역별 분포, 그리고 식민지 산업화의 지역별 분포와 맞물려 시사하는 바가 매우 크다.

2) 출신교별 구성과 조선 소재 중등학교의 위계화

경성제대 예과에 재조일본인 및 조선인이 다수 입학하는 상황은 조선 내에 존재하는 중등교육기관, 특히 진학교육을 지향하는 중학교와 고등보통학교를 특유하게 질서화했을 것이라 추측할 수 있다. 식민지 유일의 최고학부로의 진학을 둘러싸고 식민지 중등교육기관들의 위계적 구조화가 발생할 수 있는 것이다. 「경성제대 학생명

16. 물론 이 문제에 대해서는 좀 더 자세한 고찰이 필요하다. 식민지에서 식민자는 출신지적 특성보다는 정주자로서의 특성을 더 많이 갖는 반면, 피식민자는 그 토착성에 의해 여전히 출신지적 특성화가 가능하다는 것은 식민지적 사회관계를 조직하는 내부 메커니즘에 대해 시사하는 바가 크다. 식민자는 식민지를 조직화하는 권력이지만, 또한 또 사회적 행위자로서 그들은 식민지라는 특유의 공간이 강제하는 논리에 의해 그 성격이 조형되는 복잡한 과정을 내포하기 때문이다.

부」는 예과 입학자의 출신교를 기재하였으므로, 이 위계적 구조화의 양상을 살펴볼 수 있다.

내지연장주의가 좀 더 구체화된 2차 교육령 하에서도 초등·중등 교육기관에서는 내선공학이 실시되지 않았다. 3차 교육령이 실행된 1938년까지 인문중등교육기관의 경우, '일본어 상용자'는 중학교에 '일본어를 상용하지 않는 자'는 고등보통학교에 재학하는 형태의 민족분리교육이 실시되었다. 학교 수가 매우 많으므로, 3명 이상의 입학자를 낸 학교까지만 순위별로 나타냈다.

표 Ⅷ-5에서 보면, 경성제대예과의 출신교별 입학자수는 대체로 경성중, 용산중, 경성일고보, 경성이고보의 순위이며, 그 아래로 중학교로는 평양중, 부산중, 대전중, 대구중, 원산중 등이, 고등보통학교로는 평양고보, 대구고보, 청주고보, 함흥고보 등이 뒤따르고 있다. 이 학교들은 모두 조선에 소재해 있다. 경성제국대학 예과는 민족별 분리교육을 받았던 조선인 및 재조일본인들을 함께 모집하는 단위였으므로, 이 시기에는 조선 내에서의 민족별 위계가 경성제대 예과 진학자를 배출하는 중등교육기관들의 위계로 전화되었음을 위 표들에서 먼저 짐작할 수 있다.

1924~37년의 중학교의 예과 입학자수를 집계해 보면, 경성중 430명, 용산중 252명, 평양중 68명, 부산중 36명, 대구중 30명, 대전중 30명, 원산중 27명 순으로 많았다. 그런데 이 수치는 각 학교의 크기와 비례하지는 않았다. 조선총독부 학무국에서 발행한 1933년도 『조선제학교일람』에 따르면, 1933년 5월 말 현재 조선에 11교[17]가 있던 중학교의 재학생은, 용산중이 1,001명으로 가장 많고, 경성중 1,000명, 부산중 744명, 평양중 723명, 대구중 474명, 광주중 447명, 대전중 438명, 원산중 428명의 순이다. 1933년 경성중의 제5학년 생도수는 176명인데 1934년 경성중 출신 예과 입학자수는 36명으로, 직전 해 5학년 생도수의 20%에 달한다. 거칠게 말해 경성중에서는 5명 중 1명이 경성제대 예과에 진학한 것이다. 용산중은 해당 수치가 11%, 평양중은 4%, 부산중은 2% 정도다. 중학교는 주로 재조일본인을 위한 학교이나 소수의 조선인을 포함하고 있었으므로, 중학교 출신 조선인 예과 입학자도 존재한다.[18]

다음으로 1924~37년의 공립 고등보통학교의 예과 입학자를 집계해 보면, 경성일

17. 각 학교의 창립연도는 다음과 같다. 경성중 1909년, 용산중 1918년, 대전중 1918년, 군산중 1923년, 광주중 1923년, 대구중 1921년, 부산중 1913년, 평양중 1916년, 신의주중 1926년, 원산중 1921년, 나남중 1924년. 그러므로 경성제대 예과 개설 당시에는 경성중, 용산중, 대전중, 부산중, 평양중 출신자만이 존재할 수 있었다.

18. 경성중 출신의 430명 중 21명이 조선인이며, 용산중 252명 중 4명이 조선인이다. 소수라고 할 수 있다.

표 Ⅷ-5. 1924~37년 출신교별 입학자수(전체)

	1924		1925		1926		1927		1928		1929		1930	
1	경성중	34	경성중	25	경성중	21	경성중	32	경성중	24	경성중	26	경성중	33
2	경성일고보	15	경성일고보	16	용산중	16	용산중	13	용산중	21	용산중	15	용산중	18
3	평양중	12	용산중	14	경성일고보	14	경성일고보	7	경성일고보	9	경성일고보	12	평양중	7
4	용산중	8	평양중	8	평양중	6	평양중	5	경성이고보	9	경성이고보	9	부산중	7
5	평양고보	6	전검합격	5	대구고보	5	평양고보	5	대전중	6	대구고보	5	경성일고보	6
6	전검합격	6	함흥고보	5	경성이고보	5	배재고보	4	중앙고보	5	함흥고보	5	경성이고보	6
7	대구고보	5	대구고보	4	함흥고보	4	양정고보	4	신의주고보	4	대전중	4	대전중	3
8	부산중	4	보성고보	4	보성고보	4	대전중	3	원산중	4	대구중	4	신의주고보	3
9	휘문고보	3	전주고보	4	배재고보	4	福岡中	3	부산중	4	보성고보	3		
10			대구중	4	중앙고보	4	신의주고보	3	광주고보	4	전검합격	3		
11			小城中	3	대전중	3			배재고보	3				
12			防府中	3					대구고보	3				
13									휘문고보	3				
14									鏡城고보	3				

	1931		1932		1933		1934		1935		1936		1937	
1	경성중	43	경성중	35	경성중	27	경성중	36	경성중	31	경성중	30	경성중	32
2	경성일고보	18	용산중	23	용산중	17	용산중	21	용산중	26	용산중	20	용산중	24
3	용산중	16	경성일고보	14	경성일고보	15	경성일고보	15	경성일고보	12	경성일고보	14	경성일고보	15
4	평양중	5	평양중	7	경성이고보	9	경성이고보	10	경성이고보	8	경성이고보	6	평양고보	7
5	경성이고보	5	청주고보	6	청주고보	5	청주고보	5	평양고보	7	평양고보	6	경성이고보	4
6	청주고보	5	부산중	5	평양중	3	평양고보	5	청주고보	6	대구중	6	원산중	4
7	평양고보	4	경성이고보	4	부산중	3	평양중	4	평양중	4	원산중	3	대전중	3
8	원산중	4	평양고보	3	평양고보	3	부산중	3	부산중	3	대전중	3	대구고보	3
9	신의주고보	3	원산중	3	鹿兒島二中	3	군산중	3	대구중	3			광주고보	3
10	대구고보	3			三池中	3			나남중	3			함흥고보	3
11									신의주고보	3			평양중	3
12													해주고보	3

고보 182명, 경성이고보 77명, 평양고보 52명, 대구고보 37명, 청주고보 33명, 대구고보 37명, 함흥고보 26명, 신의주고보 21명, 광주고보 13명, 전주고보 12명, 경성(鏡城)고보 11명, 공주고보 10명 등의 순이다. 사립 고등보통학교의 해당 수치는 보성고보 21명, 중앙고보 18명, 배재고보 16명, 양정고보 14명, 휘문고보 13명 등이다. 수적으로 공립 고등보통학교가 사립 고등보통학교보다 우위에 있음을 알 수 있다. 경성일고보 등 11개교를 제외한 나머지 학교들은 모두 1920년 이후에 설립되어 경성

제대예과가 개설된 뒤에 졸업자를 내기 시작했으므로, 학교의 규모와 예과 입학자수 집계를 단순 비교하는 것은 무리가 있다.[19]

다만 1934년 입학자수를 사례로 제5학년의 생도 중 어느 정도의 비율로 경성제대에 진학했는지만 알아보기로 하자. 1933년 당시 경성일고보의 5학년생은 모두 145명이고 1934년 예과 입학자는 15명으로, 전체 5학년생의 10%를 약간 넘는다. 20%에 달하는 경성중에는 크게 못 미치나 11%의 용산중과는 그리 차이가 나지 않는 수치다. 경성이고보의 해당 수치는 10%에 약간 못 미치는 값이고, 청주고보는 1%를 약간 넘고, 평양고보는 1%에 못 미친다. 1934년에 1명의 입학자를 낸 양정고보와 중앙고보의 해당 수치는 1%를 약간 넘는다.

정리하자면 민족별 위계가 고등보통학교에 대한 중학교의 우위로 전화되는 가운데, 조선 소재의 중학교들 사이에서도 위계구조가 형성되고 있고, 고등보통학교 사이에서도 나름의 서열화가 이루어졌음을 알 수 있다. 경성 소재의 경성중·용산중 및 경성일고보·경성이고보는 수적으로나 5년졸업자에 대한 예과 입학자의 비율로 보아서나 다른 중학교와 고등보통학교에 대해 상당한 우위를 유지하고 있다. 물론 이 중에서도 경성중의 우위는 압도적인 것이며, 수적으로 경성중과 용산중 출신자는 경성일고보와 경성이고보 출신자의 2.6배가 넘는다. 고등보통학교의 경우 공립 고보가 사립 고보에 대해 우위를 누리고 있다. 지역적으로 보면 경성 소재의 중학교 및 고등보통학교가 우위를 누리는 가운데, 지방 도시에서는 중학교의 경우 평양, 부산, 대구 소재의 학교가, 고등보통학교의 경우 평양, 대구, 청주 소재의 학교가 상대적으로 많은 입학자를 배출했다. 이 모든 것은 중학교와 고등보통학교를 막론하고, 경성제대를 지향하는 중등학교들의 서열화, 혹은 경성제대와 중등학교를 연결하는 학벌의 위계구조가 형성되어 있었음을 보여 주는 것이다.

표 Ⅷ-6은 이와 같은 위계구조가 내선공학이 실시되고 인문계 중등학교가 모두 '중학교'로 개칭된[20] 1938년 이후로도 대체로 이어졌음을 알려 준다. 1938년부터 이

19. 1933년 5월 말 현재 조선에 있는 모든 고등보통학교의 창립연도 및 재학자수를 살펴보면, 경성일고보: 1911년 938명, 경성이고보: 1921년 699명, 청주고보: 1924년 485명, 공주고보: 1922년 387명, 전주고보: 1919년 379명, 광주고보: 1920년 402명, 대구고보: 1916년 450명, 동래고보: 1922년 455명, 진주고보: 1921년 410명, 해주고보: 1921년 456명, 평양고보: 1911년 664명, 신의주고보: 1921년 459명, 춘천고보: 1924년 412명, 함흥고보: 1918년 380명, 鏡城고보: 1922년 464명, (이상 공립) 양정고보: 1913년 667명, 배재고보: 1916년 686명, 보성고보: 1917년 749명, 휘문고보: 1918년 848명, 중앙고보: 1921년 761명, 송도고보: 1917년 560명, 고창고보: 1920년 310명, 김천고보: 1931년 179명, 광성고보: 1918년 617명, 오산고보: 1926년 425명, 영생고보 1931년 368명이다. 중학교보다 대체로 규모가 작았음을 알 수 있다.

표 Ⅷ-6. 1938~43년 출신교별 입학자수(전체)

	1938		1939		1940		1941		1942		1943	
1	경성중	39	경성중	36	경성중	26	경성중	44	경성중	47	경성중	63
2	용산중	23	용산중	24	용산중	25	용산중	33	용산중	30	용산중	57
3	경기중	19	경기중	14	경기중	17	경기중	22	성동중	6	경기중	17
4	경복중	8	경복중	8	경복중	8	대구중	6	경기중	5	성동중	9
5	평양일중	7	평양이중	5	경북중	8	경복중	5	경북중	5	인천중	8
6	평양이중	6	함남중	5	군산중	6	평양일중	5	평양이중	5	평양이중	5
7	대구중	5	부산중	5	대전중	6	성동중	5	인천중	5	함남중	5
8	원산중	4	해주동중	5	평양이중	4	경북중	4	부산중	4	대전중	5
9	경북중	4	경북중	4	대구중	4	평양이중	4	휘문중	4	광주서중	5
10	군산중	3	청주중	4	휘문중	4	함남중	4	경복중	3	평양일중	5
11	나남중	3	대구중	3	해주동중	3	해주동중	3	함남중	3	신의주동	5
12	熊本中	3	군산중	3	평양일중	3	부산중	3	해주동중	3	부산중	4
13	함남중	3	대전중	3	신의주동	3	원산중	3	대전중	3	경복중	4
14	춘천중	3	豊浦中	3	下關中	3	인천중	3	광주서중	3	대구중	3
15			광주서중	3			양정중	3	長崎中	3	鹿兒島二中	3
16			휘문중	3			鞍手中	3			원산중	3

공학부 진학자를 예과의 이과계열에서 모집하기 시작하여 입학생수가 꾸준히 증가하기 때문에 3명 이상의 입학자를 내는 학교도 늘어났고, 중학교가 다소 신설되었다는 점을 제외하면 이전의 도표와 큰 차이를 찾을 수 없다.

3. 학부 졸업자의 규모 및 내부 구성

1) 학부 입학의 구성: 예과 수료자, 고등학교 졸업자, 학력검정시험합격자, 재입학자

경성제대는 예과를 개설한 덕분에 학부 학생을 모집하는 데 어려움이 거의 없었다. 표 Ⅷ-1에서 확인할 수 있는 매년 예과 입학자수는 다음의 표 Ⅷ-7에서 보이는 매년 학부 입학생 전체를 상회한다. 그러나 경성제대 학부가 오로지 예과 수료자들로만 학부 입학생을 채운 것은 아니다. 다시 표 Ⅷ-1과 표 Ⅷ-7을 비교해 보면, 예과 수료자수도 예과 입학자수는 물론 학부 입학자수에 못 미치기 때문이다.

20. 경성제일고보는 경기중으로, 경성제이고보는 경복중으로, 평양중은 평양일중으로, 평양고보는 평양이중으로, 함흥고보는 함남중으로, 청주고보는 청주중으로, 대구고보는 경북중으로 개칭되었다.

표 Ⅷ-7. 예과 수료자수 및 학부 입학자수

예과 수료자						학부 입학자														
							법문학부						이공학부							
예과 수료년	문과A	문과B	이과		계	학부 입학년	법학과	철학과	사학과	문학과	법문학부 전체	의학부	물리학과	화학과	토목공학과	기계공학과	전기공학과	응용화학과	광산야금학과	학부입학생 전체
1926	41	36	63		140	1926	42	12	5	20	79	65								144
1927	38	35	79		152	1927	40	13	5	16	74	81								155
1928	37	36	64		137	1928	40	11	6	16	73	69								142
1929	40	32	70		142	1929	40	6	8	18	72	73								145
1930	39	27	66		132	1930	42	9	5	15	71	69								140
1931	32	34	73		139	1931	40	5	6	16	67	76								143
1932	33	36	66		135	1932	43	5	9	18	75	73								148
1933	40	36	68		144	1933	46	7	6	24	83	77								160
1934	38	32	72		142	1934	41	1	10	19	71	80								151
1935	37	34	72		143	1935	40	7	6	20	73	77								150
1936	0	0	0		0	1936	3	2	0	3	8	34								42
	문과갑	문과을	이과			1937	55	4	4	7	70	71								141
						1938	52	4	6	7	69	65								134
						1939	55	5	8	12	80	64								144
1937	32	30	65		127	1940	72	4	5	4	85	63								148
1938	35	31	63		129	1941	72	5	0	2	79	65	1	2	5	9	8	6	6	260
1939	40	35	63		138	1942 (4)	38	12	9	17	76	65	3	3	9	12	8	8	7	267
1940	38	33	62		133	1942(10)	42	12	2	0	56	57	1	2	9	9	8	10	5	213
	문과갑	문과을	이과갑	이과을																
1941	35	41	30	64	170															
1942	36	27	39	66	168															
1942(9)	42	25	36	55	158															
1943(9)	38	30	70	75	213															

*예과 수료자수는 1943년도 『예과일람』으로부터 작성했다.
*학부 입학자수는 주로 매년도 『일람』으로부터 작성했다. 단 1928년과 1938년 학부 입학자수는 『학보』로부터, 1940년 입학자수는 1941년 『일람』에서 작성했다.
*예과 수료자의 과별 구분은 학부진학 시의 연계를 감안한 것이다. 그러나 예외가 있다.21

21. 1924~33년 예과 입학자 가운데서 문과A 출신으로 문·사·철학과를 졸업한 자는 11명이고, 문과B 출신으로 법학과를 졸업한 자는 41명이다. 문과A가 법학과로 문과B가 문사철학과로 자동진학하는 원칙은 공식적 규정 속에는 포함되어 있지 않는 내규였다. 이 내규는 문과 및 이과가 각기 갑류와 을류로 나뉜 이후 사라지게 된다.

「경성제대 학생명부」에 따르면, 1924~35년 예과 입학자 중 학부를 졸업하지 못한 자, 다시 말해 중도탈락자는 전체의 17.29%에 달한다. 흥미로운 것은 예과 입학자수에 대한 중도탈락수의 비율이 범주들 사이에 차이가 있다는 점이다. 1924~35년도 예과 입학자 전체의 중도탈락률 전체는 17.29%였다. 그런데 이 중도탈락률은 <조선인>의 경우가 14.57%, <일본인1>은 17.60%, <일본인2>는 19.96%로 나타난다. 이런 차이는 문과와 이과 모두에서 나타나므로[22] 예과 입학자들은 학년이 올라갈수록 <조선인>의 상대적 비율은 늘어나는 반면 <일본인2>의 비율은 줄어드는 셈이다. 결국 <조선인>, <일본인1>, <일본인2>의 범주는 서로 다른 입학기회의 구조화를 반영하고 있을 뿐만 아니라, 중도탈락률을 통해 서로 다른 졸업기회의 구조화를 반영하고 있다고 판단할 수 있다. 졸업기회는 오히려 <조선인>이 가장 컸고, <일본인2>가 가장 작았다. 물론 현재로서는 이들이 왜 중도에 그만두었는지를 확인할 수 없으므로, 이 구조화가 어떤 요소로 이루어졌는지를 적시할 수 없을 따름이다.

중도탈락자의 존재 때문에 경성제국대학은 예과 수료자 외의 희망자들로 '결원'을 보충할 수밖에 없었다. 예과를 거치지 않고 학부를 졸업한 이들은 「경성제대 학생명부」에서는 '비예과'로 분류했는데, 현재의 자료로서는 이들의 출신교를 알 수 없으므로, 일본인의 경우 <일본인1>에 해당하는지 <일본인2>에 해당하는지는 판단할 수 없다.[23] 1929~42년까지의 졸업자 1820명 중 '비예과'자는 189명으로 집계된다.[24] 전체 졸업자의 약 10.38%이다.

경성제대의 통칙에 따르면, 경성제대의 학부는 경성제대 예과 수료자를 우선 입학시키고(4조), 결원이 생길 경우에 한하여 우선 고등학교 및 학습원 고등과 수료자를 입학시키며, 다음으로 각 학부에서 시행하는 학력검정시험에 합격한 자를 입학시킨다(5조). 그런데 당시 언론자료들에 비추어 볼 때, 비예과생이 학부에 대거 입학한 사례는 1936년 모집이 거의 유일했다. 이런 사태는 예과의 수료연한이 1934년 기존

---

22. 문과의 경우 조선인은 14.74%, 일본인1은 17.71%, 일본인2는 21.79%이다. 이과에는 차이가 좀 더 완화되어 나타나서, 조선인은 15.85%, 일본인1은 18.11%, 일본인2는 19.49%이다.
23. 『일람』이나 『학보』에 기재된 이들에게는 이름과 본적지 외의 다른 자료가 부가되어 있지 않다.
24. 이 수치들은 모두 2번 졸업한 자들, 다시 말해 2개의 학사를 취득한 자들의 경우 그 첫 번째 것만을 산정하여 얻은 것이다. 1942년 『일람』에서는 1929~42년의 졸업자는 모두 1,846명으로 계산되어 있다. 『일람』의 수치는 학사를 2번 취득한 자들을 2번씩, 다시 말해 학사를 취득할 때마다 각기 다른 한 사람으로 계산하여 얻은 수치다. 물론 1,846명이라는 수치에는 오류도 있어서 1942년 『일람』에 수록된 졸업자명단과 일치하지 않는다. 1929~42년에 걸쳐 총 23명이 2개의 학사를 취득하였다. 23명 중 2명이 비예과 졸업자다. 즉 비예과 졸업자 189명 중 2명이 2개 학사를 취득한 것이다.

표 Ⅷ-8. 비예과 졸업자의 졸업연도별 학부 학과

졸업연도	법학과	철학과	사학과	문학과	의학부	합계
1929	1 (1)	0 (0)	2 (0)	0 (0)	0 (0)	3 (1)
1930	1 (0)	0 (0)	0 (0)	0 (0)	2 (1)	3 (1)
1931	2 (1)	0 (0)	0 (0)	0 (0)	1 (0)	3 (1)
1932	1 (1)	1 (0)	0 (0)	0 (0)	5 (1)	7 (2)
1933	1 (0)	1 (1)	2 (0)	1 (0)	5 (2)	10 (3)
1934	2 (1)	0 (0)	1 (0)	2 (1)	9 (1)	14 (3)
1935	0 (0)	0 (0)	2 (1)	0 (0)	3 (0)	5 (1)
1936	1 (0)	0 (0)	2 (0)	1 (1)	8 (3)	12 (4)
1937	0 (0)	0 (0)	2 (1)	3 (0)	14 (3)	19 (4)
1938	1 (1)	1 (0)	1 (0)	1 (0)	12 (2)	16 (3)
1939	0 (0)	2 (2)	0 (0)	4 (1)	5 (1)	11 (4)
1940	0 (0)	2 (0)	0 (0)	2 (0)	24 (2)	28 (2)
1941	14(14)	2 (2)	1 (1)	1 (0)	20 (7)	38(24)
1942	3 (2)	3 (3)	2 (0)	1 (1)	11 (5)	20(11)
합계	27(21)	12 (8)	15 (3)	16 (4)	119(28)	189(64)

* ( ) 안의 숫자는 해당 연도 해당 학과의 조선인 비예과 졸업자의 수다.

의 2년에서 3년으로 늘어났기 때문이었다. 1936년에는 예과 수료자가 한 명도 없게 되었는데, 『동아일보』에 따르면[25] 학교당국은 법문학부의 경우에는 따로 모집을 하지 않았고 의학부만을 추가로 60명을 도쿄 및 경성에서 모집하기로 하기로 결정했다. 이런 결정은 경성제대 의학부가 법문학부에 비해 일본 본국에서 입학 지원자를 유인하는 힘이 상대적으로 더 큰 것과 무관하지 않았던 것으로 보인다.

실제로 1936년 『일람』을 보면, 1936년 의학부 입학자는 34명이고, 그중 한 명[26]은 1928년의 예과 입학자였다. 즉 33명만을 모집했다.[27] 그런데 경성제대에서 학부 학생들을 대상으로 실시한 1938년도 「학생생활조사보고서」[28]에 따르면, 의학부 조사대

25. 「豫科卒業生全無로 法文學部는 놀고 醫學部學生은 東京에 가서 募集—京城帝大의 實態」, 『동아일보』, 1936년 1월 26일.
26. 이 한 사람은 1928년에 예과에 입학하여 반제동맹 사건으로 복역하고, 뒤늦게 재입학한 曺圭瓚이다.
27. 33명 중에는 3명에는 타이완인이 끼어 있다. 이들은 모두 1940년에 의학부를 졸업하였다. 경성제대예과에 입학한 중화민국인, 만주국인, 타이완인은 학부를 졸업하지 않았다.
28. 「학생생활조사보고」는 1938년 11월 경성제국대학 학생과가 경성제국대학 전체 학생을 대상으로 실시한 설문조사를 종합하고, 정리하여 출판한 자료다. 경성제대 학생과는 본국의 문부성이 실시한 직할 학교의 조사항목과 제국대학의 조사항목, 경성제대 독자의 조사항목을 종합하여 조사표를 작성한 뒤 학생들에게 응답토록 했다. 총재적수가 166명인 법문학부 학생의 89.15%가 참여하고, 총재적수가 248명인 의

상 215명 중 32명이 고등학교 출신자로 조사되어 있는데, 이 보고서는 고교 출신자 32명이 바로 1936년 의학부 입학자들임을 알리고 있다.[29] 왜냐하면 1937년과 38년 의학부에는 고등학교 출신자가 한 명도 진학하지 않았기 때문이다. 법문학부의 경우에도 조사대상 148명 중 고등학교 출신자는 단 한 명이었다. 1937~38년 의학부 입학 상황과 법문학부의 상황을 통상적인 것으로 고려하면, 경성제대 학부에서 고등학교 출신자는 극소수였을 것이다.[30]

고등학교 출신자에 대한 경성제대의 개방 정도가 크지 않다면, 결원은 각 학부에서 실시하는 학력검정시험에 합격한 자로 채워졌을 가능성이 높다. 즉 비예과자는 대부분 학력검정시험 합격자였던 것으로 보인다. 1940년 1월에 전면 개정된 법문학부규정 6조에 따르면, 학력검정시험 수험자격자는 ① 법문학부 선과생 및 선과수료자, 그리고 ② 공사립대학예과, 고등사범학교, 여자고등사범학교, 고등상업학교, 외국어학교 및 동등학력 이상의 학교 졸업자로서 본 학부에서 적당하다고 판단하는 자로 정하고 있다.

먼저 ①의 선과생이란 "학부의 학과에서 1과목 혹은 몇 과목을 택해 수학"(28조) 하는 자로 규정되어 있다. 정규학생은 아니었지만, 학력검정시험을 통과하면 정규학생이 되어 학사호를 받을 수 있었다. 이때 선과생 시절에 배웠던 과목은 이미 통과한 것으로 간주되기 때문에 보통 입학생들보다는 재학기간이 짧았다.[31] 각 연도 『일람』을 보면 선과생은 법문학부의 경우 1941년 12월 현재까지 모두 43명이 있었는데 그중에서 17명이 학부에 정식으로 입학하여 졸업했음이 확인된다. 문학과가 7명, 사학과가 5명, 철학과가 5명이다. 뒤에서 살펴보겠지만, 문학과, 사학과, 철학과는 예과 수료자의 법학과 편중 때문에 입학자 및 졸업자 수가 적은 학과였다.

학부 학생의 86.69%가 참여하여, 조사된 학생 363명은 전체 재적학생수 414명의 87.68%였다.

29. 「학생생활조사보고」의 조사에 응답한 학생들이 예년의 학생들과 다른 규모와 구성임은 조사보고자의 다음과 같은 서술에 의해 드러난다. "본학재적학생수는 평년에 법문학부 230명, 의학부 약 280명, 계 약 520명이지만, 본학예과의 2년제가 3년제로 바뀐 昭和11년도에 예과로부터의 진입자가 없게 되어, 의학부에 32명을 내지고교로부터 입학시켜서 그 결과가 상기 신고성적표 기재된 바와 같은 재적학생수 414명인데, 이는 평년에 비해 약 100명이 줄어든 것이다." 즉 의학부의 32명은 본국의 고등학교에서 모집해 온 학생이었다.

30. 경성제대가 학부입학자의 학력 배경을 조사한 것으로는 위의 「학생생활조사보고서」 외에 1928년 5월 학보에 기재된 학부입학자상황표가 있다. 이 표에 따르면, 1928년 법문학부 입학자 중에는 고등학교 출신자가 한 명도 없고 의학부에만 5명이 있다. 이 표 외에 경성제대가 『일람』이나 『학보』에서 학부입학자의 출신을 추계한 것은 찾을 수 없다.

31. 대표적인 경우가 서울대학교 교수를 역임한 朴鍾鴻인데, 그는 1932년에 선과를 수료하고 1933년에 철학과를 졸업했다.

두 번째로 ②범주의 학교 졸업자들도 결원이 있을 경우 시험을 통해 입학할 수 있었다. 조선에 있었던 학교로는 관립전문학교인 경성고등상업학교(경성고상)와 사립인 숭실전문학교 문과가 학력검정시험의 수험자격을 인정받고 있었다.

①과 ②를 포함해 학력검정시험합격자에게 입학을 허가한 제도는 고등학교 및 경성제대예과라는 공식적인 예비교육기관에서 배제된 자들이 수용될 수 있는 가능성이 없지 않았다는 것을 의미하는데, 여기에서는 엘리트교육에서 배제되어 왔던 '여성'들도 포함된다. 사실 고등학교 및 대학예과는 공식적으로는 남성만을 위한 교육기관이었다. 하지만 그렇다고 이런 비공식루트를 통한 진학이 불가능했던 것은 아닌데, 앞서 법문학부 규정 6조가 ① 선과생 입학시험 수험 자격에 고등여학교 정도의 학력을 명시함으로써 여성을 공식적으로 포괄하고 있으며, ②에서는 비록 일본 본국에만 있지만 여자고등사범학교 졸업자를 포함하고 있기 때문이다. 그러나 여성이 이런 학력검정시험을 거쳐 정규학생으로 입학했다는 기록은 현재로서는 찾지 못했다. 다만 선과생 수료자 중에는 여성이 한 명 있었다.

경성제대 학부는 졸업 뒤 다시 재입학하는 것이 가능했다. 「경성제대 학생명부」에서는 1942년까지 모두 24명이 학사를 2개씩 취득한 것으로 나타난다. 이 중 18명이 문학과, 사학과, 철학과, 및 의학부를 졸업한 뒤 법학과에 재입학하여 법학사를 취득하였다. 학부 재입학이 주로 법학과 진학을 위한 통로로 이용되었다고 할 수 있다.

2) 법문학부 졸업자의 구성과 법학과 선호 경향: 예과 수료자에 한하여

앞에서 잠시 언급했듯이, 법문학부의 경우 법학과 선호 경향이 강화되어 꾸준히 문제가 되었다. 통칙 8조는 예과 수료자는 수료 전에 그 지망학과를 신청해 학부장의 허가를 받을 것을 규정하고 있고, 법문학부 4조는 입학지망자수가 해당학과의 수용 예정 수를 초과할 때 그 허가에 관해 교수회의의 회의를 거칠 것을 규정하고 있다. 이것은 법학과로의 진학을 두고 문과 수료자들끼리 경쟁했을 가능성을 시사한다.

법문학부의 『교무예규집』은 이 문제에 대해 좀 더 명시적인 규정을 마련해 놓고 있다. 1장 1절 5조 '학생정원 및 정원초과 경우의 취급방법에 대한 건'에서는 법과와 문과의 매년 입학허가인원은 합해서 80명을 원칙으로 하고, "법과와 문과의 비율"은 대체로 5 대 3으로 하며, 정원을 현저히 초과하는 경우는 예과 3년간의 성적을 참작해 가부를 결정하고, 경우에 따라 시험도 실시할 수 있다고 규정한다. 여기서 문과란

문학과만이 아니라, 철학과, 사학과까지 가리키는 것으로서 문학사를 수여하는 세 학과를 말한다.

표 Ⅷ-7에서 1934년 이전까지 법학과 진학자가 40명 정도였음을 감안했을 때, 법학과 정원을 50명으로 한정한 1935년에 개정된[32] 이 규정 자체가 학생들의 법학과 선호 경향을 반영한 것이다. 그러나 이 규정조차 줄곧 지켜진 듯 보이지는 않는다. 표 Ⅷ-9에서 볼 때 이 규정이 지켜진 것은 1937~39년에 한정된다. 1940~41년 법학과 입학자수가 70명을 넘는 반면, 법문학부의 나머지 학과는 합해서 10명에 못 미치거나 조금 넘어서는 정도이기 때문이다. 법학과 선호 경향이 법문학부 각 학과의 제도 자체를 유명무실하게 만들어 버린 것이다.

표 Ⅷ-9는 예과 수료자에 한하여 법문학부의 학과별, 하위집단별 졸업생수를 도표화한 것이다. 1929~42년에 예과 입학자 중 총 865명이 법문학부를 졸업하였다. 그중에서도 <조선인>이 339명, <일본인1>이 385명, <일본인2>가 141명으로, 각각 39.19%, 44.51%, 16.30%의 비율을 차지한다.[33]

표 Ⅷ-9에서 눈여겨보아야 할 것은 법문학부 전체 졸업자 중에 법학사들의 비율이다. 이것은 법학과가 법문학부 내부에서도 점차 선호도가 강화되고 있는 양상을 잘 보여 주기 때문이다. 각 집단의 졸업자 중 법학과 비율은 그림 Ⅷ-3과 같이 나타낼 수 있다.

법문학부의 첫 졸업생이 배출된 1929년에는 전체 졸업생의 60%가 법학과이지만, 1942년에 이르면 전체 졸업생의 92.19%가 법학과다. 집단별 구분을 고려하지 않는다면 법학과 졸업생이 전체 졸업생의 75%를 넘어선 1939년부터 법학과 선호가 가시화된 듯 보인다. 그러나 집단별 구분을 염두에 두고, 이 표를 살펴보면, <일본인1>은 1929년부터 법학과 졸업자가 절반을 넘는 등 지속적으로 법학과 선호를 보여 주고 있다. 그러나 조선인은 1932년까지 법학과 졸업생이 많지 않다. 1929년과 1930년의 법학과 졸업자는 <일본인2>보다 적을 정도다. 1933년 이후가 되면 수적으로나 비율로서나 법학과 졸업자가 증가하기 시작한다. <일본인2>는 초기에는 <일본인1>과 마찬가지로 법학과 졸업자 비율이 높으나 그 전체 수가 크게 줄어든 1931년 이후로는 유의미한 경향을 보이지 않는다.

---

32. 『교무예규』에서 이 규정은 1934년에 마련되어 1935년에 개정된 것으로 되어 있다.
33. 1924~36년 예과 문과 입학자 중 각 범주의 비율은 38.96%, 43.95%, 16.88%로서, 일본인2의 비율이 약간 더 줄었다.

표 Ⅷ-9. 법문학부의 학과별, 집단별 졸업생수: 예과 수료자에 한하여

		법학과		철학과		사학과		문학과		법문학부 전체	
		사례수	백분율	사례수	백분율	사례수	백분율	사례수	백분율	사례수	백분율
1929	조선인	9	37.50	6	25.00	2	8.33	7	29.17	24	100.00
	일본인1	17	77.27	0	0.00	0	0.00	5	22.73	22	100.00
	일본인2	13	68.42	1	5.26	1	5.26	4	21.05	19	100.00
	합계	39	60.00	7	10.77	3	4.62	16	24.62	65	100.00
1930	조선인	11	44.00	7	28.00	2	8.00	5	20.00	25	100.00
	일본인1	15	68.18	1	4.55	1	4.55	5	22.73	22	100.00
	일본인2	13	61.90	3	14.29	1	4.76	4	19.05	21	100.00
	합계	39	57.35	11	16.18	4	5.88	14	20.59	68	100.00
1931	조선인	11	36.67	9	30.00	2	6.67	8	26.67	30	100.00
	일본인1	14	56.00	2	8.00	4	16.00	5	20.00	25	100.00
	일본인2	10	76.92	0	0.00	1	7.69	2	15.38	13	100.00
	합계	35	51.47	11	16.18	7	10.29	15	22.06	68	100.00
1932	조선인	9	50.00	2	11.11	4	22.22	3	16.67	18	100.00
	일본인1	13	41.94	5	16.13	3	9.68	10	32.26	31	100.00
	일본인2	8	61.54	1	7.69	0	0.00	4	30.77	13	100.00
	합계	30	48.39	8	12.90	7	11.29	17	27.42	62	100.00
1933	조선인	16	61.54	5	19.23	1	3.85	4	15.38	26	100.00
	일본인1	17	73.91	0	0.00	0	0.00	6	26.09	23	100.00
	일본인2	4	40.00	2	20.00	3	30.00	1	10.00	10	100.00
	합계	37	62.71	7	11.86	4	6.78	11	18.64	59	100.00
1934	조선인	17	65.38	0	0.00	3	11.54	6	23.08	26	100.00
	일본인1	10	52.63	3	15.79	1	5.26	5	26.32	19	100.00
	일본인2	9	69.23	1	7.69	1	7.69	2	15.38	13	100.00
	합계	36	62.07	4	6.90	5	8.62	13	22.41	58	100.00
1935	조선인	18	78.26	0	0.00	3	13.04	2	8.70	23	100.00
	일본인1	14	60.87	1	4.35	2	8.70	6	26.09	23	100.00
	일본인2	1	12.50	1	12.50	3	37.50	3	37.50	8	100.00
	합계	33	61.11	2	3.70	8	14.81	11	20.37	54	100.00
1936	조선인	18	50.00	6	16.67	0	0.00	12	33.33	36	100.00
	일본인1	13	48.15	2	7.41	3	11.11	9	33.33	27	100.00
	일본인2	3	37.50	1	12.50	1	12.50	3	37.50	8	100.00
	합계	34	47.89	9	12.68	4	5.63	24	33.80	71	100.00
1937	조선인	17	65.38	1	3.85	4	15.38	4	15.38	26	100.00
	일본인1	23	58.97	0	0.00	4	10.26	12	30.77	39	100.00
	일본인2	2	40.00	0	0.00	0	0.00	3	60.00	5	100.00
	합계	42	60.00	1	1.43	8	11.43	19	27.14	70	100.00

		법학과		철학과		사학과		문학과		법문학부 전체	
		사례수	백분율	사례수	백분율	사례수	백분율	사례수	백분율	사례수	백분율
1938	조선인	15	55.56	3	11.11	1	3.70	8	29.63	27	100.00
	일본인1	15	60.00	3	12.00	2	8.00	5	20.00	25	100.00
	일본인2	2	25.00	0	0.00	3	37.50	3	37.50	8	100.00
	합계	32	53.33	6	10.00	6	10.00	16	26.67	60	100.00
1939	조선인	4	80.00	0	0.00	0	0.00	1	20.00	5	100.00
	일본인1	4	80.00	0	0.00	0	0.00	1	20.00	5	100.00
	일본인2	2	66.67	0	0.00	0	0.00	1	33.33	3	100.00
	합계	10	76.92	0	0.00	0	0.00	3	23.08	13	100.00
1940	조선인	18	75.00	3	12.50	1	4.17	2	8.33	24	100.00
	일본인1	17	77.27	0	0.00	2	9.09	3	13.64	22	100.00
	일본인2	4	100.00	0	0.00	0	0.00	0	0.00	4	100.00
	합계	39	78.00	3	6.00	3	6.00	5	10.00	50	100.00
1941	조선인	20	90.91	0	0.00	2	9.09	0	0.00	22	100.00
	일본인1	52	74.29	3	4.29	7	10.00	8	11.43	70	100.00
	일본인2	8	72.73	0	0.00	0	0.00	3	27.27	11	100.00
	합계	80	77.67	3	2.91	9	8.74	11	10.68	103	100.00
1942	조선인	25	92.59	1	3.70	0	0.00	1	3.70	27	100.00
	일본인1	30	93.75	0	0.00	1	3.13	1	3.13	32	100.00
	일본인2	4	80.00	1	20.00	0	0.00	0	0.00	5	100.00
	합계	59	92.19	2	3.13	1	1.56	2	3.13	64	100.00
집단별 학과 비율	전체	545	63.01	74	8.55	69	7.98	177	20.46	865	100.00
	조선인	208	61.36	43	12.68	25	7.37	63	18.58	339	100.00
	일본인1	254	65.97	20	5.19	30	7.79	81	21.04	385	100.00
	일본인2	83	58.87	11	7.80	14	9.93	33	23.40	141	100.00
학과별 집단 비율	조선인	208	38.17	43	58.11	25	36.23	63	35.59	339	39.19
	일본인1	254	46.61	20	27.03	30	43.48	81	45.76	385	44.51
	일본인2	83	15.23	11	14.86	14	20.29	33	18.64	141	16.30
	전체	545	100.00	74	100.00	69	100.00	177	100.00	865	100.00

*경성제대 학생명부에서 추출. *2개 학사 취득자의 경우, 첫 번째 졸업년 및 졸업 학과만 포함함.

법학과 진학은 고등문관시험 등을 거쳐 국가 관료제의 상층부에 진입할 수 있는 기회를 제공하기에 선호되었다. 앞서서 <조선인>과 <일본인1>이 예과의 문과에 더 많이 입학한다는 것을 지적하였다. 가장 큰 집단인 <일본인1>의 법학과 진학이 초기부터 두드러진다는 것은 경성제대 법문학부가 일찍부터 구성원들에 의해 고등관료의 관문으로서 자리 매김 되기 시작한 것이라고 볼 수 있다. 이는 제국대학 자체

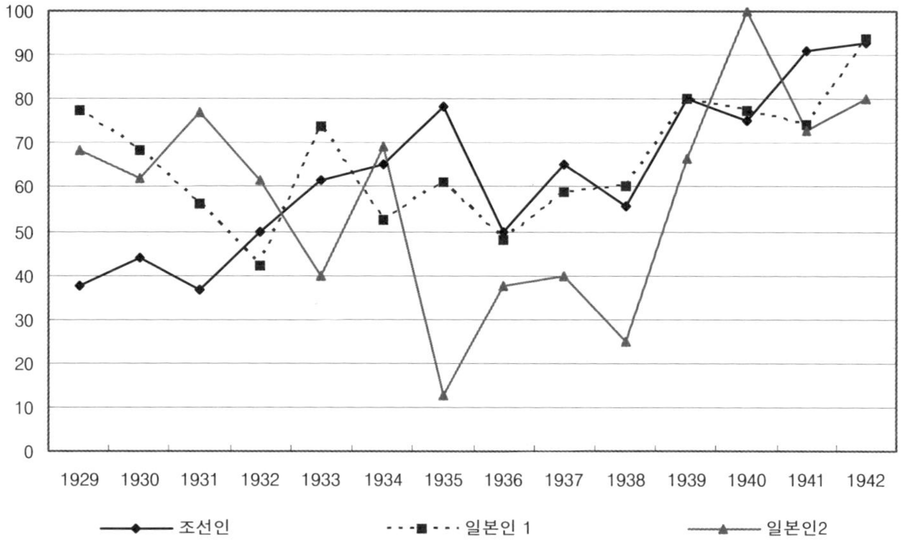

그림 Ⅷ-4. 각 집단의 졸업자 중 법학과의 비율: 예과 수료자에 한하여

의 성격과 관련된다. 그러나 법문학부 개설 초기 조선인은 법문학부 안에서 법학과 지향이 크지 않았다. 이는 초기 조선인 입학자의 회고와도 맞아떨어지는 부분이다.

1924년 조선인 문과 입학생의 경우 고등문관시험 합격자가 없을뿐더러 응시자도 단 한 명뿐이었다(이충우, 1980). 1회 법학과 졸업생인 유진오는 그의 회고에서 고등문관시험합격자를 통해 경성제대의 위신을 높이고자 많은 교수들이 성적이 좋은 그에게 고등문관시험 응시를 거듭 권했으나, 거절했다고 쓰고 있다. 제국대학생으로서 그의 마음을 사로잡은 것은 관료로서의 입신 기회가 아니라, 경성제대 교수로 부임한 이와나미 그룹의 철학자들과 법학과의 자유주의적인 소장학자들이었다. 1회 졸업자들이 만든 학부의 경제연구회나, 학술잡지 『신흥』 등을 고려하면, 초기의 조선인들은 학구적 성향을 짙게 가지고 있었다고 볼 수 있다. 유진오의 회고에 따르면, 그 자신과 그의 친구들은 연구실 생활을 하는 동안, 일본인들 사이에서 학자로서 입신하려던 포부가 좌절당하는 것을 경험해야 했다(유진오, 1974). 물론 초기 조선인 입학자의 학구적 성향과 점차 강화되는 관료지향성이 어떤 관련이 있고, 각기 어떤 의미를 갖는지에 대해서는 더 많은 고찰이 필요하다.[34] 이것은 조선인들에게 경성제대

34. 정준영(2009: 166-174)은 경성제국대학 조선인 학생들이 식민지 사회 내에서 어떤 상황에 놓여 있었고 또 어떤 지향을 가지고 있었는지를 식민지제국대학 특유의 교양주의라는 관점에서 분석하고 있다.

가 의미 부여되는 방식의 변화와 관련된다.

3) 의학부 졸업자의 구성: 예과 수료자에 한하여

표 Ⅷ-10에서 확인할 수 있듯이, 1930년부터 1942년까지 예과 수료자로서 의학부를 졸업한 사람은 모두 766명이다. 이 중 <조선인>이 209명, <일본인1>이 276명, <일본인2>는 281명으로서, 각기 27.68%, 36.03%, 36.68%를 차지한다. <조선인>이 가장 작은 집단이며, <일본인1>과 <일본인2>는 큰 차이를 보이지 않는다. 의학부에서도 비율상으로는 근소한 차이가 발생하기는 하나, 이과의 집단별 순위가 유지되고 있음을 보게 된다.

표 Ⅷ-10. 의학부 졸업자의 구성: 예과 수료자에 한하여

		의학부				의학부				의학부	
		사례수	백분율			사례수	백분율			사례수	백분율
1930	조선인	11	20.75	1935	조선인	15	24.19	1940	조선인	2	40.00
	일본인1	12	22.64		일본인1	23	37.10		일본인1	2	40.00
	일본인2	30	56.60		일본인2	24	38.71		일본인2	1	20.00
	합계	53	100.00		합계	62	100.00		합계	5	100.00
1931	조선인	14	20.59	1936	조선인	9	15.52	1941	조선인	31	27.93
	일본인1	20	29.41		일본인1	26	44.83		일본인1	53	47.75
	일본인2	34	50.00		일본인2	23	39.66		일본인2	27	24.32
	합계	68	100.00		합계	58	100.00		합계	111	100.00
1932	조선인	20	33.33	1937	조선인	19	30.65	1942	조선인	19	38.00
	일본인1	15	25.00		일본인1	24	38.71		일본인1	16	32.00
	일본인2	25	41.67		일본인2	19	30.65		일본인2	15	30.00
	합계	60	100.00		합계	62	100.00		합계	50	100.00
1933	조선인	16	28.57	1938	조선인	10	17.24				
	일본인1	19	33.93		일본인1	31	53.45				
	일본인2	21	37.50		일본인2	17	29.31				
	합계	56	100.00		합계	58	100.00				
1934	조선인	28	45.16	1939	조선인	15	24.59	전체		766	
	일본인1	20	32.26		일본인1	15	24.59	집	조선인	209	27.28
	일본인2	14	22.58		일본인2	31	50.82	단	일본인1	276	36.03
	합계	62	100.00		합계	61	100.00	별	일본인2	281	36.68

1924~27년 이과 입학자 중 가장 큰 집단이 <일본인2>였던 것처럼, 의학부에서도 1930~33년과 35년의 졸업자 중에는 <일본인2>가 가장 큰 집단이었다. <일본인2>는 이후 1939년에도 가장 큰 집단인데, 1933년 이과 입학자에서도 <일본인2>가 가장 큰 집단이었다. 그러나 점차 <일본인1>과 <조선인>의 성장이 이루어지면서 이 순위가 바뀌게 된 것이다.

하지만 의학부의 졸업자 중 <일본인2>의 비율은 법문학부의 16.30%의 두 배가 넘는다는 점에서 경이로운 것이다. 조선 내부적 성격을 지니는 법문학부에 비해 의학부는 조선 외부로부터 많은 인재들을 유인하는 제국적인 성격이 강했던 것이라고 할 수 있다. 이는 앞서 말했듯 의학사라는 학력자본 자체의 성격과 경성제대의 예과 개설이 복합적으로 작용한 결과다.

4. 남는 문제

예과로부터 대부분의 학생을 충원하는 경성제대의 제도는 조선에 거주했던 사람들, 즉 조선인과 재조일본인 안에서 학생들의 70% 이상을 모집하는 입학구조를 가져왔다. 일본 내의 일본인들은 다른 제국대학 진학을 포기해야 하는 기회비용에 의해 상대적으로 배제되었다. 또 조선인에게도 수용과 배제의 이중전략이 수행됨으로써, 재조일본인이 경성제대의 가장 큰 집단이 되었다.

예과의 문과와 이과, 법문학부와 의학부 사이에서 이런 양상은 다소 차이가 있었다. 문과와 법문학부에서는 조선인과 재조일본인이 80%를 넘을 만큼 두드러진 우세를 보였다면, 이과 및 이공학부에서는 본국 일본인의 상대적인 강세와 조선인, 재조일본인의 상대적인 약세가 관찰된다. 경성제대의 문과 및 법문학부에서는 생도·학생의 조선 내부적 성격이 더욱 강화되었고, 이과 및 의학부에서는 제국적 성격이 약간이나마 두드러졌다고 볼 수 있다.

경성제대 학생 모집의 조선 내부적 성격은 식민지 소재의 중등학교들 사이의 위계적 질서화를 가져왔다. 2차 교육령 실행 시기에 고등보통학교에 대해서는 재조일본인 대상의 중학교의 우위가 관철되었고, 중학교 내부 및 고등보통학교 내부에서도 나름의 위계화가 발생하였다. 경성제대 입학자를 배출하는 데 있어 경성중과 용산중, 경성일고보와 경성이고보는 다른 중학교 및 고등보통학교에 비해 월등하다. 이런 위계화는 경성제대 입학 기회의 차등적 배분구조의 일부를 이룬다. 식민지 최고 대학과 중등학교를 연결하는 학벌의 위계적 구조가 일제 시기부터 형성되어 있었다고 볼 수 있다.

예과가 개설되었지만, 중도탈락자로 인해 학부입학에서는 예과를 수료하지 않은 자도 전형할 수 있었다. 이는 주로 학부가 실행하는 학력검정시험을 통해 충원되었고, 법학과 선호로 학생수가 부족한 문·사·철학과에서는 선과생 제도가 적극 활용되었다. 중도탈락률은 졸업자의 하위집단별로 크게 차이가 나지 않았으나, 여전히 최대 집단은 재조일본인이며, 그 다음이 조선인, 본국 일본인의 순서다. 재조일본인과 조선인은 법문학부에서 법학과 선호를 보여 주고 있으며, 이것이 1930년대 중반 이래 법문학부 내에서 법학과 진학자의 격증을 가져왔다.

재조일본인과 조선인은 경성제대의 학생·생도를 구성하는 최대 집단일뿐더러, 예과에서의 문과 선호 및 법문학부에서의 법학과 선호라는 특징을 공유한다. 도표에서 확인되는 바에 따르면, 식민지 조선의 거주자로서 재조일본인과 조선인이 식민지 소재의 경성제대에서 추구하는 학력자본의 유형은 다르지 않았다. 물론 이 부분에서는 더 폭넓은 접근이 요구되고, 더 정교하게 해석될 여지가 있다. 경성제대의 학생·생도들은 단순히 이렇게 재구성된 도표 속의 숫자로만 존재하지는 않기 때문이다.

그들은 우선 식민지적인 사회적 위계질서에서, 최선의 노력과 선택을 통해 가능한 최상의 지위를 차지하려던 구체적인 사회적 행위자였다. 현재의 맥락에서 식민지적 질서에서 최상의 지위를 위해 분투하는 학생들, 특히 조선인 학생들의 모습은 비난의 대상이 될 수 있다. 그러나 행위자로 하여금 최상의 지위를 얻고자 노력하게 하는 것은 교육기관 자체의 정상적 작동원리다. 부르디외(Bourdieu, 2004)에 따르면 제도는 정상적인 경우라면 행위자들 사이에서 자연적으로 보이는 이해관계를 발생시키기 때문이다. 경성제대의 학생·생도가 사회적 행위자임을 잊어서 안 되는 이유는 사회적 질서가 객관화된 구조로서 존재할 뿐만 아니라, 개개인의 주관화된 표상과 성향으로도 존재한다는 점이다. 행위자에게 경성제대 및 그것이 봉합하려는 사회질서는 정당화되는, 적응의 대상인 동시에 도전받는 대상이 된다. 재구성될 도표들 안의 숫자들이 전제하고 보여 주어야 할 것은 이런 행위자이며, 이런 행위자의 행위수행을 통해 재생산되는 경성제대라는 역사적 실재다.

더욱이 재조일본인과 조선인, 그리고 본국 일본인은 입학기회에 있어 차별화된 위치를 점하는 집단이었으며, 따라서 세 집단에 있어 이렇게 차별화된 위치는 행위자의 행위수행에서 서로 다른 전략으로 대응되었을 것이다. 조선인은 제약된 입학기회를 넘어 최상의 학력자본을 추구함에 있어, 경성제대 및 식민지 사회를 어떤 방식으로 경험하고, 어떤 방식으로 정당화·비판했을 것인가? 재조일본인에게 식민지사회 및 경성제대는 과연 어떤 곳인가? 식민지라는 이역에 대학을 찾아온 일본인에게 경성제대 및 식민지사회는 어떤 곳인가? 결국 이 연구는 행위자로서 학생·생도들의 행위수행을 매개하는 의미연관을 재구성할 과제를 남겨 두고 있다. 재조일본인과 조선인이 외면상 같은 학력자본을 추구했다 하더라도, 그들의 행위가 배면에 깔고 있는 의미연관은 상이할 수 있고, 이는 경성제대라는 역사적 실재가 식민지의 각 집단에 따라 다른 방식으로 의미화되고 재생산되었을 가능성을 시사하기 때문이다.

Ⅸ. 예과 입학부터 학부 졸업까지

일본 제국주의 전시기에 걸쳐 식민지와 식민지 본국은 법률적으로나 정치적·문화적으로 동질적이고 연속적인 공간이 아니었다. 식민지에는 본국과 다른 법률이 적용되었고, 식민지 주민들은 참정권이 제한되어 본국과 같은 대의제를 누릴 수 없었으며, 문화적으로도 본국과는 다른 언어와 풍습을 빌미로 하여 일상적 차별이 이루어졌다. 이런 차별이 경성제국대학의 교육에서도 적용되는가.

일반적으로 종합대학은 연구기관과 교육기관으로서의 성격을 동시에 갖고 있고 경성제국대학도 예외가 아니다. 연구기관으로서의 경성제대는 식민지 조선에 대한 실증과학적 분석을 주도하는 학술권력이었지만, 조선인들에게는 연구자의 길을 허용하지 않았다는 점에서 철저하게 차별적이었다. 그렇다면 교육기관으로서의 경성제대에서 차별문제는 어떻게 드러났을까. 여기에서는 이런 차별문제를 생각하는 데 필요한 자료들을 검토하도록 하자.

대학 측은 어떤 의도와 동기 아래 어떤 제도와 커리큘럼을 마련했는가? 어떤 자들을 입학시키고 수학시키며, 어떻게 일정한 자격을 부여해 졸업시켰는가? 교육기관으로서 대학이 마련한 이들 제도에 접근해 이용한 자들은 누구인가? 그들은 어떤 의도와 배경을 가지고 여기에 접근했는가? 또 이들은 수학·졸업 후 어떤 길을 걸어갔는가? 이들이 만들어 간 두꺼운 경험세계를 탐사할 통로들은 무엇인가? 이 장은 대략 이와 같은 질문들을 기초로 하여 자료를 정리하고자 한다.

'교육'이라는 행위는 교육을 행하는 교육자와 교육을 받는 피교육자를 모두 포함하는 상황을 전제하고 있다. 양자는 모두 능동적인 행위자로서, 교육을 행하는 자와 교육을 받는 자의 논리는 서로 다를 수 있다. 교육기관으로서의 대학이라는 제도는 교육자로서의 의도나 행동과 더불어 피교육자들의 다양한 욕망과 의도, 행동들을 담아내고 동시에 끊임없이 변화를 생성하는 역동적 실체라고 규정할 수 있다.

이를 규명하기 위하여 먼저 ① 교육기관으로서의 경성제대를 보여 줄 자료들이 어디에 어떻게 분포되어 있는지, 그것을 어떻게 분류할 수 있는지를 고려하면서 중요 자료를 검토하겠다. 다음으로는 ② 위 자료를 바탕으로 하여 교육기관으로서 경성제대 전체의 윤곽을 그려보기로 한다.

1. 교육과정과 학생집단에 관한 자료

교육기관으로서 경성제대에 대해 알려 줄 자료들은 다양한 형식과 작성자, 시기에 걸쳐 분포되어 있다. 여기서는 먼저 작성자를 기준으로 자료를 분류한 후, 교육자와 피교육자의 상황에 맞추어 이를 세분할 수 있다.

① 경성제대에 관한 가장 기본적인 자료는 경성제대가 작성하고 편집한 것들이다. 교육기관으로서의 성격 또한 이미 앞에서 검토한 바 있는 『경성제국대학일람』(이하 『일람』)과 『경성제국대학예과일람』(이하 『예과일람』), 그리고 『경성제국대학학보』(이하 『학보』)가 일차자료가 된다.

『예과일람』 및 『일람』은 경성제국대학 예과 및 경성제국대학 서무과가 1년 단위로 발행한 책자로서,[1] 경성제국대학 및 그 예과의 운영과 관련한 모든 사항을 한눈에 볼 수 있도록 연도별로 수록한 공식 출판물이다. 『일람』에는 학생·생도의 학과별 인원, 본적별 인원, 예과생도 누년입학상황, 졸업자수, 졸업자취직상황 등이 수록되어 있고, 『예과일람』에는 생도의 본적별 분포, 생도 연령, 생도 누년입학상황, 수료생 본적별 분포, 수료생 연도별 상황이 수록되어 있다.[2]

1. 경성제국대학은 전체 행정·운영 조직으로서 총장과 평의원 아래 서무과, 회계과, 학생과, 부속도서관, 부속병원, 각 학부, 예과 등을 두고 있었다. 서무과와 회계과의 장은 奏任의 사무관이며, 학생과의 장은 학생주사(교수가 보직)이고, 부속도서관에는 도서관장 밑에 사서관을 두었다. 사무관과 학생주사, 사서관 아래에는 서기와 사서를 둔다. 각 학과의 사무실 및 예과의 사무실에는 서기가 있다.
2. 서울대학교의 고문헌도서실에는 昭和2, 3, 4, 5, 6, 7, 8, 9, 10, 11, 12, 14, 16, 17년의 『경성제국대학일람』이 있고, 大正15년, 昭和4, 5, 6, 8, 9, 10, 11, 12, 13, 14, 15, 16, 18의 『경성제국대학예과일람』이 있다. 서울대 도서관이 소장하지 못한 것으로서, 국립중앙도서관에 大正13년의 『경성제국대학예과일람』이 있고, 연세대 도서관에 大正14년 및 昭和2, 7년의 『경성제국대학예과일람』이 있다.

한편 『경성제국대학학보』는 경성제국대학 서무과에서 매월 발행한 '관보' 성격의 소식지다. 『일람』 및 『예과일람』이 매년 그 출판 당시의 법령 및 규정, 학생과 직원을 담고 있다면, 매월 발간된 『학보』에는 법령과 규정의 변화 과정 및 직원들의 임명·해임 등에 대한 더 정확하고 세세한 기록들을 찾아볼 수 있다. 매년 예과 및 학부의 입학자, 수료자, 졸업자 명단도 확인할 수 있다. 또 고등문관시험 합격자 명단이 수록되어 있는 경우도 있다. 『학보』는 관보 성격의 소식지이므로, 『일람』이나 『예과일람』만큼은 아니지만 대체로 규격화·정형화되어 있는 편이다.

교육기관으로서의 경성제대의 면모를 보여 주는 것으로 이들 외에 경성제대가 출판한 『교무예규집(教務例規集)』이 중요하다. 경성제대의 학사운영은 『일람』과 『예과일람』에서 확인할 수 있는 법령과 규정만으로는 그 구체적 실태를 파악하기가 쉽지 않은데, 왜냐하면 경성제대의 학사운영은 공식적인 법령과 규정 외에 대학이 자체로 정한 내규(內規)에도 상당히 의존했기 때문이다. 『교무예규집(教務例規集)』은 학사운영과 관련된 내부의 일부를 포함하고 있다는 점에서 주목된다. 특히, 1장 '학생' 부분에는 입학·졸업, 휴학, 수업, 과목대용, 외국어학수과정, 시험·졸업논문, 선과생, 청강생, 전공생의 9개 절로 구성되어 있으며, 각 절은 『일람』의 제 규정이 포괄하지 못하는 세세한 사항들에 대한 규정을 담고 있다.

경성제국대학은 교직원과 학생, 생도의 친목조직으로 학우회(學友會)를 두고 있었다. 학우회는 학생과 생도, 그리고 직원이 모두 가입해야 하는 의무조직이며, 총장을 회장으로 하고 각 학부장을 부회장으로 둔 공식적인 조직이었다. 검도부, 유도부, 궁도부, 정구부, 탁구부, 야구부, 축구부, 럭비부, 농구부, 단정(端艇)부, 수영부, 빙활부, 육상경기부, 승마부, 음악부, 강연부, 공제부, 산악부가 학우회의 산하 부서로서 활동하였다. 학우회의 사무소를 학생과에 두고 있었다. 학우회는 『학우회보』를 발간하였는데, 현재 서울대학교 고문헌자료실에는 쇼와(昭和)4년, 7년, 9년의 『학우회보』가 보관되어 있다. 『학우회보』는 회원들의 잡문과 각 부서의 활동 보고로 구성되어 있고, 부록에는 졸업생 명단과 함께 그들의 취직처가 기록되어 있다. 경성제대 재학자들의 졸업 직후 취직처를 알 수 있는 자료로는 현재 『학우회보』가 유일하다.

경성제국대학 예과에도 따로 학우회가 조직되어 있었다. 예과 학우회는 회지 『청량(淸亮)』을 발행하였는데, 『학우회보』와 같이 회원들의 시, 수필 등 창작물과 각 학우회 부서의 활동보고로 구성되어 있다. 현재 서울대학교 고문헌자료실에는 1호에서 29호까지의 『청량』 전체가 보관되어 있다.

『일람』과 『예과일람』에 실려 있는 학생관련 통계표 외에 경성제국대학이 학생생활 전반에 대한 체계적인 조사 작업을 실행한 자료가 있다. 이미 소개했던 「학생생활조사보고」가 그것이다. 이것은 1938년 11월 경성제국대학 학생과가 경성제국대학 전체 학생들을 대상으로 실시한 설문조사를 종합하고, 정리하여 출판한 것이다. 경성제대 학생과는 일본의 문부성이 실시한 직할 학교의 조사항목과 제국대학의 조사항목, 경성제대 독자의 조사항목을 종합하여 조사표를 작성한 뒤 학생들에게 응답토록 했다. 총 재적수가 166명인 법문학부 학생의 89.15%가 참여하고, 총 재적수가 248명인 의학부 학생의 86.69%가 참여하여, 조사된 학생 363명은 전체 재적 학생수 414명의 87.68%였다. 그러나 「학생생활조사보고」의 조사대상 학생들이 예년의 학생들과 다른 규모임을 간과해서는 안 될 것이다. 조사보고자는 다음과 같이 말하고 있다. "본학 재적학생수는 평년에 법문학부 230명, 의학부 약 280명, 계 약 520명이지만, 본학 예과의 2년제가 3년제로 바뀐 쇼와(昭和)11년도에 예과로부터의 진입자가 없게 되어, 의학부에 내지 고교로부터 32명을 입학시켰다. 그 결과가 상기 신고성적표에 기재된 바와 같은 재적학생수 414명인데, 이는 평년에 비해 약 100명이 줄어든 것이다." 조사의 결과는 연령, 원적, 출신교, 배우자, 부모, 가족수, 형제자매수, 졸업 후 방침, 현재 숙소, 주식(晝食) 장소, 통학시간, 강의 외 공부시간과 수면시간, 스포츠, 건강상황과 안경사용자, 보건방법, 과거에 앓은 병, 현재 앓고 있는 병, 취미 오락, 좋아하는 영화 종류, 영화관람 횟수, 좋아하는 음악 종류, 담배와 술, 감명 깊게 읽은 서적, 애독 고전, 열독(閱讀) 잡지, 잡지의 애독 필자, 열독 신문, 신문 애독란, 수양방법, 숭배인물, 종교, 여름휴가 이용상황, 자가(自家)의 주소지와 자가의 직업, 자가의 가계 정도, 학자금 출처, 학자금 수급액, 학자금 지출액 등의 항목으로 정리되어 있다.

현재 이용할 수는 없지만, 경성제국대학이 작성하고 서울대학교가 소장하고 있는 자료가 「학적부(學籍簿)」다. 정선이(2002)는 경성제국대학 조선인 학생들의 출신배경을 알기 위해 「학적부」를 열람했다고 쓰고 있는데, 그에 따르면 서울대학교 학적과는 1~8회, 14회, 16회, 17회의 총 11회분의 법문학부 학적부를 소장하고 있다. 『일람』에 수록된 「대학규정」 제12조에 따르면 대학은 별도의 규정이 없는 한, 다음과 같은 표부(表簿)를 구비하도록 되어 있다. ① 학칙 및 교수시간 배당표, ② 직원의 명부 및 이력서, ③ 재학자의 학적부 및 입영연기 또는 징병 유예에 관한 서류, ④ 시험문제 및 성적표. 또 재학자의 학적부에는 재학자의 씨명, 족보, 거소, 생년월일,

입학 전 학력, 입학, 전학, 퇴학, 제명, 제적 및 시험합격의 연월일, 징병·사고, 부형 또는 보증인의 씨명 및 거소 등을 기재하도록 되어 있다. 「학적부」에는 학생들의 개별 특성 및 학생생활의 세부가 기록되어 있는 것이다.

② 교육기관으로서의 경성제대 관련 자료에서 학생이란 어떻게 정의되고 있는가? 경성제대가 작성하고 편집한 자료들에서 학생들은 입학자·재학자·졸업자 명단에 기록된 이름으로, 각종 통계표의 숫자로, 법령과 규정의 적용대상으로, 학우회의 회원으로 존재한다. 즉 경성제대 측 자료에서 학생은 경성제대의 학사행정의 '대상'이라고 할 수 있다. 그러나 대학 혹은 학교 전반이 그러하듯이 경성제대의 재학생들에게 이 대학은 중요한 사회적·인격적 성장기를 보낸 장소다. 그들은 경성제대에서 학문적 소양을 닦고, 지적·사회적 세계에 대한 특유한 인지적·정서적 격자들을 만들며, 긍정적·부정적인 자기 정체성을 형성해 갔을 것이다. 경성제대로부터 획득한 학력자본을 바탕으로 자신의 물질적·정신적 생활을 영위해 갔을 터다. 이 경험은 한 개인의 생애사 안에 정립될 기억으로 조직되어야 할 내용이 되며, 그들의 정체성 형성에 끊임없이 영향을 주는 자원으로서 기능한다.

경성제대 졸업자들이 남긴 기록에서 가장 특징적인 것은 대학생활이 그들의 생애사에서 매우 중요한 자원으로 존재한다는 것이다. 이들 기록은 경성제대 시기의 경험을 그들의 생애사 아래 통합시키려는 요구와 의지를 담고 있다. 전형적으로 졸업자들의 기록은 그들 전체 삶에 대한 회고록의 일부로서 존재하며, 생애 전체에 대한 감각이 배어 있다. 이 부분에서는 경성제대에서 수학한 한 개인의 인격적 삶에 투여된 경성제대가 과연 어떤 모습인지, 그리고 경성제대의 양대 특성이라 할 식민지성과 엘리트성이 인격적 삶의 문맥 속에 어떻게 결합되고 있는지를 볼 수 있다. 이 밖에 물론 이들이 남긴 학술논문들도 존재한다.

경성제대 학생 중 조선인은 약 1/3 정도를 점했다. 이들이 예과 재학 중에 문우회라는 조선인 학생회, 학부재학 중에는 '경제연구회'라는 좌파 학술동아리, '낙산(駱山)문학회'라는 문학동호회 등을 꾸리고 활동했으나, 이들이 재학 중에 남긴 집단적인 기록은 확인되지 않는다. 문우회가 만들었다는 『문우(文友)』도 찾아볼 수 없다. 다만 법문학부의 조선인 졸업생들은 '낙산구락부'라는 동인조직을 꾸리고 '신흥사'라는 발행소를 세워 『신흥』이라는 조선어 반년간지를 1회 조선인 졸업생이 배출된 1929년부터 발간했다.[3] 9호까지 간행된 『신흥』은 한성도서주식회사에서 인쇄되어 30전 혹은 40전에 판매된 상업출판물이었다.[4] 『신흥』은 경성제대 법문학부 출신들의 학술논문으로 주로 구성되어 있고, 시나 소설 같은 문학창작품이 소수 포함했다.

조선인 학생들 중에는 법문학부 1회 졸업생인 유진오(兪鎭午)가 경성제대에 관한 가장 많은 회고자료를 남겼다. 유진오는 1924년 경성제대 예과의 문과 수석입학자이며, 예과 시절 『청량』과 『문우』의 편집에 참여했고, 법문학부 법학과에 진학한 뒤에는 조선인의 좌파 학술동아리인 '경제연구회'와 '낙산문학회'에도 참여했으며, 『신흥』을 발간한 낙산구락부의 주도적인 구성원이었다. 유진오가 남긴 수필집인 『젊은날의 자화상』(박영사, 1976), 『미래를 향한 창』(일조각, 1978), 『구름 위의 만상(漫想)』(일조각, 1966) 등에는 경성제국대학 시절에 대한 회고를 담은 글들이 실려 있다. 특히 『구름 위의 만상』 안에는 「젊은 날의 자화상」이라는 제목으로 법학과 재학 중이던 1927년 당시의 일기를 수록하고 있어 주목된다. 유진오는 또한 1974년 3월 1일부터 5월 10일까지 자신의 생애를 구술하여 「편편야화(片片夜話)」라는 제목으로 『동아일보』에 연재했는데, 상당부분이 경성제대와 관련한 내용이다. 유진오는 법문학부 졸업 후 여러 연구실의 조수로 재직하면서, 경성제대 예과에서 강사 생활을 했다. 그의 소설 「김강사와 T교수」는 이 시기의 경험을 재료로 하고 있다고 알려져 있다.

이충우의 『경성제국대학』(다락원, 1980)은 한국일보 기자인 저자가 1979년 3월부터 『주간한국』에 연재한 것을 정리하여 단행본으로 출간한 것이다. 유진오의 글 등을 비롯한 각종 기록을 수집하고 경성제대 조선인 재학자들을 방문하고 그들의 증언을 얻어 정리한 내용이다. 유진오 외의 여타 조선인 학생들의 회고들을 얻을 수 있다. 이 책의 부록에는 경성제대 조선인 재학자들의 1980년 현재 지위와 상황을 알 수 있는 도표도 수록되어 있다. 의외로 많은 이들이 월북했음이 확인된다. 또한 학술원 원로회원 회고록인 『나의 걸어온 길』에서도 경성제대 출신 학자들의 회고를 얻을 수 있다.

경성제대의 일본인 재학자들의 회고자료는 도쿄에 본부를 둔 경성제국대학동창회에서 1974년에 발간한 경성제국대학 창립50주년 기념지 『紺碧遙かに』와 경성제국대

3. 『신흥』을 발간한 신흥사 혹은 낙산구락부는 잡지의 발간 외에도 대중들을 대상으로 학술강연회를 벌인 것이 『동아일보』 등에서 확인된다. 또 『신흥』이 총독부의 검열을 받은 기록도 총독부 경무국 문서 등에서 찾을 수 있다.

4. 『신흥』 창간호는 금 40전, 2호부터 9호까지는 금 30전이 정가로 책정되어 있다. 즉 잡지의 기획 및 원고 모집은 '신흥사'라는 별도 발행소의 형식으로 경성제대 출신자들이 맡고, 인쇄와 판매는 한성도서주식회사가 대행하는 형식으로 출간이 이루어진 듯하다.

학 이공학부 개부기념 45주년기념지 『遙かなり佛岩山』에서 얻을 수 있다. 경성제국대학동창회에서는 1974년에 『경성제국대학 동창회 회원명부』도 발간하였다. 이 명부는 경성제국대학 법문학부, 의학부, 이공학부의 교직원, 졸업생, 종전 시 재학생, 예과의 교직원, 재학생 및 이과 교원양성소 졸업생, 재학생의 명부로서, 1974년 2월말 현재 조회한 회답을 기초로 작성된 것이다.

서울대학교 중앙도서관 고문헌도서실에는 경성제대 법문학부 9회 졸업생의 기념앨범이 소장되어 있다. 『京城帝國大學法文學部第九回卒業生九七會紀念アルバム』이라는 제목이 붙은 이 앨범은 경성제국대학법문학부 제9회 졸업생 97회(京城帝國大學法文學部第九回卒業生九七會)가 편집하여 1940년에 경성에서 발간한 것으로 기록되어 있다. 앨범은 당시 총장과 교직원과 학생들의 얼굴, 강의실, 도서관, 식당 등 교사의 모습, 운동회, 견학 등의 학교활동 등에 대한 양질의 사진들을 담고 있다.

③ 앞서 말했듯이 경성제국대학은 제국대학으로서 일본 전역에서 학생들을 끌어들일 유인을 지니고 있는 동시에 조선이라는 식민지라는 '이역(異域)' 안에 자리 잡고 있는 특성을 갖고 있다. 교육기관으로서 경성제대에 대한 연구에서 해결해야 할 기초적인 과제는 이러한 특성이 학생들의 구성에 어떻게 반영되어 있는지를 조사하는 것이다. 경성제대는 식민지에서 거주하는 조선인과 일본인의 공학기관일뿐더러, 일본 본국 및 여타 식민지로부터도 학생들을 받아들일 수 있었다. 이런 특성으로 볼 때, 먼저 학생 및 생도들은 크게 민족별로 조선인과 일본인, 기타로 나눌 수 있다. 그러나 식민지에 위치하고 있는 대학의 특성상, 식민지로부터 받아들인 학생・생도와 그렇지 않은 학생・생도를 구별하는 것도 의미를 갖는다. 조선인이든 일본인이든, 조선교육령이 제공한 식민지 유일의 대학에 진학한 식민지 거주자들과 식민지 비거주자로서 제국대학이 주는 이득을 좇아온 자들은 그 진학 및 수학의 논리가 다를 것이기 때문이다. 따라서 최종적으로, 조선교육령이 제공한 식민지 유일의 대학이면서 제국대학인 경성제대의 특성상, 학생 및 생도들은 크게 조선인, 식민지에 거주하는 일본인, 일본 본국 및 그 밖의 지역에서 온 일본인, 기타로 분류하는 것이 가능하다.

이 분류에 의한 내부구성을 알기 위해서는 전산조작이 가능한 형태로 학생명부를 데이터베이스화하는 것이 필요하다. 경성제국대학을 다룬 많은 연구들이 전체 학생 중 조선인과 일본인의 비율에 관심을 표해 왔고(鄭圭永, 1995; 정선이, 2002), 이들은 경성제대가 『일람』 및 『예과일람』 등에 수록된 '내선'비율표에 의존해 조선인을 1/3

정도로 추정하였다. 조선인 비율의 좀 더 정확한 수치와 내부구성을 알기 위해서 학생과 생도 전체를 명부화하고 전산처리가 가능한 데이터베이스로 구축하는 작업이 필요하다. 이런 생각에서 「경성제대 학생명부」는 다음과 같은 방법으로 구축되었다.

i) 먼저 매년도 예과 입학생명단을 구성하기 위하여, 1924년부터 1943년까지 발행된 『경성제국대학예과일람』에 수록된 1학년 생도의 이름, 본적, 출신교를 모두 입력하였다. 그러나 각 연도 『경성제국대학예과일람』에 기재된 1학년 생도들은 그해 1학년 과정에 있는 모든 생도들을 가리키므로, 그해에 입학한 1학년 생도뿐만 아니라, 그 전해에 입학해 여전히 1학년 과정에 있는 생도까지도 포함하고 있다. 1학년에 2년 이상 재학하고 있는 자들은 각 연도 1학년생 명단에서 2번 이상 입력되는 자들로 드러나므로, 이들의 경우 최초의 기록만 남기고 이후의 기록은 삭제하였다. 다만 전과자, 즉 문과에서 이과로 옮기거나 문과A에서 문과B로 옮긴 자, 그리고 1941년 이후 이과甲에서 이과乙로 옮긴 자로 확인되는 경우는 둘 다 남겨두었다. 내규상 1926~35년까지 문과A 수료자는 법학과로 문과B 수료자는 문 · 사 · 철학과로 진학하고, 1941년 이후 이과갑 수료자는 이공학부로 이과을 수료자는 의학부로 진학하도록 되어 있었기 때문이다.

ii) 『예과일람』을 확보하지 못한 1928년 및 1942년에는 1929년 및 1943년의 2학년 생도의 이름, 본적, 출신교를 입력하였다. 이런 자료 미비를 보완하여 좀 더 정확한 입학자명단을 확보하고자, 조선총독부에서 발행한 『관보』 및 『경성제국대학학보』에 보고된 예과 입학시험 합격자명단과 대조하였다. 1928년의 경우 입력되지 않은 예과 입학시험 합격자들을 입학자명단에 포함시켰다. 등록을 하지 않거나 개명을 하는 등의 이유로 예과 입학시험 합격자명단과 본 연구팀이 작성한 예과 입학자 명단은 정확히 일치하지는 않으나 대략 일치한다.

iii) 1942년도 『경성제국대학일람』의 졸업자명단을 확보하여 예과 입학자의 학부학과 및 졸업연도를 입력하였다. 1942년 『경성제국대학일람』의 졸업자명단을 통해 예과를 통하지 않고 학부에 입학하여 졸업한 사람들의 명단도 확보하여 '비예과'로 분류하고 이름, 학부학과, 졸업연도를 입력하였다. 또 학부를 두 번 졸업한 자, 즉 학사칭호를 2개 가진 자들도 확인할 수 있었다.

iv) 1929년에 발간된 『경성제국대학학우회 회보』에서 1929년 법문학부 졸업자의 취직처를 입력하고, 1932년에 발간된 『경성제국대학학우회 회보』에서 1930년, 1931년, 1932년 법문학부, 의학부 졸업자의 취직처를 입력했다. 또 정선이(2002)에 수록된 고등문관시험 조선인합격자 명단을 반영했다.

v) 예과 입학자의 졸업연도를 입력하던 중, 1934년 이후 조선인 입학자 가운데 상당수가 재학 중에 창씨개명을 해서 학부진학 상황 및 졸업연도를 정확히 파악할 수 없는 문제가 발생했다. 이름이 같은 경우 졸업상황을 확인할 수 있지만,[5] 입학 당시의 성명을 전혀 알 수 없도록 바꾼 경우가 대부분이었으므로, 분류상 다수의 '비예과'자, 다시 말해 예과를 통하지 않고 학부졸업을 한 사람들이 생겨나게 되었다. 이충우(1980)에 부록으로 실린 조선인 입학자명단과 대조하여 졸업자명단에서 발견되지 않은 1934년 이후의 조선인 예과 입학자의 졸업상황을 확인하여 기록하고, 비고란에 '창씨명 모름'이라는 표기를 해 두었다. 1940년 이후의 비예과자 중 상당수와 동일인일 것으로 추정되며, 비예과 졸업자수를 추정할 때는 '창씨명 모름'이 표기된 자들의 수를 빼야 할 것이다.

1924~43년 예과 입학자와 1929~42년 학부 졸업자를 합해 3,566명의 자료가 확보되었다. 자료는 표 IX-1과 같은 것이 연속된 형태로 구축되었다. 예시한 이 표에서 본적이 이바라키(茨城)인 일본인으로서 경성중을 졸업한 세코(瀨古敏雄)는 1926년에

표 IX-1. 「경성제대 학생명부」의 일부

예과 입학년	문과/이과	이름	본적지	출신교	학부 졸업년	학부 학과	학부졸업년2	학부 학과2	취직처	재학 중 창씨	고문 시험
1926	문과B	瀨古敏雄	茨城	경성중							
1932	문과B	瀨川良造	廣島	경성중	1937	문학과	1939	법학과			
	비예과	瀨川泰次郎	埼玉		1940	의학부					
1934	문과을	瀨戶由雄	宮崎	경성중	1941	문학과					
1924	문과A	瀨戶俊夫	宮城	神戶二中	1929	법학과			대해 경성지국		
1926	문과A	柳慶祿	충남	대전중							
1927	이과A	柳基春	경기	경성일고보	1934	의학부					

5. 이 경우 창씨명을 기재하였다.

문과B로 예과 입학했으나 학부는 졸업하지 않았다. 반면 히로시마(廣島) 출신으로 경성중을 졸업한 세가와(瀨川良造)는 1932년 문과B로 입학하여 1937년 문학과로 졸업한 뒤, 재입학하여 1939년 법학과를 또 한 번 졸업하여 2개의 학사칭호를 획득하였다. 본적이 사이타마(埼玉)인 세가와(瀨川泰次郎)는 예과를 거치지 않고 학부 입학을 한 자로 1940년 의학부를 졸업하였다. 「경성제대 학생명부」는 Microsoft Excel 워크시트 형태로 데이터베이스화하였다.

2. 대학예과의 교육

앞에서 이야기한 대로, 3절에서는 『일람』 및 『예과일람』 등에 수록된 법령과 규정, 그리고 여러 표를 사용하여 교육기관으로서의 경성제대를 전반적으로 소묘해 보기로 한다. 교육기관으로서 경성제대를 소묘하는 가장 효율적인 방법은 경성제대의 설립 및 학사행정을 규정하는 각종 법령 및 규칙을 따라가며 예과 입학부터 학부 졸업까지의 전 과정이 어떻게 조직되고 있는지를 서술하는 것이다. 어떤 자격을 가진 자들이 학생으로 입학하여, 어떤 과정을 거쳐, 예과를 수료하고 학부에 진학했는가? 학부에서는 어떤 교육과정을 거치는가? 이런 질문들에 대한 답은 각종 법령 및 규정들에 핵심적으로 요약되어 있기 때문이다. 교육기관으로서 경성제대의 면모를 알 수 있게 해 주는 법령 및 규정 그리고 그 개정 시기는 다음과 같다.

대학규정: 大正15년 4월 조선총독부령 제30호. 昭和9년 3월, 昭和15년 4월 개정.

경성제국대학 통칙: 大正15년 4월 조선총독부인가 제정. 昭和2년 3월, 昭和3년 1월, 昭和3년 7월, 昭和5년 7월, 昭和7년 7월, 昭和9년 1월, 昭和16년 3월, 昭和16년 5월 개정.

경성제국대학 법문학부규정: 大正15년 4월 조선총독부인가 제정. 昭和2년 3월, 昭和3년 1월, 昭和3년 7월, 昭和4년 7월, 昭和5년 3월, 昭和7년 7월, 昭和10년 1월(전문개정), 昭和18년 3월 개정.

경성제국대학 의학부규정: 大正15년 4월 조선총독부인가 제정. 昭和3년 1월, 昭和3년 7월, 昭和4년 7월, 昭和5년 7월, 昭和7년 6월, 昭和9년 1월, 昭和9년 6월, 昭和13년 2월, 昭和15년 9월, 昭和17년 11월 개정.

경성제국대학 이공학부규정: 昭和16년 3월 조선총독부인가 제정.

경성제국대학 예과규정: 大正13년 5월 조선총독부령 제21호. 昭和9년 3월, 昭和12년 2월, 昭和13년 3월, 昭和13년 4월, 昭和13년 12월, 昭和15년 3월, 昭和15년 4월 개정.

경성제국대학 예과학칙: 大正13년 5월 조선총독부인가 제정시행, 昭和3년 7월, 昭和9년 3월, 昭和13년 9월, 昭和14년 3월, 昭和16년 2월 개정.

열거한 법령 및 규정 중에 대학규정과 경성제국대학 예과규정만이 총독부령이고, 학우회규칙을 제외한 나머지는 대학 평의회나 학부 교수회에서 심의한 것을 조선총독의 인가(認可)를 얻어 제정한 것이다. 식민지 대학인 경성제국대학의 경우 문부대신의 직무를 조선총독이 대신하기 때문이다. 위에서 보듯, 경성제대를 규정하는 법령 및 규정은 대학의 확장과 함께 지속적으로 변경되었다. 예과 수료연수가 2년에서 3년으로 늘어난 점, 그리고 이공학부가 개설된 점은 확장의 대표적 사례다.

교육기관으로서 경성제국대학의 면모를 알아보기 위해서는 경성제대의 규모가 확대되고 난 뒤, 경성제대의 제도들이 그에 맞춰 완비되고 안정화된 시기를 살펴보는 것이 적절할 것이다. 그래서 대학규정의 경우, 쇼와(昭和)15년 4월 개정된 것을, 경성제국대학 통칙의 경우 쇼와16년 5월 개정된 것을, 법문학부규정의 경우 쇼와10년 1월의 것을, 의학부규정의 경우 쇼와15년 9월의 것을, 이공학부규정의 경우 쇼와16년 3월의 것을, 예과규정의 경우 쇼와15년 4월의 것을, 예과학칙의 경우 쇼와16년 2월의 것을, 그리고 학우회규칙의 경우 쇼와11년의 것을 중심으로 살펴보도록 하겠다. 법문학부규정과 의학부규정의 경우 각각 쇼와18년 3월 개정과 쇼와17년 11월 개정을 살펴보지 않는 것은, 그 개정이 전시에 맞춰 대학의 학사운영을 단축시키기 위한 것이므로, 성숙기의 경성제대의 모습을 살피는 데 오히려 방해가 되기 때문이다.

1) 예과 입학

경성제국대학은 그 예비교육기관으로서 대학예과를 두고 있었다. 경성제국대학 예과규정 12조는 대학예과 1학년에 입학할 수 있는 자를 다음과 같이 정했다.

> 중학교 또는 고등보통학교 제4년 수료자.
> 조선총독이 대학예과입학에 관해 중학교 4년 수료자와 동등이상의 학력으로서 지정한 자.
> 고등학교 심상과 수료자.
> 대학예과 또는 고등학교 고등과 입학자격시험 합격자.
> 전문학교입학자검정규정에 의해 시험검정에 합격한 자.
> 조선총독이 일반 전문학교의 입학에 관해 중학교졸업자와 동등이상의 학력이라고 지정한 자.

당시의 조선교육령에 의하면 중학교와 고등보통학교는 수학기간이 5년인데, 4학년만 마치면 대학예과 입학에 지원할 수 있도록 한 것이다. 대학예과가 2년제이던

1934년 이전에는 중학교 또는 고등보통학교 졸업자의 경우에만 대학예과에 지원할 수 있도록 했다. 대학규정에는 대학예과 입학자격조건에 관해 중학교 4년 수료자와 동등이상의 학력인 자와, 중학교 졸업자와 동등이상의 학력인 자를 나누어 규정하고 있다. 대학규정 6조에서 중학교 4년 수료자와 동등이상의 학력인 자는 다음과 같다.

고등보통학교 4년 수료자
조선총독에 의해 대학예과 입학에 관해 지정된 자
고등학교 고등과 입학자격이 있는 자

대학규정 7조에서 중학교 졸업과 동등이상의 학력인 자는 다음과 같다.

전문학교입학자격검정에 의해 시험검정에 합격한 자
조선총독이 일반 전문학교 입학에 관해 중학교졸업자와 동등이상의 학력이라고 지정한 자
조선총독이 특종 전문학교 입학에 관해 중학교졸업자와 동등이상의 학력이라고 지정한 자

그러므로 위 예과규정 12조는 상위의 대학규정에서 중학교 4년 수료 및 졸업과 동등이상의 학력인 자를 모으고 있는 것이다. 『예과일람』에는 대학규정에 부쳐 조선총독에 의해 중학교 4년 수료자와 동등이상의 학력으로 지정받은 자가 어떤 이들인지 자세히 열거되어 있는데, 다음과 같다.

경성부 儆新學校 4년 수료자(단 大正13년 3월 이후 수료자에 한함)
평양부 崇實學校 4년 수료자(단 昭和5년 3월 이후 수료자에 한함)
경성부 中東學校 4년 수료자(단 昭和3년 3월 이후 수료자에 한함)
평북 宣川 新星學校 4년 수료자(단 昭和7년 3월 이후 수료자에 한함)
대구부 啓聖學校 4년 수료자(단 昭和8년 3월 이후 수료자에 한함)
전북 전주 新興學校 4년 수료자(단 昭和9년 3월 이후 수료자에 한함)
문부대신이 정한 고등학교 고등과 입학자격시험 합격자
문부대신이 고등학교 고등과 입학에 관해 지정한 자

전문학교입학자검정규정에 의해 전문학교 입학에 관해 중학교 졸업자와 동등 이상의 학력이라고 인정되는 자는 앞에서 '지정'받은 학교의 졸업자를 포괄하고 있다. 여기에서 제외되었지만 중학교 졸업자와 동등한 학력으로 인정되는 자에 대해서 『예과일람』은 다음과 같이 수록하고 있다.

남자실업학교 졸업자(단 심상소학교 또는 수료연한 6년의 보통학교 졸업 정도를 입학자격으로 하는 수업연한 5년, 고등소학교 또는 보통학교 고등과 졸업 정도를 입학자격으로 하는 수업연한 3년 이상의 실업학교 졸업자에 한함)
경성부 경성철도학교 졸업자(단 본과 졸업자에 한함)
조선총독부 철도조사원양성소 졸업자(단 본과 졸업자에 한함)
조선총독부 체신국 海員양성소 본과 수료자(단 昭和7년 3월 이후 졸업자에 한함)

예과규정 13조는 입학지원자에 대해 신체검사를 실시할 것을 규정하고 있다.

예과규정 14조는 입학선발시험에 대해 규정한다. 즉 입학지원자가 모집인원을 초과할 경우에는 중학교 제4학년 수료 정도에 의해 선발시험을 실시한다는 것이다. 입학지원자 수가 모집인원을 초과하지 않은 경우가 한 번도 없었으므로, 입학선발시험은 매년 치러졌다. 표 IX-2는 『일람』 쇼와(昭和)17년 279면의 「예과 입학자누년(累年)입학상황표」를 재정리한 것이다. 경쟁률을 계산하여 삽입하였다.

예과규정 16조는 입학지원 시 입학 후 수학할 과를 지정할 것을 명한다. 예과의 문과와 이과는 각기 1933년까지는 A와 B로, 그 이후로는 갑과 을로 나뉘어 있었다. 1933년까지 『학보』에 수록된 대학예과 입학시험합격자 명단은 문과A, 문과B, 이과로 분류되어 있고, 1934~37년에는 문과 갑, 문과 을, 이과로, 이공학부에 진학할 예과생들이 이과로 모집되기 시작한 1938년 이후로는 문과 갑, 문과 을, 이과 갑, 이과 을로 분류되어 있었다. 입학지원자들이 모집된 단위를 짐작할 수 있다.

데이터베이스화된 「경성제대 학생명부」로부터 예과 입학자의 하위집단별 구성표를 표 IX-3과 같이 구성해 볼 수 있다.

앞서 시사한 대로, 생도들을 조선인, 식민지에 거주하는 일본인, 일본 본국 및 그 밖의 지역에서 온 일본인, 기타로 분류하고자 하였고, 조선에 거주하는 일본인은 <일본인1>로, 일본 본국 및 그 밖의 지역에서 온 일본인은 <일본인2>로 명명했다. 범주화를 위해 조선인은 「경성제대 학생명부」에서 본적지가 조선 내의 지역으로 기록된 자로 정의했고, 일본인은 본적지가 일본 본국 내의 지역으로 기록된 자로 정의내렸다. 재조일본인을 가리키려 한 <일본인1>은 일본인 중에서 조선에 소재한 고등보통학교, 중학교, 실업학교, 전문학교 등을 마친 자로 정의내렸으며,[6] 일본인2는

6. 일본인1의 출신교를 가나다순으로 살펴보면, 다음과 같다. 경성동중, 경성사범, 경성중, 공주고보, 광주동중, 광주서중, 광주중, 군산중, 나남중, 대구중, 대전중, 마산중, 부산중, 신의주동중, 신의주중, 용산중, 원산중, 전주고보, 진주중, 청주고보, 청주일중, 청주중, 평양이중, 평양이중, 평양일중, 평양중, 함남중, 함흥고보, 함흥중, 해주동중, 해주서중. 이 학교명단은 2차 교육령 시기의 이름과 3차 교육령 시기의 변화한 이름을 구별 없이 나열한 것이다.

표 IX-2. 경성제대 예과 지원자, 입학자 및 경쟁률

연도	구분	문과	이과	계	연도	구분	문과	이과	계
	지원자	295	364	659		지원자	376	473	849
1924	입학자	88	80	168	1934	입학자	73	71	144
	경쟁률	3.35	4.55	3.92		경쟁률	5.15	6.66	5.90
	지원자	451	433	884		지원자	432	406	838
1925	입학자	83	79	162	1935	입학자	77	75	152
	경쟁률	5.43	5.48	5.46		경쟁률	5.61	5.41	5.51
	지원자	398	489	887		지원자	464	397	861
1926	입학자	80	73	153	1936	입학자	74	71	145
	경쟁률	4.98	6.70	5.80		경쟁률	6.27	5.59	5.94
	지원자	451	605	1,056		지원자	423	459	882
1927	입학자	77	77	154	1937	입학자	81	78	159
	경쟁률	5.86	7.86	6.86		경쟁률	5.22	5.88	5.55
	지원자	396	598	994		지원자	401	522	923
1928	입학자	77	74	151	1938	입학자	79	114	193
	경쟁률	5.14	8.08	6.58		경쟁률	5.08	4.58	4.78
	지원자	359	721	1,080		지원자	498	838	1,336
1929	입학자	71	70	141	1939	입학자	73	110	183
	경쟁률	5.06	10.30	7.66		경쟁률	6.82	7.62	7.30
	지원자	417	685	1,102		지원자	985	1,465	2,450
1930	입학자	72	76	148	1940	입학자	71	122	193
	경쟁률	5.79	9.01	7.45		경쟁률	13.87	12.01	12.69
	지원자	398	572	970	1942	지원자	987	1,341	2,328
1931	입학자	85	76	161		입학자	78	147	225
	경쟁률	4.68	7.53	6.02		경쟁률	12.65	9.12	10.35
	지원자	331	681	1,012		지원자	888	1,704	2,592
1932	입학자	75	73	148	1942	입학자	72	139	211
	경쟁률	4.41	9.33	6.84		경쟁률	12.33	12.26	12.28
	지원자	325	448	773					
1933	입학자	74	72	146					
	경쟁률	4.39	6.22	5.29					

그 나머지다.(이 구성표는 Ⅷ장에도 부분적으로 이용되었다.) 하위집단별 구성표 다음에는 출신학교별, 본적별 구성표도 추출하였다.

표 IX-3. 예과 입학자의 하위집단별 구성(문과, 이과 전체)

예과 입학 연도	조선인		일본인1		조선인+일본인1		일본인2		일본인1+일본인2		기타		입학생 전체	
	사례수	백분율	사례수	백분율	사례수	백분율	사례수	백분율	사례수	백분율	사례수	백분율	사례수	백분율
1924	44	26.19	58	34.52	102	60.71	66	39.29	124	73.81			168	100
1925	48	29.63	51	31.48	99	61.11	63	38.89	114	70.37			162	100
1926	59	38.82	44	28.95	103	67.76	49	32.24	93	61.18			152	100
1927	42	28.57	58	39.46	100	68.03	47	31.97	105	71.43			147	100
1928	66	44.00	60	40.00	126	84.00	24	16.00	84	56.00			150	100
1929	44	31.43	51	36.43	95	67.86	45	32.14	96	68.57			140	100
1930	36	24.49	68	46.26	104	70.75	42	28.57	110	74.83	1	0.68	147	100
1931	62	38.75	64	40.00	126	78.75	34	21.25	98	61.25			160	100
1932	45	30.41	74	50.00	119	80.41	29	19.59	103	69.59			148	100
1933	49	33.79	49	33.79	98	67.59	47	32.41	96	66.21			145	100
1934	52	36.11	70	48.61	122	84.72	22	15.28	92	63.89			144	100
1935	54	35.76	72	47.68	126	83.44	24	15.89	96	63.58	1	0.66	151	100
1936	52	35.62	65	44.52	117	80.14	29	19.86	94	64.38			146	100
1937	55	34.81	71	44.94	126	79.75	32	20.25	103	65.19			158	100
1938	72	37.50	85	44.27	157	81.77	35	18.23	120	62.50			192	100
1939	73	40.11	74	40.66	147	80.77	35	19.23	109	59.89			182	100
1940	70	36.46	72	37.50	142	73.96	50	26.04	122	63.54			192	100
1941	79	35.27	99	44.20	178	79.46	45	20.09	144	64.29	1	0.45	224	100
1942	49	27.07	94	51.93	143	79.01	38	20.99	132	72.93			181	100
1943	62	24.41	149	58.66	211	83.07	43	16.93	192	75.59			254	100
합계	1,113		1,428		2,541		799		2,227		3		3,343	
평균		33.46		42.19		75.65		24.26		66.45		0.60		

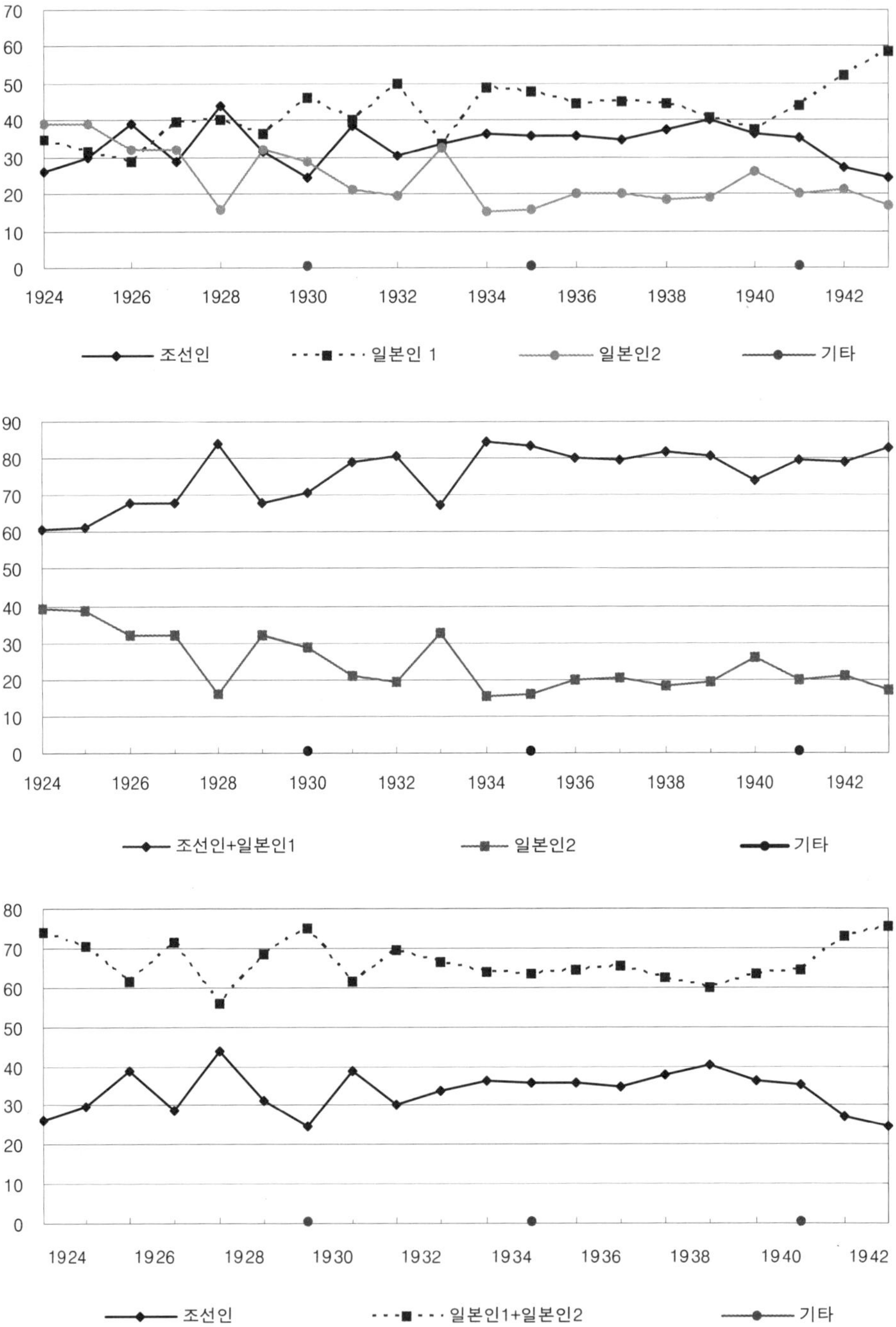

그림 IX-1. 예과 입학자의 하위집단별 구성(문과, 이과 전체)

표 IX-4. 문과 입학자의 하위집단별 구성

예과 입학 연도	조선인		일본인1		조선인+일본인1		일본인2		일본인1+일본인2		기타		입학생 전체	
	사례수	백분율	사례수	백분율	사례수	백분율	사례수	백분율	사례수	백분율	사례수	백분율	사례수	백분율
1924	29	32.95	32	36.36	61	69.32	27	30.68	59	67.05			88	100
1925	29	35.37	30	36.59	59	71.95	23	28.05	53	64.63			82	100
1926	35	43.21	27	33.33	62	76.54	19	23.46	46	56.79			81	100
1927	21	27.63	36	47.37	57	75.00	19	25.00	55	72.37			76	100
1928	35	45.45	34	44.16	69	89.61	8	10.39	42	54.55			77	100
1929	29	41.43	25	35.71	54	77.14	16	22.86	41	58.57			70	100
1930	24	33.8	33	46.48	57	80.28	13	18.31	46	64.79	1	1.41	71	100
1931	40	47.62	36	42.86	76	90.48	8	9.52	44	52.38			84	100
1932	31	41.33	37	49.33	68	90.67	7	9.33	44	58.67			75	100
1933	31	42.47	28	38.36	59	80.82	14	19.18	42	57.53			73	100
1934	31	42.47	37	50.68	68	93.15	5	6.85	42	57.53			73	100
1935	29	37.66	40	51.95	69	89.61	7	9.09	47	61.04	1	1.3	77	100
1936	26	35.14	43	58.11	69	93.24	5	6.76	48	64.86			74	100
1937	27	33.75	41	51.25	68	85.00	12	15.00	53	66.25			80	100
1938	34	43.04	36	45.57	70	88.61	9	11.39	45	56.96			79	100
1939	31	43.66	35	49.30	66	92.96	5	7.04	40	56.34			71	100
1940	29	41.43	27	38.57	56	80.00	14	20.00	41	58.57			70	100
1941	28	36.36	36	46.75	64	83.12	13	16.88	49	63.64			77	100
1942	15	23.44	35	54.69	50	78.13	14	21.88	49	76.56			64	100
1943	25	28.74	50	57.47	75	86.21	12	13.79	62	71.26			87	100
합계	579		698		1277		250		948		2		1529	
평균		37.85		45.74		83.59		16.27		62.02		1.36		

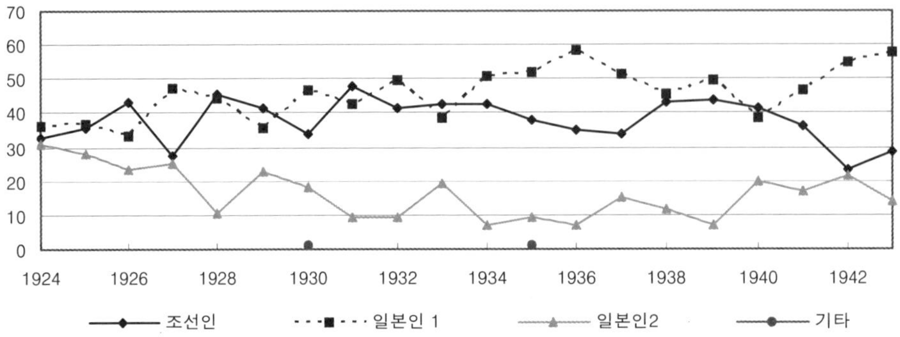

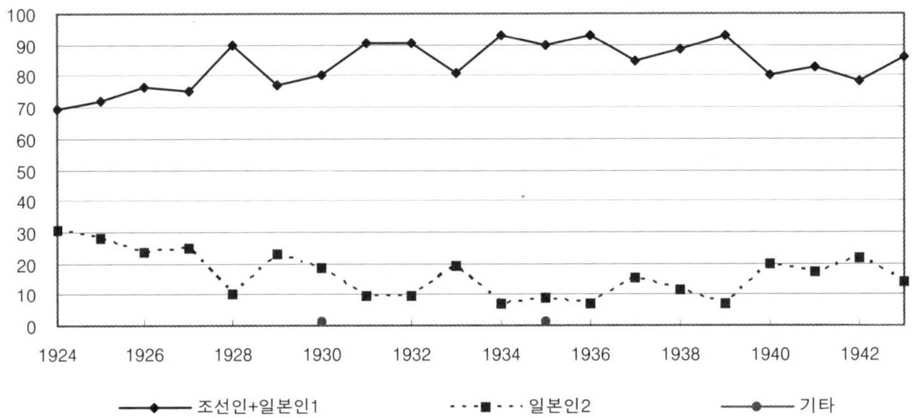

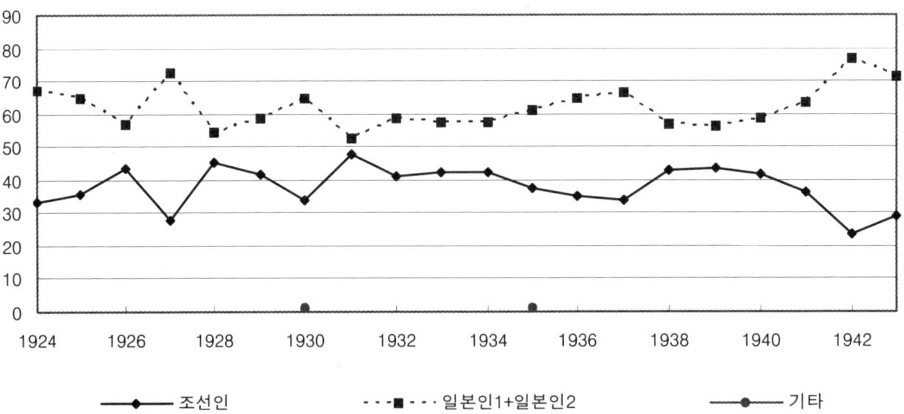

그림 IX-2. 문과 입학자의 하위집단별 구성

표 IX-5. 이과 입학자의 하위집단별 구성

예과 입학 연도	조선인		일본인1		조선인+일본인1		일본인2		일본인1+일본인2		기타		입학생 전체	
	사례수	백분율	사례수	백분율	사례수	백분율	사례수	백분율	사례수	백분율	사례수	백분율	사례수	백분율
1924	15	18.75	26	32.50	41	51.25	39	48.75	65	81.25			80	100
1925	19	23.75	21	26.25	40	50.00	40	50.00	61	76.25			80	100
1926	24	33.8	17	23.94	41	57.75	30	42.25	47	66.20			71	100
1927	21	29.58	22	30.99	43	60.56	28	39.44	50	70.42			71	100
1928	31	42.47	26	35.62	57	78.08	16	21.92	42	57.53			73	100
1929	15	21.43	26	37.14	41	58.57	29	41.43	55	78.57			70	100
1930	12	15.79	35	46.05	47	61.84	29	38.16	64	84.21			76	100
1931	22	28.95	28	36.84	50	65.79	26	34.21	54	71.05			76	100
1932	14	19.18	37	50.68	51	69.86	22	30.14	59	80.82			73	100
1933	18	25	21	29.17	39	54.17	33	45.83	54	75.00			72	100
1934	21	29.58	33	46.48	54	76.06	17	23.94	50	70.42			71	100
1935	25	33.78	32	43.24	57	77.03	17	22.97	49	66.22			74	100
1936	26	36.11	22	30.56	48	66.67	24	33.33	46	63.89			72	100
1937	28	35.9	30	38.46	58	74.36	20	25.64	50	64.10			78	100
1938	38	33.63	49	43.36	87	76.99	26	23.01	75	66.37			113	100
1939	42	37.84	39	35.14	81	72.97	30	27.03	69	62.16			111	100
1940	41	33.61	45	36.89	86	70.49	36	29.51	81	66.39			122	100
1941	51	34.69	63	42.86	114	77.55	32	21.77	95	64.63	1	0.68	147	100
1942	34	29.06	59	50.43	93	79.49	24	20.51	83	70.94			117	100
1943	37	22.16	99	59.28	136	81.44	31	18.56	130	77.84			167	100
합계	534		730		1,264		549		1,279		1		1,814	
평균		29.25		38.79		68.05		31.92		70.71		0.68		

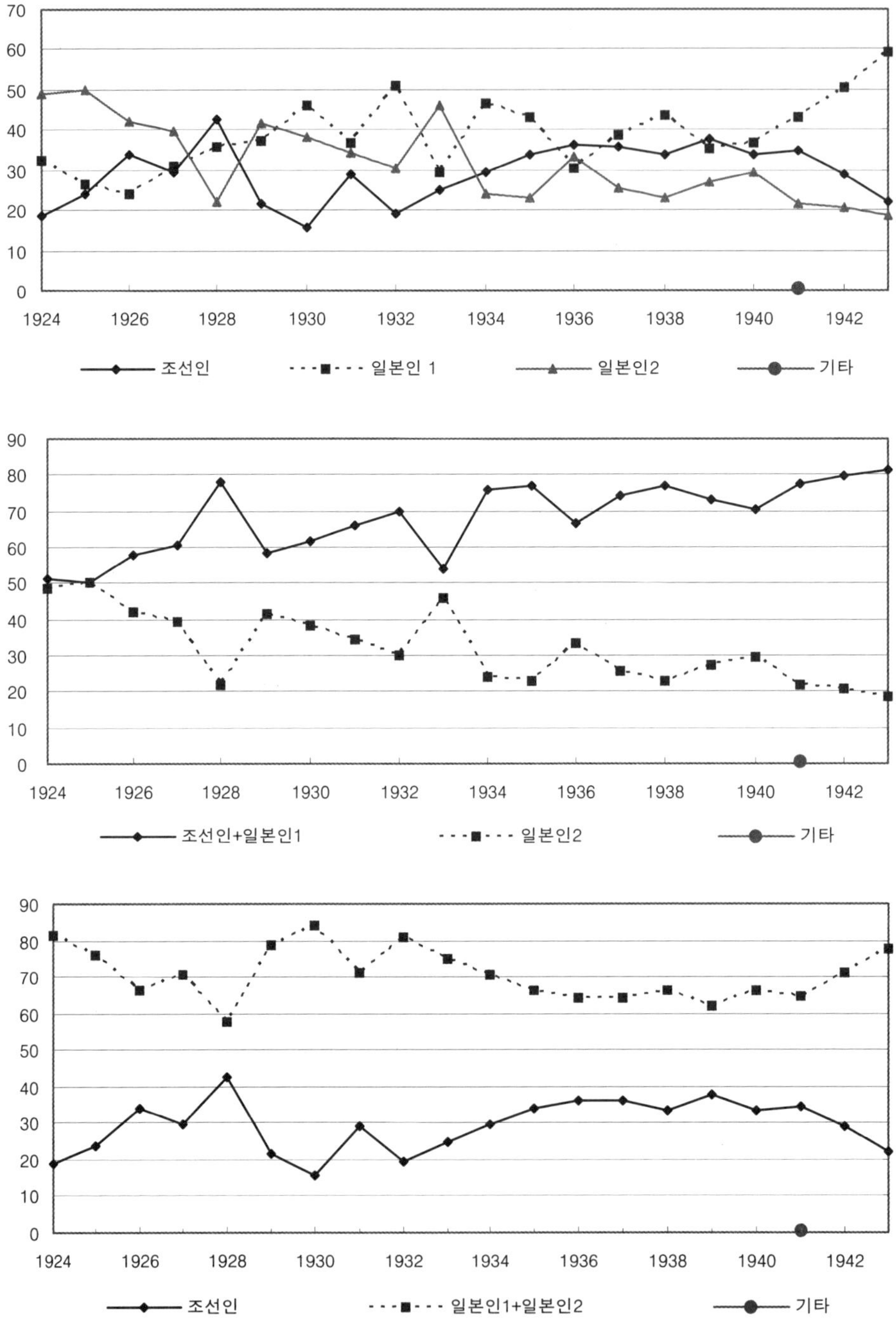

그림 IX-3. 이과 입학자의 하위집단별 구성

표 IX-6. 예과 입학자 문과/이과별, 하위집단별 구성

	문과										이과										전체	
	조선인		일본인1		일본인2		기타		Total		조선인		일본인1		일본인2		기타		Total			
	Count	%	Count	%	Count	%	Count	%	Count	%	Count	%	Count	%	Count	%	Count	%	Count	%	Count	%
1924	29	17.26	32	19.05	27	16.07	0	0	88	52.38	15	8.93	26	15.48	39	23.21	0	0	80	47.62	168	100
1925	29	17.90	30	18.52	23	14.20	0	0	82	50.62	19	11.73	21	12.96	40	24.69	0	0	80	49.38	162	100
1926	35	23.03	27	17.76	19	12.50	0	0	81	53.29	24	15.79	17	11.18	30	19.74	0	0	71	46.71	152	100
1927	21	14.29	36	24.49	19	12.93	0	0	76	51.7	21	14.29	22	14.97	28	19.05	0	0	71	48.3	147	100
1928	35	23.33	34	22.67	8	5.33	0	0	77	51.33	31	20.67	26	17.33	16	10.67	0	0	73	48.67	150	100
1929	29	20.71	25	17.86	16	11.43	0	0	70	50	15	10.71	26	18.57	29	20.71	0	0	70	50	140	100
1930	24	16.33	33	22.45	13	8.84	1	0.68	71	48.3	12	8.16	35	23.81	29	19.73	0	0	76	51.7	147	100
1931	40	25.00	36	22.50	8	5.00	0	0	84	52.5	22	13.75	28	17.50	26	16.25	0	0	76	47.5	160	100
1932	31	20.95	37	25.00	7	4.73	0	0	75	50.68	14	9.46	37	25.00	22	14.86	0	0	73	49.32	148	100
1933	31	21.38	28	19.31	14	9.66	0	0	73	50.34	18	12.41	21	14.48	33	22.76	0	0	72	49.66	145	100
1934	31	21.53	37	25.69	5	3.47	0	0	73	50.69	21	14.58	33	22.92	17	11.81	0	0	71	49.31	144	100
1935	29	19.21	40	26.49	7	4.64	1	0.66	77	50.99	25	16.56	32	21.19	17	11.26	0	0	74	49.01	151	100
1936	26	17.81	43	29.45	5	3.42	0	0	74	50.68	26	17.81	22	15.07	24	16.44	0	0	72	49.32	146	100
1937	27	17.09	41	25.95	12	7.59	0	0	80	50.63	28	17.72	30	18.99	20	12.66	0	0	78	49.37	158	100
1938	34	17.71	36	18.75	9	4.69	0	0	79	41.15	38	19.79	49	25.52	26	13.54	0	0	113	58.85	192	100
1939	31	17.03	35	19.23	5	2.75	0	0	71	39.01	42	23.08	39	21.43	30	16.48	0	0	111	60.99	182	100
1940	29	15.10	27	14.06	14	7.29	0	0	70	36.46	41	21.35	45	23.44	36	18.75	0	0	122	63.54	192	100
1941	28	12.50	36	16.07	13	5.80	0	0	77	34.38	51	22.77	63	28.13	32	14.29	1	0.45	147	65.63	224	100
1942	15	8.29	35	19.34	14	7.73			64	35.36	34	18.78	59	32.60	24	13.26			117	64.64	181	100
1943	25	9.84	50	19.69	12	4.72			87	34.25	37	14.57	99	38.98	31	12.20			167	65.75	254	100

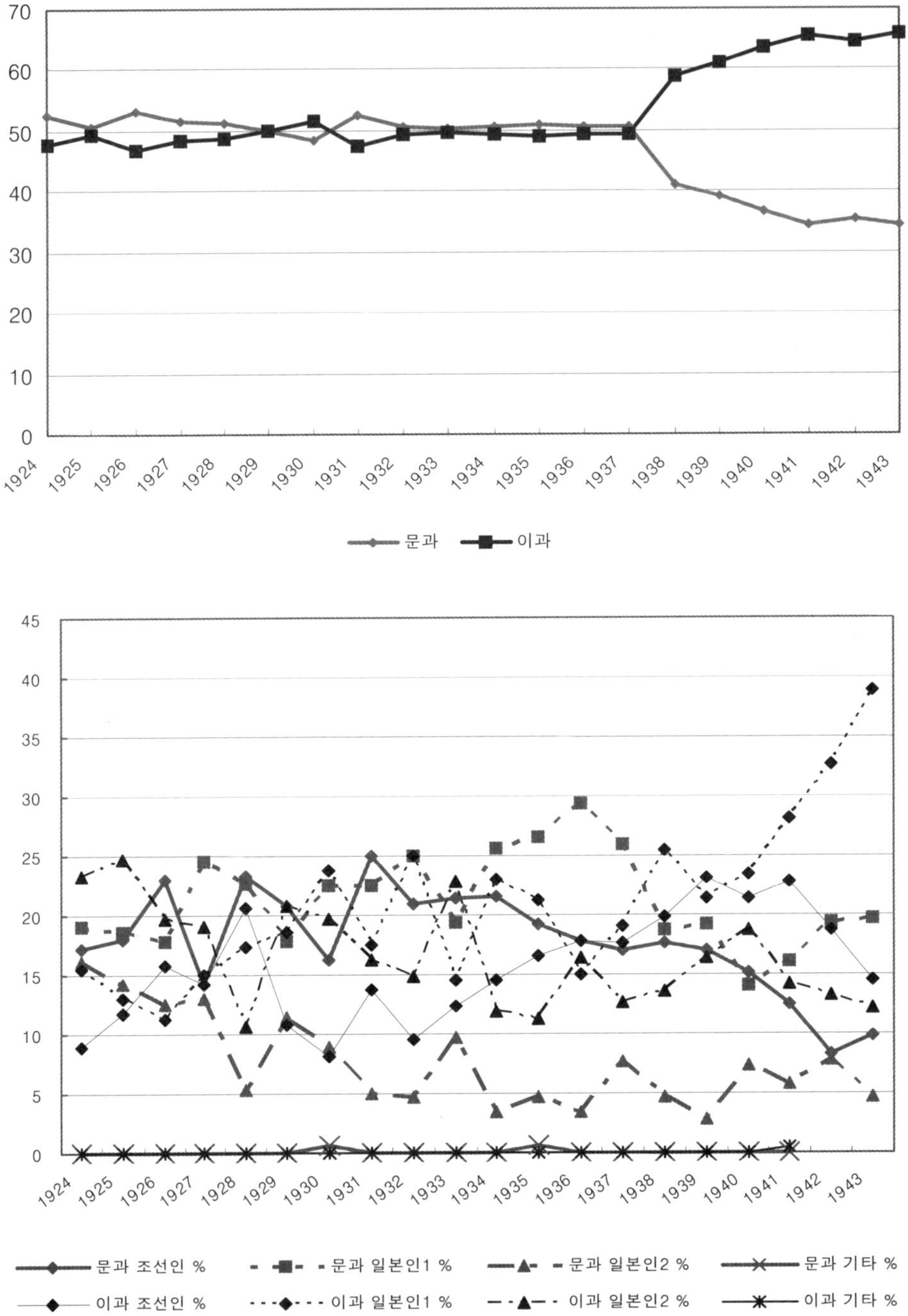

그림 IX-4. 예과 입학자 문과/이과별, 하위집단별 구성

표 IX-7. 출신학교별 예과 입학자수(문과, 이과 전체)

	1924		1925		1926		1927		1928	
1	경성중	34	경성중	25	경성중	21	경성중	32	경성중	24
2	경성일고보	15	경성일고보	16	용산중	16	용산중	13	용산중	21
3	평양중	12	용산중	14	경성일고보	14	경성일고보	7	경성일고보	9
4	용산중	8	평양중	8	평양중	6	평양중	5	경성이고보	9
5	평양고보	6	전검합격	5	대구고보	5	평양고보	5	대전중	6
6	전검합격	6	함흥고보	5	경성이고보	5	배재고보	4	중앙고보	5
7	대구고보	5	대구고보	4	함흥고보	4	양정고보	4	신의주고	4
8	부산중	4	보성고보	4	보성고보	4	대전중	3	원산중	4
9	휘문고보	3	전주고보	4	배재고보	4	福岡中	3	부산중	4
10	보성고보	2	대구중	4	중앙고보	4	신의주고	3	광주고보	4
11	중앙고보	2	小城中	3	대전중	3	대구고보	2	배재고보	3
12	배재고보	2	防府中	3	전검합격	2	경성이고보	2	대구고보	3
13	小倉中	2	부산중	2	전주고보	2	보성고보	2	휘문고보	3
14	佐賀中	2	배재고보	2	휘문고보	2	휘문고보	2	鏡城고보	3
15	島原中	2	양정고보	2	杵築中	2	원산중	2	평양중	2
16	朝倉中	2	佐世保中	2	원산중	2	대구중	2	평양고보	2
17	天草中	2	중학修	2	大連一中(滿)	2	동래고보	2	보성고보	2
18	山口中	2	대전중	2	송도고보	2	防府中	2	대구중	2
19	龍野中	2	奉天中(滿)	2	대구중	1	川内中	2	함흥고보	2
20	神戸二中	2	宇佐中	2	양정고보	1	今川中	2	송도고보	2
21	脇町中	2	宮崎中	2	宇佐中	1	함흥고보	1	浜田中	2
22	함흥고보	1	大連中(滿)	2	평양고보	1	중앙고보	1	군산중	2
23	경성성동중	1	鎭西中	2	島原中	1	전검합격	1	小倉中	2
24	鹿兒島二	1	평양고보	1	高松中	1	송도고보	1	中學済々黌	2
25	양정고보	1	중앙고보	1	大分中	1	島原中	1	양정고보	1
26	嘉穗中	1	小倉中	1	金澤一中	1	高松中	1	福岡中	1
27	高松中	1	佐賀中	1	德島中	1	大分中	1	전검합격	1
28	전주고보	1	島原中	1	萩中	1	德島中	1	大分中	1
29	大分中	1	嘉穗中	1	松江中	1	萩中	1	嘉穗中	1
30	鹿本中	1	高松中	1	豊津中	1	浜田中	1	大洲中	1
31	鹿兒島一中	1	大分中	1	八代中	1	鹿島中	1	해주고보	1
32	川内中	1	山陽中	1	京都二中	1	酒田中	1	長崎中	1
33	豊浦中	1	金澤一中	1	天草中	1	부산중	1	전주고보	1
34	鞍手中	1	吳中	1	경성성동중	1	宮崎中	1	경성성동중	1
35	三池中	1	德島中	1	八幡中	1	佐賀中	1	이리농림	1
36	八幡中	1	岡山一中	1	浜田中	1	嘉穗中	1	佐原中	1
37	浜田中	1	高粱中	1	五島中	1	山陽中	1	朝倉中	1
38	山陽中	1	萩中	1	동래고보	1	중학수료	1	神戸二中	1
39	小城中	1	崎阜中	1	三次中	1	鹿兒島二	1	鞍手中	1
40	杵築中	1	田川中	1	玉名中	1	鹿兒島一中	1	不動岡中	1
41	佐世保中	1	松江中	1	出水中	1	豊浦中	1	八女中	1
42	廣島一中	1	豊津中	1	丸亀中	1	三池中	1	日田中	1
43	福岡中	1	東筑中	1	광성고보	1	大洲中	1	경신학교	1
44	松山中	1	宇部中	1	이리농림	1	山形中	1	大東津中	1
45	金澤一中	1	千葉中	1	鹿島中	1	군산중	1	同志社中	1
46	大洲中	1	八代中	1	富山中	1	광주고보	1	부산일상	1
47	金光中	1	京都二中	1	酒田中	1	鏡城고보	1	新延中	1
48	德山中	1	臼杵中	1	宮津中	1	공주고보	1		
49	山形中	1	瀧川中	1	錦城中	1	해주고보	1		
50	중학수료	1	중학수료	1	臺北一中(台)	1	都城中	1		

표 IX-7. 계속

	1929		1930		1931		1932		1933	
1	경성중	26	경성중	33	경성중	43	경성중	35	경성중	27
2	용산중	15	용산중	18	경성일고보	18	용산중	23	용산중	17
3	경성일고보	12	평양중	7	용산중	16	경성일고보	14	경성일고보	15
4	경성이고보	9	부산중	7	평양중	5	평양중	7	경성이고보	9
5	대구고보	5	경성일고보	6	경성이고보	5	청주고보	6	청주고보	5
6	함흥고보	5	경성이고보	6	청주고보	5	부산중	5	평양중	3
7	대전중	4	대전중	3	평양고보	4	경성이고보	4	부산중	3
8	대구중	4	신의주고	3	원산중	4	평양고보	3	평양고보	3
9	보성고보	3	奉天中(滿)	2	신의주고	3	원산중	3	鹿兒島二	3
10	전검합격	3	청주고보	2	대구고보	3	신의주고	2	三池中	3
11	평양중	2	평양고보	2	奉天中(滿)	2	신의주중	2	안동중	2
12	朝倉中	2	川内中	2	공주고보	2	군산중	2	대구고보	2
13	玉名中	2	공주고보	2	대구중	2	전주고보	2	대구중	2
14	撫順中(滿)	2	高粱中	2	해주고보	2	都城中	2	下關中	2
15	신의주고	1	松山中	2	岡山一中	2	대전중	2	高松中	2
16	광주고보	1	나남중	2	山陽中	2	鏡城고보	2	小倉中	2
17	배재고보	1	광주중	2	광성고보	2	공주고보	1	中津中	2
18	군산중	1	旅順一中(滿)	2	신의주중	2	광성고보	1	중앙고보	2
19	大分中	1	대구고보	1	下關中	2	광주중	1	鹿本中	2
20	전주고보	1	함흥고보	1	高粱中	1	川内中	1	원산중	1
21	경성성동중	1	대구중	1	광주중	1	松山中	1	신의주중	1
22	八女中	1	보성고보	1	군산중	1	보성고보	1	鏡城고보	1
23	동래고보	1	전검합격	1	高松中	1	동래고보	1	광주중	1
24	高松中	1	군산중	1	城北中	1	嘉穗中	1	嘉穗中	1
25	鹿島中	1	동래고보	1	小倉中	1	田川中	1	加治木中	1
26	佐賀中	1	高松中	1	中津中	1	小牧中	1	傳習館中	1
27	鹿兒島二	1	鹿兒島二	1	춘천고보	1	朝倉中	1	奉天中(滿)	1
28	鹿兒島一中	1	城北中	1	今治中	1	大分中	1	岡山一中	1
29	都城中	1	鞍山中	1	전주고보	1	대구농림	1	山陽中	1
30	大連一中(滿)	1	岩國中	1	佐賀中	1	東京府立	1	高粱中	1
31	宇佐中	1	中學猶興館	1	鹿兒島一中	1	이리농림	1	今治中	1
32	富山中	1	원산중	1	都城中	1	島原中	1	鹿兒島一中	1
33	安藝中	1	鏡城고보	1	廣島一中	1	加治木中	1	八幡中	1
34	鳥取一中	1	小倉中	1	羽昨中	1	三次中	1	佐世保中	1
35	奉天中(滿)	1	嘉穗中	1	중앙고보	1	宮津中	1	西南學院	1
36	岡山一中	1	해주고보	1	휘문고보	1	靜岡中	1	나남중	1
37	東筑中	1	鞍手中	1	德島中	1	小城中	1	旅順一中(滿)	1
38	廣島一中	1	日田中	1	山形中	1	宇部中	1	함흥고보	1
39	청주고보	1	杵築中	1	島根大田中	1	龍野中	1	山口中	1
40	米子中	1	錦城中	1	松江中	1	金光中	1	吳一中	1
41	城北中	1	新潟師範	1	豊津中	1	안동중	1	宇佐中	1
42	鞍山中	1	田川中	1	八幡中	1	傳習館中	1	양정고보	1
43	대구농림	1	千葉中	1	佐世保中	1	大垣中	1	甲陽中	1
44	東京府立	1	山口中	1	崎阜中	1	刈谷中	1	小林中	1
45	新宮中	1	鹿本中	1	오산고보	1	虎姬中	1	京都中	1
46	岩國中	1	德山中	1	진주고보	1	京都三中	1	熊本中	1
47	羽昨中	1	堺中	1	西南學院	1	京華中	1	경성사범	1
48	佐伯中	1	愛知一中	1	天王寺中	1	木更津中	1	安下庄中	1
49	中學猶興館	1	中津中	1	小田原中	1	仙臺一中	1	大社中	1
50	韮崎中	1	吳一中	1	三重中	1	秋田中	1	吳二中	1

표 IX-7. 계속

	1934		1935		1936		1937		1938	
1	경성중	36	경성중	31	경성중	30	경성중	32	경성중	39
2	용산중	21	용산중	26	용산중	20	용산중	24	용산중	23
3	경성일고보	15	경성일고보	12	경성일고보	14	경성일고보	15	경기중	19
4	경성이고보	10	경성이고보	8	경성이고보	6	평양고보	7	경복중	8
5	청주고보	5	평양고보	7	평양고보	6	경성이고보	4	평양일중	7
6	평양고보	5	청주고보	6	대구중	6	원산중	4	평양이중	6
7	평양중	4	평양중	4	원산중	3	대전중	3	대구중	5
8	부산중	3	부산중	3	대전중	3	대구고보	3	원산중	4
9	군산중	3	대구중	3	부산중	2	광주고보	3	경북중	4
10	대구중	2	나남중	3	나남중	2	함흥고보	3	군산중	3
11	원산중	2	신의주고	3	군산중	2	평양중	3	나남중	3
12	나남중	2	鹿兒島二中	2	대구고보	2	해주고보	3	熊本中	3
13	춘천고보	2	광주고보	2	양정고보	2	부산중	2	함남중	3
14	大連一中(滿)	2	都城中	2	공주고보	2	군산중	2	춘천중	3
15	鹿兒島二	1	군산중	2	오산고보	2	청주고보	2	대전중	2
16	대구고보	1	원산중	1	大津中	2	광주중	2	부산중	2
17	중앙고보	1	춘천고보	1	德島中	2	廣島高師中	2	豊浦中	2
18	광주중	1	대구고보	1	청주고보	1	鹿本中	2	해주동중	2
19	傳習館中	1	중앙고보	1	신의주고	1	長崎中	2	광주서중	2
20	奉天中(滿)	1	奉天中(滿)	1	광주고보	1	대구중	1	휘문중	2
21	함흥고보	1	함흥고보	1	춘천고보	1	나남중	1	신의주동	2
22	吳一中	1	양정고보	1	함흥고보	1	진주고보	1	양정중	2
23	양정고보	1	경성사범	1	경성사범	1	신의주중	1	전주북중	2
24	小林中	1	공주고보	1	진주고보	1	鏡城고보	1	진주중	2
25	熊本中	1	佐賀中	1	신의주중	1	出水中	1	청주중	2
26	경성사범	1	오산고보	1	鏡城고보	1	高松中	1	광주중	1
27	신의주고	1	진주고보	1	보성고보	1	大社中	1	廣島高師中	1
28	공주고보	1	東京四中	1	三次中	1	吳二中	1	함흥상업	1
29	佐賀中	1	鹿本中	1	휘문고보	1	川内中	1	八幡中	1
30	오산고보	1	신의주중	1	出水中	1	함흥상업	1	中村中	1
31	진주고보	1	鏡城고보	1	丸亀中	1	大連一中(滿)	1	川邊中	1
32	鞍山中	1	安下庄中	1	日高中	1	熊本中	1	德島中	1
33	杵築中	1	福井중	1	광주중	1	三池中	1	岡山一中	1
34	德山中	1	대전중	1	廣島高師中	1	中津中	1	鹿兒島二	1
35	광주고보	1	보성고보	1	高松中	1	加治木中	1	都城中	1
36	八代中	1	동래고보	1	嘉穗中	1	八幡中	1	小倉中	1
37	廣島高師中	1	三次中	1	岡山一中	1	朝倉中	1	今治中	1
38	廣島二中	1	해주고보	1	甲陽中	1	이리농림	1	鹿兒島一中	1
39	東京四中	1	휘문고보	1	大社中	1	島原中	1	佐世保中	1
40	修道中	1	島根大田中	1	吳二中	1	宮崎中	1	田川中	1
41	對馬中	1	鞍手中	1	川内中	1	大口中	1	刈谷中	1
42	島取二中	1	酒田中	1	大分中	1	台北一中(台)	1	日田中	1
43	上野中	1	出水中	1	虎姬中	1	今宮中	1	金澤一中	1
44	水海道中	1	丸亀中	1	松江中	1	川邊中	1	田辺中	1
45	龍谷中	1	大津中	1	崎阜中	1	해남중	1	旅順中(滿)	1
46	天王寺中	1	撫陽中(滿)	1	송도고보	1	경성농업	1	보성중	1
47			日高中	1	萩中	1	대구계성	1	광주동중	1
48			福山誠之館	1	함흥상업	1	대구상업	1	鹿兒島中	1
49			神戶三中	1	京北中	1			福山誠之館	1
50					關東學院	1			송도중	1

표 IX-7. 계속

	1939		1940		1941		1942		1943	
1	경성중	36	경성중	26	경성중	44	경성중	47	경성중	63
2	용산중	24	용산중	25	용산중	33	용산중	30	용산중	57
3	경기중	14	경기중	17	경기중	22	경성성동중	6	경기중	17
4	경복중	8	경복중	8	대구중	6	경기중	5	경성성동중	9
5	평양이중	5	경북중	8	경복중	5	경북중	5	인천중	8
6	함남중	5	군산중	6	평양일중	5	평양이중	5	평양이중	5
7	부산중	5	대전중	6	경성성동중	5	인천중	5	함남중	5
8	해주동중	5	평양이중	4	경북중	4	부산중	4	대전중	5
9	경북중	4	대구중	4	평양이중	4	휘문중	4	광주서중	5
10	청주중	4	휘문중	4	함남중	4	경복중	3	평양일중	5
11	대구중	3	해주동중	3	해주동중	3	함남중	3	신의주동중	5
12	군산중	3	평양일중	3	부산중	3	해주동중	3	부산중	4
13	대전중	3	신의주동중	3	원산중	3	대전중	3	경복중	4
14	豊浦中	3	下關中	3	인천중	3	광주서중	3	대구중	3
15	광주서중	3	청주중	2	양정중	3	長崎中	3	鹿兒島二	3
16	휘문중	3	신의주중	2	鞍手中	3	대구중	2	원산중	3
17	평양일중	2	전주북중	2	군산중	2	양정중	2	경북중	2
18	춘천중	2	德島中	2	대전중	2	전주북중	2	해주동중	2
19	신의주동	2	鹿本中	2	휘문중	2	청주일중	2	군산중	2
20	진주중	2	中津中	2	전주북중	2	춘천중	2	진주중	2
21	보성중	2	嘉穗中	2	中津中	2	광주동중	2	중앙중	2
22	공주중	2	廣島一中	2	청주일중	2	旅順二中(滿)	2	휘문중	1
23	원산중	1	撫順中(滿)	2	광주서중	2	三次中	2	양정중	1
24	양정중	1	大連中(滿)	2	진주중	2	長野中	2	청주일중	1
25	八幡中	1	청주일중	2	김천중	2	평양일중	1	춘천중	1
26	岡山一中	1	鹿島二中	2	玉名中	2	鞍手中	1	大連二中(滿)	1
27	鹿兒島一中	1	부산중	1	台北中(台)	2	김천중	1	김천중	1
28	鹿兒島中	1	광주서중	1	신의주중	1	신의주중	1	奉天二中(滿)	1
29	신의주중	1	보성중	1	보성중	1	奉天二中(滿)	1	嘉穗中	1
30	出水中	1	원산중	1	중앙중	1	豊浦中	1	崎阜中	1
31	川内中	1	廣島二中	1	동래중	1	丸亀中	1	安下庄中	1
32	大連一中(滿)	1	전검합격	1	奉天二中(滿)	1	米子中	1	天草中	1
33	加治木中	1	중앙중	1	광성중	1	명신중	1	계성중	1
34	宮崎中	1	동래중	1	膳所中	1	市岡中	1	柳井中	1
35	해남중	1	長崎中	1	중동중	1	新京中(滿)	1	傳習館中	1
36	大分中	1	三池中	1	豊浦中	1	吳夜間中	1	공주중	1
37	萩中	1	경성사범	1	춘천중	1	신의주동중	1	鹿兒島一中	1
38	佐賀中	1	杵築中	1	공주중	1	嘉穗中	1	吳一中	1
39	吳一中	1	龍野中	1	鹿兒島一中	1	鹿兒島二	1	마산중	1
40	廣島二中	1	豊津中	1	大連一中(滿)	1	高松中	1	배재중	1
41	松山中	1	八女中	1	加治木中	1	崎阜中	1	撫順中(滿)	1
42	金光中	1	富山中	1	大分中	1	安下庄中	1	八女中	1
43	大垣中	1	浜田中	1	萩中	1	島根大田中	1	岡山二中	1
44	전검합격	1	인천중	1	佐賀中	1	宇佐中	1	熊本中	1
45	경성성동중	1	奉天二中(滿)	1	吳一中	1	小城中	1	田川中	1
46	宇和島中	1	岡山二中	1	광주중	1	경신학교	1	福山誠之館	1
47	三豐中	1	광성중	1	함흥상업	1	天草中	1	今宮中	1
48	김천중	1	膳所中	1	小倉中	1	若松中	1	撫陽中(滿)	1
49	중앙중	1	중동중	1	광주동중	1	瀧川中	1	津和野中	1
50	大連二中(滿)	1	경기동중	1	송도중	1	脇町中	1	宇部中	1

표 IX-8. 출신학교별 예과 입학자수(문과)

	1924		1925		1926		1927		1928	
1	경성중	20	경성중	16	경성중	14	경성중	21	경성중	13
2	경성일고보	8	경성일고보	7	경성일고보	10	용산중	8	용산중	9
3	평양중	6	용산중	7	용산중	8	경성일고보	6	경성일고보	6
4	평양고보	5	평양중	6	평양중	4	평양고보	4	대전중	5
5	전검합격	5	대구고보	4	대구고보	4	평양중	3	경성이고보	4
6	대구고보	4	보성고보	4	보성고보	2	배재고보	2	부산중	4
7	용산중	3	전검합격	3	전검합격	2	대전중	2	원산중	3
8	부산중	3	함흥고보	3	함흥고보	2	福岡中	2	배재고보	2
9	중앙고보	2	전주고보	2	배재고보	2	川内中	2	대구고보	2
10	배재고보	2	小城中	2	대전중	2	대구고보	1	중앙고보	2
11	神戸二中	2	대구중	2	중앙고보	2	전검합격	1	휘문고보	2
12	함흥고보	1	奉天中(滿)	2	원산중	2	중앙고보	1	군산중	2
13	양정고보	1	중학수료	2	전주고보	1	원산중	1	광주고보	2
14	전주고보	1	부산중	1	대구중	1	대구중	1	鏡城고보	2
15	鹿兒島一中	1	배재고보	1	양정고보	1	양정고보	1	평양고보	1
16	佐賀中	1	양정고보	1	金澤一中	1	휘문고보	1	평양중	1
17	金澤一中	1	佐賀中	1	京都二中	1	송도고보	1	福岡中	1
18	鹿兒島二	1	金澤一中	1	松江中	1	德島中	1	전검합격	1
19	大分中	1	島原中	1	大分中	1	佐賀中	1	대구중	1
20	福岡中	1	평양고보	1	경성이고보	1	防府中	1	신의주고	1
21	三池中	1	대전중	1	경성성동중	1	중학수료	1	보성고보	1
22	小城中	1	京都二中	1	휘문고보	1	鹿兒島一中	1	전주고보	1
23	朝倉中	1	臼杵中	1	동래고보	1	군산중	1	이리농림	1
24	山口中	1	防府中	1	이리농림	1	신의주고	1	朝倉中	1
25	小倉中	1	松江中	1	三次中	1	해주고보	1	小倉中	1
26	松山中	1	宇佐中	1	송도고보	1	萩中	1	鞍手中	1
27	八幡中	1	岡山一中	1	丸亀中	1	都城中	1	長崎中	1
28	德山中	1	宮崎中	1	德島中	1	高松中	1	大洲中	1
29	島原中	1	大連中(滿)	1	靜岡中	1	今川中	1	부산일상	1
30	鞍手中	1	岩松中	1	豊津中	1	明治中	1	中學済々黌	1
31	중학수료	1	旅順工大(滿)	1	岡山商業	1	富田林中	1		
32	豊浦中	1	宇部中	1	錦城中	1	糸島中	1		
33	京都中	1	伊丹中	1	당진중	1	小林中	1		
34	宮城中	1	八戸中	1	台北一中(台)	1	早稲田中	1		
35	矢掛中	1	海草中	1	西條中	1	横浜一中	1		
36	愛知一中	1			新潟師範	1				
37	龍野中	1			神戸中	1				
38	津山中	1			若松中	1				
39					壹崎中	1				

표 IX-8. 계속

	1929		1930		1931		1932		1933	
1	경성중	17	경성중	19	경성중	30	경성중	19	경성중	18
2	경성일고보	8	용산중	7	경성일고보	10	용산중	11	경성일고보	9
3	용산중	6	경성일고보	6	용산중	9	경성일고보	10	경성이고보	7
4	경성이고보	6	평양중	4	경성이고보	4	청주고보	5	용산중	6
5	함흥고보	4	부산중	3	청주고보	4	평양중	4	청주고보	3
6	대구고보	3	신의주고	2	평양고보	4	경성이고보	3	대구고보	2
7	朝倉中	2	광주중	2	신의주고	2	원산중	2	중앙고보	2
8	奉天中(滿)	2	공주고보	2	원산중	2	전주고보	2	평양중	1
9	광주고보	1	경성이고보	1	해주고보	2	鏡城고보	2	원산중	1
10	평양중	1	함흥고보	1	평양중	1	평양고보	1	鏡城고보	1
11	전검합격	1	대구고보	1	광주중	1	신의주고	1	평양고보	1
12	대구중	1	대전중	1	공주고보	1	광주중	1	광주중	1
13	보성고보	1	대구중	1	대구고보	1	신의주중	1	加治木中	1
14	전주고보	1	보성고보	1	佐賀中	1	부산중	1	傳習館中	1
15	佐賀中	1	청주고보	1	鹿兒島一中	1	대전중	1	中津中	1
16	鹿兒島一中	1	원산중	1	羽昨中	1	松山中	1	下關中	1
17	大分中	1	평양고보	1	휘문고보	1	大分中	1	함흥고보	1
18	동래고보	1	川内中	1	小倉中	1	동래고보	1	대구중	1
19	대전중	1	해주고보	1	신의주중	1	대구농림	1	山口中	1
20	청주고보	1	山口中	1	中津中	1	군산중	1	鹿本中	1
21	大連一中(滿)	1	松山中	1	진주고보	1	이리농림	1	旅順一中(滿)	1
22	대구농림	1	德山中	1	오산고보	1	靜岡中	1	奉天中(滿)	1
23	撫順中(滿)	1	鹿本中	1	下關中	1	加治木中	1	양정고보	1
24	羽昨中	1	旅順一中(滿)	1	廣島一中	1	傳習館中	1	三池中	1
25	佐渡中		千葉中	1	三重中	1	金光中	1	경성사범	1
26	浮羽中	1	춘천고보	1	野沢中	1	田川中	1	나남중	1
27	鞍山中	1	堺中	1					嘉穗中	1
28	安藝中	1	今治中	1					高粱中	1
29	御船中	1	大喜多中	1					福井中	1
30	宇都宮中	1	門司中	1					안동중	1
31			岩國中	1					彦根中	1
32			八日市中	1					島取二中	1
33			豊國中	1					佐沼中	1
34			海星中	1						

表 IX-8. 계속

	1934		1935		1936		1937		1938	
1	경성중	21	경성중	17	경성중	19	용산중	20	경성중	20
2	용산중	13	용산중	17	용산중	14	경성중	16	용산중	11
3	경성일고보	11	경성일고보	7	경성일고보	7	경성일고보	7	경기중	9
4	경성이고보	5	청주고보	5	대구중	5	경성이고보	4	경북중	4
5	청주고보	4	경성이고보	4	경성이고보	4	원산중	3	평양일중	3
6	평양고보	2	평양고보	4	평양고보	3	평양고보	2	대구중	2
7	군산중	2	평양중	3	군산중	2	대전중	2	경복중	2
8	大連一中(滿)	2	광주고보	2	원산중	2	광주고보	2	평양이중	2
9	대구고보	1	군산중	2	대전중	2	청주고보	1	함남중	2
10	원산중	1	대구고보	1	청주고보	1	나남중	1	광주서중	2
11	함흥고보	1	원산중	1	광주고보	1	평양중	1	진주중	2
12	대구중	1	대구중	1	양정고보	1	대구고보	1	양정중	2
13	奉天中(滿)	1	奉天中(滿)	1	휘문고보	1	鹿本中	1	金澤一中	1
14	양정고보	1	양정고보	1	경성사범	1	大連一中(滿)	1	鹿兒島二	1
15	경성사범	1	중앙고보	1	진주고보	1	三池中	1	八幡中	1
16	공주고보	1	鹿本中	1	나남중	1	이리농림	1	휘문중	1
17	진주고보	1	대전중	1	신의주중	1	해주고보	1	해주동중	1
18	춘천고보	1	동래고보	1	부산중	1	長崎中	1	청주중	1
19	광주고보	1	휘문고보	1	오산고보	1	今宮中	1	전주북중	1
20	水海道中	1	보성고보	1	川内中	1	鏡城고보	1	보성중	1
21	天王寺中	1	都城中	1	송도고보	1	경성농업	1	格治中	1
22			旅順高商(滿)	1	萩中	1	廣島高師中	1	鹿兒島中	1
23			日高中	1	室蘭中	1	대구계성	1	東京一中	1
24			종상중	1	出水中	1	대구상업	1	光明中(滿)	1
25			酒田中	1	横手中	1	大口中	1	명륜중	1
26							東京五中	1	福山誠之館	1
27							修猷館中	1	송도중	1
28							신의주상	1	영생중	1
29							영생고보	1	충북중	1
30							中學猶興館	1	豊國中	1
31							靑山學院	1		
32							해남중	1		

표 IX-8. 계속

	1939		1940		1941		1942		1943	
1	경성중	15	용산중	9	경성중	21	경성중	18	용산중	24
2	용산중	13	경성중	8	용산중	10	용산중	15	경성중	15
3	경기중	5	경기중	5	경기중	6	경기중	3	경기중	5
4	해주동중	3	군산중	4	대구중	3	경성성동중	3	인천중	4
5	청주중	3	경북중	3	함남중	3	경북중	2	경성성동중	3
6	경북중	2	휘문중	3	원산중	2	평양이중	2	부산중	2
7	평양이중	2	경복중	3	경북중	1	휘문중	2	광주서중	2
8	함남중	2	평양일중	2	경복중	1	三次中	2	대구중	2
9	진주중	2	대구중	2	평양일중	1	경복중	1	함남중	2
10	휘문중	2	대전중	2	대전중	1	부산중	1	해주동중	2
11	군산중	2	전주북중	2	전주북중	1	奉天二中(滿)	1	신의주동	2
12	평양일중	1	中津中	2	中津中	1	丸亀中	1	경북중	1
13	대구중	1	해주동중	1	해주동중	1	인천중	1	평양이중	1
14	경복중	1	청주중	1	평양이중	1	광주서중	1	휘문중	1
15	광주서중	1	평양이중	1	부산중	1	청주일중	1	경복중	1
16	양정중	1	광주서중	1	신의주중	1	춘천중	1	청주일중	1
17	八幡中	1	원산중	1	奉天二中(滿)	1	鹿兒島二	1	鹿兒島二	1
18	보성중	1	부산중	1	광성중	1	小城中	1	김천중	1
19	원산중	1	전검합격	1	양정중	1	宇佐中	1	大連二中(滿)	1
20	대전중	1	三池中	1	보성중	1	김천중	1	柳井中	1
21	부산중	1	경성사범	1	鹿兒島一中	1	大連二中(滿)	1	평양일중	1
22	鹿兒島一中	1	신의주중	1	萩中	1	柳井中	1	대전중	1
23	전검합격	1	嘉穗中	1	광주중	1	長野中	1	중앙중	1
24	豊浦中	1	豊津中	1	高粱中	1	傳習館中	1	군산중	1
25	공주중	1	奉天二中(滿)	1	경성성동중	1	脇町中	1	진주중	1
26	춘천중	1	신의주동중	1	丸亀中	1			공주중	1
27	廣島縣立三次	1	청주일중	1	인천중	1			今宮中	1
28	동래중	1	광성중	1	중앙중	1			千葉中	1
29	신의주일중	1	岡山二中	1	大日町中	1			撫順中(滿)	1
30	一高	1	九龜中	1	동성중	1			臼杵中	1
31	中野中	1	東京芝中	1	명신중	1			東筑中	1
32			浜田中	1	別府中	1			東海中	1
33			중동중	1	신성중	1			마산중	1
34			中傳中	1	宇都中	1			배재중	1
35			豊岡中	1	中學猶興館	1			津和野中	1
36			豊中中	1	立命館中	1				
37			脇町龍中	1	天王寺中	1				
38					청주제일	1				

표 IX-9. 출신학교별 예과 입학자수(이과)

	1924		1925		1926		1927		1928	
1	경성중	14	경성중	9	용산중	8	경성중	11	용산중	12
2	경성일고보	7	경성일고보	9	경성중	7	용산중	5	경성중	11
3	평양중	6	용산중	7	경성일고보	4	양정고보	3	경성이고보	5
4	용산중	5	평양중	2	경성이고보	4	경성이고보	2	신의주고	3
5	휘문고보	3	전검합격	2	평양중	2	평양중	2	경성일고보	3
6	보성고보	2	佐世保中	2	함흥고보	2	배재고보	2	중앙고보	3
7	天草中	2	대구중	2	중앙고보	2	보성고보	2	함흥고보	2
8	脇町中	2	함흥고보	2	배재고보	2	신의주고	2	浜田中	2
9	부산중	1	전주고보	2	보성고보	2	동래고보	2	광주고보	2
10	평양고보	1	防府中	2	杵築中	2	경성일고보	1	송도고보	2
11	경성성동중	1	鎭西中	2	大連一中	2	함흥고보	1	양정고보	1
12	대구고보	1	부산중	1	전주고보	1	대전중	1	평양중	1
13	高松中	1	高松中	1	高松中	1	휘문고보	1	배재고보	1
14	嘉穗中	1	嘉穗中	1	대전중	1	평양고보	1	보성고보	1
15	小倉中	1	小倉中	1	宇佐中	1	대구고보	1	대전중	1
16	山陽中	1	山陽中	1	萩中	1	島原中	1	휘문고보	1
17	杵築中	1	吳中	1	八代中	1	浜田中	1	평양고보	1
18	전검합격	1	대전중	1	휘문고보	1	鹿島中	1	대구고보	1
19	佐世保中	1	중앙고보	1	天草中	1	酒田中	1	대구중	1
20	鹿本中	1	德島中	1	평양고보	1	대구중	1	嘉穗中	1
21	島原中	1	배재고보	1	대구고보	1	防府中	1	大分中	1
22	浜田中	1	大分中	1	島原中	1	부산중	1	원산중	1
23	佐賀中	1	양정고보	1	浜田中	1	嘉穗中	1	鏡城고보	1
24	川内中	1	崎阜中	1	五島中	1	山陽中	1	小倉中	1
25	廣島一中	1	高粱中	1	玉名中	1	大分中	1	佐原中	1
26	大洲中	1	宮崎中	1	광성고보	1	宮崎中	1	경성성동중	1
27	山形中	1	宇佐中	1	出水中	1	大洲中	1	不動岡中	1
28	龍野中	1	田川中	1	八幡中	1	山形中	1	八女中	1
29	朝倉中	1	大連中(滿)	1	鹿島中	1	원산중	1	해주고보	1
30	金光中	1	萩中	1	富山中	1	鹿兒島二中	1	日田中	1
31	不動岡中	1	八代中	1	송도고보	1	豊浦中	1	경신학교	1
32	三豐中	1	瀧川中	1	宮津中	1	鏡城고보	1	大東津中	1
33	旅順中(滿)	1	東筑中	1	飯田中	1	공주고보	1	同志社中	1
34	五島中	1	小城中	1	宇和島中	1	長崎中	1	新延中	1
35	吳中	1	佐原中	1	田辺中	1	加治木中	1	神戶二中	1
36	堺中	1	豊津中	1	鳥取一中	1	광주고보	1	中學済々黌	1
37	關西中	1	廣陵中	1	酒田中	1	島根大田中	1		
38	吉川中	1	大村中	1	고창고보	1	甲陽中	1		
39	明治學院	1	東濃中	1	卷中	1	三池中	1		
40	福知山中	1	中學明善	1	大成中	1	今川中	1		
41	北陸中	1	四條畷中	1	水戶中	1	金澤二中	1		
42	山口中	1	相馬中	1	安藝中	1	己斐中	1		
43	成城中	1	小千谷中	1	築上中	1	鹿兒島商	1		
44	安積中	1	宇都宮中	1	沖繩二中	1	大口中	1		
45	宇治山田中	1	長府中	1	八尾中	1	福岡中	1		
46	志布志中	1	중학수료	1			富岡中	1		
47	村上中	1	千葉中	1			熊谷中	1		
48			筑上中	1			中央大豫科	1		
49			會津中	1						

표 IX-9. 계속

	1929		1930		1931		1932		1933	
1	용산중	9	경성중	14	경성중	13	경성중	16	용산중	11
2	경성중	9	용산중	11	경성일고보	8	용산중	12	경성중	9
3	경성일고보	4	경성이고보	5	용산중	7	경성일고보	4	경성일고보	6
4	경성이고보	3	부산중	4	평양중	4	부산중	4	부산중	3
5	대전중	3	평양중	3	奉天中(滿)	2	평양중	3	鹿兒島二	3
6	대구중	3	대전중	2	대구중	2	都城中	2	평양중	2
7	보성고보	2	高粱中	2	대구고보	2	평양고보	2	평양고보	2
8	대구고보	2	나남중	2	岡山一中	2	원산중	1	경성이고보	2
9	玉名中	2	奉天中(滿)	2	원산중	2	광성고보	1	청주고보	2
10	전검합격	2	전검합격	1	山陽中	2	경성이고보	1	高松中	2
11	신의주고	1	신의주고	1	광성고보	2	신의주고	1	小倉中	2
12	함흥고보	1	鹿兒島二中	1	경성이고보	1	군산중	1	三池中	2
13	평양중	1	高松中	1	高粱中	1	청주고보	1	신의주중	1
14	배재고보	1	군산중	1	신의주고	1	공주고보	1	안동중	1
15	경성성동중	1	城北中	1	高松中	1	신의주중	1	대구중	1
16	八女中	1	中學猶興館	1	군산중	1	대전중	1	岡山一中	1
17	鹿島中	1	평양고보	1	城北中	1	嘉穗中	1	山陽中	1
18	鹿兒島二	1	嘉穗中	1	청주고보	1	川內中	1	八幡中	1
19	高松中	1	鏡城고보	1	都城中	1	小牧中	1	佐世保中	1
20	宇佐中	1	小倉中	1	중앙고보	1	보성고보	1	下關中	1
21	富山中	1	日田中	1	山形中	1	東京府立	1	今治中	1
22	鳥取一中	1	동래고보	1	공주고보	1	島原中	1	西南學院	1
23	東筑中	1	杵築中	1	島根大田中	1	宮津中	1	吳一中	1
24	廣島一中	1	田川中	1	전주고보	1	小城中	1	中津中	1
25	군산중	1	川內中	1	八幡中	1	龍野中	1	宇佐中	1
26	岡山一中	1	청주고보	1	佐世保中	1	朝倉中	1	甲陽中	1
27	都城中	1	鞍手中	1	德島中	1	三次中	1	鹿本中	1
28	撫順中(滿)	1	吳一中	1	崎阜中	1	大垣中	1	熊本中	1
29	米子中	1	中津中	1	豊津中	1	안동중	1	安下庄中	1
30	城北中	1	小牧中	1	신의주중	1	刈谷中	1	鹿兒島一中	1
31	東京府立	1	松山中	1	下關中	1	宇部中	1	大社中	1
32	新宮中	1	鞍山中	1	춘천고보	1	虎姬中	1	吳二中	1
33	佐伯中	1	錦城中	1	今治中	1	京都三中	1	中村中	1
34	中學猶興館	1	澁川中	1	西南學院	1	京華中	1	小林中	1
35	韮崎中	1	世羅中	1	松江中	1	木更津中	1	京都一中	1
36	高知師範	1	新瀉師範	1	小田原中	1	仙臺一中	1	京都中	1
37	法制大豫	1	愛知一中	1	上宮中	1	秋田中	1	竹田中	1
38	燒津中	1	旅順一中(滿)	1	聖峰中	1			津和野中	1
39	神通中	1	青島日本中	1	伊集院中	1				
40	岩國中	1	興讓館中	1	佐賀高校	1				
41	豊橋中	1			天王寺中	1				

표 IX-9. 계속

	1934		1935		1936		1937		1938	
1	경성중	15	경성중	14	경성중	11	경성중	16	경성중	19
2	용산중	8	용산중	9	경성일고보	7	경성일고보	8	용산중	12
3	경성이고보	5	경성일고보	5	용산중	6	평양고보	5	경기중	10
4	경성일고보	4	경성이고보	4	평양고보	3	용산중	4	경복중	6
5	평양중	4	부산중	3	경성이고보	2	함흥고보	3	원산중	4
6	부산중	3	평양고보	3	공주고보	2	대구고보	2	평양이중	4
7	평양고보	3	나남중	3	大津中	2	부산중	2	평양일중	4
8	나남중	2	신의주고	3	대구고보	2	광주중	2	군산중	3
9	鹿兒島二	1	鹿兒島二	2	德島中	2	평양중	2	대구중	3
10	청주고보	1	대구중	2	부산중	1	해주고보	2	熊本中	3
11	대구중	1	평양중	1	나남중	1	군산중	2	나남중	3
12	吳一中	1	청주고보	1	신의주고	1	대구중	1	춘천중	3
13	熊本中	1	춘천고보	1	대구중	1	鏡城고보	1	부산중	2
14	小林中	1	佐賀中	1	춘천고보	1	원산중	1	대전중	2
15	원산중	1	오산고보	1	오산고보	1	廣島高師中	1	豊浦中	2
16	신의주고	1	東京四中	1	三次中	1	高松中	1	신의주동	2
17	군산중	1	신의주중	1	鏡城고보	1	大社中	1	광주중	1
18	중앙고보	1	安下庄中	1	함흥고보	1	吳二中	1	廣島高師中	1
19	춘천고보	1	都城中	1	丸亀中	1	대전중	1	함흥상업	1
20	杵築中	1	공주고보	1	원산중	1	함흥상업	1	中村中	1
21	鞍山中	1	三次中	1	광주중	1	청주고보	1	川邊中	1
22	八代中	1	島根大田中	1	廣島高師中	1	신의주중	1	德島中	1
23	佐賀中	1	鏡城고보	1	高松中	1	出水中	1	岡山一中	1
24	광주중	1	鞍手中	1	岡山一中	1	진주고보	1	都城中	1
25	廣島高師中	1	함흥고보	1	甲陽中	1	熊本中	1	小倉中	1
26	廣島二中	1	해주고보	1	大社中	1	八幡中	1	佐世保中	1
27	오산고보	1	出水中	1	吳二中	1	中津中	1	今治中	1
28	東京四中	1	大津中	1	대전중	1	鹿本中	1	鹿兒島一中	1
29	修道中	1	撫陽中(滿)	1	嘉穗中	1	川内中	1	刈谷中	1
30	對馬中	1	진주고보	1	보성고보	1	島原中	1	日田中	1
31	德山中	1	丸亀中	1	虎姬中	1	朝倉中	1	田川中	1
32	島取二中	1	경성사범	1	崎阜中	1	광주고보	1	田辺中	1
33	上野中	1	福山誠之館	1	松江中	1	宮崎中	1	旅順中(滿)	1
34	龍谷中	1	福井中	1	양정고보	1	長崎中	1	함남중	1
35	傳習館中	1	神戸三中	1	大分中	1	加治木中	1	해주동중	1
36			真岡中	1	함흥상업	1	川邊中	1	휘문중	1
37					京北中	1	台北一中(台)	1	광주동중	1
38					關東學院	1	奉天一中(滿)	1	전주북중	1
39					名古屋三	1	중동학교	1	청주중	1
40					新庄中	1	釧路中	1	延岡中	1
41					日高中	1			尼崎中	1
42					中學明善	1			武雄中	1
43					鎭西中	1			常盤中	1
44					海星中	1			岸和田中	1
45									中學済々黌	1
46									충남중	1
47									함흥농업	1

표 IX-9. 계속

	1939		1940		1941		1942		1943	
1	경성중	21	경성중	18	경성중	23	경성중	29	경성중	48
2	용산중	11	용산중	16	용산중	23	용산중	15	용산중	33
3	경기중	9	경기중	12	경기중	16	인천중	4	경기중	12
4	경복중	7	경복중	5	경복중	4	경성성동중	3	경성성동중	6
5	부산중	4	경북중	5	평양일중	4	경북중	3	인천중	4
6	평양이중	3	대전중	4	경성성동중	4	평양이중	3	평양이중	4
7	함남중	3	평양이중	3	경북중	3	해주동중	3	대전중	4
8	대구중	2	下關中	3	평양이중	3	부산중	3	평양일중	4
9	대전중	2	대구중	2	대구중	3	대전중	3	함남중	3
10	豊浦中	2	신의주동	2	鞍手中	3	함남중	3	경복중	3
11	신의주동	2	해주동중	2	해주동중	2	長崎中	3	광주서중	3
12	해주동중	2	군산중	2	군산중	2	경기중	2	신의주동	3
13	경북중	2	德島中	2	휘문중	2	경복중	2	원산중	3
14	광주서중	2	鹿本中	2	인천중	2	대구중	2	부산중	2
15	평양일중	1	廣島一中	2	청주일중	2	휘문중	2	鹿兒島二	2
16	군산중	1	撫順中(滿)	2	부산중	2	광주서중	2	경북중	1
17	춘천중	1	大連中(滿)	2	광주서중	2	양정중	2	대구중	1
18	岡山一中	1	鹿島二中	2	김천중	2	광주동중	2	양정중	1
19	휘문중	1	桃中	2	玉名中	2	전주북중	2	춘천중	1
20	청주중	1	휘문중	1	양정중	2	평양일중	1	嘉穗中	1
21	신의주중	1	청주중	1	진주중	2	鞍手中	1	崎阜中	1
22	出水中	1	신의주중	1	台北中(台)	2	청주일중	1	安下庄中	1
23	川内中	1	廣島二中	1	대전중	1	豊浦中	1	天草中	1
24	宮崎中	1	중앙중	1	동래중	1	춘천중	1	계성중	1
25	加治木中	1	보성중	1	膳所中	1	米子中	1	군산중	1
26	大分中	1	長崎中	1	함남중	1	市岡中	1	진주중	1
27	佐賀中	1	嘉穗中	1	豊浦中	1	新京中(滿)	1	吳一中	1
28	吳一中	1	杵築中	1	춘천중	1	吳夜間中	1	중앙중	1
29	廣島二中	1	龍野中	1	加治木中	1	신의주동중	1	八女中	1
30	大垣中	1	八女中	1	大分中	1	신의주중	1	熊本中	1
31	松山中	1	富山中	1	佐賀中	1	嘉穗中	1	鹿兒島一中	1
32	高知城東中	1	인천중	1	吳一中	1	大連二中(滿)	1	田川中	1
33	大連一中(滿)	1	청주일중	1	大連一中(滿)	1	高松中	1	撫陽中(滿)	1
34	萩中	1	동래중	1	공주중	1	崎阜中	1	宇部中	1
35	宇和島中	1	膳所中	1	원산중	1	安下庄中	1	新宮中	1
36	金光中	1	경기동중	1	함흥상업	1	島根大田中	1	佐伯中	1
37	三豐中	1	경상일중	1	小倉中	1	경신학교	1	盤田中	1
38	김천중	1	경성동중	1	광주동중	1	天草中	1	岡山二中	1
39	중앙중	1	경포중	1	전주북중	1	瀧川中	1	奉天二中(滿)	1
40	공주중	1	廣吳中	1	延岡中	1	계성중	1	福山誠之館	1
41	大連二中(滿)	1	鹿島大中	1	中津中	1	명신중	1	小倉工業	1
42	보성중	1	대구계중	1	修道中	1	성남중	1	新京一中(滿)	1
43	京都府福知中	1	오산중	1	米子中	1	身延中	1	浮羽中	1
44	光東中	1	평양일중	1	大洲中	1	안주중	1	傳習館中	1
45	光明學院中	1	東京府中	1	市岡中	1	若松中	1	天里二中	1
46	吉田中	1	東京府西中	1	新京中(滿)	1	人吉中	1	筑紫中	1
47	鹿兒島中	1	鞍手中	1	吳夜間中	1	長野中	1	灘中	1
48	臺中一中(台)	1	中明中	1	高鍋中	1	함흥중	1	해주서중	1
49	旅中(滿)	1	中隆猶中	1	고창중	1				
50	二鹿中	1			島根太田中	1				

표 IX-10. 본적별 예과 입학자수(문과, 이과 전체)

	1924	1925	1926	1927	1928	1929	1930	1931	1932	1933	1934	1935	1936	1937	1938	1939	1940	1941	1942	1943	총합
岡山	2	4	3	6	1	4	3	5	3	3	3	4	5	4	1	3	5	9	3	5	76
강원	1	5	2	1	2	2	2	1	0	0	5	0	2	1	3	1	0	3	2	3	36
경기	13	9	20	10	20	13	8	15	11	21	15	13	14	12	17	15	15	21	9	19	290
경남	1	1	4	6	3	3	0	3	1	0	2	3	1	2	2	3	3	3	2	4	47
京都	3	1	2	1	1	2	2	1	4	0	0	0	0	2	1	2	2	4	0	4	32
경북	6	6	4	3	2	6	6	2	3	4	2	6	3	5	6	7	11	9	6	4	101
高知	1	1	3	0	1	3	0	1	1	2	0	0	2	3	3	2	4	3	1	3	34
廣島	5	7	4	4	2	4	7	5	6	3	9	4	5	5	5	7	8	9	8	11	118
群馬	2	0	0	3	0	1	1	0	2	0	2	0	0	0	1	1	1	0	0	2	16
宮崎	1	3	1	2	1	2	0	1	2	1	2	2	0	2	4	2	2	2	2	1	33
宮城	5	1	3	1	1	3	1	1	3	2	3	2	3	3	4	1	0	4	1	4	46
崎阜	1	2	1	2	2	1	0	0	2	1	0	0	2	3	1	1	2	0	0	1	22
埼玉	1	0	0	1	1	0	0	1	2	0	1	2	0	0	0	0	1	3	0	3	16
奈良	2	1	0	2	0	1	1	0	1	1	0	0	1	1	1	0	2	2	1	0	17
鹿兒島	7	2	2	8	0	3	6	6	7	7	4	6	7	6	10	8	7	6	3	10	115
타이완	0	0	0	0	0	0	0	0	0	0	0	0	0	0	0	0	0	1	0	0	1
大分	3	5	6	4	4	5	6	6	1	6	3	5	4	2	4	4	6	9	5	9	97
大阪	1	5	3	5	1	1	5	3	1	2	2	0	0	2	5	3	1	3	1	1	45
德島	4	2	2	2	0	0	1	4	2	1	1	2	2	1	1	0	3	2	2	2	34
島根	3	4	3	2	4	2	0	5	0	3	2	4	2	2	2	5	2	2	5	7	59
東京	5	1	2	6	4	1	4	1	5	3	8	2	9	6	6	3	6	6	7	8	93
만주국	0	0	0	0	0	0	0	0	0	0	0	1	0	0	0	0	0	0	0	0	1
兵庫	5	2	0	2	5	0	1	2	2	3	3	4	3	1	2	0	3	3	2	1	44
福岡	18	13	6	10	11	7	8	9	5	17	9	5	3	8	9	9	13	12	12	20	204
福島	0	2	0	0	3	5	3	1	1	1	1	3	1	2	0	0	3	4	0	2	32
福井	3	0	1	2	1	0	0	1	2	1	2	3	1	1	1	1	0	1	4	3	28
富山	0	0	2	1	1	3	3	1	1	1	2	0	1	0	1	0	0	1	0	2	20
北海道	0	0	1	1	1	1	1	0	1	1	0	2	0	1	1	3	2	0	2	4	22
山口	9	9	7	11	3	7	8	5	10	8	5	6	6	2	8	12	8	13	7	18	162
山梨	0	1	2	2	2	1	1	1	2	0	2	5	2	0	0	2	0	2	4	3	32
山形	3	0	2	4	0	0	4	3	0	1	2	1	0	1	1	1	4	1	3	3	34
三重	2	1	3	1	1	1	4	1	1	0	1	0	0	0	0	1	3	2	2	1	25

표 IX-10. 계속

	1924	1925	1926	1927	1928	1929	1930	1931	1932	1933	1934	1935	1936	1937	1938	1939	1940	1941	1942	1943	총합
石川	2	5	2	2	3	2	3	2	3	1	1	5	0	6	2	3	1	1	0	3	47
神奈川	0	1	0	0	0	0	0	2	1	1	0	2	3	0	0	0	1	2	2	3	18
新潟	2	2	4	1	1	3	4	2	2	2	1	2	3	3	4	2	3	2	2	1	46
岩手	0	1	0	2	2	0	1	1	0	0	0	1	0	1	1	0	0	0	1	0	11
愛媛	2	1	2	2	3	0	6	2	3	3	2	0	1	1	4	2	1	1	4	5	45
愛知	2	0	3	2	0	3	2	2	4	0	0	2	2	4	2	5	3	2	5	5	48
熊本	4	6	2	0	4	6	2	1	1	4	3	5	5	9	8	3	6	6	4	12	91
茨城	2	1	2	0	1	0	0	2	2	0	1	0	1	0	3	0	0	0	5	2	22
滋賀	0	0	0	0	1	1	1	2	1	1	1	0	1	1	1	0	2	1	4	0	18
長崎	8	7	4	2	4	4	3	3	7	3	2	4	4	7	8	8	6	4	9	10	107
長野	1	3	2	0	0	4	3	3	1	1	1	0	0	0	2	2	2	2	3	4	34
전남	0	1	1	0	4	1	1	4	2	0	1	4	3	4	4	4	3	5	4	5	51
전북	3	5	4	2	3	2	1	3	2	1	1	1	2	3	3	2	6	2	2	1	49
静岡	0	0	0	1	0	1	2	3	2	2	6	0	0	3	2	2	1	4	2	0	31
鳥取	0	0	3	1	0	2	3	0	2	1	1	2	1	0	5	0	1	3	2	3	30
佐賀	8	10	2	5	6	7	2	4	2	3	4	3	3	4	3	7	2	4	4	5	88
중화민국	0	0	0	0	0	0	1	0	0	0	0	0	0	0	0	0	0	0	0	0	1
千葉	0	2	0	0	3	1	2	0	3	0	0	1	2	1	1	0	0	1	2	0	19
青森	1	1	0	1	1	0	0	0	0	0	1	0	0	1	0	0	0	0	1	0	7
秋田	1	1	0	1	0	1	2	1	1	1	0	0	1	0	1	1	2	1	2	0	17
충남	3	7	4	4	4	5	5	10	7	6	6	4	6	4	5	10	6	5	5	4	110
충북	2	0	3	1	3	4	2	7	5	3	3	4	0	2	1	1	6	3	3	3	56
沖縄	0	0	1	0	0	0	0	0	0	0	0	0	0	0	0	0	1	0	0	0	2
평남	4	2	2	5	3	1	2	7	4	5	6	10	7	7	8	4	6	7	6	5	101
평북	3	2	6	6	7	2	4	4	4	2	5	5	7	3	5	10	5	1	2	4	87
함남	5	6	5	1	7	4	3	3	2	2	4	1	5	6	12	10	3	10	5	6	100
함북	1	2	3	0	3	1	1	0	2	2	2	2	1	2	2	1	0	1	0	1	27
香川	4	3	4	1	1	1	4	3	1	3	1	5	4	3	0	3	1	4	4	4	54
和歌山	0	0	2	1	1	1	0	0	0	1	0	1	1	1	1	0	1	2	1	6	20
황해	2	2	1	3	2	0	1	3	2	3	0	1	1	4	4	5	6	9	3	3	55
栃木	1	3	1	0	0	1	0	1	0	1	0	1	3	0	0	0	0	1	0	1	14

표 IX-11. 본적별 예과 입학자수(문과)

	1924	1925	1926	1927	1928	1929	1930	1931	1932	1933	1934	1935	1936	1937	1938	1939	1940	1941	1942	1943	총합
岡山	2	1	3	5	0	1	1	1	2	2	1	3	2	4	0	0	3	2	0	1	34
강원	1	4	1	0	1	2	2	0	0	0	4	0	2	1	0	0	0	1	1	0	20
경기	7	6	13	6	13	8	5	11	9	13	11	5	6	7	6	8	6	5	5	5	155
경남	1	1	1	2	1	3	0	2	1	0	1	2	1	1	2	1	0	0	1	3	24
京都	1	1	1	1	1	1	0	1	1	0	0	0	0	0	0	1	0	2	0	2	13
경북	5	4	3	2	1	4	4	1	2	4	1	5	1	3	5	3	5	2	3	2	60
高知	1	0	2	0	1	1	0	0	1	0	0	0	2	2	1	0	1	0	0	0	12
廣島	3	3	2	1	1	1	2	0	3	1	3	0	1	1	2	2	0	2	4	2	34
群馬	0	0	0	3	0	0	0	0	1	0	1	0	0	0	1	1	1	0	0	0	8
宮崎	1	2	0	1	1	1	0	0	0	0	1	1	0	0	0	1	0	0	0	1	10
宮城	3	1	3	0	1	2	0	1	1	2	2	0	2	3	1	1	0	1	0	3	27
崎阜	0	0	0	1	1	0	0	0	0	0	0	0	0	2	0	0	0	0	0	0	4
埼玉	1	0	0	0	0	0	0	0	0	0	1	0	0	0	0	0	0	0	0	0	2
奈良	1	0	0	2	0	1	1	0	0	0	0	0	0	0	0	0	1	0	0	0	6
鹿兒島	3	2	0	2	0	1	1	3	3	2	2	2	5	1	6	2	0	2	3	4	44
大分	2	3	3	2	1	3	0	4	0	0	1	5	3	1	2	1	4	5	1	2	43
大阪	0	1	2	3	0	0	1	1	0	1	2	0	0	2	2	1	1	2	0	1	20
德島	1	0	2	1	0	0	0	2	1	0	0	1	1	1	0	0	1	0	2	1	14
島根	1	4	1	0	1	0	0	0	0	0	1	3	0	1	1	2	1	1	2	2	21
東京	3	1	1	4	3	0	2	0	2	3	4	1	5	3	2	3	1	3	1	3	45
만주국	0	0	0	0	0	0	0	0	0	0	0	1	0	0	0	0	0	0	0	0	1
兵庫	2	2	0	1	4	0	0	0	1	0	2	0	3	0	1	0	1	2	0	0	19
福岡	11	3	3	7	7	5	1	3	3	10	3	2	0	4	3	2	8	4	3	6	88
福島	0	0	0	0	1	1	1	0	1	0	1	1	1	0	0	0	2	0	0	1	10
福井	1	0	0	0	1	0	0	1	2	1	2	0	1	1	0	1	0	0	2	1	14
富山	0	0	0	0	0	0	0	1	1	0	1	0	0	0	0	0	0	0	0	0	3
北海道	0	0	1	1	1	0	0	0	1	1	0	1	0	0	1	1	0	0	1	2	11
山口	5	3	5	7	1	4	6	1	5	5	3	4	6	0	3	5	3	4	2	6	78
山梨	0	0	0	2	0	0	0	1	0	0	0	4	1	0	0	0	0	2	2	1	13
山形	0	0	1	2	0	0	3	1	0	0	0	1	0	1	1	1	4	0	2	0	17
三重	0	1	3	0	1	1	2	1	1	0	1	0	0	0	0	0	0	0	1	0	12

표 IX-11. 계속

	1924	1925	1926	1927	1928	1929	1930	1931	1932	1933	1934	1935	1936	1937	1938	1939	1940	1941	1942	1943	총합
石川	1	3	1	0	2	2	3	2	2	1	1	3	0	4	1	3	0	1	0	1	31
神奈川	0	1	0	0	0	0	0	0	1	1	0	2	2	0	0	0	1	1	1	2	12
新潟	1	0	2	0	1	3	1	2	2	2	1	1	0	2	2	0	1	1	2	1	25
岩手	0	1	0	1	0	0	1	1	0	0	0	1	0	0	0	0	0	0	0	0	5
愛媛	1	0	1	1	1	0	4	1	1	1	0	0	0	1	1	1	0	0	1	3	18
愛知	2	0	1	1	0	1	0	1	0	0	0	0	1	3	0	1	2	0	2	1	16
熊本	1	1	0	0	2	1	1	1	1	1	1	4	1	5	1	1	1	4	2	4	33
茨城	0	0	1	0	0	0	0	1	0	0	1	0	1	0	1	0	0	0	2	0	7
滋賀	0	0	0	0	1	1	1	2	0	1	0	0	0	0	0	0	0	0	1	0	7
長崎	2	4	2	1	2	3	1	1	3	2	0	1	1	3	4	2	1	1	5	5	44
長野	1	3	2	0	0	1	3	2	1	1	0	0	0	0	1	1	0	1	1	1	19
전남	0	1	0	0	1	1	1	1	2	0	1	4	2	2	3	1	2	2	1	2	27
전북	3	3	2	0	3	2	0	0	2	1	1	1	2	0	2	1	4	1	0	1	29
靜岡	0	0	0	0	0	0	1	3	0	2	4	0	0	3	1	2	0	2	0	0	18
鳥取	0	0	0	0	0	0	2	0	2	1	0	1	0	0	3	0	0	1	1	0	11
佐賀	6	7	1	3	3	4	2	3	0	1	1	1	2	2	2	2	0	2	1	2	45
중화민국	0	0	0	0	0	0	1	0	0	0	0	0	0	0	0	0	0	0	0	0	1
千葉	0	0	0	0	1	0	2	0	1	0	0	0	2	1	0	0	0	0	0	0	7
青森	1	1	0	0	1	0	0	0	0	0	1	0	0	0	0	0	0	0	1	0	5
秋田	0	1	0	0	0	1	1	0	0	0	0	0	1	0	1	1	0	0	1	0	7
충남	1	4	3	3	2	2	4	7	5	4	4	2	3	3	3	6	3	2	0	3	64
충북	1	0	2	1	2	4	1	5	4	2	3	3	0	1	0	1	3	2	1	1	37
沖繩	0	0	0	0	0	0	0	0	0	0	0	0	0	0	0	0	1	0	0	0	1
평남	3	2	0	3	2	0	2	5	0	2	2	7	4	2	3	0	2	2	2	2	45
평북	2	1	3	2	2	0	2	3	2	1	1	0	3	3	1	4	2	1	1	2	36
함남	3	2	3	0	3	2	2	2	1	2	2	0	1	1	5	3	0	6	0	1	39
함북	1	0	3	0	2	1	0	0	2	1	0	0	0	1	1	0	0	0	0	1	13
香川	0	2	1	1	0	0	2	1	0	0	0	3	1	1	0	1	1	2	2	0	18
和歌山	0	0	0	1	0	0	0	0	0	0	0	1	0	1	0	0	1	1	0	2	7
황해	1	1	1	2	0	0	1	3	1	1	0	0	1	2	3	3	2	4	0	2	28
栃木	1	1	1	0	0	1	0	1	0	0	0	0	3	0	0	0	0	0	0	1	9

표 IX-12. 본적별 예과 입학자수(이과)

	1924	1925	1926	1927	1928	1929	1930	1931	1932	1933	1934	1935	1936	1937	1938	1939	1940	1941	1942	1943	총합
岡山	0	3	0	1	1	3	2	4	1	1	2	1	3	0	1	3	2	7	3	4	42
강원	0	1	1	1	1	0	0	1	0	0	1	0	0	0	3	1	0	2	1	3	16
경기	6	3	7	4	7	5	3	4	2	8	4	8	8	5	11	7	9	16	4	14	135
경남	0	0	3	4	2	0	0	1	0	0	1	1	0	1	0	2	3	3	1	1	23
京都	2	0	1	0	0	1	2	0	3	0	0	0	0	2	1	1	2	2	0	2	19
경북	1	2	1	1	1	2	2	1	1	0	1	1	2	2	1	4	6	7	3	2	41
高知	0	1	1	0	0	2	0	1	0	2	0	0	0	1	2	2	3	3	1	3	22
廣島	2	4	2	3	1	3	5	5	3	2	6	4	4	4	3	5	8	7	4	9	84
群馬	2	0	0	0	0	1	1	0	1	0	1	0	0	0	0	0	0	0	0	2	8
宮崎	0	1	1	1	0	1	0	1	2	1	1	1	0	2	4	1	2	2	2	0	23
宮城	2	0	0	1	0	1	1	0	2	0	1	2	1	0	3	0	0	3	1	1	19
崎阜	1	2	1	1	1	1	0	0	2	1	0	0	2	1	1	1	2	0	0	1	18
埼玉	0	0	0	1	1	0	0	1	2	0	0	2	0	0	0	0	1	3	0	3	14
奈良	1	1	0	0	0	0	0	0	1	1	0	0	1	1	1	0	1	2	1	0	11
鹿児島	4	0	2	6	0	2	5	3	4	5	2	4	2	5	4	6	7	4	0	6	71
타이완	0	0	0	0	0	0	0	0	0	0	0	0	0	0	0	0	0	1	0	0	1
大分	1	2	3	2	3	2	6	2	1	6	2	0	1	1	2	3	2	4	4	7	54
大阪	1	4	1	2	1	1	4	2	1	1	0	0	0	0	3	2	0	1	1	0	25
德島	3	2	0	1	0	0	1	2	1	1	1	1	1	0	1	0	2	2	0	1	20
島根	2	0	2	2	3	2	0	5	0	3	1	1	2	1	1	3	1	1	3	5	38
東京	2	0	1	2	1	1	2	1	3	0	4	1	4	3	4	0	5	3	6	5	48
兵庫	3	0	0	1	1	0	1	2	1	3	1	4	0	1	1	0	2	1	2	1	25
福岡	7	10	3	3	4	2	7	6	2	7	6	3	3	4	6	7	5	8	9	14	116
福島	0	2	0	0	2	4	2	1	0	1	0	2	0	2	0	0	1	4	0	1	22
福井	2	0	1	2	0	0	0	0	0	0	0	3	0	0	1	0	0	1	2	2	14
富山	0	0	2	1	1	3	3	0	0	1	1	0	1	0	1	0	0	1	0	2	17
北海道	0	0	0	0	0	1	1	0	0	0	0	1	0	1	0	2	2	0	1	2	11
山口	4	6	2	4	2	3	2	4	5	3	2	2	0	2	5	7	5	9	5	12	84
山梨	0	1	2	0	2	1	1	0	2	0	2	1	1	0	0	2	0	0	2	2	19
山形	3	0	1	2	0	0	1	2	0	1	2	0	0	0	0	0	0	1	1	3	17

표 IX-12. 계속

	1924	1925	1926	1927	1928	1929	1930	1931	1932	1933	1934	1935	1936	1937	1938	1939	1940	1941	1942	1943	총합
三重	2	0	0	1	0	0	2	0	0	0	0	0	0	0	0	1	3	2	1	1	13
石川	1	2	1	2	1	0	0	0	1	0	0	2	0	2	1	0	1	0	0	2	16
神奈川	0	0	0	0	0	0	0	2	0	0	0	0	1	0	0	0	0	1	1	1	6
新潟	1	2	2	1	0	0	3	0	0	0	0	1	3	1	2	2	2	1	0	0	21
岩手	0	0	0	1	2	0	0	0	0	0	0	0	0	1	1	0	0	0	1	0	6
愛媛	1	1	1	1	2	0	2	1	2	2	2	0	1	0	3	1	1	1	3	2	27
愛知	0	0	2	1	0	2	2	1	4	0	0	2	1	1	2	4	1	2	3	4	32
熊本	3	5	2	0	2	5	1	0	0	3	2	1	4	4	7	2	5	2	2	8	58
茨城	2	1	1	0	1	0	0	1	2	0	0	0	0	0	2	0	0	0	3	2	15
滋賀	0	0	0	0	0	0	0	0	1	0	1	0	1	1	1	0	2	1	3	0	11
長崎	6	3	2	1	2	1	2	2	4	1	2	3	3	4	4	6	5	3	4	5	63
長野	0	0	0	0	0	3	0	1	0	0	1	0	0	0	1	1	2	1	2	3	15
전남	0	0	1	0	3	0	0	3	0	0	0	0	1	2	1	3	1	3	3	3	24
전북	0	2	2	2	0	0	1	3	0	0	0	0	0	3	1	1	2	1	2	0	20
靜岡	0	0	0	1	0	1	1	0	2	0	2	0	0	0	1	0	1	2	2	0	13
鳥取	0	0	3	1	0	2	1	0	0	0	1	1	1	0	2	0	1	2	1	3	19
佐賀	2	3	1	2	3	3	0	1	2	2	3	2	1	2	1	5	2	2	3	3	43
千葉	0	2	0	0	2	1	0	0	2	0	0	1	0	0	1	0	0	1	2	0	12
青森	0	0	0	1	0	0	0	0	0	0	0	0	0	1	0	0	0	0	0	0	2
秋田	1	0	0	1	0	0	1	1	1	1	0	0	0	0	0	0	2	1	1	0	10
충남	2	3	1	1	2	3	1	3	2	2	2	2	3	1	2	4	3	3	5	1	46
충북	1	0	1	0	1	0	1	2	1	1	0	1	0	1	1	0	3	1	2	2	19
沖繩	0	0	1	0	0	0	0	0	0	0	0	0	0	0	0	0	0	0	0	0	1
평남	1	0	2	2	1	1	0	2	4	3	4	3	3	5	5	4	4	5	4	3	56
평북	1	1	3	4	5	2	2	1	2	1	4	5	4	0	4	6	3	0	1	2	51
함남	2	4	2	1	4	2	1	1	1	0	2	1	4	5	7	7	3	4	5	5	61
함북	0	2	0	0	1	0	1	0	0	1	2	2	1	1	1	1	0	1	0	0	14
香川	4	1	3	0	1	1	2	2	1	3	1	2	3	2	0	2	0	2	2	4	36
和歌山	0	0	2	0	1	1	0	0	0	1	0	0	1	0	1	0	0	1	1	4	13
황해	1	1	0	1	2	0	0	0	1	2	0	1	0	2	1	2	4	5	3	1	27
栃木	0	2	0	0	0	0	0	0	0	1	0	1	0	0	0	0	0	1	0	0	5

표 IX-13. 본적별 예과 입학자수(1924~43년 전체) 및 비예과자수(1926~42년 전체)

순위	문과+이과			문과			이과			비예과		
	본적지	사례수	백분율	본적지	사례수	백분율	본적지	사례수	백분율	본적지	사례수	백분율
1	경기	290	8.69	경기	155	10.16	경기	135	7.45	경기	19	10.05
2	福岡	204	6.11	福岡	88	5.77	福岡	116	6.40	福岡	12	6.35
3	山口	162	4.85	山口	78	5.11	廣島	84	4.64	山口	11	5.82
4	廣島	118	3.54	충남	64	4.19	山口	84	4.64	鹿兒島	9	4.76
5	鹿兒島	115	3.45	경북	60	3.93	鹿兒島	71	3.92	島根	9	4.76
6	충남	110	3.30	東京	45	2.95	長崎	63	3.48	長崎	8	4.23
7	長崎	107	3.21	佐賀	45	2.95	함남	61	3.37	평남	8	4.23
8	경북	101	3.03	평남	45	2.95	熊本	58	3.20	경남	7	3.70
9	평남	101	3.03	鹿兒島	44	2.88	평남	56	3.09	高知	6	3.17
10	함남	100	3.00	長崎	44	2.88	大分	54	2.98	廣島	6	3.17
11	大分	97	2.91	大分	43	2.82	평북	51	2.81	경북	5	2.65
12	東京	93	2.79	함남	39	2.56	東京	48	2.65	兵庫	5	2.65
13	熊本	91	2.73	충북	37	2.42	충남	46	2.54	長野	5	2.65
14	佐賀	88	2.64	평북	36	2.36	佐賀	43	2.37	함남	5	2.65
15	平北	87	2.61	岡山	34	2.23	岡山	42	2.32	岡山	4	2.12
16	岡山	76	2.28	廣島	34	2.23	경북	41	2.26	강원	4	2.12
17	島根	59	1.77	熊本	33	2.16	島根	38	2.10	황해	4	2.12
18	충북	56	1.68	石川	31	2.03	香川	36	1.99	大分	3	1.59
19	황해	55	1.65	전북	29	1.90	愛知	32	1.77	東京	3	1.59
20	香川	54	1.62	황해	28	1.83	愛媛	27	1.49	福島	3	1.59
21	전남	51	1.53	宮城	27	1.77	황해	27	1.49	新潟	3	1.59
22	전북	49	1.47	전남	27	1.77	大阪	25	1.38	熊本	3	1.59
23	愛知	48	1.44	新潟	25	1.64	兵庫	25	1.38	전남	3	1.59
24	경남	47	1.41	경남	24	1.57	전남	24	1.32	佐賀	3	1.59
25	石川	47	1.41	島根	21	1.38	경남	23	1.27	평북	3	1.59
26	宮城	46	1.38	강원	20	1.31	宮崎	23	1.27	香川	3	1.59
27	新潟	46	1.38	大阪	20	1.31	高知	22	1.21	宮城	2	1.06
28	大阪	45	1.35	兵庫	19	1.25	福島	22	1.21	大阪	2	1.06
29	愛媛	45	1.35	長野	19	1.25	新潟	21	1.16	滋賀	2	1.06
30	兵庫	44	1.32	愛媛	18	1.18	德島	20	1.10	전북	2	1.06
31	강원	36	1.08	靜岡	18	1.18	전북	20	1.10	충남	2	1.06
32	高知	34	1.02	香川	18	1.18	京都	19	1.05	高雄	2	1.06
33	德島	34	1.02	山形	17	1.11	宮城	19	1.05	京都	1	0.53

표 IX-13. 계속

순위	문과+이과			문과			이과			비예과		
	본적지	사례수	백분율	본적지	사례수	백분율	본적지	사례수	백분율	본적지	사례수	백분율
34	山形	34	1.02	愛知	16	1.05	山梨	19	1.05	宮崎	1	0.53
35	長野	34	1.02	德島	14	0.92	鳥取	19	1.05	崎阜	1	0.53
36	宮崎	33	0.99	福井	14	0.92	충북	19	1.05	埼玉	1	0.53
37	京都	32	0.96	京都	13	0.85	崎阜	18	1.00	奈良	1	0.53
38	福島	32	0.96	山梨	13	0.85	富山	17	0.94	德島	1	0.53
39	山梨	32	0.96	함북	13	0.85	山形	17	0.94	福井	1	0.53
40	靜岡	31	0.93	高知	12	0.79	강원	16	0.88	富山	1	0.53
41	鳥取	30	0.90	三重	12	0.79	石川	16	0.88	北海道	1	0.53
42	福井	28	0.84	神奈川	12	0.79	茨城	15	0.83	山梨	1	0.53
43	함북	27	0.81	北海道	11	0.72	長野	15	0.83	山形	1	0.53
44	三重	25	0.75	鳥取	11	0.72	埼玉	14	0.77	三重	1	0.53
45	北海道	22	0.66	宮崎	10	0.66	福井	14	0.77	石川	1	0.53
46	茨城	22	0.66	福島	10	0.66	함북	14	0.77	神奈川	1	0.53
47	崎阜	22	0.66	栃木	9	0.59	三重	13	0.72	岩手	1	0.53
48	富山	20	0.60	群馬	8	0.52	靜岡	13	0.72	愛媛	1	0.53
49	和歌山	20	0.60	茨城	7	0.46	和歌山	13	0.72	愛知	1	0.53
50	千葉	19	0.57	滋賀	7	0.46	千葉	12	0.66	茨城	1	0.53
51	神奈川	18	0.54	千葉	7	0.46	奈良	11	0.61	千葉	1	0.53
52	滋賀	18	0.54	秋田	7	0.46	北海道	11	0.61	충북	1	0.53
53	奈良	17	0.51	和歌山	7	0.46	滋賀	11	0.61	함북	1	0.53
54	秋田	17	0.51	奈良	6	0.39	秋田	10	0.55	和歌山	1	0.53
55	群馬	16	0.48	岩手	5	0.33	群馬	8	0.44	臺灣	1	0.53
56	埼玉	16	0.48	青森	5	0.33	神奈川	6	0.33			
57	栃木	14	0.42	崎阜	4	0.26	岩手	6	0.33			
58	岩手	11	0.33	富山	3	0.20	栃木	5	0.28			
59	青森	7	0.21	埼玉	2	0.13	青森	2	0.11			
60	沖繩	2	0.06	만주국	1	0.07	臺灣	1	0.06			
61	臺灣	1	0.03	중화민국	1	0.07	沖繩	1	0.06			
62	만주국	1	0.03	沖繩	1	0.07						
63	중화민국	1	0.03									

2) 예과과정

1940년 이전까지 예과규정 1조의 내용은 "경성제국대학 예과는 동 대학 각 학부에 입학하려는 자에 대해 고등보통교육을 완성하고, 특히 국민도덕의 충실에 힘쓰는 것을 목적으로 한다"는 것이었다. 1940년 4월에 개정된 예과규정 1조에서는 경성제국대학 예과가 "동 대학 각 학부에 입학하려는 자에 대해 고등보통교육을 완성하고 특히 황국의 도에 국체관념의 함양 및 인격의 도야에 유의함으로써 충량한 황국신민을 錬成함을 목적으로 한다."라고 하여, 그 이념과 목적을 밝히고 있다. 경성제국대학의 예비교육기관임을 명시함과 동시에 '국체관념의 함양' 및 '충량한 황국신민의 연성'이라는 일본제국주의적 목적에 복무할 것을 추가로 규정하고 있는 것이다.

예과규정 2조는 대학예과가 수업연한을 3년으로 하고, 문과와 이과로 나뉘며, 각 과는 또 갑류와 을류로 나뉜다고 명시하고 있다. 경성제대예과는 설립 당시 중학교 졸업자와 동등 이상의 학력자가 입학할 수 있는 수업연한 2년의 예비교육기관이었으나, 1934년 3월에 예과 수학연한이 2년에서 3년으로 바뀜으로써 해당 예과규정이 개정되었다. 또 1938년 4월에 昭和13년 4월에 예과규정을 개정하여 문과와 이과를 각기 갑류와 을류로 나눌 것을 명시하고 같은 문과 및 이과 안에서도 갑류와 을류 사이에 교과목 및 교수시간을 달리 편성하였다. 그 이전까지는 문과와 이과가 각기 A와 B로 나뉘어 있었으나 예과규정에 명시되지 못한 구분이었고, A와 B 사이에 교과목 및 교수시간에 차이가 없었다.

1940년 4월에 개정된 예과규정 5조와 6조는 문과 갑류와 을류, 이과 갑류와 을류의 교과목 및 주당 교수시간을 다음과 같이 규정하고 있다.

예과학칙 8조에 따르면, 예과 입학 후에 전과 및 전류를 하려면, 다시 대학예과 입학지원자선발시험을 합격해야 한다. 대학예과 입학 후에도 학년이 자동 진급하는 것이 아니라 평소의 학업 및 시험성적을 평가하여 매 학년 수료를 인정받아야 한다(예과규정 19조). 예과규정 20조에 따르면 1학년의 과정을 수료한 생도의 학년을 진급시킬 권한은 예과부장에게 있다. 예과학칙은 수료 및 진급 불인정 항목을 정하고 있다. ① 평균점 60점 미만, ② 1과목 평점 40점 미만, ③ 과목평점 50점 미만인 것이 2과목 이상, ④ 과목평점 60점 미만인 것이 총 과목 수의 1/4 이상이고 그 1과목평점이 50점 미만일 경우, ⑤ 과목평점 60점 미만인 것이 총평점과목 수의 1/3일 경우의 다섯 가지 경우 중 하나라도 해당되면 진급이나 수료는 인정되지 않는다(예과

표 IX-14. 대학예과 문과의 학년별 학과목 및 교수시간

	제1학년		제2학년		제3학년	
	갑	을	갑	을	갑	을
수신	1	1	1	1	1	1
국어(일본어) 및 한문	5	6	5	6	6	6
영어	5	8	4	8	4	8
독어	10	6	8	5	9	5
역사	3	3	5	5	4	4
지리	2	2	2	0	0	0
철학개론	0	0	0	0	3	3
심리 및 논리	0	0	2	2	2	2
법제 및 경제	0	0	2	2	2	2
수학	2	2	0	0	0	0
자연과학	2	2	2	2	0	0
체조	3	3	3	3	3	3
계	33	33	34	34	34	34

표 IX-15. 대학예과 이과의 학년별 학과목 및 교수시간

	제1학년		제2학년		제3학년	
	갑	을	갑	을	갑	을
수신	1	1	1	1	1	1
국어(일본어) 및 한문	4	4	2	2	0	0
영어	7	3	7	3	6	3
독어	4	10	4	9	4	9
라틴어	0	0	0	0	0	1
수학	4	4	5	4	6	3
물리	2	2	2	2	실험강의 5	실험강의 5
화학	2	2	2	2	실험강의 5	실험강의 5
식물 및 동물	식물 2	식물 2	동물 2	동물식물 실험강의 4	0	동물식물 실험강의 4
광물 및 지질	0	0	0	0	2	0
심리	0	0	2	2	0	0
역사	2	2	0	0	0	0
법제 및 경제	0	0	2	2	0	0
도화	2	0	2	0	2	0
체조	3	3	3	3	3	3
계	33	33	34	34	34	34

학칙 27조). 진급 및 수료를 인정받지 못한 자는 다음 학년에서 원 학년을 다시 이수해야 한다(예과학칙 28조). 예과학칙 24조는 또 대학예과의 수료성적을 재학3학년간의 학년성적을 참작하여 정할 것을 규정한다. 그러나 이 수료 및 진급 관련 학칙은 상당히 융통성 있게 적용된 듯하다. 유진오의 『구름 위의 만상』에는 예과 강사 시절의 유진오가 20점이라는 낙제점을 준 학생이 원 학년을 다시 이수하지 않은 채, 예과를 수료하고 학부로 진학한 에피소드가 소개되어 있다.[7]

예과는 3학기제를 택했다. 예과학칙 2조에 따르면, 1학기는 4월 1일부터 8월 20일까지이며, 2학기는 8월 21일부터 12월 31일까지이고, 3학기는 다음해 1월 1일에 시작해 3월 31일에 마친다. 『예과일람』의 학년력에 따르면, 3월 16일부터 4월 9일까지는 춘기휴업 즉 봄방학이고, 하기휴업 즉 여름방학은 7월 11일부터 8월 20일까지, 동기휴업, 즉 겨울방학은 12월 25일부터 다음해 1월 14일까지다. 예과학칙 36조는 수업료를 정하고 있는데, 4월에 납부하는 제1기 수업료가 30원, 9월에 납부하는 제2기가 30원, 1월에 납부하는 제3기가 15원이다. 개설 당시부터 1934년 3월 개정까지 예과학칙상 수업료는 1기와 2기가 20원, 3기가 10원이었다. 예과학칙은 기숙료(寄宿寮), 즉 기숙사 규정을 갖고 있다. 즉 경성제대의 기숙사 시설은 예과 생도를 위한 시설이었다. 예과학칙 37조는 기숙료가 예과의 생도를 기숙시키는 기관임을 명시한다. 1938년까지 예과학칙에는 기숙료 의무 입료(38조)를 비롯한 엄격한 규정들이 있었다. 1938년의 학칙 개정으로 38조부터 43조까지의 규정이 삭제되었다.

3. 대학학부의 교육

1) 학부 입학

경성제국대학 예과는 학부 진학자를 위한 예비교육기관이며, 본격적인 대학교육은 학부진학과 더불어 이루어진다. 일본 제국 내의 대학을 규정하는 최고 법령인 대학령의 9조는 학부입학 자격자를 해당 대학 예과 수료자, 고등학교 고등과 졸업자, 문

---

7. "H가 되살아난 이유를 내가 안 것은 그 이듬해 내가 보성전문학교 전임교원으로 자리를 옮긴 후의 일이었다. 학칙의 규정이 아무리 엄격하여도 학교에는 어느 곳이든지 '及落會議'라는 것이 있어서, 정 어찌할 수 없는 학생을 제외하고는 웬만큼 모자라는 학생이면 될 수 있는 대로 구제해 주는 길이 있는 것이었다. 풋내기 선생은 학칙의 엄한 것만 알았지, 학교도 한 사회라는 것은 미처 알지 못했던 것이다."(유진오, 1966: 248)

부대신이 동등학력으로 인정한 자로 정하고 있다. 경성제국대학의 입학에 필요한 학력자격은 다른 제국대학과 동일했다. 다만 예과를 두고 있었던 경성제국대학은 예과 수료자들에게 입학의 우선순위를 주고 있었다. 대학규정 8조는 "대학은 조선총독의 허가를 받아 학부의 입학자격을 가진 자에 대해 입학의 순위를 정할 수 있다"고 되어 있고, 대학규정 9조는 "동순위 입학지원자의 수가 수용인원을 초과할 경우 대학은 조선총독의 허가를 얻어 선발방법을 정한다."라고 되어 있다. 학부는 본학 예과 수료자를 먼저 입학시킨 뒤(4조), 예과 수료자를 입학시키고 결원이 있을 경우 다음 순서로 입학을 허가(5조)했던 것이다.

1. 고등학교 및 학습원 고등과 문과 수료자로 법문학부에, 이과 수료자로 의학부 및 이공학부에 지원한 자.
2. 본학 학부에서 시행하는 학력검정시험에 합격한 자.
   1의 지원자가 수용인원을 초과할 경우 선발시험을 행할 수 있다.

「경성제대 학생명부」에 따르면 1940년 의학부 졸업생 29명 중 24명이 비예과 출신자이며, 24명 중 3명이 타이완인이다. 1934년 예과의 수학연한이 2년에서 3년으로 연장되면서, 1936년 예과 수료자가 1명도 배출되지 않았기 때문인데, 이들 비예과자는 1938년 「학생생활조사보고」에서 모두 고등학교 졸업자로 확인되고 있다. 1936년 한해에만 의학부 입학선발시험이 치러졌을 가능성이 있다. 실제로 시행된 적은 없지만, 법문학부규정도 입학선발시험에 대한 규정이 있었다. 입학선발시험의 과목 및 방법은 법문학부 교수회에서 정한다는 것이다(5조).

예과 수료자는 전체 학부 졸업자의 90% 정도를 점했던 것으로 추측된다. 이들은 대부분 학력검정시험에 합격한 자로 짐작된다(이 책에 수록된 IX장의 논문을 참조). 법문학부규정 6조는 학력검정시험 수험자격자를 다음과 같이 정한다.

법문학부 선과생 및 선과수료자.
공사립대학 예과, 고등사범학교, 여자고등사범학교, 고등상업학교, 외국어학교 및 동등이상의 학교 졸업자로서 본 학부에서 적당하다고 판단하는 자.

통칙7조는 경성제대를 졸업한 자 및 다른 제국대학의 졸업자의 재입학을 허가하고 있다. "본학 학부 소정의 학사자격을 가진 자로 다른 학부 또는 같은 학부의 다른 학과의 입학을 지원하는 자"나 "퇴학한 자로서 다시 같은 학부의 같은 과에 입학을 지원하는 자", "다른 제국대학 학부 소정의 학사자격을 가진 자"에 대해 입학을 허가한다는 것이다. 법문학부규정 14조는 "본 학부에서 학사 칭호를 얻은 자가 자른 학사 칭호를 얻으려면 다시 2년 이상 재학해 제규의 시험에 합격해야 한다."라고 규정한다. 「경성제대 학생명부」를 통해 확인해 볼 때, 경성제대를 졸업하고 재입학하여 다시 학사칭호를 획득한 자는 모두 23명이다. 이 중 18명이 법문학부의 문학과, 사학과, 철학과 및 의학부를 졸업하고 법학과에 재입학한 자들이다(표 IX-16 참조).

학부 재입학이 주로 법학과 진학을 위한 통로로 이용된 데서도 알 수 있듯, 경성제대 법문학부에서 법학과는 특히 선호되던 학과였다. 통칙 8조는 예과에서 학부에 진학하려는 자는 예과수료 전에 그 지망학과를 신청해 학부장의 허가를 받는다고 되어 있고, 법문학부규정 4조는 "학과의 입학지망자 수가 해당학과의 수용예정 수를 초과할 때는 그 허가에 관해 학부장은 교수회의 회의를 거쳐 전형한다"는 규정으로 되어 있다.

경성제국대학 학부에는 학생뿐만 아니라, 선과생, 청강생, 전공생 등도 수학하였다. 통칙 28조에 따르면 경성제국대학은 "학부의 학과에서 1과목 혹은 몇 과목을 택해 수학하고자 하는 자가 있을 때는 학생의 수학을 방해하지 않는 한 선과생으로 입학을 허가할 수 있다." 선과생으로서 입학을 허가받기 위해서는 "19세 이상의 자로 선택하는 과목의 학수(學修)에 족한 학력"을 가져야 하며, 그 학력은 학부에서 행하는 입학시험을 보아 인정한다. 선과생은 수학한 과목에 대해 시험을 치르고 합격 증서를 받는다는 점에서는 재학생과 동일하다(통칙 31조). 법문학부 규정 38조는 선과생입학시험 수험자격자를 다음과 같이 정하고 있다.

> 중학교, 고등여학교, 또는 문부대신, 조선총독이 동등이상이라고 인정하는 학교의 졸업자.
> 전문학교입학검정시험 합격자.
> 입학 후 전공할 과목에 대해 사범학교, 중학교, 고등여학교의 교원면허를 가진 자.

선과생 입학시험 수험자격은 대학예과 입학자격과 유사함을 알 수 있다. 다만 대학예과에는 입학할 수 없는 고등여학교 졸업자가 선과생 입학시험 수험자격자 사이에 끼어 있다는 점이 특징적이다. 다만 이들 선과생은 고등학교 또는 대학예과를 졸업하지 않았기 때문에, 정규 학사자격을 취득하기 위해서는 선과수험과는 별도로 고등학교 또는 대학예과 졸업수준의 학력검정시험을 치러야 했다.

표 IX-16. 2개 학사 칭호 획득자

예과 입학년	문과/이과	이름	본적지	출신교	학부 졸업년	학부 학과	졸업년2	학과	취직처	고등문관 시험합격자
1925	문과B	金亨喆	황해	평양중	1930	철학과	1932	법학과	평북도청	
1926	문과B	白井芳朗	新潟	용산중	1931	법학과	1934	문학과	경성제대 문과 재입학	
1926	문과B	尹泰林	경기	경성일고보	1931	철학과	1935	법학과	종로 동아 상점	고등문관 시험합격
1927	문과A	櫟中健毅	山口	용산중	1932	법학과	1938	철학과		
1927	문과B	元興均	충북	경성일고보	1932	철학과	1934	법학과	경성제대 법학과 재입학	
1927	문과B	田鳳彬	평남	평양고보	1932	문학과	1934	법학과	경성제대 법학과 재입학	고등문관 시험합격
1928	문과B	篠原茂雄	山口	萩中	1933	철학과	1936	법학과		
1928	문과A	洪鳳珍	경기	보성고보	1933	문학과	1936	법학과		
1929	문과B	金聲均	충북	경성일고보	1934	사학과	1939	법학과		
1929	문과B	吳震泳	경기	경성이고보	1934	사학과	1936	법학과		
1929	문과B	鄭近永	경기	경성일고보	1936	철학과	1940	법학과		
1930	문과B	徐廷德	경북	대구중	1935	사학과	1937	철학과		
1931	문과B	金木主一	富山	용산중	1936	철학과	1938	문학과		
1931	문과B	崔星熙	경기	경성중	1936	문학과	1938	법학과		
1931	문과B	豊福哲夫	福岡	경성중	1937	문학과	1939	법학과		
1932	문과B	瀨川良造	廣島	경성중	1937	문학과	1939	법학과		
1932	문과B	與田義勝	福岡	傳習館中	1937	문학과	1941	법학과		
1932	문과B	尹英求	충남	경성이고보	1937	사학과	1939	법학과		
1932	문과B	李敏宬	경기	경성일고보	1937	문학과	1939	법학과		
1932	문과B	崔炳武	경기	경성일고보	1937	사학과	1939	법학과		
	문과갑	石原美樹雄	山梨	奉天中(滿)	1941	문학과	1942	법학과		
1935	비예과	金龍培	경기		1939	철학과	1941	철학과(서양철학)		
	비예과	伊藤明隆	황해		1942(9)	의학부	????	법학과		

다음은 『일람』 쇼와(昭和) 17년, 275면의 「선과수료생」을 재정리한 것이다.

표 IX-17. 선과수료생(1929~42년)

수료 연월	이름	본적지	학부졸업년	학부학과	학부졸업년2	학부학과2
1929년 3월	玄俊赫	평남				
1929년 3월	原田金司	大分				
1930년 3월	大口義夫	岡山				
1930년 3월	金容河	전남				
1931년 3월	稻光榮一	福岡	1933	사학과		
1931년 3월	小竹武夫	石川	1932	철학과		
1931년 3월	鳥本翠齋	山口				
1931년 3월	末永隆定	長崎	1934	사학과		
1931년 3월	中岡積	廣島	1933	사학과		
1931년 3월	森田梧郎	新潟	1934	문학과		
1932년 3월	笠岡幹吾	廣島				
1932년 3월	中野己之吉	石川				
1932년 3월	難波敬舟	岡山				
1932년 3월	西脇定夫	三重				
1932년 3월	牧井善三郎	三重				
1932년 3월	朴鍾鴻	평남	1933	철학과		
1933년 3월	習田達夫	京都				
1933년 3월	土居山洋	福岡	1936	사학과		
1933년 3월	藤井佐太郎	福井				
1934년 3월	廣瀨續	熊本				
1935년 3월	原田平三郎	長野	1937	사학과		
1935년 3월	渡部一郎	福島	1937	문학과		
1936년 3월	磯秀夫	栃木				
1936년 3월	稻田繁夫	長崎	1937	문학과		
1936년 3월	稅田利秋	福岡				
1936년 3월	田中初夫	群馬				
1936년 3월	永島豊子	山梨				
1936년 3월	若松實	崎阜	1939	문학과		
1937년 3월	青木健治	山口	1938	문학과		
1937년 3월	大塚鐙	德島	1938	철학과		
1937년 3월	狩野滿	福岡	1939	문학과		
1937년 3월	金龍培	경기	1939	철학과	1941	철학과
1937년 3월	高月亮太	岡山				
1937년 3월	田所光一郎	神奈川				
1937년 3월	桶口節春	山口	1940	문학과		
1937년 3월	李鍾達	경북	1939	철학과		
1938년 3월	李本寧	경북				
1938년 3월	松田銀治	東京				
1940년 3월	朴時亨	경북				
1941년 3월	平山力	福岡				
1941년 3월	中尾浩太郎	福岡				
1941년 12월	澤田善朝	奈良				

이 표에서 「경성제대 학생명부」를 확인하여, 선과수료생 중 학부에 입학하여 졸업한 사항을 추가 기록하였다. 1937년에 선과를 수료한 김용배의 경우, 1939년에는 철학과를 중국철학 전공으로 졸업하고, 1941년에는 서양철학 전공으로 철학과를 졸업하였음을 알 수 있다.

여기에서 확인할 수 있듯이, 선과생은 주로 법문학부의 철학과, 사학과, 문학과, 그리고 이공학부가 받아들였다. 한편 청강생이란 "각 학부의 과목에 대해 청강을 원하는 자"로서 학부가 정하는 바에 따라 청강생으로 허락을 받은 자이다. 청강생이 입학을 허가받기 위해서는 선과생과 마찬가지로 학부에서 치르는 학력시험에 합격해야 한다. 그러나 선과생과 달리 청강생은 청강하는 과목에 대해 시험을 치르지 않는다(34조). 전공생이란 "학부교관의 지도를 받아 특수사항에 대해 연구를 하려는 자"로서 학부의 정한 바에 따라 전공생으로 입학을 허가받은 자이다(37조).

2) 학부과정

경성제국대학은 개설 당시에 법문학부와 의학부의 2개 학부가 있었고, 1941년에 이공학부가 개설되었다. 법문학부에는 법학과, 철학과, 사학과, 문학과의 4개 학과가 있었고(법문학부규정 1조), 이공학부에는 물리학과, 화학과, 토목공학과, 기계공학과, 전기공학과, 응용화학과, 광산야금학과의 7개 학과가 개설되었다(이공학부규정 1조). 학부의 수학기간은 법문학부와 이공학부의 경우 최단 3년이고, 6년을 넘지 못하게 했으며(법문학부규정 2조, 이공학부규정 2조와 3조), 의학부의 경우에는 8년을 초과할 수 없도록 했다(의학부규정 7조). 법문학부와 이공학부의 재학기간이 통상 3년인 반면, 의학부는 4년이었다.

법문학부는 2학기제를 택했다(법문학부규정 3조). 1학기는 4월 1일에 시작해 10월 15일에 마치며, 2학기는 10월 16일에 시작해 3월 31에 마친다. 의학부와 이공학부는 3학기제를 택했다(의학부규정 1조, 이공학부규정 4조). 1학기는 4월 1일에 시작해 8월 31일에 마치고, 2학기는 9월 1일부터 12월 31일까지, 3학기는 다음해 1월 1일부터 3월 31일일까지다. 4월 1일부터 4월 10일까지의 춘계휴업, 7월 1일부터 8월 31일까지의 하계휴업, 12월 25일부터 다음해 1월 7일까지의 동계휴업이 있다.

경성제국대학 통칙 22조는 학부의 수업료를 규정하고 있다. 4월부터 8월까지의 제1기는 35원이고, 9월 12월까지의 제2기는 35원이며, 다음해 1월부터 3월까지의 제3

기는 30원이다. 학부의 수업료는 한 번도 오르지 않아, 1926년부터 1942년까지 동일하다.

법문학부규정 8조에 따르면, 법문학부에서 개설되는 매 학년의 수업과목 및 그 시간수는 교수회에서 정한다고 되어 있고, 학생들은 자신이 수학할 과목을 기재하여 소정의 양식에 기재하여 학부장에게 제출해야 한다(9조). 학부 학생들도 수학한 과목에 대해 시험을 보아 합격을 해야 그 과목의 이수를 인정받을 수 있었다(10조) 시험성적은 우, 양, 가, 불가로 나누어 가 이상을 합격시킨다(13조).

법학과의 수업과목 및 이수 단위에 대해서는 법문학부규정 17~19조에, 철학과, 사학과, 문학과의 수업과목 및 이수 단위에 대해서는 법문학부규정 20~29조에 나와 있다. 철학과, 사학과, 문학과의 학생은 재학 1년을 마칠 때까지 전공을 정해 학부장에게 제출하도록 되어 있었다(법문학부규정 30조). 철학과의 경우에는 철학 전공, 윤리학 전공, 심리학 전공, 종교학 전공, 미학·미술사 전공, 교육학 전공, 중국철학 전공이 개설되었고, 사학과의 경우에는 국사(일본사)학 전공, 조선사학 전공, 동양사학 전공이 개설되었으며, 문학과의 경우에는 국어국문학(일본어일본문학) 전공, 조선어조선문학 전공, 중국어중국문학 전공, 영어영문학 전공이 개설되어 있었다. 철학과, 사학과 문학과의 경우에는 외국어 학수가 강조되었다(법문학부규정 31조에서 33조까지).

마지막으로 경성제국대학이 1938년 11월 학생생활 전반에 대한 체계적인 조사작업을 실행한 자료인, 「학생생활조사보고」로부터 다음과 같은 흥미로운 표들을 추출해 볼 수 있다.

표 IX-18. 경성제국대학 재학생의 출신교(1938년 11월 조사)

출신교	총수	법문학부	의학부
총수	363	148	215
대학예과	319	137	182
고등학교	33	1	32
검정	0	0	0
전문학교	3	3	0
기타	6	6	0
기입 안함	2	1	1

표 IX-19. 경성제국대학 재학생의 연령(1938년 11월 조사)

연령	전체(%)	법문학부(%)	의학부(%)	연령	전체(%)	법문학부(%)	의학부(%)
	363 (100)	148 (100)	215 (100)		363 (100)	148 (100)	215 (100)
20세	4 (1.10)	2 (1.35)	2 (0.93)	26세	30 (8.26)	7 (4.73)	23(10.70)
21세	20 (5.51)	9 (6.08)	11 (5.12)	27세	17 (4.68)	9 (6.08)	8 (3.72)
22세	65(17.91)	29(19.59)	36(16.74)	28세	8 (2.20)	4 (2.70)	4 (1.86)
23세	66(18.18)	36(24.32)	30(13.95)	29세	4 (1.10)	1 (0.68)	3 (1.40)
24세	72(19.83)	26(17.57)	46(21.40)	30세	5 (1.38)	2 (1.35)	3 (1.40)
25세	69(19.01)	20(13.51)	49(22.79)	31세	3 (0.83)	3 (2.03)	0 (0.00)

표 IX-20. 경성제국대학 재학생의 숙소와 점심식사 장소와 숙소(1938년 11월 조사)

점심식사 장소	총수	숙소												백분율
		自宅	親戚	知人	下宿屋	素人下宿	寄宿舍	縣人寮	借家	借間	아파트	家庭教師	기입 안함	
총수	363	155	20	30	50	78	4	1	3	3	15	1	3	100.00
학내식당	79	25	2	5	14	17	2	1	0	0	12	0	1	21.76
학외식당	1	0	0	0	0	0	0	0	0	1	0	0	0	0.27
집에 돌아가 식사	23	11	2	1	4	4	0	0	0	1	0	0	0	6.34
도시락	248	113	16	24	31	54	2	0	3	1	2	1	1	68.32
점심식사 안함	7	4	0	0	0	2	0	0	0	0	1	0	0	1.93
기입 안함	5	1	0	1	1	1	0	0	0	0	0	0	1	1.38

표 IX-21. 경성제국대학 재학생의 강의 외 공부시간과 수면시간(1938년 11월 조사)

학부	강의 외 공부시간									수면시간					
	총수	1시간 이내	2시간 이내	3시간 이내	4시간 이내	5시간 이내	6시간 이내	6시간 이상	부정확함& 기입안함	총수	6시간 이내	7시간 이내	8시간 이내	9시간 이내	9시간 이상
총수	363	31	104	82	58	45	15	15	13	363	11	88	207	50	7
법문학부	148	2	20	31	35	33	13	14	0	148	4	37	86	20	1
의학부	215	29	84	51	23	125	2	1	13	215	7	51	121	30	6

표 IX-22. 경성제국대학 재학생의 음주와 흡연(1938년 11월 조사)

학부	총수	음주자	흡연자	음주 비흡연자	비음주 흡연자	음주 흡연자	비음주 비흡연자
총수(%)	363(100)	204(56.20)	204(56.20)	62(17.08)	62(17.08)	142(39.12)	97(26.72)
법문학부	148	81	82	22	23	59	44
의학부	215	123	122	40	39	83	53

표 IX-23. 경성제국대학 재학생 부형의 직업(1938년 11월 조사)

학부		법문학부(백분율)		의학부(백분율)		전체(백분율)	
농업		45	30.41	46	21.40	91	25.07
수산업		1	0.68	1	0.47	2	0.55
광업		3	2.03	2	0.93	5	1.38
공업		5	3.38	2	0.93	7	1.93
상업		25	16.89	36	16.74	61	16.80
교통업		3	2.03	4	1.86	7	1.93
公務自由業	총수	43	29.05	87	40.47	130	35.81
	관공서	16	10.81	21	9.77	37	10.19
	육해군	0	0.00	1	0.47	1	0.28
	법무종사자	2	1.35	2	0.93	4	1.10
	교육종사자	11	7.43	14	6.51	25	6.89
	종교가	3	2.03	0	0.00	3	0.83
	의료종사자	1	0.68	25	11.63	26	7.16
	서기	10	6.76	24	11.16	34	9.37
기타		5	3.38	6	2.79	11	3.03
무직		17	11.49	26	12.09	43	11.85
기입 안함		1	0.68	5	2.33	6	1.65
총수		148	100.00	215	100.00	363	100.00

* 분류는 1930년에 제정된 국세조사분류에 의거함. ** 「학생생활조사보고」의 표에 백분율 추가.

표 IX-24. 경성제국대학 재학생의 취미와 오락(1938년 11월 조사)

학부	총수	법문학부	의학부	학부	총수	법문학부	의학부
총수	743	309	434	담화	3	3	0
영화	100	49	51	시 읊기	2	1	1
독서	81	34	47	미술관람	2	0	2
바둑	81	35	46	사색	2	1	1
음악	77	30	47	원예	2	1	1
사진	47	12	35	활쏘기	2	0	2
산책	47	20	27	화투	2	0	2
당구	33	12	21	犬	2	1	1
등산	30	11	19	물리실험	1	0	1
장기	29	12	17	어학연구	1	0	1
그림	22	9	13	고전미술연구	1	1	0
스포츠	20	5	15	書道	1	0	1
마작	19	6	13	邦樂	1	0	1
낚시	12	8	4	和歌	1	1	0
茶	11	7	4	꽃꽂이	1	1	0
하이킹	11	5	6	전기응용	1	0	1
레코드	10	2	8	화초관상	1	0	1
문학	10	6	4	식도락	1	1	0
연극	8	6	2	승마	1	1	0
퉁소	7	1	6	스키	1	0	1
만돌린	7	1	6	스포츠 관람	1	1	0
여행	7	3	4	탁구	1	1	0
시가	6	3	3	신문 스크랩	1	1	0
소설	5	3	2	곤충수집	1	0	1
短歌	5	2	3	식물수집	1	0	1
노래 부르기	4	2	2	貝類 수집	1	0	1
文藝	4	1	3	향토완구수집	1	0	1
피크닉	4	3	1	상표 수집	1	0	1
트럼프	4	3	1	우표 수집	1	0	1
俳句	3	3	0	切手수집	1	0	1

표 IX-25. 경성제국대학 재학생의 자가 소재지와 부형의 직업(1938년 11월 조사)

학부		법문학부				의학부				전체			
自家의 소재지		도시 (백분율)	농촌 어촌 (백분율)	기입 안함 (백분율)	총수 (백분율)	도시 (백분율)	농촌 어촌 (백분율)	기입 안함 (백분율)	총수 (백분율)	도시 (백분율)	농촌 어촌 (백분율)	기입 안함 (백분율)	총수 (백분율)
父兄의 직업	농업	21 (46.67)	24 (53.33)	0 (0.00)	45 (100)	11 (23.91)	35 (76.09)	0 (0.00)	46 (100)	32 (35.16)	59 (64.84)	0 (0.00)	91 (100)
	수산업	1 (100.00)	0 (0.00)	0 (0.00)	1 (100)	0 (0.00)	1 (100.00)	0 (0.00)	1 (100)	1 (50.00)	1 (50.00)	0 (0.00)	2 (100)
	광업	3 (100.00)	0 (0.00)	0 (0.00)	3 (100)	0 (0.00)	2 (100.00)	0 (0.00)	2 (100)	3 (60.00)	2 (40.00)	0 (0.00)	5 (100)
	공업	5 (100.00)	0 (0.00)	0 (0.00)	5 (100)	2 (100.00)	0 (0.00)	0 (0.00)	2 (100)	7 (100.00)	0 (0.00)	0 (0.00)	7 (100)
	상업	23 (92.00)	1 (4.00)	1 (4.00)	25 (100)	27 (75.00)	9 (25.00)	0 (0.00)	36 (100)	50 (81.97)	10 (16.39)	1 (1.64)	61 (100)
	교통업	3 (100.00)	0 (0.00)	0 (0.00)	3 (100)	4 (100.00)	0 (0.00)	0 (0.00)	4 (100)	7 (100.00)	0 (0.00)	0 (0.00)	7 (100)
	公務自由業 총수	36 (83.72)	7 (16.28)	0 (0.00)	43 (100)	62 (71.26)	24 (27.59)	1 (1.15)	87 (100)	98 (75.38)	31 (23.85)	1 (0.77)	130 (100)
	公務自由業 관공서	14 (87.50)	2 (12.50)	0 (0.00)	16 (100)	16 (76.19)	5 (23.81)	0 (0.00)	21 (100)	30 (81.08)	7 (18.92)	0 (0.00)	37 (100)
	公務自由業 육해군	0 (0.00)	0 (0.00)	0 (0.00)	0 (100)	1 (100.00)	0 (0.00)	0 (0.00)	1 (100)	1 (100.00)	0 (0.00)	0 (0.00)	1 (100)
	公務自由業 법무종사자	1 (50.00)	1 (50.00)	0 (0.00)	2 (100)	2 (100.00)	0 (0.00)	0 (0.00)	2 (100)	3 (75.00)	1 (25.00)	0 (0.00)	4 (100)
	公務自由業 교육종사자	9 (81.82)	2 (18.18)	0 (0.00)	11 (100)	10 (71.43)	4 (28.57)	0 (0.00)	14 (100)	19 (76.00)	6 (24.00)	0 (0.00)	25 (100)
	公務自由業 종교가	2 (66.67)	1 (33.33)	0 (0.00)	3 (100)	0 (0.00)	0 (0.00)	0 (0.00)	0 (100)	2 (66.67)	1 (33.33)	0 (0.00)	3 (100)
	公務自由業 의료종사자	0 (0.00)	1 (100.00)	0 (0.00)	1 (100)	15 (60.00)	9 (36.00)	1 (4.00)	25 (100)	15 (57.69)	10 (38.46)	1 (3.85)	26 (100)
	公務自由業 서기	10 (100.00)	0 (0.00)	0 (0.00)	10 (100)	18 (75.00)	6 (25.00)	0 (0.00)	24 (100)	28 (82.35)	6 (17.65)	0 (0.00)	34 (100)
	기타	3 (60.00)	2 (40.00)	0 (0.00)	5 (100)	6 (100.00)	0 (0.00)	0 (0.00)	6 (100)	9 (81.82)	2 (18.18)	0 (0.00)	11 (100)
	무직	15 (88.24)	2 (11.76)	0 (0.00)	17 (100)	19 (73.08)	6 (23.08)	1 (3.85)	26 (100)	34 (79.07)	8 (18.60)	1 (2.33)	43 (100)
	기입 안함	1 (100.00)	0 (0.00)	0 (0.00)	1 (100)	1 (20.00)	4 (80.00)	0 (0.00)	5 (100)	2 (33.33)	4 (66.67)	0 (0.00)	6 (100)
	총수	111 (75.00)	36 (24.32)	1 (0.68)	148 (100)	132 (61.40)	81 (37.67)	2 (0.93)	215 (100)	243 (66.94)	117 (32.23)	3 (0.83)	363 (100)

*분류는 1930년에 제정된 일본 국세조사분류에 의거함. ** 「학생생활조사보고」의 표에 백분율 추가.

표 IX-26. 경성제국대학 재학생의 학자금 출처(1938년 11월 조사)

학자금 출처별	총수	법문학부	의학부	학자금 출처별	총수	법문학부	의학부
총수	363	148	215	친척, 육영회, 내직	2	0	2
가정	280	113	147	친척, 내직	3	0	3
가정, 친척	6	3	3	친척, 기타	1	0	1
가정, 친척, 育英會	1	0	1	육영회	5	2	3
가정, 친척, 內職	3	0	3	육영회, 군의생, 내직	1	0	1
가정, 육영회	7	2	5	육영회, 내직	3	1	2
가정, 육영회, 내직	1	1	0	군의생	5	0	5
가정, 軍醫生	8	1	7	군의생, 내직	3	0	3
가정, 내직	24	8	10	군의생, 내직, 기타	1	0	1
가정, 기타	2	1	1	내직	6	3	3
친척	5	3	2	기타	4	4	0
친척, 육영회	1	1	0	무기입	11	5	6

표 IX-27. 경성제국대학 재학생의 숙소별 학자금(1938년 11월 조사)

주거형태	전체		법문학부		의학부	
	인원(명)	평균액(円)	인원(명)	평균액(円)	인원(명)	평균액(円)
총수	352	35.93	143	31.96	209	38.39
자택	151	22.37	84	22.61	67	20.80
친척	20	29.07	7	22.88	13	32.39
지인	30	38.54	9	32.36	21	41.19
하숙	50	50.35	17	47.85	33	51.63
소인하숙	75	47.66	21	48.33	54	47.21
기숙사	4	41.75	0	0.00	4	41.75
차가	3	73.33	0	0.00	3	73.33
차간	3	50.00	2	50.00	1	50.00
아파트	14	60.88	5	66.36	9	57.66
가정교사	1	12.00	1	12.00	0	0.00
현인료	1	40.00	0	0.00	1	40.00

표 IX-28. 경성제국대학 재학생의 학자금(1938년 11월 조사)

		총수	법문학부	의학부			총수	법문학부	의학부
	자택	49	28	21		자택	3	2	1
15원 미만	비자택	6	3	3	60~65원	비자택	17	5	12
	총수	55	31	24		총수	20	7	13
	자택	28	15	13		자택	0	0	0
15~20원	비자택	6	0	6	65~70원	비자택	11	2	9
	총수	34	15	19		총수	11	2	9
	자택	24	11	13		자택	0	0	0
20~25원	비자택	6	3	3	70~75원	비자택	7	1	6
	총수	30	14	16		총수	7	1	6
	자택	16	9	7		자택	2	1	1
25~30원	비자택	5	2	3	75~80원	비자택	0	0	0
	총수	21	11	10		총수	2	1	1
	자택	10	7	3		자택	1	1	0
30~35원	비자택	12	4	8	80~85원	비자택	4	2	2
	총수	22	11	11		총수	5	3	2
	자택	6	3	3		자택	0	0	0
35~40원	비자택	11	6	5	85~90원	비자택	0	0	0
	총수	17	9	8		총수	0	0	0
	자택	5	3	2		자택	0	0	0
40~45원	비자택	40	14	26	90~95원	비자택	0	0	0
	총수	45	17	28		총수	0	0	0
	자택	2	1	1		자택	0	0	0
45~50원	비자택	30	6	24	95~100원	비자택	0	0	0
	총수	32	7	25		총수	0	0	0
	자택	3	3	0		자택	1	0	1
50~55원	비자택	30	9	21	100원 이상	비자택	3	1	2
	총수	33	12	21		총수	4	1	3
	자택	1	0	1					
55~60원	비자택	13	1	12					
	총수	14	1	13					

표 IX-29. 경성제국대학 재학생의 열독 잡지(1938년 11월 조사)

학부	법문학부	의학부	총수	학부	법문학부	의학부	총수
中央公論	64	45	109	科學知識	0	5	6
改造	61	35	96	新潮	3	2	5
文藝春秋	15	38	53	國語と國文學	5	0	5
日本評論	19	14	33	婦人公論	2	3	5
エコノミスト	22	0	22	婦人倶樂部	0	4	4
セルパン	5	15	20	綠旗	2	2	4
キング	3	14	17	診療と經驗	0	4	4
科學ペン	0	16	16	醫學雜誌	0	4	4
思想	10	1	11	文學	4	0	4
革新	10	0	10	東洋經濟新報	4	0	4
文藝	4	5	9	史學雜誌	4	0	4
法協雜誌	8	0	8	기타	55	74	129
총수	300	282	582	*1인이 2개 이상 응답.			

표 IX-30. 경성제국대학 재학생들의 열독 신문(1938년 11월 조사)

학부	법문학부	의학부	총수	학부	법문학부	의학부	총수
京城日報	71	103	174	東京日日新聞	3	2	5
大阪朝日新聞	64	77	141	福岡日日新聞	0	4	4
大阪每日新聞	52	67	119	每日新聞	1	2	3
朝鮮日報	20	26	46	朝鮮日日新聞	1	1	2
讀賣新聞	14	20	34	朝鮮商工新聞	2	0	2
朝鮮新報	12	20	32	滿洲日日新聞	2	0	2
東亞日報	18	12	30	大每英字新聞	1	1	2
東大・帝大新聞	12	14	26	기타	11	5	16
東京朝日新聞	6	8	14	총수	290	362	652

*1인이 2개 이상 응답.

표 IX-31. 경성제국대학 재학생의 신문애독란(1938년 11월 조사)

학부	법문학부	의학부	총수	학부	법문학부	의학부	총수
정치외교	125	148	273	가정	20	44	64
경제	83	38	121	소설	34	61	95
군사	88	117	205	바둑장기	24	43	67
사회	96	116	212	시사단평	80	140	222
학예	101	142	243	가십	48	85	133
스포츠	58	112	170	기타	22	44	66
오락	28	70	98	없음	1	3	4
총수	810	1,163	1,973	*1인이 2개 이상 응답.			

표 Ⅷ-32. 경성제국대학 재학생의 종교(1938년 11월 조사)

학부		총수	법문학부	의학부	학부		총수	법문학부	의학부
자기 종교	신도	7	5	2	가정의 종교	신도	23	11	12
	불교	61	27	34		불교	216	79	137
	기독교	19	4	15		기독교	21	7	14
	유교	5	3	2		유교	18	9	9
	기타	5	2	3		종교 없음	79	41	38
	종교 없음	261	107	154		무기입	6	1	5
	무기입	5	0	5	총수		363	148	215

3) 학부 졸업

경성제국대학 통칙21조에 따르면 이수해야 하는 모든 과목의 시험 합격 증서를 가진 자는 학사 칭호를 사용할 수 있다. 법문학부의 법학과 졸업자는 법학사 칭호를, 철학과·사학과·문학과 졸업자는 문학사 칭호를 얻는다. 의학부 졸업자는 의학사 칭호를, 이공학부 졸업자는 이학사 공학사 칭호를 얻는다.

법문학부의 철학과·사학과·문학과 학생은 전공하는 바에 따라 졸업논문을 제출해서 인정을 받아야 졸업을 할 수 있다(법문학부 규정 34조).

1942년 『일람』 282-83면에 나온 졸업자수표를 다음과 같이 정리할 수 있다.

표 IX-33. 경성제국대학 졸업자수(1929~42년)

연도	내선별	법문학부						의학부
		법학과	철학과	사학과	문학과	계	선과생	
1929	일본인	30	1	3	9	43	1	0
	조선인	10	6	2	7	25	1	0
	타이완인	0	0	0	0	0	0	0
	계	40	7	5	16	68	2	0
1930	일본인	29	4	2	9	44	1	43
	조선인	11	7	2	5	25	1	12
	타이완인	0	0	0	0	0	0	0
	계	40	11	4	14	69	2	55
1931	일본인	25	2	5	7	39	6	57
	조선인	12	9	2	8	31	0	14
	타이완인	0	0	0	0	0	0	0
	계	37	11	7	15	70	6	71

표 IX-33. 계속

연도	내선별	법문학부						의학부
		법학과	철학과	사학과	문학과	계	선과생	
1932	일본인	21	7	3	14	45	5	44
	조선인	11	2	4	3	20	1	21
	타이완인	0	0	0	0	0	0	0
	계	32	9	7	17	65	6	65
1933	일본인	22	2	5	9	38	3	43
	조선인	16	6	1	4	27	0	18
	타이완인	0	0	0	0	0	0	0
	계	38	8	6	13	65	3	61
1934	일본인	20	4	3	9	36	1	42
	조선인	20	0	3	7	30	0	29
	타이완인	0	0	0	0	0	0	0
	계	40	4	6	16	66	1	71
1935	일본인	15	2	6	9	32	2	50
	조선인	19	0	4	2	25	0	15
	타이완인	0	0	0	0	0	0	0
	계	34	2	10	11	57	2	65
1936	일본인	19	4	6	12	41	6	54
	조선인	19	5	1	13	38	0	12
	타이완인	0	0	0	0	0	0	0
	계	38	9	7	25	79	6	66
1937	일본인	25	0	5	18	48	6	54
	조선인	17	2	5	4	28	2	22
	타이완인	0	0	0	0	0	0	0
	계	42	2	10	22	76	8	76
1938	일본인	17	5	6	10	38	1	58
	조선인	17	3	1	8	29	1	12
	타이완인	0	0	0	0	0	0	0
	계	34	8	7	18	67	2	70
1939	일본인	8	0	0	5	13	0	50
	조선인	8	2	0	2	12	0	16
	타이완인	0	0	0	0	0	0	0
	계	16	2	0	7	25	0	66
1940	일본인	21	2	2	5	30	0	22
	조선인	19	3	1	2	25	1	4
	타이완인	0	0	0	0	0	0	3
	계	40	5	3	7	55	1	29

표 IX-33. 계속

연도	내선별	법문학부						의학부
		법학과	철학과	사학과	문학과	계	선과생	
1941.3.	일본인	31	1	4	5	40	2	50
	조선인	17	2	1	0	20	0	20
	타이완인	0	0	0	0	0	0	0
	계	48	3	5	5	60	2	70
1941.12.	일본인	31	2	3	7	43	1	44
	조선인	18	1	2	0	21	0	18
	타이완인	0	0	0	0	0	0	0
	계	49	3	5	7	64	1	62
1942.9.	일본인	36	1	3	1	41	0	36
	조선인	25	4	0	2	31	0	24
	타이완인	0	0	0	0	0	0	0
	계	61	5	3	3	72	0	60
합계	일본인	350	37	56	129	572	35	647
	조선인	239	52	29	67	387	7	237
	타이완인	0	0	0	0	0	0	3
	계	589	89	85	196	959	42	887

1942년도 『일람』의 졸업자수표는 일본인, 조선인의 두 민족별 범주를 사용하면서, 의학부의 타이완인 3명을 조선인 범주 속에 포함시키고 있으나, 이 표에서는 타이완인을 별도의 범주로 재정리하였다. 하지만 이 표는 「경성제대 학생명부」를 작성할 때의 범주화, 즉 재조일본인과 본토 일본인의 구분, 예과와 비예과의 구분을 적용하지 않다는 점에서 다소간의 한계가 있다고도 할 수 있다. 이에 대해서는 몇 가지 단서조항을 덧붙일 필요가 있다.

첫째, 중학교 정도의 학력이면 조선인이든 일본인이든 형식적으로 동등한 자격으로 시험을 치러 입학한 예과수료생과 달리, 예과 수료자와 비예과자는 학부진학에 있어 같은 조건에 있지 않았다. 비예과자의 자격조건이 되는 학교들은 대체로 고등학교 이상의 학교들인데, 식민지조선에는 경성제국대학과 부속예과 이외에는 이런 고등교육기관의 설립을 허용하지 않았기 때문이다. 따라서 비예과 졸업자의 대부분은 일본 본국 학교 출신이었다. 다만 선과입학만이 그나마 조선 소재의 학교들에 개방되어 있다.

둘째, 예과 수료자 중에서 학부를 2번 졸업한 사람이 있었다는 점이다. 그런데 『일람』의 졸업자수표는 이들 2번 졸업한 사람들을 각각 다른 한 사람으로 계산하여 얻

표 IX-34. 비예과 졸업자의 졸업연도별 학부 학과

졸업연도	법학과	철학과	사학과	문학과	의학부	합계
1929	1 (1)	0 (0)	2 (0)	0 (0)	0 (0)	3 (1)
1930	1 (0)	0 (0)	0 (0)	0 (0)	2 (1)	3 (1)
1931	2 (1)	0 (0)	0 (0)	0 (0)	1 (0)	3 (1)
1932	1 (1)	1 (0)	0 (0)	0 (0)	5 (1)	7 (2)
1933	1 (0)	1 (1)	2 (0)	1 (0)	5 (2)	10 (3)
1934	2 (1)	0 (0)	1 (0)	2 (1)	9 (1)	14 (3)
1935	0 (0)	0 (0)	2 (1)	0 (0)	3 (0)	5 (1)
1936	1 (0)	0 (0)	2 (0)	1 (1)	8 (3)	12 (4)
1937	0 (0)	0 (0)	2 (1)	3 (0)	14 (3)	19 (4)
1938	1 (1)	1 (0)	1 (0)	1 (0)	12 (2)	16 (3)
1939	0 (0)	2 (2)	0 (0)	4 (1)	5 (1)	11 (4)
1940	0 (0)	2 (0)	0 (0)	2 (0)	24 (2)	28 (2)
1941	14(14)	2 (2)	1 (1)	1 (0)	20 (7)	38(24)
1942	3 (2)	3 (3)	2 (0)	1 (1)	11 (5)	20(11)
합계	27(21)	12 (8)	15 (3)	16 (4)	119(28)	189(64)

* ( ) 안의 숫자는 해당 연도 해당 학과의 조선인 비예과 졸업자의 수다.

은 수치이기 때문에 1942년 『일람』에 수록된 1942년까지의 졸업자명단에 기록된 졸업생 수와 일치하지 않다는 문제가 생겼다. 위 표에서 1942년까지의 졸업생수는 선과생을 제외하면 모두 1846명인 반면, 「경성제대 학생명부」에서 1929~42년까지의 졸업자는 모두 1820명이며, 이 중 23명이 2개의 학사를 취득하였다.

표 IX-34는 「경성제대 학생명부」를 기초로 작성한 것인데, 표를 보면 1929~42년까지의 졸업자 1820명 중 '비예과'자는 189명으로 집계되어 전체 졸업자의 약 10.38%이다.

표 IX-35는 예과 수료자에 한하여 법문학부의 학과별, 하위집단별 졸업생 수를 도표화한 것이다. 1929~42년에 예과 입학자 중 865명이 법문학부를 수료하였다. 이 표를 보면 <조선인>이 339명, <일본인1>이 385명, <일본인2>가 141명으로, 각각 39.19%, 44.51%, 16.30%를 차지한다.

표 IX-35에서 각 집단의 졸업자 중 법학과 비율을 그림 IX-5와 같이 나타낼 수 있다.

표 IX-35. 법문학부의 학과별, 집단별 졸업생수(예과 수료자 기준)

		법학과		철학과		사학과		문학과		법문학부 전체	
		사례수	백분율	사례수	백분율	사례수	백분율	사례수	백분율	사례수	백분율
1929	조선인	9	37.50	6	25.00	2	8.33	7	29.17	24	100.00
	일본인1	17	77.27	0	0.00	0	0.00	5	22.73	22	100.00
	일본인2	13	68.42	1	5.26	1	5.26	4	21.05	19	100.00
	합계	39	60.00	7	10.77	3	4.62	16	24.62	65	100.00
1930	조선인	11	44.00	7	28.00	2	8.00	5	20.00	25	100.00
	일본인1	15	68.18	1	4.55	1	4.55	5	22.73	22	100.00
	일본인2	13	61.90	3	14.29	1	4.76	4	19.05	21	100.00
	합계	39	57.35	11	16.18	4	5.88	14	20.59	68	100.00
1931	조선인	11	36.67	9	30.00	2	6.67	8	26.67	30	100.00
	일본인1	14	56.00	2	8.00	4	16.00	5	20.00	25	100.00
	일본인2	10	76.92	0	0.00	1	7.69	2	15.38	13	100.00
	합계	35	51.47	11	16.18	7	10.29	15	22.06	68	100.00
1932	조선인	9	50.00	2	11.11	4	22.22	3	16.67	18	100.00
	일본인1	13	41.94	5	16.13	3	9.68	10	32.26	31	100.00
	일본인2	8	61.54	1	7.69	0	0.00	4	30.77	13	100.00
	합계	30	48.39	8	12.90	7	11.29	17	27.42	62	100.00
1933	조선인	16	61.54	5	19.23	1	3.85	4	15.38	26	100.00
	일본인1	17	73.91	0	0.00	0	0.00	6	26.09	23	100.00
	일본인2	4	40.00	2	20.00	3	30.00	1	10.00	10	100.00
	합계	37	62.71	7	11.86	4	6.78	11	18.64	59	100.00
1934	조선인	17	65.38	0	0.00	3	11.54	6	23.08	26	100.00
	일본인1	10	52.63	3	15.79	1	5.26	5	26.32	19	100.00
	일본인2	9	69.23	1	7.69	1	7.69	2	15.38	13	100.00
	합계	36	62.07	4	6.90	5	8.62	13	22.41	58	100.00
1935	조선인	18	78.26	0	0.00	3	13.04	2	8.70	23	100.00
	일본인1	14	60.87	1	4.35	2	8.70	6	26.09	23	100.00
	일본인2	1	12.50	1	12.50	3	37.50	3	37.50	8	100.00
	합계	33	61.11	2	3.70	8	14.81	11	20.37	54	100.00
1936	조선인	18	50.00	6	16.67	0	0.00	12	33.33	36	100.00
	일본인1	13	48.15	2	7.41	3	11.11	9	33.33	27	100.00
	일본인2	3	37.50	1	12.50	1	12.50	3	37.50	8	100.00
	합계	34	47.89	9	12.68	4	5.63	24	33.80	71	100.00

표 IX-35. 계속

		법학과		철학과		사학과		문학과		법문학부 전체	
		사례수	백분율	사례수	백분율	사례수	백분율	사례수	백분율	사례수	백분율
1937	조선인	17	65.38	1	3.85	4	15.38	4	15.38	26	100.00
	일본인1	23	58.97	0	0.00	4	10.26	12	30.77	39	100.00
	일본인2	2	40.00	0	0.00	0	0.00	3	60.00	5	100.00
	합계	42	60.00	1	1.43	8	11.43	19	27.14	70	100.00
1938	조선인	15	55.56	3	11.11	1	3.70	8	29.63	27	100.00
	일본인1	15	60.00	3	12.00	2	8.00	5	20.00	25	100.00
	일본인2	2	25.00	0	0.00	3	37.50	3	37.50	8	100.00
	합계	32	53.33	6	10.00	6	10.00	16	26.67	60	100.00
1939	조선인	4	80.00	0	0.00	0	0.00	1	20.00	5	100.00
	일본인1	4	80.00	0	0.00	0	0.00	1	20.00	5	100.00
	일본인2	2	66.67	0	0.00	0	0.00	1	33.33	3	100.00
	합계	10	76.92	0	0.00	0	0.00	3	23.08	13	100.00
1940	조선인	18	75.00	3	12.50	1	4.17	2	8.33	24	100.00
	일본인1	17	77.27	0	0.00	2	9.09	3	13.64	22	100.00
	일본인2	4	100.00	0	0.00	0	0.00	0	0.00	4	100.00
	합계	39	78.00	3	6.00	3	6.00	5	10.00	50	100.00
1941	조선인	20	90.91	0	0.00	2	9.09	0	0.00	22	100.00
	일본인1	52	74.29	3	4.29	7	10.00	8	11.43	70	100.00
	일본인2	8	72.73	0	0.00	0	0.00	3	27.27	11	100.00
	합계	80	77.67	3	2.91	9	8.74	11	10.68	103	100.00
1942	조선인	25	92.59	1	3.70	0	0.00	1	3.70	27	100.00
	일본인1	30	93.75	0	0.00	1	3.13	1	3.13	32	100.00
	일본인2	4	80.00	1	20.00	0	0.00	0	0.00	5	100.00
	합계	59	92.19	2	3.13	1	1.56	2	3.13	64	100.00
집단별 학과 비율	조선인	208	61.36	43	12.68	25	7.37	63	18.58	339	100.00
	일본인1	254	65.97	20	5.19	30	7.79	81	21.04	385	100.00
	일본인2	83	58.87	11	7.80	14	9.93	33	23.40	141	100.00
	전체	545	63.01	74	8.55	69	7.98	177	20.46	865	100.00
학과별 집단 비율	조선인	208	38.17	43	58.11	25	36.23	63	35.59	339	39.19
	일본인1	254	46.61	20	27.03	30	43.48	81	45.76	385	44.51
	일본인2	83	15.23	11	14.86	14	20.29	33	18.64	141	16.30
	전체	545	100.00	74	100.00	69	100.00	177	100.00	865	100.00

*경성제대 학생명부에서 추출. 2개 학사 취득자의 경우, 첫 번째 졸업년 및 졸업 학과만 포함함.

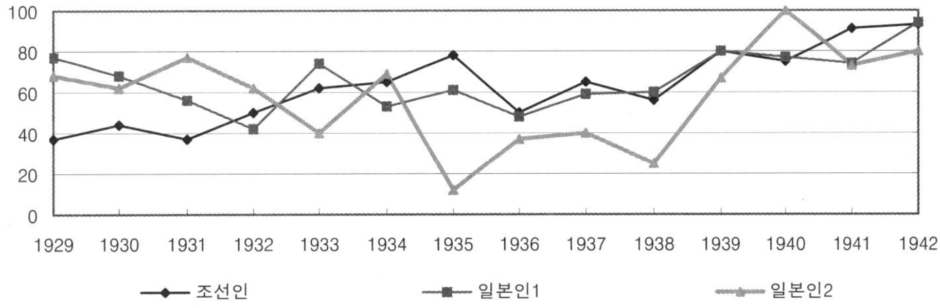

그림 IX-5. 각 집단의 졸업자 중 법학과의 비율(예과 수료자 기준)

예과 수료자로서 의학부를 졸업한 자들은 표 IX-36으로 나타낼 수 있다. 1930년부터 1942년까지 모두 766명이다. 이 중 <조선인>이 209명, <일본인1>이 276명, <일본인2>는 281명으로서, 각기 27.68%, 36.03%, 36.68%를 차지한다.

표 IX-36. 의학부 졸업자의 구성(예과 수료자 기준)

		사례수	백분율			사례수	백분율			사례수	백분율
1930	조선인	11	20.75	1935	조선인	15	24.19	1940	조선인	2	40.00
	일본인1	12	22.64		일본인1	23	37.10		일본인1	2	40.00
	일본인2	30	56.60		일본인2	24	38.71		일본인2	1	20.00
	합계	53	100.00		합계	62	100.00		합계	5	100.00
1931	조선인	14	20.59	1936	조선인	9	15.52	1941	조선인	31	27.93
	일본인1	20	29.41		일본인1	26	44.83		일본인1	53	47.75
	일본인2	34	50.00		일본인2	23	39.66		일본인2	27	24.32
	합계	68	100.00		합계	58	100.00		합계	111	100.00
1932	조선인	20	33.33	1937	조선인	19	30.65	1942	조선인	19	38.00
	일본인1	15	25.00		일본인1	24	38.71		일본인1	16	32.00
	일본인2	25	41.67		일본인2	19	30.65		일본인2	15	30.00
	합계	60	100.00		합계	62	100.00		합계	50	100.00
1933	조선인	16	28.57	1938	조선인	10	17.24	집단별	조선인	209	27.28
	일본인1	19	33.93		일본인1	31	53.45		일본인1	276	36.03
	일본인2	21	37.50		일본인2	17	29.31		일본인2	281	36.68
	합계	56	100.00		합계	58	100.00	전체		766	100.00
1934	조선인	28	45.16	1939	조선인	15	24.59				
	일본인1	20	32.26		일본인1	15	24.59				
	일본인2	14	22.58		일본인2	31	50.82				
	합계	62	100.00		합계	61	100.00				

경성제국대학 졸업생의 취직상황에 대해서는 『일람』 1941년도 393~95면에 수록된 「졸업자 취직상황표」를 참조할 수 있다. 이 표는 1929년부터 1941년 3월까지의 법문학부와 의학부의 졸업생의 취직상황이 추계되어 있다. 흥미로운 것은 졸업자수 표의 경우 타이완인이 조선인 범주 아래 포괄되어 있는 반면, 졸업자 취직상황표에는 일본인 범주 아래 포괄되어 있다는 점이다. 그것을 정리한 것이 표 IX-37과 표 IX-38이다.

표 IX-37. 법문학부 졸업생 취직 상황표(1929~41년 3월)

졸업연도 (연차)	민족별	졸업자수	취직자						사망	기타
			관공서	학교	은행·회사	금융조합	신문잡지사	기타		
1929	일본인	43	13	12	10	1	1	2	4	0
(제1회)	조선인	25	5	6	3	0	0	10	1	0
1930	일본인	44	9	14	13	2	0	2	4	0
(제2회)	조선인	25	9	5	2	0	0	6	3	0
1931	일본인	39	10	12	5	2	2	1	4	3
(제3회)	조선인	31	14	10	0	0	0	4	3	0
1932	일본인	45	13	17	6	0	1	6	2	0
(제4회)	조선인	19	5	4	2	0	1	2	0	5
1933	일본인	38	14	14	7	0	0	0	2	1
(제5회)	조선인	27	9	6	4	0	2	0	0	6
1934	일본인	35	14	9	7	1	0	0	3	1
(제6회)	조선인	28	13	5	2	3	1	0	0	4
1935	일본인	32	7	13	8	0	0	0	3	1
(제7회)	조선인	24	12	6	1	0	0	0	0	5
1936	일본인	40	10	16	8	0	0	1	0	5
(제8회)	조선인	36	9	15	4	1	1	1	0	5
1937	일본인	48	9	13	16	0	0	3	5	2
(제9회)	조선인	27	13	3	3	0	0	1	0	7
1938	일본인	36	7	13	14	0	0	0	0	2
(제10회)	조선인	28	9	3	6	0	0	2	0	8
1939	일본인	11	2	3	4	0	0	1	0	1
(제11회)	조선인	8	1	3	1	0	0	0	0	3
1940	일본인	30	5	7	15	0	0	1	1	1
(제12회)	조선인	25	6	3	7	1	0	1	0	7
1941	일본인	40	7	7	23	0	0	1	0	2
(제13회)	조선인	20	3	2	9	0	0	0	0	6
총계	일본인	481	120	150	136	6	4	18	28	19
	조선인	323	108	71	44	5	5	27	7	56
	계	804	228	221	180	11	9	45	35	75

표 IX-38. 의학부 졸업생 취직 상황표(1929~41년 3월)

졸업연도 (연차)	민족별	졸업자수	관공서	학교	관공립 병원	사립 병원	군의	개업	사회	사망	기타	비고
1930	일본인	43	1	4	10	1	5	12	6	4	0	
(제1회)	조선인	12	0	3	1	1	0	7	0	0	0	
1931	일본인	57	4	15	12	4	4	11	5	2	0	
(제2회)	조선인	14	1	1	3	2	0	6	0	1	0	
1932	일본인	44	7	7	5	5	5	8	3	0	4	
(제3회)	조선인	21	0	9	2	1	0	6	2	1	0	
1933	일본인	43	3	14	6	5	4	1	6	3	1	
(제4회)	조선인	18	1	2	1	1	0	7	2	3	1	
1934	일본인	42	3	13	4	3	8	4	4	1	2	
(제5회)	조선인	29	0	12	4	3	0	5	2	2	1	
1935	일본인	50	6	18	5	1	10	3	4	2	1	
(제6회)	조선인	15	0	5	1	0	0	8	0	1	0	
1936	일본인	54	3	14	11	1	6	2	13	1	3	
(제7회)	조선인	12	1	8	0	0	0	1	1	1	0	
1937	일본인	54	2	16	7	2	13	0	11	1	2	
(제8회)	조선인	22	2	10	1	2	0	5	1	1	0	
1938	일본인	59	3	23	2	0	24	1	3	0	3	
(제9회)	조선인	11	3	2	1	1	0	3	1	0	0	
1939	일본인	50	0	11	6	2	23	0	6	2	0	
(제10회)	조선인	16	1	12	1	1	0	1	0	0	0	
1940	일본인	25	0	8	1	3	10	0	2	0	1	일본인졸업자 25명
(제11회)	조선인	4	0	3	0	1	0	0	0	0	0	중 타이완인 3명 포함
1941	일본인	50	0	30	2	2	11	0	3	0	2	
(제12회)	조선인	20	1	18	0	0	0	0	1	0	0	
총계	일본인	571	32	173	71	29	123	42	66	16	19	
	조선인	194	10	85	15	13	0	49	10	10	2	
	계	765	42	258	86	42	123	91	76	26	21	

한편 「경성제대 학생명부」로부터는 예과 입학자 중 학부를 졸업하지 못한 자도 추계할 수 있다. 이들은 예과에 입학한 뒤 예과과정 혹은 학부과정에서 중도탈락한 자들이다. 1942년까지의 졸업자명단만 「경성제대 학생명부」에 반영했으므로, 문과의 경우 1924~36년의 중도탈락자를, 이과의 경우 1924~35년의 중도탈락자를, 그리고 문과와 이과 전체를 다룬 경우에는 1924~35년까지의 중도탈락자를 산정해 보았다. 1924~35년도 예과 입학자 전체에 대한 중도탈락률은 17.29%이다.

표 IX-39. 하위집단별 중도탈락자수 및 매년 중도탈락률(1924~35년, 문과 이과 전체)

	조선인	일본인1	일본인2	기타	당해 전체 탈락자수	당해 전체 입학생수	당해 중도 탈락률(%)
1924	3	9	4	0	16	168	9.52
1925	9	11	10	0	30	162	18.52
1926	5	7	13	0	25	152	16.45
1927	6	8	12	0	26	147	17.69
1928	8	11	5	0	24	150	16.00
1929	7	13	11	0	31	140	22.14
1930	3	14	9	1	27	147	18.37
1931	11	6	9	0	26	160	16.25
1932	5	9	4	0	18	148	12.16
1933	8	8	9	0	25	145	17.24
1934	8	12	5	0	25	144	17.36
1935	16	18	4	1	39	151	25.83
계/평균	89	126	95	2	312	1,814	17.20

표 IX-40. 조선인, 일본인1, 일본인2의 중도탈락자수 및 중도탈락률(1924~35년, 문과 이과 전체)

	조선인			일본인1			일본인2		
	중도탈락자수	입학생수	중도탈락률(%)	중도탈락자수	입학생수	중도탈락률(%)	중도탈락자수	입학생수	중도탈락률(%)
1924	3	44	6.82	9	58	15.52	4	66	6.06
1925	9	48	18.75	11	51	21.57	10	63	15.87
1926	5	59	8.47	7	44	15.91	13	49	26.53
1927	6	42	14.29	8	58	13.79	12	47	25.53
1928	8	66	12.12	11	60	18.33	5	24	20.83
1929	7	44	15.91	13	51	25.49	11	45	24.44
1930	3	36	8.33	14	68	20.59	9	42	21.43
1931	11	62	17.74	6	64	9.38	9	34	26.47
1932	5	45	11.11	9	74	12.16	4	29	13.79
1933	8	49	16.33	8	49	16.33	9	47	19.15
1934	8	52	15.38	12	70	17.14	5	22	22.73
1935	16	54	29.63	18	72	25.00	4	24	16.67
계/평균	89	601	14.81	126	719	17.52	95	492	19.31

표 IX-41. 조선인, 일본인1, 일본인2의 중도탈락자수 및 중도탈락률(1924~36년, 문과)

	조선인			일본인1			일본인2		
	중도탈락자수	입학생수	중도탈락률(%)	중도탈락자수	입학생수	중도탈락률(%)	중도탈락자수	입학생수	중도탈락률(%)
1924	2	29	6.90	5	32	15.63	2	27	7.41
1925	5	29	17.24	6	30	20.00	3	23	13.04
1926	4	35	11.43	4	27	14.81	7	19	36.84
1927	2	21	9.52	6	36	16.67	6	19	31.58
1928	5	35	14.29	7	34	20.59	1	8	12.50
1929	4	29	13.79	8	25	32.00	4	16	25.00
1930	0	24	0.00	7	33	21.21	4	13	30.77
1931	5	40	12.50	3	36	8.33	3	8	37.50
1932	4	31	12.90	2	37	5.41	0	7	0.00
1933	5	31	16.13	3	28	10.71	4	14	28.57
1934	6	31	19.35	8	37	21.62	1	5	20.00
1935	10	29	34.48	8	40	20.00	0	7	0.00
1936	6	26	23.08	10	43	23.26	2	5	40.00
계/평균	58	390	14.87	77	438	17.58	37	171	21.64

표 IX-42. 조선인, 일본인1, 일본인2의 중도탈락자수 및 중도탈락률(1924~35년, 이과)

	조선인			일본인1			일본인2		
	중도탈락자수	입학생수	중도탈락률(%)	중도탈락자수	입학생수	중도탈락률(%)	중도탈락자수	입학생수	중도탈락률(%)
1924	1	15	6.67	4	26	15.38	2	39	5.13
1925	4	19	21.05	5	21	23.81	7	40	17.50
1926	1	24	4.17	3	17	17.65	6	30	20.00
1927	4	21	19.05	2	22	9.09	6	28	21.43
1928	3	31	9.68	4	26	15.38	4	16	25.00
1929	3	15	20.00	5	26	19.23	7	29	24.14
1930	3	12	25.00	7	35	20.00	5	29	17.24
1931	6	22	27.27	3	28	10.71	6	26	23.08
1932	1	14	7.14	7	37	18.92	4	22	18.18
1933	3	18	16.67	5	21	23.81	5	33	15.15
1934	2	21	9.52	4	33	12.12	4	17	23.53
1935	6	25	24.00	10	32	31.25	4	17	23.53
계/평균	37	237	15.61	59	324	18.21	60	326	18.40

참고문헌

1) 일차자료 및 참고자료

京城帝國大學, 『京城帝國大學一覽』, 1927~42, 서울대학교 및 국립중앙도서관 소장본.

__________, 『京城帝國大學學報』, 1927~44, 서울대학교 도서관 소장본.

__________, 『京城帝國大學例規』, 1937年 6月, 東京経済大学桜井義之文庫.

京城帝國大學法文學會 編(1928), 『法學會論集』, 法文學會第一部論集 第1冊, 東京: 刀江書院.

__________ 編(1929), 『朝鮮濟の研究 第一』, 法文學會第一部論集 第2冊, 東京: 刀江書院.

__________ 編(1930), 『私法を中心として』, 法文學會第一部論集 第3冊, 東京: 刀江書院.

__________ 編(1931), 『法政論纂』, 法文學會第一部論集 第4冊, 東京: 刀江書院.

__________ 編(1932), 『法學論纂』, 法文學會第一部論集 第5冊, 東京: 刀江書院.

__________ 編(1933), 『朝鮮社會經濟史研究』, 法學會論集 第6冊, 東京: 刀江書院.

__________ 編(1934), 『國家の研究』, 法學會論集 第7冊, 東京: 刀江書院.

__________ 編(1935), 『判例と理論』, 法學會論集 第8冊, 東京: 刀江書院.

__________ 編(1937), 『朝鮮社會法制史研究』, 法學會論集 第9冊, 東京: 刀江書院.

__________ 編(1938), 『朝鮮經濟の研究 第三』, 法學會論集 第10冊, 東京: 岩波書店.

京城帝國大學法學會 編(1940), 『法と政治の諸問題』, 法學會論集 第11冊, 東京: 岩波書店.

__________ 編(1941~1944), 『京城帝國大學法學會論集』, 第12冊 第1號, 第12冊 第2號, 第12冊 第3·4號, 第13冊 第1號, 第13冊 第2號, 第13冊 第3號, 第13冊 第4號, 第14冊 第1號, 第14冊 第2號, 第14冊 第3號, 第14冊 第4號, 第15冊 第1號, 第15冊 第2號, 第15冊 第3・4號.

京城帝國大學法文學會 編(1929), 『朝鮮支那文化の研究』, 法文學會第二部論纂 第1輯, 東京: 刀江書院.

__________ 編(1930), 『哲學論集』, 法文學會第二部論纂 第2輯, 東京: 刀江書院.

__________ 編(1931), 『日本文化叢考』, 法文學會第二部論纂 第3輯, 東京: 刀江書院.

__________ 編(1932), 『言語・文學論纂』, 法文學會第二部論纂 第4輯, 東京: 刀江書院.

__________ 編(1933), 『西洋藝文雜考』, 法文學會第二部論纂 第5輯, 東京: 刀江書院.

京城帝國大學文學會 編(1935), 「東方文化史叢考」, 文學會論纂 第1輯, 東京: 大阪屋號書店.

________________ 編(1936a), 「日本文學研究」, 文學會論纂 第2輯, 東京: 大阪屋號書店.
________________ 編(1936b), 「哲學論叢」, 文學會論纂 第3輯, 東京: 大阪屋號書店.
________________ 編(1936c), 「創立十周年記念論文集」, 哲學編・史學編・文學編, 文學會論纂 第4~6輯, 東京:大阪屋號書店.
________________ 編(1938), 「史學論叢」, 文學會論纂 第7輯, 東京: 岩波書店.
________________ 編(1939), 「語文論叢」, 中島文雄 編輯, 文學會論纂 第8輯, 東京: 岩波書店.
________________ 編(1940), 「教育と哲學」, 秋葉隆 編輯, 文學會論纂 第9輯, 東京: 岩波書店.
________________ 編(1941), 「教育と哲學」, 末松保和 編輯, 文學會論纂 第10輯, 東京: 岩波書店.
________________ 編(1945), 「朝鮮方言學試攷」, 河野六郎 著, 文學會論纂 第11輯, 京城: 東都書籍.
帝國地方行政學會, 『朝鮮行政』, 1937~1943, 橋谷弘 監修(2004), 『朝鮮行政』, 東京: ゆまに書房.
朝鮮教育會, 『文教の朝鮮』, 1924~1944.
朝鮮及滿洲社, 『朝鮮及滿洲』, 1924~1944.
朝鮮公論社, 『朝鮮公論』, 1913~1944.
朝鮮總督府, 『官報』, 1910~1945.
__________, 『朝鮮總督府及所屬官署職員錄』, 1910~1945.
__________(1914), 『朝鮮統治3年間成績』.
朝鮮總督府學務局 編(1939), 『朝鮮諸學校一覽』, 昭和十三年版, 京城: 朝鮮總督府學務局.

『開闢』, 한국국사편찬위원회 한국사 DB.
『京城日報』, 서울대학교 도서관 소장본.
『東亞日報』, 한국국사편찬위원회 한국사 DB.
『三千里』, 한국국사편찬위원회 한국사 DB.
『朝鮮日報』, 서울대학교 도서관 DB.

서울대학교법과대학동창회 편(2004), 『서울대학교 법과대학 100년사, 1895~1995』.
유진오(1974), 「片片野話」, 『동아일보』 1974년 3월 20일자.
______(1976), 『젊은 날의 자화상』, 박영문고.
李忠雨(1980), 『京城帝國大學』, 서울: 多樂院.

京城帝国大学同窓会 編(1974), 『紺碧遙かに-京城帝国大学創立五十周年記念誌』, 東京: 耕文社.
京城帝国大学理工学部同窓会 編(1988), 『遥かに佛岩山』, 千葉: 慶昌堂.
旗田巍 編, 1969, 『シンポジウム日本と朝鮮』, 東京: 勁草書房.
渡部学・竹内洋 編(1991), 『日本植民地教育政策史集成(朝鮮編)』, 全69巻, 東京: 龍溪書院.

2) 한국어 연구문헌

강동진(1980), 『일제의 한국침략정책사』, 한길사.
강명숙(2002), 「미군정기 고등교육연구」, 서울대 박사학위논문.
권태억(2001), 「동화정책론」, 『역사학보』 제172집.
김경미(2005), 「식민지교육 경험세대의 기억」, 『한국교육사학』 27(1).
김근배(1996), 「日帝時期 朝鮮人 과학기술인력의 성장」, 서울대 박사학위논문.

김기석(1999), 『교육역사사회학』, 서울: 문음사.

______(2008), 『한국고등교육연구』, 교육과학사.

김동명(1998), 「일본제국주의의 식민지 지배체제의 개편: 3·1운동 직후 조선에서의 동화주의 지배체제의 확정」, 『한일관계사연구』 9집.

김동환(1998), 「일제시기 모던 중학생문화에 관한 담론의 일고찰」, 『교육사회학연구』 8(2).

______(2002), 「일제강점기 진학준비교육과 정책적 대응의 성격」, 『교육사회학연구』 12(3).

김성학(1996), 「京城帝國大學에서의 教育學 教育 및 研究」, 『한국교육사학』 18.

______(2001), 『서구교육학 도입의 기원과 전개』, 서울: 문음사.

______(2006), 「군대식 학교규율의 등장과정과 사회적 기능: 1880~1910」, 『교육사회학연구』 16(4).

김윤식(1984), 『한국근대문학사상연구1』, 일지사.

김재현(2007), 「한국에서 근대적 학문으로서 철학의 형성과 그 특징: 경성제국대학 철학과를 중심으로」, 『시대와 철학』 18(3).

盧榮澤(1990), 「民立大學設立運動 研究」, 『국사관논총』 제11집.

류준필(1998), 「형성기 국문학연구의 전개양상과 특성」, 서울대 박사학위논문.

박광현(2003), 「경성제대와 『신흥』」, 동국대학교 한문학연구소, 『한국문학연구』 제26집.

______(2005), 「경성제국대학 안의 동양사학: 학문제도, 문화사적 측면에서」, 『한국사상과 문화』 31집.

______(2007), 「다카하시 도오루와 경성제대 '조선문학'강좌」, 『한국문화』 제40집.

박명규(2002), 「지식운동의 근대성과 식민성」, 한국사회사학회, 『지식변동의 사회사』, 문지사.

박병호(1995), 「한국법학교육의 기원: 법관양성소제도와 경성제대」, 『한국교육법연구』 제2집.

박철희(2003), 「일제강점기 인문중등학교 졸업생의 진로를 통해 본 식민교육의 차별성」, 『교육사회학연구』 13(1).

______(2004), 「1920-30년대 고등보통학생 집단의 사회적 특성에 관한 연구」, 『한국교육사학』 26(2).

백영서(2004), 「동양사학의 탄생과 쇠퇴」, 『창작과비평』 126호.

范燕秋(2007), 「제국정치와 의학: 일본 전시총동원 하의 대북제국대학 의학부」, 『사회와 역사』 제76집.

山室信一(2005), 「일본의 아시아주의와 아시아 學知」, 『大東文化研究』 第50輯.

샤를, 크리스토프(Charle, C.) & 자크 베르제르(J. Verger), 1999(1989), 『대학의 역사』, 김정인 역, 한길크세주.

손인수(1971), 『한국근대교육사』 연세대출판부.

손준종(1995), 「한국 고등교육팽창에 대한 교육사회학적 분석」, 『교육사회학연구』 제5권 1호.

宋漢鏞(2001), 「日本의 植民地大學教育政策 比較研究: 京城帝國大學과 滿洲建國大學을 中心으로」, 『中國史研究』 제16집.

신주백(2004), 「일본의 '동화'정책과 지배전략: 통치기구 및 학교교육과의 관계를 중심으로」, 강만길 외 『일본과 서구의 식민통치 비교』, 선인.

愼蒼健(2007), 「경성제국대학에 있어서 한약연구의 성립」, 『사회와 역사』 제76집.

安龍植 編(2002), 『日帝下 日本人官僚研究』 Ⅰ, 연세대학교 사회과학연구소.

______(2003),『日帝下 日本人官僚研究』 II, 연세대학교 사회과학연구소.
______(2004),『日帝下 日本人官僚研究』 III, 연세대학교 사회과학연구소.
오성철(2000),『식민지 초등교육의 형성』, 교육과학사.
오천석(1964),『한국신교육사』, 현대교육총서출판사.
윤대석(2007),「경성제대의 교양주의와 일본어」,『大東文化研究』第59輯.
윤영도(2007),「2차 세계대전 후 남한과 대만의 국립대학의 초기형성 연구」,『중국현대문학』제40호.
윤해동(2003),『식민지의 회색지대』, 역사비평사.
이광주(1997),『大學史: 이념 · 제도 · 구조』, 민음사.
이기훈(2007),「종속과 우월: 식민지 엘리트의 사회적 기반과 의식」,『역사와 현실』63.
이명화(1991),「民立大學設立運動의 背景과 性格」,『한국독립운동사연구』제5집.
______(2007),「조선총독부 학무국 운영과 식민지」,『鄕土서울』제69호.
이석우(1998),『대학의 역사』, 서울: 한길사.
이옥순(2001),「인도의 대학 교육: 하나와 여럿의 변주」,『인문학연구』제31집, 중앙대학교.
이윤미(2006),『한국의 근대와 교육: 서구적 근대성을 넘어서』, 문음사.
이종각(2003),『교육열 올바로 보기』, 원미사.
이종묵(2005),「일제강점기의 한문학 연구의 성과」,『한국한시연구』제13집.
이준식(2002),「일제 강점기의 대학제도와 학문체계: 경성제대 조선어문학과를 중심으로」,『사회와 역사』제61집.
이지원(2000),「1920-30년대 일제의 조선문화 지배정책」,『역사비평』제75집.
이향철(2001),「근대일본에 있어서의「교양」의 존재형태에 관한 고찰: 교양주의의 성립 · 전개 · 해체를 중심으로」,『일본역사연구』제13집.
장 신(2007),「일제하 조선인 고등관료의 형성과 정체성: 고등문관시험 합격자를 중심으로」,『역사와 현실』63.
全京秀(2002),「植民과 戰爭의 日帝人類學: 臺北帝大와 京城帝大의 人脈과 活動을 중심으로」, (1 · 2),『비교문화연구』제8집 1·2호, 서울대 비교문화연구소.
______(2005),「아편과 천황의 식민지/전쟁인류학: 학문의 對民關係」,『한국문화인류학』38(1).
______(2005a),「학문과 제국 사이의 秋葉隆: 경성제대 교수론」,『한국학보』제31집 3호.
정규영(1998),「京城帝國大學의 設立過程」,『청주교육대학 논문집』제35집.
______(1999),「콜로니얼리즘과 학문의 정치학: 15년 전쟁 하 경성제국대학의 대륙연구」,『教育史學研究』9호.
______(2004),「'식민지' 근대학교 교육체제의 성립」,『1910~1930년대 한국의 사회와 문화』, 서울대 한국문화연구소 제17회 학술토론회 자료집.
______(2004),「식민지교육사 연구의 현황과 전망」, 한국교육사학회 학술대회 발표문.
鄭麗玲(2007),「대북제국대학의 학교조직과 학원문화」,『사회와 역사』제76집.
정선이(1998),「경성제국대학의 성격 연구」, 연세대학교 박사학위논문.
______(2008),「일제강점기 고등교육 졸업자의 사회적 진출 양상과 특성」,『사회와 역사』77집.
鄭在哲(1987),『日帝의 對韓植民地教育政策史』, 一志社.

______(1989), 「日帝下의 高等教育」, 『教育問題研究所論文集』, 중앙대학교 교육문제연구소.
정준영(2006), 「1910년대 조선총독부의 식민지교육정책과 미션스쿨: 중・고등교육의 경우」, 『사회와 역사』 제72집.
______(2007), 「식민지제국대학에 있어서 '대학자치'의 초상: 安倍能成과 速水滉의 경우」, 『제국의 學知와 경성제대의 교수들』, 서울대규장각한국학연구원 韓日국제Workshop자료집.
______(2009), 「제국일본과 대학: 제국대학 모델의 특징과 식민지적 함의」, 동국대일본학연구소 제2차집담회(2009년 10월) 발표문.
______(2009a), 「경성제국대학과 식민지 헤게모니」, 서울대학교 박사학위논문.
______(2010), 「식민지의학교육과 헤게모니 경쟁」, 『사회와 역사』 85.
채오병(2007), 「식민지 조선의 비서구 식민구조와 정체성」, 『사회와 역사』 제76집.
최유리(1997), 『일제말기 식민지 지배정책연구』, 서울: 국학자료원.
하수정(2006), 「경성제대 출신의 두 영문학자와 매슈 아놀드: 김동석과 최재서를 중심으로」, 『영미어문학』 제79호.
한국교육연구소 편(1993), 『한국교육사(근현대편)』 풀빛.
한국사회학회 편(2003), 『지식변동의 사회학』, 문학과지성사.
한상범(1991), 「한국법학계를 지배한 일본법학의 유산」, 『역사비평』.
한우희(1998), 「식민지 전기의 보통학교」, 『근대한국초등교육연구』, 교육과학사.

3, 외국어 연구논문・문헌

高橋功(1957), 『志賀潔』, 法政大学出版局.
______(1974), 「志賀潔のこと」, 『紺碧遥かに』, 京城帝国大学創立五十周年記念誌.
橋本鉱市(1996), 「近代日本における「文学部」の機能と構造: 帝国大学文学部を中心として」, 『教育社会学研究』 59.
久保義三(1979), 『天皇制国家と教育政策』, 勁草書房.
九州大学大学史料室 篇(1998), 『総長訓示式辞』.
九州大学創立五十周年記念会(1967), 『九州大学五十年史: 通史』, 九州大学, 2章・4章.
駒込武(1996), 「人文・社会科学の再編」, 寺崎昌男 編, 『近代日本における知の配分と国民統合』, 第一法規.
______(1996a), 『植民地帝国日本の文化統合』, 岩波書店.
______(2001), 「日本の植民地支配と近代-折り重なる暴力」, 『トレイシース』, 思想 928号 別冊, 岩波書店.
______(2005), 「「帝国のはざま」から考える」, 『年報日本近代史: 「帝国」と植民地』 第10号.
______(2007), 「帝国と「文明の理想」: 比較帝国史研究というアレーナで考える」, 駒込武·橋本伸也 編, 『帝国と学校』, 昭和堂.
鬼頭鎮雄(1948[2003]), 九州大学大学史料室 校訂, 『九大風雪記』, 九州大學大学史料室.
金龍德(2004), 「京城帝国大学(一九二四-四五)の教育と韓人学生」, 『近代交流史と相互認識Ⅱ』, 慶応義塾大学出版会.
______(2006), 「京城帝国大学韓人エリートの行路: 高等文官合格者の親日および独裁体制擁護と関連して」,『近代交流史と相互認識III』, 慶応義塾大学出版会.
大久保利謙(1942),『日本の大学』, 創元社.
渡邊豊日子(1934),「朝鮮教育の側面觀」,『文教の朝鮮』, 10月號.
立花隆(2005),『天皇と東大: 大日本帝国の生と死』, 上・下, 文芸春秋.
馬越徹(1997),「韓国近代大学の成立と展開』, 名古屋大学出版会.
______(1998), 「台北時代の幣原坦—台北帝国大学の創設と展開」, 『アジアの高等教育』(平成6・7年度科学研究費補助金(綜合A)成果報告書).
米田俊彦(1998),「教育審議会と松浦鎮次郎ー教育行政研究(審議会研究)の方法と射程」,『人間発達研究』第21号, お茶の水女性大学.
________(2000),「教育審議会の研究: 高等教育改革」,『野間教育研究紀要』第43集.
朴光賢(2003),「京城帝国大学と「朝鮮学」」, 名古屋大学博士論文.
白永瑞(2002), 「想像のなかの差異, 構造のなかの同一: 京城帝大と臺北帝大の比較からみる植民地近代性」,『現代思想』30(2).
服部武(1974),「服部宇之吉の思い出」,『紺碧遥かに』, 京城帝国大学創立五十周年記念誌.
腹部先生古稀祝賀記念論文集刊行會 編(1936),「服部先生古稀祝賀記念論文集」, 富山房.
服部宇之吉(1936),「服部先生自敍」,『服部先生古稀祝賀記念論文集』, 富山房.
寺崎昌男(1974a), 「「講座制」の歴史的研究序説」(1)·(2), 『大学論集』 1・2号, 広島大学大学教育研究センター.
________(1974b),「帝国大学形成期の大学観」,『学校観の史的研究』, 野間教育研究所紀要 第27集.
________(1984),「旧制大学総論」,『写真集: 旧制大学の青春』, ノーベル書房柱式会社.
________(1992),『プロムナード東京大学史』, 東京大学出版会.
________(2000),『日本における大学自治制度の成立』, 評論社.
寺崎昌男 外 編(1979),『学校の歴史: 第四券 大学の歴史』, 第一法規.
寺崎昌男 編(1996),『近代日本における知の配分と国民統合』, 第一法規.
山崎博敏(1995),『大学の学問研究の社会学: 日本の大学間および大学内の分業を中心に』, 東洋館出版社.
山田三良(1957),『回顧錄』, 山田三良米壽寿祝賀会.
森山茂德(1989),「日本の朝鮮支配政策(1910~1945)の政治史的研究」,『新潟大學・法政理論』23(3・4合).
森田芳夫(1964),『朝鮮終戦の記錄』, 巖南堂書店.
上山安敏(1981),「知の資格制: 法学部の思想」,『中央公論』96(5), 中央公論新社.
西川長夫・松宮秀治 編(1995),『幕末・明治期の国民国家形成と文化変容』, 新曜社.
石川健治(2006), 「コスモス: 京城学派公法学の光芒」, 酒井哲哉 編,『帝国日本の学知 I: 「帝国」編成の系譜』, 岩波書店.
________(2007), 「「半島」のノモス: 尾高朝雄と京城帝国大学法文学部」,『제국의 學知와 경성제대의 교수들』, 서울대규장각한국학연구원 韓日국제Workshop자료집.
世界教育史研究會 編(1974),『世界教育史大系: 大学史』, I・II, 講談社.
小森陽一(2000),『日本語の近代』, 東京: 岩波書店.[정선태 역(2003),『일본어의 근대』, 소명출판]

小熊英二(1995), 『日本単一民族神話の起源』, 新曜社.
小田省五(1924), 「京城帝國大學開設に就て」, 『朝鮮公論』, 1924년 5월호.
篠田治策(1938), 『白頭山定界碑』, 楽浪書院.[신영길 역(2004), 『간도는 조선 땅이다』, 지선당]
所澤潤(1997), 「專門学校卒業者と台北帝国大学」, 『地域史の可能性: 地域・日本・世界』, 山川出版社.
速水滉(1927), 「半島文化と大學の使命」, 3回, 『京城日報』 1927年 2月 27日字~3月 2日字.
______(1940), 「退官挨拶」, 『京城帝國大學學報』 161號(1940年 8月 5日).
松本武祝(2002), 「朝鮮に於ける「植民地的近代」に関する近年の研究動向」, 『アジア経済』 43(9).
________(2004), 「「植民地近代」をめぐる近年の朝鮮史研究」, 宮島博史ほか 編, 『植民地近代の視座: 朝鮮と日本』, 岩波書店.
松本市教育委員会社会教育課(1998), 『旧制高等学校の青春: 旧制高等学校記念館資料集』, 松本市教育委員会.
松波仁一郎 編(1937), 『水野博士古稀記念 政策と随筆』, 東京.
信社編輯部 編(1937), 『帝國大學入學提要』, 文信社.
阿部洋(1971), 「日本統治下朝鮮の高等教育: 京城帝国大学と民立大学設立運動をめぐって」, 『思想』 565号(7月号).
安田敏明(2003), 『植民地のなかの「国語学」: 時枝誠記と京城帝国大学をめぐって』, 三元社.
岩田弘三(1984), 「帝国大学教授のリクルート源」, 『名古屋大学教育学部紀要』 31号.
________(1994), 「帝大教授のアカデミク·キャリア」, 『教育社会学研究』 54集.
由井正臣 編(2003), 『枢密院の研究』, 吉川弘文館.
伊藤彰浩(1999), 『戦間期日本の高等教育』, 玉川大学出版部.
李省典(2006), 『アメリカ人宣教師と朝鮮の近代』, 社会批評社.
李炯植(2006), 「「文化統治」初期における朝鮮総督府官僚の統治構想」, 『史學雜誌』 115編 4号.
全京秀(2005), 「赤松智城の学問世界に関する一考察: 京城帝国大学時代を中心に」, 『韓国朝鮮の文化と社会』 4.
田中耕太郎 外(1963), 『大学の自治』, 朝日新聞社.
折田悦郎(2000), 「総長松浦鎮次郎とその胸像総長」, 『九大広報』 13号.
鄭圭永(1995), 「京城帝国大学に見る戦前日本の高等教育と国家」, 東京大學博士論文.
潮木守一(1973), 『近代大学の形成と変容: 一九世紀ドイツ大学の社会的構造』, 東京大学出版会.
________(1986), 『キャンパスの生態誌: 大学とは何だろう』, 中央公論新社.
朝鮮功勞者名鑑刊行會(1935), 「朝鮮功勞者名鑑」, 民衆時論社.
佐藤正人(2004), 「佐藤清, 植民地的な主体として: 植民地·京城帝大・英文学」, 筑波大学文化批評研究会 編, 『<批評>の圏域: 文化・植民地・アイデンティティ』, 筑波大学文化批評研究会.
竹内洋(1981), 『競争の社会学: 学歴と昇進』, 世界思想社.
______(1999), 『学歴貴族の栄光と挫折』, 日本の近代 12, 中央公論新社.
______(2003), 『教養主義の没落: 変り行くエリート学生文化』, 中央公論新社.
______(2005), 『立身出世主義: 近代日本のロマンと欲望』, 世界思想社.
______(2007), 『大学という病』, 中央公論社.
中山茂(1975), 「近代科学の大学に対するインパクト(Ⅲ): ベルリン大学創設をめぐって」, 『大学論集』 第3集, 広島大学.
______(1978), 『帝国大学の誕生: 国際比較の中での東大』, 中央公論社.
中野実(1996), 「帝国大学体制の成立とその改編の動向」, 寺崎昌男 編, 『近代日本における知の配分と国民統合』, 第一法規.
______(2003), 『近代日本大学制度の成立』, 吉川弘文館.
天野郁夫(1982), 『教育と選抜』, 第一法規.[석태종 · 차갑부 역, 1992, 『교육과 선발』, 서울: 良書院.]
________(1983), 『試験の社会史: 近代日本の試験 · 教育 · 社会』, 東京大学出版会.
________(1986), 『高等教育の日本的構造』, 玉川大学出版部.
________(1993), 『旧制専門学校論』, 玉川大学出版部.
________(2005), 『学歴の社会史: 教育と日本の近代』, 平凡社.
泉晴一(1970), 「旧植民地大学考」, 『中央公論』 1970年 7月号.
尖口生(1926), 「京城雜話」, 『開闢』 제69호.
春山明哲(1980), 「近代日本の植民地統治と原敬」, 春山明哲 · 若林正丈, 『日本植民主義の政治的展開—その統治體制と臺灣の民族運動(1895~1934)』, 東京大學出版會.
呉密察(2005), 「植民地大学とその戦後」, 『記憶する台湾-帝国との相剋』, 東京大学出版会.
通堂あゆみ(2008), 「京城帝国大学法文学部の再検討: 法科系学科の組織 · 人事 · 学生動向を中心に」, 『史学雜誌』 117(2).
筒井清忠(1990), 『「近代日本」の歴史社会学』, 木鐸社.
________(1995), 『日本型「教養」の運命』, 岩波書店.
坂野徹(2005), 『帝国日本と人類学者: 1884~1952年』, 勁草書房.
弘谷多喜夫 · 広川淑子 · 鈴木朝英(1972), 「台湾 · 朝鮮における第二次教育令による教育體系の成立過程」, 『教育學研究』 39(1).
戦前期官僚制研究会 編(1991), 『戦前期日本官僚制の制度 · 組織 · 人事』, 東京大学出版会.
稲葉継雄(2004), 「京城帝国大学予科について: 「朝鮮的要素」と「内地的要素」を中心に」, 『九州大学大学院教育学研究紀要』 第7号.

Altbach, Philip G. (ed.) (1993), *From Dependence to Autonomy: the Development of Asian Universities*.[馬越徹 · 大塚豊監 訳, 『アジアの大学: 従属から自立へ』, 玉川大学出版部].
Altbach, Philip G. & Gail P. Kelly (eds.) (1984), *Education and the Colonial Experience*, New Brunswick: Transaction Books.
Altbach, Philip G. (1989), "Twisted roots: The Western impact on Asian higher education," *Higher Education*, vol. 18.
________________(2006), *Asian Universities: Historical Perspectives and Contemporary Challenges*.[馬越徹 編, 『アジアの高等教育改革』, 玉川大学出版部.]
Ashby, Eric (1966), *Universities: British, Indian, African*, Cambridge: Harvard University Press.
Barlow, Tonie (ed.) (1997), *Formations of Colonial Modernity in East Asia*, Durham: Duke University Press.
Becker, Herbert Theodor (1939), *Die Kolonialpädagogik der Grossen Mächte*.[ベッケル, 1943, 『列國の植民地教育政策』, 鈴木福一 · 西原茂正 訳, 弊源坦 序, 第一出版協會版.]

Ben-David, J. & A. Zloczower (1962), "University and Academic Systems in Modern Societies," *Archives Européennes de Sociologie*, 3(1).

Bhaba, Homi (1994), *The Location of Culture*, New York: Routledge.

Bourdieu, Pierre (1988), *Homo Academicus*, trans. by Peter Collier, Stanford: Stanford University Press.

______(1996), *The State Nobility: Elite School in the Field of Power*, trans. by L.C. Clough, Cambridge: Polity.

Calhoun, Craig, Frederick Cooper & Kevin W. Moore (eds.)(2006), *Lessons of Empire: Imperial Histories and American Power*, New York: The Social Science Research Council.

Chatterjee, Partha (1993), *Nation and Its Fragments*, Princeton: Princeton University Press.

______(1994), "Was there a hegemonic project of the colonial state?" *Contesting Colonial Hegemony: State and Society in Africa and India*, London: I.B. Tauris.

Clark Kerr (1963), *The Use of the University*, Cambridge: Harvard University Press.

Clark, Burton R. (1983), *The Higher Education System: Academic Organization in Cross-National Perspective*, London: University of California Press.

Corn, Bernard S. (1998), *Colonialism and Its Forms of Knowledge: The British in India*, Princeton: Princeton University Press.

Cummings, Bruce (2004), "Colonial formations and deformations: Korea, Taiwan and Vietnam," *Decolonization: Perspectives from Now and Then*, New York: Routledge.

Delanty, Gerard (2002), *Challenging Knowledge: The University in the Knowledge Society*, Buckingham: Open University Press.

Dore, Ronald (1976), *The Diploma Disease: Education, Qualification and Development*, London: George Allen & Unwin Ltd.

Elias, Norbert (1982), "Scientific Establishments," Norbert Elias, Herminio Martins, & Richard Whitley (eds.), *Scientific Establishments and Hierarchies*, Dordrecht: Reidel.

Engels, Dagmar & Shula Marks (eds.) (1994), *Contesting Colonial Hegemony: State and Society in Africa and India*, London: I.B. Tauris.

Engels, Dagmar, & Shula Marks (1994), "Hegemony in a colonial context," *Contesting Colonial Hegemony: State and Society in Africa and India*, London: I.B. Tauris.

Flexner, Abrabam (1993[1930]), *Universities: American, English, German*, with a new introduction by clark Kerr, New Jersey: Transaction Publishers.

Green, Andy (1990), *Education and the State Formation*, New York: Macmillan.

Guha, Ranajit (1997), *Dominance without Begemony: History and Power in Colonial India*, Cambridge: Harvard University Press.

Lo, Ming-Cheng M. (2002), *Doctors within Borders: Profession, Ethnicity, and Modernity in Colonial Taiwan*, Los Angeles: University of California Press.

Mitchell, Timothy (ed.) (2000), *Questions of Modernity*, Minneapolis: University of Minnesota Press.

Motyl, Alexander J. (1999), *Revolutions, Nations, Empires: Conceptual Limits and Theoretical Possibilities*, New York: Columbia University Press.

Peattie, Mark R. (1996), 『植民地: 帝国50年の興亡』, 浅野豊美 訳, 読売新聞社.

Ringer, Fritz (1992), *Fields of Knowledge: French Academic Culture in Comparative Perspective, 1980~1920*, London: Cambridge University Press.

Seth, Michael J. (2002), *Education Fever: Society, Politics, and the Pursuit of Schooling in South Korea*, Honolulu: University of Hawai'i Press and Center for Korean Studies, University of Hawai'i.

Sewell, Jr. William H. (2005), *Logics of History: Social Theory and Social Transformation*, Chicago: The University of Chicago Press.

Wu, Rwei-Ren (2003), "The Formosan Ideology: Oriental Colonialism and the rise of Taiwanese Nationalism, 1895~1945," Unpublished, Ph.D. Dissertation (political science), University of Chicago.

Young, Louise (1998), *Japan's Total Empire: Manchuria and the Culture of Wartime Imperialism*, Los Angeles: University of California Press.

Abstract

Colonial Power and Modern Knowledge: A Study on the Keijo Imperial University

Jung Keun-Sik, Chung Chin-sung, Park Myoung-Kyu,
Jung Joon-Young, Cho Jung-Woo, and Kim Mi-Jeong

The Keijo Imperial University was the only modern university in Korea during the colonial period. While schools built by national elites or missionaries were classified as "colleges" by the Japanese Government General of Korea, the title of "university" was reserved exclusively for Keijo Imperial University. Throughout its short history of 20 years since its founding in 1924, Keijo Imperial University reigned as the highest seat of learning and an unrivaled force in the research and education of modern knowledge. Nevertheless, as important as Keijo Imperial University was in colonial Korea, research on the subject has been relatively slow in progress. This comes not only from the lack of preliminary data, but also the predominant attitude of viewing the University created by the Japanese Empire as an educational institution of "theirs," not "ours."

In recent studies on Japanese colonial rule of Korea, attempts are being made to move beyond the binary perspective of "exploitation and resistance" and shed light on the ruptures and complex effects of domination, as well as expand the existing scope of research limited to the state divisions of Korea and Japan into the realms of comparative studies and East Asia. A systematic study of Keijo Imperial University requires investigating how the imperial university scheme was transplanted, how the knowledge system based on it was reconstructed, and furthermore, how the elite and the masses responded. For this task, it is crucial to meticulously sort out the preliminary data.

While Keijo Imperial University was the first modern university in Korea, it was also an organ of colonial domination forcibly transplanted by the ruling power. As far as contentions for the production and distribution of modern knowledge go, the birth of Keijo Imperial University meant that the colonial power would assume control institutionally and utilize "modern knowledge" as an important intellectual resource for colonial domination.

Although it is clear that Keijo Imperial University was a device utilized by the colonial power, for the colonial power, and of the colonial power, it did not entirely operate as an "ideological apparatus." There were various activities, national introspections and criticisms aimed against the cultural hegemony of the colonial power both inside and outside of the university. On the outside, efforts to obtain an independent system of production and distribution of modern knowledge were underway, such as the movement for the nation's own university establishment or the Korean Studies movement. On the inside, anti-imperialist and anti-colonialist practices were being sought by way of a critical acceptance of modern knowledge. Students who had entered the university and been studying there did not necessarily fully internalize or practice the intentions of the colonial institution. In this sense, an examination of Keijo Imperial University is a prerequisite for explaining the dynamic relations between domination and resistance surrounding the production and distribution of modern knowledge, or the "formation of hegemony through knowledge power" during the colonial period.

This book is the result of a foundational research that is on its way toward becoming a full-scale study of Keijo Imperial University. Considering the fact that data related to the University are not currently in a systematically organized state, the focus was directed at collecting and sorting out existing material on the basic scheme of the University, education and research, and the students.

This book is largely made up of three sections. In Section 1, the system and organization of Keijo Imperial University are examined. Since the president has the highest position in the University's system and organization, the status and role of the president are inquired into, a subject which not only involves the authority of Keijo Imperial University in colonial Korea but also that of the imperial universities in Japan at the time. In Section 2, the organization and activities of the University in relation to knowledge production are explored. Keijo Imperial University, similar to other imperial universities in Japan, adopted the chair system of European universities, which became the basic standard in both the education and research of the University. In this section, the focus is on the research system led by the professors of the University. In Section 3, the characteristics of the university as a colonial educational institution are considered, with a particular emphasis on the constitution of the students. This would enable us to reflect on the discriminatory (If you mean the existence of prejudice toward Korea students here, the word would be "discriminatory.") nature of the educational opportunities offered to Korean students at the time and its social effects.

At the end of each section, relevant data and annotations are included. The selected data provide important grounds for understanding the actual conditions of Keijo Imperial University and are the result of joint research conducted over a period of 3 years.

찾아보기

ㅇ

ㅈ

ㅊ

ㅌ

ㅍ

ㅎ

발간사

'한국학'에 대한 관심과 요구가 국내외에서 높아지고 있다. 한국학을 전공으로 하는 학과도 생겨나고 한국학 연구자들의 국제학술대회도 종종 접하게 된다. 한국사회가 짧은 시기에 보여 준 역동적인 변화에 대한 학문적 관심이 나라 안팎으로 증대된 결과일 것이다. 한국의 역사와 문화, 사회적 경험이 점점 더 많은 연구자들의 관심대상으로 되고 있다는 사실은 매우 반가운 일이다.

한국학이란 고정된 분과학문 체계 내의 한 부분영역이 아니라 다양한 분과학문들이 함께 참여하는 학제적 연구의 성격을 지닌다. 한국학은 과거의 전통에 깊은 관심을 갖지만 현재의 문제들에도 주목하며 미래의 전망을 모색하는 작업도 포함한다. 인문학적 논의와 사회과학적 관심은 물론이고 자연과학적 문제의식과 예술적 시각이 함께 어우러지는 곳이다. 당연히 한국학은 국내의 연구자들이 자신의 특수성만을 부각시키는 폐쇄적인 장이 아니라 전 세계의 학자들이 자유롭게 참여하는 지적 토론의 공간이다. 한국을 대상으로 한 다양한 연구를 지원하며 진지한 논의와 지적 실험을 뒷받침하는 것이야말로 한국학의 가장 중요한 역할이라 할 것이다.

이런 의미에서 한국학은 한국의 문화와 역사적 경험을 전 인류의 문화유산과 역사적 경험의 한 부분으로 바라보는 전 지구적 시각을 요구받고 있다. 한국학은 한국사회의 경험을 연구하되, 그것을 21세기 세계사적 과제들과 더불어 사고함으로써 새로운 문명적 대안을 모색하는 전 지구적 논의에 적극적으로 동참하는 작업이 되어야 한다. 이런 종합적이고 개방적인 연구의 집적을 통해서만 한국의 특수성만을 절대화하는 오류에서 벗어나면서 동시에 서구의 눈으로 한국을 대상화, 타자화하는 오리엔

탈리즘적 지역학의 한계도 극복할 수 있는 길이 열릴 것이다.

한국의 학문 발전에 큰 책임을 지고 있는 서울대학교는 한국학의 바람직한 발전을 위해 적극적인 역할을 하고자 한다. 이를 위해 별도의 연구기금을 마련하여 '한국학 장기기초연구 지원사업'을 추진하고 이 사업의 결과물들을 모아 연구총서, 자료총서, 모노그래프를 출간하기로 했다. 서울대학교 교수진의 연구역량과 진지한 문제의식들이 결집됨으로써 한국학의 연구수준이 더욱 높아지고 내용이 보다 풍부해질 것을 믿고 있다. 이 연구사업이 해를 거듭할수록 한국사회에 대한 이해가 깊어짐은 물론이고 한국의 경험을 통해 세계 학계의 시각과 논의도 더욱 풍성해질 것을 기대해 마지않는다.

2003년 8월

서울대학교 규장각한국학연구원 한국학연구사업위원회

저자 소개

정근식
서울대학교 사회학과를 졸업하고 동대학원에서 석사학위와 박사학위를 받았다. 한국사회사학회 회장, 규장각한국학연구원 부원장 등을 역임했으며, 현재 서울대학교 사회학과 교수로 재직하면서 서울대학교 통일평화연구원 원장을 겸임하고 있다. 『근대주체와 식민지규율권력』, 『식민지의 일상: 지배와 균열』 등의 편저를 비롯하여 일제시기 이래 한국사회의 근대성 형성과정에 관련된 다수의 논저를 발표했다.

박명규
서울대학교 사회학과를 졸업하고 동대학원에서 석사학위와 박사학위를 받았다. 한국사회사학회 회장, 서울대학교 통일평화연구원 원장, 사회발전연구소 소장 등을 역임했으며, 현재 서울대학교 사회학과 교수로 재직하면서 한국사회학회 회장을 맡고 있다. 『한국근대국가형성과 농민』, 『국민・인민・시민: 개념사를 통해 본 한국의 정치주체』 등의 저서가 있으며, 한국사회의 민족정체성 형성과정 및 향후 전망과 관련된 다수의 논저를 발표했다.

정진성
서울대학교 사회학과를 졸업하고 미국 시카고대학에서 박사학위를 받았다. UN인권이사회 위원, 한일역사공동연구위원회 위원, 한국사회학회 회장, 서울대학교 사회발전연구소 소장을 역임했으며, 현재 서울대학교 사회학과 교수로 재직하고 있다. 『일본군성노예제』 등의 저서와 『한국현대여성사』, 『여성의 눈으로 본 한일근현대사』 등의 편저가 있으며, 여성인권 문제, 한일관계에 관련된 다수의 논저를 발표했다.

정준영
서울대학교 사회학과를 졸업하고 동대학원에서 석사학위와 박사학위를 받았다. 교토대학에서 1년간 연구하였으며, 현재 서울대학교 규장각한국학연구원 교수로 재직하고 있다. 『경성제국대학과 식민지헤게모니』(박사논문), 「1910년대 조선총독부의 식민지교육정책과 미션스쿨」, 「식민지 의학교육과 헤게모니 경쟁」 등의 논문을 발표했다.

조정우
서울대학교 사회학과를 졸업하고 동대학원에서 박사학위를 받았다. 현재 한경대학교에서 박사후연구원으로 재직하고 있다. 도쿄대학에서 1년간 연구하였으며, 「박물관에서의 '역사만들기'에 관한 연구」(석사논문), 「만주농업이민과 척식기관에 관한 연구: 鮮滿拓殖株式會社를 중심으로」 등의 논문을 발표했다.

김미정
서울대학교 사회교육과를 졸업하고 동대학원에서 박사학위를 받았다. 현재 서울대학교 등에서 강의를 하고 있다. 『개화담론에서 서양의 의미작용과 주체의 재구성』(박사논문), 「1950~60년대 공론장에 대한 지식사회학적 연구」(석사논문), 「역사사회학과 시공간의 문제, 그리고 개화기」 등의 논문을 발표했다.

서울대학교 규장각한국학연구원 한국학모노그래프

1 예빈도에 보인 고구려 : 당 이현묘 예빈도의 조우관을 쓴 사절에 대하여 | 노태돈
2 현대 한국유교와 전통 | 금장태
3 살인의 진화심리학 : 조선 후기의 가족 살해와 배우자 살해 | 최재천 · 한영우 · 김호 · 황희선 · 홍승효 · 장대익
4 무협소설의 문화적 의미 | 전형준
5 정조시대의 무예 | 나영일
6 벼락도끼와 돌도끼 : 고고자료에 대한 전통적 인식 연구 | 이선복
7 한국 옛 경관 속의 생태지혜 | 이도원
8 식민권력과 통계 : 조선총독부의 통계체계와 센서스 | 박명규 · 서호철
9 한국의 천연염료 : 전통염료와 천연염색기술 | 김재필 · 이정진
10 북한의 의학교육 | 박재형 · 김옥주 · 황상익
11 국문 글쓰기의 재탄생 | 권영민
12 사할린 귀환자 | 이순형
13 조선시대의 간척지 개발 : 국토 확장과정과 이용의 문제 | 박영한 · 오상학
14 3칸×3칸 : 한국 건축의 유형학적 접근 | 전봉희 · 이강민
15 위성영상을 이용한 북한지역의 해안습지연구 : 평안남도를 사례로 | 유근배
16 한국 구비문학에 수용된 재담 연구 | 서대석
17 한국 자본자유화와 금융자유화의 근년변화 : OECD 가입 및 IMF 사태 이후의 실상, 평가 및 대응 | 이천표
18 구어 한국어의 의향법 실현방법 | 권재일
19 조선시대 복식에 나타난 적색계 색명의 의미 | 남윤자 · 김순영 · 박성실
20 우리나라 인체기생충 및 의용절지동물의 동물상과 개요 | 채종일
21 경제개방이 우리나라 노동시장에 미친 효과 | 김대일
22 한국 고소설에 나타난 오이디푸스 콤플렉스 : 〈심청전〉 · 〈콩쥐팥쥐전〉 | 류인균
23 남북한 경제의 이질성 : 경제통합에 관한 함의 | 이지순
24 한국에서 마르크스주의 경제학의 도입과 전개과정 | 김수행
25 한국 장수인의 개체적 특성과 사회환경적 요인 : 호남지방 장수벨트를 중심으로 | 박상철 · 이미숙 · 이정재 · 한경혜
26 전통마을 경관요소들의 생태적 의미 | 이도원
27 한국의 중산층 | 홍두승
28 한국 여성의 건강증진행위 | 윤순녕 · 김숙영 · 이지윤
29 心과 性 : 茶山의 『孟子』 해석 | 금장태
30 20세기 초기 국어의 문법 | 권재일
31 한국의 고령노동 : 경제활동과 고용구조의 장기적 변화 | 이철희
32 웃음으로 눈물 닦기 : 한국 언어문화의 한 특질 | 김대행
33 한국의 좌파 경제학자들 | 김수행 · 김공회

34 온돌과 한국인의 수면 생활 : 침상 기후를 중심으로 | 최정화 · 김문숙
35 한국 고대의 온돌 : 북옥저, 고구려, 발해 | 송기호
36 한국 시민단체의 내부의사결정과정에 관한 연구 | 김준기
37 한국문화를 쓴다 : 강용흘의 『초당』과 이미륵의 『압록강은 흐른다』 비교연구 | 최윤영
38 정약용 사상 속의 과학기술 : 유가 전통, 실용성, 과학기술 | 김영식
39 仁과 禮 : 다산의 『논어』 해석 | 금장태
40 서양인의 한국 종교 연구 | 김종서
41 韓國詩話에 보이는 杜詩 | 이영주
42 한국의 소득불평등과 빈곤 : 소득분배 악화와 사회보장정책의 과제 | 구인회
43 한국인 치매환자의 행동 및 심리 증상의 횡문화적 특성 | 조맹제 · 김진영
44 한국 사회복지 네트워크의 구성과 효과성 : 지역종합사회복지관의 네트워크 구성과 조직 효과성을 중심으로 | 김준기
45 근대한국의 국제관념에 나타난 도덕과 권력 | 장인성
46 한국의 의료체제 : 제도와 지배구조 | 송호근
47 몽골제국과 고려 : 쿠빌라이 정권의 탄생과 고려의 정치적 위상 | 김호동
48 한국무협소설의 작가와 작품 | 전형준
49 한국 근대소설에 나타난 오이디푸스 콤플렉스의 이해 : 이광수, 김동인, 염상섭, 이상을 중심으로 | 류인균
50 한국의 하구역 : 하구둑 건설 이후의 지형변화 | 유근배 · 김성환 · 신영호
51 한국의 신용평가제도 | 이인호
52 전통 마을숲의 생태계 서비스 | 이도원 · 고인수 · 박찬열
53 두 개의 예외적인 복제체제 비교 연구 : 한국 복지국가 모형의 탐색 | 김태성
54 박정희 체제의 성립과 전개 및 몰락 : 국제적 · 국내적 계급관계의 관점 | 김수행 · 박승호
55 한국 서해안의 해안사구 : 지형학적 관점을 중심으로 | 유근배 · 류호상
56 『기우제등록』과 기후의례 : 기우제, 기청제, 가설제 | 최종성
57 한국어 술어의 사건 구조와 논항 구조 | 남승호
58 舊韓末의 韓獨 外交文書 '德案' 硏究 | 권오현
59 현대 한국어의 공시 형태론 : 경주지역어를 실례로 | 최명옥
60 서양문화를 쓴다 : 강용흘의 〈동양 서양에 가다〉와 이미륵의 〈압록강에서 이자르강까지〉 | 최윤영
61 시장발전과 경제개발 | 이승훈
62 고려국가와 집단의식 | 노명호
63 근현대 한국미술과 '동양' 개념 | 정형민
65 현대 한국복지국가의 제도적 전환 | 안상훈
66 순응과 저항을 넘어서 : 이승만과 박정희의 대미정책 | 신욱희
67 생태서식처로서 한국 서해안 해안사구 | 유근배 · 신영호 · 김대현 · 김성환
69 한국 정신보건서비스의 전개 과정: 사회서비스의 관점에서 | 강상경
70 일제의 한국 식민지화와 문명화(1904~1919) | 권태억
71 이즈미 세이이치와 군속인류학 : 뉴기니 조사를 중심으로 | 전경수
72 조선후기 공론정치의 새로운 전개 : 18, 19세기 향회, 민회를 중심으로 | 김인걸

서울대학교 규장각한국학연구원 한국학연구총서

1 지방문학사: 연구의 방향과 과제 | 조동일
2 한국 근대과학 형성과정 자료 | 문만용 · 김영식
3 목석의 울음: 손창섭 문학의 정신분석 | 조두영
4 통일한국의 농업 | 김완배 외
5 현대 한국사회의 철학적 문제: 사회운영원리 | 백종현
6 한국유교의 과제 | 금장태
7 韓國 古代 · 中世初期 土地制度史: 古朝鮮~新羅 · 渤海 | 이경식
8 『무과총요』 연구 | 나영일
9 북한 주요 산업지역의 토지이용 변화와 개방지역에 관한 연구 | 황만익 · 이기석
10 재벌체제와 다국적기업: 경제개발의 두 가지 유형 | 이승훈
11 붉은악마와 월드컵 | 이순형
12 『조선왕조실록』 보존을 위한 기초 조사연구(1) | 송기중 · 신병주 · 박지선 · 이인성
13 한국 근대의 사회복지 | 안상훈 · 조성은 · 길현종
14 한국어 체언의 음변화 연구 | 이상억
15 조선 중기 무예서 연구 | 나영일 · 노영구 · 양정호 · 최복규
16 1950년대 사회주의 건설기의 북한 보건의료 | 황상익
17 후발 산업화와 국가의 동학: 탈관료화와 강성국가의 공동화 | 하용출
18 조선 후기의 기술도: 서양 과학의 도입과 미술의 변화 | 정형민 · 김영식
19 韓國 中世 土地制度史: 朝鮮前期 | 이경식
20 남북 언어의 문법 표준화 | 권재일
21 50권본 『화엄경』 연구 | 이승재
22 한 · 중 소화의 비교 | 서대석
23 고려전기의 전시과 | 이경식
24 개항기 전후 경상도의 육상교통 | 허우긍 · 도도로키 히로시
25 한국어의 주제와 통사 분석: 주제 개념의 새로운 전개 | 임홍빈
26 한국적 패션 디자인의 제다움 찾기: 전통미와 현대적 활용을 중심으로 | 김민자
27 한국 근대문학교육사 연구 | 우한용
28 『조선왕조실록』의 여진족 족명과 인명 | 김주원
29 중앙아시아 고려말의 문법 | 권재일
30 삼국통일전쟁사 | 노태돈
31 한국의 사회운동과 진보정당 | 임현진
32 한국 행락문화의 변천과정 | 황기원
33 노래의 상상계: '수사'와 존재생태 기호학 | 신범순
34 한국의 언어 민속지: 전라남북도 편 | 왕한석

35 주시경의 언어이론과 표기법 | 송철의

36 일제강점기의 철도 수송 | 허우긍

37 인권으로 읽는 동아시아: 한국과 일본의 인권 개선조건 | 정진성 · 공석기 · 구정우

38 정조와 정조시대 | 김인걸 외

39 문화의 정치와 지역사회의 권력구조: 안동과 안동김씨 | 김광억

40 한국어 명사구의 의미론: 한정성/특정성, 총칭성, 복수성 | 전영철

41 한국의 건강 불평등 | 김창엽 · 김명희 · 이태진 · 손정인

서울대학교 규장각한국학연구원 한국학자료총서

1 古代國語 語彙表記 漢字의 字別 用例 硏究 | 송기중
2 한국철학자료집: 불교편1 – 삼국과 통일신라의 불교사상 | 허남진 외 편역
3 한국철학자료집: 불교편2 – 고려시대의 불교사상 | 심재룡 외 편역
5 서울대학교 중앙도서관 고문헌자료실 소장 『경제문고』 해제집 | 권태억 외
6 한글본 이언 연구 | 민현식
7상 원문 교주 구운몽 | 원작 김만중, 교주 김병국
7하 현대역 구운몽 | 원작 김만중, 옮김 김병국
8 해방 이후 한국기업의 진화 I: 1976～2005년간의 통계의 구축과 기초분석 | 이근 외
9 해방 이후 한국기업의 진화 II: 1956～1977년간의 통계의 구축과 기초분석 | 이근 외
10 서울대학교박물관소장 식민지시기 유리건판 | 이문웅 · 강정원 · 선일 편
11 풍자 우화 그리고 계몽담론 | 권영민
12 한국근현대문학의 프랑스문학수용 | 이건우 외
13 한국 근대도면의 원점: 서울대학교 규장각한국학연구원 소장 근대 측량도와 건축도 1861～1910 | 전봉희 · 이규철 · 서영희
14-1 유원총보역주 1 | 허성도 · 김창환 · 강성위 역주
14-2 유원총보역주 2 | 허성도 · 김창환 · 강성위 역주
14-4 유원총보역주 4 | 이영주 · 허성도 · 김창환 역주
14-5 유원총보역주 5 | 이영주 · 김창환 · 이남종 역주
15 식민권력과 근대지식: 경성제국대학 연구 | 정근식 · 정진성 · 박명규 · 정준영 · 조정우 · 김미정
16-1 근대한국 국제정치관 자료집: 제1권 개항 · 대한제국기 | 장인성 · 김현철 · 김종학 엮음
16-2 근대한국 국제정치관 자료집: 제2권 제국–식민지기 | 장인성 · 김태진 · 이경미 엮음
17 1980년대 조선–청 국경회담 관련 자료 선역 | 김형종 편역
18 한국 근대문학의 러시아 문학 수용 | 권영민 · 박종소 · 오원교 · 이지연
20 韓國 書誌學의 先鞭: 마에마 교사쿠의 작업을 중심으로 | 한재영 · 이현희 · 가와사키 케이고
21 사도세자의 죽음과 그 후의 기억: 『현고기(玄皐記)』 번역(飜譯)과 주해(註解) | 김용흠 · 원재린 · 김정신 · 정두영 · 최성환 역주
22 손와만록: 조선후기 향리 출신 선비 김경천의 인생이야기 | 김경천 지음 이대형 · 이미라 · 박상석 역주
23 충역의 시비를 정하다: 『정변록(定辨錄)』 역주 | 김용흠 · 원재린 · 김정신 · 정두영 역주
24 금오헌록 역주 | 김영석 역주
26 교점역해 정원고사 | 김태웅 이강욱 감수 · 해설 진현 하명준 교열 · 해제 조미은 외 표점 · 번역